STALINGRAD→BERLIN↑

从斯大林格勒到柏林

[英] 厄尔·F.齐姆克 著

叶钦卿 译

民主与建设出版社
·北京·

图书在版编目（CIP）数据

从斯大林格勒到柏林 /（英）厄尔·F.齐姆克著；
叶钦卿译 . -- 北京：民主与建设出版社，2020.6
书名原文：*From Stalingrad to Berlin: The
Illustrated Edition*
ISBN 978-7-5139-3016-1

Ⅰ.①从… Ⅱ.①厄…②叶… Ⅲ.①斯大林格勒保
卫战 (1942-1943) – 史料 Ⅳ.① E512.9

中国版本图书馆 CIP 数据核字 (2020) 第 063105 号

著作权登记合同图字：01-2020-2461

从斯大林格勒到柏林
CONG SIDALINGELE DAO BOLIN

著 者	[英]厄尔·F.齐姆克	
译 者	叶钦卿	
责任编辑	彭 现	
封面设计	杨静思	
出版发行	民主与建设出版社有限责任公司	
电 话	（010）59417747 59419778	
社 址	北京市海淀区西三环中路 10 号望海楼 E 座 7 层	
邮 编	100142	
印 刷	重庆长虹印务有限公司	
版 次	2020 年 6 月第 1 版	
印 次	2020 年 6 月第 1 次印刷	
开 本	787 毫米 × 1092 毫米 1/16	
印 张	39	
字 数	600 千字	
书 号	ISBN 978-7-5139-3016-1	
定 价	159.80 元	

注：如有印、装质量问题，请与出版社联系

目录

作者简介

厄尔·F.齐姆克是一名历史学博士。第二次世界大战期间,他曾服役于同盟国军队,作为反法西斯阵营的一员参加了太平洋战役。战争结束后,他回到学校继续任教,并开始系统地研究"二战"相关历史。

齐姆克博士著有《德国北方战线 1940—1945》一书,并以章节作者的身份参与了《指挥部的决策》《简明第二次世界大战史》《第二次世界大战中的苏联游击队》的撰写。他的其他作品还包括《柏林战役:第三帝国的终结》《德国占领军期间的美国陆军》,以及《苏联霸权》。

作者序

    除了核武器的潘多拉魔盒被打开这一事件外，第二次世界大战最重要的结果便莫过于苏联对德国的胜利。这两者引起的变化和由其带来的问题在战后超过 20 年的时间里成了整个世界关注的焦点。撰写此书的目的在于从特定的角度剖析苏联的对德胜利——苏联人是如何在战场上赢得战争的？为此，作者追寻着苏联和德国军队从斯大林格勒到柏林一路征战的脚步，试图拼接和描绘出这场战争的本来面目，并以此解答那个关键的问题——苏联人在战争中是如何使用其压倒性（优势）军事力量的？

凯特尔（前排居中者）在柏林投降仪式上签字。鉴于其在苏德以条约瓜分波兰、直接导致"二战"爆发这一事件中的地位作用，凯特尔在不久之后的纽伦堡审判中被处以绞刑

感谢汉森·W.鲍德温先生、斯特森·科恩博士和查尔斯·B.麦克唐纳先生，他们阅读了本书的手稿并提出了许多建设性的意见，这些真知灼见是如此无价，以至于作者经常会惶恐和纠结于该如何将其毫无保留地展现给读者，以免明珠暗投。还要感谢弗朗茨·哈尔德大将提供的珍贵素材，以及在写作初期给予作者的热情鼓励。在与德国海量的原始文件、数不清的战术细节、令人眼花缭乱的组织编制打交道的过程中，作者有幸得到了下列同事的帮助，他们是马格纳·E.鲍尔先生、德特马·H.芬克先生和查尔斯·冯·卢蒂绍先生。此外，本书的顺利写作还有赖于国家档案馆第二次世界大战文献室施罗德·伊斯特先生及其同事提供的帮助——他们不仅为作者查阅德国方面资料大开方便之门，更是不吝耗费宝贵时间和精力提供了慷慨的支持。

在书稿付梓过程中，作者的同事们承担了大量辛苦的工作。大卫·加菲先生作为编辑，在马里昂·P.格里姆斯助理编辑的协助下将文稿辑校成书并付印，伊略特·杜奈先生帮助编辑和审校了战场形势图，萝斯·A.菲利普斯小姐负责了照片的选辑工作，目录则是由盖伊·莫伦斯·哈默曼女士完成的。

在此一并向他们的辛苦付出表示衷心的感谢！本书若能于读者有所助益，那么他们功莫大焉。至于文中可能产生的错谬则应完全归咎于作者自身无能，并由我个人承担全部的责任。

厄尔·F.齐姆克

1983 年 12 月 15 日

第一章

入侵！

1942 年 9 月初，当（欧洲）战争进入它的第四个年头时，阿道夫·希特勒，这位德国元首[①]、德国武装力量最高领袖和德国陆军最高统帅正醉心于筹划他对苏联的第二场夏季战役。此前一个半月里，他一直在那座著名的"狼人"总部（WERWOLF）——坐落于乌克兰文尼察东北十几英里的一处小森林中——指挥着东线南翼战场的作战行动。在这个戒备森严的元首指挥部里，希特勒极少离开他那"简陋而令人愉快"的铁筋混凝土堡垒，纯粹依赖身边的参谋人员对德国本土和占领区实施控制。和他在一起的还有德国国防军最高统帅部（OKW）参谋长威廉·凯特尔元帅、德国国防军最高统帅部作战指挥部参谋长阿尔弗雷德·约德尔大将及其手下部分参谋人员。德国陆军总司令部（OKH）则在其参谋长弗朗茨·哈尔德大将指挥下，于文尼察这个又脏又热的乡下小城中建起了指挥中心。希特勒对苏联境内所有集团军群和集团军的指挥都是通过这个（指挥）中心实施的。

在当年夏天，德国陆军 A 集团军群和 B 集团军群向斯大林格勒及伏尔加河的推进取得了巨大进展，其前锋已经进抵高加索山脉西缘。8 月，德军山地部队已将本国国旗插到了高加索山脉的最高峰——厄尔布鲁士山上。但就在 8 月快要结束时，德军的进攻行动开始显现出了不妙的势头：在苏联无比广阔的

---

① 作者注：希特勒以元首身份集德国国家总统、政府总理和德国国家社会主义工人党党首权力于一身。

国土上，他们如同一股冲进沙漠的洪流，眼看就要消散殆尽却仍无法达成任何战略目标——比如最终击败苏联人、占领高加索地区及里海油田，以及打开高加索山脉直往中东的通道等。希特勒对此十分恼怒和不快，在战况分析会上，他对德军攻势延宕的嫌恶很快发展成了对麾下将军的能力——甚至是他们对作战行动基本原则理解能力——的质疑。

9月9日下午，在痛骂了陆军元帅威廉·利斯特一顿后（因为不服从命令和未能妥善部署部队，利斯特在过去几星期里一直受到本国元首的指责），希特勒将凯特尔派往文尼察小城，让他告诉哈尔德，说利斯特应当主动辞去A集团军群司令的职务。凯特尔暗示哈尔德，说利斯特将得到另外的"重用"，同时获得这一待遇的还包括哈尔德本人。然而实际上，希特勒早已决定要解除哈尔德的职务，因为他"缺乏履行其职务所必需的坚强意志"。此外，这名独裁者甚至考虑过换掉自己的内阁军事顾问约德尔，原因只是后者错误地支持了利斯特。

1942年8月，德军在"二战"中的军事扩张到达了顶点。他们占据了欧洲西起比利牛斯、东至高加索，北抵挪威北角、南迄克里特岛的广阔地域，其非洲装甲军团甚至攻入了埃及。但在苏联南部地区的夏季作战中，德军犯下了以希特勒看来应完全归咎于将军们的错误。然而这些错误的本身并不足以单独导致巨大挫败感——真正带来失败感的是那些错误所根植于其上的对战争形势的有误判断。

在1942年的进攻训令中，希特勒制定的主要战略目标是"完全摧毁苏联的残余抵抗力量"。他预计苏联人会使用最后的预备力量以防卫高加索地区油田，而这将导致苏联"人地皆失"的败亡，并因此屈服于德国。可事实并非如此。8月晚些时候，德国陆军总司令部东线外军处曾经评估过苏方未来可能面对的境况，他们得出的结论如下：苏联人的目标是在夏季战役中尽可能减少领土损失，同时积聚起充足的人力和资源，以便到冬季再次发起反攻。他们还猜测，苏联指挥机构甚至在德军开始进攻前就早已想到了丢掉北高加索及斯大林格勒甚至列宁格勒和莫斯科的可能性，由此带来的大片领土丢失问题虽然会相当严重，但苏方已经做好了心理准备。况且，苏联人的伤亡实际上早已得到了有效控制，要远远低于德国人的预期——他们假定苏军仍将蒙受1941

"二战"时，某条俄罗斯公路一角

年那种程度的损失。综上所述，东线外军处最后的判断是，苏联人的损失"正在（通过汰弱留强的自然进程）有序地增强战斗部队的备战程度"，德国人的损失则"不容忽视"。

一、德国的指挥

1942 年 9 月 24 日，步兵上将库尔特·蔡茨勒取代哈尔德，成为德国陆军总司令部参谋长。在当天下午战况分析会结束之后的一场私人会晤中，希特勒说明了哈尔德的去职缘由——他的勇气已经被磨灭殆尽，也无法再度激起，因此（哈尔德）应该让贤。希特勒还补充说，现在很有必要对总参谋部进行再一次教育，从而使他们树立"对帝国理想如狂热信教徒般的信念"；不仅如此，他更是下定决心，要将自己的意志"同样地"贯彻于所有德国军队之中。这段话隐晦地表明了希特勒不满的真正原因——在哈尔德指挥下的德国陆军把"军队独立于政治"的准则、德国陆军传统的指挥理念^①等"破烂"奉为圭臬，甚至达到了顽固不化的地步。

对蔡茨勒的任命惊掉了包括他自己在内所有人的下巴——其本人只不过是一个虽还算称职，但远远谈不上十分优秀的参谋军官。作为D集团军群参谋长，蔡茨勒在组织低地国家和英吉利海峡沿岸防卫的行动中以其过人的精力和矮胖的身材获得了"火球将军"的绰号。在1942年6月某一次被记录为"餐桌会谈"——实际上只不过是希特勒不容下属打断、自说自唱的独角戏中，这名独裁者说道，荷兰将成为一颗能崩掉敌人大牙的"硬核桃"，因为蔡茨勒在防卫荷兰的任上"像马蜂一样不停咋呼着部队，使他们在缺乏与敌直接接触机会的情况下仍不至于丧失警惕"。由此可以得出的结论是，希特勒在决定参谋长人选时更看重的是像蔡茨勒这样"（拥有）充沛的执行力"，而非哈尔德那种"无益的理性主义"。

（一）指挥机构的变迁

哈尔德的解职和蔡茨勒的任命标志着这一始于1938年初、希特勒对于德军集权控制的强化进程进入了一个新阶段。当时（1938年），在解除了大量高级将领的职务后，希特勒废除了德国国防部，将其权力收归于德国国防军最高统帅——这一职务的名称和职能都来自他个人的理解及独断。为了给自己担任的这个职务配备一个仅为其本人服务的参谋集团，同时维持日常事务的正常运转，希特勒组建了德国国防军最高统帅部，并任命威廉·凯特尔为该部参谋长。随着德国战争进程的发展，作为国防军最高统帅部组成部分之一的作战指挥部在其能干的参谋长约德尔领导下，与各个军种司令部并行展开着作战指挥和筹划等方面的工作，很多时候甚至会抢走后者的饭碗。为寻得一个更加听话的陆军领导机构，希特勒还任命瓦尔特·冯·布劳希奇大将（后为陆军元帅）为陆军总司令，让哈尔德当上了德国陆军总司令部参谋长。哈尔德同时还在陆军内领衔指挥着一个最为独特和最有影响力的机构——陆军总参谋部。

---

① 译者注：此处是指德军推崇的不直接干涉下属行动、充分发挥下级主动性的委托式、分散式指挥。

希特勒在战争爆发初期便早已意识到，要想获得胜利就必须以更加积极主动的姿态来管控作战行动。就其本人拥有的管控工具而言，相对更加正式的一种是元首训令——用以制订战略计划，确定具体行动的作战目标及后续行动的主要方向。这种元首训令在早期阶段所体现的通常是参谋人员的想法——虽然要经过希特勒的批准或者修改，但其大体上还是参谋团队思想的体现。由于元首训令需要通过德国国防军最高统帅部作战指挥部发布，因此该部虽然不具备直接的作战指挥职能，却仍然获得了在最高决策层面上的发言权。

在 1940 年 4 月对挪威和丹麦的入侵行动中，德军诞生出了一种新的作战筹划和指挥程序，而且这种当时首开先河的做法在后来作战里得到了大规模推广。德国国防军最高统帅部作战指挥部在希特勒指挥下，开始插手作战筹划乃至直接指挥等事务，而各军种的司令部只剩下了指挥后备部队、装备和作战支援行动的职能。这种变化从长远看对陆军造成的影响是最大的——因为地面作战行动相对于空中和海上行动而言，其条块分割得更加明显一些，这就给"上峰"直接插手某一区域的作战指挥预留了空间；同时，不管是希特勒、约德尔，还是国防军最高统帅部作战指挥部又都不具备处理空中和海上作战技术方面问题的能力，因此他们只能倾向于把空海军事务留给更加专业的军种参谋人员。到 1941 年夏天，德国国防军最高统帅部已经通过各战区的司令掌控了挪威、西线（法国和低地国家）、巴尔干半岛及北非战事的指挥权；而陆军总司令部仅仅拥有东线（苏联）行动的指挥职权，其中甚至还要剔除以下两项重要内容：芬兰境内德军的指挥权，以及与芬兰军队协调的职能——这两者都被收归于国防军最高统帅部北方战区的囊中。

（二）入侵计划

在 1940 年夏天即将过去，且对苏作战被提上议事日程之前，希特勒和德国陆军已经在三个战区取得了辉煌胜利——波兰、挪威和丹麦，以及法国。德军被笼罩在了无敌光环之中，即使持怀疑论者也不得不承认，现在的希特勒看起来就像是个真正的军事天才。在这种氛围影响下，德军上层指挥机构达成了基本的统一；如此高度的一致在德军历史上从来未曾有过，甚至以后同样不可能再出现了。

在对苏作战行动中相对明显而且缺乏简易克服方法的主要难题便是当地地理特征——气候只是其中（难题）之一。苏联所呈现出的是一种典型大陆性气候，夏季短暂而炎热、冬季则极端寒冷且持续时间超长。同时更令人惊讶的是，这种气候居然可以从南到北保持着高度一致——尤其是考虑到这个国家还拥有巨大的国土面积。在此背景之下，德国人必须通过夏季攻势一次性瓦解掉苏联人的抵抗，而且时间不能超过 5 个月；否则，德军将面临被拖入一场长期战争的风险，或是被迫在装备和训练都极其不足的情况下与苏军进行冬季作战。于是在 1940 年 7 月末，即开始筹划的那一刻起，希特勒就将入侵时间推迟到了第二年夏天。在气候方面（对德军而言）雪上加霜的是，除冬季之外，春季持续的降雨和解冻的泥土会把苏联境内的道路泡成泥潭，数周之内根本无法通行，适合进行作战的时间因此更是变短，筹划难度也随之越发增加。

与更早之前的查理十二世[①]、拿破仑一样，希特勒面临的最严峻挑战便是怎样在苏联如此广袤的国土上取得军事上的胜利。苏联欧洲部分领土的地形相对简单，除普里皮亚季沼泽和若干大河之外，其对现代化部队行动的影响实际并不明显。可问题就在于它的"大"——要入侵和占领如此广阔无垠的地盘，同时做到兵力的集中，还要保证后勤补给持续不间断——这足以使历史上那些最伟大的军事家都望而生畏、踌躇不敢向前。此外，苏联境内的交通基础设施状况更是不容乐观：全国铁路总里程不仅只有 5.1 万英里，而且轨距也与德国和东欧各国不同；存在于纸面上的 85 万英里长道路中，有 70 万英里是仅容马车通行的乡间小道；苏联官方宣称其全天候道路长达 15 万英里，但其中仅有 4 万英里（道路的路面）为硬质。

对此，希特勒和他手下的将领们一致认为解决之道只有一条，也就是把苏联军队的大部分包围和歼灭于边境地带。然而在 1940 年 12 月，当相关战略计划正准备以元首训令的形式颁布时，德军将领们却在如下问题的解答上与希特勒产生了分歧——完成第一阶段任务（即消灭大部分苏联有生力量）后，如何才能彻底击败苏联？哈尔德和布劳希奇的计划是集中兵力直指莫斯科，理由

[①] 译者注：查理十二世（1682—1718年），瑞典国王，曾远征俄国而败于彼得一世之手。

是这一方向上道路的状况相对较好；同时他们确信苏联人将不得不压榨出最后的力量死守自己的首都，以保证这个本国最重要的工业中心和道路枢纽不落入敌手——拿下莫斯科就意味着摧毁了苏联人的抵抗。然而，希特勒不敢将赌注全都押在莫斯科上，毕竟拿破仑先前又不是没占领过，况且他还有自己的想法。在签署于 1940 年 12 月 18 日的第 21 号元首训令（"巴巴罗萨"行动）中，希特勒做出的最终决定是：对苏联的入侵首先会在列宁格勒、莫斯科和基辅三个方向上同时展开，待中路达成第一阶段作战目标后，便将兵力从莫斯科方向上转出，以配合北线夺取列宁格勒。此时，战略观点上的分歧虽然很明显，但它也仅是在德军盛行的乐观主义上投下了一丝微小阴影——司令部推演的结果是，战争会在 8 个星期，最多不超过 10 个星期内宣告结束。

1941 年 2 月初，"巴巴罗萨"行动的作战命令开始下达至陆军，部队在前沿的集结也随之展开，不过前期的集结速度并不是很快（详见战场形势图 1）。德国陆军总司令部为此次入侵集结了 149 个师的兵力，其中包括 19 个装甲师，总兵力达 305 万人；挪威集团军在芬兰北部投入了另外 4 个共 6.7 万人的兵力；罗马尼亚则贡献出了不满员的 14 个步兵师和 3 个旅，兵力为 15 万人。将上述所有部队加在一起，轴心国一方在战役发动时共计拥有坦克 3350 辆、火炮 7184 门、汽车 60 万辆，以及马匹 62.5 万匹[①]。

入侵苏联前夕，德国陆军所拥有最为重要的资本莫过于其在组织机动作战方面的高超技能和丰富经验。1940 年在法国战役中获得了巨大成功的装甲军被规模更为庞大的装甲集群所取代——总共 4 个这样的装甲集群组成了向苏联纵深推进的锋锐矛头。那些"装甲集群"实际上就是"装甲集团军"，之所以要到 1941 年末才改名为后者，原因是部分高级将领仍然心存疑虑，认为这些装甲集团尚未达到满编集团军的状态。

7 个传统的集团军和 4 个装甲集群被编成了 3 个集团军群，各自负责一个主要战略方向上的作战行动——北方集团军群，由陆军元帅威廉·冯·莱布指

---

① 作者注：在整个战争期间，德国及苏联军队对马匹的应用都十分广泛，比如运输物资或拖曳火炮，苏军甚至编制有骑兵单位。使用马匹的好处首先是节约石油和橡胶这两种重要的战略物资；其次是马匹的喂养相对并不算复杂和昂贵；最后，在苏联状况糟糕的道路上，马匹的可靠性常常还要优于汽车。

战场形势图 1：1941 年战局和苏军的冬季攻势

挥，从东普鲁士出击，穿过波罗的海沿岸各国，向列宁格勒推进；中央集团军群，由陆军元帅费多尔·冯·博克指挥，于华沙以东集结出击，经由明斯克和斯摩棱斯克向莫斯科推进；南方集团军群，由陆军元帅格尔德·冯·伦德施泰特指挥，负责通过普里皮亚季沼泽和黑海之间的广阔区域，攻击夺占基辅并推进至第聂伯河一线。此外，芬兰陆军在芬兰元帅卡尔·曼纳海姆的指挥下独立行动，从拉多加湖东西两岸向南推进，压迫列宁格勒的苏联守军，为德国北方集团军群的作战创造有利条件；由 2 个德国军和 1 个芬兰军组成的挪威集团军在德国国防军最高统帅部的指挥下，负责从芬兰北部向摩尔曼斯克发起进攻，任务是推进至摩尔曼斯克至基洛夫铁路一线；罗马尼亚部队，即罗马尼亚第 3 和第 4 集团军被配属给了南方集团军群，在入侵行动初期仅负责一个极其简单的任务——占领比萨拉比亚[①]。

　　德国空军总司令部（OKL）在当时能投入使用的一线飞机数量为 4300 架，其中有 2770 架被指派给了"巴巴罗萨"行动，这个数量反而比进攻法国时所用的飞机还要少 700 架——虽然法国实际上比苏联小得多。由于德国空军在 1941 年前 5 个月，即在大不列颠空战中几乎投入了全部家当，因此在出力支持"巴巴罗萨"行动的同时就只能缩小西线机群规模，仅堪维持对英国的空中压力。如此一来，因为需要在东西相隔极远的两个战区同时行动，德国空军便会承受资源和组织上的极大压力。为此，空军司令、帝国元帅赫尔曼·戈林强烈反对进攻苏联。此外，1941 年春季的巴尔干战役不仅牵制住了德军部分地面力量，也进一步加剧了空中战局的复杂性。

　　如果突然降低对大不列颠的空中打击强度，"巴巴罗萨"行动计划就将面临暴露的风险。于是，空军各部队只能在战役发起前的最后一刻实施转场；而且在此之前，德国人还要通过精心策划的无线电欺骗行动让世人相信，其空军部队的大规模调动只不过是对英格兰展开入侵的障眼法。但总的来说，除了上述两线作战的问题之外，德国空军对此次战役行动还是充满自信的。他们手里的牌有很多，比如第一流的装备、丰富的战斗经验，以及突然性。

---

　　① 译者注："比萨拉比亚"是指普鲁特河与德涅斯特河之间地区，现属摩尔多瓦共和国。"二战"爆发前属罗马尼亚领土，于 1940 年被苏军占领。

东线从波罗的海到黑海的所有空军部队按任务被编组为——支援北方集团军群作战的第 1 航空队、支援中央集团军群作战的第 2 航空队和支援南方集团军群作战的第 4 航空队。第 5 航空队的主要任务是保障挪威空防，同时也将视情况为挪威集团军和芬兰陆军部队的进攻行动提供少量支援。与德国人习惯性的做法一致，（此次战争中）空军部队和集团军群的关系被严格限定在了协同和协调层级，谁也无法指挥对方。

德国海军在"巴巴罗萨"行动中的首要任务是保持对波罗的海的控制，此外还在北冰洋和黑海承担了一些有限的额外任务。对于上述任务，德国海军总司令部（OKM）认为，必须先通过空中和地面的作战行动摧毁苏联海军的力量优势，否则单凭海军有限的力量是无法完成（这些任务）的。而且，德国海军和空军一样，都因为对英作战行动被牵扯了大部分精力。值得一提的是，海军司令埃里希·雷德尔上将对此事（进攻苏联）的态度亦与戈林相仿——力有未逮，最好别干。

二、"巴巴罗萨"

1941 年 6 月 22 日，即"巴巴罗萨"行动开始后，德国的政治和军事中枢便从柏林转移到了东普鲁士的森林中。在这里，一条从拉斯滕堡向东延伸的铁路线边上设立着那座著名的、名为"狼穴"的元首指挥部。为保障这个指挥部的安全，工兵们建设了众多带有精巧伪装的钢筋混凝土地堡、环形铁丝网阻绝圈，以及大量土木工事。希特勒及其军事和政治顾问居住在一个得到严密警戒的住所里，距其不远之处则是德国国防军最高统帅部作战指挥部和通信中心所在；德国陆军总司令部被安排在铁路行程半小时之外的拉斯滕堡郊外。此两者之间的铁路线上除陆军总司令部和"狼穴"之间的通行列车外，只允许往来于柏林的特急列车通过。

从战争一开始，希特勒就表现出了这样一种态度——他是不会允许将作战指挥权完全交给"专业人士"的。在战争爆发后前几周，希特勒对作战指挥的干预呈现出以下这种状态——神经质一般地对作战行动施以干涉，并试图把随时从脑海里冒出的战术构想强加于人。哈尔德用他自己并未意识到的深刻洞察力对希特勒的行为进行了如下描述："这种行为一方面是希特勒缺乏

希特勒正在元首指挥部附近与凯特尔和冯·布劳希奇讨论战局

执行力自信的表现，另一方面也和他无法准确抓住德国指挥体制的核心要义有关——德式指挥的精髓在于，通过强化对作战理论和条令的共同理解，培养各级指挥官独立指挥的能力，从而摆脱对上级干预的依赖。"然而对于德国陆军来说十分不幸的是，他们的总司令布劳希奇不再是这条原则的坚定守护者了——假如他以前确实是。意识到希特勒是在一边使唤自己，一边又十分看不起自己时，布劳希奇陷入了徒劳的摇摆当中——是完全屈从于本国元首的专制淫威，还是跟随自己专业素养的指引？最终的结果往往是后者被无情压制，理由很简单——军人以服从命令为天职，他不能违抗上级的命令。

在战场上，德军部队推进的速度极快，甚至远远超出了各级司令部和指挥所推演的乐观预计结果。第二个星期结束前，战役的第一阶段目标——在边境附近歼灭苏军主要力量——似乎便已经达成。在比亚韦斯托克（Bialystok）和明斯克的两个大合围圈中，中央集团军群确认俘虏了超过30万苏联战俘。待南方集团军群度过了相对稍慢一些的战役开局后，所有三个德国集团军群现都在以极高的速度向前推进。到7月中旬，北方集团军群和中央集团军群早已进抵并渡过了西德维纳河（Dvina）与第聂伯河一线。按照德军的判断，该线已经是苏联重要工业区的最后防线，一旦此线被突破，位于该国腹心的工业重地便很快不保。这时，中央集团军群于斯摩棱斯克附近的另一个大合围圈正在完成合围，而南方集团军群也正开始在第聂伯河以西的乌克兰构筑一个始无前例的大合围圈。

此时，哈尔德甚至在乐观期盼前线部队快速推进所带来的战场流动性及复杂性可以让掌控战局的难度超出作为一个战术专家的希特勒的能力范围。然而事与愿违。实际上，后者在很早之前就开始准备，以使自己能够完全摆脱"专家保姆"的掣肘而自由行事。希特勒于 1941 年 7 月 19 日签署的那一份元首训令便根本没有咨询过德国陆军总司令部的意见；而且，该训令的动议虽然是由约德尔和凯特尔提出，可很明显的是，在训令中完全看不到其（希特勒）曾与德国国防军最高统帅部作战指挥部协商过的任何痕迹。这一训令中，希特勒在重申了莫斯科并非主要战略目标的决断后作出指示——在下一阶段，三个集团军群里最强大的中央集团军群将只能单独使用其步兵部队向莫斯科推进，装甲力量则会从推进序列中被抽出，用以支持北方集团军群向列宁格勒的推进，以及南方集团军群对乌克兰的占领。这样从实际上看就捆住了德军向莫斯科前进的脚步。上述希特勒的有关意图其实早在第 21 号元首训令（"巴巴罗萨"行动）中便有过阐述，只不过当时德国的将军们仍然心存侥幸，希望随着战局的发展、种种迹象都表明苏联人将集中大量兵力誓死保卫莫斯科时，希特勒能"被迫"改变自己的初衷。

在接下来将近一个月时间里，哈尔德和布劳希奇在约德尔及两个集团军群司令支持下极力争取机会，试图说服希特勒改弦更张。在他们的努力下，希特勒好像是出现了一些改变，他似乎正在重新评估战局，看上去将会在之后某一天根据这些事实改变自己的既有决定。然而在颁布于 8 月 21 日的训令中，他仍然作出了这样的声明："陆军总司令部持续向东推进战役的提议不符合我的意图。"同时他还命令，莫斯科将不再作为主要目标进行考虑，但可以在南方集团军群夺占克里木和乌克兰产煤区及北方集团军群夺占列宁格勒后加以打算。

有两件小事可以充分揭示出陆军总司令部在这场争斗中失败得多么彻底。其中一件发生于 8 月 21 日，希特勒指责布劳希奇长期不能按照他，即德国元首所想的那样指挥作战。另一件则发生在三天后，在训令中被要求率领装甲集群脱离中央集团军群、转道向南的海因茨·古德里安大将（他曾声明这样的方向转移是不可能完成的）受到陆军总司令部的召唤，来对希特勒进行最后的劝阻。但在元首面前，古德里安选择当场"翻供"，全盘否认了自己原先的观点以附和希特勒的决定，而后又对众将敷衍解释道，在面对元首的决心时他不得不"让不可能变成可能"。

到 9 月 6 日，希特勒在得出两翼的集团军群已经获得足够的加强这一结论后，决定让中央集团军群重新向莫斯科推进。目前，北方集团军群早已从南面逼近列宁格勒，但由于芬兰人在东面的进展不甚有力，合围圈尚未形成；至于这一整座城市（列宁格勒），希特勒定下的基调是用饥饿将它拖垮。南方集团军群在古德里安麾下坦克部队的支援下，正在基辅以东形成一个巨大合围圈，不过要完成夺占顿涅茨盆地和克里木半岛的目标仍需一些时日。此时，希特勒对上述两个（南／北）集团军群发出命令，要求在后续行动中归还由中央集团军群转隶而来的单位，仅使用自身原有资源完成战役目标。

收回力量的中央集团军群从 10 月 2 日重新发起了进攻，在一个星期之内便已突破莫斯科西侧外围防线，并在身后形成了两个巨大的合围圈。胜利看上去近在咫尺。为此，德国国防军最高统帅部取消了从芬兰北部发起的远征——这次针对摩尔曼斯克铁路、意在切断外界援苏通道的作战行动现在看来已经无关大局。然而，就在 10 月的第一个星期即将结束时，中央集团军群和北方集团军群的作战区域内突然开始降雨。更为悲惨的是，在后续一个月时间里，下雨和降雪交替出现，冰冻和解冻接连反复，区域内的道路全都化成了泥沼。10 月 2—10 日间，中央集团军群的每日推进距离能达到 30 英里；而在接下来 20 天时间里，他们的速度骤降到了每日 2 ~ 5 英里。这样一来，在 11 月的前两个星期内，该集团军群实际仍旧挣扎于加里宁—图拉一线，东距莫斯科足有 54 英里。

11 月中旬间，随着天气放晴，酷寒逐渐冻硬了路面，中央集团军群开始重新向前推进。然而一眼就可以看出来的是，该集团军群战力早已"今非昔比"。在持续长达 5 个月的征战后，部队已经极其疲惫，不管是士兵还是指挥官对战役的感受如果还称不上沮丧，那至少也充满了忧虑：深陷泥潭、前景灰暗，完全看不到令人满意的结局；装备折损情况日益严重，后勤和装备补给的渠道又被限定在了几条既漫长又不可靠的路线上；战役伤亡人数接近 75 万，然而仅有不到一半缺口得以补充——步兵连的实力下降到了原编制数的 25%到 30%，下级军官的伤亡和缺编情况更为严重，就连中尉军官指挥一个营的情况也比比皆是。

11 月第 4 周刚开始，中央集团军群便将所有力量都压榨出来，孤注一掷地发起了最后的进攻。他们希望苏联人的境况和自己一样悲惨，不过这一手如意算盘最终还是落了空。到月底，苏军发动反击的迹象已经越来越明显——他们准备通过一次大规模反击迫使南方集团军群放弃罗斯托夫，从而关上德军通往高加索地区的大门。

12 月 5 日，早已逼近到莫斯科近郊的中央集团军群先头部队发来报告，说部队现已无力再向前哪怕一步。第二天早上，在雪、雾和零下 40 摄氏度的极寒中，苏军的反击开始了。

三、希特勒的控制

1941 年 12 月，一路高歌猛进的德军突然一个趔趄摔倒在地，持续将近半年的胜利进军也走到了尽头。但从长远来看，最致命的打击还不在于当前的兵力损失，而是德军指挥体系出现了问题。布劳希奇在 11 月心脏病发作，于 12月初向希特勒请求退休。实际上，在后者批准之前，前者就已经退居二线，只扮演着"传话筒"的有限角色；因此在一些重要问题上，希特勒基本上是绕开了陆军总司令部，直接指挥集团军群的行动。12 月 19 日，希特勒任命了他自己为陆军总司令，陆军军种独立性的最后一丝痕迹也从此由其抹去。

面对苏军的猛烈反击，希特勒抛开自己的幕僚和参谋机构，直接向部队下达命令，要求他们死守阵地、绝不后退一步——实际上，这些部队也别无他选。由于推进得太快，后方根本没有可以作为依托的落脚点；而在俄罗斯的冻土上，即便是炮弹也只能炸出几英寸的浅坑，临时挖掘工事的可能性同样不存在。根本没有人认真考虑过在俄罗斯进行冬季作战的问题——在酷寒条件下，各种武器机件被冻住无法运作、部队缺少御寒衣物伤病骤增、车辆无法发动寸步难行。在巨大的困难面前，那些缺乏坚守阵地所必需的坚强意志和顽强毅力的指挥人员都因无法达到希特勒的上述需求而被他纷纷解职。冯·伦德施泰特，一名资深陆军元帅，作为希特勒怒火的首个发泄对象在南方集团军群司令任上遭解职，成了罗斯托夫败退后的第一个牺牲品；到 12 月中旬，冯·博克也因病辞去了中央集团军群司令的职务；不久后，北方集团军群司令冯·莱布麾下部队在季赫温（Tikhvin）试图与芬兰军队会师时遭遇了苏军强大反击而被包围，莱布因为在"是否允许被围部队撤退"一事上与希特勒产生严重分歧而遭解职。此外，那些敢于下达撤退命令的将军们同样得到了希特勒类似的惩戒——古德里安大将遭解职；埃里希·霍普纳大将被剥夺军衔，甚至还被禁止继续穿军服。

希特勒的决心和对部队（必须）死守阵地的反复强调并不足以抵御苏军的强大反击。随着时间推移，苏联军队的攻势变得越来越凌厉，德国中央集团军群和北方集团军群作战地域内被突破的地段越来越多、程度越来越深。在新年到来之际，中央集团军群突然惊恐地发现，从南翼突入的苏军正直逼己方纵深，与此同时北部侧翼也被他们突破——苏联人竟然打算合围整个中央集团军群！值此危若累卵之际，希特勒终于在 1942 年 1 月 15 日发布了开战以来的第一道撤退命令。他授权中央集团军群将其前线后撤至距莫斯科 85 英里的位置。然而如此短的距离并不足以使部队摆脱被合围的危险——唯一的好处仅是缩短了该部的作战正面，使其得以抽出部分力量去加强受到威胁的侧翼。与此同时，除收到这份命令的中央集团军群部队外，其余部队仍然必须坚守原地、不得后退。

1 月中旬到 2 月间，德军东线的危机一直在不断发展和加重。虽然中央集团军群恢复了对其南部侧翼的部分控制，但在接连好几个星期时间里，德军对于苏军在其北翼的突进根本就拿不出有效的反制手段。更为雪上加霜的是，德方已经无法有力保障其生命线安全——经由斯摩棱斯克往东延伸至前线的公路和铁路早已几近中断。北方集团军群和中央集团军群的正面上已经被拉开了一道宽达 160 英里的大豁口，豁口两端分别是伊尔门湖（Lake Ilmen）和勒热夫（Rzhev）。在伊尔门湖南方的杰米扬斯克（Demyansk），有两个军约 10 万人的德军陷入了苏军的完全包围之中，仅靠空运补给在苟延残喘着。

2 月中旬后，苏军的反击开始失去力度，其主要目标看起来也已达成；苏联人接下去无外乎就是想多收复一些失地，或是再多给德军添加点伤亡罢了。在 2 月第一个星期里，中央集团军群费劲地守住了勒热夫这个北翼端点；接下来 2 周内，新补充的师从这里投入战斗，开始填补该集团军群与北方集团军群之间的缺口。1942 年 3 月间，德军一直在持续其战场态势的恢复进程，直到俄罗斯春季的降雨和泥泞将苏德双方都暂时陷在了原地。

　　出现于 1941—1942 年冬季的危局反而给希特勒个人带来了一个巨大胜利——他对德军的控制达到了令行禁止的程度。有人认为，他坚决不允许撤退的决定与其说是出于军事上的考虑，倒不如说是为了维护其"伟光正"一贯形象的歇斯底里。然而不管怎样说，即便是对希特勒最为严厉的批评者后来也不得不承认这么一个事实：德国陆军看起来是因为缺乏预设的防御据点或缺少充足的寒区作战装备和被装而遭到苏军重创，可实际上，如果统帅部承认了撤退的必要性，那么德军所将遭受的就不会仅是重创，而是——崩溃。因此在这场危局中，希特勒不仅没有失去什么，反而得到了更多——至少从职务上看是这样（比如他自封的陆军总司令头衔）。他对自己军事素养和对局势判断的自信与日俱增，尤其是在战局发生了突然而重大的变化时。由此导致的结果就是，在战争余下的时间里，德国人的战争指导方针始终贯穿着这样的激烈冲突：对军事专业原则、灵活性和机动性的遵从撞上了希特勒的固执，指挥官们则被置于发挥主观能动性和盲目执行元首意志这两条道路之间左右为难。

四、"蓝色"行动

（一）承诺、怀疑及计划

　　1942 年 3 月 15 日，希特勒在柏林发表了一次"英雄纪念日"讲话。在讲话中，他承诺将于这个夏天彻底摧毁布尔什维主义，并且粉碎"布尔什维克巨人"掠夺欧洲奇缺的石油资源的企图。但在私底下，希特勒和他的近臣们并不像表面看上去那样信心爆棚——戈林及德国宣传部长约瑟夫·戈培尔对苏联人的潜力心存疑惧、惴惴不安。希特勒在向戈培尔描述夏季战役的基本想法时也宣称他的意图仅仅是夺取高加索地区、列宁格勒和莫斯科，而且有关上述目标的行动不是同时而是依次进行的；前者还这样断言，不管环境是好是坏，冬季作战都无法避免。在批评布劳希奇 1941 年冬天里的失职时，希特勒将其形容成了"傻瓜和懦夫"。

4月26日，希特勒向国民议会提交了一份报告。在报告中他冠冕堂皇地宣称，在冬季危机发展和持续阶段，"感觉自己被推到了命运舞台的中心"。为此，他要感谢士兵和士官们的付出和牺牲，还要感谢德军的各级校尉军官们，正是他们"在明知危险的情况下，冒着失去生命的危险，不断鼓舞部属前进、前进、再前进"。然而对于高级将领，他仅有的评论只是"在某些场合，当（将军们）丧失了勇气、抛弃了原则、忘掉了责任时，他觉得需要以更严厉的督促和干预手段来鞭策他们"。他要求，同时又被自动授予了这样彻底的权力——对任何军官和政府工作人员的撤职和降级处分权。如此一来，实际上他就彻底抹去了德国政府和德国武装力量的最后一丝独立性。预示着这种独裁正在不断加强的事实便是——这一爆炸性历史事件本身在德国国内所引发的关注居然要少于那句随意喊出的口号："下一个冬天，我们将在所有地方做好一切准备。"

德军1942年夏季"蓝色"行动的训令一改全面进攻之惯例，将行动限定在了东线的南翼，目标指向顿河、斯大林格勒和高加索油田（见战场形势图2）。与以往不同的是，此次行动由希特勒全权组织指挥；参谋人员根据其具体指示起草训令，再经他修改和扩充后才签署最后版本。

对高加索地区的进攻在某种意义上可以被视为一次探险，而且是次大规模的探险。实际上，该行动早在1941年秋末被首次提上议事日程时便是以"远征"这一面目出现的。在"蓝色"行动训令中，希特勒将其拔高到了战略层次，把它视为能左右战局的决定性进攻行动，也就是"胜负手"来对待。这次行动将分成以下两个阶段实施：第一阶段，在北面库尔斯克—沃罗涅日方向上达成若干地段的突破，摧毁南翼苏军，并将战线前推至顿河一线；第二阶段，在进逼斯大林格勒的同时越过顿河下游、进入高加索地区。为达成上述目标，南方集团军群被分成了A集团军群和B集团军群两大部分——B集团军群由病愈的冯·博克指挥，在战区北部实施首要突击；A集团军群由利斯特指挥，在B集团军群之后发动进攻，任务是突破顿河下游防线并进入高加索。

B集团军群下辖第2集团军、第4装甲集团军和第6集团军，其中前两个集团军是由中央集团军群转隶而来；A集团军群则指挥第1装甲集团军和第11、第17集团军；同时，德国的盟友意大利、匈牙利和罗马尼亚首次在东线

战场形势图 2：1942 年 5 月 1 日—11 月 18 日战局

表现出了认真的作战态度，各家均为此次战役提供了 1 个集团军的兵力。但这 3 个盟国集团军在装备和训练方面都谈不上尽如人意；而且罗马尼亚人和匈牙利人之间原本便存在不小的矛盾，两者相互掐架的意愿恐怕更胜于同苏联人对垒。不过话说回来，德国人对他们的期望值本身就不算太高——后者存在的意义只是为希特勒所宣称的无私的"反布尔什维克十字军"提供一个现实的注脚，或是在力所能及时偶尔帮忙掩护一下德军的翼侧罢了。

对 1942 年战役规模和目标的限制并非出自希特勒本意，而是为现实所迫。在经历了 1941 年的高速突进以及刚结束的冬季防御后，德军已经精疲力竭、无能寸进了。即便是（最终实施的）"蓝色"行动本身也相较其原始计划缩小了规模。在参与进攻行动的 65 ~ 67 个师中，有超过三分之二是被打散后在前线就地恢复或重建的，仅有不到三分之一是在后方进行重建，或是新近投入作战的生力军。据 1942 年 5 月 1 日的记录显示，各步兵师的实力仅达到其标准建制数的 50%，德军在战役发起前才将其补充到了 100%。然而一家欢喜儿家愁，作为（以上事件的）后果就是不参与此次行动的中央集团军群和北方集团军群各师在 1942 年 8 月之前将只能继续维持其平均 55% 的实力水平而无法获得补充。于南翼投入进攻的每个装甲师都拥有 3 个坦克营，而中央和北方两个集团军群所属的装甲师则缩水到了仅剩 1 个坦克营；作为"蓝色"行动突破矛头的各师在摩托化车辆上恢复到了建制数的 85%，可其他那些师的数目便会远远不如了。此外，压制火炮、反坦克火炮、防空火器的配备亦将优先满足突击单位——有时还是拿缴获到的苏军武器凑数——不过各类弹药的储备在经历了苏联人的冬季攻势之后也早已近乎见底。至于能不能熬过 1942 年的秋天——恐怕只能祈祷上天了。

相较于 1941 年，唯一在力量上没有损失太多的是德国空军。冬季战役中，第 2 航空队被转移到地中海战区参与争夺马耳他岛的行动，并为北非德军提供支援。如此一来，东线战场上空的德军飞机数量便锐减到了 1700 架。更严重的是，在冬季战役中被合围或是陆上补给线路被切断的部队数量众多，为其实施的那些空中补给行动进一步降低了各飞行单位的作战效率。幸运的是，在春季到来时，德国空军在东线的飞机数量恢复到了 2750 架；其中负责南翼空中行动的第 4 航空队占据大头，总共拥有 1500 架。

（二）1942 年的战役

1942 年 6 月 28 日拂晓，第 2 集团军和第 4 装甲集团军揭开了进攻的序幕。德军碾过苏军在库尔斯克东南的防线，向沃罗涅日发起了突击。德方在 4 天之内便进抵沃罗涅日近郊，并于 7 月 6 日夺占该城；此后，第 4 装甲集团军转向东南，沿顿河向第 6 集团军靠拢，后者已在 6 月 30 日从哈尔科夫东部向前推进。德军各集团军现在又占据了先手，然而最初的这两次突击——即分别指向沃罗涅日和从哈尔科夫东部发起的作战行动——未能形成 1941 年那样的巨大包围圈，仅俘虏了苏军不到 10 万战俘。在失望情绪影响下，希特勒解除冯·博克 B 集团军群司令的职务，并换上了陆军元帅[①]马克西米利安·冯·魏克斯。

希特勒原本的打算是在顿河河曲部形成第三个合围圈，以便在向斯大林格勒和高加索地区发起攻击前肃清顿河一线。不过他又在 7 月 13 日突然改变了主意并向 A 集团军群下达命令，令其在第 4 装甲集团军加强下转道向南、越过顿河下游，从而将更多苏军堵截在位于罗斯托夫附近的合围圈中。德军在 7 月 23 日夺占了罗斯托夫，然而还是没能取得意想之中那种大歼灭战的战果。

希特勒于夺占罗斯托夫当天签署的命令为德军夏季攻势画上了失败的句号：他将两个集团军群摆在呈锐角岔开的进攻路线上——B 集团军群朝东扑向斯大林格勒，A 集团军群则越过罗斯托夫进入高加索——两者之间的距离越来越远。同时，他还下命令把第 11 集团军的司令部、所有炮兵力量，以及大约一半的师从 A 集团军群中抽调出来（第 11 集团军原先是准备在夺取塞瓦斯托波尔之后加入该集团军群，并作为主力使用），转向北上、转移至北方战线，用以加大对列宁格勒的争夺力度，企图夺取列宁格勒，并为后续以摩尔曼斯克铁路为目标的德—芬联合攻势行动创造条件。正如他在 1941 年所做的那样，希特勒在进攻行动最后也是最关键的时刻再一次自废了武功。

A 集团军群虽然顺利拿下高加索地区的"大门"罗斯托夫，但要走的路仍很漫长——距迈科普（Maikop）油田有 200 英里，距格罗兹尼有将近 400 英里，若想抵达巴库和第比利斯甚至还得翻过大高加索山脉。7 月 29 日，A 集团军

[①] 审校者注：原文如此，但此时魏克斯为大将军衔，于1943年2月1日升为元帅。

沃罗涅日巷战一角

群切断了苏方通往高加索地区的最后一条铁路线。两天后，希特勒发布另一道
训令，他判断苏联人除了被迫死守高加索地区外已无力再掀起什么风浪，德军
却能通过威胁斯大林格勒和苏联人的生命线——伏尔加河来耗尽他们最后一丝
后备力量。有鉴于此，希特勒命令第 4 装甲集团军原地掉头 180 度，转而向北
推进，以便从斯大林格勒南面向该城发起攻击。

德军的攻势行动持续了整个 8 月和 9 月，但没有达成任何主要战略目
标——A 集团军群夺占了迈科普油田，却发现油田早已被破坏；向格罗兹尼
挺进的 2 个先头装甲军因油料短缺且最终告罄而被迫停在原地长达数星期之
久；从罗斯托夫出发的油料车队因补给线路过长，自身消耗（的油料）已经和
所运油料差不多。德军先头部队的确突入了高加索地区，可苏军依然控制着所
有要道；北面的第 6 集团军和第 4 装甲集团军虽然正在从斯大林格勒西部和南
部互相靠近，但两个集团军又都不得不分出部分力量来掩护自己的侧翼，进攻
锐势业已丧失。

（三）人力资源紧缺

1942 年 9 月 8 日，德国陆军总司令部编制局（Organizational Branch, OKH）报告说："所有计划都必须考虑这样一个无法更改的现实——当 1942 年 11 月 1 日到来之时，德国陆军预计保有的兵力将比编制应有实力数（大约 320 万人）少 18%，人数缺额达 80 万[①]，而且这个数字在近期并不存在减少的可能。"[②]

编制局预想中能得到的最好结果就是德国预备的人力资源足以弥补 1942 年冬季里可能遭受的损失，并勉力保证在 1943 年春季到来前德军的兵力数量不致出现进一步下滑。报告接着说道："如果各部队这种缺额严重的情况持续下去，那么他们在部署时将难免产生虚妄的误判。"此外，该局还建议将东线半数以上师的编制由 3 个团削减至 2 个团。

德国此时面临最大和最难的问题是——找到一条切实可行的途径来缓解人力资源紧缺的局面。自 1942 年 5 月以来，步兵上将瓦尔特·冯·翁鲁便作为希特勒的个人代表，已经擎着"必须无条件为东线战场贡献力量"的尚方宝剑将德国后方仔细搜刮了一遍。这个给所到之处带来的不是绝望便是恐怖、被诨称为"抓夫将军"的翁鲁最后终于成功拼凑出了数个后方梯队司令部。然而仅在 3 ~ 4 个月后，德国人就发现翁鲁的这点功绩最终不过是杯水车薪。陆军总司令部编制局于 1942 年秋季提出建议，希望在苏联战俘里招募人员来组建俄国辅助人员队伍（Hilfswillige/Army auxiliaries），以便从后方梯队中替换出大约 18 万人的兵力，将其部署至东线浅近纵深执行勤务和保障任务；这样便能从前线再压榨出 8 万 ~ 9 万人的兵力投入战斗。

人力资源紧缺问题的另一个潜在解决途径与德国空军相关，他们依然有着（数量）相当可观的人员富余。希特勒于 1942 年 9 月批准了动用这些富余人力的请求，但在戈林的坚持下，他们最终并不是被纳入陆军兵员补充体系由陆军直接消化吸收，而是以空军野战师的形式出现在了战场上——这类师

[①] 译者注：原文如此。

[②] 作者注：1942 年 9 月第 1 周内，德军在东线的总兵力为 163 个师、249 万人，这其中并不包括部署在芬兰北部、下辖有 6 个师的第 20 山地集团军。此外，还有意大利、罗马尼亚和匈牙利等仆从国军队的总计 48 个师（包括 1 个西班牙师和 1 个斯洛伐克师），共 64.8 万人。于北线独立作战的芬兰集团军拥有 17 个师旅级单位，兵力略少于 40 万人。

在人员配备和军官任命上只听从空军的命令。9—10 月间，希特勒下令组建了20 个空军野战师，其总兵力达 20 万人。从陆军的角度看，如此安排简直令人无语，甚至很难再找到比这更糟糕的事情。这些空军部队从未接受过陆战方面的训练，而且戈林对陆军中表现出的"反纳粹"倾向极为不满，恨不得建起一堵墙来完全隔绝陆军对空军的影响，以防空军上下"坚定"的纳粹信仰遭到削弱。因此，要想在东线战场上给空军野战师找到一个合适部署位置的可能性几乎已不存在。更麻烦的是，陆军还得从本就捉襟见肘的装备中挤出不少东西来武装这 20 个师，而仅在车辆一项上的挪用便导致多达 4 个装甲师的恢复重建计划受到了延误。

还有一个缓解人力不足问题的办法——部署大量重型和自动武器系统，以装备优势来弥补人力短缺。陆军总司令部作战处（The Operations Branch, OKH）建议，如果情况允许，可在不撤换旧有装备的基础上为前线单位配备更高效的新式武器，使其火力在无论是数量还是质量上都变得更强大。然而，比如德国最新型和最令人期待的武器——"虎"式坦克的投产速度十分缓慢。此外，在 1942 年 7 月对两辆原型车的测试也表明这种坦克要投入实战至少都得等到该年年末。

（四）不断摇摆的指挥

在 1942 年 9 月撤换自己的参谋长时，希特勒脑子里想的压根就不是解决或缓解当前战局困境的事。他对陆军机构越来越严密的个人控制——主要表现是以蔡茨勒替换哈尔德——其实并未在战场上取得多么理想的效果，而且在形式上还不免带有"岗位降阶"的象征性意义：把非常高级的岗位让由资历很浅的将军"窃据"。不过，希特勒这样撤换倒不能说是单纯为了发泄自己对哈尔德的私愤，他那受深埋于内心的憎恶所驱动的真正动机其实是为了改造——在他看来可能用"复兴"这个字眼更恰当，对象是整个德国的军官队伍，尤其是将领群体和总参谋部各级参谋军官。为做成这件大事，同时将军官任命权更紧地攥在自己手里，他向陆军人事部派出了"钦差"以监督其工作，并将该部置于自己的首席副官鲁道夫·施蒙特（Rudolf Schmundt）少将管理之下。希特勒对施蒙特提出的政策要点是，要将年轻、经历过战斗考验的军官迅速提拔到高级甚至是最高级别岗位上——蔡茨勒就是这种政策的鲜明注解，他被任命为陆军总司令部参谋长时年仅 47 岁，距离其进入将军队伍还不满一年。同时，希特勒还准备打破德军总参谋部对高级岗位的把控，他采用的方法是培养作战部队中优秀的指挥军官来充实总参谋部高级岗位，并要求总参谋部的参谋们轮流到部队担任指挥人员以获取实战经验。值得一提的是，希特勒还曾扬言要最终废除德军总参谋部独有的标志——军裤上的红色条纹和银领章。

在就任陆军总司令部参谋长后，蔡茨勒很快便向世人表明了他并不准备做一个单纯的"点头"将军。上任头几天里，他就在权力争夺的内部暗战（事关德国指挥机构的职能运作）中夺取了一场重大胜利。德国陆军在很早之前便认为，让约德尔及其作战指挥部来起草元首训令的影响哪怕不应说是有害，那至少也能称得上是整个陆军的不幸。因为这些训令中关于东线的指示虽然挂着"战略"的招牌，但其内容只盯着战役和战术问题，而且在细节上指手画脚。当希特勒亲自担任陆军总司令，并将总参谋部降格为次等、仅对其私人负责的参谋部之后，德国陆军上下的不满情绪开始逐渐累积，到凯特尔和约德尔肆意纵容各级指挥人员随心所欲地非难和批评下属时，这种不满情绪也随之被激化。蔡茨勒抓住了约德尔众怒难犯、人缘奇差的有利时机，刚一上任便将事关东线战局的元首训令起草权抓在手里，并把名义上的上级德国国防军最高统帅部排除在外。取得这一胜利后，元首训令即改以"作战命令"的形式由陆军总司令部发布实施。他还成功改革了日常战况分析会的汇报议程，将约德尔不分粗细、全盘一把抓的汇报形式改成首先由陆军总司令部参谋长汇报东线战局，而后约德尔补充其他战区情况。随后，在蔡茨勒努力下，德国国防军最高统帅部作战指挥部获取东线作战细节的途径遭切断，作战指挥部的眼睛被彻底蒙上了；从长远来看，蔡茨勒还在无心之中造就了另一个在重要性上丝毫不弱的影响——将德国国防军最高统帅部和陆军总司令部之间的界线明确固定下来，使东线成为后者独占的自留地，只会在战役目标、军备配给方面与德国国防军最高统帅部进行协调和争吵；至于在西线、巴尔干、意大利和芬兰战场，为了完成德国的宏伟事业，国防军最高统帅部当然会得到陆军总司令部全力的支持及配合。

（五）一号作战命令

1942 年 10 月 14 日，希特勒发布了一号作战命令，称："除了部分还在持续的行动和少数仍在计划的局部攻势外，今年的夏季和秋季战役已经宣告结束。"该命令的主旨是在冬天到来之前启动攻防态势的转换进程，然而它所导致的后果正好相反。希特勒命令北方集团军群、中央集团军群和 B 集团军群在现有战线上转入冬季防御，但第 6 集团军要继续向斯大林格勒推进，A 集团军群则被要求等待进一步的指示。这便意味着在后两个（兵力集团的）局部战场上，德军部队仍然需要保持进攻的状态。

在一号作战命令和发布于几天后的补充命令中，希特勒将上一个冬季作战里"死守不退"的口号上升到了作战原则的层面。他命令：在任何情况下都必须据守冬季阵地；部队不允许机动规避或实施撤退；敌军的突破必须被迅速阻止，同时防线上其他未遭攻击的部队"绝对"不得轻动；被割裂和合围的单位必须依靠自己的力量坚持防御，直到被友军解救。他还让每一个指挥人员分别向自己保证，会"无条件"执行这些命令。在补充命令中，他还将上述要求直插到底，传达给了最基层的军官。该补充命令写道："下至班长的每一个指挥官都必须坚守自己神圣的职责，不管遭到敌军从左边的迂回还是从右边的包抄，都必须守住阵地，甚至是在补给线被敌人切断、被敌军团团包围、遭敌坦克碾压、被毒气笼罩的情况下。"上述命令要求被反复宣传，直至"敲进了每个军官和士官的心里"。

第二章

大撤退

　　1942 年，夏末。如果说德军司令部的战争之弦在此刻绷紧到了极致，那么苏军也差不到哪儿去。就在 8 月 30 日，德军突破了斯大林格勒的外层防御围廓，迫使苏军退守城市内围防线，惨烈的城市攻防即将开始，恐怖的巷战"绞肉机"张开了血盆大口。两天后，斯大林格勒守军司令安德烈·伊万诺维奇·叶廖缅科上将和他的军事委员会委员尼基塔·谢尔盖耶维奇·赫鲁晓夫向城防军民发出了"誓与城市共存亡"的号召。9 月 3 日，斯大林更是在讲话中宣称，如果斯大林格勒北部顿河和伏尔加河之间的军队不立即发动反击，斯大林格勒"今天或者明天就会失守"。值此危急时刻，苏联军队在 9 月 5 日发动了反击，匆忙将 3 个还未完成训练的预备队集团军投入战场，但效果并不理想。德国原陆军总参谋长哈尔德在观察了几天后得出结论，正向斯大林格勒攻击前进的第 6 集团军已经取得了令人满意的进展，并且在其北部侧翼"成功地抗击了敌人的反击"。

　　在早已付出了巨大的战争损失后，还要往这个磨盘（即斯大林格勒战场）里投入多少血食？当时的苏联人心中并没有底——仅在北方列宁格勒一地，在过去的 1941 年至 1942 年冬季，苏联在那里损失了至少 600 万，甚至多达 800 万的军队 [1]，外加数百万平民伤亡，因冻饿而死者更是不计其数。而在业已过

---

　　① 译者注：原文如此，但事实有待考证。

去的战争中，苏方总计已经损失了 47% 的土地——被敌人占领的这片国土可以养活 8000 万人口，在过去为苏联贡献了 71% 的生铁产量、58% 的钢产量、63% 的煤产量、41% 的电力、38% 的谷物和牲畜，以及 84% 的糖。

一、苏联的指挥

对此，苏联当局的决心是——不惜付出任何代价。

斯大林深切地明白，这是一场不死不休的决斗。因此，为了延续苏联共产党的执政地位、保卫伟大苏维埃政权，任何牺牲和代价都不在话下。这种对伤亡和领土损失的强大耐受力是俄罗斯民族之所以能顽强生存的立身之本，也是苏联巨大的战略优势所在。然而光有意志是不够的，要在战场上存活下来并且最终打败那些装备精良、技能高超的敌人，就还需要在另一个层面上付出更为细致的巨大努力。不过，上述在紧迫性和重要性方面远超任何人想象的事实也还是只有在经历过被敌人突然侵略的震惊之后才能为苏联人所深刻认识。在切肤之痛的激励和鞭策下，苏联领导人开始废寝忘食、狂热工作以补足相关方面的短板。但在 1942 年夏天即将过去的关键时刻，当德军再次燃起嚣张气焰、准备在苏联心腹之地肆意横行时，这个急迫的问题便又一次阴魂不散地出现在了俄罗斯民族面前：他们以往所有的努力会不会在苏维埃大厦轰然倒塌的巨响中化为乌有？这绝不是在危言耸听，因为军队和民众的士气已经开始出现崩溃的前兆——牺牲、失败和失误的负担在战争的这一刻已达到了极致，因冬季战场上的成功而重新燃起的希望和自信再次被现实无情打散。在当时看来，至少在之后很长一段时间内，苏联当局都还会带领着他们的人民在灾难边缘苦苦挣扎。

（一）战争前夜

在 1939 年 9 月第二次世界大战（指欧洲战场）爆发到 1941 年中期这段时间里，苏联方面的政策都相当令人费解，看上去就像是由疯狂野心和巨大焦虑组合而成的怪物。通过"野心勃勃""胆怯避事"这两个面孔的轮番展现，苏联人在成功营造出咄咄逼人的军事态势的同时还让自己避开了真正的军事对抗。签署于 1939 年 8 月的《苏德条约》及当年 9 月追加的秘密条款不仅让苏方实现了在西部边界开疆辟土、将势力范围拓展到邻近地域的长久梦想，同时使其获得了免遭德军直接入侵的书面保证。此后，心思大定的苏联人在 1939—1940 年冬季发动了苏芬战争；只不过这场战争除了给他们带来"某种胜利"、部分领土、不那么令人愉快的国际声誉外，还造成了苏联军事威望方面的极大损失。与此同时，1940 年里的德国人却在法国和低地国家取得了辉煌胜利——此消彼长之下，两者的巨大反差迫使和约双方都开始重新审视这样一个问题：《苏德条约》是否还有利用的价值？当然，几乎可以肯定的是，当约瑟夫·斯大林环顾整个欧洲大陆、突然发现仅剩下自己和希特勒面对面（而再无别人）时，他的心情有多么糟糕。此外，对于德国人来说，苏联人对巴尔干半岛和比萨拉比亚的染指，以及对芬兰威胁的升级看上去也和敲诈毫无二致，而且事实证明确实如此。不过到 1940 年中期之后，虽然双方的焦躁感都正不断增强，但只有德国一方在准备为此做点什么。所以，在该年 10 月，当苏联外长莫洛托夫前往柏林、打算为本国捞取更多好处时，他得到了几乎毫不掩饰的警告——德国将不再容忍苏联对西部边界的扩张。对于这个警告，苏联人显然听了进去并且入脑入心：1941 年 4 月，当德国将苏联的传统势力范围巴尔干纳入囊中时，苏方选择了作壁上观。此后直至侵略发生的那一天前，苏联都小心翼翼地将讨论议题限定在了经济交流方面。

1941 年 4 月末、巴尔干战役即将结束之际，德国驻苏联大使告诉希特勒，说斯大林"准备对我们做出更大的让步"。到 5 月 6 日，之前一直偏爱幕后操纵的斯大林第一次走上前台、承担起了苏联元首——人民委员会主席的职责。这一举动，按照德国大使的观点可以看成苏联人对其所感受到日益增长的威胁的一种回应举措，其主要意图在于赋予斯大林更大权力，以使他能更好地应对德国的威胁。

时间在此刻划出一条陡线，双方就像约好似的，一齐扎进了灾难的深渊——当时还未像后来那么独断专行、将幕僚们吓倒的希特勒把所有关于即将展开的对苏冒险的劝阻扫进了垃圾篓；而在另一边，斯大林的幕僚们只会选择一些让他愉悦的话题，谁也不愿意讲真话惹他不开心。这两个对手，一个是一意孤行听不进劝阻，另一个是视听失聪看不见险途，正所谓"盲人骑瞎马，夜半临深池"，战争的爆发便这样悲剧般地被注定了。事实上，德方在东线的部署早在 1941 年初就已经实际展开到位，哪怕这个事实可以被忽略或被误判，但绝对不可能瞒过苏方高度发达的情报机关的眼睛——这一点可以从苏联人在 4 月 10 日发出、要求西线各军区提升战备等级的警报中得到验证。不过德国大使还是告诉希特勒，说苏方在前线的行动仅仅是"著名的俄式 300% 安全观"的机械反应，而非真正发现了什么。因为假设苏联真正发现了什么——那么毫无疑问——其结果将会是一连串令人眼花缭乱的动员命令。但事实上，这次的情况是斯大林冷漠地无视了英国人和美国人的警告，一意孤行"紧紧捂住了盖子"，对苏德之间箭在弦上的军事摊牌选择性地视而不见。这种摊牌的明显迹象，按德国大使的观察，是"每一个往返于苏德间的路人"都皆知的事情。可用作上述事件佐证的是，苏联官方的喉舌塔斯社在 1941 年 6 月 14 日还发表了一份通讯，称根据苏联政府的情报，德国和苏联一样正在严格遵守互不侵犯条约，对德国人将会破坏相关协定的猜测是毫无根据、甚至很可能是别有用心的。

（二）战备建设和军事学说

苏联既没有全力投身于世界和平事业——在 20 世纪 30 年代后 5 年时间里，它参与了在西班牙、远东以及芬兰的战争；却也不像大不列颠和美国那样，对战争毫无准备。这种欲拒还迎、将说还休的混乱备战局面应主要归咎于苏联行政当局的无能——如果不考虑某些表面上看起来十分巨大的努力和成就——这种无能成功阻碍了备战目标的达成。而该国的对手，即德国在 1940 年前期就已经做好了发动战争机器的准备。

苏联巨大而无力根治的弱点在于——这个国家在各个层次上都缺乏主观能动性，这导致了教条主义和斯拉夫式唯上是从之风的盛行，人们更倾向依赖于固化的和官方的程序规则，即使这些程序规则与个人经验或者逻辑有着明显冲突。在 20 世纪 30 年代的大清洗之后，苏军损失了大多数经验丰富且拥有进取精神的指挥员，所有剩下的人也噤若寒蝉；当这些剩下的人把"自保为要"当成共识后，苏联的上述弱点便毫无疑问得到了进一步发展。而最直接并且随着时间推移还会不断加剧的后果就是对斯大林的所谓个人崇拜。如此的结果让人不免怀疑，在苏联的体制和框架内，将上述弱点治愈的可能性是否还存在呢？

虽然苏联指挥员大都拥有直接指挥战斗的经历，而且最近在西欧爆发的

斯大林格勒城内的 T-34 中型坦克

战役也给他们提供了鲜活的学习范例，但这其中本应学到的最重要的那些经验反而被严重曲解和误读、并在他处被错误地运用了。西班牙人民的民族革命战争结束后，苏联人得出的结论是——大规模装甲部队存在的意义已经不大，同时飞机也只适合执行战术行动。这一结论的后果便是机械化军建制被取消，飞机的生产亦被严格限定在了战斗机和强击机之类的机型上、大型远程战略轰炸机被"打入冷宫"。自 1939 年到德军侵略之前，苏军最大的装甲单位仅为坦克旅；他们同一时期的条令还依然把坦克看作步兵的支援武器。直到 1940 年中期之后，在德军从法国所取得的巨大胜利影响下，机械化军和坦克师才重新开始组建，但又犯下了过于急躁的毛病——为快速扩大编制，很多单位都是不满编的。

　　对于苏军指挥层而言，与芬兰人的战争是一次痛苦经历。它暴露了隐藏在苏联军事体制深处的弱点。芬兰元帅卡尔·曼纳海姆精妙地把苏军比喻为一支指挥不善的管弦乐队——在这支乐队里，各种乐器的演奏完全无法保证协调和同步。苏联人后来也承认，许多军官"对现代战争没有清晰明确的观念"，无法策划并实施诸军兵种合同作战。在国际上，苏联的军事声誉因此受到了巨大损害，该国新近从远东哈桑湖和哈拉哈河战役中获得的威望亦在此战中几乎消耗殆尽。

在苏芬战争中的惨痛经历很可能是斯大林下定决心不惜任何代价避免与德国摊牌的主要原因之一。此后，苏联就马上表现出了强烈意愿，希望避免与处在战争状态中的任何一方发生军事冲突。1940 年 4 月，德军入侵挪威，他们打出的旗号是"为了帮助芬兰而阻止英国和法国向挪威派遣军队"；德国人在当时也向苏联人作出了这番解释，结果后者"大松了一口气"的反应却令前者颇为惊奇——虽然双方之间的战争在当时早已结束，但苏芬两国毕竟仍是处于敌对状态的。

苏芬战争所暴露出问题的重要性在苏联后来的军事体制改革中得以呈现。一俟 1940 年 4 月的战争结束，苏军就废除了陈旧、公式化、过于简单化的训练指导方针，并着手建立以实战为导向的军官训练体系。5 月，红海军重新恢复了各级将军和元帅军衔，革命所遗留下来的一些极端平等主义做法也被废除；8 月，政治委员制度被废除。然而，举行于 1940 年 12 月的一次会议表明大多数军官仍在接受呆板生硬的培训——在个人能动性和灵活性发挥这一方面，苏军改善的进程显然十分缓慢。

在武器装备上，苏联人取得了一些相当可观的进步。他们发展出了著名的"喀秋莎"火箭炮；由柴油发动机驱动，在速度、火力和防护方面相比任何德国坦克都更胜一筹的 T–34 中型坦克；以及全重超过 60 吨的超重型[①]KV（科京 – 伏罗希洛夫）坦克。然而，这些新式坦克、火箭炮及新型飞机在德军入侵前都还没来得及全面投入生产。苏联的军备产量虽然在整个五年计划期间一直保持着较高水平稳定增长，但对于新型武器装备的强调和重视程度并不高——比如冲锋枪就被国防委员会归到了警察武器一类，因而未将其列入军事生产计划。

一个很明显的事实是，苏联领导层同样未能从德军在西欧获取的胜利中

---

① 译者注：原文如此，但通常将其划归为重型坦克。

总结出正确结论。他们认为波兰和法国之所以会被德国击败，主要原因还是缺乏抵抗意志和"第五纵队"的存在。这种推理逻辑在后来的大溃败时期引起了苏联内部广泛、毫无意义，有时甚至是瘫痪性的猜疑和恐慌。此外，苏联军事指挥层对战争将如何开始也缺乏明确清晰的认识。他们觉得双方会（像一战那样）花费数周时间来动员和进行兵力的集结展开，而后才可能发起主要突击。因此，顺着这个思路，他们便进一步假设并判断边疆军区将有足够能力挡住敌人的攻势，直至苏军完成全面动员且发起反击。

　　1941 年 6 月，苏联西部边境的防线分别由列宁格勒军区、波罗的海沿岸特别军区、西部特别军区、基辅特别军区及敖德萨军区管辖①。如果战争爆发，它们将转为方面军（等同于集团军群）司令部，指挥麾下 12 个集团军作战；这 12 个建制内的集团军有 3 个部署于苏芬边界，剩下 9 个则配置在从波罗的海到黑海的绵亘正面上。虽然苏联西部边境军区的处境可能不像后斯大林时期报告中所描述的那样极端和严峻，但可以确认的是，上述军区并未做好接受考验的准备，尤其是德军在不久之后强加于他们身上的那种（考验）。他们所要建立并守卫的防线的长度在不到两年时间内被急剧增加，而部分战线所处的地区在不到一年前还属于他国的纵深领土；边境的防御工事和通信线路大多仍在建设中，位于旧边界之后、建设得更为完善的斯大林防线却被人们所忽略，亦未见其被纳入到任何战争计划之中加以考虑。

　　最严重的一点还是，当时苏军十分僵化和教条化，即便是在最有利的条件下也无法保证其反应的快速性和有效性，因此扛住敌人突然袭击的成功率很低。更何况苏军即将面临的这场突然袭击几乎超出了现代各国军队所曾遭遇到的突袭的总和。6 月 22 日 0:30，莫斯科发布指令，要求边境军区进入完全战备状态——然而在三小时后、警报到达前线部队前，德军便已越过了边境。

　　由于苏联不愿公布真实的统计数据，几乎所有的苏方实力采用的都是估

---

①　作者注：各军区负责的边界线如下：列宁格勒军区——北冰洋沿岸至卡累利阿地峡，多为苏芬边境线；波罗的海沿岸特别军区——苏联与东普鲁士边境线；西部特别军区——立陶宛边境线南部至乌克兰边境线北部；基辅特别军区——乌克兰边境线南部至罗马尼亚边境线；敖德萨军区——罗马尼亚边境线至多瑙河口。

值（在伤亡数据方面尤其如此）。到 1941 年，苏军即时可用的军队实力数估测值为 420.7 万（人）。如果根据德军的算法（将苏军力量的大约 70% 划入到西部边境各师之中），再加上海军和空军的地勤人员及 1941 年间可能进行的力量扩充，那么实际上苏联在西部军区可投入作战的兵力数总计可达约 300 万人。毫无疑问，苏联有关战争计划的设想是在战争爆发后的几天之内迅速再动员起大量兵力并投入战场——即便是在德军早已进攻的条件下。

在武器装备方面，苏军的数量优势和质量缺陷同样十分明显。比如在部署于欧洲领土的 6000 架作战飞机中（整个苏联空军估计有 8000 架飞机），只有 1100 架是最新型号；而按照德国情报机构的估计，苏联装甲部队在西部边境及附近拥有 10000 辆坦克（苏军坦克总数估计达 15000 辆），除了 1475 辆优于德国现役型号的 KV 和 T-34 外，其余都只是威胁不大的老式坦克。但值得一提的是，新型武器，比如坦克的产量正在迅速增加——在 1941 年前五个半月，苏联就生产出了 1500 辆 KV 和 T-34；而在上一年度，其全年的制造总数还不足 400 辆。

总的来说，在战争爆发之初，除空军力量外，苏方的劣势其实并不怎么明显。而且苏联的（部队）动员能力和武器生产潜力十分巨大，完全有可能在短期内实现反超并占据明显优势。

（三）入侵和撤退

在经历遭到突袭的震惊后，苏联政府做出了一系列预料之中的决定，以深化对军事和政治的集中控制、强化共产党的影响力。6 月 23 日，苏联人民委员会和联共（布）中央决定成立以国防人民委员铁木辛哥元帅为主席的苏联武装力量统帅部大本营（Stavka），对苏联武装力量实行战略领导；同日，双长制在军队中被重新启用，获得任命的各级政委承担了与军事指挥员同等的指挥责任。一周后，所有政府权力——包括对武装力量的最高指挥权——都被收归于一个由斯大林领导的共 5 人组成的国防委员会（GKO）。国防委员会其中的一个重要成员是内务人民委员拉夫连季·帕夫洛维奇·贝利亚，他的内务人民委员部（NKVD）下辖部队在前线后方设立了督战队，以抓捕逃兵并阻止未经允许的撤退。在战争开始第一天，西部边境的五个军区就被改组成了列宁格勒、西北、西、西南和南方面军。

在边境前线，德军的突袭引发了混乱，甚至在不少地方升级演化成了恐慌。不过，苏军当前全部战略的基础仍然建立在"让第一梯队坚守阵地以便为后续梯队争取反击时间"这一早已被证明完全脱离了实际的观念之上。比如在战争爆发第三天，苏联便在莫斯科以西最危险的地区组建了 1 个拥有 4 个集团军兵力的后备方面军，该方面军在成立之后接受的第一道命令就是做好反击德军的准备工作。但没过几天，后备方面军便与西方面军合并了。[①] 斯大林为阻止前线部队的撤退风潮而处决了西方面军司令巴甫洛夫大将及数名司令部高级将领，几天后又对西北方面军采取了同样严厉的措施。在此之后，所有下令撤退的军官都为此丢掉了性命，因后颈部遭手枪射击而亡也成了苏军各衔级成员最为常见的死因之一。

7 月头两个星期里，苏军指挥层终于在一连串打击之下、从早前的幻想中醒悟过来，并开始组织这场拼死图存、牺牲惨烈且代价高昂的斗争。7 月 3 日，自开战以来一直不曾公开发声的斯大林第一次在全国性的广播讲话（《告苏联人民书》）中呼吁全苏军民发扬爱国主义和民族主义精神、抗击外国侵略者，号召在受威胁地区实施焦土政策，指示在被占领土上开展广泛的游击战。在斯大林领导下，苏联成立了总统帅部大本营（以取代统帅部大本营），于战争初期开始实行的中央集权政策得以延续，直到斯大林担任国防人民委员（1941 年 7 月 19 日）和苏联武装力量最高统帅（1941 年 8 月 7 日）[②]后才告一段落。

总统帅部大本营仍旧是苏联战争计划的最高决策和执行机构，从本质上讲它是国防委员会下属的战略规划组织，而非一般意义上的总参谋部；但它可以通过陆军总参谋部、各兵种指挥机构，或者跳过后两者直接向前线司令部下达命令，其十余名成员中包含陆军参谋长、海军司令、主战兵种的高级代表和

---

① 译者注：据《苏联军事百科全书》第四卷第293页，后备方面军的组建时间是1941年7月14日，编有第29、第30、第24、第28、第31和第32集团军。前四个集团军为第一梯队，后两者留作预备队。该方面军于7月20日抽调了第一梯队14个师在斯摩棱斯克地域实施反击。1941年7月25日，后备方面军被撤销，所属军团兵团被分别编入西方面军和预备队方面军。此注释仅供读者对比参考。

② 译者注：应为8月8日，即总统帅部大本营改组为最高统帅部大本营的同一天。可见《苏联军事百科全书》第七卷第715页。

技术兵种的顶级专家等。

比改组最高指挥部更为迫切的是前线部队指挥体制的调整问题。因为最高指挥部的改组本质上只是强化了斯大林的地位，完全无助于纠正前线指挥中存在的局面混乱问题。最早组建的五个方面军司令部中就有三个被事实证明无力胜任他们的职责；而在方面军级以下各级司令部中，这种不称职的情况甚至更严重。部队在大清洗中损失了大量有经验的军官，同时也使许多幸存军官——特别是一些高级军官得到了火箭一般的晋升，能力与职务不匹配的问题在苏军中极为突出。唯一的解决办法是积极改革、缩小部队编制，以此迁就和满足各级司令部低下的指挥能力。从 7 月中旬开始，摩托化步兵军和机械化军的编制被取消，集团军的编制被削减到了最少只辖 5 ～ 6 个师。摩托化步兵师在和平时期的实际兵力约为 12000 人，但经历战争损耗和这次编制调整后，绝大多数师的实力已被减少到只剩 6000 ～ 9000 人。坦克师被切割成更小的独立单位，以直接配属给集团军各部队使用；因此，从本质上看，装甲单位几乎是再次蜕变成了"步兵支援者"的龙套角色。

与中央集权加强和编制缩小化趋势相反，7 月 10 日，苏联在其所谓战略方向（分别是西北、西和西南）上建立了三个总指挥部。这三个战略方向总指挥部被寄予厚望——希望他们能像德军的集团军群司令部那样，不仅具备在广阔战场上组织指挥和协调控制战役行动的能力，同时还能消除最高层的决策和命令在末端传递方面的时间延迟。各（总）指挥部司令分别是克利缅特·叶夫列莫维奇·伏罗希洛夫元帅（西北方向）、谢苗·康斯坦丁诺维奇·铁木辛哥元帅（西方向）及谢苗·米哈伊洛维奇·布琼尼元帅（西南方向）。上述指挥官的军事经验主要来源于国内战争，他们的高级军衔在更多时候反映出的是其政治而非专业方面的能力。正如世人所见的那样，这些战略方向总指挥部并未发挥过什么重要作用——除西南方向总指挥部延续到 1942 年初之外，其余两个很快便被悄悄废除了。

7 月中旬，当德国中央集团军群在西德维纳河与第聂伯河之间突破苏军防线、打开通往莫斯科的战略门户，并在斯摩棱斯克北部和南部形成了几个大型合围圈时，总统帅部大本营急忙在斯摩棱斯克东部部署了下辖 6 个集团军的预备队方面军。苏联领导层的所作所为正遂德军心愿——他们（苏军）固守阵地被动应战，而非退回内线积极夺取主动权；此外，苏联领导层还如哈尔德和布劳希奇所预言的那样，做出了把主要兵力摆到中央位置、准备在莫斯科城下拼死一战的决定。

1941 年 8 月和 9 月，当中央集团军群停下脚步、等待其装甲部队主力归建时，苏军的兵力集结仍在继续进行。到 9 月底，准确说是中央集团军群重新发起进攻的两天前，苏军在莫斯科接近地集中的力量已达到如下规模：兵力数和火炮数超过总数的 40%，飞机数和坦克数超过 35%。然而，苏军采用的战略还是老一套——从正面硬扛敌军，迟滞其推进、迫使其停下，而后再发动反击。老套的战略自然又一次遭遇了难免的失败。仅仅一周内，德军就在布良斯克和维亚济马的合围圈中合围了这 6 个集团军的大部。10 月 10 日，苏军将西方面军和预备队方面军合并，交由总参谋长格奥尔吉·康斯坦丁诺维奇·朱可夫大将指挥，并授权其全权负责莫斯科的防御。

对于苏联来说，1941 年的 10 月无疑是整场战争中的至暗时刻——列宁格勒被敌人团团包围，莫斯科受到严重威胁，哈尔科夫沦陷，德军兵锋直指顿涅茨盆地工业区。人员损失更是骇人听闻：德国人宣称，他们手里的苏联战俘数量已经达到了 300 万。

但处于天平另一端的德军也并非诸事顺利。在持续 4 个月的行动中，秋雨和泥泞加剧了人员及装备方面业已十分巨大的压力。德国拥有的优势正在减弱——仅在 10 月后半段时间里，苏联就组建了 3 个新的预备集团军；在 11 月前两周，苏方又在奥涅加湖—高尔基—斯大林格勒—阿斯特拉罕一线部署了另外 6 个用以支撑前沿防线的预备集团军。截至 11 月底，苏联在莫斯科及其周边地区部署的预备集团军数量已达 5 个，其中有 2 个还是新组建的。

（四）第一次冬季攻势

德军的软肋首先出现于其两翼。11 月，北方集团军群在季赫温被苏军挡住了脚步；南方集团军群则受阻于罗斯托夫，被迫在月底之前撤回米乌斯河（Mius River）一线。11 月底，最高统帅部大本营向西方面军增派了 3 个预备集团军外加十几个师的兵力；而后在 12 月 6 日上午，朱可夫指挥西方面军发起了反击。实际上，苏联人从 6 月以来就一直在准备和等待着这一天的到来。但最高统帅部大本营行动谨慎，对西方面军和加里宁方面军（于 10 月 17 日组建）的加强力度有限，从预备队中抽调补充的兵力仅能勉强使苏德力量对比在兵力、坦克和火炮上达到 1.5 ：1，飞机为 2 ：1 的程度。12 月，在西方面军、加里宁方面军和西南方面军着手消除德国人对莫斯科威胁的同时，最高统帅部大本营也开始计划从季赫温到刻赤半岛的漫长战线上发起全面反击。年底前，大本营完成了反击计划的拟制和预备部队兵力的集结。此次反击的目标包括——摧毁德军中央集团军群、解放列宁格勒，以及重新夺回顿涅茨盆地和克里木半岛。1942 年 1 月 7 日，最高统帅部大本营对加里宁方面军和西方面军下达任务，要求其在侧翼各方面军协助下"合围并分割且逐步消灭"德军中央集团军群主力。

在全面反击一事的决策指挥上，最高统帅部大本营显然高估了己方的力量。1 月 10 日，针对 12 月反击行动中出现的各种严重及低级的战术失误，例如未能在关键地点集中兵力、装甲部队和炮兵的分散使用，以及各主战兵种之间协同失调，最高统帅部大本营发出通知、要求各级指挥部门积极关注并纠正错误。但大本营发现这些问题是一回事，前线各级司令部对这些问题的纠正又是完全不同的另一回事。在反击行动中，方面军和集团军经常挥霍预备队力量，在部署兵力、火炮和坦克时不遵循"大规模集中使用"的原则，而且屡教不改。2 月 1 日，为挽回部分颜面，最高统帅部大本营授权朱可夫全面负责针对中央集团军群的作战行动，然而为时已晚——所有预备队都已被投入使用。2 月中旬之后，整条战线上的反击势头均已开始减弱。

尽管没能在 1941—1942 年的冬季攻势中取得明显胜利，但苏军对德军的打击仍是沉重的。其中最重要的一点是——他们摧毁了德军战无不胜的神话，对外展示了苏联巨大的军事威望、对内树立了牢固的政治权威。此次攻势提振了苏联人民的信心，并使苏维埃政权重新夺回了对战线前后方民众的控制。另外，它为军队发展科学进攻理论提供了丰富的理论支撑，血的教训没有被白白浪费；总参谋部特别小组、各军兵种司令部、指挥和参谋学校、方面军，以及集团军各级部队均立即着手收集和评估各种资料，以制作教学训练素材。

二、1942，撤退和恢复

受冬季胜利鼓舞，最高统帅部大本营打算继续保持主动进攻的势头，并在春季解冻期之后向列宁格勒、杰米扬斯克（Demyansk）、奥廖尔（Orel）、哈尔科夫发起进攻，突入顿涅茨盆地和克里木，抢先夺取上述要地以阻止德军进攻，最终为苏军的再次全面反击创造有利条件。由于判断德军将再次向莫斯科发起进攻，苏军在战线中央实施了防御性质的兵力集结。苏联人还认为德国人有可能从战线南翼发起攻击，但预计其攻击方向将朝北指向莫斯科，而不是朝南指向高加索和斯大林格勒。因此，苏联预备兵力的大部并不是被派往西南方面军和南方面军，而是被调拨到了中央地区（莫斯科方向）和布良斯克方面军——后者的任务是从南翼掩护莫斯科和图拉。基于上述错误判断，最高统帅部大本营再次在战略上将自己陷入了极度危险的境地——就危险程度而言仅略次于上一年（的判断）。

1942 年 5 月 12 日，西南方面军在哈尔科夫揭开了进攻序幕。苏军的计划是从南北两个方向合围这座城市，其中南为主要突击方向，具体是由北顿涅茨河上的伊久姆（Izyum）桥头堡发起，此地（桥头堡）是在冬季战役期间建立的。该战役（哈尔科夫合围）完全不顾敌军的强大实力，对于伊久姆桥头堡这一本身便不太稳固的出发阵地可能会给进攻带来的危险，苏军也置若罔闻。或许正是基于上述这两个主要原因，从桥头堡西端发起的进攻反倒达成了一定突然性，并在前四天里取得了一些进展；然而伊久姆桥头堡本就在南方集团军群夏季攻势的首批目标之列。因此，在几天之后的 5 月 17 日，一支德国装甲部队便从南部突入该桥头堡，并在一周内将其与苏军后方割裂开来，把桥头堡及其前方的 24 万苏军装入了一个巨大口袋。哈尔科夫的这次溃败不仅直接使苏军的夏季攻势化为乌有，更是将苏联再次推到了危险边缘——西南方面军在此役中被重创得奄奄一息，根本无法赶在德军之前恢复自己的战斗力。

幸运的是，苏军高层在第二次夏季战役期间并没有重蹈第一次夏季战役的覆辙，而是或多或少改掉了一些固有的毛病和问题。1942 年 7 月，最高统帅部大本营下达命令，及时将西南方面军和南方面军从被合围的危局中解救了出来。6 月 28 日至 7 月 24 日，布良斯克方面军、西南方面军和南方面军向后撤退了 80 ~ 120 英里，并主动放弃了重要的顿涅茨盆地。这次大撤退虽然严重损害了全苏军民的士气，部队也在撤退的过程中遭到了大幅削弱，但它最终还是粉碎了德国人毕其功于一役的如意算盘，后者所期望和迫切需要的那种胜

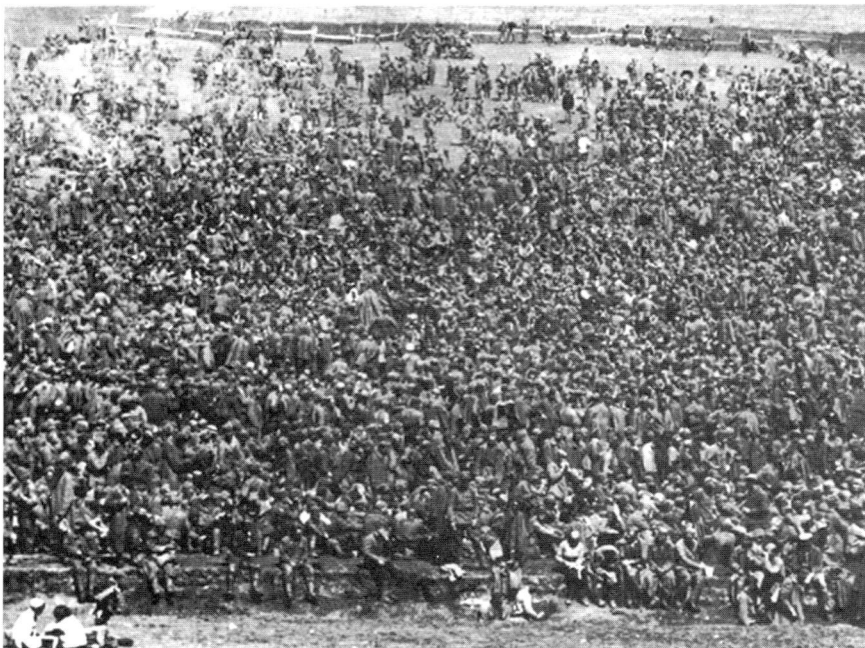

哈尔科夫战役后被俘的苏军人员，本图摄于 1942 年 5 月

利再一次从眼前溜走了。

　　由于始终缺少苏联官方的解释，对于苏军 1942 年夏季战役的内部决策过程我们仍不得而知。不过从表面上看，苏军战役筹划的基点似乎是建立在对德军意图判断错误基础之上的——这种误判虽然代价高昂，却可能在无意中使苏军避开了更大程度的灾难。与 1941 年的顽固表现如出一辙，苏联指挥层仍将其主力集团部署在了中心位置。1942 年 6 月底，苏军在列宁格勒和图拉之间驻有 28 个集团军，在图拉和高加索之间则仅驻有 18 个集团军——而且这 18 个集团军中还包括布良斯克方面军的 5 个集团军，该方面军主要负责莫斯科南部的防御。西南方面军和南方面军只有 10 个集团军的兵力，其中还有 3 个（集团军）在经历过哈尔科夫战役后已经只剩下空架子。正对着莫斯科接近地的加里宁方面军和西方面军共辖有 15 个集团军。这样的部署形式持续了整个夏天，

哈尔科夫惨败之后苏军对南翼的增援和补充主要来自新组建的预备队，而不像德国人所认为的那样是通过抽调其他前线部队的主力达成。

就 1942 年夏季战役的基本层面来看，尽管苏德双方的作战计划都是建立在错误的前提之下，但永久破坏性的后果完全落到了德国一家头上。在 8 月和 9 月，虽然东线南翼的苏联军队再次向后撤退了 80 ～ 360 英里，可德军的扩张也因此超过限度，补给开始告急。与此同时，苏军的预备队却开始源源不绝地向伏尔加河下游和高加索地区集结。到 1942 年秋天，在战场空间过度扩张、苏军顽强坚韧抵抗，还有己方在手段和目标之间的失衡这三者共同作用下，德军再次陷入了危险的过度扩张状态中。俄罗斯的巨大国土吞没了德国军队，就像以前吞没拿破仑和查理十二世（的军队）那样；但实际上，利用国土空间来遏制入侵并不是苏方战略中的核心要素。在战争爆发前，苏联人的战略原则从一开始就强调要 "在敌人自己的领土上" 攻击和消灭敌人。尽管战后斯大林主义时期的 "马后炮" 把所谓的战略撤退提升到了军事学说的高度，可这一理论在前两次夏季战役过程中未见得进行过有意识的主动运用。不过，无论是在 1941 年还是 1942 年，战略撤退这一学说都要比苏军指挥层能够制定的其他任何战略更为有效。

在进行于夏季的第二次大撤退中，苏联人最终躲开了自身力量覆灭的巨大危机。尽管顿涅茨盆地的丢失和石油生产的中断导致了基本工业产能的下降，军工产品的直接产量却在不断上升。根据苏联发布的数据（可能稍有注水），其在 1942 年的飞机产量比 1941 年增长了 60%，全年总计达 25000 架。坦克的产量几乎翻了两番（4 倍）——1942 年，苏联正式宣布的坦克总产量超过 24000 辆，其中有 66% 是 T-34。苏联还在 1942 年生产了 3000 多辆 "喀秋莎" 火箭炮，在 1941 年则仅有几百辆。陆军不但重组了坦克军，之后还仿照了德军的做法，继续组建坦克集团军。在兵力方面，苏军占据着明显优势。据德方估算，截至 9 月 20 日，德军当面的苏军总数达 4255840 人，其中前线兵力为 3013370 人，预备队为 1242470 人。德军北方集团军群和中央集团军群在前线兵力对比上处于明显劣势，如果苏军再加上预备队，那么德军所有集团军群都将面临彼众而已寡的不利局面①。此外，随着时间推移，这种差距和趋势还将进一步扩大及明显化——在 1925 年前出生、年满 18 岁的苏军预备兵员数可达 140 万，而德军的这个数字只有前者的三分之一强。

就在德军发动第二次进攻战役的过程中，苏军终于完成了艰难的军事改革。这场改革始于 1940—1941 年，而后被德军的入侵打断，甚至还开过一段时间的倒车。1941 年夏末，在撤退的最高潮时刻，苏军授权、实际上甚至是鼓励军官和政委对"懦夫和叛徒"实施即刻处决、格杀勿论。这种绝望一般的歇斯底里根本无法长久持续下去。而同样令人沮丧的是，苏联人几乎在战争爆发的瞬间便认识到——正是那些被他们的阶级教条认为是封建和反动代表的传统军事原则，才让军队在战场上保住了性命。于是在一夜之间，所有那些古老的、长期以来被鄙视的森严等级制度又开始在苏联军队中恢复，这其中就包括了以严格军阶区分为基础的军纪、必须刻板遵守的军事礼仪、包括各种特权和独特制服徽章在内的军官等级地位区分、对俄罗斯民族身份而非革命者身份的认同、对各种勋章饰物的颁发，等等。与此同时，像伏罗希洛夫和布琼尼这样主要通过政治途径晋升至高阶的将领也悄悄隐入了幕后。其中，苏联向军队专业化迈出的最重要一步便是在 1942 年 10 月 9 日对"单一首长制"的重新恢复，以往作为"双长"之一的政治委员现在则被降格成了主要负责政治教导和士气鼓舞的副手。

苏联的高级指挥员正在迅速吸取战争的经验和教训。在 1942 年的撤退中，

---

① 作者注：德国陆军统帅部东线情报机构列出的双方兵力对比如下：

德国及其附庸国（单位：人）

总数：3388700*；北方集团军群：708400；中央集团军群：1011500；B集团军群：1234000；A集团军群：434800。

德国各集团军群当面苏军兵力

	前线兵力	预备队兵力	总计
总计	3013370	1242470	4255840
北方集团军群	916700	84910	1001610
中央集团军群	1012070	344270	1356340
B集团军群	818250	561050	1379300
A集团军群	266350	252240	518590

*此数据为编制数，比当时德军实际能投入作战的兵力数大约多出250000人。

苏军的方面军和集团军司令部展现出了一些他们以往完全不具备的灵活性。持续一年的战争实践造就了一批经验丰富、精明能干的高级军官。其中的两个佼佼者——朱可夫和亚历山大·米哈伊洛维奇·华西列夫斯基——就是在夏季战役中作为最高统帅部大本营代表指挥着南翼各方面军作战的。这种始于 1941年夏天、并在整场战争中得到进一步发展的向前线派出代表的做法使最高统帅部大本营获得了一条高效控制关键战区的重要途径，同时在指挥层级中增加了一个承上启下的关键环节，使得大本营的战略指导顺利转化为具体的战役行动成为可能。1942 年 8 月底，德国情报机构得出结论，苏军的高级指挥机关已经掌握了现代战争的战术原则，而且要不是因为中下级司令部的表现一直软弱无能，那么他们便完全可以与德国人一样充分且巧妙地运用这些原则。

第三章

斯大林格勒合围圈

　　斯大林格勒——这座曾名察里津、于 20 世纪 50 年代去斯大林化时期又改名为伏尔加格勒的城市就坐落在伏尔加河下游距莫斯科 560 英里的西岸高地上，距柏林里程则为 1400 英里。此城周围全是平坦且不含林地的大草原，夏季干热且尘土飞扬，冬季则时有酷寒出现。在 8 月热得冒火的烈日之下，或是 1 月能将万物都完全冻住的极寒之中，有超过 150 万人的军队在此地展开惨烈厮杀。在这块 6 万平方英里（约 155399.29 平方公里）的血肉磨盘里，双方投入的力量（根据苏方估算）总计达 2000 辆坦克、25000 门火炮和 2300 架飞机。

　　斯大林格勒这座城市之所以会成为第二次世界大战一场决定性战役的争夺焦点，原因之一当然是其本身就具有的重要战略意义，但也有部分原因是交战双方在作战筹划上的因缘巧合。此城拥有的 50 万人口、被转为坦克生产基地的拖拉机工厂及兵工厂、冶金和化学工业、铁路，以及油料储备库都是极为重要的战争资产。此外，苏联政府从高加索地区输入石油的水陆交通门户和苏联军队伏尔加河下游战区指挥中心这两项重要职能更是加重了斯大林格勒在战争中的地位。战争进行到 1942 年夏末时，德国人与其说是占领了斯大林格勒，倒不如说是摧毁了这座城市；而正因为如此，原本唾手可得的胜利最终才未能（被他们）收入囊中。

　　从战略意义上讲，斯大林格勒并不如莫斯科。不过，其本身具有的象征性意义吸引了双方指挥官的关注——单是这座城市的名字就使得其得失不仅事关一场局部战役的成败，更是蕴含了斯大林与其德国同行这两个独裁者之间终极对决的喻义，在舆论层面上甚至具有左右战争胜局的重要意义。希特勒因此将斯大林格勒确定为德军夏季战役的最终目标，没有夺取这座城市，他便无法给战役的胜局画上圆满句号；而站在另一个角度上看，苏军坚守斯大林格勒的决心同样不容忽视，因为这是在经历了再一次的惨败之后，他们唯一能扳回局面的机会了。

一年前在莫斯科发生过的情况将在斯大林格勒再次重演。在战争迷雾之中，攻防双方的力量对比开始转变；而战役的最终结果也将取决于这种转变的方向，以及变化的速度。

一、向斯大林格勒的进军

苏联史学家将斯大林格勒战役（在去斯大林化时期被称为伏尔加战役）的开始时间确定为 1942 年 7 月 17 日。这一天的标志性事件是斯大林格勒方面军（其前身为 7 月 12 日被撤销的西南方面军）将两个新成立的集团军——即第 62 和第 64 集团军部署到顿河河曲部，两集团军的前进支队在斯大林格勒以西 100 英里的奇尔河（Chir）与齐姆拉河（Tsimla）一线构筑了防线（见战场形势图 3）。

在接下来几个星期里，希特勒笨拙地敲打和修补着他那精疲力竭、破烂不堪的战争机器，试图用最小的代价将斯大林格勒收入囊中。为了击败苏联在斯大林格勒远接近地奇尔河与齐姆拉河后方设防的军队，指挥第 6 集团军的弗里德里希·保卢斯装甲兵上将最初采用的部署方案是将 1 个步兵军摆在前头向奇尔河急行，让另外 2 个军在深远后方缓缓跟进。18 日，希特勒将 1 个步兵军及第 14 装甲军从罗斯托夫以北正在集结的兵力集团中抽出，交由保卢斯指挥，并命令最后者加快向斯大林格勒推进的速度，以免让苏联人获得加强防御的时间。两天之内，第 14 装甲军即已抵达奇尔河，并于 21 日在该河上夺取了 1 个桥头堡。但在此后，由于燃料供应不足，该军不得不停下了向前推进的脚步。7 月 23 日，在命令 A 集团军群向南进攻高加索的元首训令中，希特勒再次给保卢斯补充了 1 个军的兵力——这回是从第 4 装甲集团军中抽调出来的第 24 装甲军。同样也是在此训令中，希特勒第一次明确提出了夺取斯大林格勒的目标。

战场形势图 3：德军向斯大林格勒推进，1942 年 7 月 17 日—11 月 18 日

到 7 月 25 日，第 6 集团军已经肃清了顿河河曲部苏军的大部分力量，不过后者仍在此地控制有两个颇具规模的登陆场，从侧翼威胁着德军向斯大林格勒进军的路线。此外，苏联人还在顿河上游的谢拉菲莫维奇（Serafimovich）附近掌握有一个稍小的登陆场。因为受此威胁，再加上油料和弹药早已见底，德军收住了前进的脚步。由于希特勒希望向高加索前进的 A 集团军群能得到"重点关注"，于是陆军总司令部后勤部将 B 集团军群的一半摩托化运力调拨给了 A 集团军群，给前者（B 集团军群）留下的部分甚至不足以让第 6 集团军驶离铁路卸载站。油料的缺乏同样影响着部队调整部署的速度，匈牙利第 2 集团军本已在顿河沃罗涅日下游河段夺取了一些立足点，可保卢斯仍旧不得不将他最强大的两个军驻扎在顿河中游徘徊不前；直到意大利第 8 集团军抵达并完成换防，这两个军才脱身、得以继续东进。

在这个月最后一天里，仍在小打小闹的希特勒命令赫尔曼·霍特大将的第 4 装甲集团军在齐姆良斯卡亚（Tsymlyanskaya）建立一个对外正面，并在其掩护下沿顿河东岸向北侧的斯大林格勒攻击前进。要完成这个任务的霍特手里总共只有 1 个在夏季战役中推进了 400 英里的第 48 装甲军、1 个步兵军和 1 个罗马尼亚军，而齐姆良斯卡亚到斯大林格勒的距离足有 120 英里。

与此同时，苏联最高统帅部大本营部署了新组建的坦克第 1 和第 4 集团军，用以对付德军第 6 集团军。虽然意大利第 8 集团军已经开始接替第 6 集团军在顿河上的防务，使后者得以将各师抽出向顿河上游前进；可保卢斯报告说，根据自己所能得到仅仅 200 吨 / 天的弹药和油料供应量，直到 8 月 8 日之前，他都将无力对苏军两个强有力的登陆场内的部队发起进攻行动。但希特勒还要求他提早一天发动进攻，以免苏军越河而逃。

于是，第 6 集团军从 8 月 7 日开始攻击苏军位于卡拉奇以西的那个更强大的登陆场。当天结束前，德军已经合围了苏军第 62 集团军和坦克第 1 集团军的前进支队。在接下来 4 天时间里，德军肃清了这个合围圈，在俘虏 50000 名苏军后又转向了卡拉奇以北那个较弱的敌军登陆场。不过，苏军此次的抵抗虽然同样激烈，却没有再犯像上一个登陆场那样、把自己陷在合围圈之中的错误。

己方军队在顿河西岸的失败极大触动了苏联指挥机构的神经。8 月 5 日，为减小指挥跨度，最高统帅部大本营在斯大林格勒方面军内部又成立了一个西南方面军 ①，并划走前者（斯大林格勒方面军）南部一半防区。8 月 10 日，这两者地位发生翻转，东南方面军成立了司令部，斯大林格勒方面军反而受其统辖。两天后，大本营先是派出华西列夫斯基协调两个方面军行动，而后

---

① 审校者注：原文如此，实际上是东南方面军，后文已修改。

又在 13 日派出叶廖缅科统一指挥这两支部队。指挥机构中的主要成员还包括方面军军事委员会委员（即政委）赫鲁晓夫，以及作为叶廖缅科副手的两个方面军指挥员。

8 月 18 日，第 6 集团军已在顿河东岸建立起数个桥头堡，但顿河河曲部的作战行动消耗了该部大量的有生力量和精力，部队——尤其是步兵——早已无力再向 35 英里之外的斯大林格勒发起突击。8 月 21 日，第 14 装甲军打开了突破口，并在三天之内突进到了斯大林格勒北部的伏尔加河一线。为保住在伏尔加河上的立足点，并以此切断苏军在河上的运输通道，该部（第 14 装甲军）不得不将自己缩成一团、牢牢驻守在原地，不过这也同时切断了其自身与主力的联系。

8 月 24 日，苏军第 21、第 63 集团军和近卫第 1 集团军从掌握在己方手里的谢拉菲莫维奇和克列缅斯卡亚（Kremenskaya）登陆场出发，对德军第 6 集团军的纵深左翼发起攻击。保卢斯无奈地承认，自己手里已没有多余兵力去打开通往第 14 装甲军的走廊，除非第 4 装甲集团军可以将他的右翼解放出来——然而这种前景在当时确实是过于渺茫。和保卢斯一样，缺少兵力的霍特也不得不缩小进攻正面；他当时正沿着位于斯大林格勒正南的一串盐湖向前推进。上述行动对苏联第 62 和第 64 集团军产生了威胁——这两个集团军面临着被合围在斯大林格勒西部的危险；不过在保卢斯和霍特之间，这个合围圈还有一道宽达 40 英里的口子没被封上。

8 月 26 日，在击退了苏军一次强力而且精妙的反击后，第 14 装甲军发来报告说，他们的力量已不足以单独抵抗住再次的类似反击。但在之后两天时间里，危机突然消弭于无形，针对第 14 装甲军的反击减弱了，苏军的士气似乎即将溃散。第 6 集团军发来报告称，苏军叛逃者的数量突然增多，其中甚至有一些坦克车组是带着坦克一起叛逃过来的，这样的情况在过去并不常见。很快，第 4 装甲集团军重新调整了部署，将其装甲军向西靠拢，以便能更快与第 6 集团军建立联系。该部（第 4 装甲集团军）亦报告了相同的情况——苏联人的抵抗正在减弱。

当霍特观察到苏军正如潮水般撤回斯大林格勒时，他敏锐地掉转矛头，乘势在 3 天时间里用装甲部队碾过了皮托姆尼克（Pitomnik，亦作"皮多米尼克"），并抵近斯大林格勒正西方的沃罗波诺沃（Voroponovo）车站。9月2日中午，第6集团军也展开向斯大林格勒的突击，并在当天打通了一条联络第14装甲军的安全通道，同时还与皮托姆尼克附近的第4装甲集团军取得了联系。

二、围攻

最高统帅部大本营曾宣称斯大林格勒战役的围攻阶段始于8月25日，城市平民从这一天开始大规模撤离城市，只剩下少数工厂和商店还在经营，承担一些与装备维修相关的工作。正是从此时开始，这个坐落于伏尔加河岸边高崖之上，长12英里、宽仅为2.5英里的城市便成了历史画卷浓墨重彩的落笔之处。当然，此城画布底色的风格——石头民居和混凝土市政建筑相混杂、大型城市工厂与原木乡村棚屋参差交错，充满了粗犷的俄罗斯混搭特色——看上去并不讨喜。

9月2日夜间，苏军第62和第64集团军向后撤退，到达斯大林格勒的市区围廓。与此同时，德军第6集团军先头部队开始向斯大林格勒著名地标——位于城市中部、高300英尺的马马耶夫岗（Mamai Hill）攻击前进；第4装甲集团军则逼近了该城南部郊区。

为响应斯大林于9月3日发出的反击号召，斯大林格勒方面军——这个在战役进程中被推挤到德军第6集团军北翼的军团仓促拼凑出了一次反击：9月5日，近卫第1集团军、第24和第66集团军在伏尔加河正西一个狭窄的正面上向南发起了突击。虽然参与此次反击的苏军部队训练不足且准备不充分，但还是让第6集团军耗费了好几天时间来消解他们攻势带来的冲击力。9月8—10日这三天时间里，第4装甲集团军在1个摩托化营的先头部队引导下，于斯大林格勒城南楔入了伏尔加河河岸。尽管这个营后来被迫后撤了半英里之远，并且又花费5天时间来加固自身在河岸的立足点，可该部的举动还是宣告由瓦西里·伊万诺维奇·崔可夫中将指挥的苏军第62集团军实际上已经被孤立和包围在了伏尔加河西岸的登陆场中。

9月13日，第6集团军越过马马耶夫岗、突入城市中心，进抵距河岸仅有500米的中央车站。也正是从此时开始、在接下来两个月时间里，这场会战被染上了如下的色彩：突然、激烈而且血腥。无休止的搏斗和厮杀爆发在了每

越过草原向斯大林格勒进军的德军

一栋具有战术价值、甚至是任何一栋建筑物里。在逐街逐屋逐层的战斗中，双方力量犬牙交错，有时敌我之间只隔着一层薄薄的楼板——还可能是（一层）门板。在接下来争夺马马耶夫岗和火车站的战斗中，双方的对抗是如此激烈和残忍，甚至都无法弄清到底谁在进攻、谁在防守。在这样的战斗中，德军第 6 集团军部队花了整整 1 个星期才从中央车站推进到伏尔加河河边。此时，德国陆军总司令部将第 48 装甲军的指挥权移交给了保卢斯，以帮助最后者肃清斯大林格勒南部城区；但在该装甲军进抵伏尔加河西岸的 5 天后，他才真正完成了这项任务。9 月 26 日，保卢斯发出报告，称他已经在斯大林格勒"一月九日"广场的政府大楼上升起了纳粹"卍"字旗。

　　截至 9 月末 10 月初，苏军在斯大林格勒的防御阵地已被压缩到了正面仅 6 英里、纵深不过 9 英里的程度。作战双方的纠缠是如此紧密，以至于任何一方都没有足够的腾挪空间。不过，此时局势（只是相较而言）对于防守一方还是有利的，只要防御者愿意付出生命的代价——最高统帅部大本营显然怀有这个意愿。在 9 月中旬到 10 月初这短短半个月时间里，新调入以加强第 62 集团军的部队总数就达到了 9 个步兵师、2 个坦克旅和 1 个步兵旅。指挥机构也得到了重组和精减——康斯坦丁·康斯坦丁诺维奇·罗科索夫斯基中将承担斯大林格勒方面军（后改名为顿河方面军）的指挥任务，叶廖缅科则负责指挥东南方面军（后又改名为斯大林格勒方面军）作战。

9月快结束时，罗马尼亚第3集团军终于赶到战场，接替了德军第6集团军在顿河以西的防务，保卢斯开始将他手上所有力量压到位于东面的斯大林格勒。然而，罗马尼亚军队既称不上训练有素，装备也不算精良，完全不适合承担东线的作战任务。在9月最后三天、德军第4装甲集团军作战地域内，德国人便深切感受到了他们罗马尼亚盟友的"无能"，而这一事件也成了德军未来惨淡厄运的先兆。9月28日，当时部署于德国第6集团军南翼的罗马尼亚各师正沿斯大林格勒南方山区外缘前进，但在遭到苏军一次并不坚决的反击之后就迅速崩溃，败退的脚步甚至到两天后撞上了德军装甲师才堪堪收住；此后，德军薄弱的右翼便暴露在了苏军面前。霍特报告说："配属有罗马尼亚部队的德军指挥官都不得不逼迫自己正视这些事实——敌军即使不发动兵力突击，仅中等程度的火力打击就足以使罗马尼亚人弃甲而逃。他们各级指挥官所递交的报告更是毫无价值的垃圾，因为这些人从来只会关心自己的安危，甚至都不知道己方部队到底在哪里。此外，关于对敌人力量的估算，罗马尼亚人能做的就只是夸大，夸大，再夸大。"因此，霍特提出建议，所有罗马尼亚军队都只能被部署在较为简单、狭小的任务区域，且每4个罗马尼亚师后方都必须布置1个德军师充当"束腰紧身衣中的鲸骨"[1]。

此时，德军仍还掌握有战役主动权，但要将主动权转化为实际胜利就只能硬着头皮和苏军在斯大林格勒城内缠斗下去，并按照后者所希望的那样、展开逐栋建筑的血腥争夺。在这种战斗中，其他任何东西都早已失去意义，唯一管用的便只剩那最原始最基本的蛮力——训练有素的士兵、混凝土、钢铁，甚至是石块。9月20日至10月4日间，保卢斯曾四次报告称，他的步兵力量在城市中损耗得太快，甚至都快到了来不及补充的程度。他预测说，除非这种力量下降的趋势能得到遏制，否则这场战役的结局将会难以预测。

从战略层面上看，其实第6集团军在9月底就已经完成了自己的主要任

---

[1] 译者注：即Corset stay。近代之前，欧洲贵族妇女所穿的束腰紧身衣中一般都缝制有数根纵向排列、带有一定弧度的鲸鱼骨，以弥补单纯织物在强度上的不足，从而塑造和维持优美的曲线。

务——伏尔加河被德军切断，斯大林格勒已有一半落入德国人手中，而剩下那一半也都处于他们的火力打击威胁下。若谨慎行事，第6集团军此时就应当停下脚步巩固战线，而后逐步利用这个血肉磨盘来削弱苏联人。但希特勒本人坚决反对在巷战中浪费德国宝贵的兵力——要不是这样，保卢斯便很有可能提出此类建议[1]。10月4日，保卢斯警告说，他的预备力量已经耗尽，如果苏联人在此时发动反击，己方防线很可能会被突破。然而，对战役本阶段进展不满的希特勒根本听不进去任何合理解释。9月28日，他在柏林体育宫举行的冬季筹赈活动开幕式上发表演讲，反击了最近世界新闻媒体对自己的嘲笑。希特勒挪揄道，像8月中旬突袭迪耶普这样的横草之功都能被盟军吹捧为辉煌胜利，德军从顿涅茨到伏尔加和高加索的进军却被认为"什么都不是"。为了表明自己的观点，他还补充道："让我们等着瞧吧，等我们攻下斯大林格勒，他们就真的'什么都不是'了。"作为结语，希特勒再次发誓要攻下斯大林格勒并向听众承诺："我可以向大家保证，没有人能把我们从那里赶走。"

10月6日，保卢斯暂时停止了对斯大林格勒的进攻，因为他的步兵力量损失得太严重了。在第6集团军的某个师中，步兵营的平均实力已降到只剩3名军官、11名士官和62名士兵。与此同时，弹药供应也开始短缺——仅在9月内，德军就消耗了2500万发子弹、不少于50万发反坦克弹药，以及75万发（火炮用）炮弹。在兵力方面，自8月渡过顿河以来，德军的伤亡数量达到了近4万人——7700人阵亡，30200人受伤，1100人失踪。

10月14日，在从德国陆军总司令部接收了5个战斗工兵营、从侧翼撤回1个步兵师，并从第4装甲集团军得到1个装甲师的增援后，保卢斯重新发起了对斯大林格勒的进攻。苏联历史学家对接下来两周时间的描述通常是——整场战争中最为残酷的阶段。在生力军加强下，德国人于10月15日占领城市北部的拖拉机厂并前出至伏尔加河河岸，把苏军登陆场切割为南北孤立的两部分。与此同时，于伏尔加河左岸密集部署的苏联炮兵也开始向火力范围内的每一个德军阵地开火。

---

① 译者注：指前文所述的谨慎行事策略。

正当战斗进行得如火如荼之际，天气骤生剧变。在持续了几天的寒冷后，10 月 18 日突然下起大雨，而后又在第二天演变成了冻雨。大草原上的泥浆吞没了德国补给纵队。然而在城市中，德国人虽不指望能复制前两天的成功，却也在一段时间内保持了比之前所预想还要更好的进攻锐势。10 月 23 日时就出现过这样一个相当成功的例子：德军攻占了"红十月"冶金厂一半厂区、数个街区的建筑物，以及一片废墟的绝大部分——这片废墟以前是城市的食品供应基地。但一周后，德国人还是被迫向上级报告，由于弹药日渐短缺，当前这种强度的攻击已经无法持续下去了。

11 月初，随着一场急冻天气的到来，苏联人在斯大林格勒的防御体系陷入了一种更加麻烦和复杂的状态。俄罗斯境内大多数河流虽然都在这几天里被冻住，可伏尔加河下游仍未发生封冻——河面上先是出现冰晶，接着形成浮冰，然后这些浮冰又结合成了形状更大的流冰，随水顺流而下。在河面封冻前的流冰阶段，即便是那些最坚固的船只，过河对它们而言也是一项耗时极长且非常危险的任务（流冰会对船只产生冲击和挤压，造成船体破损、进水或是倾覆）。此外，根据斯大林格勒所处纬度，伏尔加河这一河段至少还需要数周甚至数月时间才能实现封冻——这就给完全依赖船只漕渡进行补给的第 62 集团军带来了天大的麻烦。

在刚开始降温时，崔可夫于斯大林格勒城中控制的地盘已经缩小为两个孤立登陆场，其中一个宽为 6 英里、纵深最多达 1.5 英里；另一个位于北郊，面积比前者还要小上一半。11 月 11 日，德军在苏军那个较大的登陆场北部达成突破，进抵伏尔加河，将敌军据守登陆场的 1 个师割裂开来。11 月 17 日，希特勒向第 6 集团军发布命令："我很清楚斯大林格勒周围战斗的难度和部队战斗力下降的程度。但就目前而言，伏尔加流冰给俄罗斯人带来的困难只会比我们更大。如果能充分利用这段时间，我们便能在未来少流很多血。"他呼吁德军将士，要"咬紧牙关，再拼一次"。

三、德国人的期望

早在 1942 年 8 月底，德国陆军总司令部东线外军处就得出结论——在即将到来的秋冬季节中，苏联人将保有十分可观的进攻潜力。至于敌人的进攻方向，该部门则承诺会尽快给出准确预测。站在苏联人的角度上看，敌 A、B 集团军群中间的位置似乎是最有希望、最有利可图的。在 B 集团军群作战区域内，德军的力量相对薄弱，且这里的地形比较平坦，苏军由此夺回斯大林格勒的可能性相对较大；而且将来还能由此强渡斯大林格勒以西的顿河，向罗斯托夫推进。此举一旦成功，苏军就可以切断德军南线兵力的西撤退路，以关门打狗之势将其一口吞掉——这里具体指的便是 B 集团军群大部和 A 集团军群全部。然而东线外军处认为，苏联人或许更渴望消除中央集团军群对莫斯科构成的威胁，因此他们最有可能（做的是）以托罗佩茨（Toropets）和苏希尼奇（Sukhinichi）突出部为依托，对斯摩棱斯克进行向心突击，从而摧毁中央集团军群的第 9 集团军、第 3 装甲集团军和第 4 集团军。该部门还判断，苏联人目前还没有能力实施和维持对纵深目标，如罗斯托夫或波罗的海沿岸地区的进攻，因此他们的进攻目标应该会立足于适可而止和见好就收，以免过度损耗自身的作战能力。

（一）逆流

接下来两个月的战局进展似乎印证了东线外军处于 8 月给出的预测。整个夏季里，苏军在德军中央集团军群当面集结的力量一直要远远多于南部 A、B 两个集团军群当面所集结力量。随后到 9 月初，苏军在中央集团军群位于托罗佩茨附近的北翼当面开始了进攻集结。苏方兵力集结的进展相当迅速，到 10 月第 2 周，他们在此地的兵力已增长到令人担忧的地步，这导致希特勒不得不想方设法进行破坏，以阻止或迟滞敌人可能发动的进攻。关于此次进攻行动，德国人认为苏联人将在 10 月 16 日的秋雨之后立即发起，持续时间可能长达 2～3 周。此外，本月月中之前，德军还在 B 集团军群当面发现了苏军集结的迹象，但这次集结就规模而言似乎不足以得出苏方即将由此展开主要突击的判断。最后到 10 月 15 日，东线外军处给出结论，认为苏联人最终还是会在 B 集团军群当面发动进攻。这样一来，苏军当前的部署态势便有了一种耐人寻味的感觉——要想在 B 集团军群当面集结起必要的可用兵力，苏联人以往抱有的加强对中央集团军群打击力度的美好设想就将不得不放弃。

10 月最后两周里，有情报表明苏军针对 B 集团军群的兵力集结被仅仅局限在了罗马尼亚第 3 集团军当面的谢拉菲莫维奇登陆场内。10 月 31 日，东线

在顿河支流上架桥的德军

外军处报告,称该登陆场内苏军的活动情况看起来不是要从此处展开主要突击,准备进行局部突击的迹象倒是越来越明显。与此同时,部署在中央集团军群锋线中央位置的第9集团军发来报告,说当面苏军随时都可能对自己发起进攻。10月30日,该部相关人员预计——在最理想的情况下,部队(第9集团军)也只有最多不超过一周时间来完成重组。

希特勒对B集团军群当面苏军活动情况的判断要比东线外军处悲观得多。早在8月中旬,德国独裁者就开始担心斯大林(可能会)试图发动他所谓的俄罗斯式"标准攻击"——即在谢拉菲莫维奇附近越过顿河,直扑罗斯托夫。布尔什维克党人在1920年便曾以类似行动毁灭性地打击了彼得·尼古拉耶维奇·弗兰格尔将军及其指挥的白俄军队。10月26日,希特勒再次强调了他对苏军于顿河沿线发起大规模进攻的担忧,并据此命令德国空军野战师进驻顿河一线,以加强意大利、匈牙利和罗马尼亚军队在此处的防御。

11月2日,在已有航拍照片显示苏军于谢拉菲莫维奇登陆场后方的顿河上架设了几座新桥梁时,希特勒再次确定了苏军将对罗斯托夫发动主要突击这一判断。由于意识到空军野战师在这样的危局中并无用处，他随即取消了对此类部队的部署命令。随后到 11 月 4 日，希特勒将第 6 装甲师和另 2 个步兵师从英吉利海峡沿岸抽调出来，补充到了 B 集团军群，用以充当意大利第 8 集团军和罗马尼亚第 3 集团军的后方预备队，顶替原先承担此项任务但"成色"不足的空军野战师。不过，这些新来的师需要一定时间进行休整，没有 4 ~ 5周时间无法抵达东线投入战斗。因此可以得出的结论是，希特勒似乎认为苏联人发起进攻的时间不会早于 12 月。

在 11 月前两周，几乎每天都有新的情报线索出现。截至 11 月 4 日，德军在斯大林格勒南部也侦测到了（苏军）兵力集结的迹象，具体指向第 4 装甲集团军。11 月 8 日，苏军坦克第 5 集团军的 1 个师被德方认为仍部署于奥廖尔—苏希尼奇地区，攻击对象为罗马尼亚第 3 集团军。2 天后，坦克第 5 集团军另1 个师的位置被确定下来，此外德国人还发现了苏联西南方面军司令部的活动迹象。这一发现显然具有重要意义——要是只有 1 个（方面军司令部），即顿河方面军司令部负责独立指挥斯大林格勒以北所有苏军，以实施对德军 B 集团军群的攻击，那么苏军的指挥跨度也太大了，毕竟该方面军司令部无力独自完成一次大规模主要攻击。[①] 然而，尽管已经出现这样或那样不祥的预兆，东线外军处直至 11 月 6 日之前都还是确信苏军的主要突击对象是中央集团军群，对顿河的进攻将在稍后发起；但在 11 月 12 日，这种确信又变得不那么坚定起来。该部门对于前景的描述显得过于模糊，不足以从中提取出一个具体预测，仅是模棱两可地发表了声明："不过，在不久之后，苏军将有能力发动对罗马尼亚第 3 集团军的攻击，以切断（轴心国一方）通往斯大林格勒的铁路，进而威胁到东部地区德军从该城撤退的路线，迫使我方相关部队（需要尽早）从斯大林格勒撤退。这种可能性必须认真加以考虑并思索对策。"

（二）B 集团军群的部署

尽管东线外军处的预测——苏军打算对中央集团军群发起猛烈打击，甚

---

① 译者注：若是在 B 集团军群当面发现另一个方面军的司令部就意味着这个方面军即便还不在近处，那也离得不远了。

至可能在冬季就实施——或许是正确的，但在 11 月的第二个星期到来之时，B 集团军群所感受到的更明显迹象是：敌人将对本集团军群下辖的罗马尼亚第 3 集团军发起主要突击，甚至还可能稍带攻击第 4 装甲集团军。对于首当其冲的罗马尼亚军队来说，即便只是面临苏军的次要攻击，他们的结果也必然是走向崩溃。由于罗马尼亚人在 9 月的溃逃殷鉴不远，德国人同样为此忧心忡忡。11 月 9 日，指挥 B 集团军群的魏克斯曾考虑过从第 4 装甲集团军中抽出第 29 摩托化步兵师，并将其部署在罗马尼亚第 3 集团军之后；但由于第 4 装甲集团军亦在苏军攻击目标序列内，兵力早已捉襟见肘，上述想法只能作罢。最后，作为代替方案的是，魏克斯于 11 月 16 日决定将德军第 22 装甲师从意大利第 8 集团军中调出，转至罗马尼亚第 3 集团军，与罗马尼亚第 1 装甲师部署到一起，在第 48 装甲军（从第 4 装甲集团军转隶而来）司令部的指挥下充当 B 集团军群的预备队。

从纸面上看，由第 48 装甲军（及其指挥的其他部队）组成的预备队可谓相当强大，但事实与此截然不同。到 11 月 19 日，第 22 装甲师的力量已缩减至几乎不满 1 个团，该师总共仅有 46 辆坦克，其中还有 8 辆无法投入使用；至今仍未见过血的罗马尼亚第 1 装甲师虽然拥有 122 辆坦克，可其中只有 21 辆是旧式的德制 Ⅲ 号坦克，装备有 50 毫米火炮；其余均为捷克制坦克，火炮口径仅为 37 毫米。

四、苏联人的意图
（一）集结

10 月 4 日，朱可夫与最高统帅部大本营派出的代表华西列夫斯基主持了一次会议，会上讨论了苏军于斯大林格勒发起反攻的作战计划（见战场形势图 4）。在 10 月剩余时间和 11 月前 2 周里，当德国第 6 集团军在城市中奋力厮杀、以期尽早结束战斗时，苏联人在德国人的侧翼完成了集结。10 月 28 日，西南方面军司令部在尼古拉·费多罗维奇·瓦图京中将指挥下，率领苏军第 6 集团军、近卫第 1 集团军、第 63 集团军、坦克第 5 集团军和第 21 集团军的众多兵力，于顿河克列茨卡亚（Kletskaya）上游河段进入战场；正面被缩减了一半以上的顿河方面军则在克列茨卡亚和伏尔加河之间的前沿地带部署有第 65、第 24 和第 66 集团军；斯大林格勒方面军司令部手中还掌握有第 62、第 64、第 57 和第 51 集团军，这些部队被部署在斯大林格勒，位于德军第 4 装甲集团军当面。反击行动中最为强大的那股力量是远道而来、进行增援的坦克第 5 集团军，拥有 6 个步兵师、2 个坦克军、1 个近卫坦克旅、1 个骑兵军①，以及多个炮兵团、高射炮团和迫击炮团。该集团军从 10 月下旬开始进入罗马尼亚第 3 集团军当面阵地，将在 11 月 6 日完成最后部署。除坦克第 5 集团军之外，此次补充进来的生力军规模都小于集团军级别。值得一提的是，步兵力量在这次行动中有所加强，担负主要进攻任务的各集团军还得到了由坦克军、机械化军或骑兵军组成的机动部队的加强。②

完成战役集结后，苏军在斯大林格勒周围部署的装甲力量已包括 4 个坦克军、3 个机械化军、14 个独立坦克旅和 3 个坦克团，共有 900 辆坦克，占己方前线坦克总数的 60%。最高统帅部大本营还在此地集中了总计 115 个营、占苏军装备总数三分之一的火箭炮；与此同时，其他类型的火炮和空军力量也得到了明显加强。总的来说，此次进攻行动的参与人数绝对超过了 1000000。

根据苏方估计，敌我双方在人数对比上大致持平，不过苏军在坦克、火炮和飞机数量方面占有 1.3:1、1.3:1 和 1.1:1 的优势。但实际比率可能远不止如此。苏方用于进攻的 1000000 人已经几乎接近 B 集团军群的总兵力，而后者只有不超过一半部队部署于斯大林格勒附近。因此，假设苏军提供的实力数字是准确无误的，那么苏方在斯大林格勒附近的总体兵力优势将达到 2:1 左右，这一比值在某些关键区域还会更高——比如在第 6 集团军侧翼，如果考虑到德方在此所部署部队（仆从军）的质量，那么苏方的优势将是压倒性的。毫无疑问，其他方面的对比结果同样会和兵力对比差不多。所有人都这样认为——B 集团军群的装甲力量不会超过 500 辆坦克，其中至少有三分之一还是过时的捷克产型号，以及德制 II 号和 III 号坦克。在进行飞机数量对比的计算中，德方数据也

---

① 作者注：在苏军中，步兵师每师约有10000人；坦克军（相当于美国陆军的装甲师）约有10500人，装备189辆中型和重型坦克；骑兵军约有19000人，装备100辆装甲车辆。

② 作者注：苏军机械化军的编制员额为16000人，装备有186辆坦克。某些坦克军和机械化军可能来自坦克第1或坦克第4集团军。1942年9月之后，斯大林格勒地区作战序列内已找不到坦克第4集团军的存在。坦克第1集团军则消失于卡拉奇以西包围战期间，德军甚至宣称该集团军已在此役中被摧毁。

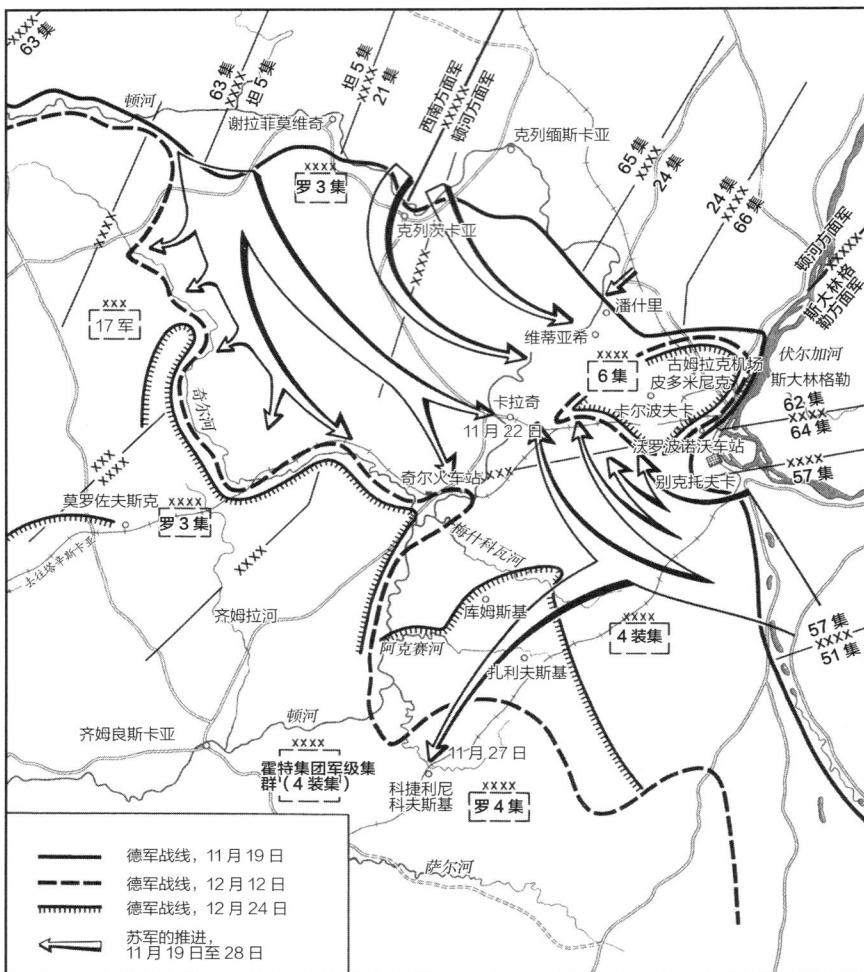

战场形势图 4：斯大林格勒，1942 年 11—12 月

似乎是将东线内全部德国空军（而不是作战区域内空军）力量都囊括在内的。

（二）行动计划及战术

苏军的计划是——在斯大林格勒及顿河与伏尔加河之间地域牵制住德军第 6 集团军，接着首先摧毁位于其左翼的罗马尼亚军队，随后由其左翼突入深远后方，以切断德军纵深内跨越顿河的交通路线。突破地段内，坦克第 5 集团军将实施主要突击。在 6 个步兵师（其中 4 个被编为第一梯队，另 2 个为第二梯队）突破罗马尼亚第 3 集团军的防线后，2 个坦克军会从该突破地段进入战斗，向着位于斯大林格勒正西方的顿河畔卡拉奇突击前进。紧随坦克军之后，第 63 集团军所属的骑兵军和 3 个步兵师将向右翼展开，依托奇尔河建立外围防线，即合围的对外正面。第 21 集团军和第 65 集团军的先头部队会紧随前方坦克军的攻击矛头，在克列茨卡亚两侧实施并列突击，以突破德军防线并合围第 6 集团军在顿河以西的 4 个师。为此，他们将得到第 24 集团军的配合，该部会通过夺取顿河上的潘什里（Pan'shirskiy）和维蒂亚希（Vertyachiy）渡口，来切断上述各师向第 6 集团军主力靠拢的路线。为封闭合围圈，第 57 和第 51 集团军将从斯大林格勒南部往西北方向实施辅助突击，以割裂德军第 4 装甲集团军，并与己方坦克第 5 集团军在卡拉奇会师。

　　以斯大林格勒反击作为标志，苏军在作战指挥上迈入了一个全新阶段。这一阶段中，苏联人展现出了与德国人在概念和效率方面不相上下的进攻作战指挥能力，以绝对实力来碾压一个已经越过了进攻顶点的对手也不成问题。苏军即将发起的进攻行动的最显著特征便是将大量步兵集中在狭窄正面上、首先打开突破口，而后将强大的具有独立作战能力的装甲部队投入突破口、直插敌人纵深。以往，苏联人在正面突击中通常将装甲部队和步兵混合起来使用，尽管这样做效率较低且代价高昂，但指挥起来会更容易些。新出现的战术则表明苏军高级司令部的指挥能力已经达到较高水平——这样的水平使其敢于承担高机动作战的风险，并从中获取相对更大的回报。在各个阶段中，作战行动的复杂性和精妙程度都有了很大提升——比如斯大林格勒反击行动的作战部署执行起来就非常迅速、顺利且低调，不似苏联人在早期进攻中所表现出的那样需要对敌军的弱点进行拙劣侦察，或是实施长时间火力准备；这样一来，进攻的突然性便得到了保证。

五、被合围的第 6 集团军

（一）突破

　　1942 年 11 月 19 日，当盟军在北非登陆成功并将德国人的注意力吸引到西线、东线大地也被严寒冰冻得足以支撑坦克的行动时，苏联人向斯大林格勒发起了进攻。当天午夜降起大雪，纷飞的雪花遮住了所有人的视线，能见度下降得几乎为零。天亮后，于上午 8:50 测得的温度为华氏 20 度（约零下 6 摄氏度）。在长达一个半小时的炮击之后，坦克第 5 集团军和第 21 集团军于拂晓使用先头步兵部队向罗马尼亚第 3 集团军的阵地发起攻击，揭开了苏军反击的序幕。

当天下午没过多久，罗马尼亚军队的防线便被突破；14:00，苏军坦克第 5 集团军将 2 个坦克军和 1 个骑兵军投入了纵深战斗。1 个小时后，第 21 集团军也成功打开突破口，1 个坦克军和 1 个骑兵军被投入这个突破口以发展纵深突破。罗马尼亚第 3 集团军在受到攻击的第一时间即告崩溃，苏联坦克洪流更是直接摧毁了他们抵抗的勇气。此外，苏军第 65 集团军亦从 19 日上午开始进攻，但由于其面对的是第 6 集团军左翼的德国师，攻击几乎没有取得什么像样进展，当天只向前推进了 3 英里（不过在面对右翼的罗马尼亚骑兵师时除外）。与其形成鲜明对比的是，苏军另两个集团军（第 21 和坦克第 5 集团军）在同一时间内前进了 13 ~ 14 英里。

第二天，第 57 集团军和第 51 集团军突破了位于别克托夫卡（Beketovka）桥头堡以南的罗马尼亚第 6 军防线。第 4 装甲集团军的记录表明，罗马尼亚军队的瓦解速度是如此之快，以至于所有能阻止部队溃逃的措施都因来不及实施而变得毫无用处。黄昏时分，该集团军得出结论，在第二天凌晨到来前，罗马尼亚第 6 军便将丧失全部作战能力。霍特悲哀地发出报告称，德军花费了数周时间才获得的东西却会在一天之内就被罗马尼亚人丢光。因患上"莫名其妙的坦克恐惧症"而完全丧失抵抗勇气的情况在罗马尼亚军队防线上比比皆是。因此，霍特希望撤回原先掩护该国第 6 军右翼的罗马尼亚第 7 军，但 B 集团军群司令部拒绝了这一请求，理由如下：一旦罗马尼亚人开始后撤，那么谁都无法让他们停下脚步。

11 月 19 日午夜来临前，B 集团军群命令保卢斯停止对斯大林格勒登陆场的进攻行动，并将 3 个装甲师和 1 个步兵师撤出城市，以应对苏军对其左翼的攻击。第二天，上述各师在第 14 装甲军司令部指挥下转移到了顿河西岸，在那里，他们和已经部署于此的 3 个师一道粉碎了苏军第 21 和第 65 集团军在顿河西岸形成一个次级合围圈的意图。然而，面对着苏联突击集团的优势兵力，再加上自身机动力因油料短缺而无法完全发挥，这些德军部队实在无力打破那个更为致命的外层合围圈。坦克第 5 集团军在突击轴线（即方向）上的唯一障碍是德军第 48 装甲军和罗马尼亚第 3 集团军部分残余力量。但罗马尼亚人早已不值得再被期望，虽然他们当中有一些人，尤其是米哈伊尔·拉斯卡将军领导的那个师作战还算英勇。起初，希特勒曾将全部希望寄托于第 48 装甲军，然而该军在战斗中没有协调好麾下 2 个师之间的行动，最终未能向西逃过奇尔河①。平心而论，德军和罗马尼亚军队在这种情况下所能做到的极致也不过是把苏军坦克第 5 集团军的进攻时间表往后推迟 24 小时，而且就算加上拼命争取到的多余时间亦不会超出该部（坦克第 5 集团军）作战计划规定的限度。随后，坦克第 5 集团军所辖的 2 个坦克军马不停蹄地继续向卡拉奇和奇尔火车站（Chir Station）推进；骑兵军则被留下，在几个步兵师的协助下开始肃清奇尔河一线。而在奇尔河以东，德国人和罗马尼亚人已经没有力气再掀起什么风浪了。

在战场南翼，第 4 装甲集团军的境况同样不算乐观。苏联人的攻势把该集团军切成两半，将第 4 军和第 29 摩托化步兵师合围在了斯大林格勒边上的口袋里，只给霍特留下了罗马尼亚第 4 集团军司令部、罗马尼亚第 6 军和第 7 军，以及第 16 摩托化步兵师②，孤零零地支撑着南线的将倾大厦。苏军发起进攻的第一天里，防守集团军外围的第 16 摩托化步兵师便在哈尔库塔（Khalkuta）被切断与友军的联系，不得不奋力向西撤回贾什库尔（Jashkul）。因此，在这种情况下，第 4 装甲集团军不仅无力阻止苏军穿过其防区从南部合围斯大林格勒，更是没办法打退他们沿顿河左岸向西南的推进。

事实上，当时人们大多没有意识到这一点，即德军的军力其实是有机会被保留下来的。达成突破后，苏军第 57 集团军在德军第 6 集团军侧翼的进攻规模十分有限；第 51 集团军情况类似——在攻击第 6 集团军的同时，该部被要求派出其最强大的兵力，即 2 个坦克军和 1 个机械化军前往西北方向实施大范围肃清行动，协助友邻部队完成对卡拉奇附近敌军的合围；并派出步兵师往

① 作者注：11月26日，第48装甲军带着从合围圈中解救出来的拉斯卡将军所部6000人越过奇尔河，撤回至该河西岸。希特勒却仍固执地相信该军原本是可以凭借自身力量阻止苏军坦克第5集团军进攻的。他勒令该军指挥官费迪南德·海姆中将回国，而后剥夺了后者军衔，在未经任何审判的情况下将其监禁起来。海姆中将于1943年8月被释放，一年后，同样还是未经审判，他又恢复了军衔，并被任命为布洛涅要塞的指挥官。
② 作者注：10月末，罗马尼亚第4集团军司令部已带领着第7军和3个师抵达战场，承担起了第4装甲集团军右翼的防务。

燃烧中的斯大林格勒

西南方向的科捷利尼科夫斯基（Kotelnikovo，今称科捷利尼科沃）发展进攻，以掩护主力侧翼。考虑到第4装甲集团军各部本就四分五裂、相互孤立的状态，苏军哪怕对其进行切割作战应该也不至于会出现多大麻烦。此外，苏军第51集团军司令部似乎在能力上存在某种缺陷，致其无法应对所属各部朝不同方向前进的复杂局面；因此，该部（第51集团军）不管是向卡拉奇、还是向科捷利尼科夫斯基的前进速度都比较缓慢，而且缺乏应有的果敢和坚决。尤其是向科捷利尼科夫斯基的推进，苏军原本取得了良好开局，却谨慎地控制着前进速度，从而放任大好战机白白逝去。当然，即便苏联人在行动方面犯了上述种种错误，第4装甲集团军的处境也还是危如累卵。11月22日，在描述罗马尼亚第6军时，霍特甚至使用了"残兵败将""抱头鼠窜"这样的言辞。

（二）曼施泰因、保卢斯和希特勒

对于任何一支现代军队来说，被敌人突然包围都足以算得上一场灾难，其悲惨程度完全可以比肩地震或其他自然灾害。在态势图上，合围圈通常会呈现出一种外科手术般极其精致的外观；但在实际战场中，合围行动充斥着残酷的割裂和撕扯，被围一方往往如狼群环伺下的羊羔一般不知所措——通信线路被切断，司令部找不到部队，援军要么远在天边、要么被挡在近在咫尺的合围对外正面之外，没有稳固的后方，每个阵地都面对着敌人来自四面八方的攻击。合围一旦完成，"口袋"里的每个人就仿佛成为囚犯，死亡在他四周徘徊、家成了一个遥远的梦，空气中也弥漫着恐惧和惊慌的味道。此时，浮上指挥官和每个士兵心头的第一个，亦是唯一且绝对的念头便一定是"突围"。然而，突围绝非一件简单之事——四面八方都是敌人的身影，就连草木皆兵也再正常不过；逃亡的路线上河川横亘，前临深渊、后有虎狼；数十万惊弓之鸟般的军队和所有武器、车辆、物资及装备都需要调转到突围方向上，并驱使他们每日向前推进 10 英里、20 英里、30 英里或更远距离。总而言之，这是一项可以让任何一个伟大军事家都感到头疼、艰巨而又危险的任务。

即使最终的合围圈还未形成，其对被围者的影响也早已开始显现。首先且相当巨大的一个影响便是战斗行动的混乱程度会急剧上升——因为以前被遮掩得很好的软肋和要害现在突然直接暴露在了敌人的打击之下；此外，随着合围态势继续发展，被围者会逐渐丧失进行理性判断、有条理地思考，以及做出正确反应的能力。以上就是在苏军反攻的最初几天里，发生于德军第 6 集团军身上的事情。从谢拉菲莫维奇桥头堡到卡拉奇的大桥有 70 英里远，到第 6 集团军位于奇尔火车站铁路卸载点的距离则要稍近一些（相差约几英里）。在这几个地方之间、奇尔河与顿河交汇处的三角地带内，德军密集地布置着第 6 集团军和所属各军司令部，弹药库和辎重堆垛、车库、医院、修理车间等；简而言之，这里就是第 6 集团军的神经中枢，也囊括了几乎全部的集团军后方机构。而现在，所有的一切都已经失去秩序，人员、马匹和卡车汇成一股向南滚动的乱糟糟的巨流，所有人只恨不能多长两条腿、以便能更快逃离苏联坦克的炮口。此时，顿河业已封冻，冰面的结实程度甚至足以通行卡车，但很少有人在允许有其他选择的情况下、越过顿河向东撤退。其实并没有多少人真正遇到了苏联人的坦克，当然也不会有人希望这样；然而谣言早已漫天乱飞，苏联人似乎无处不在——信心的缺失更是加剧了混乱。实际上，苏联人当时都还没能在德军纵深达成完全的突破。

在元首指挥部里，没有人能说清现在到底发生了什么事情，然而所有人都知道事情的后果会是如何。如果不指望发生什么奇迹，现在就只剩下两种选择：要么立即组织一次针对第 6 集团军的救援行动，要么允许该部从斯大林格勒撤退——按照德国独裁者的一贯思路，后者当然是不可想象、亦不能接受的。因此，希特勒在 11 月 20 日组建了一个新的集团军群，即顿河集团军群——该兵力集团由第 6 集团军、罗马尼亚第 3 集团军、第 4 装甲集团军和罗马尼亚第 4 集团军组成，集团军群指挥官为弗里茨·埃里希·冯·曼施泰因大将。由于曼施泰因当时正指挥第 11 集团军在中央集团军群左翼的作战，因此需要大约一个星期的时间来转移指挥所。

曼施泰因的任命终于凑齐了"斯大林格勒三人组"——希特勒、曼施泰因和保卢斯——这样一个知名也致命的组合。

希特勒无法直面人类在战场上血腥厮杀、甚至是动物受伤的场景，却可以在远离战场的指挥部里冷血地下达命令，并决定成千上万人的性命——这些巨量且鲜活的生命在其眼里不过是摆在地图上、一个个象征性的被其称为"块"的符号。希特勒的行动会受到情感支配，他倾向于依靠自己的直觉而非理性作出判断，对于任何有悖于自身意愿的事情都无法客观或冷静地思考、分析，所以他无法容忍失败。在斯大林格勒战役中，他已经成功展示了自己的威严：去年冬季，希特勒发现并成功应用了一种适合自己性格的方法，即在面对军事上的不利局面时，总是（不分情况地）实施严格的防御政策。

在各自的专业领域中，曼施泰因和希特勒都同样是本位主义者，只不过前者更加理性。20 世纪 30 年代，曼施泰因在陆军总参谋部担任过两个高级职务[1]；在 1938 年布劳希奇和哈尔德领衔实施改组前，他是下一任陆军总司令部参谋长的第一人选。担任集团军群参谋长（实际上这相当于被降级使用）期间，曼施泰因提出了对 1940 年法国战役计划的修改意见，这个在陆军总司令部相当不受待见的新计划却正好挠到了希特勒的痒处；事件后来的发展大家都耳熟能详，可以说在德国取得辉煌速胜这件事上，曼施泰因绝对是功不可没

---

[1] 译者注：陆军总参谋部作战部部长和第一军需长。

斯大林格勒红色广场上的"卐"字旗

的。然而，他在陆军总司令部中不怎么受到欢迎，布劳希奇形容此人过于野心勃勃，且太注重追求个人成就，因此在对苏行动开始后便被踢到了北方集团军群里担任1个装甲军的军长。不过，希特勒对曼施泰因是高度重视的，不久之后即在1941年9月授予他第11集团军的指挥权，而后又在1942年7月他攻克克里木半岛、并出色地夺取了塞瓦斯托波尔要塞后火速将其晋升为元帅。在刚开始指挥顿河集团军群时，曼施泰因身上背负着维持甚至扩大其作为一个运筹帷幄者、一个英勇的战地指挥官，以及一名睿智的战术专家声誉的巨大压力。但希特勒对他抱有盲目的信心——如果元首下定决心要换一个人执掌整支德国陆军，那么曼施泰因将是最有可能的候选人之一。在自己的脑海里，曼施泰因似乎已经开始展望他未来的升职路径——至少也要成为德国陆军总司令部参谋长，如此才足以匹配自己"希特勒的鲁登道夫"①这一地位。

保卢斯可以说是参谋军官中的理想样板，他接受过全面训练，工作认真负责，颇有才干、努力勤奋且缄默少语。参谋军官一类的岗位几乎贯穿其全部军事生涯，这一历程的顶点是他在1940年被任命为德国陆军总参谋部第一军需长（作战部长），负责作战计划的拟制。第6集团军是保卢斯职业生涯中直接指挥的第一支作战部队，因此1942年夏季进攻战役也是他在战场上指挥的第一次战役行动。虽然缺乏广受下属拥戴的那种个人魅力或是领导风范，但他组织指挥战役的水准仍然相当专业。与曼施泰因一样，保卢斯的职业生涯在当时亦处于辉煌的上升阶段；甚至有消息说，希特勒计划在斯大林格勒战役结束之后将他调回元首指挥部，以取代一直不受前者待见的约德尔。

11月21日，希特勒命令第6集团军"不要顾忌被围的临时危险"，坚守既有阵地。同时，他还向曼施泰因许诺增援6个步兵师、4个装甲师、1个空军野战师和1个防空炮兵师，但当前可用的只有2个步兵师，其余人马最早也要等到12月第1周时才可能抵达。

在奇尔河后方、尚处合围圈之外的下奇尔斯卡亚（Nizhne Chirskaya）的第6集团军冬季指挥所里，保卢斯接到了上述命令。此前，他一直待在位于卡

---

① 译者注：鲁登道夫，一战时期德军的"东线柱石"。时任德军第8集团军参谋长的鲁登道夫与兴登堡共同指挥德军取得了东普鲁士战役的胜利，成为广大德国民众心中的偶像人物。此外，兴登堡于1925年当选为魏玛共和国总统。

拉奇以北 10 英里、顿河河畔的戈卢宾斯卡亚（Golubinskaya）前进指挥所内，直至苏联人的坦克当天中午出现在视野之中、碾过广阔的大草原向西朝卡拉奇直驰而去。第 14 装甲军司令部也在戈卢宾斯卡亚成立了指挥中心，并在这里指挥着第 14 和第 16 装甲师的一部实施战术机动，企图迟滞苏军的突击矛头，将战线固定下来。然而，苏军坦克部队置该部德军于不顾，把他们扔在一旁绝尘而去。在突击过程中，坦克第 4 军的速度有一定程度下降，但位于其西侧的坦克第 26 军丝毫没有受到影响。11 月 22 日零点后，在进行于黎明前的一次勇猛突袭中，坦克第 26 军所辖的 1 个营占领了卡拉奇的顿河大桥，并在桥周围建立起了牢固的防御体系，将自己像钉子那样扎在了德军的命门上。

22 日上午，保卢斯乘坐飞机进入苏军的合围圈。在古姆拉克（Gumrak）机场，他通过无线电向希特勒报告，称苏联人已经占领卡拉奇，第 6 集团军已被合围。然而，从最为严谨的意义上讲，上述报告并不准确，至少在当时如此——驻守卡拉奇的德军在接下来的 78 天里就一直坚守着此地。11 月 23日晚些时候，越过顿河的苏军坦克第 4 军冲过宽达 10 英里的接合部缺口，在苏维埃茨基（Sovetskiy）与骑兵第 4 军会合，最终达成了合围圈的封闭态势。

在 11 月 22 日发给希特勒的电报中，保卢斯还提到德军没有在卡拉奇和卡尔波夫卡（Karpovka）之间的合围圈南缘建立起任何有效防线。因此，他只能将第 14 装甲军召回，并利用该部来封住这道缺口。如果能通过空运补充足够物资，且上述缺口得以封闭——由于油料极度缺乏，后者实现的可能存在着巨大疑问——保卢斯打算沿着斯大林格勒的外沿构筑环形防线。可德军要是无法在南面建立起有效防御，他认为唯一的解决之道就是放弃斯大林格勒，扔掉北翼防线，将部队收拢起来朝西南方向突围并与第 4 装甲集团军会合。他请求能在必要时得到希特勒的全权委托，以便统一组织和协调这次规模巨大的突围行动。

23 日整个昼间里，保卢斯都在焦急等待希特勒的决定，结果等来的却是苏联人已经堵住最后缺口、口袋已被扎牢的消息。当天晚上，他向陆军总司令部发出第二封电报，称如果不尝试立即突围，第 6 集团军暴露在苏军面前的南翼空门就会导致整支部队"在最短的时间内"遭受灭顶之灾；为此，接下来他将被迫抽调原本北部防线上的兵力，并将其向南翼集中以便突围。在这封电报里，保卢斯再次要求能够自主决定集团军的行动。为增强电报说服力，他声称自己手下 5 个军的指挥官都完全同意以上判断。在另一封电报中，魏克斯副署了保卢斯的请求。当天夜间，第 51 军指挥官、炮兵上将瓦尔特·冯·塞德利茨得出结论，认为突围是无法避免的，希特勒必须正视这一现实。于是，他开始自作主张，将几个师从合围圈北端撤回——希特勒对此暴跳如雷[①]。塞德利茨是个为命运所摆弄、位列"斯大林格勒悲催诸将"之中的另类，其个性冲动、行事情绪化且富有冒险精神，与他的上峰保卢斯形成了鲜明对比。

曼施泰因同样向陆军总司令部提交了一份评估报告，但他对局势的判断要比保卢斯和魏克斯含糊一些。曼施泰因赞成突围，认为这是最保险的手段，再继续坚持下去是极其危险的；然而他不支持马上就采取行动。他认为，如果希特勒承诺的援军能够到位，救援行动便可从 12 月初开始进行。不过同时他也警告说，要是救援力量不能按时部署到位，那么突围（而非继续固守）就仍是必要的。

人们很快便能发现，希特勒并没有被上述那些将军的电报所左右。11 月 24 日，他命令第 6 集团军将西北和西南的防线稍微向内收缩，然后构筑起环形防御体系；他还承诺会对第 6 集团军实施空中补给[②]。在蔡茨勒对此表示怀疑时，戈林向希特勒保证，空军将有能力每天向合围圈中运送多达 600 吨的补给。另外，希特勒命令第 4 装甲集团军所辖部队挡住科捷利尼科夫斯基以北的苏联军队，并准备向北方实施反击，以重新建立与第 6 集团军的联系。

两天后，希特勒在一封信中向曼施泰因说明了救援计划的细节。首先是（必须救援的）理由——放弃斯大林格勒就意味着放弃 1942 年夏季战役中"最重要的成果"，因此无论代价多大，德军都必须坚守在这座城市里；换个角度讲，如果现在撤退、然后在 1943 年重新夺回这座城市，那么付出的代价只会（比现在选择坚守）更大。接着他指出了相关步骤：第 4 装甲集团军必须从科捷利

[①] 作者注：11月24日，希特勒要求上报第51军撤退的情况，并严令禁止任何违反1号作战命令的进一步措施。魏克斯试图遮掩此事，将其解释成不是让部队撤退和突围，而是把防线收缩到预设阵地上的正常战术举措，目的是多挤出1个师兵力以备不时之需。但希特勒不相信这种说辞，而且怀疑保卢斯和塞德利茨私相授受，瞒着他允许塞德利茨指挥整个北线战区的行动。

[②] 作者注：同时希特勒还宣称，斯大林格勒应当是一座"堡垒"——并不是说这座堡垒存在着什么特殊军事价值，而是以此凸显他不惜一切代价坚守斯大林格勒的决心。

尼科夫斯基地区向第 6 集团军 "伸出手来"，在顿河与奇尔河交汇处建起一个桥头堡，并以此为依托、自西向斯大林格勒再次发起进攻。当该部（第 4 装甲集团军）与第 6 集团军重新建立起联系时，后者的补给便可以得到保障、城市因此也就守得住了；与此同时，顿河集团军群将开始准备一次向北的突击行动，以扫清顿河与奇尔河之间的突破地带。

希特勒对自己的计划和决定信心十足，那些身处前线的将士却完全无法理解他的感受。在接到本国元首（颁布于）11 月 24 日的命令后，塞德利茨告诉保卢斯，再坚持下去已经没有任何意义，部队要么很快突围出去，要么便只剩下投降一途。他认为这早就是明摆着的事情——只要看一看德军早在反攻发起前便早已出现短缺的补给情况就知道了，而寄托在空中补给上的希望不过是一根救命稻草：德军目前只装备有 30 架容克 –52 运输机（11 月 23 日时），即使能在短时间内再组装数百架出来——姑且不谈能否完成这样的壮举——部队的补给也无法得到完全满足。保卢斯虽然尖锐地批评了塞德利茨，说这些并不是他需要考虑的事情，但实际上相当同意这些观点。11 月 26 日，在给曼施泰因的一封私人信件中，保卢斯再次请求赋予他必要时自由行动的权力；同时他还指出，前三天的空中补给只实现了承诺中每天 300 架次、600 吨空运量的一小部分。于 11 月 27 日开始担任顿河集团军群司令的曼施泰因很清楚希特勒的计划，因此没有回复保卢斯的请求。

（三）苏军置侧翼于不顾

尽管德军在斯大林格勒的处境已经非常糟糕，但未来甚至会更糟。完成合围后，苏军就将主要精力用在了巩固对第 6 集团军的控制上，实际上停止了对奇尔河及第 4 装甲集团军所在区域的进攻。到 11 月 28 日，他们已经集中起 94 个师旅级单位来对付第 6 集团军；此时，苏军在针对第 4 装甲集团军和罗马尼亚第 3 集团军残部的行动中只动用了 49 个师旅级单位，而且部署到一线的不超过 20 个。

轴心国方面，奇尔河防线北部由第 17 军控制，南部直至奇尔河与顿河交汇处的河段则由罗马尼亚第 3 集团军掌握。德军第 17 军拥有 2 个德国师和罗马尼亚残存军队的大部；而罗马尼亚第 3 集团军只是个名义上的该国单位，其

斯大林格勒废墟中的德军

指挥部由德国参谋人员管理，防线上则部署着一支临时拼凑而成、规模较小的德国部队[①]。在第4装甲集团军所在地域，该部和罗马尼亚第6、第7军残部重组成了"霍特集团军级集群"[②]。在霍特领导下，罗马尼亚第4集团军司令部指挥着2个罗马尼亚军（第6、第7军）。凭借罗马尼亚部队和大量零散德军后方部队的帮助，霍特企图挡住在科捷利尼科夫斯基以北的苏联人；但到11月24日，他发出报告，说此举无异于螳臂当车；因为苏军只要肯付出哪怕一丁点真正的努力，他们就肯定能取得"最大的"成功。11月27日时，科捷利尼科夫斯基已被苏军炮兵纳入射程范围内，不过斯大林格勒方面军和第51集团军的行动仍然相对谨慎。与此同时，在本月最后四天里，第一批用于反击的德军已陆续到位。

----

① 作者注：德国军队的各层级指挥官都普遍厌恶承担罗马尼亚军队的指挥职责，这种情况一直持续到了1943年。希特勒和各集团军群司令部不得不反复干预这种愈演愈烈的势头，下令禁止德军公开表示（对罗马尼亚军队的）蔑视。根据一些较为客观的观察，罗马尼亚军队本质上并不差，只是训练不精、组织不善、装备简陋而已。罗马尼亚人自己也辩称（至少）没有隐瞒自身实际能力。大多数德国人和层级较高的罗马尼亚人都同意这么一点——罗马尼亚军官团体（除极少数个例外）完全不具备履行职责的能力，并且腐败、醉心于政治斗争。B集团军群曾发出报告，称罗马尼亚各军、师级司令部在进攻早期阶段对所辖部队毫不关心。

② 作者注：这种情况早在德国人计划之中。为了更有效地控制罗马尼亚军队，德军会通过罗马尼亚第4集团军司令部来指挥这些部队，而非由德方（司令部）直接进行控制。

六、"冬季风暴"行动

希特勒之所以会做出将第6集团军钉在斯大林格勒的决定，无非是基于如下两个基本假设：一、德军可以成功抽调足够部队来实施救援行动；二、直至战役结束前，第6集团军都可以通过空中补给来保持基本战力。从表面上看，（进行）空中补给只是一道简单的、计算飞机数量与承运吨位是否相匹配的算术题。可事实并非如此。退一万步讲，即便飞机数量充足，空中补给这个问题也仍然无解——1942年11月下旬，德国空军面临着开战以来最为沉重的压力。它被拖入了真正的两线作战（斯大林格勒和北非）之中。截至11月底，已有400架战斗机从苏联战场被抽调至北非战场，东线德国空军的力量在整体上被削弱了六分之一，作战效能则降低近三分之一。11月29日，陆军总司令部估计在东线剩余的2000架飞机中，已经只有1120架仍能投入使用。

指挥第4航空队的沃尔夫拉姆·冯·里希特霍芬上将在11月25日报告说，他目前有298架三发型容克JU-52运输机；而要完成为斯大林格勒守军提供补给的任务，他便需要500架这样的飞机。他建议希特勒允许第6集团军突围，然而德国独裁者再次选择了"断然拒绝"。随后，里希特霍芬只能使用亨舍尔HE-111型双引擎轰炸机来客串运输机的职责；此举不但进一步减少了可用于作战任务的飞机数量，也未能从根本上改善当前空中补给（运量不足）的状况。事实上，若想在无法确定天候条件和没有足够地面支持的情况下飞越苏军控制区域，一两次或许可以侥幸做到，可要是打算将这种行动持续下去、把手头上的飞机组织成一条有效的空中运输补给线，以德军目前情况来看是完全行不通的。在11月29日当天，有38架JU-52（每架可装载1吨货物）和21架HE-111（每架最大载重量为1000磅）起飞；其中只有12架JU-52和13架HE-111降落在合围圈内。第二天，有39架JU-52和38架HE-111被派出，但分别只有30架和36架完成任务。按照这样的战损率来计算，德国空军显然无法持续（进行空中补给）太久——若想拯救第6集团军，德国人就必须趁早行动。

12月1日，顿河集团军群开始为解救第6集团军的"冬季风暴"（Wintergewitter）行动做准备。该行动的主要任务将由第4装甲集团军所辖的第57装甲军执行，该军拥有2个新近投入战场的装甲师（第6和第23师），当时正处于从科捷利尼科夫斯基近郊向东北方斯大林格勒推进的路上。罗马尼亚第6和第7军会承担这次行动的侧卫任务。此外,"冬季风暴"的次要任务是:第 4 装甲集团军在得到第 48 装甲军加强后,从顿河与奇尔河交汇处的桥头堡出发,向卡拉奇攻击前进。第 48 装甲军司令部在将麾下第 22 装甲师和罗马尼亚第 1 装甲师部署到奇尔河一线的同时,接过了即将投入桥头堡的 3 个师——第 11 装甲师、第 336 步兵师和第 7 空军野战师的指挥权。在行动中,保卢斯会把所有装甲力量集中在合围圈西南边缘,同时做好一切准备,在接到命令后迅速向第 57 装甲军所在位置攻击前进;他的后备计划是朝卡拉奇方向突围,但无论如何都必须控制好北部和斯大林格勒方向的防线。此外,曼施泰因希望相关部队能在 12 月 8 日黎明前就做好一切准备。

(一)怀疑和延误

"冬季风暴"行动的前景在第一眼望去时便让人感觉不太靠谱,而且随着时间的推移,其可行性更是愈发渺茫。第 6 集团军为西南方向的突围动员了 2 个摩托化步兵师和 1 个装甲师(拥有 80 辆坦克);但在从 12 月 2 日开始的那一周里,顿河方面军和斯大林格勒方面军发起了一次经过精心策划的分割围歼作战,上述 3 个德国师还未开始行动就被牢牢困在了原地、一直动弹不得。自 12 月 3 日起,由于苏军在罗马尼亚第 3 集团军奇尔河防线当面的活动日渐活跃,因此曼施泰因不得不将原本准备移交给第 48 装甲军的 3 个装甲师留在该地;如此一来,第 48 装甲军向斯大林格勒的进攻行动便化为泡影。尤其雪上加霜的是,原计划要加强给第 57 装甲军的各师姗姗来迟,陆军总司令部最后也只给顿河集团军群提供了 2 个空军野战师以加强防御——1 个分给第 48 装甲军,另 1 个则分给第 4 装甲集团军。

到 12 月 9 日,"冬季风暴"已经缩水为一场规模只有 2 个师的闹剧。但在第二天,曼施泰因仍然决定继续执行此计划,他将行动开始时间定在了 12 月 12 日上午。之所以会推迟这么久,是因为这几日天气着实不佳——连续下了几天大雨,泥泞道路严重影响了德军的机动速度。而之所以不能等到寒流将土地完全冻实再行动则完全是物资短缺的缘故。此时,第 4 装甲集团军发出报告,称已经发现苏联装甲部队在其当面行动的迹象;另外,第 6 集团军也发来报告,指出当前平均每天只有 70 吨补给被空运进来,弹药的库存量正逐渐减

魏克斯、保卢斯和塞德利茨在第 51 军司令部

少到危险边缘，士兵的口粮更是将在 12 月 19 日耗尽。

　　但希特勒很乐观。12 月 3 日，在回复一份来自顿河集团军群的悲观报告时，他提醒曼施泰因要注意并牢记这样一个事实，即苏军的师总是比最初看起来更小更弱，而苏联指挥官也很可能被自己先前获得的成功冲昏头脑而失去理智。一周后，希特勒的信心不减反增，他得出结论——苏联人冬季攻势的第一阶段即将结束，而且会在他们未能取得决定性胜利的情况下结束。于是，德国独裁者再次陷入了重新夺回顿河一线的念头之中，且愈发不可自拔。到 12 月 10 日，其想法已经严重跑偏，居然准备把第 7 和第 17 装甲师转移到顿河集团军群左翼，并以此为先导，从奇尔河往顿河方向发动进攻。第二天，希特勒命令曼施泰因将第 17 装甲师部署在第 17 军防区内，从而暂时排除了用该部来加强第 4 装甲集团军、向斯大林格勒发起攻击的可能性。

（二）"冬季风暴"的开局

　　12 月 12 日上午，德军准时开始进攻。第 57 装甲军冲向与其力量相当的对手，取得了虽然不错但谈不上惊人的进展。当日下午，在举行于元首指挥部的形势分析会议上，蔡茨勒试图说服希特勒把第 17 装甲师解放出来，以加强"冬季风暴"行动，然而后者拒绝了这一建议。因为苏军对顿河集团军群左翼的威胁似乎正在增强，而此地刚好是顿河集团军群与意大利第 8 集团军右翼的接合部。在会议上，希特勒重申了坚守斯大林格勒的立场，他说："我已经得出了结论，蔡茨勒，在任何情况下我们都不能放弃（指斯大林格勒）。我们没法再夺回它。我们都知道这意味着什么……如果选择放弃，这场战役就失去了全部意义。根本无法想象我们能否再回到那里。"

在"冬季风暴"行动发起第二天，第 57 装甲军推进至阿克塞河（Aksay River），并夺取了扎利夫斯基（Zalivskiy）大桥。但在奇尔河及顿河—奇尔河桥头堡内，第 48 装甲军几乎是在用一己之力对抗苏军坦克第 5 集团军和突击第 5 集团军；后两者正试图扩大斯大林格勒合围圈西部的缓冲区，以此强化对被围第 6 集团军的控制。正午时分，曼施泰因向希特勒发出报告，称在奇尔河方向碰到的麻烦抹杀了第 48 装甲军释放出部分力量从桥头堡发起突击的可能性，而没有第 48 装甲军这一部兵力帮助的话，顿河东部的第 57 装甲军便无法恢复与第 6 集团军的联系。曼施泰因希望将第 17 装甲师用于执行第 48 装甲军无力完成的任务（即从桥头堡发起突击），并把部署于顿河集团军群和 A 集团军群之间的第 16 摩托化步兵师用于支援第 57 装甲军进攻。关于希特勒向斯大林格勒北部顿河流域发起攻击的计划，曼施泰因的观点是——即便"冬季风暴"费尽千辛万苦取得成功，这个新计划的实施时间也不可能早于 1943 年 10月。最终，希特勒同意了关于第 17 装甲师的安排，但依然把第 16 摩托化步兵师攥在手里。因为在他眼里，苏联人针对顿河集团军群左翼的进攻集结越看越只不过是一次单纯的战役佯动，所以第 17 装甲师的处境相比第 16 摩托化步兵师就要好多了。

（三）结局

接下来四天里，"冬季风暴"仍在继续进行，可相关部队已经没有足够的冲击力，以至于一些在初期取得的成果现在都无力保留下来。12 月 14 日，德军在顿河以东的顿河—奇尔河桥头堡已有部分失守。不管形势变化如何，自那一刻起，从这个桥头堡发起攻击的所有努力便尽皆付诸流水——因为希特勒批准用于增援、足有 1 个师的生力军现在只能被填补到第 57 装甲军防线的窟窿中去了。12 月 17—18 日间，尽管随着第 17 装甲师的到来、兵力已经增加到了 3 个师，第 57 装甲军却依然深陷阿克塞河与梅什科瓦河（Mishkova River）之间库姆斯基（Kumsky）周围的苦战中而无法脱身。

12 月 19 日，第 57 装甲军猛然发力，突击推进至距被围德军集团仅 35 英里远的梅什科瓦河一线。但曼施泰因还是告诉希特勒，说第 57 装甲军与第 6 集团军取得联系的希望已经极其渺茫，更别说在两者之间建立安全走廊了。前者（曼施泰因）认为当前唯一的解决办法就是命令第 6 集团军在逐步收缩北部和斯大林格勒方向防线的同时往第 57 装甲军所在方向突围。他坚称这样至少可以挽救大部分兵力以及任何依然可以机动的装备。为此，他向第 6 集团军下达了准备实施突围的命令，同时指出该集团军的任务首先是突破合围圈并进抵梅什科瓦河一线，与第 57 装甲军建立联系；接着由后者（装甲军）向合围圈内运送 3000 吨补给品，以解前者（集团军）燃眉之急；最后，第 6 集团军将携带自身所能带上的全部装备、脱离苏军合围圈，并往西南方向撤退。曼施泰因告诉该集团军，所有部队一定要做好突围准备，但在接到命令前不得轻举妄动。

然而，受第 57 装甲军最新进展鼓舞的希特勒拒绝了曼施泰因的请求。相反，他命令将党卫军"维京"装甲掷弹兵师从 A 集团军群转移至第 4 装甲集团军，并强调第 6 集团军必须坚守原地、不得移动，等到与援军建立起牢固联系，且有能力完成一次全面有序的撤退后才能行动。与此同时，希特勒要求向被围德军空运足够的物资，尤其是汽油，以保证部队拥有机动 30 英里（从而顺利撤退）的能力；据他所知，第 6 集团军所属车辆剩余的燃料已不足行驶 18 英里。

12 月 21 日，在第 57 装甲军受阻于梅什科瓦河两天后，顿河集团军群参谋长弗里德里希·舒尔茨少将与第 6 集团军参谋长阿瑟·施密特少将通过新近投入使用的分米波通信系统进行了磋商。在回答陆军总司令部提出的问题后，施密特宣称本集团军所剩燃料只够部队跑上 12 英里，而后舒尔茨就把讨论的话题转向了突围。他说道，虽然目前还没有得到突围和撤离的许可，但由于第 57 装甲军再度向北推进的可能性已不太大，曼施泰因希望第 6 集团军能尽快实施突围。施密特回答道，集团军方面可以在 12 月 24 日做好突围准备，然而他并不相信部队可以在不付出巨大伤亡的情况下仍然守住斯大林格勒；而要保住这座城市就必须增加空运补给量和投入兵力，以保证城中守军有力量长期驻守该城。他和保卢斯认为，如果是在突围后立即撤退，那么成功率会更高些；不过撤退是一种有损士气的行动，未到最后关头不可轻言之。最终，这次会议并未达成什么一致性的意见。

曼施泰因把磋商结果传达给了陆军总司令部。正文之后他补充道，自己无法保证在该集团军继续坚守原地的情况下还能够重新与之建立联系；不能把希望都寄托在第 57 装甲军未来无法确定的进展上；"冬季风暴"实际上已经失败。当天晚些时候，希特勒与陆军总司令部参谋长及空军总司令部参谋长进行了长谈，但在参与会谈的那些人看来，"元首似乎已经失去了决断的能力"。

第四章

斯大林格勒，转折点

一、被围的第 6 集团军

1942 年夏季战役结束时，东线南翼的 A 集团军群和 B 集团军群已被分割成几乎是背对背的两个部分——一部沿高加索山脉面向南方，另一部沿顿河西岸面向东北，两者之间相距约 400 英里。在顿河流域的整个 B 集团军群只有一个任务，即保障处于其南方的德军侧翼的安全；（需要保障的）对象起初是第 6 集团军，随后是 A 集团军群，接着还加上了顿河集团军群。在德军仍以锐不可当之势向前突进时，这样的任务算不上有多困难，因此基本都落在了仆从国部队肩上——截至 12 月中旬，匈牙利第 2 集团军和意大利第 8 集团军都仍控制着沃罗涅日以南近 200 英里长的顿河防线。对于各国仆从军未来的表现此时也基本可以预测，即罗马尼亚军队应该是（在作战中表现得）最好的。

此时，哪怕随便看一眼地图都能知道顿河集团军群和 A 集团军群已经是多么脆弱——他们像提线木偶那样将自己全部身家性命都寄托在了寥寥可数的几条铁路线上，就这样在顿河与顿涅茨盆地以东的大草原上晃荡着（见战场形势图 5）。这些生命线的最脆弱部位是那些横越大河的桥梁及渡口——第聂伯河河曲部以东的一切物资供应和军队调动便完全依赖于第聂伯罗彼得罗夫斯克（Dnepropetrovsk）和扎波罗热（Zaporozhye）的桥梁。从第聂伯罗彼得罗夫斯克出发，前往位于意大利第 8 集团军防区中央的新卡利特瓦（Novaya Kalitva）一线需行进 250 英里，到达顿河集团军群的奇尔河防线则需行进 330 英里，而

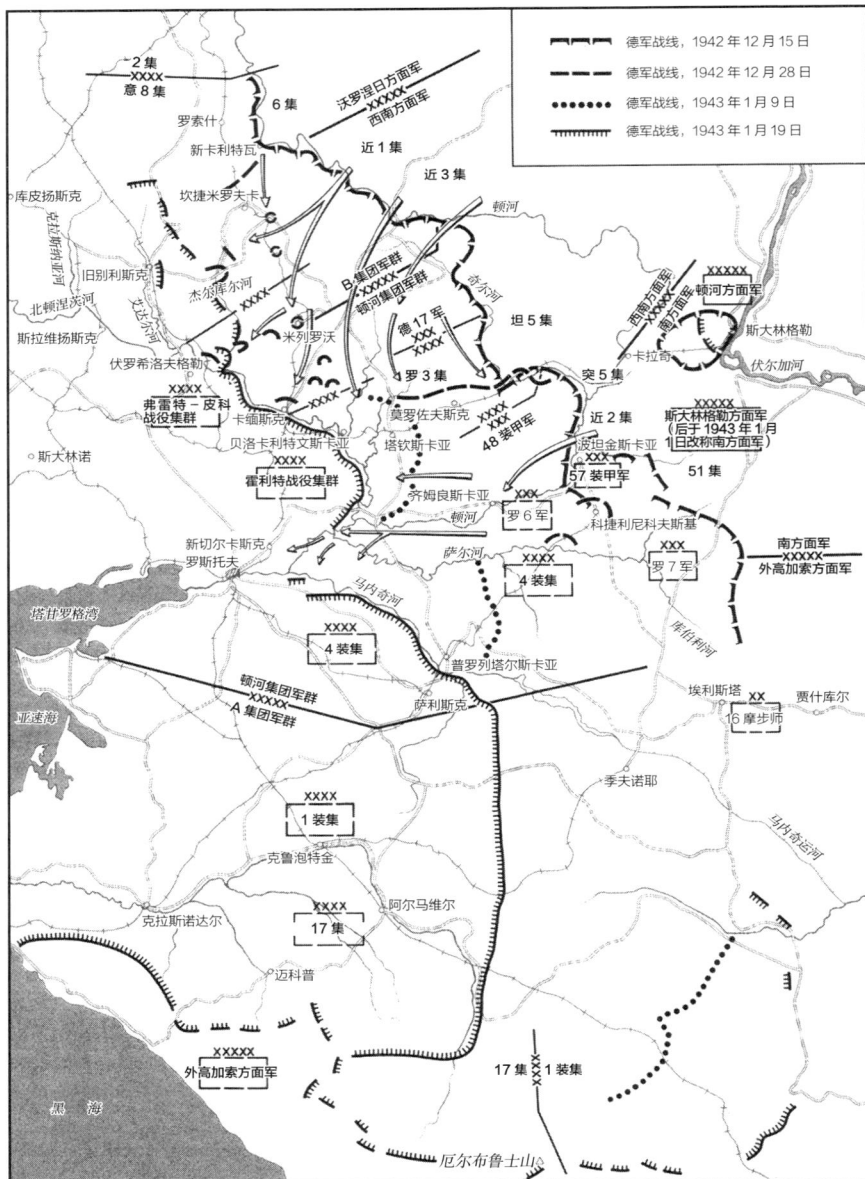

战场形势图 5：对罗斯托夫的双重突击，1942 年 12 月 16 日—1943 年 1 月 19 日

此地（第聂伯罗彼得罗夫斯克）与 A 集团军群左翼的距离甚至长达 580 英里。不过，苏联人要是想切断德军后路，他们并不需要向西打击至第聂伯罗彼得罗夫斯克那么远。在顿河集团军群左翼，有三个可供跨越北顿涅茨河的渡口集中在 80 英里范围内，即伏罗希洛夫格勒（Voroshilovgrad）、卡缅斯克（Kamensk）和贝洛卡利特文斯卡亚（Belokalitvenskaya）。从顿河集团军群左翼出发，经过这些渡口再前进 150 英里就能抵达罗斯托夫。不管 A 集团军群还是第 4 装甲集团军，两者都严重依赖于通过罗斯托夫的铁路实施补给——罗斯托夫到 A 集团军群左翼的距离为 350 英里，到第 4 装甲集团军右翼的距离为 220 英里。尽管苏联最高统帅部大本营还没有那么自信，指望通过一次（对罗斯托夫的）突击就能把两个集团军群纳入囊中，但如此绝佳的地理优势摆在面前、加之德军当前糟糕的状态，以及未来可预见的希特勒的蹩脚指挥——面对如此千载难逢的诱惑，没有哪个苏军指挥员还能抑制得住自己内心的冲动。

（一）西南方面军酝酿新的攻势

11 月下旬，当得出德国人存在从斯大林格勒撤离这一可能时，最高统帅部大本营便立即赋予了西南方面军一项重要任务，即通过朝西南和西方向进攻意大利第 8 集团军和罗马尼亚第 3 集团军，突破从新卡利特瓦至奇尔河河口的这段顿河防线，以完成一次规模巨大的迂回。最高统帅部大本营指派华西列夫斯基留下负责斯大林格勒的行动，攻击作战则由朱可夫作为最高统帅部大本营代表全权进行策划和协调。[①] 这次进攻将深入到卡利特瓦河（Kalitva River）、北顿涅茨河 (Donets River) 及杰尔库尔河 (Derkul River) 下游地区。在计划刚开始酝酿时，西南方面军手中掌握有近卫第 1 集团军和坦克第 5 集团军。随后，近卫第 1 集团军得到扩充，接着被分割——以其原右翼部队为基础组建近卫第 3 集团军，并得到了来自沃罗涅日方面军下辖的第 6 集团军的加强。

---

① 作者注：苏联官方史一直在贬低朱可夫的作用，尤其对于他在斯大林格勒战役中的地位颇费了一番"苦心"。苏联官方史宣称，斯大林于11月27日指示华西列夫斯基将注意力集中在斯大林格勒方面，至于西南方面军的进攻，他说："就让瓦图京和库兹涅佐夫（瓦西里·伊万诺维奇·库兹涅佐夫中将，近卫第1集团军指挥员）独自处理它。"【Ivov（R），III，43】然而其实在难以想象的是，斯大林竟会在这一阶段把如此重要的行动随意委托给一个方面军和一个集团军级指挥员（而不是朱可夫）来处理。

12 月，当德军在斯大林格勒合围圈内的防线已趋于稳定时，苏联人开始感到焦虑；而坦克第 5 集团军和突击第 5 集团军对奇尔河下游攻击的双双失利，以及德国人在斯大林格勒南部展开的"冬季风暴"行动更是加剧了他们的焦虑感。这种情绪简而言之至少达到了令人烦躁的程度。西南方面军的攻势在原定计划中不过是一次辅助作战，现在却不得不将其作为一场救援行动来看待。在大本营命令下，瓦图京将主要突击方向由西南调整到了东南，并把突击纵深缩短了一半。

12 月 16 日，苏联人重启攻势。苏军第 6 集团军突破了新卡利特瓦以东意大利人的防线，将该国的 1 个军逐出了战场。在接下来几天里，瓦图京把近卫第 1 和第 3 集团军投入战场，沿着顿河下游方向实施突破。10 日时，意大利第 8 集团军右翼的 1 个骑兵师和 1 个步兵师已陷入崩溃，同时带垮了顿河集团军群左翼的 2 个罗马尼亚师。仅仅 4 天内，苏联人便打开了一道宽达 100 英里的缺口，而后掠过顿河集团军群大后方，直扑位于南面的米列罗沃（Millerovo）和北顿涅茨河上诸渡口。

当前，德国人所面对的最为急迫的问题就是——如何保证顿河集团军群北方侧翼的安全？陆军总司令部从北方集团军群抽调了一个由炮兵上将马克西米里安·弗雷特－皮科指挥的军级司令部，以接管 B 集团军群右翼，并组建了弗雷特－皮科战役集群（Armeeabteilung）。前者（陆军总司令部）为该集群配备了 1 个新的步兵、第 3 山地师师部及部分兵力，还有 1 个军的残部（该军早先被用来充当意大利人的后方支柱）。弗雷特－皮科的任务是保护伏罗希洛夫格勒以东及位于卡缅斯克（Kamensk）的北顿涅茨河大桥的安全，建立起从北顿涅茨河延伸至顿河集团军群的交通线并确保其畅通。

12 月 23 日，曼施泰因通知希特勒，为应对苏军在顿河集团军群左翼的突破，他需要立即将至少 1 个（也可能是 2 个）师从第 57 装甲军中抽调出来。这意味着德军从即刻起放弃了从地面解救第 6 集团军的意图，于是对后者的长期空中补给就成了必须解决的难题。该集团军一天至少需要 550 吨补给物资，但指挥第 4 航空队的冯·里希特霍芬表示其部队可以承运的上限是（每日）200 吨。曼施泰因认为，如果空中补给不能得以保证（当前看上去即是如此），突围便成了唯一可以解救第 6 集团军的方案，尽管它带有一定风险。他还指出，苏联人在梅什科瓦附近的兵力集结意味着他们很快就能从那里发起新的攻势。考虑到第 4 装甲集团军在该方向上的侧翼仅由罗马尼亚军队掩护，苏军的这一情况便只能用"危险至极"来形容了。

希特勒的决定——其实根本算不上什么"决定"——是在第二天凌晨做出的。他授权将第 57 装甲军的部分兵力转移至顿河集团军群左翼，以保护在莫罗佐夫斯克（Morozovsk）和塔钦斯卡亚（Tatsinskaya）的空军基地。这些机场对于维持对第 6 集团军的空中补给至关重要。不过，第 57 装甲军的主力仍将留在梅什科瓦，以待进攻斯大林格勒的时机重新出现。他还煞有介事地告诉曼施泰因，说支援该集团军群的 1 个装备有最先进"虎"式坦克的装甲营将在当天通过铁路、于布列斯特 – 立托夫斯克（Brest–Litovsk）附近进入俄罗斯。

（二）第 6 集团军的最后生机

对于一支被围军队来说，一个月显然是段堪称漫长的时间。在这段时间里，（被围）军队的士气和体力会被削减到最弱程度，然后开始枯萎；他们的整体机能亦将受到全面影响，不过在此之中，反应最明显和最剧烈的还是人体本身。早在 1941 年，德国人就注意到了这一情况——虽然最终并未将其放到心上——于合围圈中被俘虏的苏联人会在没有明显症状的情况下突然大量死亡。12 月，斯大林格勒合围圈里也出现了类似情况报告，于是一位病理学家秘密飞进合围圈进行调查，尸检后发现了如下病因：营养不良、疲劳、保暖不佳造成脂肪组织的完全丧失、内脏和骨髓的病理性改变，以及（作为明显死亡原因的）心脏病变——心脏出现整体性缩小且右心室异常增大。在日常医疗实践中，这种心脏损伤通常发生在老年人身上。但随着时间推移，此类情况也在位于斯大林格勒第 6 集团军的死者甚至幸存者身上出现得愈发频繁。在斯大林格勒合围圈里，死亡并不新奇——仅 11 月 22 日至 12 月 23 日约 1 个月时间内，第 6 集团军就损失了 28000 人。

12 月 18 日时，第 6 集团军报告的实力数为 24.6 万人，其中包括 1.3 万名罗马尼亚人、1.93 万名俄罗斯志愿军，以及伤员 6000 人——然而这个数字并不能完全代表该部的有效战斗力。早在 10 月中旬，该集团军就发出报告，称自身可用的前线步兵数量已减少到 56500 人。虽然还有大量支援和勤务部队成员可转为步兵使用，但实践表明这种做法既不容易达成，而且往往得不偿失——尤其是在当前已被包围的特殊条件下。

1943 年 1 月月末，此时酷寒尚未降临，不过气温已在零度上下徘徊。温度较低时，天气往往是晴朗的，只是偶尔下雪或刮风；暖和的日子则常常伴有云、雾、小雨和雪，而降水总会导致路面在之后接连两三天里的泥泞难行。然而，此时的天气虽不像之前那样极端，却还是让士兵们不堪忍受，因为他们得不到足够的过冬住所和御寒衣物，每天也只有极少量的面包、汤，以及偶尔出现的马肉供应。天气的不稳定更是严重影响了空中补给的效率。尤其是在初冬时节，大陆气团和海洋气团在顿河及伏尔加河下游地区交汇，气候变化频繁、迅速，而且（这种变化）在短时间内相当剧烈。因此，当位于塔钦斯卡亚和莫罗佐夫斯克的空军基地上空还是一片晴朗时，斯大林格勒合围圈附近地区却往往会被空中无尽的大雾所笼罩。

对第 6 集团军的救援尝试失败了，而再营救一次，或是指望该集团军独力存活下来的可能性也正在与日俱减。12 月 23 日下午，曼施泰因要求与保卢斯举行电报会议。前者要求后者考虑并回答——在没有其他变故出现的情况下，如果未来几天内能空运少量油料和口粮进入合围圈，那么第 6 集团军是否还有能力执行突围行动（当时认为也自动包含有撤退这一选项）？保卢斯回答说，突围正在变得愈发困难，因为苏联人已经加强了他们的防线。但要是必须突围，那就最好马上开始，而不是等到晚些时候。然后他问道："你是否授权我现在进行准备工作？不过一旦开始（准备突围），便无法逆转。"

曼施泰因答道："目前还无法赋予你这样的权力。我希望明天就会有结果。关键是，假如无法保证长期空中补给，你认为你的集团军有能力突进到霍特那儿吗？"保卢斯回复道："如果这样，那便无计可施了。"他认为要达成突破并与第 4 装甲集团军接上头的话，那么至少需要 6 天时间来做好准备，还需要再补充 30 万加仑的油料和 500 吨口粮。

在会议结束后的一小时内，曼施泰因向希特勒提交了一份形势评估报告，其中他提到未来局势发展的三种可能性：一、让第 6 集团军坚守原地，前提是每天至少 500 吨的空中补给物资能得到保证；二、命令保卢斯突围，风险是行动可能会失败；三、立即从第 1 装甲集团军（隶属于 A 集团军群）中抽调出 2

个装甲师，再加上第 16 摩托化步兵师，以加强第 4 装甲集团军，使其继续向斯大林格勒攻击前进。面对上述选择，希特勒再次犹豫了。第二天，他试图以一系列反问来逃避做出决策（可能带来）的责任：突围真的可行吗？它会成功吗？什么时候开始突围？考虑到当前的补给水平，或者可能的话再稍微增加一些空中补给，那么保卢斯还能在合围圈中坚持多久？如果把党卫军"维京"装甲掷弹兵师和第 7 装甲师同时交由曼施泰因指挥，救援行动何时才能恢复？曼施泰因是否认为苏联人的脚步将很快受阻于补给和燃料短缺？考虑到"未来可能出现的重大决策的改变"，曼施泰因会对同时指挥 A 集团军群（希特勒于 11 月 22 日放弃对 A 集团军群的指挥权，并将该部交由埃瓦尔德·冯·克莱斯特指挥）和顿河集团军群表示欢迎吗？

曼施泰因回答说，根据部队的报告，突围可以在未来 6 天内开始实施；至于成功与否，没有人能够下定论；另外，如果想要得到适度的保证，那就必须从第 1 装甲集团军中再抽调 2 个师的兵力；当党卫军"维京"装甲掷弹兵师和第 7 装甲师到达时，他们需要加入到顿河集团军群的左翼；没有理由认为苏

斯大林格勒东南方向铁路沿线被破坏的景况

联人的补给会在短时间内耗尽；就同时指挥 A 集团军群和顿河集团军群这一问题而言，在目前情况下，恐怕不会有人表示欢迎，但这将是不可避免的；即便如此，对于第 6 集团军、A 集团军群和顿河集团军群来说，这种"重大决策的改变"也为时已晚。最后，曼施泰因总结道："我希望换位思考一下，如果现在我们是作为苏联人进行指挥，那么战局又会如何发展呢？"

（三）第 2 号作战命令

到 12 月 24 日，瓦图京的前锋已经推进至塔钦斯卡亚，并将莫罗佐夫斯克纳入了炮兵的射程范围。当天，近卫第 2 集团军越过斯大林格勒方面军的侧翼向梅什科瓦河推进，把第 57 装甲军逼退到了阿克塞河一线。为保住莫罗佐夫斯克的空军机场并夺回塔钦斯卡亚的那个（机场），进而恢复第 6 集团军的空中生命线，曼施泰因不得不将第 11 装甲师从压力巨大的第 4 装甲集团军中抽出。他抽调出由步兵上将卡尔·霍利特领导的司令部，命其组建临时的霍利特战役集群，并将集团军群的北翼交由该（司令）部负责。罗马尼亚第 3 集团军的司令部则被曼施泰因扔回了北顿涅茨河后方，以将本国的散兵游勇重新组织起来，并着手在卡缅斯克下游河段建立河流防线。

为了在塔钦斯卡亚—莫罗佐夫斯克北部获得一些缓冲纵深，曼施泰因只好将第 4 装甲集团军作战力量的三分之一抽调出来；然而，希特勒还是希望第 7 装甲师和党卫军"维京"装甲掷弹兵师能及时归位，重新发起向斯大林格勒的进攻。但从曼施泰因在 12 月 25 日提交的态势报告来看，这一愿望简直就是异想天开。他指出，仅在 1 ~ 2 天内，第 4 装甲集团军便有被苏军第 51 集团军和近卫第 2 集团军包围在阿克塞河附近的危险。罗马尼亚第 6 军和第 7 军已经指望不上了，而第 57 装甲军的 2 个师竭尽全力也只能拼凑出 19 辆坦克来。如果不想让第 6 集团军遭受灭顶之灾，那就必须马上把 1 个装甲军（2 个师）和 1 个步兵师从 A 集团军群抽调至第 4 装甲集团军，并将至少 1 个步兵师转移到顿河集团军群左翼。

接下来两天的战局发展证明曼施泰因的预测算不上多么悲观，因为事实比他所预想的还要糟糕。26 日，保卢斯报告说，人员的伤亡、严寒——当日气温为华氏零下 15 度（约零下 26 摄氏度），以及饥饿已经耗尽了军队的力量，如果不先打通一条前往合围圈内的补给通道，部队便根本无力突围和撤退。第二天，承担掩护第 57 装甲军东翼重任的罗马尼亚第 7 军发生崩溃，接着就是无法控制的溃逃，此举立刻将第 57 装甲军逼入了绝境。有鉴于此，霍特希望能让该部（第 57 装甲军）撤至科捷利尼科夫斯基，以便在那里构筑临时阵地、重新站稳脚跟。

27 日，希望能找到一个相对廉价解决方案的希特勒命令顿河集团军群和 A 集团军群坚守自己的阵地，原先保护顿河集团军群后方的 B 集团军群则被要求重新夺回罗索什—米列罗沃（Rossosh'–Millerovo）铁路线。他告诉曼施泰因，A 集团军群的任何一个师都不准动用，顿河集团军群只能将就使用党卫军"维京"装甲掷弹兵师、第 7 装甲师和"虎"式坦克营完成任务。唯一带有灵活性的暗示是，他（希特勒）命令 A 集团军群开始疏散伤员，并寻机在塔曼半岛上建立一个桥头堡。曼施泰因抗议道，当第 1 装甲集团军在其准备完善的防线上只面对着等量敌军时，第 4 装甲集团军的 2 个装甲师和第 16 摩托化步兵师对面的敌军单位（步兵旅或师，坦克军、骑兵军及机械化军）却多达 43 个，第 17 集团军则必须独自应对 24 个敌军单位。他写道，自己可以确信兵力从 A 集团军群向顿河集团军群的转移是不可避免的，事态的发展迟早会迫使德军做出这样的决定。然而这样的决定越早做出——从长远来看——代价才会越小。

28 日，希特勒发布第 2 号作战命令：A 集团军群在黑海沿岸和高加索地区坚守阵地，而后将右翼部队分阶段撤至萨利斯克（Salsk），接着在此地建立自身的翼侧防线。第 4 装甲集团军可以在迫不得已的情况下撤回到齐姆良斯卡亚—萨利斯克（Tsymlyanskaya–Salsk）一线。为协调这些动作，曼施泰因将在自己认为合适的时候接管 A 集团军群。但在另一方面，希特勒默不作声地否决了曼施泰因先前提出的另一个更为重要、内容为赋予他麾下两个集团军群充分的行动自由的请求。

在 1942 年最后几天里，德军迎来了另外一场危机。12 月 28 日下午，为营救第 57 装甲军，第 4 装甲集团军不得不从科捷利尼科夫斯基撤退到萨尔河一线。此举为苏联人打开了从顿河南岸通向罗斯托夫的大门，并将霍利特战役集群的右翼纵深暴露在了他们面前。第二天，苏军从己方在波坦金斯卡亚（Potemkinskaya）附近的一个小型登陆场发动进攻，霍利特被迫将第 11 装甲师转移到河流下游 70 英里处的齐姆良斯卡亚，以阻止敌军前进。看到局势正不可避免滑向深渊后，希特勒向驻守在罗斯托夫的第 7 装甲师下令，让他们尽一切可能地加强城市防御。

28 日，曼施泰因向希特勒报告，称第 4 装甲集团军已无力守住顿河南部地区的广阔正面，而霍利特战役集群的防线也是脆弱不堪，苏军只要愿意就可以随时在北部或南部实施突破。他打算在苏军从萨尔河与顿河之间直插罗斯托夫前将第 4 装甲集团军转移至萨尔河东南方向，以保护 A 集团军群后方；霍利特战役集群则会被撤到北顿涅茨河一线，在河流的前方，或是尽可能依托河流建立防线。

在新年到来前的那个晚上，曼施泰因告诉保卢斯，顿河集团军群的首要目标是解救第 6 集团军；但从目前情况看，保卢斯可能不得不在合围圈里多坚持一段时间。此外，希特勒早已命令戈林将每天的空中补给运送量增至不少于 300 吨。不管他自己是否意识到这一点，从这一刻起，曼施泰因实际上已经放弃了解救第 6 集团军的努力，顿河集团军群从此就只能挣扎着为自己的生存而战了——苏联西南方面军早已达成他们的最初目标，正掠过米列罗沃东西两侧向伏罗希洛夫格勒和贝洛卡利特文斯卡亚之间的北顿涅茨河一线发起勇猛突击。1943 年 1 月 1 日，在将其 3 个集团军从合围圈南面抽出、转隶至顿河方面军后，斯大林格勒方面军被重新命名为南方面军，负责指挥突击第 5 集团军、近卫第 2 集团军和第 51 集团军，沿顿河两岸向罗斯托夫发动攻击。

希特勒无视了曼施泰因于 12 月 28 日提交的报告，并在发布于元旦的第 2 号作战命令补充命令中宣称——他将派遣"大德意志"装甲掷弹兵师和党卫军第 1"阿道夫·希特勒警卫旗队"装甲掷弹兵师、第 2"帝国"装甲掷弹兵师及第 7"欧根亲王"山地步兵师前去解救斯大林格勒守军；B 集团军群和顿河集团军群必须坚守原地，从而为将来的行动提供突击出发阵地；第 2 号作战命令的原先内容仍然有效。此外，在这份补充命令中，希特勒允许霍利特最远可以撤至莫罗佐夫斯克—齐姆良斯卡亚一线。

即便是希特勒也对在 2 月中旬之前将上述救援部队部署到位不抱任何希望。至于假设命运和苏联人会等他们这么长时间——那纯粹是自欺欺人罢了。

一年时间马上就要过去，但德军实际完成的任务依然少得可怜。希特勒批准的撤军计划是零碎的，他的话语中仍然充斥着"决定性"这类字眼，然后便再次迷失在了一个模糊缥缈的反击计划中。将 A 集团军群左翼向后弯折的决定是为数不多的决定性成果之一，但在自己下达命令后，希特勒并不希望看到这个命令被迅速执行；相反，拖延似乎更能迎合他的"欢心"。

　　在 1 月 2 日发给蔡茨勒的一封信中，曼施泰因已不再试图掩饰自己的恼怒。他愤怒地指出，虽然从第 6 集团军被包围的那一刻起就能看出苏联人正准备在东线南翼发动一次大规模攻势，而且这次攻势很可能会指向 A 集团军群的大后方；可德军直到现在都没有做出任何应对举措，比如将伤员和重型装备从高加索地区撤出。这种疏忽可能导致的后果要么是 A 集团军群的行动受到严重迟滞，要么是重型装备遭到大量损失。因为陆军总司令部（即希特勒）控制了A 集团军群所有行动，由顿河集团军群接管 A 集团军群这一表面行为也起不到任何作用。由于陆军总司令部已经下达命令，把原本要抽调给第 4 装甲集团军的第 7 装甲师和第 11 装甲师派到其他地方，因此，顿河集团军群目前所能做的就只有命令霍特在确保侧翼安全的前提下继续坚守。A 集团军群现在必须加快撤军速度，并提前将 1 个军转移到萨利斯克。与以前相比，这次的交流稍微发生了一些变化，且至少有一个方面是明显可见的——希特勒从此再未提过让曼施泰因指挥 A 集团军群一事。

（四）向马内奇河及北顿涅茨河的撤退

　　在新年第一个星期里，霍利特战役集群开始了一次长达 90 英里的紧急撤退，最终目标为北顿涅茨河。1 月 3 日，弗雷特 - 皮科战役集群报告说，被安排与霍利特战役集群左翼保持联系的第 304 步兵师已经无法指望了。该师缺乏训练和战斗经验，恐慌正在部队中不断蔓延。在霍利特战役集群和弗雷特 - 皮科战役集群的作战分界线以东，苏联人调集了 2 个坦克军的兵力，准备向贝洛卡利特文斯卡亚的北顿涅茨河渡口发起突击。1 月 4 日，希特勒被迫将第 4 装甲师释放出来加强此地防御，以防止苏军突破。1 月 5 日，在 6 天内后撤了 40英里的霍利特放弃了莫罗佐夫斯克这个距离斯大林格勒最近的空军基地。第二天，希特勒以"保证士气（不受打击）和保留有生力量"为名，企图制止部队的撤退行动。不过，当苏军在南面越过顿河、并威胁要向北顿涅茨河下游发展进攻时，霍利特战役集群在北顿涅茨河以东的交通线路都将在未来几天之内被苏军无情地切断。

在顿河另一边，第 4 装甲集团军正将 2 个装甲师和党卫军"维京"装甲掷弹兵师沿着从南部流入萨尔河的库伯利河（Kuberle River）纵向排开。然而，近卫坦克第 3 军冲入了顿河与萨尔河之间的缺口，而后沿顿河南岸向下游推进；到 1 月第一个星期即将结束时，其先遣侦察巡逻队已进至距罗斯托夫不到 20 英里的地方。希特勒敦促曼施泰因将其寄予厚望的"虎"式坦克投入使用，打算凭借这张"王牌"摧毁苏联人的坦克部队以实现翻盘。不过，"虎"式坦克的第一场实战就泼了希特勒一头冷水——相关部队声称在战斗中共摧毁 18 辆敌方坦克，但投入战斗的 20 辆"虎"式的战损也多达一半。对此，霍特在报告中评价说，"虎"式坦克的乘员组在训练和经验上还有所欠缺。

1 月 6 日，当苏军的 1 个摩托化军和 1 个近卫步兵军掠过第 4 装甲集团军北翼时，希特勒不得不允许曼施泰因将第 16 摩托化步兵师从埃利斯塔（Elista）撤出，以加强第 4 装甲集团军的防御。曼施泰因警告说，该师对第 4 装甲集团军防线的稳定作用并不能长期持续下去。为此，他再次请求从 A 集团军群中抽调出 1 个装甲军救场，并痛苦地抱怨说，顿河集团军群所面临的一切都在预料之中，A 集团军群却只能隔岸观火、什么忙也帮不上。

1 月第二个星期里，尽管危机仍然在发展，但德军南线两个集团军群的战线已开始逐渐靠近并连接到了一起。霍利特战役集群所属的各装甲师来回奔忙，在不停应对来自北方和南方威胁的同时继续朝北顿涅茨河推进。希特勒允许第 4 装甲集团军改变作战正面，沿马内奇运河（Manich Canal）向北建立防线。尽管受到重型装备拖累和苏军威胁（至少曼施泰因认为是这样，并对此极为焦躁）的影响，第 1 装甲集团军仍在逐步向顿河集团军群靠近，两个（顿河及 A）集团军群之间的缺口也在渐渐合拢。

1 月 15—19 日间，局势的发展迫切要求德军做出新的决定。可事实上就算这样（马上做出新决定）也已经于事无补了。在成功将大约 14000 名士兵从米列罗沃附近的一个合围圈中解救出来后，弗雷特 - 皮科战役集群加入了位于北顿涅茨河后方的防线，霍特的部队也获得了由冰冻河流提供的（效果一般的）保护。在顿河与普罗列塔尔斯卡亚（Prolyetarskaya）之间的马内奇运河

斯大林格勒郊区德军装备的残骸

上，第 4 装甲集团军建起了一道要点式防线；第 1 装甲集团军则将其左翼向北
延伸，把防线伸展到了萨利斯克以东地区。

二、第 6 集团军的毁灭

　　新年到来之际，德国第 6 集团军在饥饿和疲劳的双重折磨下仍如风中残烛
般延续着自己的生命。涓涓细流般的补给只不过是持续，而非减轻了该集团军
的痛苦。12 月 1 日至 23 日间，通过空运进入合围圈的物资平均每天只有 90 吨；
但在新年头三个星期里，物资补给量反而达到了平均每天 120 吨。自被围以来，
仅有 1 天，即 12 月 7 日的空运补给量达到了空军所承诺的 300 吨——而且哪
怕是这偶尔才能实现的 300 吨物资运量，实际上也仅能满足第 6 集团军一半的
每日物资需求。

　　然而，第 6 集团军的运气似乎尚未用尽。苏军在斯大林格勒发起的攻势
行动最初是由装甲部队而不是步兵承担并取得成功的，不过当合围达成、坦克
第 5 集团军和其他装甲部队从中撤出后，苏军步兵在战场对抗中呈现出了明显

的劣势。1月期间，恶劣的气候、饥饿和疲劳亦给苏联人带来了不小损失。事实上，被包围的德国第6集团军甚至占据着一些方面的较小优势。其中最主要的就是德军防区几乎囊括了斯大林格勒及其周围所有建筑区，因此，德国人可以从中找到一些庇护所，并在废墟里获得一些木材作为燃料取暖，而处于外围的进攻苏军便享受不到这种好处；其次，斯大林格勒所在地区地势平坦、树木稀少，但分布有不少较深的沟壑、地形割裂严重，这同样有利于防守一方；最后，在城市内构筑防御体系时，德军还可以直接利用原先苏军在防御斯大林格勒时留下的大量残存工事。

当苏军恢复在斯大林格勒以西的攻势行动后，消灭被包围德军的任务就留给了顿河方面军，最高统帅部大本营为此派出的代表是尼古拉·尼古拉耶维奇·沃罗诺夫中将。根据苏方记载，顿河方面军在1月初拥有兵力达28.1万人，坦克数量为250辆[1]。在第6集团军拒绝投降通牒的两天后，即1月10日，苏军实施了原计划于1月6日发起的最终歼灭战。

苏联人的这次进攻行动看上去已是胜券在握，因为其主要突击方向针对的是合围圈西部和南部，而德军在这些地方的防线是在被包围后临时构筑的，防御力十分薄弱。1月10日晚些时候，保卢斯报告说，在当天的战斗结束后，任何将战事拖延到2月中旬的指望便都不复存在了；要想保住第6集团军就必须即刻展开救援，承诺的补给物资也必须如数交付。此外，必须马上以营为单位，将补充兵力通过空运的方式送入合围圈中。

1月12日，第6集团军失去了皮托姆尼克，这里有合围圈内仅剩两个机场中更好的那一个。当时机场上共有14架战斗机，其中6架在苏军的炮火打击下强行起飞；有5架试图在古姆拉克的简易机场上降落但不幸坠毁，只有最后那架成功飞出了合围圈，同时也宣告了合围圈里的空中防御行动就此终结。在西北面和南面，苏联人已在德国人的防线上撕开了一些无法合拢的缺

---

① 作者注：苏联《战争经验研究材料汇编》第6卷记载，1943年1月时，第6集团军在火炮、机枪、坦克和汽车数量上占据优势，与苏军的对比分别为火炮（门）6200：3770；机枪（挺）13700：7300；坦克（辆）1800：250；汽车（辆）18000：9400。德方数据的统计范围较大，包括了很多在最终围歼战很早之前就被击毁，或是由于缺乏燃料和弹药而早已无法使用的兵器和车辆。第6集团军在1942年12月初提交的报告表明他们实际拥有的坦克数量为100辆；到了1月，这些坦克——就算不是绝大多数——至少也有不少已被摧毁，或因故障、缺少配件和油料而无法使用了。

口——第 6 集团军既没有相应的有生力量，也没有足量汽油来发动反击。13 日，保卢斯报告说，该集团军的火炮弹药将在当天结束前用尽，那些火炮将不得不（被己方炮兵）遗弃在原地。

然而，从苏联人的角度来看，最终歼灭战第一阶段的战果是令人失望的。苏军并没有对德军造成预期的粉碎性效果，而且随着战事发展，他们的攻击锐势也几近消失。苏联人将此归咎于情报失误，从而导致了对德军实力的严重低估。不过最有可能的情况应该是，顿河方面军此时的状态与前一年 9—10 月的德国第 6 集团军几乎一样。去年仲夏以来，罗科索夫斯基的 7 个集团军中已有 5 个被投入战斗。如果苏方实力数据准确无误，那么上述集团军的兵员损失数至少是 15 万。对于苏联人来说，斯大林格勒一役的代价同样高昂。

1 月 15 日，在经过保卢斯多次请求后，希特勒任命了艾尔哈德·米尔希（Erhard Milch）元帅负责指挥对第 6 集团军的空中补给任务，并授权他全权指挥该区域内德国国防军的所有力量。这是希特勒首次下令组建一个足够强力的司令部，试图解决诸军兵种、各部队在飞机、燃料和地面兵力等方面各自为政的争吵，并按照曾经承诺的数量组织向斯大林格勒守军的空中补给。不过为时已晚——在昼间降落到合围圈内的举动已变得极其危险。17 日，在一名飞行员报告己方地面部队已经从机场周围撤回斯大林格勒后，第 4 航空队暂停了在古姆拉克机场的起降。两天后，苏联人占领塔钦斯卡亚，德军飞机被迫转移到了距合围圈 200 多英里的罗斯托夫和新切尔卡斯克（Novocherkassk）基地。

1 月 20 日，在苏军已突入合围圈并展开扫荡之际，保卢斯报告说，"斯大林格勒堡垒"将在未来几天内告破；某些地段上已没有一个己方士兵幸存，苏军在德军防线上如入无人之境。在这份报告发出后的第二天晚上，古姆拉克亦宣告失守。从此，德军对第 6 集团军的补给便只剩下了空投这一（也是唯一的）手段。

1 月 22 日，死神开始向第 6 集团军挥出镰刀。苏联人沿着铁路从西南方向朝斯大林格勒的外围防线发起进攻，他们在沃罗波诺沃车站撕开了一道 3 英里宽的缺口，并由此向东高举战旗突入城区。这道缺口已经不可能再被填上——德军在该段防线上的弹药早已耗尽，而其他防区也无法再向那里抽调出任何部队和弹药。

当天夜间，保卢斯通过陆军总司令部向希特勒发出电报：

补给已经耗尽，有超过12000名伤员无人照看。部队弹尽粮绝，同时惨遭苏联人重炮和大军的肆虐，我还能对他们下达什么命令？部分防区已开始崩溃，请尽快下达指示。此外，即便如此，我们对上级仍抱有信心。

希特勒回电道：

不许投降。

部队必须战至最后一兵一卒。如果情况允许，可以收缩防线，以便剩余部队继续坚守。

城市守卫者在此战中表现出的勇气和坚持将为日后他们建造新的防线时添上浓墨重彩的一笔，也将激励和鼓舞军队其他同袍全力投入、展开一场新的反击。因此，第6集团军已经在最伟大的民族生存之战中做出了不可磨灭的贡献。

当己方防线从西面后撤时，德军上下看到的是一座在经历数月炮击后如同地狱一般的内城，到处都是无比恐怖的景象。第6集团军报告说，目前有两万多伤员无人照料，此外还有相同数量饥寒交迫、手无寸铁的乌合之众。几乎所有人都躲在废墟的地下室里，把头顶上成吨的瓦砾当作救命的破伞，以抗击那仿佛永远不会停止的弹雨。在地下洞穴的黑暗和寒冷中，病人、疯子、死人和垂死的人挤在一起，活人不敢起身——害怕失去自己最后的那块栖身之地。在市中心最高的那处废墟上，第6集团军成员升起了帝国"以吾为名，死战"（in order to fight the last battle under this symbol）的战旗。

1月26日，苏军第62集团军占领马马耶夫岗，与西面第21集团军的坦克一道把合围圈中的德国人一分为二。德军第11军在斯大林格勒北面的拖拉机厂周围缩成一团；第6集团军司令部、第51军、第8军和第14装甲军残部退守中央车站附近，负责南翼防御的第4装甲军则早在苏军从南面越过扎里斯塔河（Zaritsa River）时便被摧毁。25日时，第6集团军曾表示希望空军只空投食物，不必再空投弹药——因为能用的枪支已经不多了。

局势已然明朗。1 月 28 日，第 6 集团军停止了伤员的口粮供应，以此保障战斗人员的作战能力。当天午夜，在举行于元首指挥部的形势分析会议上，讨论主题变成了"迅速重建第 6 集团军"这一问题——希特勒要求找到尽可能多的该集团军幸存者。

1 月 29 日，南部合围圈内的德军被进一步切割开来，第 6 集团军司令部被孤立在南部的一小块飞地上，第 51 军和第 8 军残部则被隔离在了北部，第 14 装甲军到当天早就不复存在。夜间，德军部队分散成十多个小群，开始了绝望的突围历程——他们要做的是向西穿过近 200 英里远的敌方领土。第二天晚上到来前，第 51 军和第 7 军①已被压缩至工兵营地（engineer barracks）附近的一小块区域内，两部在坚持过当晚后便投降了；第 6 集团军司令部及第 194 掷弹兵团的幸存者仍然坚守在红色广场周围一个方圆仅 300 码的"孤岛"上。

1 月 31 日上午 6:15，位于红色广场附近地下室的第 6 集团军司令部发出了如下信息："苏联人已在门口。我们正准备销毁（无线电设备）。"1 小时后，第 6 集团军发出了最后一条电报："我们正在销毁（设备）。"保卢斯没有敏锐意识到希特勒在前一天晋升他为元帅的深远寓意，反而成了德军该级别军官中第一个被俘虏的人。希特勒对此的评论是："不朽功绩就在眼前，他（保卢斯）却转身当了逃兵。"

合围圈北部、斯大林格勒拖拉机厂附近，第 11 军剩余的 33000 人在步兵上将卡尔·斯特雷克指挥下又坚守了 48 个小时。2 月 1 日，希特勒号召该军战斗到最后一人，并说："（你们）坚持的每一天、每一个小时都是胜利，都是对同袍的巨大鼓舞。"第二天 8:40，顿河集团军群收到了合围圈北部部队发来的最后一条消息：

第 11 军，连同麾下 6 个师在内，已恪尽职责到最后一刻。
元首万岁！

---

① 译者注：原文如此，疑为第8军。

德意志万岁！

斯特雷克

在斯大林格勒合围圈中，德军损失了 20 多万人，然而具体数量已无法统计。作战中，有 30000 名伤员被空运出去。最新的苏方统计数据——这远远少于他们最初的统计结果，但仍很吓人——德军的伤亡人数达 14.72 万，被俘人数超过 9.1 万，被俘人员中包括 24 名将军和 2500 名其他衔级军官。苏联人没有公布己方的损失，不过，如果以骑兵第 8 军和骑兵第 3 军作为参考——1942 年 11 月 19 日至 12 月 2 日间，两部的伤亡率分别达到了 36% 和 45%——那么苏军的损失同样少不到哪去。此外，从顿河方面军在 1943 年 1 月 10 日至 2 月 2 日间消耗的弹药数量上也更容易推断出苏军在此战中付出的代价：152 毫米口径以下的各种炮弹 911000 枚、迫击炮弹 990000 枚、步机枪子弹 24000000 发。

正如希特勒经常评论的那样，第 6 集团军通过将数十万苏军牵制在斯大林格勒，为德军整体做出了巨大贡献。但从另一方面讲，如果允许在斯大林格勒的部队及时撤出哪怕 20 个师，可以想象的是，东线南翼德军在 1942—1943 年里的冬季灾难或许就不会那么深重。这次战役的失败应主要归咎于希特勒犯下大错，而非苏军是多么强大。然而，这样的结论也不能（哪怕只是稍微）抹去因战役失败导致的严重后果——斯大林格勒战役，连同瓜达尔卡纳尔战役和盟军对北非的进攻已经历史性地标志着轴心国阵营在第二次世界大战所有战线上开始了不可避免的衰退。

第五章

向后转进

一、为生存而战

在斯大林格勒，德国人不仅打输了一场战役，还损失了整整一个集团军。希特勒以牺牲第6集团军为代价、从而保住夏季战役成果的意图最终还是在他自己手里化为泡影，顿河及伏尔加河两岸的广阔平原也成了德意志帝国野心的埋葬之地。

自12月中旬以来，B集团军群司令魏克斯便一直眼睁睁地望着苏联人在其左翼当面集结起庞大规模兵力——该集团军群部署在顿河河曲部新卡利特瓦以北的2个集团军将首当其冲。1月初，他最担心的事情发生了——原本驻扎于布良斯克地区的苏联坦克第3集团军出现在了新卡利特瓦南部。1月13日上午，苏军第三次进抵顿河一线并对匈牙利第2集团军展开进攻。由沃罗涅日方面军第40集团军发起的首波攻击冲垮了匈牙利第2集团军左翼；驻在该（匈牙利第2）集团军北部的德国第2集团军不得不匆忙抽调兵力掩护其侧翼，以确保沃罗涅日的安全。位于稍南一点、利斯基（Liski）和新卡利特瓦之间地区的匈牙利第7军、意大利"阿尔卑斯"山地军及在其后方的1个德国暂编军在苏军发起进攻后的前两天里暂未受到"光顾"；但在坦克第3集团军开始从南部直插这些部队后方时，他们的防线便崩溃了。

截至1月的第三个星期快结束时，B集团军群在沃罗涅日和伏罗希洛夫格勒之间的防线已被撕开了一道长达200英里的大口子。魏克斯向希特勒报告说，他已经找不到办法来阻止苏联人了。同时，他对德军第 2 集团军的状况极为担忧，因为该部南翼业已敞开，其北翼亦有一个急剧向后的弯折，极有可能遭到苏军的两翼合围；魏克斯预计不出月底，第 2 集团军就会步其南翼友军的后尘。

（一）南翼的威胁

当苏军在德军防线上达成突破、并开始朝西南方向纵深挺进时，德国顿河集团军群仍被牵制在顿涅茨盆地和罗斯托夫以东地区，以保护 A 集团军群后方（见战场形势图 6）。尽管希特勒曾在 12 月底暗示，他有过把 A 集团军群撤至塔曼半岛上桥头堡的打算，但还是只允许该集团军群稍稍向后弯曲其左翼，以将防线左端靠上顿河。1 月 13 日，克莱斯特请求希特勒指示下一步行动；前者希望通过罗斯托夫将自己的大多数兵力撤出高加索，并在塔曼半岛上保留一个规模较小的桥头堡。蔡茨勒的回复是，虽然陆军总司令部在极力争取，可"目前"很难指望让希特勒拍板，因为他声称自己正忙于其他更重要的事务。德国独裁者同时放言道，关于 A 集团军群的动向还有时间做决定，现在不用着急。蔡茨勒补充说，他本人认为 A 集团军群从罗斯托夫撤出已经为时过晚。出于自身职责，他还对克莱斯特提出了忠告——尽快将部队撤入塔曼半岛上的"哥特之首"桥头堡[①]。希特勒对于上述蔡茨勒的建议根本就不置可否，将其晾在了一边。仅有的例外发生于 1 月 21 日，为保住迈科普油田，德国独裁者曾有过扩大塔曼桥头堡的念头。

在刚把自己的集团军群从被合围威胁中解救出来后没多久，曼施泰因便发现他即将陷入另一个包围圈里（见战场形势图 7）。虽然集团军群位于顿涅茨盆地北部的左翼目前还是由 B 集团军群和弗雷特 - 皮科战役集群保护（靠的是他们依托杰尔库尔河设置的一道薄弱防线），但这种情况并不能持续太久：弗雷特 - 皮科战役集群行将被苏军逼退至顿涅茨北部和伏罗希洛夫格勒西部，而 B 集团军群的残部也开始向 40 英里之后的艾达尔河（Aydar River）一线撤退。

---

① 译者注："哥特之首"桥头堡，德语为 GOTENKOPF，英译为 Gothic head，即德军在塔曼半岛上建立的桥头堡，主要用途是接应德军经此撤至克里木，又称库班桥头堡。下文将简称为塔曼桥头堡。

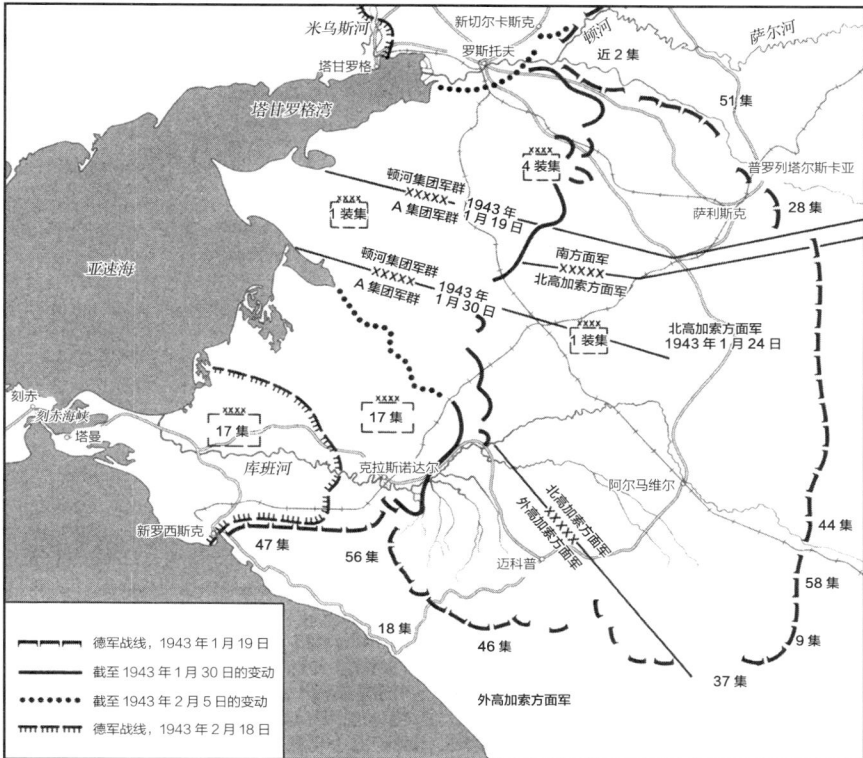

战场形势图6：A集团军群态势，1943年1月19日—2月18日

为此，曼施泰因给希特勒提供了两个选项——要么将苏军从沃罗涅日和伏罗希洛夫格勒之间缺口发起的突击行动阻止在东部距离足够远的地方，以防位于沃罗涅日的第2集团军和顿涅茨盆地的顿河集团军群被完全合围；要么就在突破口以北和以南地区各集结起一支强大进攻力量，由侧翼方向掐断苏军的攻势。如果选择前者，曼施泰因希望能动用增援部队中的党卫军各师——要是他们按时抵达；如果选择后者，顿河集团军群就必须提前后撤一步，以免进攻部队在完成集结前被苏军切断和包围。2天后，曼施泰因警告说，若再过4～5天还不采取行动，他便不得不从第4装甲集团军中抽出2个师的兵力转移到自己北翼，以阻止苏军在伏罗希洛夫格勒以西强渡北顿涅茨河。不过，希特勒原本赋

战场形势图 7：B 集团军群和顿河集团军群态势，1943 年 1 月 30 日—2 月 18 日予第 4 装甲集团军的任务是保障罗斯托夫以南铁路的畅通，直至塔曼桥头堡所需的全部补给完成运送。

在曼施泰因一封接着一封地往元首指挥部发出急报时（这些战况报告中的绝大多数都没有收到回复），苏联人并没有停下他们的攻势。在顿河以南地区，苏军强渡马内奇河，兵锋直指第 4 装甲集团军后方和罗斯托夫。德军只能把第 11 装甲师从霍利特战役集群中抽出，以将防线恢复至马内奇河地区。1 月 23 日，顿河集团军群左翼，近卫第 1 集团军的先头部队在强渡艾达尔河后接连于伏罗希洛夫格勒以西越过北顿涅茨河，并向上游更远处的利西昌斯克（Lisichansk）挺进。位于伏罗希洛夫格勒以东的 3 个苏联集团军则将自己手头最后的一丝力量也挤了出来（包括后勤部队和民兵），对德军北顿涅茨河防线展开了强力的试探攻击，但其中部分攻势在很短的时间内便被守军击败。

随着深冬到来，封冻的河面使河流失去了防御价值；俄罗斯变幻莫测的气候更是加剧了防守德军的困难。1 月 24 日时，由于气温升至零度以上，道路上布满了小水坑；然而当晚（气温）又降到零度以下，于是第二天道路就被光滑的冰面覆盖了。27 日，一场暴风雪从北方袭来；此后三天内，大地便被厚厚的积雪所掩埋。

1 月 25 日，苏军向北扩大进攻范围，将 B 集团军群左翼设于沃罗涅日以西的顿河防线也纳入了攻击正面内——这道脆弱而不稳定的防线是由第 2 集团军据守的。希特勒虽然已经授权该集团军向后撤至季姆河（Tim River），但他仍坚持撤退必须分阶段进行，并且不能放弃任何装备和辎重。25 日，在第 2 集团军刚从沃罗涅日桥头堡撤出最后一支部队、准备于顿河一线后撤时，苏军第 40 集团军攻击并突破了该部南面薄弱的翼侧。第二天早上，布良斯克方面军由利夫内（Livny）正南突入该集团军北翼。华西列夫斯基代表最高统帅部大本营组织和协调了这次行动。由于积雪太深、卡车无法通行，苏军只能使用单引擎的 U-2 型双翼机为先头坦克部队补充油料——它们在篝火指引下，于夜间的雪地里不断起降。短短几天内，德军第 2 集团军 3 个军中的 2 个就陷入了苏军包围圈。位于最北翼、（在地理上）与中央集团军群接壤的第 3 个军虽然暂时未被合围，但其防线同样有所动摇。当那些被围困的军正在各自挣扎、不断突围求生时，整个第 2 集团军手头上能用来阻止苏联人向西推进的力量也只剩下 1 个战力薄弱的装甲师了。

（二）针对顿河集团军群的主要行动

　　随着月末临近，苏联人的冬季攻势亦趋向高潮。苏军行动的主要对象是顿河集团军群。瓦图京的西南方面军正奋力向北顿涅茨河中游地区推进，试图强渡该河；南方面军在罗季翁·雅科夫列维奇·马利诺夫斯基大将领导下，于顿河集团军群的东部实施了战场挤压。以上两条战线的行动由朱可夫进行协调。布良斯克方面军在马克斯·安德烈耶维奇·列伊捷尔中将指挥下，向德军 B 集团军群发动了攻击；沃罗涅日方面军由菲利普·伊万诺维奇·戈利科夫中将率领，朝西和西南方向实施了凿穿，随后直扑库尔斯克和哈尔科夫。

　　在这种情况下，希特勒再次做出了令德军上下不快的决定。他又重蹈了举棋不定、半心半意的覆辙。1 月 27 日，德国独裁者在最后一刻才下达命令，将第 1 装甲集团军司令部、2 个军的司令部、1 个装甲师、1 个步兵师和 2 个保安师 [①] 经由罗斯托夫转隶至顿河集团军群。由于担心跨越刻赤海峡进行物资运输困难且不稳定，克莱斯特向希特勒提出请求，希望整个集团军群都通过罗斯托夫撤离高加索。但为时已晚。在北方战线急缺兵力的情况下，克莱斯特不得不带着多达 40 万人的宝贵兵力"遁入"塔曼桥头堡，而龟缩于此的他们所能做的也不过是虚张"重返高加索"的一点声势罢了。

　　鉴于 A 集团军群自身并未受到苏军重击（苏联人对该部的进攻

赫鲁晓夫（左）和马利诺夫斯基

---

　　① 作者注：德军保安师的主要任务并非在一线战斗。此类师的绝大多数兵员年龄偏大，而且往往缺少火炮和步兵用重武器。

仅是象征性的），因此，德军指挥层目前仍有做出正确选择的余地。苏联最高统帅部大本营的计划看起来很是美妙，他们设想由外高加索方面军从南部和东部形成一个巨大包围圈，合围并歼灭 A 集团军群。不过，考虑到部队在组织和补给运输方面的极大困难，外高加索方面军在司令伊万·弗拉基米罗维奇·秋列涅夫大将谨慎指挥下，并未采取任何能给德军真正带来麻烦、积极主动的攻势行动。

就在几天前，曼施泰因向希特勒询问道，自己还能做些什么来减轻顿河集团军群左翼的压力——他手头所有能用的部队都已经被勒令留在顿河南部地区，以确保罗斯托夫的安全。1 月 27 日，希特勒给出承诺，称党卫军"帝国"师和"阿道夫·希特勒警卫旗队"师将从 2 月 12 日开始从哈尔科夫附近地区发起进攻。曼施泰因的回复是，他对此次进攻能否起作用这一问题持消极态度——因为这两个师最有可能的下场便是被迫转入防御。而且，无论如何，这两个师距离他的集团军群都太过遥远、力量又不够强大，无力对自己的侧翼安全施加什么积极影响。

到月底，曼施泰因的北部防线已濒临崩溃——为了能"跟上"苏军的推进，顿河集团军群几乎每天都在被迫向西延伸防线。在北顿涅茨河南岸，西南方面军于伏罗希洛夫格勒以西地区、伏罗希洛夫格勒和卡缅斯克之间均建立起了登陆场。在克拉斯纳亚河（Krasnaya River）上，B 集团军群仍有 1 个师坚守于利西昌斯克北部，试图掩护顿河集团军群左翼。该师防线于 2 月 1 日崩溃，苏军新建波波夫快速集群的 4 个坦克军和 1 个步兵军在马尔基安·米哈伊洛维奇·波波夫中将指挥下突入了德军 40 英里宽的防线缺口、渡过了利西昌斯克附近的北顿涅茨河，并直扑西面的斯拉维扬斯克（Slavyansk）。在伏罗希洛夫格勒和卡缅斯克之间，苏军的登陆场就像是吹气球那样，正以肉眼可见的速度不断扩大，而且随时可能爆炸。

埃伯哈德·冯·马肯森骑兵上将带着他的第 1 装甲集团军司令部，从南方赶来接管了原先的弗雷特－皮科战役集群，并准备建立一道朝向西面的防线。但他的主要增援力量，即第 3 和第 11 装甲师被积雪阻滞在了罗斯托夫北部。在北顿涅茨河北面，B 集团军群将其南部一半防线上的零散部队全部移交给了兰茨战役集群司令部，并赋予了该部司令休伯特·兰茨山地兵上将一个几乎不可能完成的任务——保障哈尔科夫与顿河集团军群北翼的安全。

希特勒仍然打算发起反击。2 月 3 日，他发布了第 3 号作战命令——新近投入战斗的党卫军装甲军司令部将带着党卫军"帝国"装甲师及党卫军"阿道夫·希特勒警卫旗队"装甲师部分兵力，从哈尔科夫南部地区前往库皮扬斯克（Kupyansk），而后向南发动进攻，打击在顿河集团军群背后渡过北顿涅茨河的苏军。此次作战将由顿河集团军群全权负责。

曼施泰因对仅有 1 个师规模的此次反击毫无信心，他拒绝执行这一命令，并回复希特勒说，顿河集团军群不能等到库皮扬斯克以西的敌军被扫清之后才来夺取战场控制权。而且更为紧迫的问题是，曼施泰因指出，苏联西南方面军集结起了强大兵力，正准备进攻在伏罗希洛夫格勒以东、斯拉维扬斯克与利西昌斯克之间的北顿涅茨河中部地区。因此，他将不得不把第 4 装甲集团军最后的装甲师和摩托化师转移到北方防线；但这样一来，霍特就会缺乏足够的力量来控制其在顿河下游的防线。曼施泰因请求允许将霍利特战役集群的防线向后撤至卡缅斯克—新切尔卡斯克一线，并在必要时将整个集团军群的东部防线后撤 45 英里，退至米乌斯河一线。

2 月 5 日，苏军占领了德国顿河集团军群左翼纵深的最后一个据点——伊久姆。曼施泰因报告说，苏军正从西部对集团军群实施迂回，而他和魏克斯都无力阻止。如果再向前推进 70 英里，瓦图京的部队便能把两条通往顿河集团军群作战区域的铁路线全部切断。曼施泰因呼吁希特勒采取以下紧急措施：1. 将第 7 空军野战师转移到斯大林诺（Stalino），以保护第聂伯彼得罗夫斯克—斯大林诺铁路线；2. 为顿河集团军群准备大规模的空中补给；3. 以牺牲 B 集团军群为代价（至于意大利人和匈牙利人，曼施泰因认为他们自有存活之道），加大哈尔科夫到顿河集团军群的铁路运输量；4. 将 2 个师由 A 集团军群空运至第聂伯彼得罗夫斯克。

（三）向米乌斯河的撤退

由于保卢斯在斯大林格勒的投降仍然刺激着希特勒的敏感神经，他很难接受德军再次被包围的情景。2 月 6 日，德国独裁者派出一架快速运输机，将曼施泰因接到了位于拉斯滕堡的元首指挥部。就在两人会面时，希特勒突然毫无征兆地宣布，他将背负起斯大林格勒惨败的全部责任。曼施泰因原本打算建议本国元首下放指挥权，给予前线部队积极行动的权力，同时让一名称职的职业军人（或许说的正是其本人）来负责作战行动。但他被希特勒将所有责任都揽到自己身上的"背锅"精神及亲切和蔼的接见氛围所感染，因此直到最终，他也只是建议元首考虑任命一位凌驾于陆军总司令部参谋长之上的军事副手。然而，希特勒不动声色地岔开这个话题，转而谈起了自己与冯·布劳希奇等人经历的"（梦想）幻灭"历程，接着还把话题转到了前线局势上。

当讨论话题转为前线局势时，希特勒又开始闪烁其词。在曼施泰因详细说明必须立刻（即当天）撤退到米乌斯河一线后方时，德国独裁者再次抬出了各种无关紧要的反对意见——如果缩短防线的正面宽度，德军固然可以解放出部分兵力，但苏军一样能；如果德军迫使苏军每前进一寸都要付出鲜血的代价，那么他们很快便会精疲力竭；德国现在无法承受失去顿涅茨煤矿（曼施泰因在前往元首指挥部之前就已了解到，在米乌斯河以东开采的煤矿既不能用于炼焦、亦无法充当机车燃料）的打击。经过长达 4 小时的辩论，希特勒最终不情愿地做出让步，允许曼施泰因退至米乌斯河，不过也要求他再考虑一下，能不能把撤退至少往后推迟一段时间。

2 月 8 日，霍利特战役集群迈出了向米乌斯河撤退的第一步。此后，该部与第 4 装甲集团军一道，在 9 天时间内往后撤了 100 英里。与此同时，德军派出爆破人员炸毁矿山和工厂，为撤退行动提供了雷鸣般的伴奏。马利诺夫斯基跟着德国人的脚步一路紧追。苏军向煤区纵深派出渗透分队，在德军防线背后侦察且寻找未来的落脚点。伴随着德军撤退的脚步，数十万人口也开始向西迁移——来自高加索的难民、被德军从城市中抓走的各类专业人员和壮丁，以及德国经济部门的人员。2 月 18 日，霍利特战役集群和第 4 装甲集团军渡过米乌斯河，占领了该区域一年前由南方集团军群构筑的阵地。然而在之后好几天时间里，他们都无法确定自己能守住这条防线。18 日当晚，苏联近卫机械化第 3 军渡过米乌斯河，并向西推进了 18 英里。现在，德国人也只能指望出现一次突然的解冻，为他们争取足够时间，在苏联人增援之前把这个近卫机械化军赶出防区、封闭突破口了。

（四）哈尔科夫陷落

在顿河集团军群北翼，兰茨战役集群正浴血奋战，试图阻止苏军向哈尔科夫推进。2月初，希特勒曾宣布要将哈尔科夫建设成要塞，但兰茨表示坚决反对，理由是此处既无现成的防御工事、亦无足够的力量用以防守。2月6日，希特勒把兰茨召唤到了元首指挥部，并亲自赋予其两项任务——1.控制哈尔科夫；2.使用党卫军装甲军的2个师，以曼施泰因的北翼为目标，往西南方向实施反击。

此时，处在苏军坚决打击下的党卫军装甲军于数日内都一直在试图聚集起足够力量发动反击，不过均告失败。2月7日，B集团军群警告党卫军装甲军司令部说，该军必须立即发起反击，集团军群不再接受任何拖延的借口，因为魏克斯已经向希特勒作出了承诺；但到第二天，党卫军装甲军不得不从别尔哥罗德（Belgorod，位于哈尔科夫东北部）撤出，并退至北顿涅茨河残存防线后方。2月10日，兰茨下令于次日发起反击，然而他也告诉魏克斯，说自己手上只有3个师——党卫军"阿道夫·希特勒警卫旗队"装甲师、党卫军"帝国"装甲师和"大德意志"师——适合投入作战，因此不要指望他有能力挡住苏联人4个集团军的进攻、守住哈尔科夫并实施反击。兰茨警告说，如果非要发起反击，那就必须承担失去哈尔科夫的风险。

不久之后的事态发展表明兰茨所面临的麻烦还不仅仅是上文所提到这些。由于党卫军装甲军司令部是新建的，他们不仅缺乏实战经验，而且自视甚高。党卫队成员往往认为对陆军的服从只不过是种不必要的表面形式。他们还会通过私人渠道向元首指挥部发送态度乐观的报告，对自身能力大肆吹捧，以此让希特勒相信所有的失败都与其无关，而是陆军犯下的错。

2月11日，党卫军装甲军开始从梅列法（Merefa）发起向南的进攻。该部在3天内向前推进约30英里，但一直没有发现敌军主力。大雪将德军坦克的活动范围限制在了公路沿线；苏军——多是装备有雪橇的骑兵——则躲进了森林。

13日，在苏军强力压迫下，党卫军装甲军的北翼被迫撤回了哈尔科夫郊区。第二天一早，希特勒下达命令，要求该装甲军必须坚守哈尔科夫周围防线——即便付出的代价是暂时停止在南方的反击。

当天，顿河集团军群司令部接管了兰茨战役集群的指挥权。希特勒把B

正从一架坠毁德军飞机旁边通过的苏军骑兵部队

集团军群司令部从前线撤下，将该集团军群北翼的第 2 集团军转隶给了中央集团军群。随后，顿河集团军群被更名为南方集团军群。曼施泰因接下来的第一个行动就是命令党卫军装甲军停止与上级司令部的私下联络，他怀疑党卫队的"小报告"是让希特勒产生德军完全能守住哈尔科夫这一错觉的罪魁祸首。

　　2 月 14 日，哈尔科夫发生了一场剧变。当天夜间，党卫军装甲军司令保罗·豪塞尔（Paul Hausser）中将置兰茨的直接命令于不顾，决意撤离哈尔科夫。然而在午夜前，突然想起希特勒命令的豪塞尔又改变主意，并报告说他决定"死守哈尔科夫直至最后一人"。第二天早上，希特勒取消了兰茨的其他任务，要求后者专心守好哈尔科夫。但为时已晚。到当天下午，该城通往西南方向走廊的宽度已被压缩得仅剩 1 英里多，党卫军"帝国"装甲师的部分部队也早已擅自撤出哈尔科夫北部郊区。兰茨发现自己现在只能批准党卫军装甲军向乌达河（Uda River）撤离了。24 小时后，党卫军部队便被完全赶出城市，向西南和南方向撤退。哈尔科夫的失守——与德军在斯大林格勒的惨败具有相同的象征意义——沉重打击了希特勒的威望，他发现必须找人来充当替罪羊这一角色。因此在 2 月 20 日，兰茨被希特勒解除职务，相关部队改由维尔纳·肯普夫装甲兵上将指挥。

二、德军最后的胜利

在苏军对德军东线南翼实施的一系列"右勾拳"行动中，最后那一击是最具危险性的。当第1装甲集团军、霍利特战役集群及第4装甲集团军撤到北顿涅茨河与米乌斯河的三角地带时，苏军强大的坦克和骑兵部队亦紧随而至。2月13日，波波夫快速集群占领红军村（Krasnoarmeyskoye），切断了第聂伯罗彼得罗夫斯克—斯大林诺铁路。2月19日，在渡过萨马拉河（Samara River）并攻占新莫斯科夫斯克（Novo–Moskovsk）和巴甫洛格勒（Pavlograd）后，近卫第1集团军的坦克开始在铁路枢纽锡涅利尼科沃（Sinel'nikovo）进行集结——此地位于第聂伯罗彼得罗夫斯克以东，且两地相距仅20英里。

（一）曼施泰因的左翼防护

苏军攻势如潮。不过，他们的进攻锐势虽然一直持续，新的问题却也在这一过程中逐渐浮现，并慢慢开始产生影响。顿河集团军群——现在被称为南方集团军群——已经成功撤退，避免了部队的兵力和士气遭到（来自苏军的）惨痛打击。该集团军群缩短了防御正面，并使自己从保护A集团军群北翼安全的沉重负担中解脱了出来。另外，曼施泰因还从党卫军装甲军那里获得了一支强大的生力军（尽管状态不算稳定）。另一方面，苏联人虽然收复了广阔领土，但还是没能实现他们摧毁南方德国军队的主要目标。近几周以来，在愈发唾手可得的胜利机遇引诱下，苏军的作战行动开始呈现出了忽视防御的明显趋势，对自身安全的顾虑逐渐被他们抛到脑后。

从发布于1943年2月12日的第4号作战命令中可以看出，希特勒在自缚手脚的道路上又向前迈出了一大步。他命令南方集团军群在米乌斯河—北顿涅茨河一线建立起一道坚固防线，并缩小兰茨战役集群和第1装甲集团军之间的缺口。可能是突然想起曼施泰因在1月时所提出的某条建议的原因，希特勒还提到了创建两个新的"打击集团军"这一设想；其中一个部署于巴甫洛格勒附近的南方集团军群后方，另一个则配置在中央集团军群南翼。对希特勒的这一念头至少可以给予这样的评价：该计划完全是乌托邦式的设想，无视了苏联人正处于全盛攻势之中的事实；此外，当前问题绝不仅是通过缩小防线缺口、而后用两支相距甚远的部队实施进攻就能解决的。

然而，在 3 月第一个星期结束前，希特勒用他下达的命令撑起了曼施泰因阻止苏军前进的底气——前者这次将 7 个师从西线部队中抽出，补充进了南方集团军群。这样一来，如果（较之以往）运气能更好些、施展技艺更高超些，那么重夺战场主动权对曼施泰因来说也并非全无可能。

2 月 17 日下午，希特勒带着约德尔、蔡茨勒，在一大帮包括元首私人厨师在内的随员簇拥下来到了南方集团军群位于扎波罗热的司令部。希特勒对前线进行视察是非常少见的，哪怕集团军群司令部这种相对靠后的地方亦是如此。当然，他这次前往此地的原因也是非同寻常——一方面，他渴望由此终结这一连串失败的冬季作战；另一方面，他已经读懂了曼施泰因于 2 月 6 日所提出关于最高指挥权建议的背后含义，同时差不多下定了决心，要将后者从其当前的位置上踢走。

德军在米乌斯河一线向南发起攻击

如果说之前还心存疑虑，那么现在希特勒确实发现南方集团军群（的情况）已经发展到了——正如一位将军所描述那样——"令人毛骨悚然"的地步。2月18日，苏联坦克出现在了扎波罗热以东36英里的位置，而剩下这数十英里范围内已无一支德国军队的存在，扎波罗热已经空门大开。肯普夫战役集群右翼和第1装甲集团军左翼间存在着一道长达110英里的缺口，（这道缺口）在苏军近卫第1集团军和第6集团军面前敞开了通向南部和西部的大门。苏军现已切断了第聂伯罗彼得罗夫斯克以东的铁路线，近卫第1集团军的坦克——即出现于扎波罗热以东的那些——随时可以在一两天时间内包围德军最高层级的司令部；在战区东部，苏联的坦克第3集团军和突击第5集团军也于不同地点突破了米乌斯河防线。

现在显然不是撤掉一名元帅的合适时机。因此，希特勒很快就将这个念头抛掉，开始全神贯注于作战计划的制订中。况且，他希望也需要获得一次巨大成功来吸引全世界的关注；而在其心里，曼施泰因便毫无疑问是那个能为自己夺取胜利的人。但曼施泰因坚持认为当前第一要务是缩小肯普夫战役集群和第1装甲集团军之间的缺口。对于哈尔科夫，他解释道，现在还不需要急着处理此处存在的问题；可（前文所述）那道缺口要是持续存在下去，整个集团军群就会面临灭顶之灾，一旦春季逐渐解冻——随时可能开始——任何封闭缺口

曼施泰因（中）与希特勒在计划扎波罗热防御事宜

的企图都将陷入泥浆里。然而希特勒拒绝退让，争论最后被一起突发事件所打断：2月18日，党卫军"骷髅"师发来报告，说他们的车辆被卡在基辅以东的泥泞中无法前进。据此，曼施泰因告诉希特勒，既然党卫军装甲军之前没能用两个师守住哈尔科夫这座城市，那么这次铁定也无法用两个师再把它从苏联人手中抢回来。

2月18日夜间，一列载着第4装甲集团军司令部的火车抵达了扎波罗热。一天前，在受命转移至第聂伯罗彼得罗夫斯克后，霍特已经将米乌斯河防线移交给了霍利特战役集群。在南方集团军群司令部，曼施泰因向霍特口头传达了该集团军的大致任务。前者告诉后者，说他自己打算在肯普夫战役集群和第1装甲集团军的缺口处组建一个新的第4装甲集团军。而霍特的第一个任务就是把苏军近卫第1集团军和第6集团军阻挡在第聂伯罗彼得罗夫斯克东部，并将他们赶过萨马拉河。为配合这一任务，冯·马肯森会把他的左翼向西和西北延伸，以缩小缺口宽度。此外，第4装甲集团军将从霍利特战役集群和第1装甲集团军两部得到2个装甲军司令部、2个装甲师和2个步兵师的补充力量；同时，该集团军还会从肯普夫战役集群那里接管党卫军装甲军司令部，以及党卫军"帝国"师和"骷髅"师。值得一提的是，曼施泰因希望能为第4装甲集团军再补充3~4个步兵师的力量。

2月19日，在离开扎波罗热前，希特勒给克莱斯特打电话并指示他要把A集团军群部队尽可能多地从塔曼半岛撤出，并将他们移交给南方集团军群。因此，在接下来8天时间里，共有50000人通过空中运输撤出塔曼桥头堡；到3月6日，这一数字已上升至100000（人）。然而，南方集团军群因此得到的加强远没有看上去那么明显，因为飞机运送的只是人员，而不含他们的武器和重型装备。

把将近50万人撤入孤立的塔曼半岛不得不说是希特勒决策中的一处巨大败笔。虽然他对这处错误的纠正来得太晚了些，但南方集团军群也还是从这场发生于上个月的灾难中至少捞取到一项重要好处。自1942年12月以来，德国空军总司令部已对里希特霍芬的第4航空队进行补充，而该部正好部署在南方（顿河）集团军群地域。截至2月初，第4航空队拥有的飞机数量达950架，是德军东线一线飞机总数（1800架）的53%；此外，如果考虑到该部装备的飞机是德军最先进型号这一事实，那么这个比例会让人更加乐观。尽管在苏军发起冬季攻势的前几个月里，第4航空队的实际表现与其实力颇不相符，不过其中亦有很多客观的原因：天气过于恶劣、作战力量分散，以及缺少前进基地等。到2月中旬，里希特霍芬已经完成对航空队的重组并调整部署——他把大多数远程轰炸机集中起来，置于扎波罗热指挥部的直接控制之下。随后，他将近距离支援战机分成三部，一部驻在波尔塔瓦以西，即肯普夫战役集群后方；一部在第4装甲集团军后方，具体位置是第聂伯罗彼得罗夫斯克；第三部则被部署于第1装甲集团军战区内的斯大林诺。在2月20日至3月15日这段时间里，第4航空队保持着平均每天1000架次的出动状态，这比他们1月时平均每天350架次的水平有了巨幅提升。这同样造就了德国空军在苏德战场上最后的辉煌：直到战争结束，此等程度的空中进攻支援——与他们在1940—1941年闪击战中的表现相仿——就再也没有出现过。

（二）装甲集团军的攻击

没等在第聂伯罗彼得罗夫斯克建立起指挥部，第4装甲集团军的反击便已开始。于克拉斯诺格勒（Krasnograd）完成集结后，党卫军"帝国"师在肯普夫战役集群右翼、朝正南方向发动了快速突击，剑锋指向苏军第6集团军和近卫第1集团军后方的第聂伯罗彼得罗夫斯克东部地区（见战场形势图8）。该师在2月20日占领新莫斯科夫斯克，随后又于第二天向东推进并突入巴甫洛格勒。通过这些快速突击，该部消除了苏军对第聂伯河诸渡口的威胁，并在萨马拉河南部截住了一支规模可观但力量分散的苏军先头部队——接下来两天时间里，该师轻松歼灭其中一部分，并将其剩余人马赶回了萨马拉河以北。

1月23日，党卫军"骷髅"师的部分兵力开始朝萨马拉河东北方向推进，路线最终指向奥列利河（Orel River）。第6和第17装甲师推进至巴甫洛格勒以东地区，构成了第4装甲集团军的右翼，并开始向北前进。接着，曼施泰因命令第1和第4装甲集团军在巴甫洛格勒—洛佐瓦亚（Lozovaya）—巴尔文科沃（Barvenkovo）一线以南地区歼灭苏联波波夫快速集群。霍特在他下达给第4装甲集团军的命令中强调，当前主要目标不是攻城略地，而是歼灭敌方波波夫快速集群（德方预计辖有的）6个坦克军和1个近卫步兵旅，由此打开向

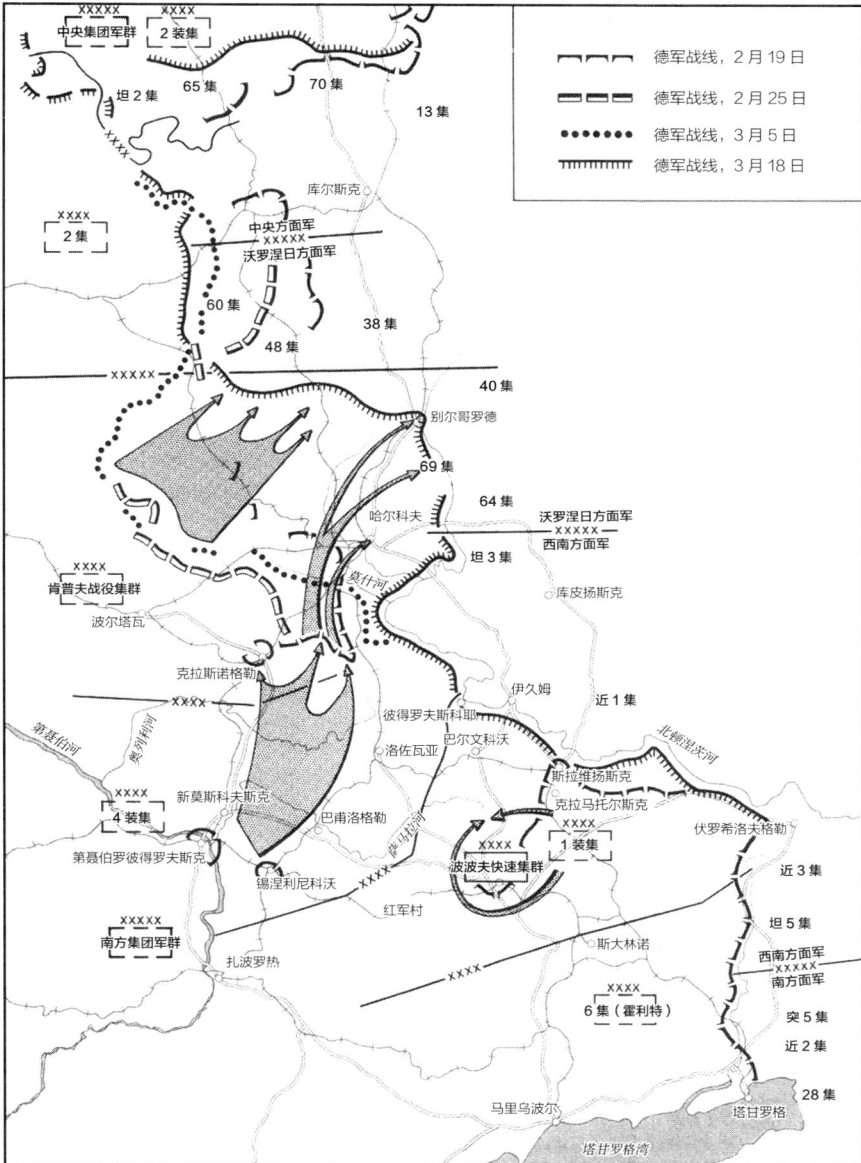

战场形势图 8：南方集团军群的反击，1943 年 2 月 19 日—3 月 18 日

图例：
- 德军战线，2 月 19 日
- 德军战线，2 月 25 日
- 德军战线，3 月 5 日
- 德军战线，3 月 18 日

地图标注：
中央集团军群
2 装集
坦 2 集
65 集
70 集
13 集
2 集
库尔斯克
中央方面军
沃罗涅日方面军
60 集
48 集
38 集
40 集
别尔哥罗德
69 集
64 集
哈尔科夫
沃罗涅日方面军
西南方面军
坦 3 集
莫什河
库皮扬斯克
肯普夫战役集群
波尔塔瓦
克拉斯诺格勒
伊久姆
近 1 集
北顿涅茨河
第聂伯河
普肖尔河
彼得罗夫斯科耶
洛佐瓦亚
巴尔文科沃
斯拉维扬斯克
克拉马托尔斯克
4 装集
新莫斯科夫斯克
巴甫洛格勒
萨马拉河
1 装集
伏罗希洛夫格勒
近 3 集
第聂伯罗彼得罗夫斯克
锡涅利尼科沃
红军村
波波夫快速集群
坦 5 集
南方集团军群
扎波罗热
斯大林诺
西南方面军
南方方面军
突 5 集
6 集（霍利特）
近 2 集
马里乌波尔
28 集
塔甘罗格
塔甘罗格湾

北推进的通道。

在缺口东缘，冯·马肯森将第 1 装甲集团军投入反攻，该部惊人的速度和气势使苏联人陷入了彻底的惊慌失措之中。在撤出斯拉维扬斯克并释放出 1 个装甲师后，冯·马肯森派出党卫军"维京"师向位于红军村铁路一线的苏军发起攻击，同时派出另 2 个装甲师在红军村东西两侧进行大范围扫荡，并于小镇北部形成了一个大合围圈。这几天以来，波波夫快速集群司令部对形势的判断出现了严重错误——2 月 22 日，该部在被德军截获的一份无线电报中提到，本集群打算阻止德国人的撤退。这对冯·马肯森来说简直就是打瞌睡遇上了枕头，再也没有比苏军做出这种决定更令他开心的事了——因为自己原本最担心的就是苏军机动部队会从合围圈中溜走。直到第二天，波波夫快速集群才认清自己所处的险境。该集群报告说，他们的大部分通讯都被切断，某些单位甚至陷入了恐慌，高层不得不采取"最严厉的措施"进行压制。24 日，当苏军在绝望中准备突围时，大合围圈开始分裂成数个小合围圈。波波夫快速集群遭到沉重打击，但最终还是成功撤出足够数量的坦克和部队，使其在北部更远的巴尔文科沃附近站稳了脚跟。

（三）重夺哈尔科夫

德军在这次反击的开局中获得了难以置信、始料未及的成功。

两个装甲集团军在对西南方面军的进攻中取得巨大胜利，给后者造成了毁灭性打击。但哈尔科夫以西的肯普夫战役集群还在撤退，且该部目前仍无计可施。然而"塞翁失马，焉知非福"，事态未来的发展反而会证明这将是一大优势。2 月 25 日，曼施泰因发布命令，要求扫清哈尔科夫以西、向沃罗涅日方面军南翼实施突击的道路。第 1 装甲集团军的任务是夺取彼得罗夫斯科耶（Petrovskoye）和伊久姆，封锁北顿涅茨河上的渡口；第 4 装甲集团军则会朝东北方向推进，在通过洛佐瓦亚后，主力转向正北、沿铁路向哈尔科夫发起突击。

2 月 26 日，第 4 装甲集团军的先头部队抵达洛佐瓦亚。在东面，第 1 装甲集团军的左翼正有序后撤。2 天后，霍特夺占了北顿涅茨河上的彼得罗夫斯科耶，冯·马肯森开始沿着洛佐瓦亚—彼得罗夫斯科耶一线向北前进。在巴尔文科沃周围，即第 1 装甲集团军作战区域内，苏联人仍在拼命抵抗德军的攻击。波波夫快速集群由于燃料已经耗尽，在别无选择的情况下只能坚守原地、战斗到底。在更远的东部，第 1 装甲集团军的前锋正从南面和东面快速逼近斯拉维扬斯克。

2 月 28 日，曼施泰因命令霍特向哈尔科夫发起攻击，同时要求冯·马肯森向北顿涅茨河推进，以进抵彼得罗夫斯科耶以东地区。不过留给他们的时间不多了——数日以来，昼间气温均已超过零摄氏度，部队被迫在泥泞和水洼中艰难行进，官兵的疲劳程度开始加剧；只要再过几天，道路也会逐渐变得完全无法通行。

尽管面临着解冻带来的巨大难题，两个集团军还是取得了令人惊奇的推进成果。从 3 月 1 日起，第 4 装甲集团军在 5 天内向前推进了 50 英里，于 5 日进抵哈尔科夫以南约 10 英里的莫什河（Mosh River）一线。肯普夫战役集群则在其位于克拉斯诺格勒以东的防线上，设伏歼灭了苏联坦克第 3 集团军的 3 个步兵师和 3 个坦克旅。该战役集群在撤退的大部分路程上只遭到近卫第 1 集团军部分部队的攻击，而且后者在夺取洛佐瓦亚和彼得罗夫斯科耶的战斗中遭到了严重削弱，同时还被切断了与后方的通讯联络。到 3 月 5 日，第 1 装甲集团军的所有军级单位都已抵达北顿涅茨河一线。不过，苏军在该河部分急弯处——比如伊久姆南部——仍然掌握有一些登陆场；鉴于解冻现象会造成行动困难，德军决定暂缓攻势，等天气有所好转后再摧毁这些桥头堡。

对于第 4 装甲集团军来说，摆在他们面前的一大问题便是——是否要冒着随时被融冻阻挡的风险，继续向哈尔科夫推进。这一前景看起来很是诱人，尤其在德军发现苏军似乎没有做好于莫什河以北地区进行战斗的准备，而且 3 月 7 日后天气又一次逐渐转冷时。最终，曼施泰因和霍特决定继续前进。不过，为了避免与肯普夫战役集群的联系被切断，其攻击指向了城市西方，而不是向东实施扫荡。他们计划从哈尔科夫西面突破苏军防线，而后由北突然折返，实现对该城的包围。

就如天神相助那般，德军的冒险又一次取得了惊人进展。党卫军装甲军从莫什河的宽广正面上发起进攻。3 月 9 日，当该部右翼到达哈尔科夫西郊附近地区时，党卫军将领豪塞尔向上级报告说，他已决定在第二天通过突袭行动夺占该城；不过霍特警告他说，切忌把部队陷在巷战中而失去机动性，并命令他继续执行原有计划。11日,求胜心切的豪塞尔置上级不得攻城的命令于不顾,派出2个师分别从西面和北面向哈尔科夫发起了进攻。经过三天的激烈战斗,党卫军重新夺回了这座城市。同时,他们还打通前往城市北郊的通路,使自身至少能够按原定速度完成在哈尔科夫以东的合围任务——正因如此,霍特后来拒绝了对豪塞尔加以指控。

哈尔科夫失守后,苏军在北顿涅茨河以西的抵抗便被彻底瓦解了。沃罗涅日方面军显然相当害怕德国人强渡北顿涅茨河,因此开始匆忙在该河东岸构筑防线。

苏联人的冬季攻势结束了。这次进攻取得了巨大战果,但远未达到最高统帅部大本营曾经预想的那种程度——在2月下半段时间里,最高统帅部大本营曾将中央方面军(原顿河方面军)部署至库尔斯克西北方向上,并准备命其朝布良斯克方向实施突击;沃罗涅日方面军得到的命令是越过哈尔科夫直扑波尔塔瓦,并进抵基辅和克列缅丘格(Kremenchug)之间的第聂伯河一线;西南方面军之前被赋予的最终任务是攻击且夺占梅利托波尔(Melitopol)和马里乌波尔(Mariupol),随后肃清顿涅茨盆地的德军。

3月18日早晨,党卫军装甲军沿开往哈尔科夫北部的铁路前进,扑向30英里以外的别尔哥罗德,并在4小时内占领该城。21日,曼施泰因计划渡过北顿涅茨河以拉直防线,从而避免在哈尔科夫以南沿着河流绕来绕去。但霍特拒绝了这一方案,他认为部队已经精疲力竭、无力再战,依河防御拥有的优势也远非在开阔草原上防守较短防线所能比拟。

曼施泰因宣称,进攻行动在3月17日即已结束。在别尔哥罗德南部,南方集团军群所占据的防线与其在1942年夏季攻势开始之前大致相同。在该城北部,苏联人虽然占领了库尔斯克西部的一个巨大突出部,但那里的战线也正在逐渐稳定。当南方集团军群发起的反击奏效后,已完成远距离撤退的第2集团军同样拥有了阻滞苏军推进的能力,甚至还在3月前一两个星期里夺回了部分翼侧阵地。

第六章

中线和北线

一、1942 年夏末

（一）中央集团军群

在苏联人发动的 1941—1942 年冬季进攻战役中，中央集团军群承受了主要的压力。在中央集团军群和北方集团军群作战分界线两侧，苏军的突破纵深达到了 150 英里以上，第 9 集团军和第 3 装甲集团军在部分时间里几近被围。在一直持续到夏季的作战中，中央集团军群在京特·冯·克卢格陆军元帅指挥下消灭或击退了苏军的先头部队，并沿大卢基（ Velikiye Luki ）、韦利日（ Velizh ）、别雷（ Bely ）和勒热夫一线构筑了防线。这样做的后果便是——苏军在托罗佩茨周围形成了一个巨大突出部，其中约三分之一（杰米扬斯克—霍尔姆一线以北）在北方集团军群作战分界线内，三分之二在中央集团军群作战区域里。

在中央集团军群防线上，从突出部西缘到杰米多夫（ Demidov ）以东数英里的这一段是由德军第 59 军(于 1942 年 10 月改称谢瓦莱里战役集群)①控制。该军司令库尔特·冯·德·谢瓦莱里虽掌握有 5 个师，但其负责战线长达 100 英里，无法建立起绵亘防线。于是，该部构筑了要点式防御体系，导致其左翼力量单薄到了近乎危险的程度。在夏季，沼泽、丛林和糟糕的道路情况还能打

---

① 译者注：原文为renamed in October 1912 Gruppe (Group) von der Chevallerie，即"于1912年10月"，疑有误，暂根据上下文修改为"1942年10月"。

消苏军突破的念头；然而当冬天到来时，外部条件将再度有利于他们从德军两个集团军群的接合部发动更深入后方的突击。

在苏军托罗佩茨突出部东缘根部，第9集团军扼守着（与该突出部呈相反方向的）勒热夫。在该集团军右翼，第3装甲集团军防守着一个较窄正面，部队横跨在华沙—莫斯科高速公路距莫斯科以西80英里的位置上。在第3装甲集团军右翼，第4集团军和第2装甲集团军一字排开，将集团军群的南部边界向南延伸至奥列利河下游。在第4集团军和第2装甲集团军接合部，苏军于苏希尼奇以东占据着一个较深远的突出部，其规模虽然没有北方那个（突出部）这么大，但（对德军）构成的威胁是显而易见的——如果他们以这个突出部为起点，发动南向和西北向的向心突击，那么斯摩棱斯克以东的第9集团军、第3装甲集团军和第4集团军都会被切断退路。该年夏季时，苏军曾对第9集团军、第3装甲集团军和第2装甲集团军发起过猛烈攻击。9月初，第3装甲集团军和第2装甲集团军粉碎了敌军的攻势，但苏军对勒热夫及其南部第9集团军防线的残酷打击一直高强度地持续到了10月7日。

当勒热夫的战斗结束时，局势亦变得很明显——苏军已经做好了在秋雨过后重新发起进攻的准备。他们在苏希尼奇以西地区集结起了一股强大兵力，另一股则部署于北侧托罗佩茨突出部——集结在托罗佩茨突出部的这部分显然更加危险和致命。10月5日，克卢格向冯·德·谢瓦莱里承诺道，他将从北方集团军群中抽调1个装甲师和3个空军野战师给后者；但由于空军野战师是新组建单位，未曾接受过地面作战相关训练，因此第59军还需要为他们提供一批训练骨干。10月14日，希特勒命令冯·德·谢瓦莱里开始准备从大卢基向东发起先发制人的进攻，具体目标为托罗佩茨。到月底，又有3个师被调入谢瓦莱里战役集群；同时第11集团军司令部也从列宁格勒周围被调来，负责此次进攻行动的计划和指挥工作。

（二）北方集团军群

作为己方并未全部完成的1941年攻势和紧随其后的苏军冬季攻势的遗产，北方集团军群战线的情况让德军指挥层相当不满意。在该集团军群左翼，第18集团军的战线于芬兰湾的奥拉宁包姆（Oranienbaum）周围构成了一个弧

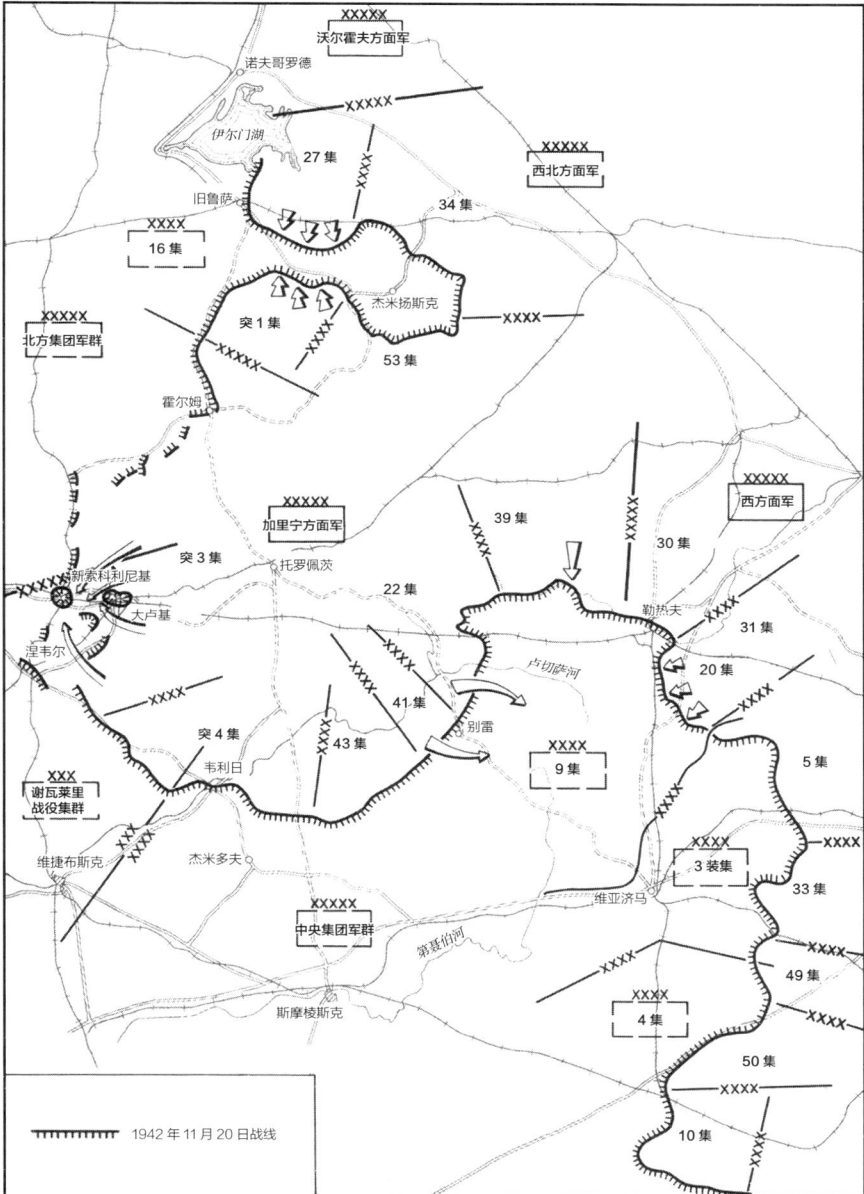

战场形势图 9：苏军对北方集团军群和中央集团军群的进攻，1942 年 11—12 月

形，一头在列宁格勒以南地区向东弯曲，另一头则扎在拉多加湖边的施吕瑟尔堡（Schluesselburg）上。在施吕瑟尔堡以东，该集团军控制着 6 英里长的拉多加湖岸；接着，他们的战线朝东南方向急转至沃尔霍夫河（Volkhov River），并沿该河向南延伸到了伊尔门湖（Lake Ilmen）北端。在伊尔门湖以南，第 16 集团军有一条形状怪异的扇贝形战线，它朝前突出的部分——杰米扬斯克口袋——像极了一根被放错地方的拇指；而在杰米扬斯克以南，该部战线又向西急剧弯曲，最终锚定在了霍尔姆（Kholm）；从霍尔姆直到集团军群的边界，即大卢基北部，他们的战线则是由一系列松散的支撑点所组成。

1942 年 7 月，希特勒命令指挥北方集团军群的格奥尔格·冯·屈希勒尔元帅准备对列宁格勒发起一次进攻。他希望在初秋时节占领这座城市，以便把芬兰军队解放出来，并发动对摩尔曼斯克（Murmansk）铁路的攻击。8 月，希特勒将进攻列宁格勒的指挥权从屈希勒尔手中夺走并交给曼施泰因，理由是最后者在塞瓦斯托波尔也指挥过类似行动。曼施泰因带着他的第 11 集团军司令部、2 个军司令部和 4 个步兵师接管了列宁格勒方向的作战指挥权，且直接听令于陆军总司令部。然而，在德军的准备工作还未完成前，苏军就在拉多加湖以南对其东向防线发起了一次进攻[1]并迅速达成突破，德国人对列宁格勒的控制因此受到严重威胁。9 月 4 日，曼施泰因接管了被突破地带部队的指挥权，自此之后，摆在他面前的首要问题便成了（尽快）恢复战线——在苏军顽强抵抗下，这一问题直到 10 月 15 日才最终解决。与此同时，德国人希望芬兰人在新年到来前开始执行计划的所有想法也尽皆落空。德方一致的观点是，在冰冻天气降临之前，他们无法发动对列宁格勒的攻击。10 月 20 日，陆军总司令部宣布无限期推迟对列宁格勒的进攻行动；不过，他们会从塞瓦斯托波尔调来重型攻城炮，以摧毁城市防御体系，使战线逐步向城中推进。随着列宁格勒进攻行动的推迟，第 11 集团军司令部得以从原定任务中抽身而出，转而被投入到了大卢基地区。

---

① 译者注：指苏军的锡尼亚维诺战役。

部署在勒热夫附近的苏军火炮

在第16集团军战区内,杰米扬斯克口袋一直是人们关注的焦点。9月14日,屈希勒尔在一封私人信件中试图让陆军总司令部相信——继续保留这个(杰米扬斯克)口袋是没有意义的。他在信中写道,口袋中的第2军自去年冬天以来就一直在不利条件下作战,考虑到苏联人在其冬季行动中的巨大优势,可以预测这一情况还会在几个月后变得更糟糕。从具体的战术层面上看,该口袋具有如下两个作用:一、使苏军处于紧张状态,从而牵制他们的大量兵力;二、在未来展开针对托罗佩茨突出部的攻击时,这个口袋可以作为包围苏军的强力"臂膀"。然而问题在于,德军是否有这样的意图,或者说这一意图有无实现的条件?如果上述问题答案均是否定的,那么他(屈希勒尔)便会坚持认为这个口袋实际上没有存在的意义。

一周后,哈尔德答复说,他并不相信关于苏联人在冬季拥有巨大忍耐力的报告,而且不管怎么看,第2军都不是唯一处于困境之中的部队。将他们从口袋中撤出的确可以让北方集团军群多出12个师的可用兵力,但此举同样会为苏军解放出26个师和7个坦克旅;况且希特勒也完全拒绝了撤军的想法。无奈之下,北方集团军群在10月和11月初发动了2次小规模进攻行动,取得了有限进展,巩固和扩大了通往口袋的走廊,并做好了迎接苏军冬季进攻的准备。

（三）芬兰——第 20 山地集团军

自 1941 年战役结束以来，位于东线最左翼、由第 20 山地集团军和芬兰陆军控制的战线就一直未曾出现巨大变动。在遥远的北方、距摩尔曼斯克西北 42 英里处，第 19 山地军正与苏联第 14 集团军于利萨河（Litsa River）隔河对峙。第 19 山地军的主要任务是保护科洛肖基（Kolosyoki）镍矿。德军从陆路进攻摩尔曼斯克的想法在这一年（1941 年）当中并没有取得什么像样进展；尽管他们仍在含糊（而非具体地）考虑着突击雷巴奇（Rybatchiy）半岛的可行性，但由于难以集结和维持足够数量的兵力，真正实施该计划的可能并不算大。

在利萨河及萨拉（Salla）—坎达拉克沙（Kandalaksha）铁路线之间没有道路的极地森林中，作战双方均未设置任何战线，平时也只是派出一些零散的巡逻队骚扰对方。第 36 山地军在一年前将战线从 1939 年的芬兰边界线向东推进数英里，现在横跨于铁路沿线的他们距离更东面的坎达拉克沙已经只有 45 英里。在第 20 山地集团军右翼，第 18 山地军于摩尔曼斯克铁路以西大约 20 英里处的切斯滕加—卢基（Kesten'ga–Loukhi）支线上占据着一个较窄正面。

奥卢—白海城（Oulu–Belomorsk）一线以南的所有作战行动均由芬兰陆军负责。实际上该地域有三条战线——第一条从奥涅加湖北端向北延伸（由马谢利斯卡亚战役集群负责）；第二条位于奥涅加湖与拉多加湖之间，大致沿斯维里河（Svir River）分布（奥洛涅茨方向，由奥洛涅茨战役集群负责）；第三条则在列宁格勒以北穿过卡累利阿地峡，从整体上看与 1939 年的芬兰边界线重合（地峡方向，由卡累利阿地峡战役集群负责）。

自本年（1942 年）春天起，芬兰陆军和德国第 20 山地集团军负责的区域内就没发生过什么值得注意的战斗行动。尽管德芬两国军队相较其苏联对手拥有接近 2:1 的兵力优势，但在可预见的将来，他们恢复进攻的可能依然微乎其微。近一年来，芬兰人在承担新的军事义务方面表现出了极不情愿的态度，并坚持认为必须首先攻占列宁格勒，否则任何新的进攻行动都不予考虑；然而在 1942 年 8 月，他们同意参加针对摩尔曼斯克铁路的并列突击行动，其中芬军负责夺占白海城，而德军第 36 山地军进攻坎达拉克沙。不过在 10 月，当北方集团军群占领列宁格勒的行动不得不中断后，德国国防军最高统帅部被迫取消了这次德—芬联合作战计划。

二、游击战

基于该国的共产主义传统和以往国内战争的经验，很多人由此得出结论，认为苏联人必然会最大限度地利用非常规和非公开的战争手段，而不拘泥于采取什么样的形式，也不管是出于军事还是政治方面的考虑。然而，尽管他们在战争开始后就立即组建了大量游击队，但 1941 年的游击战收效甚微，到当年秋末时甚至走起了下坡路。德军高速推进所造成的影响加上明眼可见的苏联政权的无力表现很难点燃人们的抵抗精神——即便是在人为鼓动的情况下。虽然确实出现了一些游击队，可这些队伍规模较小且造成影响不大，通常独立行动，并长期处于可能瓦解的危险中。苏联共产党和内务人民委员部试图在德占区建立起一个包括党和游击队组织的网络，可由于缺乏时间，加之担负这项工作的地方党组织要么对游击战没什么明确概念、要么没有开展地下活动的热情，这一努力最终失败了。很明显——与苏联的官方宣传相反——在危急时刻，无论普通群众还是党内精英都很少有人自愿挺身而出、保卫苏维埃制度。

布良斯克森林中的游击队员

（一）苏联游击战运动的兴起

苏联人 1941—1942 年的冬季攻势为游击战指明了一条全新的、指向性更明确的发展路径。在数周内，军事上的胜利恢复了苏联政府的威望，而在被占领国土上，苏联政权依然存在这一事实在民众心中占有的分量正逐渐增加，在他们内心深处激起了一种爱国主义和恐惧相交织的复杂情感。此外，这些被占领地内的民众已经充分见识到了德国人的统治方式，也正是从那一刻起，他们就没有什么值得期待的了。虽然这种心理转变本身并不足以使民众积极自发地掀起抵抗浪潮，但对于不再鼓吹"民众自发游击战争"假象的苏联政府来说，它却大有可以利用之处。

苏军充分利用了德军，特别是北方集团军群和中央集团军群防线上的巨大缺口及德国后方警卫部队实际上已不存在这一缺陷，开始系统地组建游击队伍。那些接受过专业训练的组织者和骨干在农村活动，使用苏联征召法案赋予的权力招募人员。苏方还加强了空中供给，在游击队伍中建立起了正规的军事组织，各级正规军官被派往游击队伍，成为指挥员、军事顾问及参谋人员。新组建的和在 1941 年里幸存下来的游击队被置于苏联政府的直接管辖之下，后者采取的手段是通过无线电和空中运输加以控制，有时甚至会由集团军和方面军指挥部组建游击队司令部，直接领导和指挥当面敌占区游击队的行动。1941年 11 月时，各游击队的平均规模还不到 100 人；但在 1942 年 2 月，他们的兵力便足足增加了一倍有余。到 1942 年夏季，1000 人以上的"旅"已经成为游击队中的标准编制。在该年夏末，游击运动已建立起了稳固基础，组织工作业已完成，而控制权被苏联政府牢牢掌握在了手中。此时，游击队的兵力总数甚至达到了 15 万～ 20 万人。游击战早已成为鼓舞正规军和国民士气的主要途径，在 1942 年 8 月，游击队伍中的佼佼者们还被召集到莫斯科——他们中的许多人是从德军后方飞来的——参加了一次表彰会议。

苏联当局试图在所有德占区都掀起游击战热潮，可最终喜忧参半。将近90% 的游击队均分布在北方集团军群和中央集团军群后方地区，主力集中驻于中央集团军群方向，尤其是布良斯克南北两边的森林地带和托罗佩茨突出部后方。在那里，广阔的森林和沼泽为游击队提供了掩护。不过在乌克兰和俄罗斯南部，当地游击队到 1943 年夏末之前都几乎没有站稳过脚跟。

向大卢基推进的苏军坦克

（二）第 46 号元首训令

1942 年 8 月 18 日，希特勒确认苏联的游击运动已经发展成为一个足以影响战争全局的问题，还为此发布了一道严厉命令，即第 46 号元首训令。这份训令在开篇即指出："东线暴徒的残暴行径已远远超出我们的容忍限度，并对前方补给和土地开发活动构成了严重威胁。"希特勒希望能在冬季到来前铲除苏联游击队，"以消灭国防军在冬季行动中可能遭遇的重大不利因素"。他让党卫队帝国领袖海因里希·希姆莱负责收集和评估反游击战的相关信息，并命其全权负责民事管辖区内的此类行动（反游击战）；此外，德国独裁者还指定陆军总司令部参谋长负责战区内的反游击战事务，并命令即将补入东线的预备部队一边完成训练一边进行反游击作战。

随着战事的推进，希特勒不得不承认——仅凭单纯军事手段是无法有效抑制苏联游击运动的；他也第一次认识到，要打一场成功的反游击战战役就必须将该地区民众的态度作为一个重要因素加以考虑。一方面，他必须为当地民众提供至少能维持其最低生活水平的物质条件，以防他们转变成为游击队员；

另一方面，他还要向后者许诺以丰厚回报，吸引他们积极参与到反游击战行动中来。希特勒还首次批准了从战俘中征募人员，并在各地组建类似于民团的军事组织（indigenous military units），以对付游击队。

德国陆军将这一指示看作希特勒在反游击战争概念上的重大进步，特别是指示中批准争取民心和运用当地军队的部分。陆军总司令部编制局长期坚持的一大观点便是，如果仅仅依靠本国军队，那么德国将永远没有充足的人力来实施一场有效的反游击战役。然而说归说、做归做，虽然书面训令已经下达，但在实际行动上，希特勒并没有考虑过任何可将苏联人从敲骨吸髓的苦役中解放出来的计划——他拒绝为俄罗斯民众提供这些"甜头"来获得他们对德国事业的真正支持。而且，当战事进行到这一年的尾声时，苏联人民也越来越清醒地意识到了德国人获胜的机会正在逐渐远去。

三、斯大林格勒的相对平静

陆军总司令部东线外军处在 11 月 19 日之前的判断是，苏联人冬季攻势的主要方向将指向中央集团军群。随后该部门为此解释道，很显然，在斯大林格勒取得的巨大成功震撼了苏联人自己，而且他们从一开始就没有做好由斯大林格勒继续向西推进的准备——虽然这扇通往更大胜利的大门现在已经敞开。

曼纳海姆（右）和埃尔温·恩格尔布雷希特中将在芬兰，本图摄于德军进驻该国期间

东线外军处的错误可能并没有看上去那么严重。当然，苏联最高统帅部大本营根本没有预料到罗马尼亚军队崩溃的速度会是那么的快，而他们更加猜测不到的是——希特勒最终会将1个完整的德国集团军拱手奉上。

从另一方面看，德国人自身在思想上同样存在自我欺骗的因素，其有害影响也会长期挥散不去。他们谜一般地确信苏联人榨尽自己最后一丝力量的时刻即将到来。这种观念很难被改变，由此产生的普遍见解是——受诸多可预测条件限制，苏军发动第二次冬季进攻的能力将会出现大幅下降。在斯大林格勒战役后，这一想法变得更加根深蒂固——苏军仅在南部发动了攻击，在中部却无能为力。11月21日，第9集团军相关人员在日志上记录道："许多迹象都表明苏联人同时在两个不同方向上发动主要突击的可能性已经不复存在。"实际上，苏联最高统帅部大本营当时完全有能力同时实施两次规模大致相等的进攻，随后甚至可以急剧扩大其中某一次的规模。

（一）勒热夫突出部

在中央集团军群的战区内——正如在斯大林格勒那样，德军防线的配置情况给苏军的大规模合围 [①] 提供了一个现成机会，而且根本不需要太高的战术水平。在位于勒热夫正南20英里的战线上，西方面军部署了得到超乎寻常加强的第31集团军和第20集团军——两部共计下辖约45个师和旅，以及2个坦克军和2个近卫军。在勒热夫突出部西面，加里宁方面军部署有第41集团军和第22集团军，包含约25个师和旅，外加2个机械化军和精锐的第6军，正准备从别雷两侧发起攻击。在突出部北部顶端，第39集团军集中了约6个师的兵力，将会朝正南方向发动突击。

11月25日上午，苏军揭开了进攻序幕。在前期的进攻中，他们的模式与在斯大林格勒反攻里基本相同，但德国人此时的境况与其在顿河时有了明显不同。第9集团军战力一流，并且成功挺过了夏季的战斗，没有被苏军在人数和装备方面的优势所压倒。经过1个月休整后，辖有3个装甲师作为预备队的

[①] 审校者注：这一战役的代号被苏军定为"火星"，同样是在苏联解体后，大卫·格兰茨首次在其作品中指出了这一战役原先的规模，参见《朱可夫最大的失败》（Zhukov's greatest defeat，1999年）。

第 9 集团军在面对此次攻击时信心十足，尤其是在苏联人的主要突击方向与他们预先判断的结果一致——即勒热夫以南——之后。而遂行主要突击任务的第 20 集团军还犯下了一个巨大错误，将所属装甲力量分散开来以实施零星突破，导致仅有一半左右的坦克发挥了作用；最终，德军只用 1 个装甲军就轻松扛住了苏军的进攻。

勒热夫突出部西面的防御起初并不怎么成功。苏军在别雷两侧打开了突破口，突入城南 20 英里、城北（沿卢切萨河谷行进）约 10 英里。但在后续 10 天的战斗中，他们未能充分利用和扩大初期战果。12 月 7 日，德军发起了一次突然反击，包围了突入别雷南部的苏军，随后又花了 10 天时间歼灭合围圈内敌军，将战线推回到了原先位置。加里宁方面军在这次失利中付出了 15000 人阵亡和 5000 人被俘的沉重代价。[①]

12 月 11 日，西方面军在勒热夫南部发动了最后一次进攻。从规模上看，这次攻势超过了第 9 集团军曾经经历过的所有类似行动。在被该集团军称为"迄今为止最伟大防御胜利"的前两天时间里，苏军不仅没有取得任何值得一提的进展，反而损失了 295 辆坦克。苏联人的进攻节奏在此后两天里迅速放缓，最终于 12 月 16 日结束；这刚好也是第 9 集团军肃清别雷南部合围圈的同一天。苏军发起的最后一次进攻是突击卢切萨河（Luchesa River）河谷，双方的作战行动一直持续到了新年，不过最后第 9 集团军恢复了原来的战线。"冬将军"第一次让苏联人失望了：德军的装备要比一年前的同一时间好很多，而且天气也（相较而言）更暖和——12 月中旬的最低气温约为华氏 15 度（零下 9 摄氏度左右）。

（二）大卢基

从 11 月 25 日开始，在第 9 集团军左翼、控制着托罗佩茨突出部西缘要点式防线的谢瓦莱里战役集群同样遭到了加里宁方面军攻击。在这个布满森

---

① 审校者注：限于成书年代，本书给出的苏军损失数字大多远远低于其实际损失。1993 年，俄罗斯官方解密了（此注释在正文中相关的）这一战役，指出苏军的总损失为 215674 人，其中阵亡 70374 人，另有 145300 人受伤。参见《朱可夫最大的失败》第 379 页。

林、湖泊和沼泽的区域内，大卢基犹如茫茫大海中的一座岛屿，理所当然地成了德军的重要基地——它既是整条防线里的中心要点，也是最靠近前线的铁路侧线上的重要枢纽，还横跨并控制着数条重要的东西走向公路。在 11 月 25 日之前两个星期里，加里宁方面军的突击第 3 集团军集结起了较大卢基守军占有绝对优势的装甲力量，以及超过后者 5 倍的步兵和炮兵力量。虽然森林和沼泽地还未被冻实——这对苏军的行动造成了很大困扰——但突击第 3 集团军仍在攻击发起后的 2 天内强行通过了这些难行地段，包围了大卢基，并在镇上困住了 7000 名德国士兵。

27 日，位于大卢基西面 15 英里远的新索科利尼基（Novosokol'Niki）也遭受了同样威胁。冯·德·谢瓦莱里报告说，如果想拯救大卢基的部队，他们（当地部队）就必须立即突围。三天后，希特勒发布命令驳斥道，撤离大卢基是不可能的——守备部队必须坚守原地，直到恢复与后方的联络、前方防线亦被重新夺回。

在 12 月第三个星期里，一俟苏军施加的压力稍减，冯·德·谢瓦莱里便展开了一次救援行动。然而，他的部队早已精疲力竭，这次冒险行动也不得不

北方战线上正在检查通信线路的德军通信兵

于第二天放弃。1943 年 1 月 4 日，谢瓦莱里又发起了第二次救援。就在两次行动之间这段时间里，大卢基的守军已被苏军切割成了两部分：一小部分被困在城镇西边的旧城堡之中，主力则被驱赶到了东部郊区。很明显，救援部队希望他们的行动目标是只将守军营救出来——在这种情况下，开辟出一条通往城镇的永久走廊的可能性是完全不存在的。

向东爬行了 10 天后，救援部队最终在离旧城堡仅几百码的地方被苏军拦住。1 月 15 日，当旧城堡和东郊合围圈内的德军接到突围命令时，被围在东郊的守军司令通过电台回复，称突围已无可能；随后该部德军的所有对外联络均被切断。第二天早上，当 176 名幸存者从旧城堡中突围出来后，救援部队开始撤退。

四、安静的前线

在苏联最北方、第 20 山地集团军作战区域内，"安静"贯穿了整个冬天。在北冰洋，英国和美国的护航船队穿梭往来于摩尔曼斯克，在极夜期的数个月里送来了大量补给，以支持苏联的冬季攻势。当西方盟军于 1942 年 11 月在北非登陆时，德军原本用来对付英美护航船队的几乎全部鱼雷机都被调往北非，以攻击登陆船队。12 月，由于巡洋舰"希佩尔海军上将"号和"吕佐夫"号一次不成功的出击，希特勒对海军大为光火，甚至威胁要把德国海军的所有重型战舰送往拆船厂。于是，雷德尔（因此事）辞去了海军司令一职，并改由潜艇专家卡尔·邓尼茨海军上将接任。

在芬兰南部，该国陆军的战线同样很安静。芬兰人对于东线主战场态势的关注和兴趣还要甚于其自身所处战场，因此，他们的沮丧程度也随着苏联人不断取得顺利进展而逐日上升。1943 年 1 月，当北方集团军群对列宁格勒的控制开始出现松动迹象时，芬兰军队总司令曼纳海姆要求第 20 山地集团军归还其指挥下的所有芬兰部队指挥权。在 2 月 3 日，即斯大林格勒最后一支德军部队宣布投降的第二天，曼纳海姆、芬兰总统里斯托·吕蒂和内阁成员举行了一次会议。他们认为战争已经到达一个决定性的转折点，并在会议上形成了最后决议——一旦机会来临，芬兰就要抓住机会退出战争。6 天后，这些高层在议会的一次秘密会议上宣称，德国将输掉这场战争，因此芬兰必须考虑再次签署《莫斯科条约》（即结束 1939—1940 年苏芬冬季战争的相关条约）。1 个月后，亨里克·拉姆齐博士因自称在英国和美国有门路而被任命为新的外交部长，芬兰也由此迈出了独自媾和的第一步。

对德国人来说显而易见的是，在当前情况下，只有对苏联人的恐惧才能将芬兰人继续留在战争之中。在即将到来的夏天里，一场新的胜利或许能恢复芬兰人的部分士气，然而战争早已不是 1941 年刚开始时候的样子了——战争的持续需要资源、训练，以及大量人力，而这些都是芬兰人所缺乏的。在 1943 年初，第 20 山地集团军司令部得出结论，认为他们很难期望在未来的进攻作战中得到芬兰军队支援；而且更加悲惨的是，这些芬兰人可能连苏军的哪怕一次全面进攻都无法扛住。

五、守势战局

（一）列宁格勒和杰米扬斯克口袋

对于苏军来说，被围困在列宁格勒的第二个冬天并没有前一个那么糟糕。在拉多加湖解冻的季节里，苏联人通过船只为城内部队和平民输送补给，同时撤出和疏散了近 50 万人。德国人企图使用"西贝尔"机动筏——一种装有高射炮、由飞机引擎驱动的双体长筏（形状如同双舟漕渡门桥）——来破坏湖泊交通的尝试最终未能成功。1942 年秋天，苏联人在湖中铺设了一条电缆和一条输油管道；到冬天，当湖面被完全封冻后，他们还在冰面上修建了一条道路，并铺设了高压输电线路。现在，列宁格勒军民在食物方面已经能达到最低生存标准，甚至还能拿出多余电力供部分工厂运转。但是，每日通过卡车穿梭冰面运送进来的 5 ~ 6 千吨物资也仅能维持城市基本运转和满足前线作战需要。作为苏联第二大工业中心，列宁格勒如果能在敌人眼皮底下照样保持工厂的运作，那么就能为伟大卫国战争做出比当前更为巨大的贡献——不管是在工业生产还是舆论宣传方面。因此，当 1942 年 10 月第一次解围行动失利后，列宁格勒方面军和沃尔霍夫方面军便迅速开始了第二次兵力集结。在冬季的黑暗悄然降临之时，来自苏联东部的增援部队亦穿过湖面、进入了前线。

北方集团军群焦急地注视着事态的发展。由于自身所处战线并不活跃，该集团军群在 1942 年大部分时间里都被敌我双方所忽视，就连在前一个冬季

战场形势图 10：北方集团军群，1942 年末至 1943 年初冬季

里遭受的战损也没有得到完全补充，同时还被限制和绑死在静态的防线上；一旦多个关键点遭到同时攻击，整个集团军群将无力应对。在列宁格勒周围，尤其是"瓶颈"——即此城与拉多加湖间的狭窄连接处，北方集团军群发挥着（作为）本国北欧战略支柱的重要作用（见战场形势图 10）。从长远来看，如果对列宁格勒的控制被打破，那么德国将失去对波罗的海的控制、芬兰将被孤立，从瑞典到德国的铁矿石航运也会面临（被打断的）风险；而且最重要的是——德国海军潜艇部队的训练活动将严重受阻。

德军控制这一瓶颈地区已有 16 个月之久。这段时间内，他们在沼泽地带里建立了一个严密的防御体系，并将施吕瑟尔堡、若干小定居点和一些零星树林改造成了防御要点。不过，由于东西背靠背两条战线间的纵深只有 6 ~ 8 英里，可供防守部队回旋的余地被压缩得极小。在自身夏季作战经验启发下，苏军在此后几个月时间里，就夺取德军单个要点的战术和行动展开了反复演练和试验——类似做法德国人在 1940 年便有所尝试，但当时他们是为了攻占比利时的要塞群。

苏军对瓶颈地带的攻击始于 1 月 12 日，第 67 集团军的士兵们穿着能爬上冰封河岸的尖头鞋，冲过了涅瓦河（Neva River）河上的冰面。与此同时，突击第 2 集团军则在东面，往德军 4 英里宽的防御地段上砸下了 5 个师的兵力。苏军有条不紊地拔除着推进路线上的德军要点，在一个星期内，他们就已占领施吕瑟尔堡，并开辟出了一条沿湖岸通往列宁格勒的走廊。此后，在持续到 4 月 1 日的战斗中，苏联人（规模增至 2 个方面军）的作战陷入了停滞状态。截至战斗结束，他们的进展也仅是控制了一道 6 英里宽、完全处于德军火炮射程之内的狭长地带。虽然北方集团军群在战役结束时声称自己的防御行动获得胜利，但他们对苏联第二大城市（即列宁格勒）的控制已不如以往那么严密了。

自 1942 年 11 月底以来，位于北方集团军群右翼、杰米扬斯克口袋内的德军便一直处在苏军的持续攻击中。到 1 月中旬，针对该口袋的作战行动已经耗尽该集团军群最后一丝预备力量。1 月 19 日，蔡茨勒告诉屈希勒尔，他打算和希特勒讨论撤出杰米扬斯克口袋的问题。蔡茨勒和屈希勒尔一致认为，北方集团军群之所以会在拉多加湖以南遭遇挫折，主要原因就是兵力短缺；而避免类似灾难的方法便是（且只能是）撤出杰米扬斯克口袋内部队，以此组建预备部队。不过，这样的提议只会遭到希特勒无情否决，后者甚至连一个字的解释都不会给。因此，已经在1942年秋与希特勒会谈时有过类似遭遇的屈希勒尔拒绝了再次主动提出这个问题的建议。

1月31日晚，在长达1周的争辩后，希特勒批准了蔡茨勒的意见。陆军总司令部作战处告诉屈希勒尔说，这一成果是经过前所未有的艰难抗争后才取得的，因此要求后者尽快撤出部队，以免给希特勒反悔的机会。然而，屈希勒尔心疼于口袋中的大量装备和补给，为避免过去13个月的努力全部化为泡影，他在准备了3个星期后，也就是到2月20日才开始收缩防线，而后分阶段地将部队撤出，最终于3月18日完成撤退。

（二）中央集团军群——反游击作战

在整个冬季作战行动中，中央集团军群承担起了（作为）东方壁垒的重要作用，但其（兵力、战斗力等方面的）基础实际相当薄弱。在该集团军群战线上，有一段（战线）向东突出，并形成了一个指向莫斯科的巨大矛头。不过在苏军第二次冬季攻势的冲击下，该集团军群的防线遭到严重侵蚀，那个巨大的攻势矛头反而变成了夺命绞索，灾难随时可能到来（见战场形势图11）。在北翼，围绕着苏军的托罗佩茨突出部，中央集团军群的防线自1941年12月以来就一直处于危险状态中。1943年1月中旬后，苏军在该集团军群南翼上又凿出一道深深的口子，德军被迫退回了库尔斯克以西。

1月20日，为加强当时防线上力量最薄弱的地段，克卢格将第3装甲集团军的司令部转移到了托罗佩茨突出部西缘地区。5天前，解围大卢基的努力也正式宣告失败。首次视察前线后，第3装甲集团军司令汉斯·莱因哈特大将报告说，防区正处于一种"令人震惊的状态"。谢瓦莱里战役集群已经将手里所有能挤出来的部队投入到了向大卢基的突击行动中。与此同时，在德军后方，约有2万名游击队员正不断在乡村地区英勇作战。因此，第3装甲集团军现在的首要任务便是将处于混乱状态中的部队撤回并加以重组，从而获得足够力量，在大卢基以西地区构筑起一道可堪凭依的防线。

2月第一个星期里，在建起了一道由一连串支撑点组成的防线之后，第3装甲集团军开始转而应对和清除游击队这一威胁。自冬季降临后，游击活动在

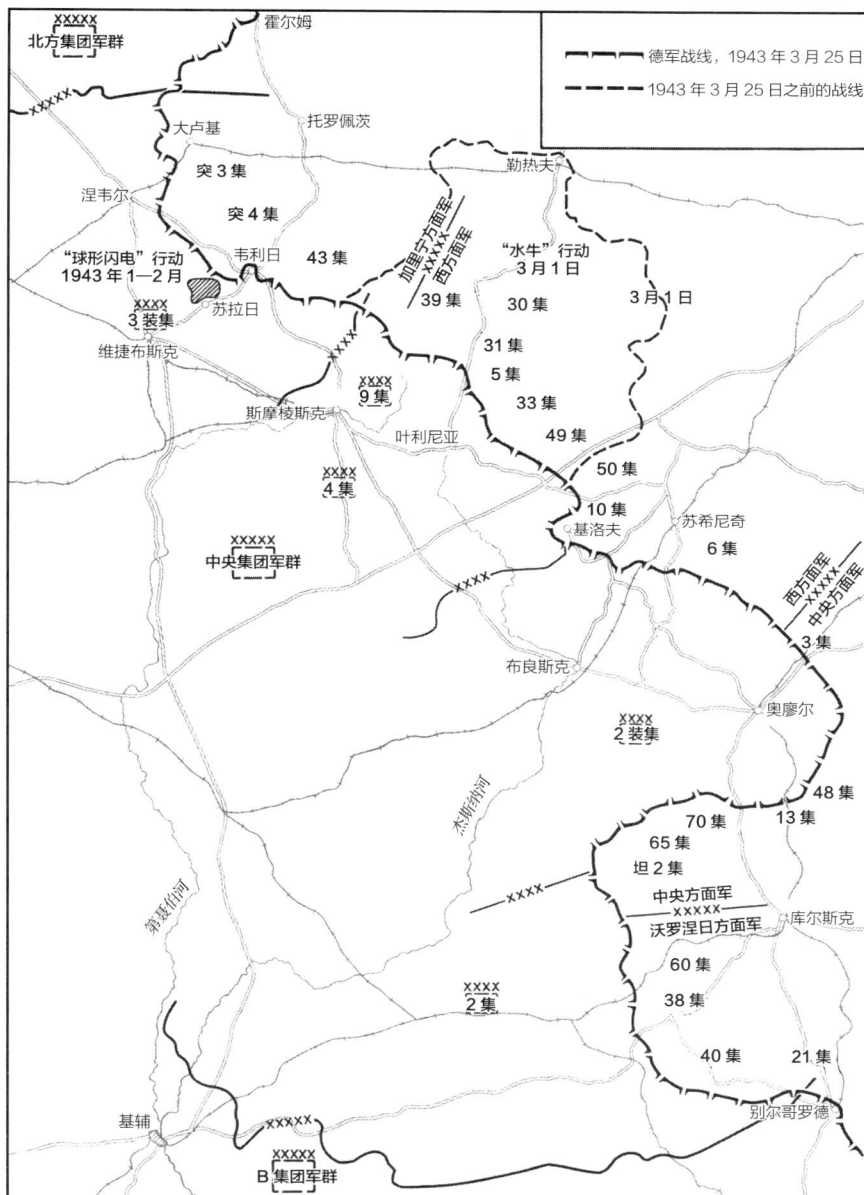

战场形势图 11：中央集团军群，1942 年末至 1943 年初冬季

中央集团军群的北部和中部地区呈现出了爆发性的危险态势：首先，苏军指挥层将游击行动当作冬季攻势的重要辅助手段，和前一年一样下足了功夫；其次，（进行游击活动的）客观条件也同去年那般令苏联人感到乐观——由于在前线面临着巨大压力，因此德国人部署到后方地区的只是一些二流甚至三流部队；最后，苏军在前线的胜利更是大大鼓舞了游击队的士气，并将沦陷区的群众重新纳入到了苏联政府及游击队的影响和控制之下。

希特勒对待游击队的态度——正如其从战争开始以来所表现出的那样——一如既往的极其苛厉。1943 年 1 月，他颁布命令称，士兵们在与游击队作战时实施的暴虐行为不能成为受审的理由和依据；关于《日内瓦公约》和骑士精神，他也宣称两者并不适用于反游击战争。另一方面，前线指挥官们亦充分意识到——他们不仅缺乏足够的力量以严厉手段压制游击运动，而且，即便己方真的有能力这样做，其后果也只会是将民众完全推到苏联那一边去。

因此，前线指挥官中的大多数人或出于人道主义，或出于实用主义考虑，都在试图规避希特勒的法令。比如第 2 装甲集团军司令鲁道夫·施密特装甲兵上将就对自己的部属解释道，上述法令仅适用于非常激烈的交战行动中，而且

行进中的俄罗斯难民，1943 年

无论何时都不能将其视为进行肆意杀掠的"许可证"。

2月下旬，第3装甲集团军对维捷布斯克（Vitebsk）东北部苏拉日区（Surazh Rayon）的游击中心区展开了一次军事行动（"球形闪电"）。尽管它对战争总进程几乎没有产生什么重要影响，但基于以下两个因素，该行动也值得我们审视一番：首先，它是德国人在1942—1944年间进行的数十次同类反游击作战的典型代表；其次，它还向世人展示出了一幅异常清晰的关于游击与反游击战争的画面。此次行动的目标区域苏拉日区就位于第3装甲集团军防线的正后方。游击队在该地区已存在并发展了一年多时间，为该地区在苏联方面赢得了所谓"维捷布斯克走廊"之名，获得了巨大的声誉。在1941—1942年的深冬时节，游击队和红军通过德军战线上的巨大缺口，使用卡车与马匹维持和保障了此地的物资补给。直至1943年2月之前，双方战线都一直处于相对稳定的状态。在苏拉日以北，德国空军野战师控制着一片纵深为2~3英里、由多个要点构成的防区。因缺乏力量，德军不得不将战线后方众多的间隙地、广阔的森林和沼泽地拱手让出，任由游击队控制。据估计，该地区的游击队兵力多达4000~5000人，他们共同组建成了1个旅，建造了永久性的筑垒营地，甚至还拥有机场。

为完成此次行动，莱因哈特向2个警卫师详细说明了反游击行动的要点。作战行动的第一步将于2月21日完成，目的是在游击区周围建立一道接触线，这道线需要圈住苏拉日区的大部分地域；完成上述任务后，部队开始向内推进，一边推进一边收紧合围圈，并将游击队驱赶至中心区域，最终一举歼灭其主力。然而，德军很难保持与游击队的长期接触，部队在穿越崎岖地形和积雪密林后也很快陷入了疲劳状态。此外，游击队员们会尽量避免激烈的正面对抗，并各尽所能逃出合围圈。到3月8日行动结束时，德军虽然声称击毙了3700名游击队员，但实际上连他们自己都无法确认其中到底有多少人是真正的游击队员，多少人是非武装的平民。最终，一俟德国部队撤退，游击队便立即被重新组建起来；不出几个月时间，他们就已差不多恢复了原来的力量。

（三）"水牛"行动

1942—1943年初冬，中央集团军群的战区内总体保持着安静（除一些游

击作战外)，但从长远来看，其防线显然是不稳固的。该集团军群没有后备力量，它的左翼十分薄弱，右翼也在第 2 集团军溃败后陷入了兵力空虚的不稳定状态中。当北方集团军群从希特勒那儿争取到撤离杰米扬斯克口袋的许可后，中央集团军群的巨大突出部便已经无法起到任何作用——即便是从长远角度看。消灭托罗佩茨突出部苏军的可能性已不复存在，现在也不会有人再去认真考虑向莫斯科推进的计划。因此，克卢格在 1 月 26 日向希特勒提出建议，希望通过大规模撤退来缩短防线正面，以避免第 9 集团军和第 4 集团军被包围——不出前者所料，后者再次坚决驳回了这一建议。但在 2 月 6 日，德国独裁者最终还是同意了蔡茨勒和克卢格的观点。

在 2 月剩下的时间里，中央集团军群做好了撤军准备，相关行动代号为"水牛"。该行动的主要任务是在后方的韦利日和基洛夫（Kirov）之间建立起一道坚固防线。为此，该月中旬时，中央集团军群开始在城镇和乡村里展开搜索，抓捕那些体格健壮及任何可能为苏军所用的人。一名参与行动的德军指挥官描绘出了这样一幅极其悲惨的画面——在深冬致命的严寒中，长长的队伍任人驱赶，不停向西而行。据报道，仅第 4 集团军下辖的一支部队就从苏联"撤"走了 4.5 万人。

3 月 1 日，第 9 集团军开始从勒热夫西部和北部的防线上撤退。"水牛"行动最终于 23 天内完成，当初部署在最东边的部队向后撤退了 90 英里，德军防线的正面宽度也从原来的 340 英里缩减到了 110 英里。

不过在中央集团军群南翼，克卢格在 2 月 14 日之后依然面临着不少问题——如何找到（或是拼凑出）足够兵力来稳住第 2 集团军的后撤脚步，并充实其北邻第 2 装甲集团军不断拉长的防线。当苏军向西越过库尔斯克后，（中央）集团军群的战线在奥廖尔以东地区便形成了一个危险的突出部。2 月 20 日，克卢格提议将第 2 装甲集团军和第 2 集团军撤回杰斯纳河（Desna River），但希特勒的思维早已抛掉了撤退一事。他已开始制订计划，再过几个月时间，苏联的偏远城市——库尔斯克和奥廖尔就会成为东线战事中两个无人不知的名字。

第七章

"堡垒"行动

一、风暴间歇

在过去数年时间里，春天通常都预示着德军新胜利的到来。即便是在经历了 1941—1942 年那样的"黑色冬季"后，德国人的力量和信心也同样随着春季的到来而很快复苏。然而在 1943 年，情况发生了变化，狂猛而全面的攻势一去不复返，取而代之的是一份宏伟程度较上一年稍有不足的计划，这其中就包括一次规模巨大的钳形攻击——分别穿过高加索和埃及，最终进入中东地区。在冬季，希特勒甚至用上了"保卫祖国"的口号来集结东线南翼的军队。尽管己方战线仍然远在苏联境内，距德国边境都还有数百英里，但这种口号已经开始具有字面上的重要意义——至少对于部队而言是这样。德军在顿涅茨的胜利不仅结束了南方集团军群漫长的冬季撤退之路——加上其余集团军群同样成功撤退——也恢复了前线部队的士气。不过没有人会自欺欺人地相信，明年夏季能看到纳粹的"卍"字旗重新插上厄尔布鲁士山，或是飘扬在伏尔加河东望亚洲的高岸上。从今以后，战争将以另一种姿态进行下去。其中最为关键的问题是，德国能在多大程度上影响或决定战争的方式？这个问题谁也不能立即给出答案。于是在之后一段时间内，前线陷入了一种不祥的宁静之中，大家都在惴惴不安地等待着。

（一）黑暗之春

4 月第一周之后，当苏联人放弃解放列宁格勒的第二次尝试时，双方都停顿下来，部队开始休整和重组。俄罗斯的春天河水泛滥，地面因此泥泞不堪；如此一来，休战的时间就会持续数周之久。在此期间，只有 A 集团军群还需要实施一次规模较小的战术行动——希特勒之前便已下令，要求该部摧毁苏军于 2 月初在库班半岛新罗西斯克（Novorossisk）以南建立的登陆场。他想把"哥特之首"桥头堡牢牢锚定在新罗西斯克，从而使苏联人无法利用这个曾是本国黑海舰队基地的重要港口。

在经历了数次由天气导致的混乱和延误后，攻击行动于 4 月 18 日正式发起。在这场历时 5 天、被第 17 集团军描绘为自 1942 年塞瓦斯托波尔之战以来最惨烈的战斗中，德军未能成功突破苏军的防线。在付出了巨大的兵力和装备损失后，攻击行动最终不得不以取消告终。此次进攻的失利——虽然第 17 集团军应负主要责任——但同时也是一些客观因素所造成，而且这种情况在东线各集团军中普遍存在：在经历了一年不间断的战斗之后，德军各个师的战力已大不如前。他们迫切需要时间进行休整并训练补充兵员——在过去数月时间里，这些人往往是刚完成本国新兵训练营的任务，就被直接投进了东线的血腥杀场中。

自 1941 年 6 月以来，德国的注意力便一直集中于东线。不过现在情况突然发生变化，危险似乎已经变得无处不在了——当然，如果攻击苏联的行动能按照计划顺利进行，要消除这些危险并不会有多困难：1943 年 1 月，美国空军的 B-17 "飞行堡垒"轰炸机第一次对德国本土进行了昼间轰炸，此次大规模袭击的目标是威廉港（Wilhelmshaven）；2 个月后，英国皇家空军（RAF）重新恢复了对德国的夜间轰炸，并在作战中使用了先进的四引擎轰炸机，而不是早期大多数袭击中所用的双引擎型号。德国城市——尤其是在鲁尔区的那些——因突袭而导致的损失增长幅度令人担忧。于是，战争中极具讽刺意味的一幕出现了，那些在东线的集团军群反而密切关注起了国内军民的士气。

当美国和英国的空军开始突袭被称为"欧洲堡垒"的德国本土时，其地面部队也不断部署到了德军外围防线的对面。在北非，第二个"斯大林格勒战役"已经持续了很长时间。到 3 月最后一周，当英国第 8 集团军摧毁马雷斯防线后，德军的失败结局看上去已是在所难免。5 月 12—13 日间，德军第 5 装甲集团军和意大利第 1 集团军的残存部队先后在突尼斯投降。取得北非大胜后，西方联军将趁势攻入南欧——要么意大利，要么巴尔干地区——这几乎是可以肯定的。如果按照温斯顿·S. 丘吉尔先外围后中央的战略行事，那么盟军还有可能登陆挪威——在那里，瑞典对德国日益增长的敌意增加了这种可能。关于西部，海峡沿岸在 1943 年里可能不会受到威胁，但谁要是认为决战之前的休整期会超过 1 年，那么他毫无疑问就是个有勇无谋的莽夫。简而言之，希特勒的战略基石正在瓦解：他没能按照自己所吹嘘的那样，将本国的敌人各个击破。德国正面临一场两线战争的威胁——这个古老的幽灵自 19 世纪后半叶以来便一直困扰着德军总参谋部。

从 1939 年起，希特勒所进行的就一直是"穷人战争"，他试图依靠突然袭击、对主动性坚持不懈的发挥及对手警惕性的缺乏，来弥补德国在人力和资源方面的不足。然而到现在，他的敌人已开始占据上风，而且各种迹象亦表明——在敌人的各项长处上，德国是很难与其匹敌的。

尤为荒谬的是，在主要参战国中，德国在充分动员本国资源方面反而是动作最慢的。那些廉价的战果让希特勒眼花缭乱，也使其对将来取得胜利充满信心。因此，在战争头两年半时间里，他一直沉醉于 1939 年前本国占有的领先地位而无法自拔。1942 年初，作为希特勒最明智的决策之一，阿尔伯特·施佩尔博士被任命为装备部长。在其领导下，德国的军火产量得以急剧提升，并一直持续到了 1945 年——只是从来都没能真正补齐过本国军队关于这一方面巨大的需求缺口。

在经历了第二次冬季灾难后，希特勒于 1943 年初开始重新强化德国的战争机器。1 月，他任命了一个三人委员会，相关成员为德国国防军最高统帅部参谋长凯特尔、纳粹党秘书长马丁·鲍曼（Martin Bormann）和帝国大法官汉斯·拉默斯（Reichs Chancellory）。该委员会的任务是为德国武装部队征募 80 万兵员。为此，三人被授予广泛权力，可以通过裁撤"非必要"的工厂和岗位来达成目标。最终，他们提出要拟定一份草案，将民用经济置于所谓"总体战"的基础上，以填补这 80 万人的空缺。作为该草案的结果，德国武装部队和战争工业在人力资源的抢夺上展开了直接竞争。据国防军最高统帅部估计，在 1943 年 10 月—1944 年 4 月间，武装部队的兵员需求达 973000 人。由于新增年满 18 岁人员的总数还不到 460000 人，因此（兵力）缺口的绝大部分将不得不通过延期征召群体来填补；而这一举措也必然会大幅减少军事工业的可用劳动力。

关于对武器装备更新的拖延——这个问题的严重性与其受忽视程度几乎成正比——已经在德军装甲部队身上出现了很长一段时间。1942—1943年冬季战役期间，德国人的坦克不仅在数量上被苏联人超过，就连先进程度也大大落后于其对手。作为量产坦克中最强大的型号，IV号最早投产于战前，但在1941年便被发现无法与苏制T-34相匹敌。德军杰出的坦克专家古德里安在1941年12月就被希特勒随意地撤职了，然而冬季的灾难又迫使后者将其召回，并任命他为装甲总监，负责管理坦克的生产和部署，并授权他改进坦克战术和装甲部队的部署使用方法。

新型号坦克正在列装部队的路上。"虎"式虽然到现在都还有些地方不尽如人意，但已经投入全面生产；相较前者更加轻便灵活的"豹"式计划于春季晚些时候下线。在施佩尔和古德里安共同努力下，德国的坦克产量在1943年前几个月里实现了迅速增长，4月仅为621辆，5月就达到了988辆（其中有300辆是新的"豹"式）；6月和7月的产量略有下降，分别为775辆和811辆，但也主要是因为"豹"式的生产比较困难。然而，以上数字虽能体现出德国在坦克生产方面的进步，却还是明显不如苏联当前的月产量，而且肯定远低于英美苏三国的坦克总产量。此外，由于那些新型号坦克是在没有进行彻底测试、乘员组亦未得到充分训练的情况下被火速投入前线，因此其对部队战力的提升也没有看上去那么显著。

当然，至少在某些武器的发展方面，德国人还是保持着遥遥领先的地位。1943年4月，他们完成了第一批17枚A-4(V-2)测试火箭的发射试验；到7月，他们又发射13枚导弹，进行了制导系统和精度方面的测试；8月，德国的第一型导弹正式投入生产。1943年2月时，德国人还开始了大型防空火箭C-2"瀑布"的部件研发工作，该型导弹预计到年底即可进行测试。

（二）德国的盟友

对于德国日渐暗淡的前景，其盟友的反应是最为强烈的。3月下旬，芬兰新任外交部长拉姆齐飞往柏林，与德国外交部长约阿希姆·冯·里宾特洛甫举行会晤。3 月 20 日，美国国务院为结束芬兰和苏联之间的敌对状态，就苏芬两国建立接触一事展开了积极的斡旋工作。由于在外交方面是个新手，而且显然不太了解德国外交部长的性格，拉姆齐把美国的打算全盘告知了里宾特洛甫，尽管他否认芬兰准备背着德国与苏联媾和。不过他暗示道，芬兰的"私人（领导）圈子"正倾向于做出某种改变，或者说有意促成一种类似于武装中立的结局。

里宾特洛甫立即打破了拉姆齐的美妙幻想——后者希望争取德国人的同意，然后体面地退出战争。里宾特洛甫说，同样也在为芬兰而战的德国人民将无法接受芬兰人对苏联人"抛媚眼"这一事实。除彻底阐明观点外，他还提出了两点要求：芬兰必须迅速而坚决地拒绝美国的提议；芬兰政府必须发表声明——在没有得到德国同意的情况下，芬兰不准备达成单独的和平协议。里宾特洛甫的第二点要求显然是对芬兰人的一个重大打击，因为要满足这一点就意味着芬兰先前声称的"共同参战的友邦"会变成"正式的盟国"，芬兰必须放弃前者（友邦）所保有的独立地位。平心而论，芬兰的问题（相对德国而言）还不算太严重：我们大可进行这样的假设，即便芬兰人想逃避这种忠诚于德国人的盟誓，他们目前也没有别的地方可去；此外，前者完全依赖于后者所提供的经济和军事援助，尽管渴望离开战争，但毫无疑问的是，他们还没有做好相信苏联人仁慈善良的准备。

意大利的情况更为严重。在北非作战失利的影响下，就连墨索里尼政权能否在盟军对意大利本土的进攻中幸存下来这一问题上，都没有谁敢自信满满地持肯定态度。而墨索里尼政权一旦垮台，谁也不会相信德意轴心联盟还会保持下去。墨索里尼很担心当前局面。1942 年 12 月和 1943 年 3 月，他两次提议与苏联展开和平谈判，希望以此避免陷入两线作战的陷阱中。他写道："等到苏联的战争威胁被消除的那天，我们就会升起胜利的旗帜。胜利属于我们！"当然，还有另一个替代选项——在东部建设一道永久性的筑垒防线——"东方壁垒"（East Wall），然后把足够多的部队解放出来，用以对付美英军队在西欧和南欧的进攻。

4 月第二周里，希特勒和里宾特洛甫在贝希特斯加登附近的克莱施姆城堡（Schloss Klessheim）中接见了墨索里尼和他的代理外交部长。德国独裁者早已断绝了与苏联人谈判的念头——理由是斯大林不值得信任，"如果能争取到半年和平"，他（希特勒）也会用来准备复仇。然而，设法恢复意大利人的信心又是十分必要的，至少是部分缓解他们的恐惧。里宾特洛甫告诉盟国"领袖"（意大利处于法西斯统治期间对墨索里尼的称呼），在类似于德苏间的意识形态战争中，妥协是不可想象的；此外，苏联已被击败四分之三，德军也将在来年夏天再次发起进攻。同时他表示，德军不会仍像前两年那样采取全力且全面的进攻形式，相反，他们的战略会转变为逐步削弱苏联。

墨索里尼提出的"东方壁垒"构想同样引起了部分德国将军的兴趣。冬季战役结束后，蔡茨勒曾建议构筑一条筑垒防线以稳固东部战线，但希特勒没有同意，并声称这会削弱军队的战斗意志——他依旧想当然地认为，苏联军队的力量最终会下降到德军可以再次挥师东进的程度，或许能推进到顿河一线，而后建起一道"日耳曼边墙"（Limes Germanicus）[①]，将军事上已经无能为力的苏联人隔在东面，使其望墙兴叹、抓耳挠腮。

后来，墨索里尼与各较小盟国的领导人进行了一系列会晤，首先是罗马尼亚国家元帅、首相安东内斯库，随后是匈牙利摄政米格拉斯·霍尔蒂上将，接着是斯洛伐克国家元首约瑟夫·蒂索主教和克罗地亚独立国总理安特·帕韦利奇。和墨索里尼一样，安东内斯库也很担心两线战争的悲惨后果，但他的建议是与西方同盟国和平共处，以抽身对付苏联；由于本国领土与苏联接壤，而且有很长的边境线，罗马尼亚只能留在战争中而别无选择。值得一提的是，匈牙利一直以来对与邻国争吵的兴趣都远大于同苏联对抗，因此把军队大部留在了国内，仅象征性地往东线派出了几个师。

（三）弗拉索夫

许多德国人认为——在扭转对苏战局这件事情上，他们可以寄希望于苏联人民。的确，哪怕只是苏联被占领土上的巨大人口数量以及数百万该国战俘，光是这些人就足以构成一股仅次于德国本土的潜在的经济和军事力量。如果能

---

① 译者注：Limes Germanicus，拉丁语，意为"日耳曼边墙"。这是古罗马帝国于公元83年至公元260年间修筑的一道筑垒防线，主要沿河分布，由莱茵河的北海出口一直到靠近多瑙河的雷根斯堡，将上日耳曼尼亚行省、下日耳曼尼亚行省和拉提亚行省与未被征服的日耳曼人隔开，以免遭到后者大规模入侵。（相关资料来源于维基百科）

让他们看到自由的前景，并为其安排一个相当有吸引力的政府，想必这些人会愿意忘记德国多年统治所带来的穷苦和压迫，并转而反对他们的克里姆林宫前政权——因为支持苏联所能得到的回报微乎其微。尽管在时机上已大不如前几年，但也不是不存在这样的可能——以一个非共产主义的俄罗斯政权来严重削弱斯大林在苏联其他地方的权威。

1942 年末，在与俄罗斯人民结盟的高涨情绪鼓动下，德国军界积极迈出了计划的第一步。德国国防军最高统帅部宣传部门和陆军总司令部东线外军处联手，准备将被俘的苏联将军安德烈·安德烈耶维奇·弗拉索夫（Andrei I.Vlasov）打造成俄罗斯反共产主义民族运动的领导人。他被任命为一个影子政府——俄罗斯国家委员会——的首脑，并被授予了"俄罗斯解放军"——一个用五花八门的变节部队拼凑起来的作战单位集合——名义上的指挥权。随后，德国国防军的宣传官员为他准备了一个包含 13 大要点的计划，其中包括承认俄罗斯人的财产私有权、农民的土地所有权，以及一份言辞模糊的国家独立宣言。1942—1943 年冬季间，这一计划在弗拉索夫签署的所谓《斯摩棱斯克宣言》上公之于众，民众的反应看起来颇受鼓舞。然而事实很快证明，要想取得长久的效果就必须将口号化为切实的举措，只是希特勒拒绝这么做。他坚守着自己在对苏战争开始时所确立的信条——他牺牲德国人民所为之奋斗的绝对不会是（谋求）俄罗斯人的利益。

1943 年初，当人们清楚意识到任何有助于重振德国国运的想法都值得一试时，希特勒顽固且强硬的对苏路线便激起了很多人不满，这些人中甚至包括很多前者原先的死忠份子。宣传部长戈培尔曾劝说希特勒，试图让他多少给俄国农民提供一点土地及信仰自由，但未能成功。因此到 4 月，当中央集团军群司令克卢格建议戈培尔向希特勒提出更为自由的东方政策时，已经碰过一次壁的后者拒绝了这一请求。1 个月后，无奈的克卢格向陆军总司令部参谋长提交了一份备忘录。在这份长长的备忘录中，他阐述了自己及其麾下指挥官对德国与俄罗斯民众未来关系的看法。在往常向希特勒提出自己意见时，克卢格并不是德军将领中最直言不讳的那个，不过在这份备忘录中，他直率地提出了改革现有政策的具体原因：

从发展方向上看，当前的总体形势正持续且日益急切地要求德国迅速制订出包含如何处理与俄国民众关系的明确目标。因为对于德国而言，能否争取到俄国民众的支持与合作（包括军事上的合作）将对战争的胜负有着决定性影响。目前所采取方法均未获得成功的原因是力度不足。我们必须通过其他方式赢得俄罗斯民众的支持，说服这些人把我们的事业看成他们自己的事业，并为此而战。

然而，经济方面的让步——可能是效果最明显的手段——竟不在我们的可选范围之内。唯一的可能是立即与俄罗斯民众分享（该国）国家管理权，以此证明德国人发动战争并不仅是因为那句老套的"反布尔什维克主义十字军"口号。

克卢格还补充道，《斯摩棱斯克宣言》及最近弗拉索夫对（中央）集团军群防区的访问已经得到了民众的积极回应，但他接着告诫说，现在正是以实际行动积极跟进的大好时机，否则宣传本身就会受到质疑，直到最终被抛弃。他建议，可在中央集团军群防区内设立一个俄罗斯国家委员会，并逐渐赋予越来越大的权力，使其在占领地的民事管理中发挥越来越大的作用。克卢格总结道："我们必须接受这样一个事实，即（对苏作战的）最后阶段将是占领军控制下的完全自治。"

当然，克卢格的备忘录根本没能影响到希特勒的哪怕一丝念头，这一结局也几乎是注定的。就后者而言，如果现在接受这一点，那便等于承认了自己在整场对苏战争中的所有言论都是胡说八道。在举行于一个月前的一次占领区经济管理者会议上，戈林敲定了方针：当务之急是最大限度地开发东部领土，以满足本国需要；为此，哪怕是当地民众的（基本）生存需求也可以不管不顾——"因为德国人的事业是无论如何都无法让那些俄罗斯民众大力支持的"。

二、有限攻势

1943 年 3 月之前，任何明眼人都看得出德国人仍有可能从冬季的灾难中捞到两项重要好处——首先，曼施泰因向北顿涅茨河的推进使苏军不得不在原先展开进攻的地区暂时停下脚步；其次，由"水牛"及其他从苏联南部撤退行动所形成的红利将以新增一个相当强大的战役预备队的形式展现出来。这些好处足以为希特勒的未来计划提供自由发挥的空间——至少在一定程度上如此。

（一）战略计划——第 5 号作战命令

3 月 13 日，希特勒拟定计划，并以第 5 号作战命令的形式通知全军。他在命令中强调，苏联人必定会在冬季和春季的泥泞期结束后再次发起进攻。而德军必须赶在他们前头发动攻击，就如南方集团军群曾经所做的那样，切实夺取至少一个地区的战役主动权。这次，希特勒选择的是库尔斯克突出部。到 4 月中旬，南方集团军群将集结起一个强大的装甲集团军，从哈尔科夫向北部的库尔斯克发起突击（见战场形势图 12）。在突出部北缘，即第 2 装甲集团军作战区域内，中央集团军群也会使用因"水牛"行动而解放出来的各师组建一个突击集团，通过向南发动进攻来配合南方集团军群的行动，并共同构成向心突击的态势。进攻将于泥泞期结束后（且抢在苏联人发起攻击前）立即展开。为顺利完成任务，A 集团军群会缩小塔曼桥头堡"哥特之首"部队的规模，然后将释放出来的兵力移交给南方集团军群。

尽管从一开始就带有绝命一搏和悲惨豪赌的色彩，但我们仍可将代号为"堡垒"的这次进攻行动视为一系列颇有可能实现的连贯战略的组成部分——通过实施多次有限的进攻行动来巩固德军的防御。库尔斯克突出部的胜利能拉直己方战线，并有望将苏军恢复（原先）态势的时间节点尽可能往后推。在命令中，希特勒指示北方集团军群要做好准备，在"堡垒"行动结束后立即对列宁格勒发起进攻；他打算通过占领列宁格勒来加强对波罗的海沿岸和北欧的控制。在那里，部分瑞典人（对德国）的敌意愈发强烈，芬兰人的厌战情绪也不断增加，希特勒不得不将目光越来越多地投向了那个易受攻击的沿海国家——挪威。

上一个冬季中，希特勒就曾多次谈及加强挪威驻军的问题。2 月，挪威集团军开始制订防御计划，其中的一项重要内容便是占领瑞典。3 月 13 日，在第 5 号作战命令发布当天，希特勒告诉约德尔说，他打算将 1 个山地师外加 6 个营抽调至挪威，还计划在那里部署装甲师，为挪威的德军"准备最重型的突击装备，把瑞典人逼进根本无法防御的墙角"。

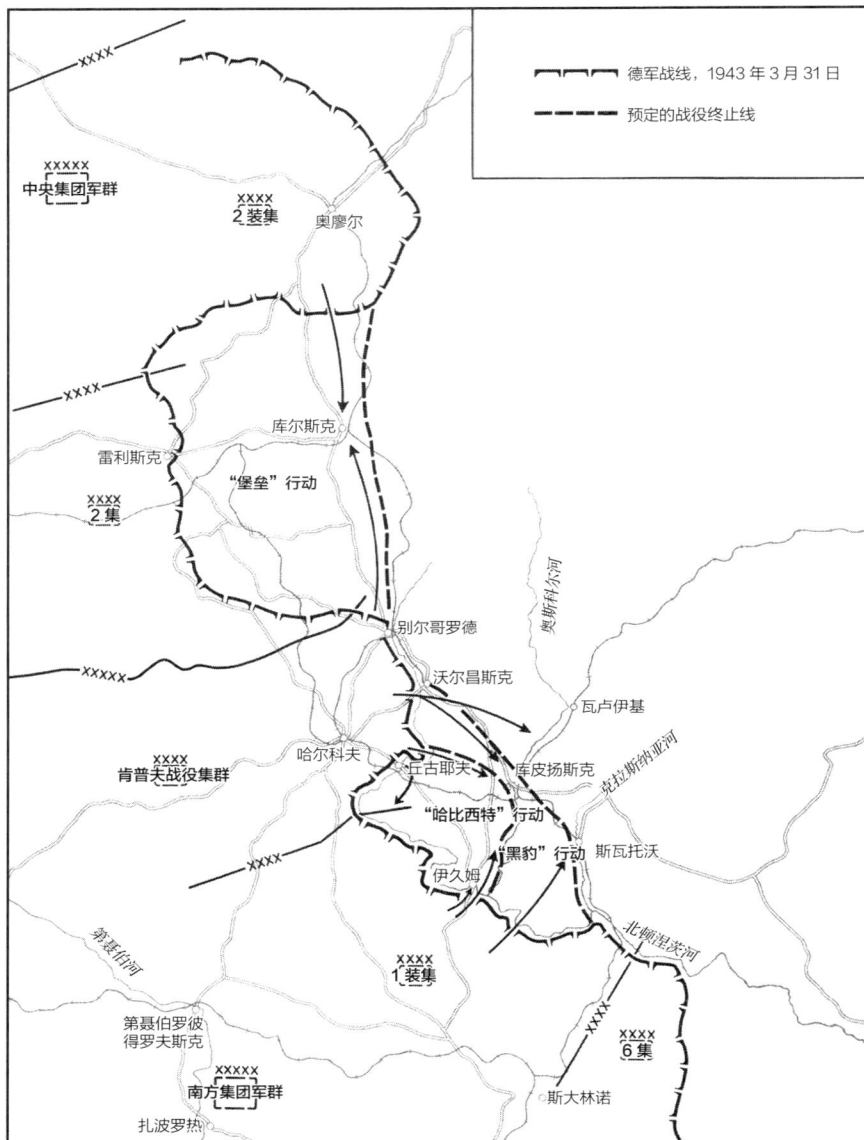

战场形势图 12："哈比希特"行动、"黑豹"行动和"堡垒"行动相关计划，1943 年 3—4 月

时间现已变得相当紧迫。如果"堡垒"行动能在春季获得成功，对列宁格勒的进攻就可以在夏初发动；一旦将列宁格勒（完全且安全地）掌握在手上，芬兰人对持续战争的兴趣便有望得到恢复，有关瑞典的问题就会变得无关痛痒，什么时候处理都不影响大局，挪威对西方盟军的吸引力也会大幅减弱。此外，如果"堡垒"行动迅速达成目标，德军还能获得充足的时间和部队来加强地中海防线；但反过来看，"堡垒"行动一旦失败，他们需要付出的代价亦会极其高昂。为此次行动而准备的两个集团军已是全部德军最后的战略预备队，他们是军队赖以运转的"流动资金"；若有任何闪失，或是走进一个没有结果的泥潭里，德军便会陷入无兵可调的悲惨境地——德国根本没有办法在短时间内找到力量来替代他们。

在希特勒发布第 5 号作战命令的同时，中央集团军群和南方集团军群的防线仍未稳定下来。正如往常发生的那样，希特勒的计划是根据一些非常重要、但当时尚未发生的特殊情况而制订的，然而事态发展往往不会完全如他所愿。此时，中央集团军群的"水牛"行动仍在实施中；第 2 集团军和第 2 装甲集团军正在库尔斯克突出部西部和西北部地区奋力阻挡苏联军队的前进。作为南方集团军群的突击拳头，第 4 装甲集团军还在为哈尔科夫的胜利进行锦上添花般的最后润色，但他们的行动已持续近 1 个月，部队早就精疲力竭。可以这么说，在发起进攻行动前，以上两个集团军群都需要时间加以休整。至于天气——南方集团军群已经感受到了春季解冻带来的影响；再往北一些，即中央集团军群作战区域内，解冻将从接下来几周（的某一具体时刻）开始，并一直持续到 4 月。因此，想在 4 月中旬之前做好"堡垒"行动的准备是相当困难的，或者说基本没有可能。

（二）"哈比希特"和"黑豹"

3 月第三周内，第 4 装甲集团军肃清了北顿涅茨河右岸别尔哥罗德以南区域；于是，希特勒暂时搁置"堡垒"行动，将注意力转向了哈尔科夫东南部的北顿涅茨河一线。在那里，有一个看上去相对容易实现，而且能快速取得胜利的目标正在召唤德军：苏军在北顿涅茨河以东地区的活动几近疯狂，但这也表明他们正处于极端的焦虑和担忧之中。站在德军的角度看，强渡北顿涅茨河在战术层面上亦是比较有利的——它可以拉直和缩短哈尔科夫东南部战线；同时通过将战线向东前推，德军也能挫败苏军以攻击第聂伯罗彼得罗夫斯克和扎波罗热来再次切断南方集团军群右翼的企图。此外，该行动的成功更是有利于"堡垒"作战的实施，因为它可以解除苏军从南部向其（"堡垒"行动）后方地区发起反击的威胁。

3月22日，希特勒下达有关"哈比希特"行动的命令，这次强渡北顿涅茨河的突击作战将在河面水位下降到可供徒涉时立即展开。他将"哈比希特"行动的相关任务赋予了第1装甲集团军和肯普夫战役集群。肯普夫战役集群计划用一部突击兵力在丘古耶夫（Chuguyev）附近渡过北顿涅茨河，并沿河向南攻击苏军防线的后方；另一股突击力量则在相对更北的地区渡河，而后向东推进至库皮扬斯克。第1装甲集团军的任务是把苏军牵制在伊久姆地区，同时派遣部分兵力向北沿奥斯科尔河（Oskol River）西岸前往库皮扬斯克。

两天后，希特勒命令南方集团军群同时准备执行一个更加野心勃勃的行动，其代号为"黑豹"。相关任务将由第1装甲集团军和第4装甲集团军承担，意图是将苏军驱离北顿涅茨河一线，迫使其退回到沃尔昌斯克（Volchansk）—库皮扬斯克—斯瓦托沃（Svatovo）—克拉斯纳亚河（Krasnaya River）一线。然而，不管是"哈比希特"还是"黑豹"，两者都未能激起相关集团军群司令部的热情。此外，第1装甲集团军和肯普夫战役集群还担心希特勒故态复萌，驱赶部队去追逐一个又一个越来越大的胜利，而不给他们留下喘气的时间，直至重蹈前几年的覆辙，陷入过度延伸的绝望之中。

到月底，希特勒手头便有三个行动正在同时计划，而他所面临的问题就是选择哪个来执行及何时执行。"哈比希特"的规模相对较小，如果不是作为"堡垒"的前期铺垫，单独执行该行动没有什么意义；"黑豹"在规模上更大，战术上也更有利可图，但对时间的要求更严格，同时还可能导致"堡垒"被无限期搁置。当然，不管选择哪个计划，有一点总是可以肯定的，即在决策上每拖延一周（的时间），便意味着成功概率的不断降低。德军当前的形势本就不容乐观——仅在肯普夫战役集群当面，苏军就拥有坦克1000～1500辆，是南方集团军群所能搜罗到坦克总数的两倍还多。现在，这三个行动几乎都已失去真正达成突然性的可能——除非德军能在天气有所好转的那一刻前做好准备，并准确有力地抓住敌军暂时丧失警惕这种可遇而不可求的机会。

4月2日，希特勒公布了他的最终决定：（相关部队）应为"哈比希特"行动做好准备，以便在4月13日后的任何时间、于接到通知的4天之后发动。事实上，希特勒将"哈比希特"摆在首位的决定便意味着已经将其从选项中剔除——北顿涅茨河预计会在4月后半段时间内进入洪水期，加之曼施泰因曾说过装甲部队必须要有时间来完成"至少是一定程度"的休息和调整，南方集团军群将无法在4月中旬前恢复进攻（之后更是因为洪水无法继续作战）。希特勒清楚认识到了这些困难，并且下令——如果"哈比希特"无法在4月17日之前发动，"黑豹"就会取而代之，而且必须在5月1日前做好准备；如果以上两个行动最终都无法实施，他补充道，中央集团军群和南方集团军群将转而执行"堡垒"行动。三天后，曼施泰因告诉他麾下的指挥官，说希特勒的最终选择很可能是"堡垒"。

（三）第6号作战命令——"堡垒"行动延期

4月15日，希特勒再次宣布了自己的"最后决定"。在第6号作战命令中，他指出"堡垒"行动应于4月28日前完成一切准备，以便在接到通知后6天内展开作战。当"堡垒"行动对苏联方面造成混乱后，"黑豹"行动也将利用这一有利时机随后展开。从对"堡垒"行动的这种特殊指示中，我们就可以看出希特勒为什么要花这么久的时间才下定决心。德国独裁者完全明白，这次行动极其棘手——首先，他警告说，必须尽快完成此次行动，以便及时将兵力解放出来满足其他任务的需要；其次，他命令中央和南方集团军群加强对苏军的防范，以免其对库尔斯克突出部两侧的薄弱防线发动袭击。然而，希特勒痛苦地发现，"堡垒"行动的发起位置并不是一条坚实的防线，而是两个远谈不上稳定的突出部顶端；这两个（突出部侧翼）顶端对苏军的吸引力就好比库尔斯克突出部对于德军。此外，虽然奥廖尔西北部存在的危险更严重，但哈尔科夫南面同样不遑多让——在这里，苏军的战线向西高高隆起，并于城市南面渗入了北顿涅茨河河曲部。

"堡垒"行动看起来就像一条鲱鱼正准备一口吞下一条正在鲨鱼口中游动的沙丁鱼，中国文化里对这种情景更为形象的比喻便是"螳螂捕蝉，黄雀在后"。

于是，由此也衍生出了一个问题——"堡垒"行动能否采取更为安全的"反手击球"（即防守反击、后发制人，但这样做会将先手让给苏军）的形式呢？不过，希特勒最终还是打消了自己的疑虑，并决定按原定计划继续实施"堡垒"行动。其中的原因亦能在第6号作战命令中找到，他说："库尔斯克的胜利必须具有灯塔般举世瞩目的效果。"希特勒需要一次传统意义上的"胜利"、一个可以获得数十万战俘和数千吨战利品的巨大合围圈，只有"堡垒"行动才能满足他的要求。

还没等第6号作战命令传达到前线司令部，新的问题就已经出现。预定从中央集团军群中心地带发起突击的第9集团军声称，有关该部的部署无法在5月3日前完成；陆军总司令部也提议通过延期（每次往后推1天）的方式为其争取部署时间。后来，第9集团军提出要求——要么减少自身任务量，要么将行动至少推迟到5月15日。

4月18日，空中侦察报告说，有很长的卡车纵队正从莫斯科驶向库尔斯克，

奥廖尔附近正在开火的苏联高射炮

以及从斯大林格勒前往哈尔科夫正东的瓦卢伊基（Valuyki）。这些迹象表明苏联人的意图远远超出了单纯的戒备层次。据南方集团军群判断，仅从苏军目前掌握的预备力量来看，在发起进攻后的 6 天内，他们就能往德军的突击主力第 4 装甲集团军身上砸下 8 个坦克军、5 个机械化军和 5 个骑兵军。

在同意将"堡垒"行动延期 2 天且又过了 4 天后，到 4 月 30 日上午，陆军总司令部再次因为暴雨将行动推迟了 4 天；当天下午，它又下令取消了所有原定的"堡垒"行动时间指令。新的日期须等待希特勒与各部队司令商议后再做决定。

5 月 3 日，希特勒召集曼施泰因、克卢格和第 9 集团军司令瓦尔特·莫德尔大将，共同参加了第二天在慕尼黑举行的会议。出席此次会议的还有蔡茨勒、古德里安、施佩尔和空军总参谋长汉斯·耶顺内克上将。

莫德尔在会议上作了报告。报告中，他描述了第 9 集团军在突破苏军坚固防御地带时可能遇到的问题。尤为重要的是，莫德尔认为，除若干"虎"式外，作为德军装甲部队主力的Ⅳ号坦克将无法硬扛苏军的新式反坦克武器。这份报告成了会议讨论的焦点，已经开始为自己计划感到不安的希特勒显然也受到了强烈冲击；他建议将"堡垒"行动推迟至 6 月，因为到那时预计会有更多的新型坦克可供使用。曼施泰因、克卢格和蔡茨勒对此表示反对，他们坚持认为拖延将更有利于苏联人——因为这会为他们提供从冬季战争中恢复过来的时间，而且苏联比德国更高的坦克产量将完全抵消德制新型坦克的预期优势。

曼施泰因相信，如果"堡垒"行动能在 5 月展开，那么己方就可以获得成功。至于为什么等待更长时间是危险的，他本人、克卢格和蔡茨勒已在之前给出了理由。此外，随着德军和意军在突尼斯的崩溃，美国和英国军队将有可能在未来的任何一天出现在地中海，并于几周时间内完成在南欧的登陆行动，这将使局势更加复杂。克卢格——或许主要是因为恼火于下属获得了直接接触希特勒的机会——宣称第 9 集团军并没有莫德尔想象的那么糟糕。耶顺内克也补充道，延期不会对空军产生有益效果。在场的其他人（古德里安和施佩尔）则完全反对"堡垒"行动其本身，因为不管此次行动成功与否，它都会导致德军坦克的巨大损失，从而打乱对德国装甲力量进行加强的计划。最终，希特勒没有做出任何决定就结束了会议，但他私下对莫德尔表示，"堡垒"行动将会推迟。

　　5月6日，陆军总司令部宣布"堡垒"行动会推迟到6月12日。第二天，在与蔡茨勒的电话会谈中，肯普夫抗议说，不管是从心理还是实际操作的角度来看，推迟都是"不可取的"。他相信这个决定对防御一方（苏军）的好处要远多于进攻一方（德军）。蔡茨勒完全同意肯普夫的观点，并回答说自己很愿意在下次有机会的时候，将这样一个"来自前线的观点"传达给希特勒。然而，不管下属们如何争辩都无济于事，希特勒已经下定决心等待新型装甲武器，尤其是"斐迪南"式坦克歼击车装备部队，等到6月就可以列装90辆。他希望这一型号武器能加强德军突击的力度。"斐迪南"式坦克歼击车采用了"虎"式坦克的底盘，装有一门长身管88毫米炮。但古德里安将其视为一种性能平庸的武器，因为它的速度很慢，炮塔（即战斗室）无法转动，又缺乏用于近战的机枪。然而，"斐迪南"的厚实装甲和强力火炮给希特勒留下了深刻印象，他又一次屈从于自己的弱点——无法经受住新式武器，以及他自己臆想中唾手可得胜利前景的诱惑。

　　整个5月间麻烦不断。慕尼黑会议结束一周后，古德里安询问希特勒，为什么1943年非要在东线发起进攻。后者回答说，他一想到这次进攻就会"忐忑不安"，对自己先前的判断更是产生了怀疑。13日，突尼斯最后一支德军和意大利部队向盟军投降。尽管这场战局在2个月甚至更长时间之前就已呈现出了不可避免的败象，但正如斯大林格勒一役那样，希特勒直到最后对这样的结局都是半信半疑的。面对着加强意大利和巴尔干半岛防御的急切需求，他对"堡垒"行动的疑惧也与日俱增。14日，克卢格告诉他的1位集团军指挥官，"堡垒"行动何时才会开始（到现在）还完全是个未知数。10天后，戈培尔甚至认为希特勒采取了"在你之后，我亲爱的阿尔方斯"[①]的态度，并打算让苏联人开第一枪。

　　或许我们可以从5月初的一次纳粹党高级官员会议中找到对描述希特勒精神状态最具启发性的事物。这次会议上，他将现在的情况与1932年进行了详细比较——纳粹党虽然在当时的民调中获得胜利，但似乎就要败于帕彭和兴登

---

　　① 译者注："After you, my dear Alphonse"，美国连环漫画《阿尔方斯和加斯东》中的经典台词，场景中两名法国绅士阿尔方斯和加斯东互相谦让，阿尔方斯说"你先请，我亲爱的加斯东"，加斯东则回答"不，你先请——在你之后，我亲爱的阿尔方斯"。漫画作者是弗雷德里克·伯尔·奥珀，相关作品在1901年9月22日发表于《纽约日报》。（相关资料来源于维基百科）

堡①之手。希特勒说："在 1932 年，只有偏执，甚至是有时看起来显得疯狂的偏执才让我们夺取了胜利；所以今天，我们想取得胜利也必须坚持这点。"多年以来，这一观点一直被希特勒视为自己军事和政治领导的根本原则。它表达了根植于其内心深处，并为许多德国人所认同的如下信念：他奠定伟大事业的基本凭依乃是来自于自己甚至有时仅凭意志力便可战胜各种巨大困难的能力。正如过去曾数次发生的那样，这种明显的怀疑和不确定性代表着希特勒正处于某种思考阶段，而到了这一阶段的最后，他就会不可避免地展露出这样一种决心——哪条路线最激进就选哪条。

（四）"银色"行动

当"堡垒"行动的前景日见渺茫时，东线也陷入了一种不自然的安静之中。2 个多月来似乎一直在拼命争取发出第一枪的苏联人现在却像是踩了一下急刹，然后礼貌地说道："你先请，我亲爱的加斯东。"因此，在战役间隙，中央集团军群得以将部分一线野战师抽调出来，派去执行完全不适合他们的反游击作战。除随机发生的局部冲突外，前线的作战行动都被严格限定在了"银色"行动——战争中德国人最雄心勃勃的宣传攻势——的框架内。

"银色"行动是德国吸引苏联民众加入反苏政权联盟这一企图的副产品。4 月，陆军总司令部在第 13 号基本命令中制定了一项优待苏联逃兵的政策。这些逃兵将与其他战俘隔离开来，并能得到更好的照顾。当他们逃入德国控制区时，不仅可以得到"慷慨"的口粮配给，还会被卡车运到后方，而不是步行前往；如果是军官，德方还会给他们安排勤务兵。战俘中自愿为德国服务的将会被组织起来，并编成一种由 1 名军官和 24 名士兵组成的单位。每个师都会得到 1 个上述类型单位的加强，用以在前线进行喇叭喊话，并负责新来逃兵的接待事宜。

5—7 月间，"银色"行动试图向苏军士兵宣传第 13 号基本命令，但结果令人失望。北方集团军群报告说，他们在 5—6 月间投掷了 4900 万份宣传传单，

---

① 译者注：帕彭时任政府总理，兴登堡时任国家总统。

然而这一时期总共只接收到 622 名逃兵，其中可直接归因于"银色"行动宣传的甚至不到一半（逃兵）。宣传人员认为，此时正是前线相对稳定的阶段，宣传攻势实施起来自然十分困难；如果"银色"行动按原先计划与"堡垒"行动同时进行，那么（前者的）效果就会好得多。

（五）希特勒决定实施"堡垒"行动

随着夏季临近，苏德双方的弦都已经绷紧。5 月末，第 9 集团军报告说，苏军已在防御地带的纵深处配置了强大预备队，随时可以用来应对任何威胁。6 月初，"堡垒"行动相关部队的力量皆已积攒到了顶点——人员不仅得到良好的休整，而且自 3 月以来，相关单位已接收到 900 辆坦克和超过 300 辆突击炮。然而，正如所有人都知道的那样，"堡垒"行动仍然没有马上展开的迹象。6 月 10 日，在陆军总司令部举行的一次会议上，"防守反击"的战术再次成了众人讨论的对象。

6 月 18 日，国防军最高统帅部作战指挥部横插一脚，向希特勒建议放弃"堡垒"行动。该部认为即将到来的夏天将是一个充满不确定因素的阶段，并提议将所有条件允许的力量都挤出来，以组建两支强大的战略预备部队。其中一支部署在德国本土；另一支则是为"堡垒"行动而准备的 2 个集团军，部署于东线后方靠近铁路的区域，如有必要还可将其转移到意大利或巴尔干半岛。当天，希特勒回复作战指挥部，说他虽然充分理解并相当赞同后者的观点，不过已经决定继续推进"堡垒"行动。2 天后，他向集团军群和集团军两级指挥部门宣布了自己的决定，但在又过了 5 天后才敲定战役发起的具体时间——7 月 5 日。

在第 5 号作战命令发布后的 3 个月时间里，前线形势发生了巨大变化，德军只能在与最初预期完全相反的条件下展开"堡垒"行动：敌人短暂的虚弱阶段早已结束，达成快速突进的可能性已然式微，德方集团军必须在数英里深的筑垒地域中劈出一条血路，然后使用预备力量前赴后继地推进。来自第 9 集团军的一份报告把即将展开的突击描述为"一次发生在均已做好全部准备的双方之间的正面对决"，在这场对决中，德军士兵战斗技能和指挥员指挥素养方面的优势必须足够明显，如此才能与数量上占据绝对优势的对手达成相对平衡。

6 月 26 日，第 4 装甲集团军警告说，取得成功的希望已经日渐渺茫。但从陆军总司令部的角度来看，取消进攻导致的后果可能比继续冒险带来的失败更加糟糕。如果放弃"堡垒"行动，希特勒肯定会接受国防军最高统帅部提出的有关预备队的建议，陆军总司令部就将失去对第 9 集团军和第 4 装甲集团军的控制，他们可能会完全从东线撤走，并转移至意大利和巴尔干、由国防军最高统帅部负责的战区中。

仿佛是嫌前景不够阴郁一般，在"堡垒"行动展开之时，人们还将其与 1941 年和 1942 年德军的夏季进攻战役进行了对比。为掩盖己方如今只能实施有限攻势的事实，同时也是做好遮羞布可能被揭开的准备，约德尔指示德国国防军宣传部门将"堡垒"行动描绘成一次反击战役，以给世人留下德军防御能力极为优秀的印象，并为此次行动可能的失败提前准备好了托词。

7 月 1 日，在一份将若干本国军官降为营级指挥官的特别命令中，希特勒大概描述了"堡垒"行动的实施原因——它不仅会提升德国军民的士气，并让世界上其他国家"注意到"这一点，还能给德国士兵注入新的自信。德国的盟国将重拾对于取得最终胜利的信心，各中立国也将受此警告、收敛行事。这一胜利将在可预见的一段时间内剥夺苏联人的战略主动权，并很可能对苏军的士气产生广泛、"即便不是决定性也是非常重要"的影响。

三、"堡垒"行动

（一）战术和兵力

在被拖延的数月时间里，"堡垒"行动的战术计划一直未曾改变：第 9 集团军从奥廖尔沿正南方向发起对库尔斯克的突击；与此同时，东部侧翼得到肯普夫战役集群相关攻势掩护的第 4 装甲集团军会从别尔哥罗德向北方的库尔斯克发动对进（相向）突击（见战场形势图 13）。然而，该计划从逻辑上看就是错误的，而且完全没有达成突然性的哪怕一丝可能。

4 月，认识到以上缺陷的希特勒曾考虑将中央集团军群和南方集团军群的突击力量编组成 1 个单一的突击集团，而后从雷利斯克（Rylsk）附近发起向库尔斯克的突击。但由于在调动和重组部队方面存在巨大困难，他很快就放弃了这一想法。6 月底，曼施泰因曾打算将突击发起位置东移至旧奥斯科尔

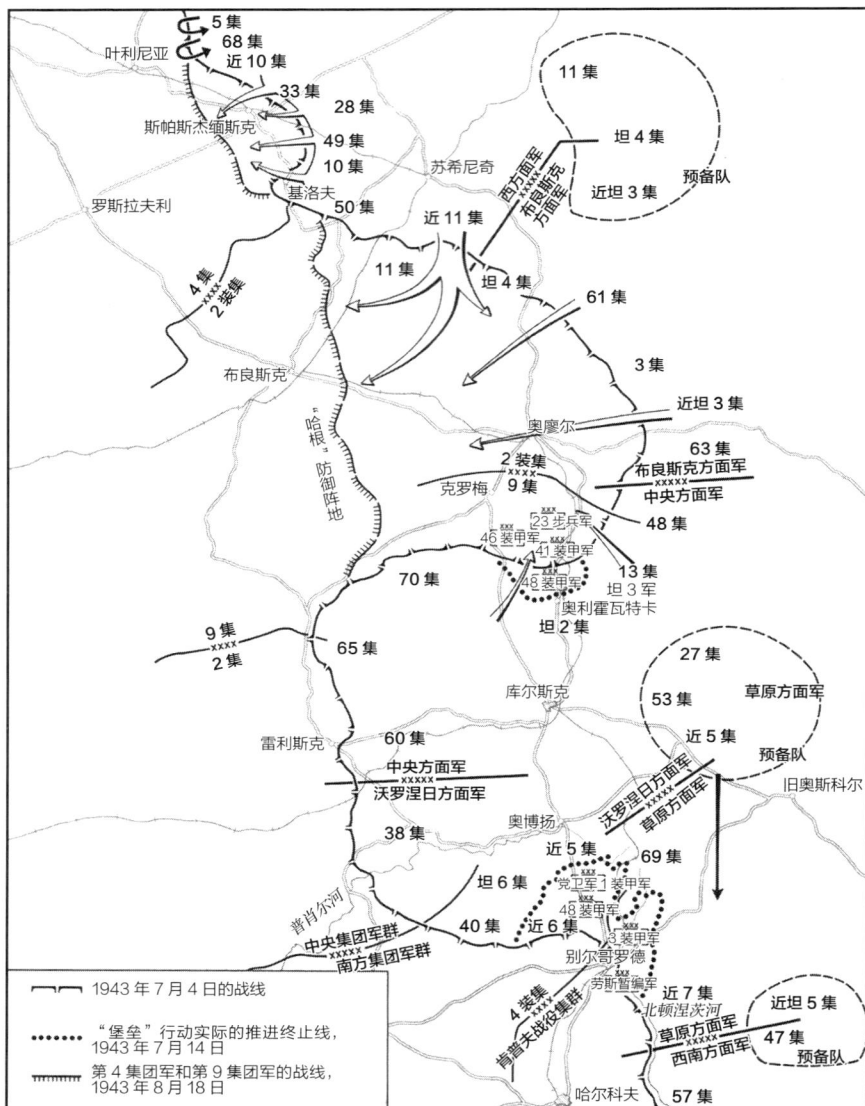

战场形势图 13: "堡垒"行动和向"哈根"地域的撤退，1943 年 7 月 5 日—8 月 18 日

（Staraya Oskol），从而绕开苏联人在直通库尔斯克路线上设置的坚固防御工事；不过此举导致的弊端便是增加运动距离，而且会在战役发起之前打乱部队的部署，从而抵消这一变化可能带来的好处（甚至到最后得不偿失）。最终，对"堡垒"行动能抱有的最好希望也不过是——在防备德方对库尔斯克发动进攻长达数个月（但实际并未实施）后，苏联人可能因此逐渐松懈，德军的行动才有可能达成些许的突然性。

尽管存在上述明显的风险，但"堡垒"行动亦非完全没有胜算：3个进行突击的集团军的实力与其任务基本上是匹配的。各师当前的状态堪称良好，同时接收了大量新坦克，其中部分型号还是最新的。得益于装备部长施佩尔在军备生产方面的天赋，空军此时在东线拥有的一线战机从数量上讲只比前几年的巅峰期少了小几百架；在多达2500架的战机中，有一半将用于直接支援"堡垒"行动。在6月最后两个星期里，德军远程轰炸机对它们作战半径内最重要的那些苏联工业中心进行了夜间轰炸，高尔基（Gor'kiy）的坦克工厂、雅罗斯拉夫尔（Yaroslavl）的橡胶厂、萨拉托夫（Saratov）和阿斯特拉罕（Astrakhan）的炼油厂等都成了德国空军的"关照对象"。与此同时，德军的战术轰炸机也对库尔斯克地区的铁路和机场实施了轰炸。

苏军在库尔斯克突出部的作战指挥根据南北一分为二——北部由罗科索夫斯基的中央方面军负责，南部则由瓦图京的沃罗涅日方面军指挥。两个方面军在德军预计会实施主要突击的地段上均集中了三分之二的火炮和坦克。在2～3英里深、战术地幅内的主要防御地带上，苏军构筑了3～5道堑壕线，并设置了相应的火器发射阵地和掩蔽部；在距前沿6～18英里处，他们构设了类似的战术地幅内的第二防御地带；在这些地带后方，即主要防御地带纵深25英里的位置，苏军还构设了第三道防御地带，即集团军防御地带。上述三道防御地带共同构成了方面军的主要防御地区。仅中央方面军动用军队和当地平民所构筑堑壕的长度就达到了3000英里。在大草原上，每个村庄和每处高地都被打造成了防御据点。在夏季长满蓟草的广阔原野里，工兵们埋设了40万枚地雷。在位于突出部后方的东部地区，伊万·斯捷潘诺维奇·科涅夫大将的草原方面军还设置了一个由3个集团军组成的草原方面军防御地区，以在突出部的防御失利后挡住德军向东部地区的突击。作为额外的保险，苏军更是编组了强大的战役预备队——在奥廖尔东北部有 1 个集团军和 2 个坦克集团军，在哈尔科夫—别尔哥罗德东部有 1 个集团军和 1 个坦克集团军。最高统帅部派出的大本营代表是华西列夫斯基和朱可夫，这可是一对已被斯大林格勒战役证明过的攻守兼备的完美组合。

（二）进攻发起

7 月 5 日上午，在第 4 和第 6 航空队的"斯图卡"俯冲轰炸机的轰鸣声中，中央集团军群和南方集团军群发起"堡垒"行动，并越过了苏军的防御前沿。第 9 集团军将其主力——重装的第 37 装甲军[①]部署到中间位置，在两翼的第 31 装甲军[②]和第 46 装甲军及预备队第 23 步兵军配合下，于正面宽 35 英里的地段上发起了南向突击。到第一天结束时，该集团军已经摧毁罗科索夫斯基的第一道防线，并在奥廖尔—库尔斯克铁路以西的主攻区域内突破第二道防线。在第 4 装甲集团军进攻地带内，第 48 装甲军和党卫军第 2 装甲军（党卫军于 1943 年春组建的另一个装甲军）从别尔哥罗德西部 30 英里宽的正面上发起了向北的突击；上述两个军的初期进展也极为顺利，在 2 个小时内就突破了瓦图京的第一道防线。

但进攻当天同样出现过多次令人不快的"惊喜"。在党卫军第 2 装甲军刚突破第一道防线后，苏军便使用重炮进行了火力覆盖，逼迫他们四处奔散、寻找掩蔽物。与此同时，一场突如其来的猛烈雷暴席卷了第 4 装甲集团军的进攻地带，将许多原本干涸的枯壑变成了沟渠，之前畅通无阻的地面如今被严重割裂。其中的一些沟渠甚至将第 48 装甲军困在原地、动弹不得，直至当天黄昏该军才全部离开。上午，当"斯图卡"压制住苏军的炮兵阵地后，党卫军第 2 装甲军再次出动，希望在当天结束前突进至苏军的第二道防线；然而该部在几小时后就被堵住了，这回挡住他们的是一片巧妙布设在（因长势良好，草显得较高的）草地上的雷区。同时，瓦图京早已将其所辖各师撤回第二道防线，部队均未遭受重大损失。

---

① 译者注：原文如此（XXXVII Panzer Corps），疑应为第47（XXXXVII）装甲军。
② 译者注：原文如此（XXXI Panzer Corps），疑应为第41（XXXXI）装甲军。

　　在强渡北顿涅茨河后，别尔哥罗德南部的第 3 装甲军和肯普夫战役集群所辖劳斯暂编军（Provisional Corps Raus）一头扎进了河流与铁路之间纵深达 3 英里的筑垒防御地带。在缺乏空中支援的情况下，他们受到了苏联飞机不停顿的袭击，因而进展十分缓慢，伤亡人数也急剧上升。

　　肯普夫战役集群开局的不利暴露出了德军一个棘手、并将对"堡垒"行动产生持续困扰的弱点——尽管德国空军在进攻期间保持了每天 3000 架次的出动强度，却还是没能成功夺取战场制空权。在前线部队对近距离空中支援越来越急迫需求的压力下，德国空军已无力再抽出力量于制空方面对苏军形成有效威胁；但就算如此，他们也无法同时为所有地面部队提供支援。那些没有得到空中支援的部队通常会放慢速度，直到最后被迫停下。因此，为保持相对一致的前进速度，空军不得不日复一日地、如救火队一般转战于己方各部队上空。

　　德军在第 2 天和第 3 天的进展似乎很顺利。到 7 月 6 日傍晚，除右翼的第 46 装甲军仍然停滞不前外，第 9 集团军已向前推进约 13 英里；在南方，党卫军第 2 装甲军的先头部队已经向前推进约 25 英里。不过到 7 月 7 日，德军的推进速度开始下降，突出部两翼都爆发了激烈的坦克战。苏军开始动用预备队——罗科索夫斯基将 2 个坦克军和 1 个近卫步兵军投入交战；瓦图京准备从大本营预备队中抽调出 2 个坦克军，以增强坦克第 1 集团军的力量，同时加强对第二防御地带的控制。

　　德军对苏军如此快速的反应感到有些惊讶；但在另一方面，他们也很高兴地发现，根据实力和表现，迄今为止出现的苏军预备队与其原先的判断基本一致。当前最麻烦的有两件事，一是肯普夫战役集群未能跟上第 4 装甲集团军的步伐，因此后者不得不将 1 个党卫师调往东部以掩护侧翼；二是部分师的坦克力量下降得太快，比如在"大德意志"师的 300 辆坦克中，仅剩 80 辆仍能投入作战。值得一提的是，德军所损失坦克的绝大多数都是由于机械故障而趴窝的新型号。

（三）突击和反突击

　　到 7 月 8 日，第一次明显的危机出现了。在奋力摆脱罗科索夫斯基的坦克预备队、准备杀出一条进入开阔地带的血路时，第9集团军中央位置的第47装甲军却一头撞向了奥利霍瓦特卡（Ol'khovatka）西南一道防御森严的山脊。由于天气状况不佳，无法得到空中支援，该军被迫在此停下脚步。无奈之下，莫德尔决定停留一天，以便调整部署、再次发起进攻。在距敌军防御前沿如此遥远的地方出现了如此强大的障碍，他对此深感沮丧。莫德尔预计，即使能突破这道山脊，他也很难有机会再快速突进至库尔斯克了。对于战役未来可能的发展，他将其描述成了"滚动的消耗战"。7月10日和11日，该军又发动了两次精心组织的进攻，但均告失败。中央集团军群司令部为此承诺，会向该部增派1个步兵师和1个装甲师来打破僵局。

7月12日上午，在确定德军预备队已经深陷库尔斯克地区后，波波夫上将的布良斯克方面军和瓦西里·丹尼洛维奇·索科洛夫斯基中将的西方面军左翼集团军对德军奥廖尔突出部北面展开了一次"三叉戟"式突击[1]。手头仅有14个师、却要防御长达170英里防线的第2装甲集团军无力阻止苏军的快速深远突击。在中午到来前，克卢格被迫将原定用于加强第9集团军的2个师转而投入第2装甲集团军的防区。当天下午和晚上，他又不得不告诉第9集团军，必须从该部抽走2个装甲师、半数的"斐迪南"式坦克歼击车，以及相当数量的压制火炮和火箭发射器。

正当中央集团军群陷入危险时，南方集团军群的运气却在转好。到7月11日，党卫军第2装甲军已在普肖尔河（Psel River）北岸建立起了一个桥头堡。虽然苏军仍在普肖尔河南岸第48装甲军的进攻地带内顽强抵抗，但第4装甲集团军认为他们在那里的结局已被注定。霍特报告说，他预计在越过该河后，己方的进展还会更加顺利。

瓦图京似乎已将手头的预备队全部投入战斗，另一边的曼施泰因却还握有一张王牌。他早已开始把第24装甲军（包括第23装甲师和党卫军"维京"师）从第1装甲集团军的后方抽出，并转移至别尔哥罗德地区待机，以便在集团军群对库尔斯克发起最后一击的时机到来时就近加入和强化相关行动。

---

[1] 译者注：即苏军代号为"库图佐夫"的奥廖尔战役（1943年）。

　　战役发起后 6 天时间里，肯普夫战役集群在北顿涅茨河东岸的进展缓慢而又艰辛；但到 7 月 11 日，在一场近乎拼命的战斗中，第 3 装甲军达成了向北的突破。第二天，瓦图京将近卫第 5 集团军和近卫坦克第 5 集团军——最后者来自沃罗涅日方面军预备队，前者（近卫第 5 集团军）来自草原方面军——投入了反突击。不过第 3 装甲军仍在向前推进，并于 7 月 13 日入夜前、与党卫军第 2 装甲军右翼一起围住了一支规模相当可观的苏军。

（四）希特勒取消"堡垒"行动

　　7 月 13 日，希特勒把曼施泰因和克卢格召至元首指挥部。他决定停止"堡垒"行动，因为奥廖尔突出部正处于危险之中——苏军在第 1 装甲集团军和第 6 集团军（原霍利特战役集群，于 1943 年 3 月改称第 6 集团军）当面的兵力集结引起了他对顿涅茨盆地己方防御的关注。但希特勒最担心的还是西西里岛，因为美军和英军已于 7 月 10 日在此地登陆。他说，意大利人绝不是打仗的那块料，若要保卫意大利和巴尔干半岛，就必须从现在开始组建新的集团军，而其所需兵力只能从东线抽调。

　　曼施泰因抗议道，"堡垒"行动目前才刚发展到转折点。他坚持认为南方集团军群突击地带内的苏军现已遭受挫败，如果第 9 集团军能在接下来几周内恢复进攻，获胜仍是大有希望的。然而曼施泰因没有得到"队友"的支持：克卢格宣布第 9 集团军已无力再进一步，并且必须在几天内撤回到突击发起位置。因此，在会议结束前，希特勒重申了他停止"堡垒"行动的决定，不过同意给南方集团军群留下足够时间，以便他们至少在局部击败苏联人，从而削弱后者立即发动反攻的能力。

　　对于坚信胜利即将到手的第 4 装甲集团军和肯普夫战役集群来说，停止"堡垒"行动的命令简直无异于晴天霹雳。在刚接到命令时，曼施泰因和各集团军司令还希望能扫荡和肃清普肖尔河以南地区，可即使是这样的请求也被拒绝了。7 月 17 日，希特勒命令党卫军第 2 装甲军撤出前线——他计划在第 1 装甲集团军和第 6 集团军面临的威胁得以消除后，立即将该装甲军转移至意大利。

　　7 月 17 日上午，苏联西南方面军和西方面军发起进攻，他们突击的方向正是希特勒预料之中的南方集团军群右翼。在苏联人发起进攻前，德国人早已观察了其一个星期以来的频繁活动并做出回应。在几天前的 7 月 14 日，希特勒下令将第 24 装甲军调回至第 1 装甲集团军后方；在当时的该集团军看来，这一举动似乎谨慎过了头。但在最初 24 小时的战斗结束后，苏军的两大主要突破地段便显露在了德军面前——其中之一正好是伊久姆附近第 1 装甲集团军的防御地带，另一处则是哥洛达耶夫卡（Golodayevka）以北的第 6 集团军米乌斯河防线。

苏军很快就达成了极大规模的突破。德国人惊讶地得出结论，敌人这次进攻的真实意图是夺回顿涅茨盆地，而不是如他们所预想的那样、仅是转移"堡垒"行动（德军）预备队的注意力。在接下来 2 个星期里，尽管苏联人从未接近过他们实现决定性突破的相关目标，但这场会战的攻防已经转换得相当明显，在有些时候甚至会产生致命的效果。

还没到月底，苏军的进攻就已失去锐势，德军迅速投入部队恢复了防线。期间发生的很多小规模战斗——正如其他许多战斗一样——很快便被淹没在了更大规模战役的洪流中。不过它们对交战双方造成的巨大损失是真实存在且不可磨灭的——比如第 6 集团军在 7 月 17 日至 8 月 6 日间就俘虏了 17000 名俄罗斯人，但该部自身的伤亡总数也达到了 23855 人。

在中央集团军群作战区域内，早已陷入停滞的"堡垒"行动于 7 月 12 日最终宣告结束。第二天，在元首指挥部的形势分析会议结束后，希特勒授权莫德尔指挥第 9 集团军和第 2 装甲集团军，要求他封闭苏军的突破口，并重新恢复原有的防御态势。莫德尔的任命标志着德军高级将领中的一个全新类型——坚守防御专家——正式出现。希特勒曾经十分渴望像曼施泰因这样的人才来帮他夺取胜利。但在 1943 年夏天后，他越来越依赖于莫德尔和其他一些人，因为他们很少对自己的命令提出异议，而且似乎拥有规避灾难的特殊能力。莫德尔便是这类人里的佼佼者。除了是一个死忠的纳粹分子、对希特勒的信仰远超同僚外，他还是个一流的战术专家；在战斗中，他"以万物为刍狗"——不爱惜下属，甚至不爱惜自己。

当莫德尔接管奥廖尔突出部的指挥权时，第 2 装甲集团军的防线已有三处地段被苏军突破。其中两处突破口——一处位于奥廖尔正东，另一处位于苏希尼奇南部——正随着时间的推移变得越来越宽，也越来越深。7 月 15 日，

莫德尔和霍利特

苏军的进攻脚步已推进至第9集团军防区。

1天后，作为预防措施，相关集团军群和集团军已经开始构筑"哈根"防御阵地。"哈根"防御阵地是一道横跨奥廖尔突出部根部的筑垒防线。希特勒曾经被地中海沿岸和南方集团军群分散注意力，刚开始并没有严格要求实施线性防御，但他很快就修改了之前的命令，要求必须修筑绵亘的防线。不过在7月22日，他也同意了莫德尔实施所谓"弹性防御"的请求。

与此同时，在18日和19日，为解除"堡垒"行动的威胁，苏联最高统帅部大本营从其战略预备队中抽调出强大力量——波波夫得到近卫坦克第3集团军的加强，用以强化对奥廖尔的进攻；索科洛夫斯基则得到坦克第4集团军和第11集团军，用以拓宽突出部北面的突破口。然而，从7月第3周开始的大雨及德军高超的战术（即便无法完全阻止敌军进攻，也能在绝大多数时间内让他们无法完全达成原先目标）逐渐削弱了苏军的进攻锐势。

7月最后一周里，希特勒对意大利的担忧变成了现实。7月25日，墨索里尼被意大利国王解除职务，后在离开宫殿时被捕。继任组阁的巴多格利奥（Badoglio）政府表示会把这场战争持续下去，但元首指挥部里的所有人都不相信这一点，尤其是希特勒——他甚至考虑过无数的计划，打算将墨索里尼营救出来，并加强德国对意大利的控制。

为此，希特勒立即将中央集团军群司令从东线召回。当克卢格于7月26日中午抵达时，德国独裁者告诉他，自己将把党卫军第2装甲军从南方集团军群转移到意大利。他（希特勒）认为，经过严格政治训练的党卫军各师能形成一个核心，以将意大利军队中的法西斯分子团结在该核心周围。党卫军"阿道夫·希特勒警卫旗队"师已经接到命令，会赶到斯大林诺进行装载，中央集团军群将不得不另找力量来填补该部被抽走后形成的力量真空；而且在不久的将来，该集团军群还需要从早已捉襟见肘的兵力中继续挤出多达 20 个师的兵力转移到意大利和西线。就目前而言，奥廖尔突出部只能放弃了，第 2 装甲集团军和第 9 集团军必须立即撤回"哈根"防御阵地。但克卢格抗议道，他无法把各集团军撤到一条远未完成的防线上。对此，希特勒回答说，除此（撤至"哈根"防御阵地）之外别无他法。中央集团军群将不得不在很短的时间内把兵力抽出。其中，最重要的党卫军第 2 装甲军——被希特勒称为能抵上 20 个意大利师的精锐——必须被马上释放出来。

仅在 3 天时间里，莫德尔就让他的部队做好了准备，但由于道路的糟糕状况，行动不得不推迟至 8 月 1 日。长达一个半星期的大雨甚至把主干道都变成了泥潭，车辆不得不开往路边以寻找坚实的路面；于是在某些地方，道路变成了一条宽达 100 码的车辙带。此外，苏联空军毫无争议的制空权也极大影响了德军的行动。

尽管已经存在这么多不利因素，各集团军还是必须带着重型装备和补给一起撤退。第 9 集团军存有数百吨补给和弹药，这些物资最初是专门为"堡垒"行动准备的，目前就储存在奥廖尔南部的克罗梅（Kromy）附近。后方司令部开始逐步摧毁正准备收割的麦田，并驱赶着约 25 万平民和他们的牲畜、手推车，以及个人财产沿路向西撤退。在奥廖尔，爆破队在所有可能为苏联人所用的建筑物和设施内都安置了炸药。

撤退行动于 8 月 1 日夜间准时开始。这次，苏联人对正在发生的事情洞若观火，而且与之前"水牛"行动不同的是，他们已经做好了进攻的准备，可以迅速给予回应：8 月 3 日和 4 日晚上，在整个中央集团军群的后方区域，游击活动呈现出了燎原之势。到第 4 天，集团军群后方司令部报告说，游击队对铁路实施的爆破共计多达 4110 次；又过 1 天后，苏联的战斗机和轰炸机遮蔽了天空，如巨浪般席卷防线、掠过后方堵塞的道路。突出部到处都是此起彼伏的电话铃声，但好几个小时内都没有人接听。

8 月 6 日，在确认第 2 装甲集团军和第 9 集团军正在撤退后，苏联最高统帅部大本营决定将攻势向北延伸到第 4 集团军地带内。代表大本营对此次追击行动进行协调的沃罗诺夫将 7 个集团军部署在西方面军的左翼，向斯帕斯杰缅斯克（Spas-Demensk）和叶利尼亚（Yel'nya）发起了进攻。他的最终目标是占领罗斯拉夫利（Roslavl），并摧毁"哈根"防御阵地的（德军）重要支点。在接下来几天里，空袭和游击队袭击的次数成倍增加，切断了中央集团军群所在地区的大多数电话通信，还封锁了铁路线。

战斗在德军撤退的第二周到达高潮。据莫德尔预测，如果在此之前苏军未能成功突破"哈根"防御阵地的侧翼，那么他们就会试图摧毁整个防御地区。此时，第 4 集团军的防线已经绷紧到了极点，甚至即将崩溃。虽然苏联军队的作战水平较低，但他们一出现就是漫山遍野、一波接一波，那些似乎无穷无尽的步兵和坦克会铺天盖地一般地袭来。第 4 集团军某个军的一份报告说，敌人的损失虽是己方的 5 倍，可他们仍然占有优势，因为初始的兵力对比达到了10:1。8 月 13 日，西方面军占领斯帕斯杰缅斯克，沃罗诺夫又将加里宁方面军的 2 个集团军投入战斗，他们的攻击目标是第 3 装甲集团军和第 4 集团军的接合部。当天，第 9 集团军接管了第 2 装甲集团军的防区，开始在"哈根"防御阵地后方设置一个斜切阵地（switch position）。

14 日，第一批部队进入"哈根"防御阵地。之后三天时间里，德军将尽可能多的师配置在了该防线（"哈根"）以东位置上，以便为工兵们争取时间修筑工事。这些德国人驱赶着苏联的男女劳工，在远未成形的防线上没日没夜地工作。最终在 17 日晚，最后一支部队撤进了"哈根"防御阵地。从战术层面上看，这次撤退可以算是一项巨大的成就。但这道匆忙完成的防线到底能坚持多久——任何人都没法给出一个确切的答案。

莫德尔向"哈根"防御阵地的撤退为"堡垒"行动及与之相关的一系列事件画上了句号。希特勒原本打算以此引起全世界的注意和重视，然而结果正好相反——他引发了东线的巨大动乱、削弱了东线的己方部队，让苏联人完全掌握了主动权。当中央集团军群撤入"哈根"防御阵地时，南方的苏军又开始向前推进了，夏季战役的结束也还为时尚早。

第八章

苏联的第一次夏季攻势

一、部队和战术

随着苏德战争进入第三个年头，全世界都愈发关注，并且期待这一年的夏天能带来两个关键问题的答案——首先，德军能否再次摆脱冬季战争的影响，重新夺回竞争的优势？如果答案为否，那么苏军又能否证明，即便没有老盟友"冬将军"的支持，他们自己也可以掌握战场主动权？"堡垒"行动明确回答了第一个问题，而在之后的两个半月内，苏军同样以行动消除了人们对（其能够解决）第二个问题的疑虑。

（一）苏军在南方的主要行动

1943 年春，当苏联人开始制订当年夏天的计划时，毫无疑问的是，他们仅有以下两条路可走——要么改走德式进攻的路子，模仿前两个夏季德国人的进攻风格；如果无法模仿或是实施进攻后被德军挡住，那就只能再走回苏式的老路，把上一年冬季攻势的那套再搬到夏季来重演一遍。就外部环境而言，虽然苏联人不太愿意承认，但他们确实从盟军在地中海的行动，以及其对地中海和大西洋沿岸（德军）的威胁中获益匪浅。如果希特勒能在南线和西线再获得一年的喘息时间，那么他很可能会为东线即将到来的夏天制订更为雄心勃勃的计划。然而事实上，德国人再也无法重新夺回战局的全盘掌控权了，也无力在夏季结束前阻止苏联人对自己发动实质性的打击。

德军防线最脆弱的部分仍是南翼。南方集团军群的防线先是沿着哈尔科夫下游的北顿涅茨河蜿蜒向东 150 英里，然后再沿着米乌斯河向南延伸到了塔甘罗格（Taganrog）湾。苏军在北顿涅茨河南岸占据了几个小型登陆场，其中最重要的一个位于伊久姆以南的河流急弯处。德方这条 250 多英里长防线的守卫者是南方集团军群的 2 个集团军——第 1 装甲集团军负责北顿涅茨河防线，第 6 集团军（其实是霍利特战役集群的升级版，只是与原先那个强大的第 6 集团军同名）负责米乌斯河防线。苏军只要沿着哈尔科夫—第聂伯罗彼得罗夫斯克方向再往前推 100 多英里，就可以切断上述两个集团军的联系，打开德军的南翼防线，并将 A 集团军群孤立在库班半岛和克里木半岛上。前一个冬季里的事实表明，在德国人高超的作战技能和苏联人战斗技巧的缺乏这两个因素综合影响下，类似的突击很难达成理想效果；但这也同时表明，即便在类似情况下，苏方仍然可以获得可观的回报。在意识到苏联指挥机构对上述问题有着清醒的认识后，1943 年 5 月，德国陆军总司令部东线外军处预测，苏军夏季攻势的主攻方向将是德军南翼，或指向哈尔科夫，或指向第 6 集团军；而后，他们将对中央集团军群发动一次次要突击，以牵制该集团军群并摧毁奥廖尔突出部，消灭此突出部对南部苏军突击集团侧翼造成的威胁。

即便在战术层面无法占据明显优势，最高统帅部大本营仍然可能将南翼作为 1943 年夏季攻势的首要考虑目标。在因德国人入侵造成的资源短缺中，当前依然尖锐刺痛苏联人的是煤炭、黑色金属和食品——尤其粮食和畜牧产品的不足。所有这些问题都可以通过重新夺回乌克兰而得到迅速缓解。斯大林诺和米乌斯河之间区域占据了顿涅茨盆地煤田一半的面积，而且还是更好的那一半；第聂伯河曲处则分布有著名的克里沃罗格（Krivoi Rog）铁矿区——战前苏联 40% 的铁矿石均产自此地。尽管在过去两年时间里，苏联人并没有停止在乌拉尔以东地区开发新土地的努力，但要想在短时间内解决粮食短缺问题，那么乌克兰肥沃的黑土地区便是不可或缺的。

（二）力量对比

在 1943 年夏季之前，德军成功或是至少暂时成功地阻止了东线力量的衰退。前一年秋冬季节里，上述衰退引起了人们的极大关注。7 月 20 日，除仆从国军队和第 20 山地集团军外，德军在东线的兵力总数为 306.4 万人——只比 1941 年时的峰值少 25 万人，与 1942 年 9 月 1 日数值相比则多出 57.4 万人。意大利第 8 集团军虽在（1943 年）春季被召回本土，但罗马尼亚和匈牙利仍在东线拥有 15 万～ 20 万人的兵力；在列宁格勒以南，西班牙第 250"蓝色"步兵师也在北方集团军群的编制内防守着一处阵地。

德国东线力量的恢复（在很大程度上）是通过抽调空军、党卫军和国防军最高统帅部其他战区作战力量来达成的。同时，长达三个月的战役间隙期意味着从医院返回岗位的人数超过了伤员，这种情况还是一年多以来首次出现。此外，1943 年年满 18 岁征召对象的自然增加及对产业工人的竞争性征召不仅产生了足以弥补冬季损失的足够多的人力资源，甚至还多出了几十万人。

据德军估计，截至 1943 年 7 月 20 日，苏军的兵力总数达到了 575.5 万人，比 1942 年 9 月增加 150 万人，兵力增幅是同期德军的三倍。苏军在一线约有坦克 7855 辆、反坦克火炮 21050 门，而德军的数量分别为 2088 辆和 8063 门[1]。苏军的学说通常认为，当兵力优势达到 2:1、坦克数接近 4:1、反坦克火炮数超过 2:1 时，就可以发起突击行动。但在苏德战场上，情况并非总是如此：自战争爆发以来，德国人一直都在与占据压倒性兵力优势的苏联军队作战。如果苏军要在德军的"主场"——夏季战役中将其击败，那就得拿出比人员和装备优势更有用的东西。

（三）对苏联作战艺术的评价

在最高统帅部大本营考虑发动夏季攻势一事上，起着决定性作用的关键一点就是，苏军已经意识到自己在作战指挥方面不再是新手。两年多以来，苏联的将军们从战争中学到了很多东西。而且，他们并没有止步于对德国同行的刻板模仿，而是对后者的方法进行了苏联化的改造，使其适应苏军自身的作战能力和固有局限。虽然没有发展出与德军相同的能力，但至少在高级指挥员层面，苏军获得了在战争早期明显缺乏的灵活性，并相应地提升了实施大规模进攻的

---

① 作者注：德军给出的数字可能较真实情况偏少。根据战后的苏方数据，苏军在一线的坦克数为8500辆，同时最高统帅部大本营还掌握有装备400辆坦克的预备队。

战术水平——后来还在 1942—1943 年的冬季进攻中进行了成功测试和改良。

德国闪击战的精髓就是在决定性的地点实施精准、快速和成本较低的打击。其显著特征是进行深远突贯且攻击正面较窄。对德国参谋人员来说，在最有利的位置实现兵力的集中（Schwerpunktbildung）乃是军事艺术的核心。然而，与此不同的是，苏联人则青睐于更宽大的正面和更稳健的行动风格：他们虽然也将突破和突贯作为基本的战术手段，却更倾向于通过连续数次的接力突击来获得决定性的效果；与突击的数量和深度相比，他们更关注攻击的正面；尽管同样接受"集中"这一原则，但他们在主攻方向上的集中通常不如德国人那么明显，而且主攻方向几乎总是在连续突击中逐渐形成的。

因此，虽然苏联人声称斯大林格勒战役已经取代坎尼会战[①]，成为合围战的新样板，实际上他们却不像德国人那样频繁进行两翼合围。更常见的情况是，他们满足于某一方向上的单次突击或多重接力突击，其目的与其说是在某一方向上达成深远突贯，还不如说是在较宽正面上将敌军击退。这些战术尤其适用于苏联南部——在这里，接连不断、大致平行的数条河流为守军提供了天然的防线；当德军收缩其过长的防线时，就为苏军从一条河流防线突破至下一条（河流防线）的行动创造了有利条件。

从理论上看，德军进攻的首要目标是迅速歼灭敌军主力，而不是夺占某一地区；他们也不仅是要改变对方的相对位置，而是拿到整个战局的"赛点"，从而一击制胜。但苏军并不怎么关心速度和德军所谓的"决定性打击"，他们宁愿一拳接一拳地消耗敌人的力量，直至其最终倒地。与一般认为的"苏军对地理空间因素的重视相对不足"这一认识相反，在其衡量战果时，夺占多少地域这一指标和歼灭多少数量敌军在权重上是基本对等的。苏军的最终目标是消灭敌人，不过这一目标的达成是反复多次进攻的效果的累积，而不是通过一次决定性会战——这个"决定性"指的是规模，而非技巧。

苏军在第二次世界大战中的进攻战术完美遮掩和避开了自身的固有缺点，

① 译者注：坎尼会战是西方战史上一个著名、经典的战例，发生于公元前216年，迦太基统帅汉尼拔在此役中以两翼合围战术大胜罗马军队。欧洲军事界通常以"坎尼"指代两翼合围，以另一著名会战"鲁滕"（Leuthen，1757年，在"七年"战争中由腓特烈指挥的那场，也称洛伊藤会战）指代翼侧包抄。

奥廖尔附近的苏联军队

从战术与使用者间"量身定做"的关系来看，可以说是有史以来最佳的范例（没有之一）。透过苏联高调的理论烟幕，我们可以发现其进攻战术的两个基本要素：其一是单一或"孤立"的突击，其二则是宽广的进攻正面。这两个要素都可以非常简单，而且看起来相当合乎逻辑地揭示出了苏军的短板。在那个将斯大林讲话和命令当成天条和铁律的年代，苏军将合围视为歼灭大规模敌军最高效的手段；但反过来，也就是从操作层面看，很明显，苏军认为两翼合围的战术并不靠谱，因此他们在行动上更倾向于实施单次突击。因为完成一次两翼合围需要进行大量协调，并且需要各级（尤其是中低级）指挥员高超的指挥技能——他们是否具备较强的主观能动性？能否在总计划的框架内自主解决各种突发事件？而这些正是苏联人所缺乏，或者说至少从程度上讲是不够的。此外，两翼合围还对部队战斗力的一致性提出了很高要求，可这同样是苏军所欠缺的。

　　在技术装备方面，汲取了1941年血的教训后，苏联人开始集中精力发展其炮兵和坦克兵。上述两个兵种有两大发展重点：一、提高主战装备（火炮和装甲车辆）的产量；二、调整编制体制以适应大规模作战需要。

到 1943 年中期，苏军炮兵的规模得到急剧扩大，并装备了质量可靠的武器。虽然在对点状目标的精确打击方面还不尽如人意，但在火力投射规模上已能傲视全球，其火力准备强度足以与第一次世界大战中的几次著名战役相匹敌[1]。比如在 1943 年 7 月的奥廖尔进攻战役中，近卫第 11 集团军投入的火炮和大口径迫击炮达到了 3000 门之多，几乎是斯大林格勒战役中集团军通行标准的两倍多，更是 1941 年莫斯科反攻行动中（得到加强的）集团军标准的三倍。到 1942 年底，苏军已拥有 17 个火箭武器发射旅，并开始组建第一批、30 个新型自行炮兵团。1943 年春，苏军开始组建炮兵旅和反坦克炮兵团，并于当年下半年组建了 26 个炮兵师。

装甲部队得到了较好训练，并大规模装备了由本国设计和制造的 T-34 坦克。通过租借法案获得的各种美制和英制坦克仍在使用，但已无法满足苏军在火力和装甲方面的需要。在步兵部队中分散使用装甲力量的早期做法亦得到纠正，旅和军已成为装甲兵的标准编制。1943 年夏末时，苏军已经组建了 5 个坦克集团军，每个集团军编有 2 个坦克军和 1 个机械化军，具有独立执行战术行动的全部能力。

到 1943 年初夏，苏军在空中力量方面的优势十分明显，苏德飞机数量对比达到了 2.5:1。不过苏联的空军仍然隶属于陆军[2]，其主要精力几乎完全集中在近距离对地支援、防空和战术轰炸上。1942 年底，每个方面军都得到了 1 个空军集团军的加强。

1943 年，步兵单位——尤其那些获得"近卫"称号的部队已经得到了越来越多的反坦克武器，并开始使用苏达耶夫冲锋枪（PPS-43 型）和新的戈留诺夫重机枪（SG-43 型）来取代 1910 年型马克沁机枪。但与得到广泛重视并大力发展的技术兵种相比，步兵还是处于长期遭到忽视的状态，只能配备被其他军兵种挑剩下的新兵和素质最差的军官，而且训练水平相当低。1943 年，德军在观察后发现苏军步兵的素质还不如他们在 1941 年的水平，甚至依然在

---

① 译者注：但还需要考虑两次世界大战在火力准备持续时间上的差异。
② 译者注：原文如此。

不断下降。步兵在大规模攻击中具有压倒性效果，然而其本身并不是一种精致的工具，无法满足精准型战术的要求。单独行动的步兵缺乏持续的战斗力，如果没有坦克兵和炮兵的强力支援，他们就毫无冲击力可言，战斗进展亦是相当不稳定的（可能非常顺利，也可能完全相反）。

苏军部队存在的固有缺陷不仅使其无法稳妥地完成两翼合围，同时也限制了单次突击效果的发挥。意识到自身弱点的苏军指挥官几乎在每次作战中都展露出了对侧翼过度敏感的一面。通过火炮和坦克（的支援）达成突破后，苏军不愿集中精力向前推进，而是经常将兵力散向四周，以保障侧翼的安全。如此一来，突击的锐势就会被迅速耗尽。然而，即便坦克部队拥有快速推进的能力，步兵却始终跟不上他们的步伐，因此单纯使用前者实施纵深突贯的结果通常是灾难性的——波波夫快速集群在 1943 年 2 月的遭遇便很能说明这一问题。

单次突击的深度更主要是受作战控制和后勤供给这两个重要因素限制。受进攻性质所限，除最初几天的战斗外，苏军很难制订出详细的作战计划。随着时间推移，越来越多的不可预见因素开始发挥作用，前线指挥员的主观能动性和判断能力开始成为影响战局的重点，部队本身的负担也越来越重。因此，就某支特定的苏军部队而言，其单次突击的成功概率与突击的纵深往往成反比。

最后，苏军的后勤保障系统有时虽能"即兴"发挥出近乎奇迹的效果，但以正规补给的标准来衡量的话，他们的装备和组织体系其实是无法满足远距离快速机动所提出补给要求的。苏军士兵的生存几乎完全依赖于自己随身携带的物资，这些东西通常被装在他们挂在肩上或系在腰带上的麻袋里；由于上级配发的物资不管在数量还是质量上都存在明显不足，苏军士兵对德军的靴子、轻武器和其他装备的喜爱程度甚至超过了本国相应型号；而且不管是为了生存做出的被迫选择还是天性使然，这些苏联士兵看起来都像是一群专业的"乞丐"，他们可能是世界上对外界需求最低、自力更生程度最高的军人。苏军希望部队能尽最大努力地筹集粮秣和搜缴战利品以维持自身运转。其中一个最典型、也最突出的例子发生在 1942 年冬天、德军执行"焦土"政策后，苏军某集团军在穿过相关区域时，竟然还是收集到了规模可观的物资——按自身每月定额计算，这批物资的数量与其比值可达——面粉 54%、蔬菜 97%、肉类 108%、干草 140%、燕麦 68%。当然，一支现代化军队不能完全依靠土地的产出生存下去，也不能单纯依赖于战利品的缴获；因此，通常情况下——但不是一成不变的——苏军在进攻前一般都能得到足够的弹药和油料供应，具体数量往往是根据经验估算得出，基本标准是满足持续作战 10 昼夜、推进距离达 60 ~ 70 英里的需求。然而，运力的不足以及苏军整体上对于补给问题满不在乎的态度使其进攻行动付出了巨大代价——通常是行动持续时间和推进距离超出上述标准所引起，不过未超出相应标准仍旧吃了大亏的例子也不算少。比如苏军在 1943 年 7 月对奥廖尔突出部发起进攻前，步兵补给的筹集工作就未得到重视，以致后来为了维持进攻的力度，他们不得不为步兵空运弹药。不过，这一问题导致的后果仅是对相关指挥员一通温和的训诫——苏军显然只是将其作为个别问题来对待——"相关经验……表明有必要把对步兵弹药和物资的补给摆在与炮兵相同的位置上"。机动力较普通步兵更强的部队同样会经常面临补给方面的问题，正如以下警告所表明的那样："在计划上无视机动集群的基本补给需求将导致部队被消灭的严重后果。或者说，即便是最有利的情况——部队得以保存，他们也无望获取胜利。"

在采取单次突击以规避两翼合围苛刻要求的基础上，"于宽广正面上发起多重突击"这一概念解决了数次单一突击存在的终极问题。较宽的进攻正面使部队获得了（进行）横向拓展的广阔空间，亦使最高统帅部大本营能在多个地点同时施加压力，以消除在单一一点实施突击的固有风险——沿某条既定路线发展进攻的做法缺乏最基本的战场灵活性。由于获胜的主要手段是系列化的突击行动（突击发起位置的选择极为便利，突击的次数也可根据指挥员的意志和实际情况而定），而非某一支或少数几支部队的正确作战，因此，对进攻行动的控制就会变得相对容易些。至于补给——即使相关问题没有因此得到完全解决，亦能够实现程度可观的缓解：物资的集结可以分散到多条铁路线上进行，所以任何单次突击行动的纵深都不会超出补给体系的极限。当然，苏军也指出了这种行动方式的不足——从理论的先进程度上看，于宽大正面发起进攻充其量只是对线式战术的一种改良。它的成功需要有大规模的军队、在战线上反复进行争夺，以及一个像希特勒那样愿意用线性防御战术作为回应的敌人。

（四）心理战争的胜利

从心理战的角度来看，苏联最终在"堡垒"行动中获得了确凿无疑的胜利。德国的心理战和宣传战一直都受到希特勒种族理论和极端战争目标的掣肘。尽管自1941—1942年的冬季以来，德军的心战效果一直呈下降趋势，但在1943年春，《斯摩棱斯克宣言》仍然引起了苏联当局的担忧；而"银色"行动哪怕没能在实践中获得显著成果，也展露出了它的可观潜力。不过"堡垒"行动后，德国人在心理战层面就完全转入了防御状态，苏联人的宣传力量逐渐掌握主动权。后者手上可以利用的资源很多：德军两年以来积攒的不公正和暴虐的行径、相信苏军回来后情况便会好转的部分苏联民众的泣血渴望，以及最重要的——他们（苏联宣传部门）关于尽早结束战争的有力承诺。

"堡垒"行动及其结果也为苏联针对德国的宣传活动提供了一个全新且更为坚实的基础。1943年夏末，苏联成立了自由德国民族委员会及其下属机构德国军官同盟。自由德国民族委员会主要由共产主义移民组成；但德国军官同盟据称是由自愿的非共产主义者组成，并致力于推翻希特勒的统治和恢复德国的传统社会秩序，由塞德利茨（Seydlitz）将军领导，最初的成员包括另外3名在斯大林格勒战役中被俘的将军和100名下级军官。该同盟不仅发行了一份主要面向德军的报纸，塞德利茨也会不时给德国各集团军和集团军群指挥官写信，呼吁他们加入自由德国运动。

二、第四次哈尔科夫会战

在别尔哥罗德西北部，即第4装甲集团军右翼与肯普夫战役集群左翼连接处，德军第167步兵师便部署于此。这是个很好的师——所谓"很好"是指其兵力缺额还不算太多，按当时东线的标准依然可堪一战。但就是这个"可堪一战"的师最终也没能扛住苏联人精心准备的雷霆一击：1943年8月3日早晨，近卫第6集团军对该师进行了数个小时的火力准备。没等硝烟散尽，200辆坦克就咆哮着冲进德军防线，紧随其后的是一波接着一波密集的步兵。还未入夜时，第167步兵师的防线便已被拆得七零八碎，各步兵团均被彻底打散，仅有的少数幸存者亦是魂不附体、完全失去了斗志。

在第4装甲集团军防御地带的中央位置，苏军的次要突击指向了第332

中央集团军群

2 集

1943 年
8 月 4 日

中央方面军
沃罗涅日方面军

38 集

27 集

近 4 集　53 集

苏梅

40 集　近 5 集　近坦 5 集

近 6 集

1943 年
8 月 3 日

坦 1 集

69 集

47 集

别尔哥罗德

1943 年
8 月 3 日

阿赫特尔卡

近 7 集

4 装集

梅尔拉河

梅列法

哈尔科夫

莫什河

57 集

丘古耶夫

兹米约夫

波尔塔瓦

肯普夫战役集群（8 集）

北顿涅茨河

沃尔斯克拉河

伊久姆

1 装集

第聂伯罗彼
得罗夫斯克

翁聂伯河

南方集团军群

⌐¬⌐¬	德军战线，1943 年 8 月 2 日
▬▬▬	德军战线，1943 年 8 月 5 日
┬┬┬┬	德军战线，1943 年 8 月 14 日
●●●●●	德军战线，1943 年 8 月 20 日
－ － －	德军战线，1943 年 8 月 27 日

库尔斯克

战场形势图 14：第四次哈尔科夫会战，1943 年 8 月 3—27 日

步兵师；到当天结束，该师的防御也已经开始瓦解。8 月 4 日，苏军在缺口处投入了 2 个坦克军，将妄图封堵缺口的第 6 装甲师和被打散的第 167 步兵师推到一边，继续向南部纵深推进。当天昼间，苏军坦克部队就在第 4 装甲集团军和肯普夫战役集群之间宽达 7 英里的地段上实现突破，迫使德军将设在东面的防线缩回了别尔哥罗德郊区。

（一）战术突然性

在德军所有关于苏军 1943 年夏季攻势的预测中，有一个被认为是（实施）可能性最大的——其主要突击将指向中央集团军群北翼，以重新夺回哈尔科夫，并打开通往第聂伯河的大门（见战场形势图 14）。7 月 21 日，曼施泰因要求陆军总司令部迅速进行决断，要么投入更多兵力维持北顿涅茨河防线，要么允许他逐步撤到第聂伯河一线，以此释放出足够兵力来应对苏军在自己北翼的突破。但陆军总司令部并未如期做出选择。月底时，南方集团军群的总兵力为 82.2 万人，坦克数量为 1161 辆（仅有一半可供作战）；其当面苏军的兵力则达到了 171.3 万人，坦克数量为 2872 辆。

在第 4 装甲集团军和肯普夫战役集群当面，苏联最高统帅部大本营部署了草原方面军和沃罗涅日方面军。这两个方面军都得到了一定加强，相关兵力来自于"堡垒"行动期间的大本营预备队。7 月最后两个星期里，科涅夫的草原方面军接管了瓦图京的左翼——别尔哥罗德东部和南部。草原方面军原本辖有 2 个集团军（第 69 集团军和近卫第 7 集团军），后来科涅夫又从预备队中得到了 2 个集团军的加强。苏军的构想是，沃罗涅日方面军以 4 个集团军（近卫第 5 集团军、近卫第 6 集团军、近卫坦克第 5 集团军和坦克第 1 集团军）组成主要突击集团，对准哈尔科夫和阿赫尔特卡（Akhtyrka）之间地区快速楔入，直扑波尔塔瓦。在瓦图京采取上述行动切断第 4 装甲集团军和肯普夫战役集群的联系、将第 4 装甲集团军驱离阿赫尔特卡的同时，科涅夫将从北向哈尔科夫实施次要突击；西南方面军右翼的第 57 集团军则会从东部向哈尔科夫进行辅助突击。

8 月 1 日时，曼施泰因通知陆军总司令部，称根据自己的预测，苏军已将对哈尔科夫的袭击排上日程，而且是绝对优先的级别。然而，在两天后苏军的袭击真正来临时，他们仍旧达到了一定程度的突然性，并在德军实施"堡垒"行动前的战线东部抓住了第4装甲集团军和肯普夫战役集群——因为在此次行动之后，曼施泰因曾得出结论，说南方集团军群的突击行动已对苏军的部署造成严重干扰，后者的反攻行动将被迫推迟数周；直至8月2日，他仍认为有时间对苏军的反攻做出反应，因此决定"等待敌军更明确的进攻迹象"，然后再将部队撤回"堡垒"行动发起之前的防线。

（二）突破

8月5日，苏军突入别尔哥罗德城区。就在同一天，布良斯克方面军夺取了中央集团军群防御地带内的奥廖尔。为庆祝这两次胜利，斯大林动用了120门大炮打出共12轮齐射——如此使用礼炮在战争中还是第一次——由于声势太大，一些误以为空袭来临的莫斯科市民甚至躲进了地窖。但在此后几个月里，为庆祝胜利而进行的大炮轰鸣将在苏联首都变得司空见惯。作为额外奖励和荣誉，冲进别尔哥罗德和奥廖尔的第一个师还分别被授权在他们的番号中使用该城名称。于当天发布的命令中，斯大林声称"德军所宣扬的苏军无法在夏季攻势中成功击败他们的神话就这样被打破了"。在苏联上下如释重负的欢呼声中，他接着宣布，苏联政府对未来的军事前景作出了相当乐观的评估，并决定展开全面的夏季进攻。

第4装甲集团军和肯普夫战役集群的总兵力加起来只有15个师（其中仅有3个是装甲师），但他们所对抗的苏军兵力达整整两个方面军外加西南方面军的三分之一；以集团军的数量进行对比，苏德双方的比值为11:2[①]。即便把苏联部队的规模通常比德国同类部队小这一因素考虑在内，如此的兵力对比也完全可以说是极其悬殊了。

在苏军发起进攻后，希特勒的第一反应就是将"大德意志"师从中央集团军群中抽出且撤回，并把作为陆军总司令部预备队的第7装甲师归还给南

---

① 译者注：根据苏联方面的标准，比值应为14：2。沃罗涅日方面军辖有近卫第4、近卫第5、近卫第6集团军，第27、第38、第40、第47集团军，近卫坦克第5集团军，坦克第1集团军；草原方面军辖有近卫第7集团军，第53、第57、第69集团军；外加西南方面军的第57集团军。相关资料来自《苏联军事百科全书》（第五卷），第127页。

方集团军群。第二天，他还决定将党卫军第2"帝国"装甲师和第3"骷髅"
装甲师留在南方集团军群防御地带内。由于党卫军第2装甲军的司令部和第
1"阿道夫·希特勒警卫旗队"装甲师早已转移至意大利战区，因此，曼施
泰因把剩余的2个党卫军装甲师与第3装甲师一道并入了第3军司令部的指
挥下。随后，上述各师加上党卫军第5"维京"装甲师奉命加入了肯普夫战
役集群的防区。

　　战斗的前6天里，A集团军群和中央集团军群各派出了1个和3个步兵
师支援南方集团军群的作战。不过到8月7日，克卢格向陆军总司令部报告
说，奥廖尔突出部的战斗已明显趋于白热化，并坚持认为如果不想影响到"哈
根"防御阵地的稳定，那就决不能再从中央集团军群中抽调出哪怕是一个师
的兵力。几天后，莫德尔也提交了一份类似的报告。如此一来，在会战初期，
由于中央集团军群的第2装甲集团军和第9集团军——后者是东线预备力量
的最重要来源——在奥廖尔突出部卷入了一场次要的会战（当面苏军的兵力
仅为45个师），南方集团军群从中央集团军群那里得到的援助便只能用微不
足道来形容了。

　　苏军突破地带内，南方集团军群在最初几天里所能做、同时做得最多的
事情就是在敌人的钢铁洪流到来前布置些微不足道的障碍。为了获得移动的
空间，第4装甲集团军将防御正面向北延伸，从第2集团军那里接管了40
英里宽的防线和4个虚弱的师。在其中3个师于苏军第一次突击中被割裂并
向西逃窜时，霍特把刚刚抵达的"大德意志"师部署到了阿赫尔特卡以东的
一个桥头堡上，以此锚定其右翼，防止苏军对他的防线实施向西和向北的卷
击。但他对第4装甲集团军与肯普夫战役集群之间的缺口（到8月8日已扩
至35英里宽）完全无能为力。现在，摆到苏军面前的就是一个通往第聂伯
河、纵深达100英里的真空地带——除1个部署于波尔塔瓦西北部、实施警
戒的步兵师之外。

　　在突破口右侧，肯普夫正使出浑身解数，以免自身陷入被包围的悲惨境
地——草原方面军正从北部将他的防线压向哈尔科夫；而在其（肯普夫）西面，
沃罗涅日方面军的坦克第1集团军正试图越过哈尔科夫向南推进。现在，从南
方集团军群右翼赶来的党卫军各师必须迅速前往哈尔科夫以西地区，以保护肯

普夫战役集群后方。曼施泰因本指望使用（党卫军）各师发起反击以缩小突破口，但他们一到前线便被分散牵制在各地无法动弹。这些部队最多也就能在梅列法两侧构筑一道与梅尔拉河（Meryla River）平行的防线，而且它仅是将突破口的宽度稍微缩小了一点（却无法完全缝合）；不过，该防线确实偏转了苏军朝西南推进的方向，并使其脚步离哈尔科夫越来越远。

由于担心自己的步兵力量下降得太快，肯普夫于 8 月 12 日提议在第二天撤出哈尔科夫，并撤到该城南部一条较短的防线上。曼施泰因没有反对，但希特勒立即下令无论如何都要死守哈尔科夫，并叫嚣会对任何未能完成指定任务的单位采取"最严厉的措施"。肯普夫判断，苏军随时都有可能在东部达成突破，因为其第 57 集团军已渡过北顿涅茨河并攻克丘古耶夫。对此，他给出的预测是死守哈尔科夫的命令将导致另一个斯大林格勒悲剧的重演。14 日，曼施泰因解除了肯普夫的职务，并命令步兵上将奥托·沃勒将军指挥相关部队。几天后，肯普夫战役集群被改编为第 8 集团军。

与此同时，曼施泰因和陆军总参谋长再次试图说服希特勒采用他们共同制订的计划。8 月 8 日，蔡茨勒造访南方集团军群司令部，曼施泰因在这里告诉他，整个集团军群都已处于风雨飘摇中，处境十分危险。当前可以考虑的方案如下：一、立即放弃北顿涅茨河防线，以抽出力量向北翼增兵；二、为本集团军群提供 20 个师的生力军，把其中 10 个加强给第 4 装甲集团军，剩余部队则用来加强集团军群的其他防线。

（三）希特勒决定建造"东方壁垒"

正如以前处于面对困难抉择的那些场合一样，此时希特勒一如既往地希望通过另辟蹊径来避免做出决定——他突然又提起了今年早些时候被自己断然拒绝的修建"东方壁垒"的想法。8 月 12 日，希特勒下令立即开始构筑此防线。"东方壁垒"南起刻赤半岛，于梅利托波尔进入大陆，而后向扎波罗热附近的第聂伯河划出一道近乎笔直的线，抵达该河后又向东沿扎波罗热大型桥头堡绕一个弯，接着沿第聂伯河向西北延伸至基辅，并在该城主城区东部构筑一个桥头堡；在基辅以北，该防线沿杰斯纳河到达切尔尼戈夫（Chernigov），然后沿几乎正北的方向掠过戈梅利（Gomel）、奥尔沙（Orsha）、维捷布斯克、涅韦尔（Nevel）

和普斯科夫（Pskov）诸城的东面，抵达普斯科夫湖^①南端；然后从那里继续往北，沿着湖西岸和纳尔瓦河（Narva River）最终到达芬兰湾。由于"东方壁垒"这个词的本身就意味着德军南部的一半防线可能在未动工前便被苏军占领，从而存在心理方面的风险；因此，在本月晚些时候，陆军总司令部改用了两个看上去更"无害"的代号：南方集团军群和 A 集团军群防御地带中的"沃坦"（Wotan，即"奥丁"）防线，以及中央集团军群和北方集团军群防御地带内的"黑豹"防线。

　　该命令（建造"东方壁垒"）给世人的第一印象就是——希特勒似乎已经认定德军在东线的全面撤退是不可避免的了。然而，紧随其后做出的决定表明他实际上仍想建立起一道绝对的屏障，不仅能挡住苏军的进攻，同时也防止德军后退。此外，由于所谓"东方壁垒"防线"八字还没一撇"，这就让希特勒为自己找到了一个拖延撤退行动的完美借口。在发布"东方壁垒"相关命令后，他试探性地发布过一些撤退指令，其中最重要的一次是关于撤离塔曼桥头堡的行动。但希特勒又以该行动可能对盟国和中立的土耳其产生不利影响为由，将其推迟到了 8 月 14 日。

（四）哈尔科夫撤退

　　当希特勒试图把将军们从持续的争吵中岔开时，南方集团军群北翼的战斗已经进入白热化阶段。在 8 月第 2 周接近尾声时，由于苏军行动不够果决，战局出现了走向混乱的征兆（见战场形势图 15）。通往波尔塔瓦的道路仍是敞开的，但瓦图京在面对德军缺口两端越来越稳固的防御时变得犹豫不决，不敢果断实施纵深突贯。相反，他将左翼各集团军——近卫第 5 集团军和近卫坦克第 5 集团军——转而用以攻击德军第 8 集团军（前肯普夫战役集群）防线的西段。在那里，德国党卫军各师正在顽强战斗以努力保持防线稳定，还打算将苏军的钢铁洪流导向西南、远离哈尔科夫。在第 8 集团军较弱的东部防线上，苏军第 57 集团军肃清了丘古耶夫和兹米约夫（Zmiyev）之间的北顿涅茨河右岸地带，

---

① 译者注：即楚德-普斯科夫湖。

德军战线，1943 年 8 月 18 日

德军战线，1943 年 9 月 14 日

德军战线，1943 年 10 月 2 日

9 集
布良斯克　卡拉切夫　奥廖尔
中央集团军群
63 集
布良斯克方面军
中央方面军
13 集　坦 2 集　近坦 3 集
奥赛音　杰斯纳河　48 集
2 集
诺夫哥罗德·谢韦尔斯基　谢伊姆河　65 集
克罗列韦茨　谢夫斯克　61 集
科诺托普　克林齐　60 集　库尔斯克
杰津
中央方面军
沃罗涅日方面军
39 集　52 集
苏梅　27 集
40 集　坦 1 集
4 装集　47 集　近 5 集
阿赫特尔卡　近 4 集　沃罗涅日方面军
近 6 集　草原方面军　别尔哥罗德
53 集
近坦 5 集　69 集
沃尔斯克拉河　近 7 集　草原方面军
57 集　西南方面军
哈尔科夫
切尔卡瑟　46 集　37 集
普肖尔河　波尔塔瓦　近 1 集
克列缅丘格　6 集　近 8 集
8 集　伊久姆　12 集　近 3 集
北顿涅茨河
巴甫洛格勒
南方集团军群
锡涅利尼科沃　西南方面军
1 装集　南方方面军
第聂伯罗彼得罗夫斯克　51 集
克里沃罗格　斯大林诺　突 5 集
扎波罗热　哥洛达耶夫卡
尼科波尔　近 2 集
卡利米乌斯河　28 集
6 集　米乌斯河　44 集
谢聂伯河　马里乌波尔　塔甘罗格
莫洛奇纳亚河　塔甘罗格湾
赫尔松　梅利托波尔
A 集团军群

战场形势图 15：苏军向第聂伯河进军，1943 年 8 月 18 日—10 月 2 日

不过该集团军司令部一时还无法下定决心、投入全力以实施全面突破。

　　尽管在希特勒强令下，曼施泰因不得不承担起扼守哈尔科夫这项危险，而且从长远来看毫无意义的任务，但在战术层面，他成功将力量集中在了正确的位置上——即第 4 装甲集团军和第 8 集团军之间缺口处，而非固守哈尔科夫这座危城。在党卫军各师被苏军钉死于第 8 集团军西段防线后，曼施泰因将反击的任务转交给了第 4 装甲集团军实施。8 月 18 日，"大德意志"师和第 7 装甲师从阿赫尔特卡桥头堡发起反击，短短两天内，他们就横越过苏军突破口，并与党卫军"骷髅"师建立了联系；此时，最后者（"骷髅"师）已成功将左翼延伸过梅尔拉河。此次反击消除了苏军对波尔塔瓦的直接威胁。但与此同时，第 4 装甲集团军的北部防线也已向北方之敌敞开。

　　8 月 18 日，瓦图京故伎重施，用之前的战术展开对德军的突击，防守阿赫尔特卡和苏梅（Sumy）之间防线的第 57 步兵师遭到了苏军火炮、迫击炮和坦克火力的集中打击。到当日中午，该师所有中尉军官均已阵亡，高级士官亦所剩无几。有报告称，即使各营指挥官喊得声嘶力竭，他们也无法止住部队撤退的脚步。接下来两天内，苏军在德军防线上撕开一道 10 英里宽的缺口，把第 57 步兵师残部挤到了一边。该师后来被改编为一个"战斗群"（kampfgruppe）——此术语主要用来指代那些力量遭到大幅削弱的师级单位，因为要是再用"第 XX 师"作为其称呼，即便谈不上荒谬绝伦，也难免让人产生误解。

　　在 8 月 20 日，即"大德意志"师和"骷髅"师联手封闭哈尔科夫以西突破口当天，第 8 集团军司令沃勒请求允许该部于当晚撤出此城（哈尔科夫）。在上任几天后，沃勒对战局的乐观程度急剧下降，甚至已经与其前任肯普夫基本持平。负责防守哈尔科夫北部郊区的第 11 军步兵仅剩 4000 人，平均每 10 码防线上仅有 1 个人的兵力。随着步兵部队被削弱，炮兵不得不承担起战斗的沉重负担，但其弹药在如此高强度的作战中早已见底。尽管第 8 集团军在哈尔科夫还有整整 5 列车的坦克——它们是"堡垒"行动遗留下来的——然而别的物资已经消耗一空。过去一个半月的行动耗费了大量弹药，甚至将部分原本留给 8 月下半月和 9 月前两周的配额用得干干净净。因此，在下一个月到来前，该集团军将不得不把炮兵和坦克部队的弹药配额削减至其平均需求量的 50%。

最后，希特勒十分不情愿地同意了曼施泰因撤出哈尔科夫的请求，但也要求他坚持到最后一天。德国独裁者宣称，让出哈尔科夫会损害德国在全世界，尤其在土耳其的声望。因为就在今年春天，德军才刚邀请土耳其总司令作为肯普夫战役集群的客人，视察了该城"坚不可摧"的防御工事。

曼施泰因在 8 月 20 日当天仍认为德军能守住哈尔科夫，并命令党卫军"帝国"师向北转移以支持第 11 军的战斗。然而就在第二天，他改变了主意，授权沃勒"在必要的情况下"撤退。22 日早上，党卫军"帝国"师在第 11 军防区内发起了反击，但沃勒告诉曼施泰因，说他无论如何都会放弃这座城市：炮兵当前的状况简直可以用"灾难"来形容，炮手在发射完最后一发炮弹后只能丢弃自己的火炮，作为步兵参战。曼施泰因回答说，有 24 列弹药列车正在从德国驶往前线的路上；不过他也必须承认，这些弹药很难及时送到部队手上。当天下午，希特勒又发布了最具"希特勒特色"的命令，要求——一旦"帝国"师的反击能对境况有所改善，哈尔科夫就不能（被相关部队）放弃。但沃勒和曼施泰因一致认为此事已无可能。当天夜间，这座城市第四次、也是最后一次在苏德之间易手。

当第 8 集团军向南撤出哈尔科夫城区时，苏军正为扩大在第 4 装甲集团军防御地带内的突破口、重新打通前往波尔塔瓦的道路、迫使霍特从阿赫尔特卡撤退到沃尔斯克拉河（Vorskla River）两岸而付出巨大努力。到 8 月 25 日，德军已经恢复足够的力量，得以抽出 2 个师对突破口发动一次反击。此次反击取得了成功，截至 27 日，第 4 装甲集团军和第 8 集团军之间的缺口已被完全封闭，取而代之的是一条在苏梅和兹米约夫间向西南弯曲的弧形连续防线。

三、燃烧的前线

在南方集团军群左翼位置上重新建起了一道连续防线后，第 4 装甲集团军和第 8 集团军终于暂时挡住了苏军的致命锋芒；但在其南侧和北侧，新的打击不是早已出现、就是正处于酝酿之中。苏联人充分发挥了其进攻所特有的"涟漪"效应——只要在某处进攻受挫，他们便会立即转移主攻方向，通过在侧翼实施突击增加进攻的强度。战争中，苏军因此首次尝到了掌握全面战略主动权的美妙滋味。于是，当他们在经历长期羡慕后难得地抓住这一主动权时，就把作战行动的经济性、战术的复杂性，以及过度延伸可能导致的危险抛到了九霄云外。很明显，最高统帅部大本营非常担心德军会尝试将战争引入僵局，因此设立了迅速摧毁他们力量的目标，从而使其无法在中央集团军群和南方集团军群防御地带内的任何一个地区建立起一道坚固的防线。基于上述目标，最高统帅部大本营派出了华西列夫斯基协调南翼各方面军行动，正对德军中央集团军群右翼和南方集团军群左翼的各方面军作战行动则交由朱可夫组织。

在此时的整条东线上，只有外沿的南北两翼还保持着相对平静。8月23日，在北方集团军群防御地带内，列宁格勒方面军和沃尔霍夫方面军终于放弃了对拉多加湖以南德军"瓶颈"阵地的进攻，这次开始于4个星期之前的行动到现在看来显然是代价高昂且毫无希望的。哪怕德国人对此也不算担心，因为进攻从一开始就是相当混乱的。德军猜测道，苏军进攻的主要意图应是牵制己方的预备力量，防止其向南转移。在发起两周后，此次进攻已经退化为一系列由师或更小规模部队发动的无序攻击。而在东线最南方，A集团军群当前关注的焦点是——确保能在秋雨来临之前获得撤离塔曼桥头堡的授权。但希特勒坚持要先和安东内斯库就此事达成一致。8月底，蔡茨勒出于其本分通知了A集团军群做好撤离准备，因为这样的（撤退）决定将是不可避免的。

（一）中央集团军群

从8月20日开始，中央集团军群在整整一周内都面临着苏军的巨大压力。布良斯克方面军和中央方面军早已逼近"哈根"防御阵地，最高统帅部大本营也指示沃罗诺夫放弃对罗斯拉夫利的突击，在调整部署、重新集结后，经由叶利尼亚进攻斯摩棱斯克。与此同时，德国陆军总司令部利用战事出现短暂停顿的时机，将另外5个师从第9集团军转移到了南方集团军群。

当最后一个师在8月23日离开时，克卢格通知陆军总司令部，说自己已经无法保证挡住苏军的突破。他给后者（陆军总司令部）提供了两个备选方案：要么为本集团军群紧急补充大量兵员和装备，要么允许自己撤退到45英里之后的"SDB"阵地处——这是一条刚完成勘察但还未开始建设的防线，其名称由谢伊姆河（Seym River）、杰斯纳河（Desna River）及博尔瓦河（Bolva River）的单词首字母组成，具体形状（或者说走向）也与上述河流大致相同。

克卢格的担忧并不是杞人忧天，所有迹象都表明苏军正将他们的主攻方向从第9集团军转移至其侧翼（所在地区）。位于左翼的第4集团军在这个月早些时候差点没能守住自己的防线，而右翼第2集团军的防线尽管到现在一直没什么动静，全体成员却饱尝忽视和冷落之苦：这个集团军曾在冬季战役中遭受毁灭性重创，在后来的行动中又被置于无足轻重的地位——因为该部位于库尔斯克突出部西缘的防线将在"堡垒"行动获得成功（只是事实并非如此）之后失去存在价值。该集团军只有7个师和2个战斗群，第4集团军则有11个师和7个战斗群；第9集团军虽然还有约26个师、6个战斗群及各种规模较小的勤务单位，但克卢格显然无法指望用该部来支援其他两个集团军。作为希特勒的爱将之一，莫德尔拥有较其他指挥官更为独立的指挥权，而且众所周知，他并不是一个愿意为友军的行动而慷慨解囊的人。这一情况在早期尚未对克卢格造成多大影响——直到他被要求将若干个师的兵力转交给南方集团军群。

8月26日，中央方面军恢复了对中央集团军群的攻势，攻击具体指向卡拉切夫（Karachev）以东的第9集团军右翼，以及克林齐（Klintsy）以东和谢夫斯克（Sevsk）的第2集团军中部防线。当天昼间，苏军占领谢夫斯克，并突入了位于纵深的克林齐以东地区。中央集团军群和第2集团军得出了罗科索夫斯基接下来将转向北面、突击第9集团军后方的判断，于是准备首先解决谢夫斯克方面的威胁。这无疑是正确的，哪怕因为该决定而在其他地方出现的危险并不小于它所决心要扑灭的——罗科索夫斯基手上还有2个坦克集团军作为预备队，当时正位于其右翼纵深伺机而动，而且最可能前往的方向正是谢夫斯克。几天前，克卢格便将1个装甲师和2个步兵师从第9集团军调至南方第2集团军所在区域，并于8月29日在谢夫斯克西北部发动了反击。

德军的反击虽然只获得了部分成功，但这次反击加上当天其左翼苏联第60集团军突然推进至叶斯曼（Yesman'）所导致的事态变化足以使罗科索夫斯基改变计划。他开始将坦克第2集团军和第13集团军从右翼调至左翼。当然，不管苏军选择哪个方向，德国第2集团军都无法摆脱困境——在叶斯曼的苏联第60集团军已深远插入其南翼后方达25英里，而该部根本无力发起反击。

克卢格允许第2集团军将第13军的防线向后弯折至叶斯曼西南部，并警告陆军总司令部，称该集团军同样会马上实施撤退，而且这次将撤得更远，因此必须考虑这一事件对南方集团军群北翼造成的影响。由于当前已无法获得足够的增援力量来重新控制局势,克卢格所能做的最多也不过就是从第9集团军中再抽调出2个师的兵力,然而该集团军自身亦是困难重重。8月28日,西方面军2个集团军(第21集团军和近卫第10集团军)发起了对德军第9集团军和第4集团军接合部的突击。在2天内,苏军向叶利尼亚纵深楔入的距离便已达20英里,德军被迫将侧翼向后弯曲,以保持各部联系。

8月29日,克卢格要求将第9集团军和第2集团军撤至"SDB"防线。第2集团军在当天就被苏军切割成两个部分,目前所处的境况已是万分危急;在这个节骨眼上,只要苏联西方面军的决心再稍微坚定一点,他们便能很快越过叶利尼亚、前突至斯摩棱斯克;一旦占领后者,苏军就能打开通往西德维纳河与第聂伯河间缺口的东端门户。加里宁方面军虽未能突破第3装甲集团军和第4集团军的侧翼,但该部正在集结兵力准备再次发起突击。面对这一情况,希特勒向诸将询问道,如果再次发布与1941—1942年冬季类似的"拼死抵抗"命令,后果将会如何?克卢格的回答是,颁布这样的命令完全无济于事——部队根本不会去执行,现在的苏军亦非昔日之"吴下阿蒙"。最后,希特勒又只同意了一半要求,让中央集团军群和南方集团军群将相邻的翼侧西撤至克罗列韦茨(Krolevets)。

两天后的9月2日,当莫德尔报告第9集团军无法在杰斯纳河以东建立起坚固防线后,克卢格发布了全军做好撤至"SDB"防线准备的命令。但这对于第2集团军来说已经太迟。被命令撤往西部并与南方集团军群保持联系的第13军自作主张、采取了截然不同的行动,向南渡过谢伊姆河并进入了第4装甲集团军的防御地带,从而在苏军面前敞开了一扇位于两个集团军群接合部、宽达20英里的大门。然而,希特勒无视了新近出现、迫在眉睫的危机,取消了中央集团军群的撤退命令。9月3日,克卢格和曼施泰因几乎是怀着绝望的心情,前往元首指挥部与希特勒进行了当面辩论。

(二)第1装甲集团军和第6集团军

8月最后一周里,尽管自身北翼得到了短时间内的改善,但南方集团军群的总体形势仍是急转直下的。在8月13日和18日,西南方面军和南方面军的攻势分别波及第 1 装甲集团军和第 6 集团军防区，并突向了伊久姆南部和哥洛达耶夫卡（Golodayevka）东部地区。值得注意的是，上述区域正是苏军在 7 月时所发动进攻的相应目标。

虽然这是苏方火炮和迫击炮的火力被德方描述为在战争中遭遇到最猛烈的一次，而且确实造成了巨大的人员伤亡，以至于第 1 装甲集团军在 48 小时后便要求其他部队前来接管防线，但该部还是再次守住了相关地域。然而第 6 集团军的运气就没这么好了。与苏联人习惯使用的集结主力发起突击这一做法不同，南方面军司令费多尔·伊万诺维奇·托尔布欣中将把全部兵力平均部署在了战线上。如此一来，在近卫第 2 集团军和突击第 5 集团军作战区域内睁大眼睛、寻找自己所认为的确凿证据的德方情报人员反而因为没能找到苏方发动进攻的传统征兆而误入了歧途。8 月 18 日，苏军发动突然袭击，在狭窄的突破地段上集中起了压倒性优势兵力——特别是炮兵。本日结束前，突击第 5 集团军的先头部队已经穿过 1.5 英里宽的突破口，向德军纵深突进了 3.5 英里。当天夜里出现了满月（也称望月），月光下，苏军在德军纵深朝南北两个方向展开了攻势。

苏军部队进攻一个正在燃烧的城镇

指挥第 6 集团军的霍利特决定不再尝试阻挡苏军的纵深突贯，转而封闭防线上的突破口，直接切断其纵深突击集团的后路。这是一个大胆的决定，如果是在战争刚爆发那会儿，往往只付出极小代价就能获得丰厚的回报。但在当前情况下，它更像是一场孤注一掷的豪赌——该集团军只能抽出很少的步兵来实施相应行动，而且连 1 辆（用以配合的）坦克都没有。8 月 20 日，德军开始从突破口两侧同时发起进攻，并取得了还算不错的进展。战至黄昏，实施对进攻击的两支德军已经快要完成会师；不过在当天夜间，苏军近卫机械化第 4 军判明德军意图，并于第二天早晨调头，由西方向发起了进攻。在苏军压倒性的优势下，突破口到夜幕降临时被再次打开，且其（突破口）宽度接近 5 英里。

8 月 20 日，曼施泰因从 A 集团军群手中得到了第 13 装甲师，但在抵达第 6 集团军地域时，该部所有兵力只剩下了 1 个团及 3 个连。此外，由于苏联情报人员的工作卓有成效，苏军获知该师情况的时间与第 6 集团军相差无几。8 月 23 日，第 13 装甲师从突破口北侧再次发起进攻，然而此时突破口的宽度已被扩至 7 英里，要想封闭它是不可能的——除非发生奇迹。正因如此，该师在被苏军 2 个机械化军挡住前最终推进了 3 英里都完全算得上一项惊人的成就。此时，虽然托尔布欣还是谨慎行事，担心后方遭受威胁，但他确实将突破行动发展到了第 6 集团军再也无法控制的地步。

到 8 月 23 日，第 1 装甲集团军同样陷入困境。根据相关报告，伊久姆以南各军能投入战斗的兵力已减至 5800 人，根本不足以守住一条连续防线。然而曼施泰因能做的也只剩给部队打打气了。他发布了一则毫无说服力的预言，称这场会战正在接近高潮，而胜利终将属于自己，因为他的力量能"比对手多撑上一分钟"。

8 月 25 日，第 1 装甲集团军和第 6 集团军的作战处长飞往集团军群司令部，并一同提出了撤军建议。在那里他们得知，曼施泰因告诉过希特勒，如果无法得到至少包括 2 个装甲师在内的 5 个生力师进行补充，集团军群就必须实施撤退，直到完全撤出顿涅茨盆地。曼施泰因虽然相信希特勒不会接受这一前景，但他已授权各集团军开始行动，准备撤至斯大林诺东面的卡利米乌斯河（Kalmius River）一线。

2 天后，曼施泰因在文尼察附近的希特勒元首指挥部再次提出替代方案，他这次把（关于援军的）要求增加到了 12 个师。希特勒对此承诺，自己将把北方集团军群和中央集团军群"所有能抽出来的师"都提供给他。但另两个集团军群立即表示抗议，说他们"1 个师都没法给"。

8 月 27 日，当希特勒还待在文尼察时，第 6 集团军陷入了更大的麻烦之中。近卫机械化第 2 军向南冲出突破地带，在第 6 集团军右翼第 29 军的后方开始了朝海岸方向的猛冲。第 6 集团军对此几乎无能为力。其一线兵力仅剩 35000 人、坦克只有 7 辆，所要对抗的苏军却多达 130000 人、拥有 160 ~ 170 辆坦克。最终，曼施泰因不情愿地给霍利特调拨了 2 个战力孱弱的师（来自中央集团军群的 1 个步兵师和 1 个装甲师）及 1 个装甲师（同样很弱，来自第 1 装甲集团军）。上述 3 个师被霍利特编成 1 个军，用以分担第 29 军的压力。然而，此举（产生的效果）不过是聊胜于无罢了。8 月 29 日，苏军挺进到塔甘罗格以西的海岸线上，将第 29 军逐回了米乌斯河河口附近的合围圈之内。

第二天，第 13 装甲师从西面发起进攻，在苏军的阵形中打开了一道窄口。与此同时，第 29 军将剩余的 9000 人分成三路纵队，在残存几辆尚能投入战斗的突击炮带领下，向西发起了突围。苏军被德军机动时扬起的尘雾所误导，以为他们正在发起猛烈的坦克突击，因此在德方突击炮第一轮发射后便放弃阵地，德军最终在夜间毫发未损地向西突出了包围圈。

8 月 31 日，曼施泰因授权第 6 集团军和第 1 装甲集团军撤退到卡利米乌斯河一线。当天晚上，希特勒同意"当撤退为绝对必须，且无他法可行时"，德军方能实施撤退。

（三）曼施泰因和克卢格对阵希特勒

当曼施泰因和克卢格于 9 月 3 日出现在元首指挥部时，他们都认为现在已经到必须猛药除疴、进行彻底改革的时候了。两者想要说服希特勒相信，在当前局势下，最为迫切的莫过于对德国的战略来一次彻底检讨，并建立起一个集权、在军事上也称职的最高级别司令部。在之前整个 8 月里，曼施泰因就多次呼吁过设立一个主要的战略方向。他曾提议将德军兵力从国防军最高统帅部管辖的西线、意大利和巴尔干战区剥离出来，并将德国军队的全部力量投入到对抗苏军的斗争中去。

　　德国国防军最高统帅部已经以补充营的形式向东线派遣数千人，不过坚持认为自己所辖各战区的力量同样捉襟见肘，从而拒绝向东线派遣整建制的师级部队。8 月下旬，或许是因为受到斯大林不断要求开辟第二战场的影响，国防军最高统帅部作战指挥部宣称，盟军在当年秋季登陆大西洋沿岸的危险不容忽视。9 月 2 日，作战指挥部副参谋长提交了一份备忘录。在这份备忘录中他坚称，盟军将在西欧大西洋沿岸、意大利和巴尔干半岛发动袭击。他指出，由盟军导致的上述威胁与德军在东线面临的危险截然不同，后者与德国本土之间仍有一定距离，有足够的机动空间，而盟军的攻击将直接威胁帝国边界。因此，他得出结论，国防军最高统帅部战区不能再向东部增兵。作战指挥部参谋长约德尔早先并不完全赞同这一看法，但在接下来几天里，经过计算，他自己也得出了与此基本相同的结论。

　　在 9 月 3 日的会议上，曼施泰因和克卢格要求希特勒废除国防军最高统帅部所辖战区和陆军总司令部东线战区之间的区域划分，让陆军总司令部参谋长负责所有战区的指挥事宜。克卢格几天前曾向本国元首报告说，他认为（造成）当前困局的最主要原因便是没有一个人能就所有战区的工作对最高指挥官（希特勒）负责。

　　单一参谋长制的想法在军事上是无可非议的。然而不幸的是，正如两名元帅所清楚的那样，这一想法根本提供不了一种能让希特勒接受的达成形式：首先，通过陆军总司令部指挥所有战区的行动将天然地增强陆军总参谋长的权力；其次，这种做法也意味着对其（希特勒）战略独断资格的否定，剥夺了他居中挑弄是非、使国防军最高统帅部和陆军总司令部对立的一大手段，这会严重削弱德国独裁者的个人控制力；最后，这还可能导致元首失去对东线的控制。总的来说，一个更强大的陆军总司令部参谋长可能会把东线实际控制权交给陆军总参谋部，并终结希特勒过去作为陆军总司令部和四个集团军群之间纠纷最高仲裁者的地位。因此，他会拒绝任何可能削弱自己个人权威的举措，这是不言而喻的结局。最终，希特勒选择把这个问题当成一个纯粹的技术性问题——即如何在陆军总司令部和国防军最高统帅部战区之间协调部队调动，并命令从此之后，由两者做出的任何可能影响彼此实力的决定都必须经国防军最高统帅部参谋长和陆军总司令部参谋长共同面呈给自己。

在强硬展示了不管战争进行得如何、也不管现在还是将来，他都是德国的主宰后，希特勒开始将目光转向前线。他毫不退让地拒绝了曼施泰因的要求，坚决不允许从其他战区抽调力量大规模增援南方集团军群；同时，他授权克卢格将第2集团军和第9集团军右翼后撤至杰斯纳河后方。9月3日下午，在与安东内斯库商议后，希特勒命令A集团军群开始撤离塔曼桥头堡。所有民众都被疏散到克里木，只给苏联人留下了"一片不适合居住的沙漠"。

（四）希特勒"原则上"同意撤退

9月3日之后，苏军对中央集团军群的进攻突然停止。在叶利尼亚以西，第9集团军和第4集团军重新建立起了一道连续防线。在南翼，罗科索夫斯基将他的攻击转移到了第4装甲集团军左翼。这样的举动使德军第2集团军撤至杰斯纳河的行动也变得十分轻松。第4装甲集团军接管了第13军，在撤换该军指挥官后，将其用来掩护本集团军不断延伸的北翼。

到目前为止，尽管苏军早已大致完成预期目标，但针对中央集团军群的行动显然出现了一定偏差。最高统帅部大本营可能已经意识到，虽然苏军占据着压倒性优势，却还是没有达到能同时向白俄罗斯和乌克兰推进的程度。9月4日，最高统帅部大本营做出决定，将乌克兰作为战役的主要进攻方向，集中主要兵力打击德军南方集团军群左翼。当天，得到近卫坦克第3集团军（从中央方面军编制内调出）、第52集团军及数个坦克/机械化军加强的沃罗涅日方面军在普肖尔河及沃尔斯克拉河之间的宽阔地带上发起了猛烈攻击，试图突破第4装甲集团军右翼，使其陷入两翼空虚的危险境地。

9月4日晚，第6集团军和第1装甲集团军撤进卡利米乌斯河防线。第6集团军司令霍利特宣布，部队将死守防线，决不再后退一步。这是一个错得离谱的决定。当第1装甲集团军大部防线还处于北顿涅茨河的掩护之下时，该部看起来还是一支至少不容忽视的力量，但在将自身右翼撤离北顿涅茨河并向后方弯曲后，就连这点表面上的地位也消失得干干净净。自7月以来，该集团军一直处于苏军频繁的攻击和消耗中，部队的神经也绷得很紧；他们要求用9~10天的时间来撤至新防线，但上级只给了3天。9月6日上午，西南方面军踩着第1装甲集团军的脚后跟，对其发动了猛烈攻击。

一辆德军的突击炮

　　仅在数小时内，近卫机械化第 1 军和 9 个步兵师就在第 1 装甲集团军和第 6 集团军接合部北侧达成突破。当晚，冯·马肯森告诉集团军群参谋长，不管他的部队还是第 6 集团军，两者都缺乏足够的力量来恢复防御态势，所以现在也只能接着往后撤，最终撤至第聂伯河。第二天，苏军坦克第 23 军被投入突破地段，与近卫机械化第 1 军一起丢开后方的步兵，向西面展开了深远突击。9 月 8 日，两部的侦察分队已突入德军防线 100 英里，正在接近巴甫洛格勒和锡涅利尼科沃，向西推进 30 英里便可到达第聂伯河。

　　9 月 8 日一大早，希特勒带着蔡茨勒，乘飞机抵达曼施泰因位于扎波罗热的司令部——最终的摊牌看来在所难免。在当日会议上，曼施泰因提出中央集团军群应撤至"黑豹"防御地区，将自身防线缩短至原来的三分之二左右，从而为南方集团军群提供（多出的）相应数量的师。希特勒表示反对，并指出这样的撤退耗时太长；作为替代，他命令在场的克莱斯特加快从塔曼桥头堡撤出的速度，这一行动完成后预计将多出 3 个师的兵力。

让南方集团军群右翼凭借自身力量补上卡利米乌斯河上的缺口显然不可能。因此，希特勒"原则上"同意第1装甲集团军和第6集团军撤至"沃坦"防御地区——该防线位于扎波罗热北侧的第聂伯河与梅利托波尔之间；对于南方集团军群的北翼，他也承诺将提供增援，派遣4个步兵师用于防守第聂伯河渡口，并从中央集团军群中抽出1个军级司令部外加2个步兵师和2个装甲师，用以缩小第2集团军与第4装甲集团军之间的缺口。之后，曼施泰因立即告诉第1装甲集团军和第6集团军开始进行"运动防御"，然后依次撤退到第聂伯河。

四、向第聂伯河的退却

在9月8日的会议上，希特勒一如既往地试图拒绝做出决定——只要事态还没发展到火烧眉毛的地步。认清自己将不得不放弃顿涅茨盆地这一事实后，在关于第4装甲集团军和第8集团军撤退的问题上，他极其不情愿地承认了有必要做出这个决定（让部队撤退）。但相反的是，他试图通过给出一些并不可靠的承诺来获得安全感，然而其中一个（承诺）在第二天就化为泡影——其承诺为第聂伯河渡口提供的4个师中只有1个可用，而且这个师还必须从北方集团军群的战区内长途跋涉赶来。在离开扎波罗热前，希特勒对于另一个承诺倒是给了点干货，他对中央集团军群下达了具体命令，前文所述那1个军部和4个师一旦渡过杰斯纳河，其控制权便必须立即移交给南方集团军群。不过，上述4个师中有3个是来自第2集团军，而该集团军本就处于无比虚弱的状态中，很难在9月8日前将其（那3个师）抽出。9月9日，当罗科索夫斯基的部队在诺夫哥罗德－谢韦尔斯基（Novgorod–Severskiy）以南及奥赛金（Otsekin）渡过杰斯纳河后，（德方）挤出增援部队的可能性更是一降再降。不过，来自第2集团军的第8装甲师（也是唯一抵达目的地的那个师）最终还是到位，并被南方集团军群用于掩护杰斯纳河以南侧翼。

（一）第1装甲集团军和第6集团军的撤退

在南方，第1装甲集团军和第6集团军正星夜兼程地向第聂伯河前进。两天里，他们位于内线的部队便已推进70英里，大约走完了一半路程。9月12日，第 1 装甲集团军的装甲部队向南机动，与第 6 集团军左翼重新建立了联系。随着两个集团军之间的缺口逐渐缩小，苏军近卫机械化第 1 军和坦克第 23 军向巴甫洛格勒和锡涅利尼科沃的推进速度开始减慢。12 日晚，西南方面军司令部命令以上两个军掉头向东，突破并离开德军（由于缺口封闭而形成的）包围圈。接下来两天里，第 1 装甲集团军挫败了苏军的数次突破尝试。但到 9 月 14 日晚，苏军残余部队还是从第 6 集团军防线上意外出现的一个缺口中溜走了。

有关近卫机械化第 1 军的教训再次证明了苏军在充分发挥出装甲部队作用这一方面存在困难。于哥洛达耶夫卡达成突破后，托尔布欣被批评在使用坦克方面太过谨慎，而且在许多小型战斗中分散了自身兵力，未能做到力量的集中。不希望重蹈类似覆辙的马利诺夫斯基松开了对近卫机械化第 1 军和坦克第 23 军的束缚，然而两部冲向第聂伯河的行动尽管看上去壮观无比，在战术上却没有取得丝毫进展。苏军的深远突击作战虽然指向了两个德国集团军本已十分明显的弱点，可他们要是能在行动中一直保持上述兵力集团（两个被投入第聂伯河作战的军）与方面军主力间的联系，就可以获得更大的战果——如果补给线被切断，作为装甲机械化部队的这两个军便会失去向前推进的冲力；一旦位于后方的突破口被德军封闭，他们就不得不尽快转身撤退，在艰苦奋战中夺路而逃。

9 月 12 日后，第 1 装甲集团军和第 6 集团军的行动变得更加谨慎。在第 6 集团军后方，A 集团军群开始将部队（包括炮兵）从克里木半岛转移至大陆。为保证进入克里木半岛陆上通道的安全，第 6 集团军必须在前方守住自己的防线，而这条防线唯一可依托的仅是一条名为"莫洛奇纳亚"（Molochnaya）的小河。由于担心曼施泰因将来会把这些部队抽调到南方集团军群的其他地段上，克莱斯特在第 6 集团军抵达"沃坦"防线后便立即向希特勒请求获得该部指挥权。9 月中旬，德国独裁者同意了将第 6 集团军司令部及其南翼 2 个军移交给 A 集团军群的请求，同时还抽出了第 3 个军交给第 1 装甲集团军。

（二）第 4 装甲集团军和第 8 集团军受到削弱

南方集团军群北翼的局势急转直下，德军在那里受到的压力和面临的危险每一分每一秒都在加剧。9 月刚开始还没几天，第 8 集团军就发出报告，称

（仅凭自身力量）无力再保持防线的连续，只能建起一个由分散的支撑点组成、并由巡逻线相连接的防御体系。同时，其后方梯队只剩下两类人员——"家庭唯一幸存的儿子"和"大家庭的父亲"。除这两类根据希特勒的命令仍可远离前线战斗的人员外，其余的人都已被派往前线。可就算这样，该集团军前线步兵师的平均兵力也降至仅剩 6 名军官和 300 名士兵。各部队已经精疲力竭，士兵们亦变得麻木不仁，即便"最严厉的措施"也无法再对他们起到哪怕一丁点的鞭策作用。

第 4 装甲集团军的处境更为艰难。该部在沃尔斯克拉河与普肖尔河之间长达 30 英里的防线上面对着由苏军 6 个坦克 / 机械化军及 19 个步兵师（两处部队数均为估计值）带来的巨大压力。对于自身左翼外侧与第 2 集团军之间的缺口，第 4 装甲集团军现在所能做的也仅是尝试在内欣（Nezhin）周围建立起一个孤立据点，从而在中央方面军通往基辅的道路上设下最后一道障碍。在那里，希特勒所承诺、来自中央集团军群的增援迟迟未到，这令霍特非常恼火。最终，9 月 12 日，他根据希特勒的命令宣布接管杰斯纳河以南所有部队的指挥权，并调走了原先位于第 2 集团军侧翼的第 8 装甲师。

（三）克卢格开始向"黑豹"防线退却

克卢格为挤出上级承诺给南方集团军群的 4 个师付出了认真但不算勇敢的努力。9 月 10 日，当他希望第 2 集团军司令瓦尔特·魏斯步兵上将再次考虑增派 2 个师的建议时，后者回复道，本集团军的实力早已下降到了每师平均只有 1000 名战斗人员。第二天，在魏斯报告苏军于杰斯纳河上的登陆场数量已增加到 6 个后，克卢格决定改从第 4 集团军中抽出自己所需的 2 个师。与此同时，他告诉陆军总司令部："斯摩棱斯克的大门现已敞开。"

12 日，克卢格通知陆军总司令部，称本集团军群已经无法提供第 4 个师。经过短暂停顿后，苏军又恢复了对中央集团军群的进攻。苏联人在杰斯纳河上扩大了他们的登陆场；从基洛夫以南发起攻击的 1 个骑兵军已掠过第 9 集团军后方，第 4 集团军现在也面临着苏军可能在任一时刻发起、针对斯摩棱斯克的攻击。

到 9 月 12 日，中央集团军群实际上已经陷入严重的困境中，苏联最高统

第聂伯河支流上正在准备漕渡的苏军

帅部大本营显然决心不再让其得到喘息的机会。突入第9集团军左翼的那个骑兵军正往西南方向实施深远突贯，并占领了布良斯克—罗斯拉夫利铁路上的茹科夫卡（Zhukovka）。莫德尔虽然在努力恢复防线，但他置各集团军早已连敌军的第二次突击都扛不住这一明显事实于不顾，反而一味要求第9集团军徒劳地守住自己的防线。在第4集团军当面，苏军现已集结起的力量是如此恐怖，以至于该集团军甚至丧失了直面相抗的勇气。第2集团军位于杰斯纳河的防线上布满了苏军的登陆场，因此，为控制敌军伸展开来的右翼，集团军司令部只得向那里派出2个警卫师和1个匈牙利师——这些"弱旅"没有一支能在装备和训练上满足进行一线战斗的要求。

　　9月13日，克卢格发出准备撤回"黑豹"防御地区的号令。在召开于集团军群司令部的会议上，参谋长向在场的军官介绍了这次行动的规模。他指出，此次行动意味着在本集团军群当前所占领的苏联领土中，有一半——而且是质量较好的那一半将被放弃；除此之外，完成"黑豹"防御地区的构筑工作还需要40万民工；行动中将有250万～300万人被疏散至西方——作为对比，从奥廖尔突出部疏散出的人数仅有约 19 万；同时，有 60 万头牲畜会被转移至防线后方进行牧养；最后，集团军群将不得不转移自身所有的后方设施，包括新建共拥有 36000 张病床的医院。

第二天早上，西方面军再次朝斯摩棱斯克方向发起突击。下午，陆军总司令部作战部长致电集团军群司令部并告诉克卢格说，曼施泰因打算命令第 4 装甲集团军撤退至第聂伯河后方。作战部长认为，中央集团军群撤至"黑豹"防线的时机也已经到来。

不过，他（该部长）想知道克卢格是否认为自己有权发布相关命令。后者的回答是否定的：这样的命令只能由希特勒通过陆军总司令部来发出。由于相信关于撤退的命令将在未来几个小时内下达，克卢格当晚便指示莫德尔可以着手占领第 9 集团军位于杰斯纳河后方中央位置的防线，并允许魏斯开始从杰斯纳河向西撤退。

（四）希特勒和克卢格的拖延

9 月 14 日，南方集团军群防御地带内，第 4 装甲集团军正处于崩溃的边缘。在其左翼，中央方面军所辖部队正向内欣推进；在自身防线的中央位置，沃罗涅日方面军已达成突破，正将该集团军分割成三部分。霍特发出警告说，苏联人向基辅进军的道路上已经不存在障碍了。他指出，现在这种情况与本集团军冬季在罗斯托夫南部所面临的情形极其相似，不同之处仅在于冬季时自己手上还有一些战力尚存的部队可供调遣。现在最大的危险就是第 4 装甲集团军将被平推到第聂伯河南部，并在基辅两侧留下很长的一段河流防线完全暴露在外。

曼施泰因指示霍特切断与第 8 集团军的联系，并将自己的右翼向西摆动，把对敌正面调整为北—南朝向以掩护基辅；他同时还命令沃勒在不影响部队战斗力的前提下火速将第 8 集团军撤回，以释放出足够兵力，用来掩护 2 个集团军（第 4 装甲及第 8）之间可能出现的缺口。在发给希特勒的报告中，曼施泰因说他将在 9 月 15 日命令第 4 装甲集团军撤退到第聂伯河后方，否则该集团军便会很快被苏军摧毁。因为自己只能从第 8 集团军和第 1 装甲集团军中抽出部队以补充第 4 装甲集团军，所以曼施泰因认为相关部队在河流前方 ① 已无立足之地，根本无法实施在江河前方地带的防御。14 日晚，希特勒通知曼施泰因和克卢格，让后两者于第二天当面向自己报告。

与此同时，内欣在 15 日清晨失守的消息使元首指挥部陷入了恐慌。陆军总司令部敦促中央集团军群加快撤退速度，以便为南方集团军群释放出可用部队。在曼施泰因和克卢格到达元首指挥部后，希特勒要求后者将 4 个师调给南方集团军群，并同意了向"沃坦"（即第聂伯河地区）和"黑豹"防线全面撤退。然而，在当天结束前，希特勒又产生了第二个想法——在克卢格尚未离开元首指挥部时，他（德国独裁者）又声称自己会分阶段批准中央集团军群的撤退计划，以免"超速"。希特勒说，他不喜欢太迅速的执行风格，每一次撤退都必须事先征得自己的同意。

对于南方集团军群而言，他们赞同和支持撤回第聂伯河后方的决定，可这样一来又产生了另外一个问题：接下来的局势将对德军的指挥技能和是否足够坚定提出有史以来最为严峻的考验；其中第一个（考验）就是将第 4 装甲集团军残存的零散部队从战斗中脱离出来。该行动于 9 月 16 日和 17 日夜间完成，霍特将其描述为"两次大型的向后跳跃运动"。如此一来，该集团军便重新夺回了一定程度的主动权，并恢复了各单位之间的联系。但接下来的考验更加困难和危险——使第 4 装甲集团军、第 8 集团军和第 1 装甲集团军全部渡过第聂伯河。这三个集团军展开的正面将近 400 英里长，然而可供他们使用的渡口只有基辅、卡涅夫（Kanev）、切尔卡瑟（Cherkassy）、克列缅丘格及第聂伯罗彼得罗夫斯克；这意味着在完成渡河前，三个集团军都要将兵力分散开来，然后在河流左岸建起坚固的防御性桥头堡，以掩护所有部队像穿过漏斗般通过渡场，最后还要赶在苏军于近岸（西岸）兵力真空区上建立起他们的登陆场之前完成（已经渡河的）部队的展开。

渡场勤务形同虚设。以切尔卡瑟为例，该渡场从一开始便被四散的牲畜和成堆的货物所塞满，南方集团军群司令部又和第 8 集团军为谁该提供工兵和

---

① 译者注：指第聂伯河左岸。

正在通过一座桥梁的乌克兰难民

舟桥器材这个问题而争吵不休。雪上加霜的是，希特勒在最后一刻还横插一杠，本就相当混乱的局面变得更加复杂：他坚持认为第 1 装甲集团军应扩大扎波罗热以东桥头堡的范围，从而保护附近的尼科波尔（Nikopol）锰矿。希特勒把经济目标置于战术行动之上的这种倾向再次导致了恶劣后果。因为按照这项命令，曼施泰因就不得不把他节省出来的几乎所有部队都转移到在战略上一文不值的扎波罗热桥头堡处；而这些部队按其本意和习惯是会被用来支撑起集团军群的虚弱左翼。

在 9 月 15 日的会议上，曼施泰因坚持要求中央集团军群将新近承诺的 4 个师以最快速度移交给南方集团军群。当天尚未结束时，对其中 2 个师的开进命令已经下达，但在克卢格离开元首指挥部前，希特勒又给了他颁布了两个相互矛盾的任务：一是迅速为南方集团军群提供上述那 4 个师，二是有条不紊地（将自己的部队）撤退到"黑豹"防线。第二个任务与克卢格自身的想法不谋而合；因此，他并没有急于展开全面撤退工作，而是在等了三天后才发布相关命令。在命令中,他强调各集团军必须待在"黑豹"防线前方至少到 10 月 10 日。结果,整个集团军群都被困在了战事激烈的火线上;该部承诺提供给南方集团军群的 4 个师中有 2 个师的移交被推迟,最终克卢格甚至完全取消了相关(移交部队)事宜。

从战术层面上看,克卢格放慢撤退速度的这一决定使苏联最高统帅部大本营获得了继续发展突破的机会。其中有两次突贯行动在当时(对德军而言)是最致命的——一次是以斯摩棱斯克为目标,另一次则指向第聂伯河上中央集团军群和南方集团军群的接合部。当西方面军迫使第 4 集团军右翼后撤至斯摩棱斯克东南部时,在叶廖缅科指挥下,加里宁方面军从该城北部沿着第 3 装甲集团军和第 4 集团军分界线的两侧实施了穿透。9 月 16 日和 18 日,在杰斯纳河以南,中央方面军于第 2 集团军右翼位置投入了 1 个新的近卫机械化军。接下来 2 天时间里,该军一边向着第聂伯河急进,一边在切尔尼戈夫两侧强渡杰斯纳河,展开了向北的并列突击。第 2 集团军的侧翼在苏军第一波攻击中即告崩溃。根据中央集团军群的纪录,9 月 19 日,部署在切尔尼戈夫以东的匈牙利师"彻底蒸发"了。

9 月 20—23 日,两翼事态的灾难性发展迫使克卢格放弃了自己从容撤退的计划。在斯摩棱斯克北部,加里宁方面军突破了第 3 装甲集团军右翼,夺占杰米多夫并威胁到了"黑豹"防御地区。在斯摩棱斯克东南,第 4 集团军的防线开始变得千疮百孔。在切尔尼戈夫以东的第 2 集团军防区,苏联中央方面军在其侧后向北直扑戈梅利——这里是中央集团军群南部防区最重要的公路和铁路枢纽。

(五)南方集团军群抵达河流后方

本月最后一周里,南方集团军群的撤退演变成了一场与苏军争夺第聂伯河右岸的竞赛。早在 9 月 19 日,罗科索夫斯基麾下的一些部队便渡过了普里皮亚季河与第聂伯河的交汇处;月底之前,他们就已在两条河流的这个交汇处附近建立起了一个巨大的登陆场,它(登陆场)沿着普里皮亚季河的两岸向西延伸到了切尔诺贝利(Chernobyl),纵深长达 15 英里。

最高统帅部大本营十分担心德军在第聂伯河上的设防会导致战局僵持不

下，因此急于阻止敌方的防线构筑工作，并命令前方各方面军和集团军在行进间强渡第聂伯河。那些于强渡行动中脱颖而出的军官和士兵获得了苏联最高级别军事勋章——"苏联英雄"（也是一个荣誉称号）——的奖赏；这意味着终身的津贴和极高的声望，因为在每一个获得者的家乡，当地都会树立起一座与他本人（上半身）尺寸相同的半身像。苏军每次渡河的方法大同小异、粗糙且毫无美感可言，但这次强渡行动的规模是如此之大，持续时间也是如此之久，因此最终产生了压倒性效果。比如 9 月 22 日黄昏之后，在基辅东南 48 英里的布克林（Bukrin）附近，1 个近卫冲锋枪连的 4 名士兵趁着夜暗划舟渡过了第聂伯河；他们涉水上岸，冒着山顶附近德军哨所的猛烈火力，爬上了数百英尺高的陡峭河岸。

一些小分队紧跟在这些尖兵身后。拂晓前，整个（近卫冲锋枪）连都已渡过第聂伯河，并在河岸顶部建立起了 1 个小型登陆场。在此之后，近卫坦克第 3 军所辖部队蜂拥而至，展开了敌前强渡行动。在工兵们抓紧一切时间为重型装备抢修堤道的同时，步兵使用所有能漂浮在水面上的东西——圆木、汽油桶、门板，甚至被雨披包裹着的稻草——泅渡过河，其他部队则在东岸构设火器发射阵地，为渡河行动提供火力掩护。（最初渡河的）那 4 名冲锋枪手后来被授予了"苏联英雄"的荣誉称号。为鼓舞部队的渡河士气，最高统帅部大本营就像是用勋章架起了一座桥梁——在整个第聂伯河强渡行动中，苏联方面共颁发了 2000 枚"苏联英雄"勋章和 10000 枚级别稍低的奖章。

26 日，沃罗涅日方面军在佩列亚斯拉夫（Pereyaslav）下游的第聂伯河河曲处建立了 1 个登陆场。草原方面军则在克列缅丘格和第聂伯罗彼得罗夫斯克之间建立了 3 个小型登陆场；在接下来数天内，它们（这 3 个小型登陆场）被发展成了 1 个正面宽达 30 英里、纵深达 10 英里的战役登陆场——这个大型登陆场几乎就处在德军 2 个渡场（克列缅丘格和第聂伯罗彼得罗夫斯克）的正中间，插在了敌人无能为力的软肋上。

但最让希特勒担心的还是苏军在普里皮亚季河口的登陆场。9 月 25 日，他命令中央集团军群和南方集团军群立即准备摧毁这个登陆场。然而这并不是件容易做到的事。虽然两个集团军群尽其所能、挤出了数个几乎精疲力竭的师，将他们投入到了这场河边沼地的冒险之旅中；不过苏军守住登陆场的决心丝毫也未曾动摇，甚至派出了其最强大的生力军前来迎战。

月底前，南方集团军群已将最后一支部队撤过第聂伯河，正在努力构筑江河防线。但苏联最高统帅部大本营抓住了好天气一直持续的有利时机，片刻也没有减轻对德军的压力。9月20日，已经进入扎波罗热以南"沃坦"防御地区的第6集团军在击退了苏军对自身防线中央位置的装甲突击——这是苏军施压的一大标志——之后，其紧张程度反而进一步加剧。10月2日，中央集团军群最后一批部队进入第聂伯河以东约30英里处、大致沿索日河（Sozh River）及普罗尼亚河（Pronya River）分布的"黑豹"防御地区。9月29日，位于南方的A集团军群完成了从塔曼桥头堡撤退的任务；但该部在塔曼半岛上仍然占据着一个小型桥头堡，不过也在不到10天内就将其放弃了。

最近两个半月时间里，在宽达650英里的正面上，中央集团军群和南方集团军群各部被迫后撤的距离平均达到150英里。从经济角度衡量的话，德国人失去了他们在苏联占领的最有价值的领土。为了至少不让苏联人摘得这些富裕地区的发展成果，希特勒采取了焦土政策——只是他最后连这点愿望都没能实现。9月底，中央集团军群报告说，成功疏散到后方的经济物资最终还没有超过其原先总数的20% ~ 30%。

在南方集团军群地域内，德军的失败更加彻底。经济事务部没有足够人员来完成全部的销毁工作，同时他们也缺少相应的运输设备，绝大多数可用资料都未能运走。大量工厂、发电厂、铁路和桥梁实际上都被摧毁了，但其中有许多自1941年苏军撤退后本来就从未得以恢复。苏方这样宣传道，帮助德国法西斯毁坏国家财产的人员将受到人民的审判。受此影响，苏联民众以自己的方式阻挠了德军的疏散行动，挽救了自己的财产，并由此获得了自己的无罪证明——这在德国人离开后显然是无价之宝。少有的愿意撤离的是那些彻头彻尾的合作者、来自北顿涅茨河沿岸部分地区的人，他们在去年冬天尝到了被苏军"解放"的滋味。除此之外，居住在偏远地区的人们则完全被德军忽略了。各集团军和经济事务部门组织了移民车队，移民总数达到了约60万人，相当于当地人口的十分之一。德军后来估计，其中只有约28万人最终抵达并渡过第聂伯河。除了运走26.8万吨谷物和48.8万头牲畜外，德国人还销毁或宰杀了94.1万吨粮食和1.3万头牲畜；但他们最终还是留下了1656233吨粮食——其中大部分都是成熟待收割的，还有 2987699 头牛和马。

苏联人并没有满足于此，他们很快就消化了胜利果实，然后用它们来夺取更伟大的胜利。当苏军在乌克兰南部对南方集团军群的右翼展开追击时，他们便征召了当地的民众以补充兵员。据第 6 集团军估计，苏军在收复的城市和村镇里共征集了大约 8 万人入伍，只给这些人配发制服、裤子和步枪，然后就直接将他们投入了前线的作战。

在进抵第聂伯河后，苏军便完成了夏季攻势的原定目标。德方战线的缩短和据河防守占有的优势，以及苏方补给线路的延长和军队实力的消耗都本应该使双方达到某种程度的暂时平衡。10 月初的时候，德国人也相信己方有机会达到这种平衡，然而他们自己所犯的错误和苏军在兵力数量上的巨大优势将局势发展导入了深渊。南方集团军群和中央集团军群有太多力量白白牺牲在了希特勒想要于第聂伯河以东立足的念头之中。结果，所谓的"东方壁垒"得不到恰当管护，最终有好几个地方在部队仍处于运动之时也被攻破。从另一方面看，苏方的人力优势亦能使他们在作战中及时轮换整编自己的部队。于是，当苏军抵达第聂伯河一线时，部队的进攻能力几乎仍是完好无损的，不等最后一支德军完成渡河，他们就发起了强渡第聂伯河的作战。

第九章

第聂伯河会战

一、南方集团军群

第聂伯河是俄罗斯第二大河，也是该国西部最具战略意义和使用价值的天然防线——当进攻是自东向西发起时尤为如此。在普里皮亚季河河口，第聂伯河的河幅被拓宽到了大约半英里；从此处观察下游，蜿蜒的主河道的宽度为三分之一英里到超过一英里不等；基辅以南的河谷宽度达 20～25 英里，东岸是沼泽地，布满了支流河道。在基辅附近，（第聂伯河）河流西岸的高度陡升至近 300 英尺，形成了陡峭的临河悬崖；自该城往下游方向，河流西岸继续保持着相对水面的高度差，平均为 150～300 英尺。河流东岸相对平坦且没有树木，看上去光秃秃的草原一直延伸到了远处的地平线尽头。

如果能配备充足的人员并构筑完善的工事，那么第聂伯河应该有资格算得上一道完美的防线。然而在 1943 年秋季，南方集团军群所处境况十分糟糕（无暇完善第聂伯河防线），所以这条大河也只能为他们的防御提供少许天然的屏护作用，同时成为其脆弱的凭依（见战场形势图 16）。在"东方壁垒"这一口头行动影响下，河流渡口上并没有预先构筑任何设施，许多预定的防线位置甚至都没有进行现场勘察，部队为此深感沮丧。不久之后，某集团军的参谋长发出了如下警告：如果再来一次这样的打击，部队的士气就会崩溃。

截至 10 月第一周，南方集团军群共计下辖 37 个师，平均每师可投入战斗的步兵数为 1000 人；若将其平摊在防线正面上，每英里仅有约 80 人。这种

212

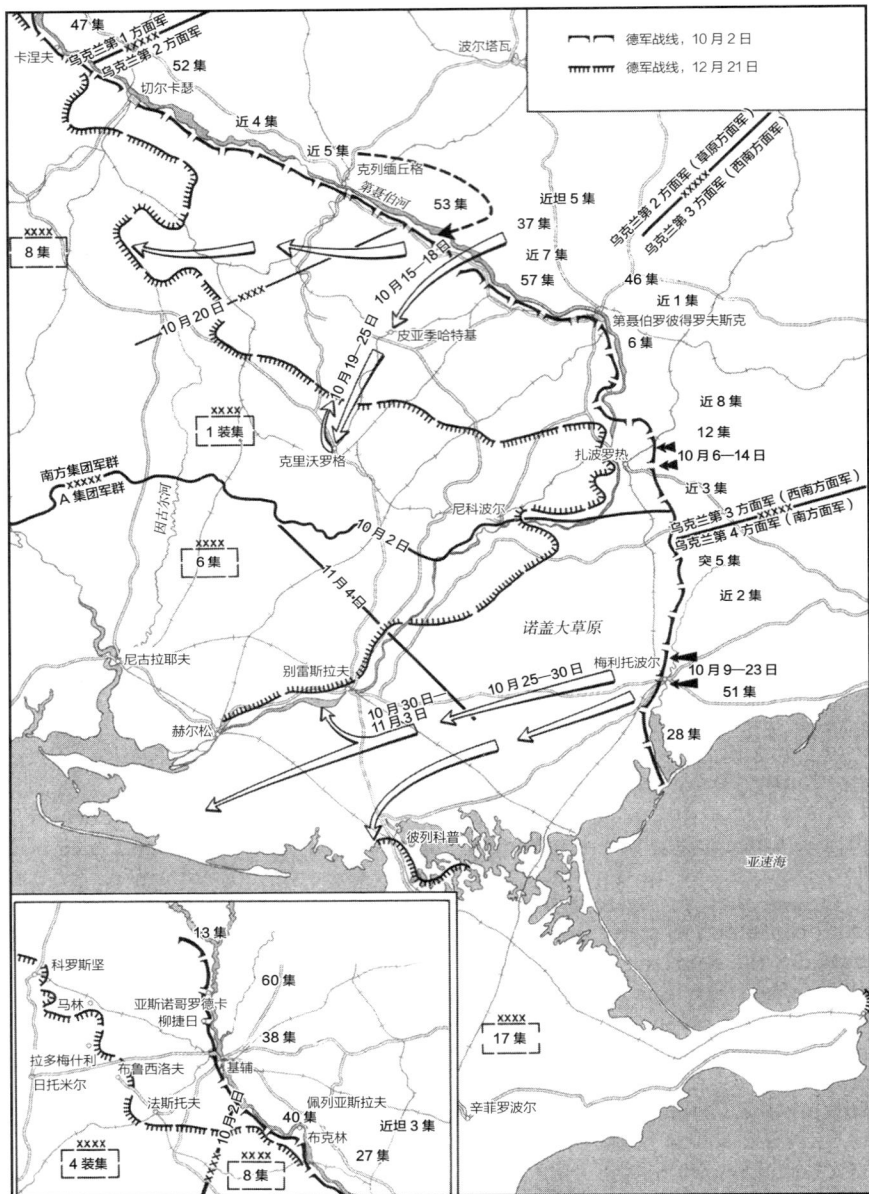

战场形势图 16：第聂伯河会战，1943 年 10 月 2 日—12 月 21 日

防线与兵力之间极度糟糕的比例是该集团军群为获得河流提供的保护而必须付出的代价，但这种代价（是否值得付出）从一开始就备受质疑。第聂伯河在基辅下方（即南方）蜿蜒 250 英里流往东南，到扎波罗热后又一头转向西南，然后在跨过 150 英里后于赫尔松（Kherson）注入黑海。第聂伯河这道大弯拐过的长度几乎是基辅到赫尔松之间直线距离的两倍之多。当然，从扎波罗热到梅利托波尔这段由南方集团军群和第 6 集团军守卫的防线并没有完全按照该河流下游的走势构设，可就算如此，整条防线也要比从基辅取直线前往尼古拉耶夫（Nikolaev）的距离多出三分之一以上。从战术层面上看，第聂伯河带给南方集团军群的困扰——守卫一道向东倾斜的防线——其实自斯大林格勒战役以来便一直存在着[1]。

（一）扎波罗热桥头堡的失守

10 月 1 日，西南方面军对扎波罗热桥头堡发起猛烈攻击，并达成了一次程度较小的突破，但在当天结束前就被第 1 装甲集团军所击退。不过同样是这一天，在发往集团军群的报告中，冯·马肯森反而恳求上级批准放弃这个桥头堡；他解释说，维持这个桥头堡的存在会（不必要地）消耗太多部队。

第二天，意识到已经撞上德军防线底部的苏军在接下来一个星期里全面叫停了攻势，开始调整部署、补充兵力。为突出强调己方军队业已获得的胜利，并向世人宣告战争进入了新的阶段，最高统帅部大本营很快更改了各方面军的名称：位于南方集团军群和第 6 集团军当面的沃罗涅日方面军、草原方面军、西南方面军和南方面军分别改称乌克兰第 1、第 2、第 3 和第 4 方面军。

10 月 8 日，在元首指挥部参加完会议后，南方集团军群参谋长通知冯·马肯森，希特勒已经拒绝了他（马肯森）撤离扎波罗热桥头堡的请求，理由是此举会暴露第 6 集团军的左翼。希特勒这一观点与苏联最高统帅部大本营不谋而合——后者认为，夺占该桥头堡是肃清第聂伯河下游东岸地区的关键一步，并将这项重任交给了乌克兰第 3 方面军。

---

[1] 译者注：读者可以自行对比一下，顿河河曲部、以及北顿涅茨河与顿河下游所形成的巨大折角在形状上与第聂伯河曲部有着惊人的相似性。

10 月 10 日上午,近卫第 8 集团军和近卫第 3 集团军重新发起了攻击。此时,德军的桥头堡防御体系已臻于完善。在发起攻击时,苏军实施了异常猛烈的火力准备。这场战斗及后续行动表明他们在火炮的使用方面已经到达了一个崭新的高度。炮兵师首次在作战中的出现,以及炮兵火力的持续时间和火力强度都说明现阶段的苏军在火炮及弹药数量方面业已充裕到了可供指挥员"挥霍"的程度——炮兵火力被用来扫清防御工事,为坦克部队和步兵开路。当天,德军勉强守住了桥头堡防线。但在第二天,冯·马肯森就表示自己的损失过于惨重,已经无法再坚持多久。又过了一天,他报告说防线已出现无法堵上的缺口,继续防守这个桥头堡意味着后期会出现极大风险——德军将缺乏足够的力量在河流近岸处建立起一道防线。

当曼施泰因在 10 月 14 日通知陆军总司令部,说自己打算放弃扎波罗热桥头堡时,希特勒召来了 A 集团军群司令。克莱斯特对自己北翼的情况十分担心,他和希特勒都怀疑曼施泰因只是单纯想甩掉这项他从一开始就不想接的任务。为此,希特勒命令克莱斯特瞒着曼施泰因,独自考虑 A 集团军群接管扎波罗热桥头堡的可行性。13 日,克莱斯特报告说,想要守住桥头堡就还需要 1 ~ 2 个师的补充兵力;由于第 6 集团军防区内发生的战斗几乎抽空了集团军群预备队,如果必须自己挤出这些师,那么他便不得不撤出克里木。这样的前景可以说根本不合希特勒的胃口,因此,他又要起了惯常手段,单纯强令部队不准撤退,却又不为其提供任何实质性的支援。

从 9 月所遭受打击中恢复过来的坦克第 23 军和近卫机械化第 1 军最终为这场桥头堡之战画上了句号。在 13 日晚间一次大胆的坦克突袭中,他们在桥头堡东北角打开了突破口,并突进至扎波罗热郊区,将第 1 装甲集团军的防线压迫成了一道环绕着城市的浅弧。第二天,苏军夺取了该城南部的桥梁和大坝,并将它们牢牢掌握在手中,经过长时间争夺、确保其不会被德军炸毁后,集团军后卫部队通过这些桥梁和大坝抵达了第聂伯河西岸。

（二）第 6 集团军——突破和撤退

克莱斯特对他左翼的担心不是没有理由的。经过 1 周的休整、并集结起压倒性的兵力和兵器后,乌克兰第 4 方面军于 10 月 9 日恢复了对第 6 集团军的进攻。A集团军群除部署在克里木的3个德国师外，挡在苏军面前的就只剩下13个德国师和2个罗马尼亚师。然而，托尔布欣投入的攻击力量多达45个步兵师、3个坦克军、2个近卫机械化军、2个近卫骑兵军外加400个炮兵连；此外，他拥有800辆坦克，而对面的德军只有少得可怜的83辆坦克和98辆突击炮。

从战术角度上看，诺盖大草原是苏联南部环境最不"宜人"的地区之一，在此地进行防御会遇到各种各样的麻烦。北面的第聂伯河与南面的海岸线（亚速海及黑海）共同构成了一个开口朝向东方的大写"V"字母，而第6集团军的防线就骑跨在这个"V"的开口上。该集团军的交通完全依赖于三条单轨铁路，它们分别在尼科波尔、别雷斯拉夫（Berislav）和赫尔松越过第聂伯河。这片贫瘠的草原既无法提供遮掩，（草原上）也没有天然的防御工事。道路上铺着厚厚的一层浮土，拖慢了人马车辆行进的速度；翻滚飞扬的尘土亦会窒息人员马匹的呼吸，并在涌进车辆的发动机后对其造成严重影响。第6集团军唯一拥有的优势便是那道相当坚固的防线——因为梅利托波尔往北的防线天生就很薄

基辅附近的苏军炮兵

弱，所以德军在这一地段的投入要比在"沃坦"防线的其他位置上多得多。

苏军以梅利托波尔为中心，在 20 英里宽的正面上发起了突击。他们以毁灭性的炮兵火力准备揭开了攻击序幕。据 2 个首当其冲的德国师计算，他们各自防区在 1 小时内落下的炮弹数均达到了 15000 发。对此，德军的炮兵连也在竭尽所能地实施火力反击。但双方炮兵都没有在反炮兵火力上浪费时间，而是将全部炮弹倾泻到了对方的步兵头上。

显然，托尔布欣的目标是把第 6 集团军从梅利托波尔赶走，使其失去南翼这个重要支点，迫使其向北远离彼列科普（Perekop）地峡。到 10 月 12 日，第 51 集团军从南部突入该城，而后为打破德军对城市的控制又进行了长达 12 天的艰苦巷战。

10 月 23 日，德军失去梅利托波尔。这一事件吹响了苏军主要突击的号角——在此之前，其主力一直都待在后方未曾动弹。2 天后，第 28 集团军和第 51 集团军开始从该城朝东南和南两个方向往前推进，将第 6 集团军切成了两段。在苏军突破地带南部，该集团军仅剩下了 2 个德国师和 2 个罗马尼亚师。因估计到这些力量很难建立起一道可以保护彼列科普地峡的防线，而且罗马尼亚人已经开始陷入恐慌，于是，第 6 集团军决定由北部发起缩小突破口的反击行动。27 日，第 13 装甲师向南发起反击、试图封闭突破口，但最终由于力量不足未能成功；与此同时，（第 6）集团军开始准备几天后的第二次尝试，并逐渐将重装备部署到位。然而到 10 月 30 日，就在德军准备发动第二次反击前，苏军第 51 集团军和第 28 集团军抢先一步完全摧毁了第 6 集团军虚弱的南翼，并将进攻矛头转向了彼列科普地峡和第聂伯河河口的赫尔松。在接下来 2 天时间里，第 6 集团军南翼残部丢弃了他们所有重型装备和大多数车辆，仓皇撤退到了第聂伯河后方。其力量较强的北翼则被压向尼科波尔南部的一个大型桥头堡，希特勒随后命令德军守住这个桥头堡以保护该城（尼科波尔），同时将其作为反击——目标是重新打开克里木通道——的跳板。

（三）克里木被切断

10 月中旬之后，A 集团军群对克里木地区第 17 集团军的前途愈发担忧。18 日，当苏军显露出了突破南方集团军群右翼、并向第聂伯河以西海岸方向突进的可能时，克莱斯特警告陆军总司令部，称现在已经到开始撤离克里木半岛的时候了。他指出，第 6 集团军防线上进行的战斗正源源不断地吸走第 17 集团军的力量，后者迟早会因此被削弱得无力自卫。

第二天，以及再过五天之后，克莱斯特曾两次要求陆军总司令部参谋长做出决定。对此，蔡茨勒的回答是，希特勒不允许有人在他面前提及"克里木"这个词。10 月 26 日，当第 6 集团军被切割成两段时，克莱斯特宣布，由于自己被迫要从第 17 集团军中再抽出 1 个师给第 6 集团军，前者（第 17 集团军）便只剩下了 1 个德国师和 7 个不靠谱的罗马尼亚师，根本无力保卫克里木。因此，他补充道，自己打算从当晚就开始执行撤离行动，首先撤出在刻赤半岛上的部队。然而希特勒立即回应道——禁止撤军。

2 天后，因担心再失去 7 个师后可能在国内造成恶劣影响，安东内斯库呼吁希特勒放弃克里木半岛。德国独裁者在答复中为自己的决定进行了辩护。其中最有力的论点包括：苏军可以将克里木作为基地，从空中突击罗马尼亚的油田；或是从那里出发，在罗马尼亚和保加利亚海岸登陆；而且无论如何，现在撤离这个半岛也为时过晚。

10 月 28 日晚，第 17 集团军司令、宣称不会为第二个斯大林格勒败局负责的埃尔温·耶内克工兵上将知会克莱斯特称，他建议执行集团军 26 日发布的撤退命令（该命令后被希特勒取消）。克莱斯特首先以相关命令回复：无论战况如何，都必须守住克里木。然后他解释道，希特勒曾说过情况将在 2 周内得到好转，德军将用生力军重新打通克里木通道。但耶内克拒绝接受这项命令。克莱斯特随后给他打了一次私人电话。

关于德国将军盲目服从的描写可谓不计其数，因此，对于两人接下来通话内容的记叙也更显得稀缺和珍贵——因为它描绘出了一个试图违反命令的鲜活例子。在陈述了自己（克莱斯特）可能曲解耶内克的意图，并得到了后者"没有曲解"的确认后，两人继续说道：

克莱斯特：你必须守住克里木。
耶内克：我无法执行那项命令，更没有其他任何人会执行，各军军长的看法与我相同。

218

克莱斯特：那么，我只能得出这样的结论了——你企图违抗命令！如果你守不住克里木，那么我想会有人来帮你指挥这个集团军。

耶内克：我要重申一点，我是本着对集团军负责任的态度，才会提出无法执行那项命令的。

克莱斯特：作为一名军人，我也在类似的情境之中有过挣扎。你这样的做法无法救活任何一个人。该来的总还是会来，躲开了这个就会碰上那个。你的态度只会损害部队的信心。如果我能再多给你一个师，那就什么事都能解决了。

耶内克：这不过是建在沙滩上的城堡罢了。我们的讨论必须回到现实中来。

克莱斯特：在敌人的压力之下撤退，这本身是没有错的，但你选择的撤退方式明显有问题。

耶内克：我不能等到南方集团军群走远了才撤退。（耶内克的谈话内容是说苏军有可能突破南方集团军群右翼，从而进抵海岸、威胁其自身安全。详见下文）

克莱斯特：你的集团军还未受到攻击，只要在地峡上稍微进行加强就可以高枕无忧。相比进攻狭窄的地峡，敌军肯定会更愿意向西推进，然后掉头向北攻击第1装甲集团军的侧翼。

耶内克：克里木半岛是个整体，只守地峡根本无济于事。一旦苏军进攻克里木，灾难就会马上降临。我必须再次提醒你注意，保卢斯元帅在斯大林格勒的遭遇殷鉴不远。

克莱斯特：有关斯大林格勒的细节太过遥远也太模糊，而且原因是多方面的。你认为元首会被你影响到吗？他已经说过，他绝不允许任何一个将军以威胁的方式违抗自己的命令。如果第17集团军司令拒不执行命令，那么所有德意志军人的品行都会被你玷污。关于这项命令，你到底是执行还是不执行？

当耶内克请求与他的参谋长商议一下时，通话中断了。

随后，A集团军群参谋长召集了第17集团军参谋长和作战处长，并告诫他们应当给指挥官提供"恰当"建议。他（集团军群参谋长）说，这纯粹是服

某集团军司令向科涅夫和朱可夫汇报第聂伯河渡河准备情况，1943 年 9 月

从或不服从的问题。如果耶内克拒绝执行命令，希特勒就会派遣一位不太熟悉部队情况的新指挥官接替他，而相应后果将完全由部队自己承担。1 小时后，耶内克选择屈服并撤回了他的撤退命令。克莱斯特后来向蔡茨勒转述了这一事件，并说自己虽然不想把耶内克送往军事法庭，但也不能再让他留在那个位置上。然而，耶内克继续留任了——可能是因为蔡茨勒和克莱斯特再三考虑之后决定，还是不要再给希特勒提供一个将军"不可靠"的例子为妙。

　　事实上，不管怎么争吵，这些将军恐怕都无法说服希特勒放弃克里木。像往常一样，德国独裁者指望着自己的运气会变好，然后用一些模糊的计划来挽回损失。当然，从另一个方面看，乐观和决心皆是将军这个职业中（此处指希特勒）最受推崇的职业美德之一；因此，只要还存有一线希望——不管希望多么遥远——绝大多数将军便都不会愿意承认自己的失败。

　　这一次，希特勒在月底得到了来自其他战区的支援。曼施泰因从意大利和西线得到 5 个新的装甲师，用来封闭其防御地带内苏军的突破口。为此，他建议将上述 5 个师加强给第 1 装甲集团军，以发动一次快速反击，而后一旦逼停苏军的攻势，就将其迅速转移至南面的第聂伯河河曲部，对准正在突击第6集团军的苏军侧翼发起进攻。曼施泰因的计划让人不由得回忆起了年初的哈尔科夫攻势，希特勒在这项计划中不仅发现了一个保住克里木的机会，而且看到了夺取全面胜利的曙光，因此该计划立即获得批准。对曼施泰因来说，这项计划本身便具有非凡魅力，因为它是对自己指挥艺术的一次重要锻炼，更是一个展示他战术水平的绝佳舞台——曼施泰因最擅长的就是利用后退来引诱并伏击对手。

（四）科涅夫向克里沃罗格挺进

若想将计划顺利付诸实施，曼施泰因首先便需要阻止苏军在第聂伯河西部的突破，因为上述行动将可能同时切断第1装甲集团军和A集团军群的退路。乌克兰第2方面军已在克列缅丘格下游各登陆场的后方集结起4个集团军的兵力——包括近卫坦克第5集团军；同时在本月中旬，还将原本部署在克列缅丘格上游登陆场的近卫第5集团军移到了下游。10月15日上午，苏军动用十几个步兵师，从最大的那个登陆场上发起了进攻。当天下午，科涅夫就将近卫坦克第5集团军投入了战斗。战至第二天，他麾下已有3个集团军渡过第聂伯河。当晚，曼施泰因和冯·马肯森达成一致，认为当前的最佳选择便是（也只能是）放弃第聂伯河，将第1装甲集团军和A集团军群撤回尼古拉耶夫以北的南布格河（Bug River）；但曼施泰因随后还补充说，这样的决定根本无法指望会变成现实。

在接下来几天时间里，科涅夫将兵力源源不断地送到了第聂伯河对岸，撕开了第1装甲集团军的左翼。10月18日，他的部队夺占了第聂伯河以南35英里的皮亚季哈特基（Pyatikhatka），并切断了通往第聂伯罗彼得罗夫斯克和克里沃罗格的铁路干线。冯·马肯森在一段时间内曾相信苏军正按其计划向内陆地区发起深远突击，同时预计他们今后的主要行动将是从北方展开对本集团军防线的卷击。因此，他决定等待，等待集团军群从第8集团军转给自己2个装甲师，以及从西线和意大利调入的另2个师（第14和第24装甲师）的到位，然后再用上述4个师发起反击。但在20日之前，冯·马肯森就转变了观念：苏军已经做好了争取更大胜利——拿下克里沃罗格——的准备，该地一旦失守，不仅本集团军的补给线即刻不保,(德军)甚至还可能进一步失去赫尔松或尼古拉耶夫。因此,必须把克里沃罗格牢牢抓在手里。由于所有向东通往前线的铁路都要经过该地,大型弹药库和补给库亦设于此处;因此,即便要撤离这个地方,相关部队也需要数周时间来搬走物资。最后,冯·马肯森决定仅使用来自第8集团军的2个装甲师展开反击,不再等待其他部队,因为后者(的抵达)会浪费额外的8~12天时间。

陆军总司令部这一次终于做出了有效反应,虽然稍微晚了一点。在本月早些时候,德国国防军最高统帅部作战指挥部判定,盟军从西部入侵的威胁已经消失,因此必须掉头加强东线的力量,即便其他战区因此陷入险境也在所不惜。随后不久,国防军最高统帅部便将第14和第24装甲师抽调出来;10月20日,该部还调出了最精锐的第25装甲师、党卫军"阿道夫·希特勒警卫旗队"师和第384步兵师。这五个装甲[①]师组成了一支极为强大的机动突击力量,但当前存在的问题是——他们能否及时到达俄罗斯。

10月21日,当苏军继续向克里沃罗格推进时,冯·马肯森不得不放弃使用来自第8集团军的第11装甲师和党卫军"骷髅"师进行反击的计划,被迫将这2个师分别补入防线,尽其所能去挡住苏军的推进势头。他(冯·马肯森)告诉曼施泰因说,如果苏军愿意,他们完全可以向东进入第聂伯河河曲部,从后方发起对本集团军河流防线的攻击。他还提议放弃第聂伯河河曲部的东半部,将部队后撤到一条左翼锚定在河上、右翼在尼科波尔与A集团军群左翼相连的防线上。曼施泰因同意了上述提议,不过在将该提议转述给陆军总司令部后,他在半夜打电话给冯·马肯森,说希特勒仍坚持第聂伯河防线不能动摇(即不允许撤退)。

2天后,在乌克兰第3方面军进攻地带内,近卫第8集团军从沃斯科沃耶(Voyskovoye,位于第聂伯罗彼得罗夫斯克和扎波罗热中间)小型登陆场发起了进攻,在德军防线上碾出了一条通道。与此同时,第46集团军也发起了从北往南的进攻。当时,冯·马肯森几乎没有时间把部队从第聂伯罗彼得罗夫斯

① 译者注:原文如此。

克撤出，并使其左翼脱离该城附近河流的上游河段。

警报终于拉响，可问题是消防员还能及时赶到吗？ 10 月 24 日，曼施泰因将第 40 装甲军调入第 8 集团军，最后者此时位于科涅夫向克里沃罗格突击集团的北翼。他命令该军动用第 14 和第 24 装甲师，以及党卫军"骷髅"师从西北方向对苏军的突击集团发起反击。此时，由国防军最高统帅部提供的另外 3 个师仍在机动途中。当第 40 装甲军正展开部署时，科涅夫的先头部队已于 10 月 25 日突入克里沃罗格郊区。由于苏军对该城的威胁迫在眉睫，10 月 27 日，第 40 装甲军只得提前一天发起反击，并在 3 天之内摧毁了苏军 2 个机械化军和 9 个步兵师大部，迫使科涅夫的装甲部队退出克里沃罗格城区并后撤约 20 英里。

在完成上述任务后，曼施泰因希望将第 40 装甲军及其 2 个师转移到第 6 集团军位于尼科波尔以南的桥头堡内，并做好向诺盖大草原发起进攻的准备。11 月 2 日，冯·马肯森抗议道，他本以为战役目标是守住克里沃罗格和尼科波尔。如果第 40 装甲军被调走，他便能保证苏军绝对会重新发起进攻，占领克里沃罗格，尼科波尔的失陷也将是迟早的事。曼施泰因回答说，若是不能重新建立起与克里木的联系，那就必须保住整条第聂伯河下游防线，而德军当前并没有足够的兵力来完成这一任务。

2 天后，曼施泰因改变了主意。他告诉陆军总司令部，说自己原先的计划乃是基于这样的假设：第 6 集团军能在第聂伯河前方维持强有力的存在。但现在看来，这一假设完全不成立，他对第 40 装甲军的反击也就失去了信心，因此才转而提议将那 2 个装甲师充作尼科波尔桥头堡和克里沃罗格的预备队。然而在改变主意不到 1 天时间里，曼施泰因的注意力便被完全吸引到了集团军群左翼所处地区——在那里，一场新的风暴出现了。

（五）基辅和克里木

最近 1 个月以来，第 4 装甲集团军一直在基辅两侧辛苦维持着战线的平衡。在该部侧翼，苏军建立起了两个较大登陆场：一个围绕着普里皮亚季河口，另一个位于基辅下游的布克林。10 月第一个星期里，苏军又夺取了两个较小登陆场：一个在基辅以北 12 英里的柳捷日（Lutezh），另一个在前者（基辅）以北 25 英里的亚斯诺哥罗德卡（Yasnogorodka）附近。

首先，苏联最高统帅部大本营指示瓦图京从布克林桥头堡展开向西和向北的进攻，以夺取基辅。在 10 月 12—15 日及 21—23 日间，共计有 3 个集团军试图冲出登陆场。但苏军缺乏运载重炮的渡河器材，加之该河段上的观察条件极不理想，无法在左岸实施精准射击，因此上述尝试均以失败告终。不过与此同时，基辅以北的两个登陆场已经得到巩固和扩大，柳捷日登陆场处的苏军向南拓展得很快，已将基辅纳入炮兵射程之内。当第二次从布克林发起突击的尝试失败后，最高统帅部大本营命令瓦图京将近卫坦克第 3 集团军和炮兵转移至柳捷日登陆场，并尝试从这里进行突击。

11 月 3 日，经过在登陆场和河流东岸数日的紧张调动后，苏军的钢铁洪流从登陆场奔涌而出。以强大火力准备为先导，苏军用 6 个步兵师、1 个坦克军，加上近卫坦克第 3 集团军和第 38 集团军的部分兵力对柳捷日登陆场周围德军防线的中央展开了正面突击并达成突破。与此同时，第 60 集团军也从亚斯诺哥罗德卡登陆场发起了进攻。2 天内，柳捷日附近第 4 装甲集团军的防线就宣告崩溃。11 月 5 日夜间，战斗已蔓延到了基辅的街巷中。第二天一早，德军全部向南撤出了该城。

由于手头上无论兵力还是装备，以及补给就没有不缺的，第 4 装甲集团军只能眼睁睁地任凭苏军突破自己的防线。霍特原先以为基辅能满足瓦图京的胃口，但在 11 月 5 日，他和曼施泰因同时得出了以下的悲惨结论：苏军还将继续往西南方向大举进攻，如果有可能，他们甚至打算将德军整条第聂伯河防线都一口吞掉。因此，苏军的第一个目标便是位于基辅西南 40 英里处的法斯托夫（Fastov）——这是一个关键的铁路枢纽，控制着通往南方集团军群中心地区的重要双轨铁路线。11 月 6 日，曼施泰因命令正从西线赶来的第 25 装甲师迅速展开部署，以扼守法斯托夫。

第二天，曼施泰因终于在元首指挥部认识到诺盖大草原的反击计划错得有多离谱。正如自己从今年年初开始就一直在做的那样，曼施泰因争辩道，南方集团军群必须把重心放在北翼，因此他希望将第 40 装甲军的 2 个师和其他 3 个装甲师（包括来自西线的第 25 师）都转移到基辅地区。然而，希特勒始终执着于自己的梦想——在第聂伯河河曲南部取得巨大成功，再次激起德军的信心，然后重新夺回尼科波尔和克里木。他同意了曼施泰因将 3 个新的装甲师移交给第 4 装甲集团军的请求，但坚持要把第 40 装甲军的各师留给第 1 装甲集团军。为填补曼施泰因的兵力缺口，德国独裁者承诺将第 2 伞兵师、党卫军"诺德兰"旅和第 4 装甲师（希特勒曾承诺自己会把第 4 装甲师从中央集团军群内抽出，只是从未真正行动过）调拨给他使用。曼施泰因接受了这些条件，却因此引起了陆军总司令部的极大不满。之后，在与克卢格进行的电话交谈中，陆军总司令部作战部长说，曼施泰因本可以获得他原先要求的 5 个装甲师，然而不幸的是，他遇到了没打算全力支持自己的蔡茨勒，最终只能选择妥协，降低了要价。

曼施泰因曾在某段时间内考虑过立即展开反击以重新打通克里木的问题，因为他预计基辅会战将持续 3 ~ 4 个星期之久。不过，苏军已在刻赤以及西瓦什（Sivash）以南的海岸（靠近彼列科普地峡根部）完成登陆，第 17 集团军显然无法坚持到德军其他部队从基辅会战中释放出兵力的那一刻。一个令人鼓舞的迹象是，第 24 装甲师在几天前从尼科波尔桥头堡发动的一次小规模攻击取得了成功；但在 11 月 8 日，曼施泰因认为第 1 装甲集团军力量不足，无法应对苏军在其防御地带内的突破，更抽不出力量来向南发动攻击。第二天，他做出决定，指示冯·马肯森制订计划，等得到更多部队时再展开反击行动。在接下来数周时间里，当苏军全力投入对克里木的进攻时，曼施泰因却被牢牢钉死在了自己的防线上，第聂伯河南部的行动计划也被悄无声息地暂时搁置起来。

（六）行动教训

11 月第二周，乌克兰第 1 方面军越过基辅，碾过敌军的零星抵抗，继续往西南方向发展进攻。此时，德军第 1 和第 25 装甲师及"阿道夫·希特勒警卫旗队"师正焦头烂额地重新调整和部署兵力：已分散在第 1 装甲集团军防区各个角落的部队需要赶紧集结起来并重新装载（以便运输），刚从德国运抵、尚未进行卸载的部队也要马上再次规划路线以前往第 4 装甲集团军（作战区域）。该（第 4 装甲）集团军已被苏军切割成三个相互孤立的部分，并在行动中逐渐远离，仿佛沿着不同的辐条向车轮边缘运动——其左翼的第 59 军正被推往西北方向的科罗斯坚（korosten）；中央的 2 个军，即第 7 和第 13 军正向西退往日托米尔（Zhitomir）；在该集团军南翼，当前仍控制着部分河流防线的第24装甲军正将其左翼向后摆动，于基辅正南方向上阻挡苏军推进。在第24装甲军左翼，从南方第1装甲集团军转移过来的第48装甲军正努力将其先头部队部署到指定位置，并建立起一道屏护法斯托夫的侧翼防线。

　　11月7日上午，当第25装甲师正忙于搜罗部队来执行保卫法斯托夫的任务时，该师指挥官却突然发现，苏军近卫坦克第3集团军的先遣部队已抢先抵达该城。在接下来3天时间里，这个企图夺回法斯托夫、但从未接受过如何在东线作战的针对性训练，而且装备极度匮乏的师冒着雨雪展开了悲壮徒劳的进攻。

　　与此同时，苏军越过法斯托夫向西推进的势头正日益盛大起来。曼施泰因判断，当前最好的办法就是抛弃法斯托夫以减轻第7和第13军的压力。11月12日，第48装甲军将3个严重缺少装备的师投入反击：这次行动从法斯托夫郊区发起，试图朝西北方向穿透第38集团军突击矛头的后方，接着突入基辅以西90英里处的日托米尔。但攻击行动并未取得什么进展。在北翼，苏军

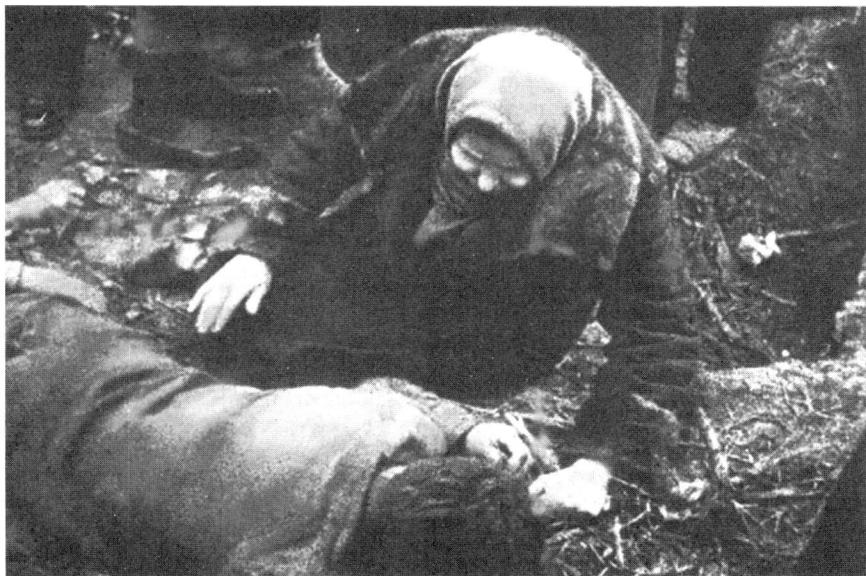

基辅死难者（左下）

第 60 集团军正迅速将德军第 59 军推向科罗斯坚，同时威胁着（并很有可能切断）后者与中央集团军群右翼的联系。

不过正如之前一再发生的那样，苏军自己给第 4 装甲集团军提供了一个用以恢复的良机。瓦图京分散兵力，打算同时朝西和西南两个方向推进。曼施泰因抓住这一有利战机，决定采取各个击破的策略，先集中精力解决日托米尔的问题，而后再在法斯托夫后方掉头东进。

从 11 月 14 日开始，第 48 装甲军开始了又一次尝试。这次，精锐的第 7 装甲师（来自第 29 装甲军）取代了第 25 装甲师，而且其运气也比上一次的友军更好。战斗发起一天后，对侧后威胁十分敏感的苏军开始犹豫并放慢了脚步。可就算这样，很明显的是，此次反击亦为时过晚，无法拯救第 59 军的命运——这个独自在科罗斯坚附近奋战的军已被苏军几乎完全包围，不得不依靠空投物资苟延残喘。在情况还未如此糟糕时，该军指挥官曾希望将部队向西撤往纵深后方；但在 11 月 16 日，希特勒下达命令——（第 59 军）必须不计代价地守住科罗斯坚。

11 月 19 日，第 13 军和第 48 装甲军夺回了日托米尔。第二天，"阿道夫·希特勒警卫旗队"师掉头东进，在 11 月 23 日进抵法斯托夫北部稍偏西的布鲁西洛夫（Brusilov）；不过此后几天的大雨将道路变成了泥潭。在北方，即便希特勒下达死命令，第 59 军还是被逐出了科罗斯坚，虽然该军在 24 日结束前的一刻都还有抓住苏军摇摆不定的弱点、夺回该城的机会——然而到第二天，受天气因素影响，曼施泰因最终还是下令暂停了行动。

（七）"他如果能多坚持一分钟"

11 月最后两周里，德军第聂伯河防线的命运得到了拯救。之所以能争取到那些宝贵时间，其中部分要归功于曼施泰因在日托米尔以东巧妙的作战行动——给瓦图京上了关于兵力集中和机动的深刻一课。但实际上最主要的原因还是瓦图京为等待好天气而错失了重击德军的机会。在这种情况下，假设希特勒承诺用以屏护集团军群右翼安全的 2 个装甲师能够到位，第 4 装甲集团军便有望彻底击败苏联的 3 个集团军。然而，霍特和曼施泰因在本月晚些时候就一致认为，哪怕能夺回基辅、重回第聂伯河一线，对大局而言也是毫无用处的。

　　继第 4 装甲集团军被钉在基辅以西后，南方集团军群余下防区的局势也在持续且不可避免地滑向悬崖边缘。11 月 13 日，乌克兰第 2 方面军在切尔卡瑟两侧建立起了小型登陆场；之后，在北部的那一个如充气般被迅速扩大，几有吞并该城、撕开第 8 集团军防线之势。在克里沃罗格北部和东部，以及尼科波尔桥头堡（第 1 装甲集团军从第 6 集团军手上接管）的当面，苏军施加的压力从未有过间断。11 月 20 日，接替冯·马肯森指挥第 1 装甲集团军的汉斯·瓦伦丁·胡贝大将向集团军群报告说，他的步兵力量已降至能够容忍的最低水平；由于人力不足，防线上的死角和空隙遍地可见；在战斗激烈之时，伤亡人数平均达到了每师 1 个营。如果无法通过空运补充大量兵员，他（胡贝）完全不相信第聂伯河防线能继续坚守下去。

　　就在同一天，曼施泰因根据未来前景向陆军总司令部提出个人观点，称苏军除预备队——大致有 44 个步兵师和一群组建于 1943 年、数量庞大但不明的坦克旅——之外，他们在战线后方仍有 33 个步兵师及 11 个坦克 / 机械化军蓄势待发。手握重兵的苏军完全有能力发起一场全面的冬季攻势，而完全被绑死在防线上的南方集团军群便只能在战术上任由对方摆布。他写道，（南方）集团军群需要拥有"足够强大的预备力量"，如果这些力量无法从其他战区获得，那就必须通过缩短东线南翼的正面挤出兵力，或是将第 17 集团军从克里木撤出。

　　虽然曼施泰因描绘的前景已经十分惨淡，但相比其麾下各集团军司令部对近期局势的判断，他仍显得更为乐观。第 8 集团军的防线在切尔卡瑟桥头堡周围和克里沃罗格的北部都存在缺口。11 月 24 日，第 8 集团军参谋长询问道，当严寒天气降临时，上峰是否有可能做出"大规模作战的决策"（指全面撤退）？对此，相当尴尬的曼施泰因只能用一句蹩脚的格言来回答："多坚持一分钟的人会赢得最终的胜利。"两天后，胡贝警告道，必须尽快做出决定、撤离尼科波尔桥头堡和第聂伯河河曲部，否则就应当为部队补充大量兵员。第二天，即 27 日，他告诉曼施泰因，称本集团军所有能用的自救手段都已用尽，他需要知道自己的集团军还得防守尼科波尔桥头堡多长时间。苏联人正在用新近收复领土上的人力来补充他们的部队；这些人作为战士虽然无法对德军产生多大威胁，但仅凭他们数量庞大这一特点就足以使德军陷入弹药不足的尴尬境地。曼施泰因回答说，他个人同意胡贝（尽快撤军）的观点，却无法让元首改变其先前的命令。

11月底，希特勒想从第4装甲集团军和第1装甲集团军中抽出部队，用以加强切尔卡瑟周围的防线。不过曼施泰因坚持说，如果苏联人再次从集团军群的北翼或南翼实施突破，那么防守切尔卡瑟（的行动）就无异于浪费时间。

12月第一周里，天气转冷，道路在几天内便被冻实，装甲师可以重新前进了。因此，曼施泰因命令第48装甲军从日托米尔北部转头向东，推进至拉多梅什利（Radomyshl'）—马林（Malin）一线；然后再向东北转进，对正在攻击科罗斯坚第59军的苏军第60集团军的侧翼展开攻击。

第48装甲军于12月6日开始从日托米尔北部发起进攻。仅在两天内，该军便克服苏军逐渐加强的抵抗，取得了良好进展。但到12月10日，苏军的抵抗已变得十分顽强且有力。谨慎的霍特没有冒进，下令第48装甲军在攻下拉多梅什利后，转而将重建第13军与第59军之间的联系作为第一要务。19日，第48装甲军做好准备，即将展开第二阶段针对苏军第60集团军侧翼的行动。但在接下来三天里，该装甲军迎头撞上了苏军扑向日托米尔的大量部队，几乎寸步未进。12月21日，第4装甲集团军命令该部转入防御。

整个11月及12月的前三个星期里，苏联人在德国第8集团军和第1装甲集团军的防御地带内打了一场规模巨大，他们完全负担得起、德国人却无法接受的消耗战。上述2个德国集团军设法使防线保持在了相当稳定的状态中，直到12月第二周、克里沃罗格桥头堡西北防线被苏军突破。乌克兰第2方面军抢在德军建立起第二道防线前肃清了切尔卡瑟以南的第聂伯河沿岸地区。12月中旬之后，原来的"沃坦"防御地区就只剩下第聂伯河在基辅和切尔卡瑟之间50英里长的一小段仍掌握在南方集团军群手里了。

二、第聂伯河桥头堡，中央集团军群

在中央集团军群防御地带内，"黑豹"防御地区最为显著的特征便是第聂伯河东岸的那个巨大桥头堡。该桥头堡南起洛耶夫（Loyev）、东至奥尔沙（Orsha），正面宽度达190英里，纵深约30～40英里。在这里，"黑豹"防线掩护着后方涅韦尔—维捷布斯克—奥尔沙—第聂伯河这一片至关重要的地区。

莫吉廖夫

西方面军
xxxxx
白俄罗斯方面军（原布良斯克方面军和中央方面军）

−10月1日
4 集
xxxx
9 集

索日河

50 集

普罗波伊斯克

3 集

索日河

11 集

日洛宾

63 集

11 月 20 日 9 集
xxxx
2 集

科比斯津纳

9 集
10月1日 xxxx
2 集

韦特卡

列奇察

戈梅利

11 月 14 日

10 月 7—8 日

伊帕河

11 月 24 日

卡林科维奇

11 月 21 日

乌达勒夫卡

11 月 10 日

48 集

普里皮亚季河

11 月 20 日

洛耶夫

65 集

61 集

白俄罗斯方面军（原布良斯克方面军和中央方面军）
xxxxx
乌克兰第 1 方面军　切尔尼戈夫

杰斯纳河

11 月 16 日

10 月 1 日
xxxxx
中央集团军群
南方集团军群

切尔诺贝利

13 集

11 月 12 日　11 月 16 日

xxxx
4 装集

基辅

图例：
━━━┏━━ 10 月 1 日时战线
╌╌┲╌╌ 11 月 21 日时战线
•••••••• 12 月 20—26 日，苏军突贯行动到达的最远线
▄▄▄▄▄ 12 月 26 日时战线

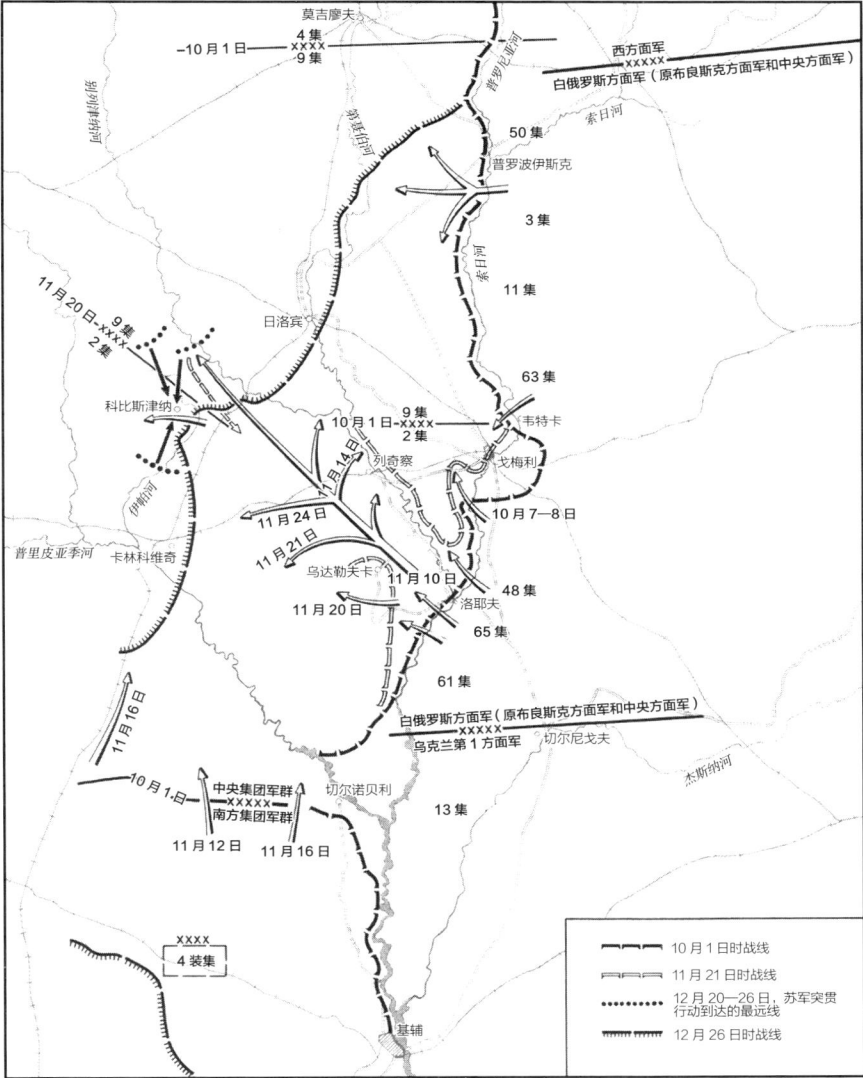

战场形势图 17：第聂伯河桥头堡，1943 年 10 月 1 日—12 月 26 日

中央集团军群在 9 月末开始（于上述地点及河流间）构筑防线。从潜力上看，这道新防线要强于"黑豹"，不过它也是（从德国本土出发）波兰边界之外的最后一道天然防线了。

尽管在夏季因为战损和抽调，中央集团军群的力量遭到了极大削弱。但与其左右邻相比，它仍是最强大的。截至 10 月 1 日，中央集团军群总兵力为 42 个步兵师、8 个装甲和装甲掷弹兵师，以及 4 个空军野战师。不过在这之中，有 12 个步兵师和 4 个装甲师实际上只是战力并未超过 1 个团的"战斗群"。该集团军群当面有 4 个苏军的方面军——其中任何 1 个的进攻能力看起来都没有出现明显下降。10 月第一周里，苏联最高统帅部大本营在中央集团军群的南翼之外将布良斯克方面军和中央方面军合并组成了白俄罗斯方面军。

（一）罗科索夫斯基占据普里皮亚季登陆场

虽然可以很安全地假设苏联最高统帅部大本营将会保持其针对南方集团军群的主攻方向（在这方面最有力的证据是大本营将布良斯克方面军和中央方面军置于单一司令部的指挥之下，而苏联在此之前从未采取过如此激进大胆的措施——一个方面军竟然占据如此广阔的地盘）。尽管如此，中央集团军群仍十分担心自己的南翼。部署于此的第 2 集团军背靠着普里皮亚季沼泽，自身力量极弱——左右两翼都是如此。北面，该集团军必须扼守索日河以东的桥头堡，以此保护位于戈梅利的铁路终点站；在其南面，沿着普里皮亚季河的下游，苏联人已经在第 2 集团军与南方集团军群的左翼间打进了一个巨大的楔子。

在 9 月末的时候，克卢格便已指示魏斯将 3 个装甲师调到右翼，与第 4 装甲集团军一道联手发起一次反击，以摧毁苏军登陆场、恢复两个集团军群在第聂伯河的联系。但苏军从第聂伯河东岸跨河增援的速度要远快于德军装甲师在西岸的沼泽地里集结和机动。而且在刚开始几天里，德方还被迫转入防御，甚至丢失了部分阵地。10 月 3 日，当第 2 集团军最终将其坦克部队投入行动时，苏军以猛烈的空袭回应了他们。10 月 4 日，第 4 装甲集团军成功占领切尔诺贝利。然而在之后两天的战斗中，第 2 集团军一直都寸步未进。

10 月 6 日，魏斯发来报告，称继续前进已毫无意义。他提议将部队后撤以缩短防线，挤出兵力来屏护桥头堡西缘防线，并恢复与南方集团军群的联系。

克卢格表示同意。10 月 11 日，第 2 集团军派出 1 个师渡过普里皮亚季河，在切尔诺贝利西北部与第 4 装甲集团军取得了联系。但就在此处，乌克兰第 1 方面军仍不受影响地控制着一个正面宽 30 英里、纵深达 15 英里的登陆场。

（二）戈梅利—列奇察

在第 2 集团军左翼，白俄罗斯方面军占领了索日河以西、戈梅利翼侧的两个登陆场。其中一个位于戈梅利以北 10 英里处、是原先第 2 集团军与第 9 集团军的接合部，与韦特卡（Vetka）隔河相望；另一个则在该城以南 15 英里处。10 月第一周里，苏军扩大了南部那个登陆场，对戈梅利城及第 2 集团军在索日河东部的桥头堡形成了严重威胁。10 月 9 日，克卢格报告说，关于第 2 集团军的桥头堡部队是否还来得及有序撤出这个问题——现在恐怕都要打个问号了。对此，希特勒同意了在"部队有被摧毁危险"的情况下放弃桥头堡。第二天，德军撤出该桥头堡，并转移到了城市南部；由于这次撤退（及转移）颇为迅速，苏军在南部登陆场的行动速度也受到了扼制。

此时在更远的南方，一个更大的麻烦正在酝酿。趁着第 2 集团军的精力被牵制在自身侧翼这一有利时机，罗科索夫斯基在洛耶夫以南，即第聂伯河及索日河交汇处的下游区域集结起了强大兵力。由此地发起、指向列奇察的渡河突击行动将对"黑豹"防御地区和位于其后方的第聂伯河斜切阵地形成迂回之势，并逼迫第 2 集团军在第聂伯河以西、游击队肆虐的沼泽和林地里重新建立一道防线。

10 月 15 日，苏军在洛耶夫以南约 20 英里宽的地段上发起突击，并很快达成突破。其中部分原因是在克卢格心目中，保持与南方集团军群的联系更为重要，因此在犹豫了足足两天后，他才把 1 个装甲师从第 2 集团军的右翼撤出以应对苏军的突破。到 10 月 20 日，苏军已在第聂伯河两岸建立了一个正面宽 60 英里、纵深达 10 英里的战役登陆场。随后两天时间里，他们从该登陆场发起了往西北方向的突击，试图切断戈梅利以西德军的铁路运输。

10 月 22 日，克卢格打电话给蔡茨勒，并要求换班（撤换部队）。前者声称，第 2 集团军早已精疲力竭，无力抵抗苏军持续不断的攻击。集团军群也无法对未来的战场发展趋势提供任何保证——除非能得到强援，否则就有必要考虑实施全线撤退的问题。同一天里，在发起一次突击并受挫后，罗科索夫斯基暂停了在洛耶夫桥头堡的进攻行动。

10 月最后一周里，罗科索夫斯基将主要突击方向转移至第 9 集团军侧翼，在"黑豹"防御地区的若干位置取得了进展，并对德军形成了多点突破的威胁。10 月 27 日，克卢格和莫德尔两人对将第 9 集团军和第 2 集团军撤至第聂伯河莫吉廖夫（Mogilev）下游河段一事展开了讨论。第二天，罗科索夫斯基恢复针对洛耶夫桥头堡的攻势行动，加剧了德军的担忧。但在本月底，对苏军目前所取得战果感到十分满意的罗科索夫斯基再次叫停了进攻。

到 10 月底，中央集团军群司令部的情况发生了变化。自 1941 年 12 月就开始指挥该集团军群的克卢格在 10 月 28 日的一次汽车事故中严重受伤，希特勒于第二天任命了恩斯特·布施元帅接替其职务。作为原先第 16 集团军的司令官，布施从苏德战争爆发后便一直在东线指挥作战。他是一位备受推崇的陆军指挥官，然而其大多数经验都来自于北方那条相对平静的战线——在那里，他没能获得证明自己是一个真正的战术专家的机会。因此，在处理与希特勒的关系这一方面，布施要比其他指挥官更为顺从一些，并倾向于在战术方面接受元首的指导。

11 月第一周里，瓦图京对基辅的进攻再次引起了中央集团军群对其南翼的关注。当苏军发起进攻时，布施让魏斯使用他在该地区仍然拥有的 2 个装甲师（另 2 个已被转移到洛耶夫登陆场区域）来扼守切尔诺贝利，并在情况必要时将第 2 集团军的侧翼向南延伸以保持与第 4 装甲集团军的联系。但在 11 月 7 日，苏军的高速突进使布施大为震惊，他在惊慌失措之下希望上级允许自己将侧翼撤出切尔诺贝利。不过希特勒拒绝了这一请求，因为他从来都不愿意给苏军（对德军侧翼）的突破让开道路。

10 日，罗科索夫斯基第三次在洛耶夫登陆场发起突击；这一次，德军的防线仅仅守住了一天。与此同时，乌克兰第 1 方面军右翼各集团军开始在切尔诺贝利以西 40 英里处向北推进，直插第 2 集团军空门大开、毫无防备的右翼。11 月 12 日，魏斯请求将他的部队从南翼撤出，以应对中央位置更大的危险。但陆军总司令部再次强令他坚守切尔诺贝利。第二天，白俄罗斯方面军的前锋已突进至列奇察以西地区，魏斯因此提议放弃戈梅利，把集团军北翼撤回到第

聂伯河后方，从而释放出部队应对危局。然而希特勒拒绝了这一提议。到 14
日，罗科索夫斯基将早已推进至列奇察西北地区的突击矛头调转了方向，向东
直插第聂伯河。

　　在第 2 集团军中心地区缺口的长度被扩至 8 英里后，希特勒指示莫德
尔和魏斯各挤出一个师发起反击，以封闭这一缺口。魏斯后来又加上了第三
个师——其南翼两个装甲师中的一个——于 11 月 18 日进行反击，但此次行
动在两天内一直没有取得进展，之后被迫取消。与此同时，瓦图京所部夺取
了切尔诺贝利，罗科索夫斯基的部队则在列奇察后方往西转向了卡林科维奇
（Kalinkovichi）——该地是控制第 2 集团军所有补给线路的重要铁路枢纽。

　　11 月 20 日，魏斯将参与上述反击行动的其中两个师转移到西部以掩护卡
林科维奇，并将别列津纳（Beresina）河以北和第聂伯河以东的防区（包括对
戈梅利的控制权）移交给了第 9 集团军。此后，对第 2 集团军来说，压倒一切
的重心就是在普里皮亚季沼泽地中建立起一道可靠防线。正如在这种情况下几

普里皮亚季沼泽里的"潘杰"（Panje）农用马车

乎总会碰到的那样，第一个棘手的问题便是如何在战术上达成一致。魏斯、布施和蔡茨勒的想法是通过机动来获得（各地区在力量上的）平衡；但希特勒仍然坚持自己的老套做法，也就是把原防线的残余部分当成"角柱"，然后进行反击以封闭突破口。19 日晚上，德国独裁者命令魏斯坚守其防线上未被突破的部分，直至接到进一步行动的指令。这就使该集团军陷入了一个极为特殊的境地（虽然在那时已经算不上不同寻常）——主力部队此时正被钉在关键战区前方 40 英里的地方。

第二天早上，在征得布施同意后，魏斯给蔡茨勒打了电话。他报告道，拥有强大步兵支持的苏军坦克兵和骑兵现在距离卡林科维奇仅 19 英里。如果他们占领了这个城镇，本集团军的油料便会在两天内耗尽，弹药也只能再支撑四天。事实上，他还补充道，苏军都不用攻占此地，只需简单地切断两条铁路线就可以达成相同目标。而且这种行动可由骑兵单独完成，毕竟在林地和沼泽地形中，苏军骑兵要比处于防御状态的德军装甲部队更加灵活。退一万步讲，即便这两个装甲师设法挡住了苏军对卡林科维奇的进攻，效果亦是暂时而非永久性的。一俟苏联人绕过城镇向北推进，德军就不得不通过延长防线加以回应，而后整条防线便会被彻底拉长、削弱，直至最后崩断。因此，必须将整条防线往后撤，而且应当尽快做出这一决定——如果行动太过匆忙，那么大多数重型车辆就会被困在沼泽地里无法撤离。蔡茨勒回答说，自己前天晚上曾试图说服希特勒赋予第 2 集团军自由行动的权力，不过最终失败了。他承诺会再试一次，但在当前情况下无法给出任何保证。临近午夜时，陆军总司令部作战处长致电中央集团军群并通知他们，希特勒再一次拒绝了撤军的请求。

第二天，苏军在乌达勒夫卡（Udalevka）以北撕破第 2 集团军的防线，往西南方向扫荡前行，威胁着要合围该集团军右翼。11 月 22 日下午，希特勒终于无可奈何地接受事实，允许了魏斯的撤退请求，但不准其越过自己详细划定的卡林科维奇以东至该城以北的铁路线。该集团军战争日志指出，如果相关命令在一周前下达，撤退行动就能顺利进行并避免巨大损失。当晚，魏斯向集团军群报告说，希特勒划定的防线穿过了一片茂密难行、游击队活动频繁的沼泽森林，很难"抵达，占领或扼守"。他要求在自己的任务区内自由地于普里皮亚季沼泽东部建设一道防线，而不是被限制在上级指定的某个位置。

与此同时，罗科索夫斯基已为德军准备了一个令其不快的"惊喜"——在不为德方所察觉地进行快速调整后，他的部队于11月22日清晨向普罗波伊斯克（Propoysk）以南的第9集团军中央地区发起了一次猛烈而突然的袭击。仅在第二天，苏军就于别列津纳河以南第2集团军和第9集团军的接合部打开突破口，并在此处投入一个强有力的进攻矛头，切断了德军从卡林科维奇向北的铁路线。

此时，第9集团军围绕着戈梅利的防线已经变成一个巨大而又委顿、在战术上毫无用处的突出部。该城作为铁路终端的价值早在10天前、苏军切断列奇察以西铁路线时便已不复存在。11月23日，希特勒终于允许莫德尔开始撤退，不过在签署撤退命令前又犹豫了24个小时，因为他担心戈梅利的失守会导致"回声"般的不良后果。在很多情况下，希特勒往往都是不情愿地做出让步，但这次的"不情愿"绝对甚于以往——德军在此次战役中失守的城市面积大到了足以引起全球新闻界重视的地步，莫斯科方面甚至为此举行了庆祝活动。

（三）"尼古劳斯"

11月25日，布施命令第9集团军封锁普罗波伊斯克的苏军登陆场；同时，他还要求第9集团军和第2集团军联手向其结合部的缺口发起反击，以封闭苏军的突破口，并重新夺回对铁路的控制权。然而，由于缺少足够的部队，封锁登陆场的命令根本无法执行。此外，苏军已在"黑豹"防线上撕开了一道50英里长的缺口，并向西突入20英里；第9集团军现在所能做的也不过是稍微延缓一下他们的前进速度。第9集团军和第2集团军原本计划在11月30日执行第二道命令（封闭突破口），但苏军在接下来几天里向西北推进的力量是如此之强、速度是如此之快，以至于两个集团军都无法抽出力量实施反击。对此，陆军总司令部承诺将从意大利抽调第16装甲师来支援他们。然而仅仅1个师的力量无异于杯水车薪，因此布施建议把第9集团军中央的部队撤回第聂伯河，以挤出额外2个师的兵力。希特勒始终没有同意（布施的建议），直到11月30日，罗科索夫斯基的部队出现在普罗波伊斯克以西的第聂伯河上、摧毁了更深远南方"黑豹"防线的最后残存部分时其态度才有所转变。

到月底，第2集团军在卡林科维奇以东建立起了一道新防线，不过相较希特勒划定的位置稍微往西偏了几英里。12月4日晚，第9集团军也完成了撤退行动。由于防御条件在一定程度上得以改善，两个集团军开始准备发起反击以缩小缺口；12月6日，他们发布了代号为"尼古劳斯"的反击命令。为给第16装甲师进行兵力部署留出时间，德军将反击发起时间定在了12月16日。但在本月8日过后，苏军马不停蹄地对第2集团军北翼发起了强有力的攻击，将该集团军所有预备力量都死死钉在了防区内；到12月14日，别列津纳河及第聂伯河三角地带内也爆发了激烈战斗，第9集团军因此不得不请求将行动推迟到12月20日。

反击行动最终于10日正式开始——从时间上讲，这次行动就已经达成了突然性。该行动的最初进展甚至超出了德军原本对其最为大胆和美好的想象。行动发起第二天，第9集团军和第2集团军的前锋就在科比斯津纳（Kobyl'shchina）会师。接着，集团军群命令各师迅速调整部署，调头向东肃清铁路沿线。此时，无论集团军群还是集团军司令部的眼睛都只盯着缩小缺口这一件事情，而且他们对于最终实现这一目标也没有十足信心。

22日，德军继续发展进攻。尽管苏军从侧翼调来数量众多的部队，抵抗越来越激烈，但进攻一方还是取得了不俗进展。三天后，德军的北翼抵达铁路线附近，南翼却被阻挡在苏军依托伊帕河（Ipa River）而设立的一道坚固防线上。26日，担心自己北翼安全的布施将第16装甲师抽出并调往第3装甲集团军，指示莫德尔和魏斯停止反击，同时寻找有利地形构筑防线。

鏖战近三个月之后，第9集团军和第2集团军终于再一次建立起了连续防线。在这期间，他们躲过了苏军一系列致命的突击，而且很多时候都是险而又险地避开了灾难。当然，两部也为此付出了高昂代价——第聂伯河上的桥头堡有一半被苏军摧毁，相应地，足有100英里长的东岸河段落入其手；在南翼，中央集团军群和南方集团军群之间出现了一道长达60英里的缺口。

然而对于白俄罗斯方面军而言，这场持续近三个月的秋季战役的突出特点就是枯燥和毫无价值。它虽然具备上升至战役甚至战略层面的潜在可能，但有迹象表明，苏联最高统帅部大本营没有能力——实际上是没有意愿——将其变成事实。这场对于双方来说代价都极其昂贵的会战之所以会爆发，完全就是因为占据主动权的苏联人害怕失去它，或是担心战争陷入僵局罢了。

第十章

潮头奔涌

一、涅韦尔突破

（一）北方集团军群

　　相较本国其他几个集团军群而言，北方集团军群在 1943 年夏天的战局简直可以用"安静"来形容。列宁格勒方面军的表现谈不上尽如人意——该部在 7 月底围绕拉多加湖南岸姆加"瓶颈"地区爆发的那场会战中的表现与苏军其他几个方面军相比存在着十分明显的差距。在北方集团军群战线内外，苏德双方的力量几乎不分伯仲：北方集团军群的兵力为 710000 人，苏联方面的列宁格勒方面军、沃尔霍夫方面军、西北方面军和加里宁方面军的兵力总数为 734000 人（其中，加里宁方面军骑跨在中央集团军群和北方集团军群的作战分界线上）；然而这只是目前的情况，到未来，北方集团军群面对的敌手还包括苏军部署在其纵深后方约 50 万人的预备力量。苏德双方在炮兵上也基本持平，但苏军的储备力量不容忽视。在装甲部队和空军方面，苏德对比则呈现出了完全一边倒的态势——7 月中旬时，北方集团军群共计拥有 49 辆坦克，其中只有 40 辆还能投入战斗；苏军在前线的坦克数量为 209 辆，储备待用的（坦克）预计多达 843 辆。到 9 月 15 日，北方集团军群的可用坦克仅剩 7 辆。此外，负责为集团军群提供空中支援的第 1 航空队在 1943 年下半年的出动架次仅为（同一战区内）苏联空军同期的一半。

　　8 月，德军通过空中侦察发现苏军在北方集团军群两翼的活动正逐渐增强。北面，在列宁格勒和奥拉宁包姆包围圈之间、态势极度危急的芬兰湾海面上，苏联方面短途航运活动的骤增表明他们很快就可能会尝试突破奥拉宁包姆口袋，并将该地域与列宁格勒周围的防线连到一起；南面，在叶廖缅科指挥下，加里宁方面军开始以北方集团军群与中央集团军群的接合部为目标，展开兵力集结。为应对上述及其他可能出现的威胁，北方集团军群将 5 个步兵师从一线抽出，组建了集团军群预备队；但在 9 月前两个星期里，陆军总司令部从这个预备队中抽走了 2 个师，将其移交给了南方集团军群。

9 月 19 日，在中央集团军群撤至"黑豹"防线后，北方集团军群接管了前者最北翼的第 43 军。此举使该集团军获得 3 个师的兵力，但承担的任务也相应增加了：他们不仅要多防守 48 英里长的防线，还要负责防守两个重要的铁路和公路枢纽——涅韦尔和新索科利尼基（见战场形势图 18）。到 9 月底，对于苏方正准备在北方和中央两个集团军群边界地区发动进攻一事，德方已无人再心存侥幸：这一地区森林湖沼密布、交通状况极差（即便按照俄罗斯方面的标准也是如此），游击队活动频繁，一直是东线德军力量最薄弱的环节。在 1941 年的冬季攻势中，苏军就是在这个方向上形成了巨大的托罗佩茨突出部；在 1942—1943 年的冬季战役里，他们进一步包围并夺占了大卢基，而且差点占领新索科利尼基。当然，与德军在其他地方——尤其是斯大林格勒——的损失相比，北方集团军群的这点损伤显然不值一提。但问题在于，苏联最高统帅部大本营绝不会满足于此、仅仅是零敲碎打，终有一天他们会胃口大开，去尝试更大胆的作战方案——从两个集团军群的接合部直插里加湾，将北方集团军群完全包围在波罗的海岸边。

（二）突然性、恶果、游击战

在 9 月底至 10 月初的几天时间里，德国人几乎没有获得任何关于加里宁方面军行动的情报：恶劣天气使他们无法进行空中侦察，苏联人也首次改变了无线电通信的方式并开始保持无线电静默。

10 月 6 日凌晨，苏联突击第 3 集团军的 4 个步兵师和 2 个坦克旅对第 2 空军野战师发动突然袭击，于第 3 装甲集团军左翼达成突破。第 2 空军野战师在苏军的首波攻击中就已分崩离析。震惊于胜利来得如此容易的苏军迅速回过神来，匆忙将 1 个近卫步兵师打散，让该师成员搭乘坦克和卡车，向北方集团军群后方的涅韦尔快速突进；他们在敌军反应过来之前突然出现了涅韦尔，惊慌失措的守军在进行零星抵抗后，于当天中午撤出了该城。

德国人的第一感觉是大意失荆州，但事态还未严重到不可挽回的地步。屈希勒尔迅速将北方集团军群预备队剩余那 3 个师投入突破口，希特勒则一如既往地亡羊补牢，下令突破口两侧部队不惜一切代价守住"角柱"。6 日晚些时候，预备队中的某师已有 1 个团赶到涅韦尔北部，于是屈希勒尔命令该师在第二天

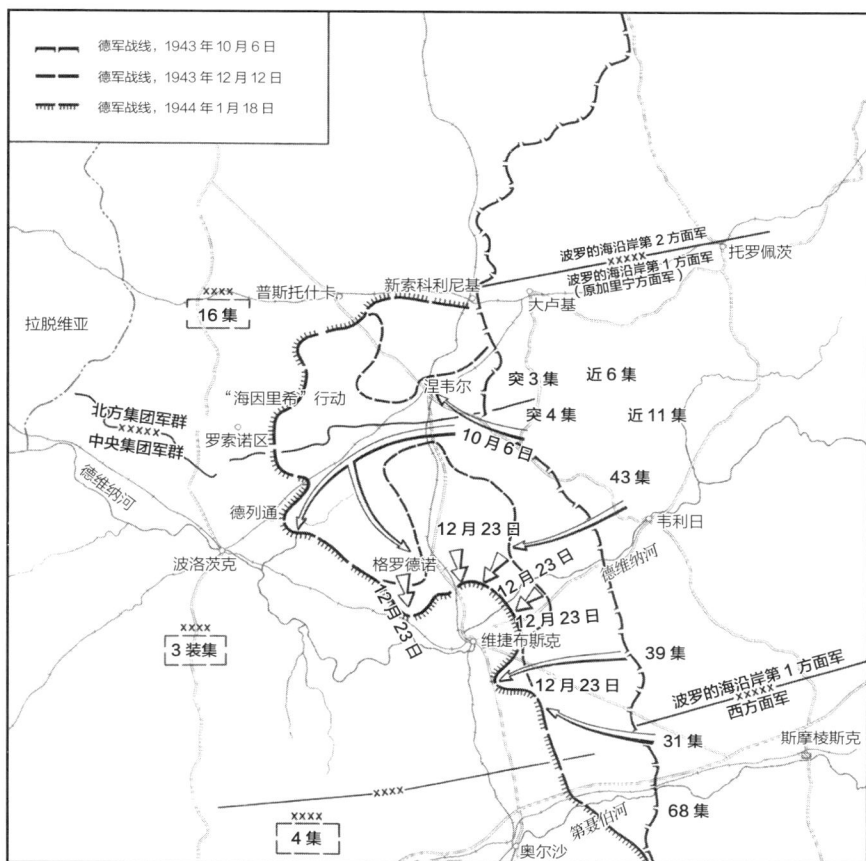

德军战线，1943 年 10 月 6 日
德军战线，1943 年 12 月 12 日
德军战线，1944 年 1 月 18 日

拉脱维亚
普斯托什卡
16 集
新索科利尼基
大卢基
波罗的海沿岸第 2 方面军
波罗的海沿岸第 1 方面军（原加里宁方面军）
托罗佩茨

"海因里希"行动
涅韦尔
突 3 集
近 6 集
北方集团军群
中央集团军群
罗索诺区
突 4 集
近 11 集
德维纳河
10 月 6 日
43 集
德列通
12 月 23 日
韦利日
波洛茨克
格罗德诺
12 月 23 日
12 月 23 日
德维纳河
12 月 23 日
3 装集
维捷布斯克
12 月 23 日
39 集
波罗的海沿岸第 1 方面军
西方面军
12 月 23 日
31 集
斯摩棱斯克
4 集
68 集
奥尔沙
第聂伯河

战场形势图 18：苏军在涅韦尔的突破，1943 年 10 月 6 日—1944 年 1 月 18 日

整建制地发起反击。

德军在接下来两天里麻烦不断。准备反击的那个师的炮兵还位于后方无法及时赶到，该师被迫将行动时间向后推迟了 1 天。当反击终于在 8 日发起时，他们又迎头撞上了苏军一支从城内出击的强大部队，只得仓皇退回。当天结束时，北方和中央两个集团军群间的缺口不仅没有缩小，反而延长至 15 英里。正所谓"屋漏偏逢连夜雨"，此时，苏军的游击队也赶来凑热闹——他们彻底破坏了铁路，正通过铁路前往战场的另两个预备队师因此被迫转道涅韦尔以北 130 英里处的普斯科夫进行卸载，准备从那里采用摩托化机动方式到达目的地，结果又找不到足够数量的卡车。10 月 9 日，屈希勒尔无奈做出决定，等增援部队全部完成集结后再发起反击，以缩小突破口。

除了在战术层面上造成巨大麻烦外，涅韦尔的失守还让北方集团军群和中央集团军群受到了元首指挥部的严厉指责。希特勒在第 10 号元首命令中委婉指出，苏方已经形成攻击德方接合部的习惯，这种攻击一旦达成突破，德军就要耗费很长时间去解决相应问题——突破口两侧的部队往往只管"自家门前雪"，互相推诿让其他部队充当冤大头。因此，他命令各集团军和集团军群把保证接合部的安危"当成荣誉使命"来对待。

在间接指责之后，仍感到愤怒不已的希特勒要求各集团军群对涅韦尔的失守做出解释，并详细上报部队的损失。克卢格解释说，第 2 空军野战师刚一遭到重炮和火箭炮打击就失去勇气，随后的坦克突击更是将其推入了绝境。他认为，当前德军上下需要认清的一点是，他们会越来越扛不住——不管是没有能力还是没有意愿——苏联军队的一次决定性打击；克卢格补充道，中央集团军群最近接收到的补充营有三分之一是由德意志裔（德意志帝国原领土以外的德裔）兵员组成，这些人甚至在公开场合表示自己并不打算为德国而战。第 16 集团军参谋长在被问到"涅韦尔这么好的要塞为什么会这么快失守"这一问题时回答道："再好的地方要是没有军队控制，又有何意义？"

10 月 10 日，希特勒为自己的怒火找到了另一个发泄渠道。当中央集团军群要求将第 2 空军野战师残余部队合并到一个陆军师之中时，希特勒断然表示拒绝，而且使用的理由是自己不希望空军的好部队被陆军带坏。

对于各集团军群司令部而言，第 10 号元首命令纯粹就是赤裸裸的羞辱。

因为它表达出了这样一层讽刺之意，即德军将军们连这种最古老的——当然也是现在苏联人最有名的——战术层级的伎俩都看不出来且无法应对。在过去一年时间里，苏军几乎每一次突击的首选对象都是德军的接合部；因为对于拥有庞大而活跃的游击队及特工情报网络的他们而言，发现和定位德军的接合部从来都不是问题。然而，从德军司令部的角度来看，这种看起来粗暴且缺乏想象力的战术手段反而经常可以"乱拳打死老师傅"，没有比这种结果更让他们感到沮丧的了。而且，"不是对手太强，而是自己太无能"这种清晰而残酷的认识更是把德军最后一丝用以自我慰藉的幻想都剥得一干二净：由于前线人员严重不足，各处防线均处于紧绷状态，因此在每一次接合部遭遇突击时，（组成接合部的）相关部队都会不可避免地想要先观望一下，摸清苏军的主要突击方向到底指向哪里。此外，无论哪个单位都会暗自祈祷自己的防区不要首当其冲；即便接合部相邻的部队都有积极作为的意愿，他们在行动上通常也很难同步；而且几乎毫无例外的是，各部队的首要关注点都不是如何封闭突破口，而是自己的防区是否会遭到进一步摧残。简而言之，被希特勒用"荣誉"来敲打鞭策的集团军群、集团军及以下各级司令部虽然感到不满和脸上无光，但面对失败风险、没有预备队、缺乏装备和人员的他们在进行"荣誉还是存活"这种关键抉择时，终究还是会倾向于"死道友不死贫道"的自保哲学。

不过在战争中，前线战斗人员偶尔也会遇到"无福消受"（敌人的攻击）的情况。比如在突击涅韦尔的过程中，加里宁方面军就显然遇到了这种"好事"。对于一个训练有素、头脑灵活的指挥员来说，这可能只是一次愉快的挑战；可对于当时的方面军司令部而言，即便时间已经到了1943年末，这类事态自身带有的不确定性仍然会引起不安和焦虑。10月9日，即届希特勒做出推迟反击决定的那一天，叶廖缅科突然勒住缰绳，停下了苏军突进的脚步。在随后几天的战役间隙中，北方集团军群和中央集团军群分别在突破地段西缘投入一个军级司令部，拼凑出了一道临时防线。为充分利用这一宝贵的喘息之机，两个集团军群计划投入3个师展开反突击——其中2个来自北方集团军群，剩下那个来自中央集团军群——行动时间就安排在本月中旬。但在10月14日发动反击前的最后一刻，认为投入兵力还不够强大的希特勒叫停了这次作战。

15日，苏军再次变得活跃起来。然而，他们这次努力的方向指向了突破口东北缘,这表明叶廖缅科仍未摆脱"侧翼恐惧症"这一苏军的传统痼疾,不敢恢复果断的进攻。但与此同时,北方集团军群也对苏军在新索科利尼基东部地区的集结,以及由此再次发起突击的可能性感到担忧。19 日,当中央集团军群提议联手缩小两个集团军群间的突破口时,屈希勒尔宣称,因考虑到新索科利尼基面临的危险,他认为北方集团军群无法抽出部队进行配合。无奈之下,深信叶廖缅科很快就会真正恢复进攻的中央集团军群准备单干,不过希特勒再次横加干涉,取消了该集团军群的反击计划。10 月 26 日,在中央集团军群被迫将自己手中作为预备队、原定用于实施反击的装甲师归还给南翼的第 9 集团军之后,两个集团军群都失去了在涅韦尔附近发动进攻的能力。

到月底,苏联人依然掌握着战场的主动权,并显露出了立即加以运用的迹象。自本月中旬以来,从东部前往托罗佩茨和大卢基的铁路运输量一直在稳步增长。苏军正在酝酿大动作的一个明显事实就是:前布良斯克方面军司令部、现在的波罗的海沿岸第 2 方面军司令部在波波夫领导下,接管了加里宁方面军(现称波罗的海沿岸第 1 方面军)北面一半的战区;在涅韦尔突出部突击第 3 集团军的左翼,突击第 4 集团军的部队也正不断抵达。

大难当前,现在已经必须做出点什么加以回应了——最不济也要减少后方游击队带来的威胁。涅韦尔正西方那片区域是整个东线战场上游击行动最活跃的地区之一:在这片面积达 2000 平方英里(约 5179.98 平方公里)、遍布森林和沼泽的矩形区域内,北方集团军群现已确认的游击队就有 19 个旅,兵力总数达 25000 人。在位于这片矩形区域大致中央位置的罗索诺区(Rossono Rayon,在涅韦尔以西 50 英里处),游击队完全重建了苏联的统治体系,他们建起了集体农场,甚至还能提供不定期的邮政服务,以加强敌占区和己方势力范围的联系。在北部、西部和南部,游击队分散在北方集团军群和中央集团军群后方,其中一些四处活动、来去无踪,另一些则集中在固定区域,就像在罗索诺区那样。

在过去几年时间里,没有哪个集团军群有能力单独实施一场彻底的反游击作战;到 1943 年秋天,他们更是从根本上失去了这样做的机会。10 月,在屈希勒尔要求下,北方反游击行动的主要力量,即 12 个"东方营"(Osttruppen,主要由苏联战俘中的哥萨克人组成,自愿为德国而战)被转移到了德国本土和法国——原因是他们现在已不再可靠，经常有整建制的部队带着武器和装备向游击队投降。10 月 14 日，希特勒命令负责白俄罗斯地区反游击行动的党卫队副总指挥（中将）埃里希·冯·登·巴赫－热勒维斯基发动一场针对罗索诺区游击队的行动。在接下来两个星期里，冯·登·巴赫集结起 19 个由警察、拉脱维亚志愿者和警卫部队组成的混合营，并于 11 月 1 日发起了"海因里希"行动，使用大约 2 个师规模的兵力，从南北两个方向对罗索诺区发动对进攻击。

（三）进攻和反击

在 11 月 2 日清晨的大雾中，突击第 3 和第 4 集团军突破了第 3 装甲集团军位于涅韦尔西南的左翼。在这之前的 5 天时间里，苏军以猛烈的攻击在第 3 装甲集团军的防线上凿出了一道深深的口子，为后续突破行动铺平了道路。在冲过宽达 10 英里的突破地段后，突击第 3 集团军转头向北插入第 16 集团军侧后；突击第 4 集团军则奔向西南，突入了第 3 装甲集团军后方。

中央集团军群立即从第 9 集团军中抽出了 1 个装甲师调往北方。有了这个装甲师加入，第 3 装甲集团军位于突破口的侧翼便能得到一定加固，并有望将突击第 4 集团军的突贯偏折至西南方向，远离该装甲集团军后方。然而，北方集团军群就没那么幸运了。突击第 3 集团军更具侵略性的行动模式表明，该部是新一轮进攻行动中的主攻力量。为此，屈希勒尔从第 18 集团军中抽调了 6 个步兵营，以帮助第 16 集团军撑住朝西北方向弯折的右翼。此时，集团军群和集团军形成了统一意见——苏军将持续增加（施加于）此处的压力。

11 月 4 日，希特勒将屈希勒尔和布施召到元首指挥部。在将涅韦尔战局描述成一个"肮脏的烂摊子"后，德国独裁者又将挽回战局不力的责任归咎于北方集团军群右翼那个军的参谋长，并将其定性为一事无成的"失败主义者"。接着，希特勒宣称他打算立即封闭苏军的突破口。这一想法得到了布施附和，因为他的司令部之前就提出过由两个集团军群联手实施反击（以封闭突破口）的建议。然而屈希勒尔提出了反对意见，他不愿冒着暴露侧翼的风险发动反击；而且，正如自己曾经间接指出的那样，他也很难完全理解希特勒和布施对于集团军群侧翼安全的焦虑和强调。屈希勒尔更担心的是苏军解放列宁格勒的意图，以及指向此处的兵力集结的迹象。他警告希特勒说，由于过去几天的气温远低于冰点，苏军随时都有可能发动对列宁格勒附近德军的进攻。因此，屈希勒尔不愿将力量过多地投向南部翼侧，因为这会削弱集团军群北部的力量。他坚持认为试图通过缩短防线来挤出兵力的行为极其危险，因为这可能会引发连锁反应。但希特勒最终还是将屈希勒尔的顾虑丢到一边、不予理会，并在会议结束时命令两个集团军群在 11 月 8 日之前做好准备，随后从南北两个方向同时发起反击，以封闭突破口并包围苏联那两个突击集团军。

截至 11 月第一周结束，德军仍然牢牢把守着突破口两侧阵地，不过突击第 4 集团军派出了 2 个师的兵力，向西一直挺进至德列通（Dretun）——此地深入第 3 装甲集团军侧后方达 30 英里。为了至少象征性地限制苏军向西的推进，德军不得不提前停止"海因里希"行动，并把冯·登·巴赫的反游击部队转向东方，在集团军群后方建立起一道掩护线。

为完成任务，屈希勒尔准备将 4 个步兵师（2 个来自第 18 集团军，2 个来自第 16 集团军）调至他的右翼。然而这些部队首先要更改原先的驻止状态，在某些情况下还要搭乘卡车和列车机动数百英里才能到达相应位置，这一切都需要时间。到 11 月 7 日，突击第 3 集团军在北方集团军群后方又占领了更多地区，叶廖缅科的近卫第 6 集团军和第 11 集团军各部队也正源源不断地越过突破口，在德军两个集团军群的后方如水银泻地一般往南北两端展开，形成了一个巨大突出部。但叶廖缅科的目光似乎仍然局限且专注于突出部北缘。到目前为止，他还没有表现出兵锋西指的想法和兴趣，这对德国人来说当然是幸运的——集团军群司令部观察到，那些党卫军将军在自己防区内的指挥完全是"印象派的零敲碎打"，一旦苏军袭来，后果将不堪设想。

11 月 8 日，第 3 装甲集团军用 2 个师（1 个装甲师和 1 个步兵师）发起反突击，由南向北进入了苏军的突破口。当天结束之前，他们向前推进了将近 5 英里。在原定计划中，北方集团军群应于 9 日上午从突破口另一侧发起对进突击，但屈希勒尔反对说，他所有的部队都被钉在了原地，无法按计划实施攻击；中央集团军群也因此指责北方集团军群，说后者拒绝这次作战仅仅是因为"不愿意"。在 4 天前的会议上就被屈希勒尔的冷淡态度所激怒的希特勒表示"拒绝接受任何解释"，并命令北方集团军群"站在荣誉的高度上"，必须不迟于 11 月 10 日进行反突击。第二天，当中央集团军群停下脚步等待北翼友军的行动时，屈希勒尔匆忙凑出了一支由 7 个营组成的临时部队。当这些部队在 10 日按计划发起进攻时，他们先是遭到了苏军重炮的打击，然后就被敌人的反击赶回了进攻出发阵地。

与此同时，苏联人在德军集团军群的侧翼继续推进，将突出部的南北宽度拓宽到了足有 50 英里。他们南进的方向基本与波洛茨克（Polotsk）—戈罗多克（Gorodok）一线平行；在北部，苏军突进到了普斯托什卡（Pustoshka）南部，距离从新索科利尼基向西延伸的铁路线仅有不到 10 英里距离。现在，苏军再一次故伎重施——只不过用的力量更大了——开始回头向东攻击北方集团军群的右翼。

接下来，就下一步如何行动的问题，希特勒和屈希勒尔争吵了整整一个星期。前者要求发起反击，并指示后者说，如果必要，可以将整个第 18 集团军抽出来；后者则坚持认为，当务之急是消除苏军对自己侧翼的威胁。最后，当他在 11 月 18 日从元首指挥部返回集团军群后，其（屈希勒尔）获准采取下列行动：首先摧毁集团军群侧后方的苏军突出部，而后发起反击，突入涅韦尔南部缺口。第二天，屈希勒尔从第 18 集团军中抽出了另 1 个师。然而到 11 月 21 日，近卫第 11 集团军突然全军出击，迫使中央集团军群将 2 个已进入突破口的师撤回到出发阵地。此举极大减少了德军堵住突破口的可能性，甚至从苏军投入突破口的部队数量就可以明显得出这一结论。不过，希特勒还是坚持要求北方集团军群继续执行原定的那两项任务。

随着 11 月中旬逐渐过去，气温在连续数周低于零摄氏度后突然开始回升。这种相当反常的气候现象——对于俄罗斯北部地区而言——给德军的反击计划造成了灾难性后果。由于气温在冰点以上徘徊，地面开始解冻。11 月最后一周到来时，道路变成了 2 英尺深的泥坑，轮式车辆完全无法通行。对前线的物资补给只能依靠履带式车辆完成；在某些地方，北方集团军群的部队甚至不得不通过空投获得补给。

原定于 11 月 24 日发起的反击一直拖到了 12 月 1 日才开始，而后又不幸地遇到了降雨和泥泞。恶劣的天气状况完全排除了空中支援的可能。在反击发起的第一天，从正西面向突出部北部发起进攻的 2 个师只推进了不到 3 英里；原本跟在部队后方的突击炮被一条小河拦住去路，而后在河边待了整整 5 天。

12 月 6 日，屈希勒尔发出报告，称自己打算将反击行动继续下去：他手中还有 1 个来自第 18 集团军的师，而且他认为天气会给苏联人的补给带来相同麻烦。但一心想要封闭涅韦尔突破口的希特勒拒绝了往西方向再投入更多力量，他在 12 月 8 日将屈希勒尔叫到了元首指挥部，并命令后者于本月底之前向突破口发起攻击。

（四）维捷布斯克

相对温暖的天气也拖住了苏军的脚步。11 月第三周里，之前一直在漫无目的向南部和西部推进的突击第 4 集团军突然转头向东，直逼第 3 装甲集团军后方的戈罗多克和维捷布斯克。11 月 23 日，该集团军的前锋距离戈罗多克这个控制着第 3 装甲集团军北翼生命线的公路／铁路枢纽已不足 3 英里，同时该部由坦克和骑兵组成的突击矛头也到达了位于维捷布斯克西北 10 英里的地方。此举使第 3 装甲集团军陷入两难：要么选择将侧翼撤回以守住维捷布斯克，要么冒着侧翼被粉碎和丢掉维捷布斯克的风险继续进攻。该集团军司令莱因哈特敦促布施收回侧翼以确保维捷布斯克的安全，但后者表示反对。布施在反对时援引了希特勒最偏爱的两个战术理论——"缩短防线会解放出更多的苏联军队"和"德军对侧翼安全的钝感将减少苏军的锐势"。这些理论在某些理想状态下当然有效，在最近带来的却是不止一次的灾难。解冻期间，突击第 4 集团军向戈罗多克的推进逐渐停了下来，并开始往维捷布斯克西北方向撤退。

北方集团军群摧毁敌军突出部北端的努力最后以失败结束，苏军也终于有了时间来实施自己的计划。但实际上，他们的实力远不足以匹配其自身运气：此处的苏军已经为一次深远战役突破、甚至是战略突破铺平道路（指向北方集团军群和中央集团军群的接合部），可最高统帅部大本营根本无意进行任何上述规模的尝试——其主要兵力集团正在战场南部酝酿另一次重大的冬季攻势。苏联的物资储备规模虽然相当庞大，却不是取之不尽、用之不竭的：比如在这一年的秋天，最高统帅部大本营就不得不将大量新解放地区的应征新兵直接投入战斗，以此节省出那些训练有素部队需要的资源。

位置靠南的维捷布斯克的重要程度相对较低，但在战术和宣传层面上仍有不少价值。它不仅是一个重要的公路和铁路枢纽，同时与奥尔沙一道扼守着西德维纳河与第聂伯河之间约 50 英里宽的陆桥——这里自古以来都是通往俄罗斯腹地的重要门户。10 月至 12 月第一周这段时间里，苏联西方面军和德国第 4 集团军围绕着奥尔沙爆发了激烈战斗；前者曾 4 次试图夺占此地，但均被后者所挫败。

12 月 13 日，近卫第 11 集团军从东北、西北和西南三个方向对第 3 装甲集团军的北翼展开攻击。两天内，该部就达成了深远突破，即将在第 3 装甲集团军的防御地带内形成两个合围圈（各围住一个德国师）。莱因哈特希望后撤的请求不仅被布施直接拒绝，其本人还收到了来自陆军总司令部的进一步警告——元首决心从北部封闭突破口，因此在任何情况下都必须守住部队的侧翼。一天后，莱因哈特最北端的那个师完全陷入了苏军的合围圈，其西南方向那个师通往后方的公路和铁路也被切断。此时，无计可施的莱因哈特只得命令在北端的那个师自行突围。12 月 16 日，原先拥有 7000 人的该师以 2000 名士兵以及所有火炮、重武器和车辆的损失为代价，突出了苏军的合围圈。

一名哥萨克骑兵

16 日，希特勒终于承认这一事实，即封闭涅韦尔的突破口已无可能。然而他还是和往常一样，不想看到前线发生任何变化：他命令各集团军群必须粉碎敌军扩大战果的任何企图。12 月 17—23 日间，被希特勒不停骚扰——比如"除非面临不可抗拒的压力，否则不允许撤退"——的莱因哈特将其侧翼往回收缩，并在维捷布斯克北面 20 英里处形成了一道不规则的弧形防线。

此时仍然无法确定的问题是，苏联人下一步会怎么做。针对苏军可能转头向西突进的顾虑，莱因哈特加强了自己在西部的防线，陆军总司令部也从北方集团军群中抽出 2 个师，将其填入了中央集团军群位于波洛茨克以东的左翼。12 月 23 日，叶廖缅科用行动给出了答案：突击第 4 集团军、近卫第 11 集团军、第 39 和第 43 集团军向维捷布斯克展开向心突击。进攻发起两天后，苏军将德军的防线往后平推了数英里；在城市西北部和东南部，苏军的坦克部队和步兵深深楔入了第 3 装甲集团军的防线，切断了维捷布斯克—波洛茨克铁路线，并对维捷布斯克—奥尔沙铁路形成了威胁。为防止被苏军合围，中央集团军群将新近从北方集团军得到的 2 个师投入维捷布斯克，并在 28 日又投入了来自第 9 集团军和第 2 集团军的各 1 个师。因此在接下来的 6 个星期里，尽管叶廖缅科一直在以坚定意志驱赶着苏军不停向前突击，但德军还是守住了他们的防线。

在第 3 装甲集团军撤至维捷布斯克周边地区后，北方集团军群向涅韦尔伸出的侧翼就变成了毫无用处的累赘。12 月 27 日晚些时候，希特勒决定让屈希勒尔拉直他在突破口北部的防线，以此挤出足够兵力来加强涅韦尔突出部正西面的防御——当前驻守于此的仍然只是一些警卫部队和党卫军的杂牌部队。随后，从 12 月 29 日开始，第 16 集团军在 6 天之内向北撤到了新索科利尼基以南一条几乎完全笔直的防线上。

在举行于 12 月 27 日晚间的战况分析会上，希特勒将苏军对涅韦尔的突破和德军随后遭遇挫折的责任完全归咎于两个集团军群司令部"小家子气的利己主义"。尽管这样做有掩饰自己干预并阻止反击计划实施的嫌疑，但希特勒这一批评确实有一定道理。两个集团军群都各有算盘，打着"公平"的幌子等对方先出力。在这一点上，北方集团军群的所作所为尤其过分——他们只顾着死守自己左翼平静的战线，不愿出力挽救两个集团军群共同面对的危局。虽然屈希勒尔最终还是将 6 个师转移到了突破口，不过为时已晚，早就于事无补。

然而从另一方面看，正如后来大家都看得很清楚的那样，正是由于受到列宁格勒和涅韦尔防御战，以及其他集团军群"抽血"的不断削弱，北方集团军群此时也正迅速滑向危险的深渊。

在重新思考涅韦尔会战时，希特勒找回了某种信心——他认为苏联最高统帅部大本营之所以未能抓住战略机遇，根本原因就是他们内在相当软弱。希特勒说，事实证明俄罗斯人并非"远古巨人"，不会"每次倒下后都能获得力量"。接着，他重提了自己的陈旧理论，即苏军正在接近其力量的极限和进攻的顶点，因此，德军只要再多下一点决心，便足以完成当前局面的翻盘。当然，德国独裁者没有注意到的是，苏联人的"软弱"即便确实存在，那也只是心理层面而非实际的弱点：最高统帅部大本营本就没指望实现过于宏大的战略目标，在涅韦尔突破和同时展开的针对中央集团军群南翼的秋季攻势中，苏军的行动秉承了细致谨慎、稳扎稳打，以及从长远来看可能有些多虑的态度——以确保自身安全和掌握战场主动权为目标，避免遭受可能出现的巨大损失。

二、德国的盟友们

进行于 1942—1943 年的冬季战役不仅打破了德国人自己从反苏小国联盟中获取军事利益的幻想，与此同时，那些小国的政府领导人也突然发现他们正面临着被德国战车拉进灾难深渊的巨大风险。因此，当意大利在 1943 年 9 月退出战争时，芬兰、匈牙利和罗马尼亚同样开始蠢蠢欲动。只有当时处于非战争状态的保加利亚被突然爆棚的尚武精神所鼓舞，向东南战区派出了 1 个军助战。与此相反的是，斯洛伐克的傀儡政府早在几个月前就已决定，在未经斯洛伐克国防部长批准的情况下，德军不得擅自动用该国的 2 个师。

西班牙的弗朗西斯科·弗朗哥将军算不上德国人真正的盟友，作为一个不太可靠的老相识，他在德国人本已存在的伤口上再撒了一把盐——将原先主要在列宁格勒附近作战、表现得还不错的第 250 "蓝色"师召回了西班牙。该师是西班牙对轴心国事业出力贡献的实际象征之一，其撤回本国的举动虽然没有在军事层面上造成多大影响，却招来了许多无端的流言蜚语，在舆论层面上对德军造成了重大伤害。后来，为安抚德国人的情绪，弗朗哥有所让步，允许最近派往该师的 1 个千人补充营留下，打着"西班牙军团"的旗号继续为德军服务。

（一）匈牙利——"玛格丽特"行动

该年秋季，德国国防军最高统帅部作战指挥部开始想办法解决匈牙利和罗马尼亚的问题，防止两国中的一个或全部倒向苏联。其中，匈牙利在过去几个月里几乎完全脱离了轴心国的战争步伐，出问题的可能性更大。9 月底，作战指挥部拟定了军事占领匈牙利的初步计划——代号为"玛格丽特"的入侵行动。然而到了 11 月，情况变得复杂起来：原本分配给"玛格丽特"行动的部队被调往东线救急；情报部门也报告说，罗马尼亚人和匈牙利人已通过私下协商解决了他们之间的分歧，并可能在美英联合进攻巴尔干半岛时，共同揭竿而起、脱离轴心国阵营。作战指挥部再次审查计划之后得出的结论是，到 12 月中旬时，德国手头的兵力将足以占领匈牙利，但要同时占领罗马尼亚就力有未逮了。

（二）芬兰——第 50 号元首训令

最令德国人头痛的是芬兰人。解决芬兰的问题不能像对待匈牙利和罗马尼亚那样，因为不能诉诸武力。而且从另一方面讲，尽管芬兰人在过去一年半时间里都只是进行被动防御，可也不能因此简单地将其视为累赘而踢出队伍：芬兰军队牵制住了大约 18 万苏军部队；此外更重要的是，他们不仅能保障第 20 山地集团军南翼的安全，还通过保护波罗的海诸港口为后者（该集团军）提供了一条安全的补给线路。一旦芬兰退出这场战争，第 20 山地集团军就会面临极其严重——即使还谈不上致命——的打击，而且将对德国在波罗的海和斯堪的纳维亚地区的总体形势造成巨大破坏。幸运的是，德国人手中还剩（也仅剩）一张强有力的王牌——芬兰人长期存在的"恐苏症"。

在 1943 年春季和初夏，为了夯实自己"欧洲堡垒"计划的北部根基，希特勒尝试性地实施了一些行动。根据其命令，北方集团军群起草了一份夺占列宁格勒的计划，以便在德国和芬兰之间建立起直接的陆上联系途径，并保证芬兰最为脆弱的卡累利阿地峡的安全。挪威集团军在当时也拟定了一份挪威防御计划（企图占领瑞典）。3 月至 7 月中旬，在希特勒不断推动下，陆军总司令部把相当于 3 个步兵师的兵力转移到挪威，并对第 25 装甲师进行了改造，准备将这个预定承担进攻瑞典主要打击任务的师升级为一支"强大"——按照斯堪的纳维亚地区标准——的装甲部队。不过后来的事实证明，该师最终只勉强达到了东线的标准（而不满足当地的作战要求）。

假设"堡垒"行动获得成功，希特勒此时很可能就会开始强化对北欧的控制。然而这次行动最终还是失利了，由其产生的巨大影响也如冲击波一般迅速而猛烈地扩散到了北欧：雄心勃勃的挪威防御计划被迫取消，大批预备队（从半岛）被召回欧洲大陆；战争初期不得不对德国表示善意中立的瑞典废除了允许其使用本国铁路、向挪威运送绝大多数所需物资和装备的运输协议。

7月，芬兰收到一份"非正式的"口头提议——建议苏芬两国通过苏联驻斯德哥尔摩大使馆的渠道展开关于和平问题的磋商。8月，芬兰议会的3名议员向总统吕蒂递交了一份有33名重要人士签名的请愿书，呼吁他采取措施恢复与美国的良好关系，并使芬兰退出战争。请愿书的内容被刊登到一家瑞典报纸上后，芬兰新闻界和民间进行了一场大范围讨论，与苏联单独媾和获得了广泛的民意基础。

在8月那种混乱的氛围中，北方集团军群开始了"黑豹"防线的构筑工作。该防线位于列宁格勒西南部，沿纳尔瓦河（Narva River）—佩普西湖（Lake Peipus，俄语音译为楚德湖，下文均称为楚德湖）一线设置，长125英里。到月底，局势迅速恶化。在北方集团军群认为他们将被迫退回"黑豹"防线、挤出兵力以支援南方的作战行动时，国防军最高统帅部发文征询了第20山地集团军的意见；该集团军回复说，北方集团军群在任何情况下都不应后撤。第20山地集团军的备忘录指出，芬兰人此时已经产生了被出卖的感觉——德军一再向他们承诺会占领列宁格勒，但从未真正做到过，甚至在芬兰人看来有可能的时候也是如此。如果北方集团军群后撤到"黑豹"阵地，芬兰的马谢利斯卡亚战役集群和奥洛涅茨战役集群便会成为插入苏联领土的孤立矛头，因此必须同步撤回。可问题在于，此时谁都没有把握在后方建立起一道可靠防线。据该集团军预测，这（指北方集团军群向"黑豹"防线撤退）极有可能导致一个亲苏政府的出现。此时苏联要是向芬兰提出可接受的和平条件，后者就会退出战争，而第20山地集团军将被迫撤离该国——在冬季的芬兰北部和挪威的道路上实施这一行动是极其危险的。一周后，芬兰政府通过德国驻赫尔辛基大使和芬兰驻柏林大使同时发出警告说，从列宁格勒南部和西部的撤军将对芬兰造成最严重的影响。

　　9月28日，希特勒在第50号元首训令中告诉第20山地集团军（需要）做好最坏的准备。他说，北方集团军群的防线是"绝对稳定"的，而且该部与中央集团军群接合部（涅韦尔）的危险地区也正在得到加强。不过为了更保险，北方集团军群正在纳尔瓦河—楚德湖一线构筑工事。如果北方集团军群被迫撤回"黑豹"防线、导致芬兰退出战争，那么第20山地集团军的任务便是向后摆动右翼，将那里的2个军部署到伊瓦洛（Ivalo）以南一条横越芬兰北部国土的防线上，并在必要时保卫佩琴加（Pechenga）①镍矿区。到那时，该集团军会得到挪威集团军2个师的增援。而现在，该部（第20山地集团军）应立即秘密进行物资的储备工作。

　　在10月第二个星期、苏军突破涅韦尔之后，芬兰军队总司令曼纳海姆要求获得许可，让他在第20山地集团军后方建立一条防线，为德军可能的后撤做好准备。在这一代表着信心减少的明显信号出现后，德国驻芬兰陆军司令部的代表立即要求国防军最高统帅部尽快派遣一个最高级别的代表前往芬兰。10月14日，约德尔飞往赫尔辛基，与曼纳海姆和芬兰国防部长进行了长达两天的会谈。会谈中，约德尔向两人描述了国防军最高统帅部眼中的战争前景——意大利的投降并不重要，他解释道，因为意大利从来就不是轴心国联盟中的强力成员。至于盟军有可能对法国的进攻，德国将持欢迎态度，并抓住这个机会彻底击败大不列颠和美利坚，粉碎两者开辟第二战场的意图，从而为东线释放出大量军队。同时，他承认德军在列宁格勒的防线确实不太稳固，高层也认真考虑过将北翼撤回的问题；但是，出于对芬兰的重视，德国最终还是放弃了这一想法。约德尔让参与会谈的芬兰人知道德国已经看到了芬兰为摆脱战争而做出的努力，并表明了这样的态度：任何国家都无权为自己的利益而要求另一个国家承担被毁灭的风险；不过他同时明确指出，斯大林控制下的芬兰不会有光明的未来。

　　为增强约德尔这次表态的说服力，希特勒还给芬兰总统写了一封信，隐晦但有针对性地提醒后者，芬兰不管在经济还是军事上都严重依赖于德国；此外，他还要求吕蒂解决芬兰内部政策缺乏条理和本国媒体对德抱有敌意的问题。

---

① 译者注：原名佩特萨莫，著名的"佩特萨莫—希尔克内斯战役"发生地，战后于1947年改为现名。

一周后，芬兰国防部长在会见第 20 山地集团军指挥官爱德华·迪特尔大将时承诺，芬兰与德国有着"最真实的手足情谊"，并宣称报纸上关于独立媾和的言论是毫无根据的；他说，约德尔开诚布公地解释了双方存在的所有问题。月底，吕蒂写了一封信回应希特勒，信中虽然没有给出具体承诺，但语气十分积极。

在年终岁尾到来之际，德国和芬兰之间似乎恢复了一定程度的稳定，希特勒因此下令暂缓第 50 号元首训令的执行。然而德芬两国间的这种平衡是十分脆弱的：10 月底，曼纳海姆再次提出在德军后方构筑防线的要求；11 月，芬兰重新恢复了与苏联的联系。11 月 20 日，屈希勒尔建议将第 16 集团军撤回"黑豹"防线，并用释放出的各师解决涅韦尔的问题；不过希特勒当时认为"黑豹"防线的建设还未达到足以使用的程度，因此否决了这个提议。但在 1 个月后，当德国独裁者迫切需要给南方集团军群提供支援时，屈希勒尔又重新提起了这一想法。到年底，德国国防军最高统帅部起草了一封准备送给曼纳海姆的信件，向他通报北方集团军群必须后撤一事。不过凯特尔扣留了这封信，原因是希特勒还在认真权衡（是否做出）相关决定。

三、领袖权威、人力资源和战略决策

（一）人事变动

自 1939 年以来，希特勒就一直在与同一批高级将领进行斗争，他不信任——而且在很大程度上也不喜欢——这个将官群体。当胜利逐渐呈现出从自己手中飞走的趋势时，他认为这一切都根源于手下那些将军和总参谋部。希特勒越来越渴望摆脱这些对自己冷眼相待的职业军官，然后用那些保守的纳粹死忠分子取而代之。他心目中的理想幕僚不会用理性来质疑元首的决策，只会毫不犹豫、不择手段地完成自己下达的指令。

1943 年 11 月，在经历了灾难性的一年后，希特勒又想起了自己在 1942 年 10 月给首席副官施蒙特描述过、对陆军高级将领群体进行一次大换血的想法。他宣布，许多高级将领很快将不得不"因为生病或其他情况"离开现有岗位，并指示施蒙特拟定一份低级将官和参谋军官的名单，用以在合适时机到来时替换掉现有的陆军高级指挥官。希特勒的目标是给每个集团军司令都准备一个替换人选，以便随时接替他们不听招呼的前任；他明确指出，只有那些"信心满满""对纳粹世界观怀有积极内在信念"的将领才能进入这一名单。从长远来看，该命令将很有可能受到德国军官团体的一致抵制，但这对希特勒而言依然不失价值：当他决意解雇那些自己已不再信任、军队和公众却还是很尊敬的军官时，至少能拿得出从表面上看合乎逻辑的理由。

第一个中枪的是第 4 装甲集团军司令霍特。在过去一年时间里，他的集团军一直是南方集团军群的中坚力量。而且只要有机会，霍特就会充分证明自己在机动防御方面的才干。然而遗憾的是，希特勒讨厌在防御中实施机动，他希望部队能像树木那样"钉"到阵地上、寸步不离自己的防线。因此在 11 月，霍特被安排了一次长假以"放空自己"；到 12 月，当苏军在基辅取得突破后，希特勒更是不准他返回自己的集团军，同时也没有为其安排其他任何职务。德国独裁者在当月晚些时候对蔡茨勒和约德尔说，霍特是"一只不祥的鸟""失败主义最恶劣的煽动者"。

几乎在同一时间，和霍特一样，莫德尔也得到了一个漫长的假期。但后者仍然希望自己回归时能接替曼施泰因指挥南方集团军群。过去一年时间里，在所有的将军中，只有曼施泰因曾多次暗示希特勒，现在已经轮到他把德国从战争泥潭中解救出来了——或许这正是希特勒最不能忍受的一点。前者之所以到目前都还没被打入"冷宫"，完全也是因为自己作为一个战术家的巨大声望和高超技巧挽救了他。

1943 年下半年里最重要的那次职务变动发生在 9 月，希特勒任命了冈瑟·科尔滕空军上将担任空军总司令部参谋长。前者对空军将领们的监视相较那些陆军指挥官要少得多，因此当形势发展到需要推出一只替罪羊时，这些空军将领所处的境况反而更加险恶——毕竟戈林是不能被波及的，希特勒希望保护这个空军总司令和他自己的继承人。

1939 年 2 月到 1943 年 8 月间，耶顺内克一直是空军总司令部参谋长。当戈林沉溺于骄奢淫逸中不可自拔、同时肆意插手空军以外的各种事务时，耶顺内克发展出了近距离空中支援理论。该理论在战争初期获得了巨大成功，但在德军被迫转入防御后，它就失去了大部分作用，其在"堡垒"行动中的最后一次应用更是以完败而告终。与此同时，德国还忽视了防空战斗机队伍的建设；于是，在 1943 年夏天盟军对德国本土进行大规模轰炸时，德国空军的反

应微弱得令人沮丧。这一失败在很大程度上当然归咎于耶顺内克，可他反而在
1943 年 8 月提交给希特勒的备忘录中罗列和指证了戈林犯下的许多错误。此
举触及了德国独裁者的逆鳞——他在一次电话交谈中劈头盖脸地告诉耶顺内
克，其本人应对空军的失败负完全责任，并在最后说道："你应该知道你现在
还有什么事要做。"随后，耶顺内克便饮弹自尽了。

　　继任的科尔滕不仅是战略轰炸理论的信徒，还与空军中支持防空战斗机的
派别颇有渊源。对于东线各集团军而言，科尔滕的上任没有给他们带来任何好
处：9 月，他从东线撤走了 6 个战斗机中队，以加强德国本土的空中防御；11
月，当恶劣天气开始影响飞行时，他甚至将轰炸机和机组人员从日常的近距支
援行动中撤出，转而投入了战略轰炸的训练之中。科尔滕预测，如果目标选择
正确，德国可以通过战略轰炸摧毁苏联 50% ~ 80% 的坦克和飞机产能。他向
希特勒承诺，在 1944 年 2 月中旬前将有 400 架轰炸机可以执行远程轰炸任务。
但受到本国飞机产能不足和需要分出力量执行对地支援任务的拖累，空军的改
训（从近距离支援改为战略轰炸）直到 3 月底才开始。此时，许多战略目标已
经超出了大多数德国轰炸机的作战半径。尽管这种战略转变的最终后果尚不可
知，东线（空军）部队当前的损失却显而易见——不仅是近距支援轰炸机队的
实力受到大幅削弱，还平白无故、永远地失去了 6 个战斗机中队。

（二）人力资源

　　如果人力资源问题仅是局限于高级指挥员层面，那么希特勒依然可以认
为自己是幸运的。然而到 1943 年秋天，在该年中期暂时得到缓解的基层人力
资源紧缺问题再一次加剧，而且比以往任何时候都更加严重：9 月 1 日，东
线德军人数（不包括空军野战部队和武装党卫军）首次在战争中减少到了不
足 250 万。在战争头三年里，部队的永久性损失（死亡、失踪和残疾）总数为
92.2 万人，占军队实力总数的 14.3%。但在随后从 1942 年 9 月 1 日至 1943 年
11 月 20 日短短一年多的时间里，这一数据（永久性损失）就上升到了 207.7
万人，占军队实力总数的 30%。根据陆军总司令部的一项调查，在 1942 年 11
月 1 日至 1943 年 12 月 1 日间，东线德军的作战单位数量虽然没有减少，可是
各单位的实际实力都已经大不如前。简而言之，东线的德军正在稳步走向"被

燃尽"的那一天。

更为残酷的是,德军还面临着兵力来源几乎完全枯竭的问题。公布于
1943年1月的80万人征召草案在9月相关行动终止时仅搜罗到大约58万人。
7月,希特勒又提出增募70万人的要求,却遭到了工业界和政府机关的强烈
抵制。9月,在下达了征召12万人的通知后,陆军动员部报告说,他们最终
恐怕连5万人都凑不出来。

陆军总司令部东线外军处估计,1943年9月1日至1944年1月1日间,
苏联在战争中阵亡、残废和被俘虏的人数达到了120万;德国同期的死者和
失踪人数为243743。1944年1月1日,德国估计苏联在欧洲前线的一线和预
备兵力数量为550万人(这一估计结果看上去相当准确:根据苏联官方数据,
当时苏军一线部队的兵力总数为556.8万人,最高统帅部大本营预备队兵力数
为41.9万人)。考虑到苏联的人力资源正在减少,而且苏军的损失达到了己方
5倍这一情况(实际上纯属臆想),德军上下颇受鼓舞。不过东线外军处预测,
受下列因素影响,德国的相对实力将在随后几个月内持续下降:

1.苏联军队在人数上已经具有压倒性优势;

2.苏联每年新增的可征募对象是德国的3倍;

3.苏联正在从被解放领土上获得规模庞大的人力资源(1943年7月至
10月中旬间就获得了大约50万到60万人),相应地,德国也会失去同等数
量的人力储备;

4.苏联的征募行动相较德国而言更加快速和有效。

最后,东线外军处总结道,由于德军未来必须将总兵力的至少30%转移
到东线之外其他战区,而苏军向远东战区转移的兵力仅为(总兵力的)7%,
德国未来的境况将变得更加不利。

11月初,德国国防军最高统帅部曾考虑过让18岁至45岁的妇女承担起
服兵役的责任,并着手制订大规模征兵的应急计划。但大规模征召女性兵员
的想法最终被他们放弃,因为这与希特勒的性别角色哲学产生了冲突。11月
8日,德国独裁者在慕尼黑对纳粹党领导人发表讲话时批评了不合理的前线/

后方部队比例。这种批评几乎等于指责——德国军队已经成了懒汉的庇护所。上述言论引发了令人不安的震动，最终将国防军最高统帅部的决策者们引向了另一个方向。

在接下来几周里，国防军最高统帅部开始全力研究应对措施，这一进程在 1943 年 12 月 5 日、以第 22 号基本命令（Basic Order 22）的发布作为标志，最终到达了高潮——该命令要求从后方部队中抽出 100 万战斗人员支援一线。除指导各军兵种及其下属司令部削减人员、优化结构、降低日常开支、限制所谓的"纸上战争"[①] 外，它还制定出了一些具体的强制性规定，比如安排后方任务时不得使用任何 30 岁以下和身体健康的人员（在这里，身体健康的标准被降得很低——哪怕是身患耳、胃和肺部疾病的男性，只要不是急性的，那就完全符合前线作战的标准）；所有后方部队和司令部都必须自动裁减 10% ~ 25% 不等的人员。为确保命令执行，国防军最高统帅部组建了若干宪兵营。这些营将采用突然袭击的方式，对后方地区展开细致搜查，一旦发现漏网之鱼，便即刻将其送往集合点。

有一点可以肯定，那就是对现役人员的部署方式进行优化和调整、提高人力资源的使用效益将有助于缓解当前人力资源的紧缺局面。据陆军总司令部估算，东线部队中战斗人员和非战斗人员的比例大致为 47%:53%，如果将一些独立的集团军、军和师计算在内，那么这个比值还会更低。比如，在通常情况下，战斗人员减少到 1000 人以下的师，其后方梯队的人数通常会达到战斗人员的 3 ~ 4 倍。然而，要将这些看似充裕的人力转化为战斗力并不容易。德国军队习惯于依赖广泛的支援和勤务保障进行作战，他们无法像苏联军队经常做的那样，将战斗力建立在装备差、补给少、人员多的基础之上。与苏方相比，德方长期保有的几项优势便是其优良的后勤、通信和后方运输能力。有鉴于此，德军各级指挥官即使发现了后方人数超过前方部队这一问题，也不愿意为了前线力量暂时得到提升这点眼前的好处而杀鸡取卵，将那些宝贵的装备和资深技术人员投入到不可预料的风险之中。另外，后方官僚机构——尤其那些属

———————————

① 译者注：指不必要的文电，可理解为"文山会海"。

员本身就是再分配对象的部门——的抵制也进一步加剧了各级指挥人员在拆散后方部队一事上的不情愿程度。当战争进行到 1943 年时，官僚主义已牢牢扎根于文山会海和繁文缛节的堡垒之中，后方人员个个都变成了推诿躲避的行家里手，因为哪怕遭遇极其渺小的一点不幸，他们亦有可能被推入有死无生的英雄冢——宪兵营就是为这些人组建的。但是，对于这些宪兵能否顺利完成任务，我们还是要打上一个大大的问号：就算是最令人害怕的"抓夫将军"翁鲁，他通过相同方式奔走将近 2 年，也只不过取得了可谓不好不坏的进展。

德军高层对军队人数不断减少的焦虑正不断蔓延之际，他们对东线部队素质的关注亦在逐渐增加——有越来越多的迹象表明东线德军的素质正在恶化。克卢格和其他将领报告说，德国士兵不再像以前那样可靠了。1943 年夏末和秋季，德军在衡量和判断各师的能力时采用了一个新术语——"抵御危机的能力"（Krisenfestigkeit）。能力最强的师被描述为"经得起危机的考验"（Krisenfest），其他各师则渐次向后排列，排列的标准是能在多大范围内做到"经得起危机的考验"，或是"不可靠"（做不到）的程度有多严重。令人沮丧的是，很少有德军师能达到"经得起危机的考验"这一标准，那些盟军（西班牙人与芬兰人除外）和俄罗斯籍合作者（伪军）更是毫无意外地垫底。因此，在年底前，所有成建制的俄罗斯部队都被德军从东线撤出，以防他们叛逃到游击队一方去。

然而，希特勒将德军质量的明显下降完全当成了军队领导层的问题。他说："一支部队的状态也是其指挥官素质的反映。"因此，在其看来，解决这一问题的方法很简单——更换更好的指挥官。但希特勒同时承认道，随着营团指挥官损失比例的升高，他这个方法执行起来的确存在一定难度。

时任装甲兵总监的古德里安提出了一个不同的解决方案。他认为对于德军防御战术的优化已经刻不容缓。1943 年 10 月 20 日，古德里安向希特勒报告说，最近步兵抵御危机的能力有所下降；然而天无绝人之路，在另一个方面，世界上最先进的新式德制坦克正好能解决批量生产方面的难题。因此，摆在德军面前的解决办法就是组建机动坦克预备队来支援步兵。为此，必须将装甲师从前线撤出，使其获得人员休整、装备更新的机会，然后在后方形成强大的机动打击拳头。古德里安认为，这样做除了能为步兵提供坚强后盾，还能将好钢用在刀刃上，使德军装甲师重新承担起机动进攻这一最能充分发挥其特长的重任。

　　古德里安希望通过 10 月时派往南方集团军群的 5 个整编装甲师① 来实现其想法，第一批 2 个装甲师② 在克里沃罗格的成功更是让他相信自己确实是对的。因此，在随后的基辅战役中，古德里安主张——即便德军付出丢失第聂伯河河曲部和克里木半岛的代价，也要按照自己的想法使用全部 5 个装甲师。然而，正如之前很多将领所遭遇的那样，他的计划同样被希特勒束之高阁——因为德国独裁者从不愿意主动放弃任何一寸土地，无论（放弃土地的）理由是多么充分。直到最后，这 5 个装甲师都未被作为一个整体投入到战斗中去。到 12 月底，当苏军发起冬季攻势后，德军所有重建强大后备力量的希望都烟消云散了。

（三）第 51 号元首训令

　　最终，希特勒做出了一个将对东线战局产生巨大影响的决定，这一决定在颁布于 1943 年 11 月 3 日的第 51 号元首训令中被提升到了战略层次。他宣称，已经进行两年半的反布尔什维克战争需要德国投入绝大部分的军事力量，并且付出绝大多数的精力，这种需要与对手的危险程度及世界总体形势是一致的；不过现在，后者，即世界总体形势发生了变化。苏联的危险依然存在，但西方出现了更大的威胁——英美军队的入侵。在最极端的情况下，德国即便丢掉了相当广阔的东部地区也不至于受到致命伤害；然而在西线，一旦敌人在宽广正面上达成突破，局势就会"发生短时间内无法预知的变化"。最后，希特勒总结道："因此，我绝不会再允许（通过）削弱西线以满足其他战区的利益。"

　　在这份元首训令中，希特勒的屁股完全坐在了国防军最高统帅部作战指挥部这一边——后者一直坚持认为德军有必要在法国、斯堪的纳维亚半岛和巴尔干地区保持强大的力量存在。因此，尽管陆军总司令部据理力争，说没有理由为了应对未来的威胁而将眼前这场会战置于失败的风险之中，但他们的理由被本国独裁者完全无视了。与曼施泰因的激进战略（即抽空其他战区

---

　　① 审校者注：包括从意大利调来的第14、第24、"希特勒警卫旗队"装甲师，以及从希腊调来的第1装甲师和从西线调来的第25装甲师。
　　② 审校者注：第14和第24装甲师。

的力量争取首先击倒苏联）相反,希特勒在元首训令中几乎走向了另一个极端。由此，军队意识到，无论不久的将来会发生什么情况，他们——至少东线德军如此——只能依靠自己手头的资源存活下去了。在第 51 号元首训令中，希特勒暗示他将考虑使用以空间换时间的方法，但事实很快证明了他根本就不具备执行这种交换的能力。

第十一章

双翼并进——南翼

一、在基辅以西重启攻势

12月24日，曼施泰因来到一个预备队师驻地，准备与该师官兵共度平安夜。然而在入夜前，他收到了乌克兰第1方面军正沿日托米尔—基辅公路两侧向西进攻的消息（见战场形势图19）。此时，德方还无法确定这到底是不是苏方大规模进攻的前奏，因为他们对后者能否这么快就从反击中恢复过来并无确切把握。另外，当时的天气正在变暖，降雨也随之增多，虽然在24日时道路仍很坚实，但对于坦克部队来说这明显不是一个好消息。不过，哪怕很多征兆都表明苏军这次行动仅仅是小打小闹，曼施泰因还是放弃了与部队共度平安夜的打算，连夜返回文尼察；在司令部接到第4装甲集团军的报告后，他进一步坚定了苏军即将展开大规模进攻的判断。

（一）瓦图京的攻击

答案在第二天便已揭晓：苏联近卫第1集团军和坦克第1集团军，共计14个步兵师与4个坦克／机械化军在基辅—日托米尔公路以南地区突然转向西南，往别尔季切夫（Berdichev）和卡扎京（Kazatin）方向发起了突击。此外，瓦图京还将攻势向北延伸到了日托米尔以东的第13军防御地带，第4装甲集团军左翼位于科罗斯坚（Korosten）东部的第59军也随时可能受到攻击。了解情况后，曼施泰因在当天下午做出反应——他命令第4装甲集团军使用第

48 装甲军从第 13 军和第 59 军作战地域之间前进，对苏军突击集团的侧翼发动反击，防止其突入别尔季切夫和卡扎京。

曼施泰因完全清楚苏军此次冬季攻势发生的缘由和背景。长期悬挂在南方集团军群左翼头上的达摩克利斯之剑现在变得越发摇摇欲坠了，苏军摆在他们面前的重兵集团未来可能有以下两个运动方向：要么一直向西深远迂回，直至喀尔巴阡山脉；要么折向西南，在第聂伯河与德涅斯特河之间达成相对浅一些的突破。曼施泰因的选择——从他给第 4 装甲集团军的命令中可以看出——是集中精力防范后者。原因很明显，由后者导致的威胁从理论上讲更为直接，而且有众多迹象表明瓦图京似乎正准备这么做。

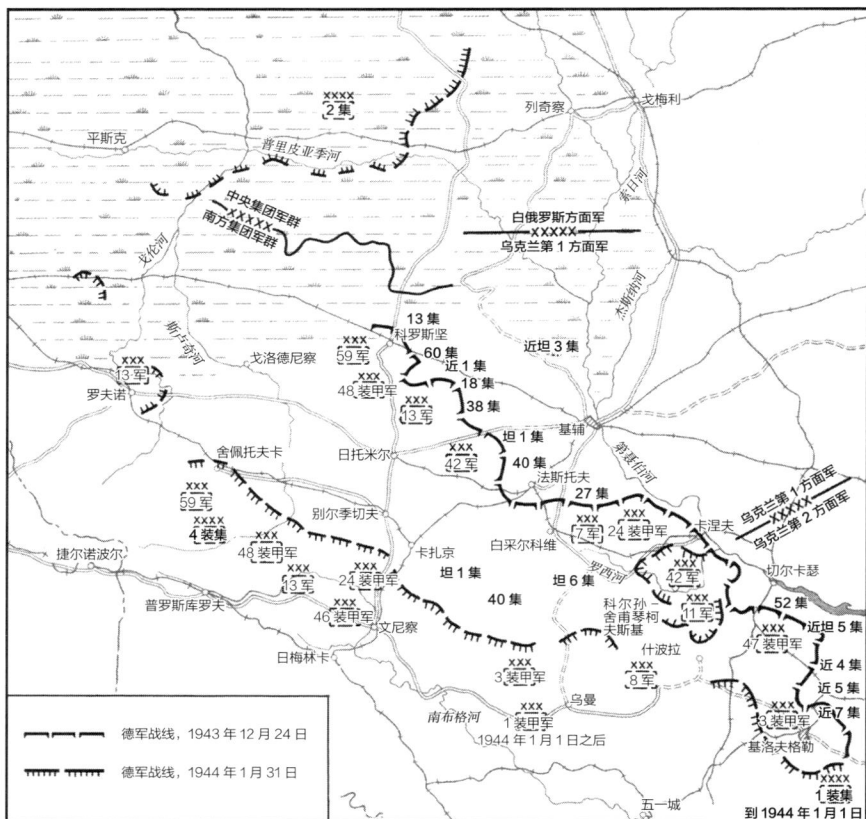

战场形势图 19：基辅以西的会战，1943 年 12 月 24 日—1944 年 1 月 31 日

更为不妙的是，在部队回撤至第聂伯河一线后，一个新的威胁也随之而来：这次陷入危险的是集团军群的生命线，即铁路。南方集团军群赖以实施补给的铁路有两条，北面是卢布林—科韦利—舍佩托夫卡—别尔季切夫—卡扎京线，其南面大约 50 英里处还有另一条大致平行的铁路，即利沃夫—捷尔诺波尔—普罗斯库罗夫—日梅林卡线。如果上述两条铁路线被切断，南方集团军群和 A 集团军群的所有补给就不得不重新取道罗马尼亚的铁路进行运输——这条铁路的状态早已十分糟糕；而且，随着战线越来越靠近罗马尼亚边境，（铁路的）情况也肯定会变得更糟。

12 月 25 日，曼施泰因向陆军总司令部报告说，从第 4 装甲集团军的情况看，该部无力应对即将到来的危局，必须为其补充 5 ~ 6 个师才能继续作战。这些师如果要求由南方集团军群提供，那就必须授权本集团军群缩短右翼防线；否则就只能由陆军总司令部来拨出这 5 ~ 6 个师。曼施泰因要求陆军总司令部迅速做出决定。12 月 26 日，后者指示 A 集团军群将 1 个师移交给南方集团军群。希特勒也授权曼施泰因，让他将第 1 装甲集团军最东端的防线撤至扎波罗热后方 15 英里处，以便释放出另 1 个师。不过与此同时，陆军总司令部指出，曼施泰因希望看到的做出那种重大决定（即提供 5 ~ 6 个师）在当前是不现实的。

此时，瓦图京扩大了进攻规模。第 40 集团军开始越过法斯托夫（Fastov）向南推进，近卫坦克第 3 集团军、近卫第 1 集团军、第 13 和第 60 集团军则往西、西北方向直扑日托米尔和科罗斯坚。12 月 26 日，曼施泰因认为第 48 装甲军仍有能力发动反击，可以对苏军扑向别尔季切夫和卡扎京的突击集团的侧翼形成威胁；但第 4 装甲集团军司令、装甲兵上将艾哈德·劳斯坚持认为反击兵力的集结会浪费宝贵时间。后者觉得，本集团军目前所能做的只是挡在苏军突击矛头前方，磨去其进攻锐势，迟滞其速度，并尝试挡住他们向两个城市推进的脚步。

（二）希特勒回避做出决定

12 月 27 日，曼施泰因再次向希特勒和陆军总司令部请求支援。他说，一两个师的半吊子式支援解决不了任何问题。为此，他将不得不把主要防御方向从右翼切换至左翼；要达成这种转换，第 1 装甲集团军就必须后撤至卡缅卡河

(Kamenka River) 一线，以释放出至少 5 个师的兵力。在当天晚上的形势分析会上，希特勒拒绝了这一请求。他断言道，曼施泰因之所以会由着自己的性子提出这种建议，完全是因为他不用承担最后的责任。如果第 1 装甲集团军现在撤退，克里木这颗炸弹势必会被引爆，从而给苏联和西方同盟国提供他们梦寐以求的借口，以此将土耳其拉上反对德国的战车。而曼施泰因承担不起这样的责任，甚至只会推脱说这是政治问题。

12 月 28 日较早的时候，30 辆搭载着步兵的苏联坦克冲进卡扎京，摧毁了停在那里的数百辆德军卡车。下午晚些时候，德军拼死反击、夺回了大约一半的城区，可他们就连在入夜前保住自己的胜利成果都无法做到。曼施泰因向希特勒报告说，截至目前，苏军砸在第 4 装甲集团军头上的兵力总计已达到 47 个步兵师和 9 个坦克 / 机械化军。面对这样的浩大声势，该集团军根本无力顾及自己身后铁路的安全。正如其先前做过的那样，曼施泰因再次建议，如果允许自己把主力转移到左翼，他便有把握发起一次强力反击。他在此前一天曾暗示，自己将设法重演 1943 年 3 月在哈尔科夫取得的胜利。曼施泰因指出，这是完全可行的，因为德军及时放弃了罗斯托夫和顿涅茨盆地的东半部，有效保存了有生力量。他希望通过一次"故伎重施"，以再次达成过去曾大获成功的"王车易位"①。

曼施泰因的电报在元首指挥部引发了一场风暴。希特勒怒不可遏地宣称，曼施泰因只是想通过他"傲慢"的反动言论给自己脸上贴金，他应该说出自己正在做的事情的真名——逃跑；德国独裁者继续道，可能是其司令部距离前线太近的缘故，曼施泰因正在失去勇气，他应该滚出文尼察。然后，希特勒刹住了他的长篇大论，转头讨论起曼施泰因新司令部位置的选择问题，同时要求德军将文尼察的原元首指挥部彻底摧毁，这样苏联人就找不到任何"可以运走并在莫斯科展出的东西"了。之后，希特勒又捡起总体退却的话题，并大声咆哮，说这些逃兵言论简直"阴魂不散"，有时候甚至已经变成了彻底的痼癖；"那些撤退"只会让他怒火攻心，有时还会使自己作呕。希特勒继续说道，自己对打

---

① 译者注：国际象棋中的一种特殊走法，可以同时移动自己的王和一个车，且每局只能使用一次。可以通俗理解为"放大招"。

开了允许撤退的口子感到后悔，如果不是那样，情况根本就不会像现在这么糟糕。最后，会议决定将曼施泰因的司令部迁至捷尔诺波尔。

然而，指责归指责、咆哮归咆哮，在发泄过后，希特勒还是勉强意识到了要想拯救东线南翼的危局，自己就必须拿出彻底的措施。12月27日，他曾简略提及将北方集团军群撤回"黑豹"防线、以抽出12个师支援南线的想法；在29日中午的会议上，希特勒告诉蔡茨勒，说他经过昨夜的深思熟虑，得出了必须加强南翼的结论。在北方，他能预想到的最糟糕情况不过是芬兰人面临的压力更大一点；然而在南方，德军面临着失去克里木半岛、克里沃罗格和尼科波尔的危险，这不仅会造成经济上的严重后果，而且会在土耳其和巴尔干半岛引发剧烈的政治反弹。德国独裁者表示，他已经做出了让北方集团军群撤回"黑豹"防线的决定。

不过在第二天，当屈希勒尔来到元首指挥部后，希特勒又改变了主意。屈希勒尔为元首描述了第18集团军在奥拉宁包姆周围、列宁格勒以南和沃尔霍夫河一线的设防情况，并表示在这些强力的防御工事支持下，集团军指挥官有相当大的把握，无须退回"黑豹"防线便可击退苏军的冬季攻势。屈希勒尔这种"坚如磐石"的姿态与德军其他将领动辄要求撤退的表现形成了鲜明对比，两相映照之下，对后者的种种愤恨再一次涌上了希特勒的心头。自此之后，他对芬兰人，以及撤退对波罗的海地区可能产生的影响的看法发生了明显转变。

（三）第1装甲集团军的调动

在希特勒踌躇不决之时，第4装甲集团军的防线正逐渐走向崩溃。12月30日，该集团军北翼的第59军已全部后撤至科罗斯坚以西区域。

在第59军右翼和第13军位于日托米尔北部的左翼之间，苏军已经撕开了一道宽达35英里的缺口。从日托米尔到卡扎京西南部，第4装甲集团军主力——第13军、第48装甲军和第42军正在苏军主要突击集团的重压下试图保持防线的稳定。卡扎京西南第42军的右翼和第7军位于白采尔科维（Belaya Tserkov'）以南的左翼间存在着45英里宽的间隙地带。在集团军右翼，第7军和第24装甲军仍然据守着一道相对稳定的防线，该防线向东延伸到了第聂伯河上，并在卡涅夫（Kanev）与第8集团军保持联系。（第4装甲）集团军司

一辆苏军的自行火炮，1943 年

令劳斯告诉曼施泰因说，他的部队已无力封闭前文所述缺口，只能集中精力保持集团军这"三大块"的稳定，以防他们陷入崩溃。

在上述事件发生的前一天，曼施泰因（对相应事件）做出了一系列先斩后奏的决定——这些决定将他的权力运用到了极致，并假设事态的最终发展会迫使希特勒批准：他命令第 1 装甲集团军司令部于 1 月 1 日迁往乌曼（Uman），以接管第 4 装甲集团军右翼的 2 个军、即第 7 军和第 42 军（第 24 装甲军和第 42 军在 1944 年 1 月 1 日交换了防务）。此外，由于需要给第 1 装甲集团军拼凑出一支打击力量，他还从第 8 集团军中抽出第 3 装甲军司令部和 2 个装甲师，并加上了来自 A 集团军群的 1 个装甲掷弹兵师和 1 个猎兵（轻步兵）师；上述 4 个师将在文尼察以东地区完成集结。为了给第 4 装甲集团军提供一支类似的部队，他将第 46 装甲军司令部和 1 个装甲师（来自中央集团军群）[1]、1 个步

---

① 审校者注：第16装甲师。

兵师（来自北方集团军群），以及 1 个山地师（来自 A 集团军群）①都移交给了该集团军。但是，这两个集群的力量是否足以挡住苏联人并封闭突破口——德军对此仍存有极大的疑问。

12 月 31 日，希特勒原则上同意了曼施泰因的请求，却拒绝批准他的下一步行动——将集团军群右翼从第聂伯河河曲部撤至卡缅卡河防线。然而，被拒绝的这一举措对当前战局而言是十分必要的，因为所有迹象都表明苏联人正准备在第聂伯河河曲部发动进攻。苏军的进攻一旦开始，德军再想从右翼挤出部队支援左翼就为时过晚了。

（四）会战规模扩大

12 月底之前，南方集团军群至少在一个方面是幸运的——在集中兵力打击第 4 装甲集团军相互孤立的"三大块"时，瓦图京并没有紧盯着德军防线上的缺口大做文章。但在新年过后，苏军开始露出了尖锐的獠牙：在对第 4 装甲集团军正面保持巨大压力的同时，他们绕过德军的侧翼，打算包抄该集团军主力，即第 13 军、第 48 装甲军和第 24 装甲军。

早在 1 月 3 日之前，孤悬北部的第 59 军就被推回到了 1939 年前的波兰边境内，所处位置靠近戈洛德尼察（Gorodnitsa）。舍佩托夫卡（Shepetovka）以东，除第 48 装甲军的部分军直属单位试图在那里抱团并重新集结外，通往别尔季切夫的铁路沿线上几乎就没有任何防御力量。别尔季切夫西北部到文尼察东北部则分布着一条由第 4 装甲集团军所辖 3 个主力军守卫的极端脆弱的连续防线。1 月 4 日，驻扎在别尔季切夫西北部的第 13 军发出报告，称自身正处于分崩离析的状态：各部队已精疲力竭，所属各师的一线战斗力量只剩 150 ~ 300 人，全军的步兵兵力加起来也只有 1 个团。第 4 装甲集团军与第 1 装甲集团军（于 1 月 1 日接管相应防线）之间的缺口宽度增加到了将近 70 英里。缺口东侧的第 7 军已被推到白采尔科维南面和东面，在那里，其防线与第聂伯河上的第 42 军背对背靠在一起，形成了一个向北突起的口袋。第 3 装甲军正从南方赶

---

① 审校者注：第 4 山地师。

来填补缺口，但苏军于1月3日对第8集团军防区内的基洛沃格勒（Kirovograd）发起了一次进攻，迟滞了该装甲军2个装甲师的机动。

1月4日，曼施泰因赶往元首指挥部，再次试图说服希特勒放弃第聂伯河河曲部。前者认为，卡缅卡河仅仅是撤退行动中的第一条阶段线，要想恢复防线的平衡，德军撤退的脚步最终可能远至南布格河（Bug River）下游。不过，他知道任何关于大规模撤退的讨论都是徒劳的。果不其然，在南方集团军群撤往卡缅卡河一事上，希特勒连考虑一下的意愿都完全没有，甚至还火上浇油，说不要指望他会从其他地方抽出兵力来支援南方集团军群。德国独裁者坚决不允许在英美军队可能的入侵被击退前再从西线抽调兵力；于是在此之前，东线德军部队就只能自行争取时间了。

在之后几个月时间里，"西线的威胁"变成了希特勒逃避东线决策的标准借口。正如其性格所决定的那样，对于眼前的危机，他选择了视而不见、假装它不存在，却又不停臆想着未来会出现"天赐良机"的好事，凭借一次大胆的打击来改变命运。不过，对于东线各级指挥官而言，这便意味着他们需要对抗的不仅包括希特勒僵化的战术观念，还包括后者明显的冷漠和无动于衷——摆在这些指挥官面前的根本就是一条无解的死路。

在前往元首指挥部时，曼施泰因仍然相信这一点：有了正在组建的2个装甲军的支援，他还有希望填上第4装甲集团军主力两侧的缺口。但随后几天的事态发展迫使他改变了计划：1月4日之后，北翼的第59军为了对舍佩托夫卡和罗夫诺（Rovno）提供尽可能多的掩护，同时远离被推进普里皮亚季沼泽的悲惨命运，主动朝西南方向实施了撤退。此举使南方集团军群和中央集团军群之间的缺口被拓宽到了110英里。这一宽度断绝了任何一个集团军群重建（两集团军群间）联系的任何希望，因此也被称为"国防军空洞"（armed forces hole）——实际上，自此之后这已经成了东线的永久性特征。曼施泰因提议组建1个集团军的预备队来填上这个缺口，可他和其他任何人都不知道该去哪里找到这支部队。在这个月的第二个星期里，当白俄罗斯方面军将第2集团军逼退到伊帕河一线时，缺口甚至变得更大了。然而，局势对于两个集团军群而言也并非完全是黑暗和绝望的，当前至少还存在以下两个有利因素：其一是反常的温暖天气使沼泽迟迟未能封冻，泥沼限制了苏军的进攻速度；其二是第59

军当面的 3 个苏联集团军同样疲惫不堪，他们在秋季战役结束后未经休整和补给就被直接投入这次进攻行动，因此到 1 月中旬时，其进攻冲力已被大大削弱。

为缩小第 59 军右翼开阔地带的面积，曼施泰因于 1 月 3 日命令第 48 装甲军向别尔季切夫西部转移。别尔季切夫在 1 月第一周结束前就已失守，但在将自身侧翼延伸到斯卢奇河（Sluch River）后，第 48 装甲军竟然挡住了苏军突入集团军群后方的道路。在第 4 装甲集团军和第 1 装甲集团军相对的侧翼之间，仍处于集结状态的第 3 装甲军投入了 2 个师的兵力，试图建立起一道掩护线。1 月 6 日，瓦图京已经发现缺口处存在的战机——这一点从他的行动中便完全可以看出：针对第 4 装甲集团军主力的（苏军所施加）正面压力急剧下降，坦克第 1 集团军和第 40 集团军开始调头向南，冲入了这道缺口。

（五）曼施泰因全力应对西南方向的突破

在当天对第 4 装甲集团军和第 1 装甲集团军发出的指令中，曼施泰因判断瓦图京下一步的作战行动要么是试图合围第 4 装甲集团军主力，要么就是向北方的舍佩托夫卡和罗夫诺及南方的日梅林卡（Zhmerinka）进行深远突击；在他看来，后者的可能性会更大些。在此之前，他已和各集团军通过气，告诉他们当前还无法同时对付苏联南、北两个方向上的突击；因此，曼施泰因在命令中指示他们集中精力、先挡住苏联坦克第 1 集团军和第 40 集团军向南展开的突击，而后再伺机进行反突击。在反击的第一阶段，第 1 装甲集团军将投入第 3 装甲军，向正在缺口东部活动的苏联第 40 集团军展开进攻。为挤出更多的部队用于反突击，该集团军可以解散由第 7 军和第 42 军构成的口袋，并将两部向南撤过罗西河（Ross River）。计划中的第二阶段大约在反击发起第 8 天之后开始，第 3 装甲军将调头向西，打击坦克第 1 集团军的左翼；与此相配合的是，第 4 装甲集团军会投入此时已经移至南部的第 46 装甲军，以攻击苏军右翼。

1 月 7 日下午，希特勒大致批准了这项计划，但严令禁止将第 7 军和第 42 军撤过罗西河——这不仅会大大减少获得全胜的概率，而且会让德军无法在月底前消除切尔卡瑟口袋的威胁。2 天前，第 1 装甲集团军就曾警告说，把 2 个军放置在三面环敌的脆弱阵地上不管的行为完全是在揽祸招灾。

1 月第二周里，苏联的 2 个集团军继续向南推进。1 月 10 日之前，坦克第 1 集团军便已在第 46 装甲军和第 3 装甲军之间凿出一个大洞，并将 1 个近卫坦克军和 1 个近卫机械化军投入突破口，朝正西方向的日梅林卡展开了纵深突击。德军装甲部队经过 2 天艰苦战斗才暂时消除了苏军对日梅林卡造成的威胁。在东部，第 40 集团军于第 3 装甲军和第 7 军之间开辟出了一条更为宽阔的通道，到 1 月 10 日，其突击矛头已经快要进抵乌曼郊区。第 3 装甲军和第 7 军只得在反击力量（其中一些部队仍在从西方赶来的路上）完成集结前奋力将苏军挡在原地。曼施泰因坚持按他最初的计划行事，即首先对付第 40 集团军，然后再转移兵力打击坦克第 1 集团军。在 1 月 10 日至 15 日间，第 3 装甲军将第 17 装甲师从其左翼转移到了乌曼以北的右翼，只留下 1 个侦察营防守该师原来的防线。在第 17 装甲师后方，第 3 装甲军又部署了其另 1 个主力师，即第 16 装甲师（另 2 个准备调入该军的师当前仍被牵制在其他防区），并将该师的一小部分兵力留在了该军朝向北面的防线上。实际上，第 3 装甲军需要完成的任务就是从突破口中央一个力量薄弱的阵地出发，将缺口两端孤悬的"线头"扯住并向内拉，以此封闭两军（该军与第 7 军）间的缺口。在 2 个装甲师到位前，第 7 军应将侧翼向南延伸，最终使其位于第 3 装甲军进攻出发阵地 25 英里范围内。

1 月 15 日，第 3 装甲军的坦克开始向东发起突击，随后取得了巨大进展。同一天里，第 1 装甲集团军接管了第 46 装甲军，开始将部分力量向东转移，为第二阶段的反击做准备。截至 17 日，第 3 装甲军已突进至第 7 军侧翼 1～2 英里内，在与后者建立起联系后，该部开始转向北面，以攻击坦克第 1 集团军的侧翼。

昼间温度远远高于冰点的反常高温天气从 12 月下旬一直持续到了现在。交替不断的降雨和降雪将道路化为一潭泥泞，当气温下降时，整条路又会变得湿滑无比。18 日时，第 1 装甲集团军抱怨说，他们本在积极努力，准备对坦克第 1 集团军实施决定性打击，结果遇上了能见度极差的天气和侦察方面的困难，部队根本无法准确抓住苏联人的踪迹。

在接下来 6 天时间里，当第 1 装甲集团军派出"阿道夫·希特勒警卫旗队"师和第 18 炮兵师帮助恢复第 46 装甲军因延伸防线而损失的机动打击力量时，第 3 装甲军也挣扎着进入了进攻发起位置。1 月 24 日一大早，第 46 装甲军便以"阿道夫·希特勒警卫旗队"师为前锋，从该军位于文尼察西部的防线上发起反击，并很快达成突破。但好景不长，还没到中午，行动就突然一脚踩到了悬崖的边缘：在一条小河上，1名工兵中士在遭遇敌火力打击后，将整个架桥排从渡场撤出，打断了德军的渡河行动。直到当天黄昏将近，这个排才重返架桥点并架好可供坦克通行的浮桥，不过该排因此付出了全军覆没的代价。第二天，第3装甲军刚从东部发起进攻时便遭遇了苏军强力的抵抗。很明显，对坦克第1集团军实施突然袭击并使其失去战力的时机已经不复存在了。

（六）第 11 军和第 42 军被合围

1月26日，最高统帅部大本营打出了王牌。1个机械化军和1个近卫坦克军在第7军和第42军的接合部突破了第1装甲集团军的右翼。此外，就在前一天，近卫第4集团军突破了第8集团军位于切尔卡瑟西南部的防线，一次典型的两翼合围正在成形。第1装甲集团军对此束手无策。在坦克第1集团军尚未受到重创的情况下，德军暂停左翼的反击行动不仅会使苏军重新夺回此处

德军在切尔卡瑟实施突围后，当地残骸遍布的道路

的战场主动权，也使他们从这里抽出力量支援右翼的希望化成了泡影。

当第 46 军和第 3 装甲军冲向坦克第 1 集团军的侧翼时，苏军部署在第 1 装甲集团军右翼的装甲部队抓住德军暴露出的空当，以最快速度向南推进，在 1 月 28 日完成了对第 42 军和第 11 军的合围。几乎在同一时间里，第 46 军和第 3 装甲军也在几个点上建立起联系，将多个苏联师困在了南方。之后，（第 1 装甲）集团军司令部要求第 17 装甲师开始为前出做准备，并命令 2 个装甲军迅速完成对新战线后方的肃清任务。1 月 31 日，第 3 装甲军全军出击，开始向东推进。

针对坦克第 1 集团军的行动取得了一定成功：苏军约有 701 辆[①]坦克和自行火炮被摧毁，8000 人阵亡，5436 人被俘。对于发生在（本集团军）右翼的灾难，第 1 装甲集团军完全有理由相信责任不在于自身。该部曾两次被禁止后撤自己的侧翼。在集团军的战争日志中，（该集团军）司令汉斯·瓦伦丁·胡贝大将说："即使怀揣最深的焦虑，我所能做的也只有'服从'二字。"

二、切尔卡瑟口袋（科尔孙－舍甫琴科夫斯基）[②]

到年终岁尾之际，第 8 集团军仍控制着从基洛沃格勒正西 20 英里处直至卡涅夫、长达 100 英里的防线；在卡涅夫以南，该部还控制了约 20 英里长的第聂伯河河段。第 8 集团军的防线自离开第聂伯河后一路折向西南——这种怪异的形状是苏军实施连续突击，以及希特勒"决不放弃任何一寸土地"这一决策共同作用的结果。但实际上，这道防线所体现的不过是希特勒的意志与苏军施加压力共同形成的一种暂时的平衡。

---

① 审校者注：这一数字为德军一方公布，包括了被德军击毁后苏军修复的坦克。事实上根据冷战后解密的档案，苏军的损失基本上与之接近：乌克兰第 1 方面军在 1944 年 1 月 21—31 日之间完全损失了 513 辆坦克和 146 门自行火炮。考虑到苏军记录的数字是指完全无法维修、彻底除籍的坦克，乌克兰第 1 方面军的装甲部队基本都在这一方向上（除坦克第 1 集团军外，坦克第 2 集团军也卷入了这一战斗并损失惨重），双方的数据可谓恰好吻合。苏军损失来源：TsAMO（俄罗斯国防部中央档案馆）F236，O2673，d311，list12,39，64,85。

② 作者注：尽管切尔卡瑟不在口袋里，但德国人还是使用了"切尔卡瑟口袋"，或者更具体的"切尔卡瑟附近的口袋"的名称。苏军"科尔孙－舍甫琴科夫斯基战役"这一称谓或许更准确，因为在整个战役期间，科尔孙－舍甫琴科夫斯基一直都在（战役所涉及的）口袋里。

（一）基洛沃格勒

在第 8 集团军击退苏军对基洛沃格勒以北 15 英里处一次进攻的 3 天后，即 1 月 5 日，乌克兰第 2 方面军向德军第 8 集团军和第 6 集团军的接合部展开了猛烈突击。苏军的攻势迅速向北延伸，在数小时内便已几乎突进至基洛沃格勒。第二天，苏联人在城市周围展开南北两个方向的扫荡，包围了试图在该城东郊外建立起据点的第 47 装甲军。此次突击的速度和力量表明科涅夫和瓦图京——实际上是朱可夫，因为他正在协调这两个方面军的进攻——可能准备将第 1 装甲集团军和第 8 集团军一起合围在南布格河以东地区。曼施泰因对此反应迅速，他向第 8 集团军和第 6 集团军左翼的那个军各增派了 1 个装甲师。1 月 8 日，第 47 装甲军不得不放弃基洛沃格勒向西撤退。完成撤退后，相关集团军暂时恢复了局势，并于数日内在城市后方设置了一道半圆形的掩护线。

假如朱可夫和科涅夫原本的打算是走得更远，那么他们可能会受阻于德军的快速反应和变化无常的天气——雨水和湿雪为地面铺上了一层稀薄的泥浆；在冰点左右徘徊的温度给火炮和坦克裹上了一层"冰衣"，苏军在使用武器之前必须先将其清除。战士们白天被浸湿的衣服还会在晚上被冻得僵硬。

1 月 10 日，第 8 集团军司令沃勒告诉集团军群参谋长，第 1 装甲集团军和第 8 集团军两部内翼之间的突出部已经成了本集团军最为关注的问题。他说，部队的战斗力下降得很严重，并以某个步兵团为例进行说明——该团当前只剩下了 2 名军官和 50 名士兵。就在同一天，控制着突出部最暴露部分的第 1 装甲集团军也在催促集团军群迅速回撤并拉直防线。集团军群司令部同意了上述请求。但希特勒——正如曼施泰因在 4 天前所预测的那样——置若罔闻，没有给出回复。

尽管朱可夫和科涅夫在基洛沃格勒附近集中了几个集团军，不过他们并没有试图重启攻势。这样做的原因是即便在最有利条件下，苏联的指挥官通常还是会规避那种过于精细复杂的合围行动。随着温暖多雨天气的持续，当第 1 装甲集团军开始阻挡苏军越过文尼察向南推进的脚步时，朱可夫先是停下来观望一阵，随后马上改变方向，选择了难度更小同时更有把握实现的其他目标。其中非常明显的一个是不从根部，而是从更远的东面铲断德军防线上的突出部——因为那里距离己方部队更近，战术难度更小。事实上，到 1 月中旬时，控制进攻正面的宽度已经成为苏军必须认真考虑的一个问题：乌克兰第 1 方面军的进攻正面从原先的不到 100 英里变成了现在的 250 多英里，如果不将其左翼从东部向前移，整个方面军正面向西的延伸就无法保持下去。此外，虽然很难找到这种恐惧的来源，但最高统帅部大本营显然早已担心起了乌克兰第 1 和第 2 方面军的侧翼安全问题。从战术层面上看，自斯大林格勒战役以来，苏军还是第一次碰上这种进行两翼合围的完美机会——德军第 1 装甲集团军和第 8 集团军主力已经被牢牢钉死在他们的外线，而他们向东突出的内线中央部队更是孤立突出且早就精疲力竭的。

（二）合围

1 月 24 日，乌克兰第 2 方面军对第 8 集团军展开了一次战斗侦察，具体目标是位于切尔卡瑟和基洛沃格勒中间一段长 12 英里的防线。在这段防线上，该集团军的力量十分薄弱，平均每 15 码的距离才能分配到 1 名步兵。当天结束前，这种试探性的攻击便已在多处达成突破。探清德军虚实后，第二天一早，近卫第 4 集团军全军齐上，对第 8 集团军进行了全面进攻。到当天结束，苏军已有 12 个步兵师涌入突破口。第 8 集团军再次请求撤回突出部，不过始终没有得到希特勒的答复。

1 月 26 日，坦克第 6 集团军的 2 个坦克 / 机械化军对第 7 军和第 42 军的接合部展开突击，由此突破了第 1 装甲集团军的防线。之后，苏联装甲部队司令部展现出了前所未有的气魄，向南实施了全速突贯。当德国的 2 个集团军还在徒劳地请求上级司令部做出决定时，苏军在 27 日加快了突击的速度。实施于 28 日午后的空中侦察显示，进攻一方的突击矛头已在什波拉（Shpola）实现会师。第 11 军和第 42 军共 56000 人（其中包括数千人的俄罗斯辅助部队）陷入了苏军的合围圈中。哪怕到这种时候，希特勒都还拒绝让部队撤退，曼施泰因只能提前做好营救的准备：除了把第 42 军移交给第 8 集团军之外，他还承诺将第 6 集团军的第 24 装甲师提供给后者，并命令第 1 装甲集团军主动减弱对坦克第 1 集团军的反击力度，以抽出部队、将其向东转移。

正如朱可夫在行动开始前就毫无疑问已经知道的那样，德军根本无法迅速做出反应。即便第 1 装甲集团军和第 8 集团军有胆量从其外翼抽出部队，这些兵力的重新集结也会因糟糕的道路和天气状况而浪费宝贵时间。此外，苏联人拥有的另一个优势是——由于他们的履带车辆、坦克和自行火炮的履带都比德国人的更宽，因此这些装备在松土和泥泞环境中的表现要强于其德国对手。

但从另一方面看，对德国人而言幸运的是，苏联人在履带宽度方面的优势仅仅是相对的。从东面和北面向什波拉的快速突进显然给苏军的装备造成了很大压力，朱可夫建立合围对外正面的速度不可能再像之前那么快。他无法像在斯大林格勒那样，通过一次猛烈的突击就将德军主力击退到足够远的地方，以此扩大合围圈对内正面和对外正面之间的缓冲区，增加德军救援的难度，或是从根本上摧毁他们进行救援的念头。

（三）救援

2月1日，曼施泰因下令实施救援行动。他命令第1装甲集团军将第3装甲军转移到自身最右翼、第8集团军将第47装甲军转移至其最左翼（见战场形势图20），而后这两个军将在3日（最晚4日）往合围圈方向展开突击，目标指向合围圈东缘。很明显，这次救援行动的目的只是重新建立起与被围德军的联系——因为迄今为止，希特勒还是拒绝实施撤军。各集团军原本计划在2月3日展开行动，但温暖的天气和弥漫的大雾迫使他们在2日当天临时改变决定，将行动往后推了1天。

3日，南方集团军群参谋长向曼施泰因建议，在行动开始后，第42军和第11军的部队应做好撤退准备，以便在机会到来之时（能做到）迅速突围。他宣称，不让部队撤离而只想恢复与他们的联系完全是乌托邦式的自欺欺人。曼施泰因将这一建议转告给了第8集团军参谋长，后者对此表示强烈赞同。但在当天晚些时候，曼施泰因在与沃勒交谈时表示，他仍然倾向于原先的救援方案，即在两支救援部队与被围德军建立联系的同时，反手合围并歼灭两支（实施救援的）部队间以及合围圈东南方向上的大量苏军，从而实现战局的翻盘。他还一字不落地转达了"最高领袖"（希特勒）向北突击基辅的意图。

攻击行动于2月4日展开，这一天阳光明媚，气温远超冰点。在攻击发起前最后一刻，希特勒将被自己扣在文尼察的那个装甲师还给了第3装甲军，只是这个师想蹚过泥泞并机动到位的话，还不知道要耗费多长时间。此次攻击行动的开局虽然有些不顺，但第 1 装甲集团军仍然在当天结束前推进了好几英里。该集团军报告说，如果不发生意外，此次行动便有取得成功的可能。然而温暖的天气和泥泞的道路加剧了行动实施的困难。

当天夜间，浓雾再次笼罩大地；到第二天，双方均无法移动。由于坦克在通过泥沼地区时耗费了相当数量的额外燃料，德军前方弹药和补给的储备也在飞速减少。此外，因为卡车（在这种地形中）根本派不上用场，第 1 装甲集团军只得指示第 3 装甲军和第 7 军动员当地民众充当搬运工，并征用所有能找到的马匹和雪橇来运送物资。

第 8 集团军的努力——即便他们曾经这样做过——看不出有什么效果。希特勒在最后一刻下达了将第 24 装甲师归还给第 6 集团军的命令。早在 2 月 1 日时，他便将第 6 集团军的指挥权移交给了 A 集团军群，部分原因是希望减小曼施泰因的指挥跨度，但更主要的还是防止他（即曼施泰因）抽走南翼部队。第 24 装甲师原本在一路泥泞中艰难跋涉到了第 8 集团军所在位置，此时却又

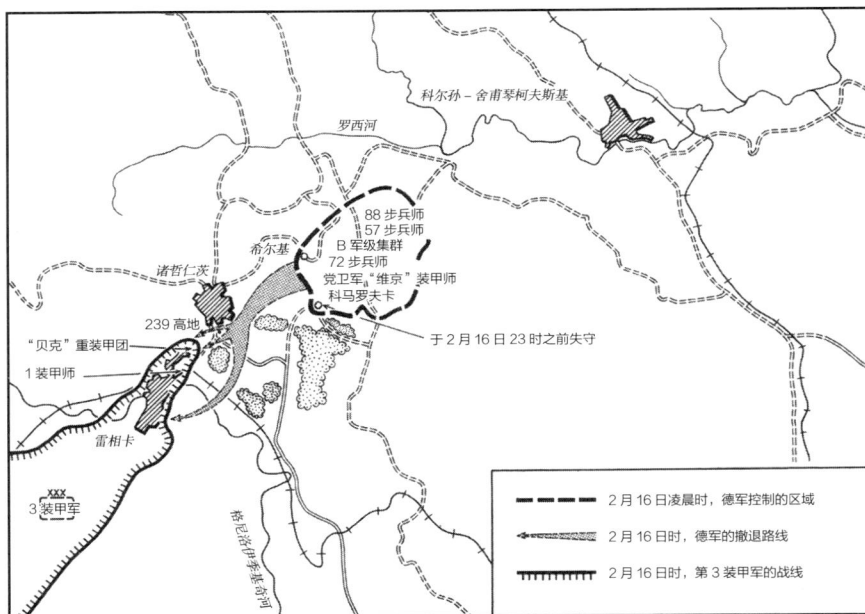

战场形势图 20：从切尔卡瑟附近口袋的突围，1944 年 2 月 16 日

接到命令要掉头回到南面的第 6 集团军中。因此，无论对于第 6 集团军还是第 8 集团军而言，这个师都没有发挥出哪怕一丁点作用。克莱斯特意识到了这一点，不过他又不想拒绝南方集团军群送上门来的 1 个师——这个师可能会在救援口袋的过程中起到很大作用——于是，他提议将第 24 装甲师换成其他的步兵师，然后把该师转隶到自己麾下。但希特勒拒绝改变他原先的命令。

位于口袋里的第 11 和第 42 军总计拥有兵力达 6 个师，只是其中有 2 个（师）力量相当薄弱。最强大的那个是党卫军"维京"装甲师，它辖有 2 个装甲步兵团、1 个坦克团和 1 个比利时志愿旅（党卫队第 5 "瓦隆人"突击旅）。比利时伪政府领导人、该旅指挥官莱昂·德格勒尔的安全问题一直是希特勒关注且担忧的重点。因此，后者向那两个军（第 11 和第 42 军）下达的第一道命令便是原地坚守。可这显然是无法做到的，因为这两个军本就已经过度延伸战线，根本无法挤出力量在南方建立起另一道防线。

1 月 29 日，第 8 集团军批准了第一阶段撤退行动。首先实施撤退的是北部和东部地区部队。此后，该集团军逐步撤退到了以科尔孙（Korsun'）西部地区为中心的弧形防线上。从某种程度上讲，此次行动的顺利完成应归功于 1 月第一周里提出的撤往罗西河的计划及相关准备工作。各军的行动受到表扬，因为他们将德国农业管理人员手中所有的粮食储备都搜集起来，并成功把它们从罗西河以南运到了科尔孙附近。因此，这些部队可以在得到比正常配给更为充足的口粮保障的同时，让宝贵的空中运力更多地保障弹药和机动燃料的补给。

德军的空中补给始于 1 月 29 日。浓雾和大雪使飞机大部分时间都处于停飞状态。2 月第一周里，上升的气温逐渐软化了跑道。最初 5 天内，德军在事故中坠毁或是被苏军战斗机和防空火力击落的飞机数量达 44 架。2 月 5 日，由于口袋内简易机场的跑道被泥浆覆盖，飞机的起降又告暂停。到 9 日，德军在相对干燥的地面上又铺设了一条新跑道。接下来 5 天时间里，这些飞机平均每天能往口袋中运送 100 ~ 185 吨弹药，与被围德军每日的消耗大致持平。

2 月 6 日，曼施泰因和麾下两名集团军指挥官都开始相信，没有哪支救援部队可以冲破苏军的拦阻一路冲进口袋——第 47 装甲军因侧翼受到苏军猛烈攻击，没有取得任何进展。任务距离较短（约为 20 英里）的第 3 装甲军正在缓慢向前推进，但该部在油料和弹药补给上遇到了麻烦；坦克乘员不得不随车带上装着汽油的大桶奔赴前线，许多步兵则赤着脚在齐膝深的泥泞中艰难跋涉，因为他们发现这样做反而比每隔几步就得停下来倒靴子里的东西更省力。"屋漏偏逢连夜雨"，此时空中补给又完全中断了，这意味着口袋内德军的弹药将在 3 ~ 4 日内耗尽。2 月 5 日，第 8 集团军向口袋内德军派出一名军官信使提醒两个军，他们可能不得不另寻他路与救援部队会合。同一天里，在集团军提议授予两位军指挥官骑士铁十字勋章"以鼓舞士气"时，曼施泰因回复道，最好等到突破命令下达的那一天再颁发，以"避免让人想起 1943 年 1 月的事情"。

希特勒的批准一如既往地姗姗来迟。仅是突围的预先号令就被他推迟到了 2 月 6 日深夜才下达，而且撤退能否真正实施还要视战局的发展情况而定。不过，开弓没有回头箭——事实上，一旦开始准备突围，相关行动便需要在未来几天内真正展开。因为部队要往西南方向发起进攻的话，就必须先收缩其他地区的防线以完成兵力集结；如此一来，口袋内的每个部分都会暴露在敌人火力之下，哪怕多推迟一天也意味着巨大的伤亡。刚收到预先号令，第 8 集团军便迅速将其传达给了威廉·施特默尔曼炮兵上将，他是口袋中德军 2 个军指挥官里资历较深的那个，因此带头负责此次突围行动。

接下来 4 天里，当施特默尔曼正紧张地调整部署时，第 3 装甲军在降雪、泥泞和大雾中实施了局部攻击，并缓慢向前推进，同时试图为 11 日展开的最后那次突击准备足够数量的坦克。2 月 8 日夜间，德军向口袋内空投了 100 吨弹药；10 日，德军飞机开始重新降落在口袋内，为被围部队运来了另外 100 吨弹药、数千加仑汽油，并往后方运送了 400 名伤员。尽管从 10 日开始的降雨使地面变得比以前更松软，但曼施泰因和沃勒还是决定在第二天开始行动，因为 3 个师中只有 1 个还可堪一战的第 11 军现在已无限接近于崩溃边缘。第 1 装甲集团军向第 3 装甲军发出命令，"无论如何"都必须在 11 日展开最后一次突击，哪怕不带上坦克都行。

在近乎绝望的情绪的刺激下，第 3 装甲军在 11 日早间发起攻击，克服泥泞地形的影响（德军受此影响的程度相对苏军而言还要更大些），将其前锋推进到了雷相卡（Lisyanka）南部地区，已经逼近狭窄但是很深的格尼洛伊季基奇河（Gniloy Tikich River）。集团军司令部命令该军乘势——尽管此时的"势"

很微弱——渡河，继续北进。然而在当天结束前，第 3 装甲军发来报告，称并不存在上述可能：该部必须停下脚步进行补给——受天气影响，坦克消耗油料的速度足有正常速度的三倍之多。

口袋内的突围行动于 11 日午夜前突然发起。德军利用苏军出现的短暂混乱向前推进了 1 英里多路程，抵达合围圈西南缘的希尔基（Khil'ki）村和科马罗夫卡（Komarovka）村。不过在第二天，苏军对希尔基—科马罗夫卡一线展开了猛烈反突击，施特默尔曼的部队虽然挣扎着守住了该防线，但突围的脚步也因此停顿下来。尽管集团军司令部发出了"现在，或者永不（行动）"的警告，第 3 装甲军却还是在格尼洛伊季基奇河以南停滞了一整天，因为降雨和不断上升的气温加剧了德军运送弹药和给坦克加油的难度。

2 月 13 日，第 3 装甲军一部越过格尼洛伊季基奇河，并推进到了雷相卡北部郊区。在希尔基和科马罗夫卡之间，德军和苏军纠缠激斗了整整一天，不过双方均未获得任何有价值的战果。第二天，第 3 装甲军在挪动中取得了一定进展，但在夜幕降临前又被苏军的反击、大雪和泥泞的道路挡住了脚步。第 1 装甲师和"贝克"重装甲团是该军在格尼洛伊季基奇河北部所拥有的全部力量。"贝克"重装甲团的"虎"式坦克在 3 周内摧毁了 400 辆苏联坦克，取得了惊人战绩，然而自身最终也只剩下 6 辆坦克①。当天的战况表明，第 3 装甲军已无法突破苏军的阻挡到达口袋边缘。在确认这一事实后，沃勒当晚便授权施特默尔曼将其东北翼撤至罗西河后方，并指示后者将所有力量集结在一起，准备从希尔基—科马罗夫卡一线向诸哲仁茨（Dzhurzhentsy，位于从雷相卡到口袋边缘的半道上）再次发起突击。

2 月 15 日，第 1 装甲师在"贝克"重装甲团引导下取得了一定进展，只是依然没能抵达诸哲仁茨或 239.0 高地——该高地控制着小镇南部的一道山脊，同时是通往口袋边缘道路上海拔最高的高地。第 1 装甲集团军报告说，第 3 装甲军确实没有突击至口袋边缘的足够力量。曼施泰因在更早之前也得出过相同

---

① 审校者注：这一数字（6辆）是1944年2月15日"贝克"重装甲团可用的"虎"式坦克数量；同日，该团有8辆"豹"式坦克可用。在整场战役中，"贝克"重装甲团完全损失了7辆"虎"式和23辆"豹"式，其中所有的"虎"式和17辆"豹"式是因为故障无法回收被德军自行炸毁，还有2辆"豹"式是因为发动机自然彻底烧毁，只有4辆"豹"式是被苏军击毁。

结论。此前，他还一直认为可以采用救援部队与突围部队对进而行这种传统方法达成救援目的，但这种可能性在当前情况下显然已经不复存在。曼施泰因告诉沃勒，他（后者）必须命令施特默尔曼集中手头所有力量，进行孤注一掷般的最后一次尝试。

沃勒向施特默尔曼发出命令，称后者只能依靠自己的力量到达诸哲仁茨或 239.0 高地。他指示施特默尔曼集中起所有炮兵力量以打开突破口，然后投入由第 42 军司令西奥博尔德·利布（Theobald Lieb）中将指挥的突击集群。施特默尔曼回答说，自己将按命令于 2 月 16 日 23 时 00 分发动攻击。

（四）突围

16 日这一天对每个人的神经而言都是一次巨大的考验。在过去几天里，潮湿的雪覆盖着同样潮湿的泥土，铺满了整片大地，积雪在一些沟壑和低洼处甚至可以达到 3 英尺之深。然而对于口袋里的德军士兵来说，降雪至少可以让他们暂时躲开苏军空袭带来的威胁，而且能为自己提供（往常情况下）在口袋里很难获得的遮蔽优势。利布在日记中记录到，口袋的宽度已缩减至 6 英里左右，当雪停下来时，他甚至能从自己的指挥所看到整个口袋里的情况。

16 日，曼施泰因命令部队在不实施火力准备的前提下直接展开突围，但火炮必须部署到位，以便在遇到强力阻击时立即提供火力支援。当天下午，苏联人重新夺回了突围部队南翼防线的锚点科马罗夫卡。施特默尔曼不得不修改自己的计划以适应这些变化。科马罗夫卡的失守对德军南翼形成了巨大威胁，第二梯队所受的影响尤为明显。

当天昼间，第 1 装甲师仍在"贝克"重装甲团引导下、再次向诸哲仁茨发起突击，只是该部依然无法突破雷相卡北端。领头的重装甲团有 3 辆坦克一度登上了 239.0 高地顶端，但没过多久就遭到侧翼猛烈炮火的打击，被迫后退 400 码；而后一直到入夜前，德军再没有前进一步。第 1 装甲集团军已经将医院列车开到最靠近前线的一个车站中等待下一步行动，并让容克 Ju–52 运输机在乌曼机场待命，随时准备向后方运送伤员。曼施泰因在第 1 装甲集团军司令部所在地乌曼的指挥列车上度过了一个不眠之夜。

苏军在诸哲仁茨发射火箭弹

　　突围出发阵地上，施特默尔曼在希尔基北面部署的是 B 军级集群[①]（包括第 112 步兵师和其他两个师残部），中央位置是第 72 步兵师，南面则是党卫军"维京"装甲师。科马罗夫卡失守后，原计划由 1 个师夺占的地区现在必须改由第 72 步兵师和"维京"师共同占领，这一临时的改变也导致了行动之前的混乱。行动中，每个师都会把 1 个加强有炮兵的团摆在前方作为突围矛头，另 2 支约为团规模大小的部队则在后方跟进。施特默尔曼亲自指挥由第 57 和第 88 师组成的后卫部队，该部将依次撤往三道阶段线：第一道阶段线将在 16 日 23 时 00 分之前到达，最后一道则与先头突击师的突击出发线大致重合。最后的第 389 步兵师（亦是第 6 个师）在一周前就不复存在，该师剩下的 200 名士兵被纳入了第 57 步兵师。德军在口袋内的总兵力（含俄罗斯志愿兵）约有

---

　　① 作者注："军级集群"由若干力量受损严重的师编成，并由其中某个师的司令部实施指挥，在规模上大致与一个标准的步兵师相当。

45000 人——包括将被抛弃在原地的 1500 名伤员。

突围行动于 2 月 16 日午夜前 1 小时准时开始。在苏联人反应过来之前，3 个突击团只靠着手中的刺刀沉默地突破了他们的警戒线和主要防线。B 军级集群的前卫团在到达位于诸哲仁茨和 239.0 高地之间那条很容易被突破的苏军防线前没有遇到过任何敌军部队。此后，该团在第 1 装甲师所发射白色信号弹的引导下，于凌晨 5 时 00 分到达了雷相卡北端。

第 72 步兵师前卫团的运气更好。在到达从东南方向通往诸哲仁茨的公路时，他们遇到了正朝小镇移动的 4 辆苏方坦克和一队卡车。一名德军士兵用俄语大喊"停下"后，苏军的坦克很快停下，让德军走过了马路。直到对方的炮兵连通过马路后，苏军才意识到自己犯下的错误，不过为时已晚。这个前卫团将那些苏军坦克置于身后（因为这股兵力即将被后续德军包围），很快就消失在暗夜之中，随后马不停蹄地向雷相卡北部第 1 装甲师所处位置继续前进。

党卫军"维京"装甲师的前卫团却没有那么走运。在经过诸哲仁茨以东地区时，这支部队遭到了苏军重机枪、反坦克炮和坦克的多重打击。为避开239.0 高地方向重型坦克的火力，该团在将主力转向正南时，不得不抽出 1 个营兵力来击退苏军的进攻。然而，这一转向拉长了突围的路程，并把这个前卫团引到了格尼洛伊季基奇河以东地区。如此一来，他们便需要渡过该河才能抵达雷相卡。不过在当时的条件下，他们只能泅渡过河；因此，所有不辞辛劳从口袋中带出来的重型装备也都被留在了东岸，大多数党卫军士兵甚至不得不将步枪扔到水里。尽管如此，该团还是有许多人——至少几百，甚至是上千人——淹死在了冰冷刺骨的河水之中。

10 分钟后，第二波突围德军沿着前卫团的路线开始出发。此后，重装备逐渐以缓慢的速度向前移动。施特默尔曼下令摧毁除坦克、突击炮、履带式运输车以外的所有车辆，并留下足够数量的马车以运送在突围途中受伤的人员。但此时德军后方仍留有数量众多的车辆（多得甚至造成了交通堵塞），尤其是一些无视上级命令的单位，他们打算将普通卡车和载有重物的马车也一同带走，然而这些车辆很快就陷在了路上。为拯救那些珍贵的车辆、坦克和重装备，德军与恶劣地形条件展开了艰苦卓绝而又徒劳无果的斗争——从希尔基出发的许多车辆最终不得不被遗弃在该村南部一条 1.5 英里长的泥沟底部；那些挣扎着逃离了这条泥沟，或是在更南一些位置上出发的车辆，除几辆马车外，后来还是全部被困在了雪地和其他泥泞地形中。大批德军被挡在了 239.0 高地两翼的山脊前；值得一提的是，在部分转道向南的德军中，有一些人抵达了格尼洛伊季基奇河岸边，只是最终依然被河流及河岸的泥沼所吞没。

当天夜间，施特默尔曼一直把指挥所设在希尔基，但他与自己下辖部队的联系在大部分时间里都是中断的：大多数电话线不是被己方部队主动切断、无法联系上级，就是被苏军的炮兵火力破坏；很多电台在出发前的最后一刻从卡车被转运到马车上，来回的搬运对精密而又脆弱的设备造成巨大损害，绝大多数电台因此罢工。3 时 00 分，施特默尔曼根据枪炮声消退这一情况推断突破取得成功。为此，他通过无线电和传令兵向 2 个后卫师下达命令，指示他们在接下来 3 小时内迅速抵达第二和第三阶段线，之后再往西南方向的雷相卡展开攻击。1 小时后，施特默尔曼和自己的司令部跟随着 B 军级集群最后一波部队离开希尔基，准备在前往诸哲仁茨的半路上建立一个新指挥所。在希尔基以南混乱的部队和车辆中，他与司令部其他人员走散了。后来有一名德军士兵报告说，在自己把将军（施特默尔曼）接上车后不久，他所驱赶的马车就被苏军反坦克炮发射的炮弹炸成了碎片。

3 时 30 分，利布和他的参谋们跟在第 72 步兵师最后一个梯队后面，骑马准备出发。半小时后，他们穿过了希尔基南部的山沟，在这里，满地皆是面目全非、半埋在泥泞之中的车辆残骸，它们都是被苏军坦克和从科马罗夫卡发射的反坦克炮弹摧毁的。黎明到来时，利布一行人发现自己身处诸哲仁茨正西方；在这里，他们可以听到城镇、239.0 高地和南面树林里传来的激烈战斗的声音，然而他们自己（所处）的部队正在快速向 239.0 高地挺进。当利布和部队冲上山顶时，他们不仅遭到苏军从侧翼倾泻而出的火炮炮弹及火箭弹的覆盖，同时还发现苏军坦克已在森林中严阵以待。此时，摆在利布面前的就只剩下向南转道这一条路了。

当利布的参谋长在中午到达格尼洛伊季基奇河边时，他发现那里有数千名士兵正准备泅渡过河。一些人把武器留在岸边，另一些人则试图把它们扔过 50 英尺宽的河流，但在大多数情况下都失败了。短短几分钟之内，有许多士兵就这样在他（参谋长）眼皮底下被淹死，而且倒在对岸的人更多。将近傍晚时，他和利布竭尽所能，在渡口恢复了一定秩序后，一同游过了该河，加入了手无寸铁的一长列队伍之中——这些惨得几乎是赤身裸体的德军颤抖着爬上白雪覆盖的斜坡，一边打着哆嗦一边往雷相卡走去。

施特默尔曼的参谋长（跟随着后卫各师一起出发）观察到，一切代表着秩序的假象都在天亮后不久消失了。此时，苏军已经确切地掌握战况，迅速将重机枪、迫击炮和其他火炮调往科马罗夫卡以西地区，将火力倾泻到了德军头上。为逃命，这些德军只得寻求沟谷和溪壑的保护，所有部队全都混杂在一起。除了躲避之外，没人还有心思去想别的事情。由于诸哲仁茨和239.0高地方向上苏军的火力最为猛烈，因此，当天除了有小股部队偶尔闯入雷相卡北部地区外，几乎所有德军都向南转道，最终抵达了格尼洛伊季基奇河的弯曲处。

德军总共有3万人从口袋里逃出。曼施泰因和两个集团军司令都很高兴，并且满意于能把这么多人救出来。就连希特勒也只是简单抱怨了一下那些被丢弃的装备和物资。但从另一方面看，逃出包围圈德军的心理状态震惊了集团军和集团军群司令部——在连续几个星期不间断战斗中没吃过一顿饱饭的重装甲团士兵们十分惊讶于首批逃出口袋德军的良好身体状况，此外更令他们感到震惊的是，这些首批突围的官兵居然全部都拒绝留下来帮助他们落在后面的同袍。

2月17日，曼施泰因决定将所有幸存者送回波兰休整。第1装甲集团军报告说："必须……认识到，这些部队从1月28日起就陷入了合围，因此他们都曾有意或无意地设想过，那些曾经陷在斯大林格勒中同袍的命运。"该集团军高层观察到，部队的"内在精神"并未溃散，不过还是补充道："必须承认，只有少数先天具有韧性（而非通过军事训练后天灌输生成）的士兵才能够承受住这种持续的压力。"

三、尼科波尔和克里沃罗格

当第6集团军司令部接手第聂伯河大河曲下游部分（原第1装甲集团军防区）的防务时，该部背负起了一项几乎无法完成的任务：用一道无法守住的防线来保护一个守不住的地区（第17集团军所在的克里木半岛），而且还要将

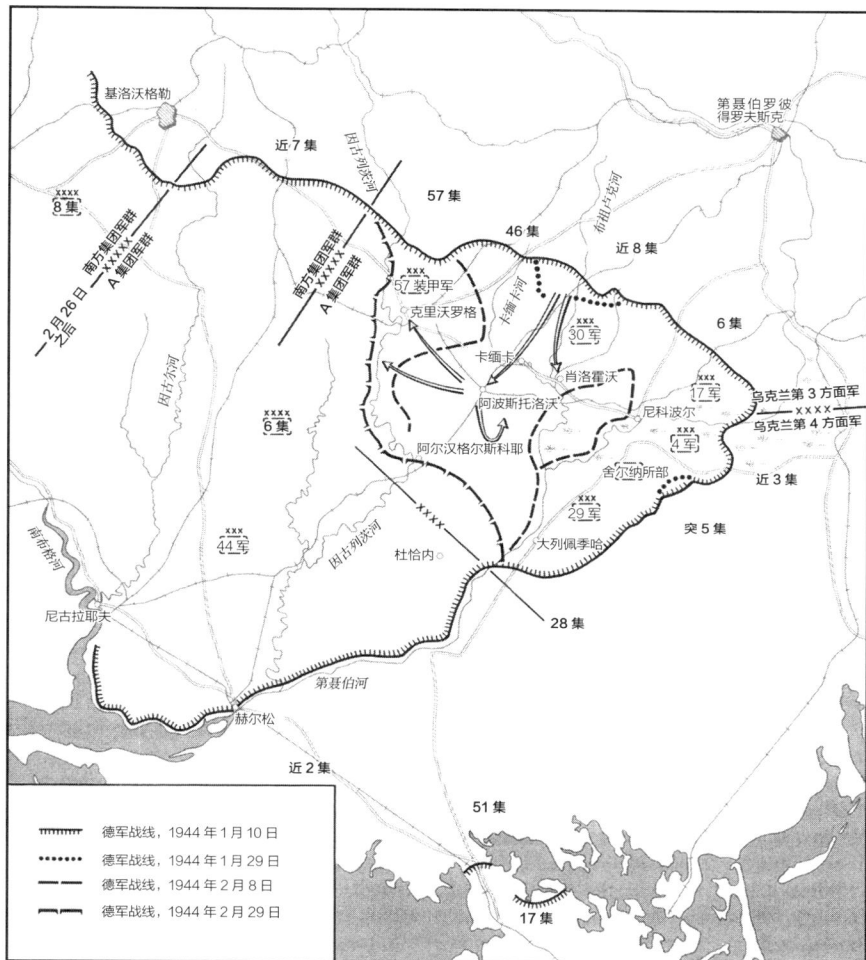

战场形势图 21：尼科波尔桥头堡和克里沃罗格，1944 年 1 月 10 日—2 月 29 日

那些重要的经济资源（克里沃罗格和尼科波尔的铁锰矿）——当时已经成为德方军事上的累赘——牢牢掌握在自己手中（见战场形势图 21）。

（一）负责桥头堡指挥的舍尔纳

为确保不管发生什么情况，德军都能守住第 6 集团军防线上最关键的地段，希特勒在 1943 年 10 月底召来了费迪南德·舍尔纳山地步兵上将，并授予他第聂伯河大河曲部和桥头堡内 3 个军的指挥权。舍尔纳是"新生代"将领之一，也是一个纳粹主义的狂热信徒，他的军事声望主要来源于自身两种主要素质——精力和决心。舍尔纳掌握了在军队中拉帮结派的诀窍，这在某种程度上掩盖了他对待下属那种冷酷无情的本性。其上一个指挥岗位是芬兰北部第 19 山地军指挥官，在这里，他创造出了"北极并不存在"的口号。

在新旧两年，即 1943 年与 1944 年的交替之际，希特勒突然发现，按照他自己所设想方式来发挥舍尔纳才能的机会几乎是不存在的。在第 6 集团军北部，苏军已经深远楔入了第聂伯河以西区域，将该集团军防线顶成了一个中央向外凸出的直角形状。由舍尔纳所部 3 个军负责的防线正好构成这个直角面向东南的那条边。在原来的第聂伯河防线上，德军构筑了完善的防御工事；然而第聂伯河防线的后方是宽广的第聂伯河洪泛平原，那里沼泽密布、河道纵横交错，而且在当年冬天里几乎没被封冻过。第聂伯河东岸桥头堡与西岸的连接通道仅是尼科波尔东北端的一座临时桥梁，以及位于大列佩季哈（Bol'shaya Lepatikha）最南端的两座单车道浮桥。第 6 集团军直角防线的另一条边朝北略偏东，是一道横越开阔大草原、被众多沟壑和 5 条大河①河道切割得散落不齐、力量单薄的防线。该防线在克里沃罗格以北 18 英里处及阿波斯托洛沃（Apostolovo）火车站以北 30 英里处掠过——后者（该车站）是通往尼科波尔的铁路线及其北部支线的交汇点。

第 6 集团军防御地带内唯一一条可全天候使用的道路是所谓四号公路，但此时它距离前沿已经太近，除位于克里沃罗格附近的那段外，其他路段均无法使用。由于这里根本没有任何种类的砾石或其他合适的石头，德军连在软黏土路基上铺设硬质路面的尝试都无法实现。在地面没有结冰的潮湿天气里（1943—1944 年冬天的大部分时间都是这样），铁路和履带车辆是该地区内唯一可靠的交通工具。因此，苏联人只需再向前推进 30 英里、抵达阿波斯托洛沃，就可以完全切断舍尔纳这 3 个军的后路。

---

① 译者注：由东向西依次为索摩纳亚河、布祖卢克河、卡缅卡河、因古列茨河、因古尔河，均为第聂伯河右岸支流。

（二）华西列夫斯基发动两线攻势

对于苏军而言，第 6 集团军突出的防线仿佛给乌克兰第 3 方面军的右翼纵深钉上了一个楔子，同时挡住了乌克兰第 4 方面军攻击克里木第 17 集团军的脚步。但从另一方面看，此处也为苏军实施两翼合围提供了一次绝佳机会。最高统帅部大本营当然不会放过这一有利战机，并派出了华西列夫斯基协调和负责此事。

当 1 月第一周的寒潮将地面冻硬得足以承受坦克的行动时，乌克兰第 3 方面军于 1 月 10 日发动了攻击。在布祖卢克河（Buzuluk River）以西一段 4.5 英里宽的正面上，苏军的 80 辆坦克在 220 门火炮和相应数量火箭炮提供的弹幕掩护下向南进行了突击。跟在这些坦克后面的是由 9 个步兵师组成的第二梯队，他们准备在己方坦克打开突破口后，跟随其后并发展纵深突破。不过，苏军司令部又犯了他们周期性的战术失误，步兵和坦克的行动之间再次产生了脱节。在防御前沿之后 3 英里处，德军 2 个装甲师挡住了苏联坦克的去路，并在数小时内摧毁后者三分之二的坦克。当天结束前，尽管苏军炮兵用尽全力、试图为步兵开辟出一条通道，但德军最终还是封闭突破口，恢复了原先的防线——在被击退之前，苏军步兵仅向前推进了 1 英里左右。

然而，在接下来 3 天时间里，马利诺夫斯基投入了数量庞大的步兵——"庞大"到仅凭自身的规模便将德军的防线向后逼退了 5 英里。对于第 6 集团军而言，这 5 英里的损失是绝对无法承受的。因此，该集团军司令霍利特决定投入第 24 装甲师，从桥头堡发起反击。但在该师准备展开行动前，乌克兰第 4 方面军对尼科波尔南部桥头堡纵深（距离）最短的地方发动了攻击。现在，霍利特发现自己面临着一次两难的选择：要么置北方那 5 英里土地损失于不顾，守住寸土寸金、再丢失 1 ~ 2 英里地盘都可能带来致命影响的桥头堡；要么牺牲这个桥头堡，以夺回北方的失地。最终，他意识到"两线作战中任何一线都无法支援另一线"这一必然结果，坚决果断地选择了保卫桥头堡。事实证明这个决策是完全正确的——截至 16 日，苏军仍未在该桥头堡取得进展，随后一并暂停了南北两面的攻势。

接下来 1 周时间里，德军以第 6 集团军挡住苏军第二次突击的希望有一半正在破灭。温暖的天气使路面又变得松软且烂泥淤积，利用从 1 月 19 日开始连续数天的大雾，华西列夫斯基将 1 个近卫机械化军和 2 个近卫步兵军从桥头堡当面转移到了第 6 集团军北翼，此举使苏军在这里的力量增加了一倍多。为掩饰这一行动，乌克兰第 4 方面军在通往且接近克里木半岛的路上伪造出了交通拥挤的状态，并在被抽调部队的集结地域中布置了假坦克。

虽然对苏军未在首选突破口上继续加强力量感到不可思议，但霍利特对这一事实的认识还是清醒的——南翼桥头堡未来的命运将取决于北翼战局的发展情况。因此，他决定将 4 个装甲师从防线上撤下来，以组成 1 个作为强力预备队使用的装甲军，并部署于北翼防线后方。1 月 24 日时，这一决定看起来仍是可行的。但接下来 4 天发生的情况迫使霍利特放弃了这个计划：首先是本集团军有 1 个步兵师被抽调至克里木，接着是大约 2 个师的兵力被调往第 8 集团军；最后，他手中最强大的那个师，即第 24 装甲师也被移交给了第 8 集团军。最终，他能为预备队保留的兵力就只剩下第 9 装甲师了。不过，这个师的步兵和炮兵力量相当薄弱，而且仅有 13 辆坦克还能使用，其当前实力只剩标准数的三分之一。除去上述这 4 个失去的师，第 6 集团军的兵力仅仅剩下 20 个师，平均每个师的一线战斗兵员为 2500 人。与此同时，在第 6 集团军当面，苏军乌克兰第 3 和第 4 方面军准备投入攻击的力量却多达 51 个步兵师（其中有一半是满编的）、2 个机械化军、2 个坦克军和 6 个坦克旅。

1 月 30 日上午，苏军开始进行火力准备。在短短 1 小时内向德军防线倾泻 30000 发炮弹后，乌克兰第 3 方面军于布祖卢克河以西一段 4 英里长的地段上，向德军第 30 军展开了大规模的步兵攻击。此次突击行动中，坦克被置于步兵梯队之后，准备待步兵打开突破口后再发展纵深攻击。然而，德军炮兵对苏军步兵的进攻出发阵地实施了先发制人的打击，完全破坏了苏军进攻的节奏，将其大规模的集中突击分解成了一系列互不协调的零散进攻。

第二天，在相较前一天更为猛烈的炮火引导下，马利诺夫斯基再次发起了突击。这一次，第一梯队步兵得到了 130 辆坦克和大约 300 架飞机的支援。苏军在 7 英里宽的正面上向南推进 2.5 英里，但还是没有突破德军第 30 军的战术防御地幅。为应对苏军的突击，霍利特将第 23 装甲师从西部防线上撤出，并从桥头堡内抽调 1 个步兵师，再加上原先作为预备队的第 9 装甲师，准备用这些部队向苏军发起反突击；然而就在此时，乌克兰第 4 方面军在桥头堡南端达成了纵深突破，前锋部队直逼大列佩季哈。因此，除 2 个力量薄弱的装甲师之外，霍利特在两条防线上的所有机动力量都被再次绑死在原地。当天结束时，他通知南方集团军群司令部称，如果苏军在北部达成突破，那么第 6 集团军将束手待毙。他希望上级允许自己撤离桥头堡，并退回到卡缅卡河。

时间已经快来不及了。2 月 1 日，在德军坦克和突击炮发射完最后一枚炮弹后，搭载着己方步兵的苏军坦克在第 30 军防线上打开了数个缺口；入夜前，他们已于布祖卢克河西面形成一个宽达 6 英里的缺口。在齐膝深的泥泞环境中，苏军拥有着远超德军、相当不俗的灵活性——较宽的履带赋予了他们坦克优秀的通过能力；马力强劲的美国制卡车和半履带车（在这种环境中）虽然会损失部分速度，但除了最糟糕的那种路段外，它们仍可通行无阻。除了这些技术装备带来的优势，苏联人在基层部队中还广泛使用了小型的"潘杰"（Panje）马车。德国人在这方面则是吃亏甚多，他们两轮驱动的商用卡车尤其无法应对泥泞地形；那些履带式运输车倒很好用，可惜数量实在太少；至于坦克，虽然它们的发动机在大部分时间里都会一直咆哮，车体却几乎没有移动过，就连突击炮的表现都要好一些。

2 月 2 日，当第 23 和第 9 装甲师还在泥泞中徒劳地攻击苏军侧翼时，近卫第 8 集团军早已攻击夺占肖洛霍沃（Sholokhovo），1 个机械化军也向西渡过了卡缅卡河。当天结束时，苏军已从北面取得巨大进展，他们距离通往尼科波尔的重要铁路只剩 5 英里，距第聂伯河只剩 10 英里；与此同时，苏军还在德军准备退守的卡缅卡河防线上占据了一个防守坚固的登陆场。18 时 45 分，蔡茨勒打电话给 A 集团军群的克莱斯特，要求他立即接管第 6 集团军。此时，希特勒已经同意德军撤回卡缅卡河，但他希望在大列佩季哈附近建立起一个小型桥头堡，还指望该集团军（第 6）通过收缩防线挤出 2 个师，1 个填入克里木半岛，另 1 个调往第聂伯河下游。为确保这 2 个师能顺利前往自己所想的地方，希特勒把第 6 集团军从曼施泰因麾下调走了。

（三）从桥头堡的撤退

第 6 集团军命令舍尔纳于 2 月 4 日开始从桥头堡撤退。幸运的是，此时已有 2 个师在尼科波尔以东站稳脚跟。2 月 3 日，该集团军设法通过铁路为部队补充了一列车的弹药。只要再过两天，来回穿梭的列车就可以将部队全部撤过第聂伯河，并送往更远处的布祖卢克河一线，以便在那里构筑起一道面向西方的掩护线。在此危急时刻，舍尔纳进行了痛苦而又无法回避的抉择：所有重型装备，除马匹拖曳的火炮和履带式车辆外，全部都要就地销毁。事实证明舍尔纳这一决策是正确的。由于避免了在这件注定要徒劳无功的事情上浪费时间和精力（即最终没有在泥泞中操作卡车和火炮），部队撤出桥头堡的速度相当快，精神状态也保持得很好。

在第聂伯河西部，第30军丢掉了他们所有的卡车，部队被打散为若干不成建制的小型集群——一些只是排级规模，一些甚至更小。包括指挥官在内，全体成员都把那些不能穿走或是带走的东西弃于原地，许多士兵连自己的靴子也丢失在了泥泞之中。在该军右翼，第9装甲师正向卡缅卡推进，如能夺回此地，德军便能于阿波斯托洛沃以北建立起足够宽的缓冲地带，在某种程度上迟滞苏军对其（阿波斯托洛沃）的突击。

现在将视线转向马利诺夫斯基这边。随着补给线拉长，苏军同样遇到了泥泞地形中难以通行的问题，而他们在战术上的挥霍更是加剧了由前者（变长的补给线）带来的麻烦。2月4日，近卫第8集团军的前卫部队进抵阿波斯托洛沃；随后，第46集团军也出现在了附近；此后几天里，苏军一直在尝试肃清阿波斯托洛沃西部地区，并从南部合围克里沃罗格。与此同时，夺占了肖洛霍沃的近卫第8集团军置第聂伯河于不顾——只要再往前推进10英里到达河边，就可以将舍尔纳至少1个军兵力与其主力的联系完全切断——转头从阿波斯托洛沃附近向南面25英里外的桥头堡南端发起了进攻。

在2月4日之前，舍尔纳已有2个师撤过第聂伯河，并准备于肖洛霍沃以南挡住苏联人的脚步。因此，当前摆在霍利特面前的便是这样一个难题——到底是消极地通过肖洛霍沃以南走廊将第聂伯河弯曲部内侧和桥头堡北半部的德军撤出，还是主动从卡缅卡河下游的立足点出击，向第30军目前仍位于卡缅卡（具体是阿波斯托洛沃北部）的右翼前进？最终，他得出以下结论：选择第一个方案意味着会牺牲掉第9和第24这两个装甲师（后者于2月4日按命令归建）相当多的一部分兵力，从而为舍尔纳的部队打通一条从南部逃生的路线；从战术层面上看，此举注定是徒劳的。若是采取第二个方案，他不仅可以将舍尔纳所部安全撤出，还能为重新夺回卡缅卡河防线创造机会。在接下来几天里，随着舍尔纳撤退行动的顺利实施和苏军精力的进一步分散，这一方案亦变得更有吸引力了。

到 2 月 5 日，由于在卡缅卡和阿波斯托洛沃经历的三天激烈战斗，第 9 装甲师已经基本丧失作战能力。霍利特报告说，舍尔纳当前已无力独自达成突破，因此他建议放弃大列佩季哈以东的小型桥头堡，从而释放出 3 个师从南部展开攻击。在将这项提议递交给陆军总司令部时，克莱斯特被告知希特勒仍然希望保住这个小型桥头堡，但同时赋予集团军群自行决定是否从桥头堡中抽出兵力的权力。第二天一早，克莱斯特便通知霍利特——准备撤出大列佩季哈桥头堡。

2 月 7 日，尼科波尔以东的最后一支德军越过第聂伯河，接着炸毁了他们身后的桥梁。第二天，在第 17 军①从第聂伯河河曲部撤出时，舍尔纳的 1 个军（即第 4 军）向西展开攻击，以此掩护第 17 军的后方。接下来 3 天时间里，第 4 军取得了不错的进展。10 日，第 9 装甲师和第 24 装甲师的一部冲进阿波斯托洛沃以南的空旷地带，并在那里摧毁了苏联 1 个近卫步兵军。与此同时，从大列佩季哈桥头堡抽出的那 2 个师也在第聂伯河西岸呈扇形散开，还有 1 个师向北机动，进入了阿波斯托洛沃以南地区。

可泥泞地形区和苏联人简直无处不在。11 日，在第 4 军奋战一整天都毫无进展之后，集团军叫停了该部的行动，并命令第 9 和第 24 装甲师向东、舍尔纳所部向南转进，在绕过苏军突击集群南缘之后，建立起双方之间的联系。12 日晚，克莱斯特通知陆军总司令部称，第 6 集团军可以暂时拼凑出一条防线，但无法保证守住它。苏军可以在任何时候选择向南攻击第聂伯河下游，或是向北碾过克里沃罗格。他建议将 A 集团军群和南方集团军群的右翼撤到因古尔河（Ingul River）与南布格河下游一线。此举正是克莱斯特所提议将整个南方集团军群撤至后方可堪防御的防线——南布格河防线的第一步。

（四）克里沃罗格—因古列茨河

2 月后半段时间里，德军东线的整个南翼都呈现出了一种特殊的半瘫痪状

---

① 译者注：原文为第27军（XXVII Corps），查证后修改为第17军（XVII Corps）。

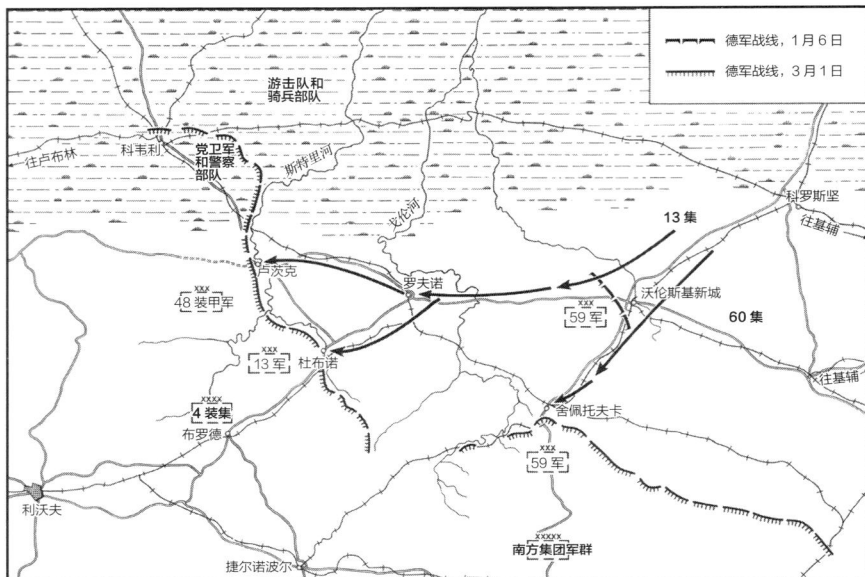

战场形势图 22：杜布诺—卢茨克—科韦利地区形势，1944 年 1 月 6 日—3 月 1 日

态。18 日，克莱斯特再次向陆军总司令部提议，让 A 集团军群和南方集团军群的大部撤到南布格河。为了给希特勒描绘出一幅"更加诱人"的前景，他建议在撤退的同时控制住几个大型桥头堡，以便在稍后发动反击，重新夺回部分失地。撤退至南布格河一线的提议并不是什么新鲜事物，曼施泰因和克莱斯特自己在以前就曾多次提出过。不过，克莱斯特这一次提议还得到了曼施泰因和蔡茨勒的赞同。在蔡茨勒看来，（希特勒）对于此次撤退的批准是毋庸置疑的，然而最终还是什么都没有发生。

19 日，第 6 集团军堵上了位于阿波斯托洛沃西南部的最后那个缺口。在之前一天，舍尔纳被调离原来的指挥岗位，改任德国国家社会主义指挥部——一个负责在军队中进行政治灌输的组织——主任一职。两天后的 21 日，苏军突破了德军克里沃罗格的外围防线。与此同时，在尼科波尔，德军摧毁矿井，抓走所有身体健全的民众，还搬走了所有可移动资产——当地的 10 万吨铁矿石除外。为避免代价高昂的血腥巷战，克莱斯特把第 6 集团军撤到了城市后方。

此后,就如往常那样,希特勒不情不愿地同意了第 6 集团军在因古列茨河（Ingulets River）后方一直向南撤退至阿尔汉格尔斯科耶（Arkhangelskoye）,不过他坚持让该集团军留在杜恰内（Dudchino）下游方向的第聂伯河上。与蜿蜒曲折的因古列茨河相比,第聂伯河（防线）确实为防守者提供了更好的天然防御条件；但从另一方面看,为满足希特勒保留第聂伯河上这段防线的要求,德军再次在东部形成了一个巨大突出部。

　　与此同时,德国人的左翼又出现了新麻烦。第 6 集团军左翼的军和第 8 集团军右翼那个军的防线在基洛沃格勒和克里沃罗格之间形成了一个较浅的凸起。科涅夫在第 8 集团军右翼当面部署了强大的部队,看样子随时都可能展开朝西南方向的进攻。被集团军群左翼战局完全占据心神的曼施泰因继续将第 8 集团军右翼的那个军移交给了 A 集团军群。

　　到月底,由于苏军的进攻仍未开始,第 6 集团军准备分阶段撤回因古列茨河。在该集团军仍被钉在第聂伯河的南翼防线上,浮冰阻碍了苏军的渡河行动,德军也因此获得了宝贵的喘息时间。在贝希特斯加登,希特勒与安东内斯库进行了会谈。这名罗马尼亚领导人认为,尽管存在政治上的不利影响,但出于军事方面的考虑,轴心国一方还是应当撤出克里木。与此相反,希特勒此时仍然,而且比以往任何时候都更加确信——这个半岛是绝不可以放弃的。

（五）杜布诺—卢茨克—科韦利

　　曼施泰因在 1 月 6 日下达给第 1 装甲集团军和第 4 装甲集团军的命令中涉及了苏军两个方向上的突击——其中一个往南指向两个集团军的接合部,目标为日梅林卡；另一个指向第 4 装甲集团军的北翼,目标为罗夫诺和舍佩托夫卡（见战场形势图 22）。由于前一个取得了更大进展,而且更具危险性,因此,曼施泰因要求两个集团军先集中精力将其解决。在北方,他已经指示第 59 军继续掩护第 4 装甲集团军的侧翼,使用其主力部队把苏联人挡在舍佩托夫卡之外,同时使用另一支规模相对较小的部队掩护罗夫诺。

　　在从科罗斯坚回撤的过程中,第 59 军丢掉了沃伦斯基新城（Novograd Volynskiy）,给苏联人让出了两条主要道路——一条通往正西方的罗夫诺,另一条通往西南方向的舍佩托夫卡。在普里皮亚季森林茂盛、沼泽遍布的地形中,保持对道路的控制至关重要。由于距离舍佩托夫卡较近，而且苏军突击的主要方向是西南而非正西，因此，第4装甲集团军命令第59军将司令部转移至舍佩托夫卡，并集中兵力保障铁路的畅通。这样一来，在罗夫诺和苏联人之间，德国人就只剩下了一个C军级集群（大约1个步兵师的规模）和第454保安师。罗夫诺无疑也是一个重要的公路和铁路交通枢纽，从此处出发，朝西北可通往科韦利和卢布林，朝西南则通向杜布诺、布罗德（Brody）和利沃夫。第59军主力（2个步兵师）同样陷入了孤立无援的状态，但在退向舍佩托夫卡的过程中，他们不断地向第4装甲集团军防线中央靠拢。在第59军后方，苏联第60集团军踩着德军的脚后跟向舍佩托夫卡推进，第13集团军则往西转向罗夫诺。

舍佩托夫卡和罗夫诺是德军在基辅西部主要铁路上的最后节点。如果失守，这条通往南方集团军群暴露侧翼的铁路就会完全落入苏军的控制之中。而且，罗夫诺还可以充当他们向北突击卢布林——或者更为有利的是向西南突击利沃夫——的作战行动的集结地域。从罗夫诺到利沃夫，再到南方集团军群主要补给线的距离是110英里，从舍佩托夫卡到捷尔诺波尔的距离则仅为80英里。如果再向前推进30～50英里，苏联人便能穿越德涅斯特河，到达喀尔巴阡山脉的山麓。

曼施泰因对自己左翼面临的危险保持着一如既往的敏感，却始终对此无能为力。因为希特勒仍然要求将南方集团军群的右翼和A集团军群向东梯次展开，哪怕这样做会使部队暴露在苏军数个方向的同时攻击之下也坚持己见。1月14日，曼施泰因命令第4装甲集团军将第13军的司令部转移至北方，以接管C军级集群和第454警卫师。这两支师级部队此时仍在努力维持位于罗夫诺以东20英里的戈伦河（Goryn River）防线。更远的北面，苏军骑兵在游击队支持下已经穿过偏远的森林和普里皮亚季沼泽地区，朝着科韦利和卢茨克（Lutsk）方向推进。在密林中，德国人与乌克兰民族主义游击队结成了关系不冷不热的同盟。后者虽比德国人更憎恨苏联人，但以德方的角度来看，由于这些人缺乏统一指挥，同时还怀有杀死所有波兰人和苏联人（包括那些为德方服务的苏联人）的可悲执念，他们所能发挥的作用也因此大有折损。

第13军得到的任务是防守罗夫诺，同时防止苏军靠近城市西部的公路和铁路。然而没有任何人真正相信该军能完成上述任务中的哪怕一项。1月21日，第 13 军指挥官报告说，他无力阻止苏联人渗透到罗夫诺北部的森林中，其所辖部队根本没办法将他们驱逐出去。月底时，这名指挥官预计罗夫诺会在未来几天内失守。有 2 个神出鬼没的骑兵军（只有通过空中侦察才能发现他们的些许踪迹）正在城市后方的森林中前进，很快就会对卢茨克和科韦利形成威胁。2 月 2 日，正如该指挥官预言的那样，苏联人占领了罗夫诺；同一天里，他们的骑兵还将卢茨克守军逐出城外，并向西驱赶了 40 英里。

接下来两个星期里，南方集团军群左翼几乎完全崩溃。为避免遭到苏军合围且确保利沃夫的安全，第 13 军主力部队不得不撤退到了杜布诺。北面，苏军骑兵在卢茨克以西随意活动，并且即将逼近科韦利郊区。杜布诺已陷入半合围状态，而第 13 军仍在向此地机动的途中。希特勒要求南方集团军群直接告诉他城防指挥官的名字。在与元首指挥部通过电话后，这名曾在罗夫诺担任守军指挥官的军官才得知自己将会面临军事法庭的审判。

相关集团军、南方集团军群，以及陆军总司令部在 1 月底之前便已经认识到这一事实：为避免遭到灭顶之灾，他们必须在侧翼再部署几个师；可放眼望去，根本没有哪个地方还能提供这些兵力。2 月第一个星期里，该集团军手头所能挤出的全部力量就只剩下一个被降格为战斗群的第 7 装甲师了。在 2 月 9 日到来前，苏军 1 个近卫骑兵军已向西绕过杜布诺，正准备从后方朝该城发起攻击。第二天，曾希望等到切尔卡瑟口袋战斗结束后再想办法的曼施泰因决定不再等待，开始向侧翼派遣增援部队。他将第 340 步兵师（辖有 3 个步兵营和 2 个炮兵营）交给第 13 军，并将第 7、第 8 装甲师和 2 个波兰加强守备团划拨给了第 48 装甲军司令部指挥，同时命令最后者（第 48 装甲军）开始集结兵力，准备向北和向东突击科韦利和斯特里河（Styr River）地区。

本月中旬之后不久，第 48 装甲军便在杜布诺以西完成了进攻准备，但极深的积雪将该军的行动一直拖延到了 2 月 22 日。德军这次突击进展相当顺利，到 27 日时已进抵卢茨克和城市两侧的斯特里河。随后，该军转头向北推进，截至月底，他们已经建立起了一条从科韦利到第 13 军左翼（杜布诺以西）的要点式防线。

数月以来，南方集团军群最左翼的缺口到现在终于被关上了。然而，封闭这一缺口的努力亦使第 4 装甲集团军无力填补第 13 军和第 59 军侧翼之间

30 英里长的缺口。自 2 月中旬开始，苏联人就在舍佩托夫卡附近第 59 军左翼的当面加强了力量；26 日，他们开始向前沿阵地派遣新部队。3 月 2 日，曼施泰因得出结论，苏军将在春季解冻之前突击捷尔诺波尔。

第十二章

双翼并进——北翼

一、"蓝色"行动

在苏军第一次冬季攻势结束之后的两年时间里，与其他集团军群变动剧烈的战线相比，由北方集团军群负责的战线几乎可以说是稳如泰山。在其右翼，第 16 集团军虽然已经放弃一些阵地，但该部的防线仍牢牢锚定在北部的伊尔门湖上。自 1941 年夏季开始，伊尔门湖南部的俄罗斯古镇旧鲁萨和霍尔姆便一直处于德国人的直接掌控之中。哪怕苏军在 1943 年 10 月突破了涅韦尔的德军阵地——对北方集团军群而言，这一事件带来的影响主要是对该部形成了潜在威胁（苏军可能由此展开对该集团军群南翼的深远包抄），由于地盘丢失导致的危害相对就小得多了。北方集团军群左翼，第 18 集团军在拉多加湖以南地区与苏军进行了 3 次会战，尽管苏联人在该湖南岸象征性地获得了往前推进几英里的胜利，可始终无法打破德国人对列宁格勒的围困。从沃尔霍夫河到芬兰湾，苏德两军的战线上遍布着堑壕和弹坑，这让人不禁回想起了第一次世界大战中的残酷场景——两年半的战争过去了，双方的得失却只能用码这种单位来衡量。在攻克塞瓦斯托波尔后，德军于 1942 年夏季把重型攻城炮运到北方，沿着列宁格勒西部的海岸线一字摆开，将这座城市除东北郊区以外的全部地区都纳入了火力打击范围内。

然而，防线上一年多以来的相对稳定并不是北方集团军群当前状态的真实写照。1943 年 9 月和 10 月里，屈希勒尔不仅被迫交出 3 个步兵师和西班牙第 250 "蓝色"师的指挥权，同时接管了大约 60 英里长、兵力严重不足的防线（原属中央集团军群）。作为补偿，他得到了 3 个新近组建的党卫军师（这些师中的大多数成员都不是德国人）和西班牙军团——弗朗哥用来代替"蓝色"师的 1000 名补充兵，这些人里许多都是保皇派，他们在努力寻找一切能开小差的机会，准备溜到苏联那一边去。

在 12 月之前，德军奥拉宁包姆口袋附近的防线主要由 2 个空军野战师和 2 个党卫军师负责防守。除靠近列宁格勒和涅韦尔北部的重要防区外，其余防线上大量散布着的皆是空军野战师和从波罗的海沿岸地区新招募的党卫军部队成员。苏军突破涅韦尔后，北方集团军群又被迫从左翼和中央抽出力量以加强右翼。从战术上看，该集团军群的状况与南方集团军群十分相似：他们不得不在两边侧翼间疲于奔命——奥拉宁包姆—列宁格勒这一侧翼事关希特勒的政治威信，另一侧翼则会对能否避免眼前的军事灾难产生重要影响。

1943 年 9 月第二个星期里，北方集团军群开始了"黑豹"防线（"东方壁垒"中由该集团军群负责的那段）的构筑工作。"黑豹"防线的北半段布设在一些天然障碍如纳尔瓦河、楚德湖和普斯科夫湖的后方，从地理位置上看十分理想。但其南半段的走向令人不太满意：这一段必须稍微向东延伸，如此才能掩护两个主要的公路和铁路枢纽（即普斯科夫和奥斯特罗夫）；不过在此之后，为保持与中央集团军群左翼的联系，该段防线又必须再次向西摆动——尤其是在苏军突破涅韦尔后。然而不管怎样，在北方集团军群退至该防线后，其防御正面的宽度都会缩减 25%。而且，与"东方壁垒"其他地段不同的是，"黑豹"实际上在 1943 年后期就已经初具坚固筑垒防线的模样了。德军组织了一支 5 万人的施工队，改造了通往里加和德文斯克（Dvinsk）①的交通路线，构筑了 6000 个掩体（其中 800 个为混凝土材质），敷设了 125 英里长的铁丝网，并挖掘了 25 英里长的堑壕和相同长度的反坦克壕。11—12 月期间，德军平均每天运进防线的建筑材料至少有 100 车。

从 9 月开始，北方集团军群司令部便在详细规划撤往"黑豹"防线的"蓝色"

---

① 译者注：现名陶格夫匹尔斯，下文将沿用原文旧称。

行动。根据司令部估计，总计有 100 万吨的谷物和土豆、50 万头牛羊、相当数量的作战用装备和其他物资，包括电话线和铁轨会被转移到"黑豹"防线后方，需要的运力共计多达 4000 列火车。在过去两年里，一直建到卢加河（Luga River）一线的预备阵地网络为这次撤退行动提供了极大便利。居住在疏散区的 90 万平民，尤其是那些如果留下就可能被征召进入苏联军队的人成为德军日益关注的对象。10 月初，德军迈出行动的第一步，但在他们试图按惯例以徒步方式将平民迁出的过程中，后者出现了不可控制的混乱、痛苦和敌意，屈希勒尔不得不命令后方司令部降低手段的激烈程度。此后，德军会挑选出可能被苏联征召成为工人或士兵的成年人，并将他们中的大多数通过火车运载到后方区域。这一年最后 3 个月里，在北方集团军群持续转移货物及人员的同时，其下辖各集团军也正忙于收罗和集中各种火炮与重型装备（有很多已被部署在永久工事之内），准备随时转移。到年底，在将 25 万平民运送到拉脱维亚和立陶宛、该集团军群也再找不到可供安置额外人员的地方后，德军暂停了这一地域人员的疏散工作。

（一）刹住撤退的脚步

北方集团军群司令部认为，从逻辑上讲，"蓝色"行动应于 1 月中旬开始，并在春季解冻之前完成——与去年中央集团军群执行"水牛"行动的方式大致相同。然而在 12 月 22 日，该集团军群参谋长告诉各集团军称，除非苏军再次发起攻击，否则希特勒很可能不会下达行动指令。此时，德国独裁者的观点是，苏军已在乌克兰的作战中损失太多兵力，因此在 1944 年春天到来前，他们应该不会在任何地方尝试发动一次新的大规模进攻。

截至月底，战局的发展似乎都证明希特勒的判断准确无误。苏军在北方集团军群右翼占据的突出部虽令人担心不已，可最高统帅部大本营并没有趁热打铁，反而将进攻重心转移到了维捷布斯克方向上——至少暂时是这样。在奥拉宁包姆口袋和列宁格勒周围，列宁格勒方面军和沃尔霍夫方面军自 11 月以来就已经做好进攻准备；但北方集团军群的心神被涅韦尔行将脱离其控制的麻烦牵制住了，对于新危险的关注度明显不高。来自第 18 集团军的情报表明，苏军——尤其是奥拉宁包姆口袋附近苏军部队的力量得到了明显增强，列宁格勒和奥拉宁包姆之间的船只交通异常繁忙，这一情景甚至持续了整个秋季，直至冬天到来、部分船只被困在冰中才停止。不过，从另一方面看，列宁格勒守军中几乎没有出现新番号，列宁格勒方面军获得的增援似乎也是通过征召当地居民得以实现。因此，到 1944 年 1 月，尽管苏军的进攻看上去已呈板上钉钉之势，但对于第 18 集团军的情报人员而言，他们越是仔细观察就越确信苏军这次的攻击将无异于前三次，即采用较为温和的作战模式。

12 月 29 日，陆军总司令部命令屈希勒尔将他最好的那个师，即第 1 步兵师调往南方集团军群。在奥拉宁包姆—列宁格勒附近战区，该师一直是第 18 集团军用以支援其他不可靠单位的中流砥柱。当屈希勒尔打电话表示抗议时，蔡茨勒告诉他，他（屈希勒尔）实际上并不需要这个师，因为希特勒已经决定实施"蓝色"行动，并会在第二天亲自告诉他这个决定。12 月 30 日中午，在元首指挥部召开的会议上，极其希望得到希特勒指示的屈希勒尔汇报了"黑豹"防线的建设情况，以及完成"蓝色"行动需要的时间。他还顺带提到，自己已经和第 18 集团军司令乔治·林德曼大将——后者实际上曾经提出将其集团军留在原地的要求，即便是在失去第 1 步兵师的情况下——进行过磋商。在回答希特勒提出的一个问题时，屈希勒尔说道，第 18 集团军的防线构筑得很完善，事实上完全可以说是"太好了"——因为该集团军根本没有足够的兵力来实施防卫（所以只能尽量完善防线）。随后，希特勒终止了会议，而且始终没有提及"蓝色"行动。

直到第二天，在收到一份要求自己将另一个主力师转交给南方集团军群的命令时，屈希勒尔才真正意识到发生了什么。蔡茨勒告诉北方集团军群参谋长，在屈希勒尔转述了林德曼希望将第 18 集团军留在原地的观点后，希特勒便立即动摇了原先的决心（指执行"蓝色"行动）。蔡茨勒认为，至少要一个星期之后才能和希特勒再谈一次。当天结束前，集团军群参谋长拟定了一份备忘录，罗列了执行"蓝色"行动的相关论据并让屈希勒尔签名，可这远远不够——必须说服林德曼改变自己的立场，因为就此事而言，如果没有其他情况出现，那么希特勒便总是会当场接受前者（林德曼）的建言。

1 月 4 日，在第 3 个师动身前往南方集团军群时，屈希勒尔赶到第 18 集团军司令部，在表达了本集团军群已经无法再承受部队的损失这一观点后，他几乎是以恳求的态度，请林德曼重新考虑自己的意见。但后者回答说，他部署在最危险地段的军、师及各级部队指挥官都有信心经受住苏军的突击。自此之后，北方集团军群的任何主张都被林德曼置之脑后。希特勒还批评了蔡茨勒和屈希勒尔沆瀣一气。作为一名陆军高级指挥官，林德曼的主要动机可能是吸引眼球，因为他从未遇到过这么好的机会，可以在元首眼皮底下展现自己的能力——然而这种结论并不能让屈希勒尔和他的司令部得到什么安慰。令北方集团军群感到不安的另一个发现是，他们正重复一个在乌克兰的德军屡犯不改的错误——在陆军总司令部，集团军群参谋长向作战处长表示，本集团军群正在将部队部署到从长远来看根本无法守住的防线上，眼睁睁地看着自己滑向灾难的深渊。

（二）解放列宁格勒

　　1944 年 1 月 14 日，苏军拉开了此次战役 [①] 的序幕（见战场形势图 23）。列宁格勒方面军在列昂尼德·亚历山德罗维奇·戈沃罗夫上将指挥下承担主要突击任务。在突击第 2 集团军向东冲出奥拉宁包姆口袋的同时，第 42 集团军正试图在列宁格勒以南的战线上向西推进。在实力更为强大的第 42 集团军当面，德军第 50 军的炮兵反应迅速，于该集团军发起突击前实施了一次精准而且猛烈的火力打击，打断了后者的战斗进程。实力较弱的突击第 2 集团军的表现反而更好，其当面的第 10 空军野战师甫一接战就宣告崩溃。

　　苏军的进攻并未达成完全的突然性，因为有一半行动其实已在德军的意料之中（但仅是预料到了进攻方向）。在列宁格勒方面军发起突击的同一天，由基里尔·阿法纳西耶维奇·梅列茨科夫上将率领的沃尔霍夫方面军从诺夫哥罗德南北两翼对第 18 集团军右翼发动了猛烈进攻。虽然诺夫哥罗德一直是德军关注的危险地区，但该集团军（第 18）并不相信列宁格勒和沃尔霍夫方面军有力量同时发动大规模进攻。1 月 10 日时，对于苏军在奥拉宁包姆口袋、列宁格勒西南部和诺夫哥罗德东部的兵力集结，林德曼还曾评价说这是相对温

---

　　① 译者注：即苏军所称"列宁格勒—诺夫哥罗德进攻战役"。

战场形势图 23：北方集团军群，1944 年 1 月 14 日—3 月 31 日

和的——特别是从苏军的预备队方面来看。他曾预测道，如果没有更多预备队，苏军的突击纵深就不会（亦不可能）太深远；此外，针对奥拉宁包姆—列宁格勒地区和诺夫哥罗德地区的攻击也"很可能"会是交错进行的。然而事实上，列宁格勒和沃尔霍夫方面军的力量完全压倒了其当面的第18集团军：在用以作战的师数量对比上为3:1（苏军55个步兵师、9个步兵旅、8个坦克旅，德军20个师），炮兵力量对比为3:1，坦克、自行火炮和飞机的对比则达到了6:1。

苏军指挥员选择的突击目标正是第18集团军腾挪余地最小的两个地方。德军用以将奥拉宁包姆口袋与列宁格勒隔开的环形防线的底部只有20英里宽。第18集团军右翼，苏军只需在此处形成一片宽度为5～10英里的封锁地带，就足以切断德军诺夫哥罗德部队与后方及伊尔门湖的联系。正如蔡茨勒在当天结束时所警告的那样，当前的危机在于——一个轻微的失误便可能产生与苏军突破涅韦尔类似的严重后果。

此后两天里，战局似乎正按照德国人所希望的那样在发展：戈沃罗夫和梅列茨科夫都没有投入任何新部队，这大概表明苏军的预备队力量并不充足，而且列宁格勒方面军好像只是满足于解除德军对奥拉宁包姆的封锁。1月16日，屈希勒尔对他的集团军司令们说道，苏联人已经投入了全部力量，北方集团军群将赢得这场会战的胜利，德军可以从一些较平静的地区抽出兵力来应对苏军的主要突击。

然而到第二天，他的乐观情绪就开始消退了。林德曼投入了自己全部的预备力量，即第61步兵师来支撑第10空军野战师的防线，但这已经无法挽回将倾的大厦。当天中午前，北方集团军群向陆军总司令部发出报告，称列宁格勒周围的局势正在恶化。第18集团军必须在夜间将重型攻城炮撤出阵地，如果集团军群想避免这次灭顶之灾，那就必须从拉多加湖南岸撤退到列宁格勒—丘多沃（Chudovo）公路沿线的"铁道"阵地（Rollbahn Position），以缩短防御正面并挤出2个师的机动兵力。北方集团军群当初构筑这道防线的目的便是为当前发生的这种情况提供保险。下午时，希特勒对此回复道：他既不赞成也不反对这样做，但（其本人）认为最好还是放弃对芬兰湾的控制，并且重新夺回列宁格勒和奥拉宁包姆之间的防线。屈希勒尔抗议道，这样做等于是将胜利拱手让给苏联人，还为他们提供了一个将力量完好无损转移到南方的机会。

18 日上午，林德曼报告说，奥拉宁包姆以东和列宁格勒以西的防线正在瓦解。同样的情况也发生在诺夫哥罗德，苏军几乎已经完成了对该城的包围，第 18 集团军仅有的能投入该城的那几个营甚至连将城内德军撤退路线维持得更久一些都无法做到。在亲眼看到前线兵员几乎精疲力竭的状态后，屈希勒尔要求准许部队撤退到"铁道"阵地，但被拒绝。下午，苏联第 42 集团军的先头部队开进了沙皇避暑行宫的所在地红村（Krasnoye Selo），并控制了此地通往北方的两条主要道路。此后，别无选择的屈希勒尔做出决定——必须在交通被苏军彻底切断前，将原先部署在海岸上的 2 个师撤回来。他告诉陆军总司令部，自己打算在当天结束前发出上述命令，不管那时候他是否已经得到许可。当天午夜的形势分析会议上，在蔡茨勒告知相关命令早已下达后，希特勒正式批准了这一请求。

（三）向"铁道"阵地撤退

1 月 19 日，战役第一阶段宣告结束。然而很明显，这不过是一场宏大规模会战的序曲和前奏。摆在德军面前最困难的任务不是与苏军斗智斗勇，而是让希特勒接受现实。屈希勒尔的撤退命令下达得太晚，根本无法拯救海岸上的那 2 个师。当苏军从东部和西部横扫而至时，一些部队侥幸逃脱，其他那些则陷入了合围圈中、难逃被歼灭的命运。随后，突击第 2 集团军与第 42 集团军实现会师。苏军编制内出现的几个新师级部队番号表明他们的预备力量相当充足。在诺夫哥罗德，德军 5 个营陷入了苏军 8 个师的团团包围中，位于城市西部、可以摆脱苏军纠缠的沼泽地成了他们逃生的唯一希望所在。

黄昏过后不久，在蔡茨勒争论了半个小时而未获成功后，屈希勒尔接着打电话给希特勒，请求他给诺夫哥罗德的德军提供最后一条生路。希特勒突然放弃了自己顽固坚持一整天的观点——诺夫哥罗德因其"非凡的象征意义"而不允许被放弃——同意了屈希勒尔的请求。然而，在谈及"铁道"阵地时，德国独裁者又开始顾左右而言他，不停地给屈希勒尔描述主动撤退对士气造成的致命影响。但在 15 分钟后，希特勒再次打电话给屈希勒尔，同意了撤往"铁道"阵地的请求。午夜时分，前者对"铁道"阵地的看法又一次发生了逆转；然而

苏军在被毁的普希金凯瑟琳宫外搜排地雷

　　蔡茨勒告诉他，相关命令已经下达给各师，现在无法撤回了。

　　此时，心有不甘的希特勒还试图从蔡茨勒和屈希勒尔那里得到保证，即"铁道"阵地会被德军牢牢掌握在手中。10日，屈希勒尔在评估形势时宣称，最近在诺夫哥罗德和列宁格勒西南部的两次战术失利是因为防线过度紧绷和缺乏后备力量，而且德军当前仍存在这一问题。撤退至"铁道"阵地后，德军能够释放出3个师的兵力，其中2个可以投入列宁格勒南部防线，另1个则转移到诺夫哥罗德以西。不过，相应集团军耗尽自身的资源挤出的这3个师预备力量也会在短时间内耗尽，届时苏军的突破将是不可避免的。他建议把撤退到"铁道"阵地的行动当成未来撤至"黑豹"防线的第一步。屈希勒尔指出，北方集团军群现已非常虚弱，只有退到后一条防线上才能挤出足够数量的部队守住该阵地（"黑豹"）。

　　不到一天，屈希勒尔的预言就开始变成现实。1月21日，苏军第42集团军向加特契纳^①——一个控制着西南向重要铁路和公路的交通枢纽——发起了进攻。德军第 50 军根本来不及整顿被打散的部队，急忙开始构筑新的防线。

当晚，屈希勒尔飞往元首指挥部，准备面见希特勒。第二天一早，在见到希特勒之前，屈希勒尔得到消息说，第 18 集团军已无法守住加特契纳，除非该部可以放弃普希金和斯卢茨克（Slutsk）这两个同样重要但位置稍微偏北的交通枢纽。希特勒对屈希勒尔的所有建议都置若罔闻，后者关于普希金和斯卢茨克、"黑豹"防线，以及本集团军群右翼可能面临新威胁的所有话题都被希特勒用一句"北方集团军群被宠坏了"扫到一边。在德国独裁者看来，该集团军群已有一年多时间没有经历过危机，因此也忘记了危机的真正模样。他这样说道："我反对所有的撤退行动。无论身处何地，我们都会面临危机。'黑豹'防线也无法保证我们的绝对安全。如果我们主动杀回去，他们（苏联人）将无法用仅剩一半的兵力夺回那里，苏军将在路上流尽他们的血液。必须将会战地点选在尽可能远离德国边界的地方。"屈希勒尔提出反对意见，说北方集团军群要是在撤回"黑豹"防线时已经被削弱得太严重，那么这道防线未来也很难守住。对此，希特勒把德军防线上形成的所有缺口的责任都归咎于各集团军群间（以及集团军群内部）的利己主义。他还提出要求，苏联人获得的每一寸土地都必须让他们用自己的鲜血来换取。最后，在下达必须坚决守住"铁道"阵地的死命令之后，希特勒将屈希勒尔元帅踢出了元首指挥部。没过多久，蔡茨勒便表示，此次谈话的时间选得不合适——希特勒的精力全被盟军当天在罗马南部安齐奥（Anzio）的登陆所吸引，根本听不进去其他话——屈希勒尔应该在几天之后再试一次。

此时，第 18 集团军的防线开始瓦解。德军部队成员在泥水中作战，早已精疲力竭；与此形成鲜明对比的是，自本月中旬天气转暖以来，戈沃罗夫和梅列茨科夫就设法让他们下辖的师每隔三四天便抽出一天时间来休息（同时恢复身体的干燥）。1 月 23 日上午，林德曼下令撤出普希金和斯卢茨克，并向陆军总司令部报告道，后者要么接受自己的决定，要么另派一名将军去接替他指挥

---

① 译者注：曾名克拉斯诺伐迪斯克（Krasnogvardeysk），于1944年1月28日改名为加特契纳（Gatchina）。

部队。当天，第18集团军完成了向"铁道"阵地的撤退任务，但此时该防线也早变得四处漏风了。

（四）屈希勒尔的困境

24日，第18集团军司令部内，屈希勒尔指责林德曼在12月底提交了对苏联预备力量的错误判断。对此，后者承认自己曾经出过"差错"。然而，对当面敌情亡羊补牢般修正起到的心理安慰作用很快就因为来自前线的一系列坏消息而完全消失。当天早上，苏军不仅于北部突入加特契纳郊区，还在南部冲向了卢加（Luga）东南方的卢加河（Luga River）河曲部。驻防于"铁道"阵地的各师只能尝试投入自己的后方梯队来修补防线。当天结束时，林德曼报告说，他的右翼已经失去了与第16集团军的联系，加特契纳将在24小时内失守。

由于加特契纳的失守会对东部各军的补给线造成消极影响，因此，北方集团军群要求向后撤退到至少卢加河一线。当天晚上，蔡茨勒回答说，希特勒的命令是坚守"角柱"阵地直至最后一人。蔡茨勒建议，既然现在无计可施，那么集团军群司令部就有必要变得"更残忍一些"。

1月27日，屈希勒尔和东线其他集团军群及集团军的指挥官一道出席了在柯尼斯堡（Koenigsberg）举行的国家社会主义领导人会议。在会上，希特勒向将军们发表了关于信仰的演说，希望以此鼓舞后者夺取战争的最后胜利。他呼吁德军全体加强对他自己、国家社会主义哲学和最终胜利的信心，并建议将军们也像其他任何人那样加强信心。期间，在与希特勒的私人谈话中，屈希勒尔再次提出了他在前一天进行的情况判断：列宁格勒方面军和沃尔霍夫方面军正在部署4支强大的打击力量，准备将第18集团军分割成若干孤立小群；苏军将从东部向纳尔瓦、从北面和东面往卢加方向推进。如果苏军从东部发起的突击越过了卢加，林德曼8个军中的6个便会被切断后路。对此，希特勒的回应是禁止所有的擅自撤退行动，并强调所有撤退的命令都必须先得到他的批准。当屈希勒尔说——或许潜意识中受到了当天会议主题的影响——第18集团军虽然已经付出了40000人的伤亡、却仍在顽强战斗时，希特勒回应道，后半句的说法"不完全"正确，因为他听说这个集团军并不是所有部队都像预期的那样在坚定地战斗。

　　这次会面导致屈希勒尔作为一名实际的集团军群司令的地位不再。当他回到自己的司令部时，就如其参谋长后来描述那样，他心里似乎仍然认为当前所能做的只有撤退，其本人在公开场合所谈论的却是更坚定的决心以及攻击企图——可谁都不知道要拿什么来进攻。28 日，参谋长埃伯哈德·金泽尔中将接手了集团军群的指挥事宜，并告诉第 18 集团军参谋长，说时间到了：现在已经到了必须发布撤退命令的时刻，然而集团军群被禁止如此行事。因此，第 18 集团军必须假装自己得到了命令一样采取行动，并通过口头而非书面的形式向部队发布命令。他（金泽尔）将设法通过"总参谋部的渠道"给集团军群的行动找到借口。第二天，金泽尔说服了屈希勒尔至少向希特勒提交一份报告，指出第 18 集团军业已被切割成三个部分，无法在卢加河前方建立起任何防线。

　　30 日，屈希勒尔前往元首指挥部。这次希特勒终于批准了向卢加河的撤退行动，但同时命令继续守住现有防线、恢复与第 16 集团军的联系，并封闭防线上的所有缺口。当屈希勒尔把这道命令转发给自己的作战处长时，后者向陆军总司令部作战处抗议道，这是完全做不到的——因为在防线上的那些缺口中，有一个的宽度已经达到 30 英里；而且苏军已在卢加西北部的斯塔里扎（Staritza）越过了卢加河。之后，蔡茨勒同意向希特勒汇报，说卢加防线已无法接着坚守下去。与此同时，屈希勒尔被告知，他需要于 1 月 31 日到元首指挥部当面向希特勒汇报。

（五）莫德尔接管指挥

　　在进行于第二天中午的会议上，希特勒通知屈希勒尔，他（后者）被解除职务了。一直在等待接替曼施泰因职务的莫德尔被授予了北方集团军群的临时指挥权。莫德尔像往常一样反应迅速，提前向集团军群司令部发去电报说："没有我的明确许可，部队不许后退一步。下午我将飞往第 18 集团军并请求林德曼将军给予我昔日的信任，毕竟我们曾经一同工作过。"

　　1 月最后几天里，第 18 集团军的损失急剧增加。1 月 27 日，该集团军北翼防线还部署在纳尔瓦—丘多沃一线以北大约 10 英里、长度与上述两地距离基本相等的平行地段上，防线西沿位于纳尔瓦东北 40 英里处。然而到 31 日，该防线西部几乎被推回到了纳尔瓦河，东部则位于纳尔瓦—丘多沃一线略南的位置上。防线后退和土地丢失的问题还不算严重，真正严重的是防线自身在短短 4 天内便走向了瓦解。在 27 日的态势图上，该集团军的防线虽然还留有几个较大缺口，但仍能分辨出是一道连续的"线"；可到了 31 日，该防线就只剩下一系列零星分布、由分散各营和连所掌握、方圆仅有 1 ~ 2 英里的支撑点。所有部队中，只剩 2 个师仍然名副其实——在当月最后一周才调至此处的第 12 装甲师，以及正乘火车从南方赶来的第 58 步兵师。1 月 29 日，北方集团军群报告称，截至 1 月 10 日第 18 集团军的步兵总兵力为 57936 人，迄今已有 35000 人受伤，14000 人阵亡；现在，包括新近补充的兵员在内，步兵可用兵力为 17000 人。

在展示自己随机应变的才能这一方面，莫德尔从未获得过比这次更好的机会。他以高昂饱满的热情抓住了机会。尽管这样做并没有从实际上改变战场态势，却很快消除了一直弥漫在北方集团军群上空的绝望和沮丧。莫德尔还利用了希特勒这一倾向：(后者) 总是会给那些继任者，尤其是那些自己喜欢的继任者更多的自由（相较他们的前任指挥官而言）——至少暂时会是这样。

莫德尔采取的第一步行动具有军事和心理上的双重意义。为驱散自己所谓

列宁格勒被围后城中的平民

的"黑豹"心疾，他禁止全军在言语中提及"黑豹"防线，并明确取消了这一代号的使用。过去的经验表明，在逆境中被命名的防线——尤其是它的名称蕴含着对力量的暗示时——对士兵和指挥官都会产生强大的吸引力。此外，由于第18集团军当前的状态已变得如此糟糕，在无法继续执行原先"一步也不许后退"这一命令的情况下，莫德尔引入了一种新理论，即"盾与剑"（Schild und Schwert）。其核心思想是，如果一种撤退是采取"先抵挡再回击"的方式，并以之后朝原先撤出地域或其他方向发起反击为目的，那么这是可以容忍的。这一理论显然是希特勒最新的智力产物——在他看来，当前德军存在着这样一种弊病，即总是希望通过后撤获得力量、并建立起一道新防线，但这道防线往往又薄弱得难以守住，结果就只会是一次又一次往后退。"盾与剑"理论便是针对这一弊病的治疗方针。然而，莫德尔对于该理论的过分迷信本来就存在问题：他是一个现实主义者，他知道撤退虽然容易、发起反击却很难；另外，他对希特勒很熟悉，也知道把撤退伪装成进攻的前奏比较容易讨得后者的欢心。

（六）"盾与剑"理论

在2月1日对第18集团军发布的训令中，莫德尔将其"盾与剑"理论付诸实际。他命令林德曼把自己的主力撤回到卢加北部和东部一条较短的防线上。完成上述行动，以及动用第12装甲师封堵住该师与第16集团军之间的缺口——这项命令在莫德尔取代屈希勒尔之前便已下达——之后，第12装甲师和第58步兵师，外加从防线中挤出的尽可能多的师将被转移到卢加西部，沿着卢加河发起一次反击，在纳尔瓦与另外2个军建立联系。这项训令的第一部分使第18集团军获得了将防御正面缩短三分之二的喘息之机；训令的第二部分则设想德军将获得足够强大的力量——这当然是相当令人怀疑的——以发起一次反击并将战线向西延伸50英里。

但在第18集团军左翼应用"盾与剑"理论是不现实的。第59军和党卫军第3装甲军正在第59军指挥官奥托·施蓬海默（Otto Sponheimer）步兵上将领导下，从奥拉宁包姆口袋周围沿波罗的海海岸向后撤退。1月28日，他们在越过卢加河之后继续往纳尔瓦河方向撤退。由于纳尔瓦河位于"黑豹"防线北端，在该河以西20英里处的海岸附近还有一个重要的炼油厂；因此，为了保持防线的完整形态，同时确保炼油厂的安全，施蓬海默已无法继续后退。

2月2日，在视察施蓬海默的防线时，莫德尔麾下正在渡河前往河流西岸的各师又被重新拉回了东岸，以在纳尔瓦城附近建立起一个小型桥头堡。在纳尔瓦以南，苏军正渡过纳尔瓦河向西展开试探性攻击；当天结束前，他们已经建立起了一个小型登陆场。为此，"统帅堂"装甲掷弹兵师（来自中央集团军群）的部分单位，以及第58步兵师的1个团正火速赶来，以加强纳尔瓦以南的防线。

在整个北方集团军群，莫德尔到处都可以听到相同的抱怨声音："部队已经精疲力竭。"但无论在哪里，他也都以同样的命令进行了回应："必须坚持到底。"集团军群所能提供的帮助只能说是聊胜于无——为党卫军第3装甲军提供一名步兵顾问，为德军找到一名可与其苏联一流同行相媲美的炮兵专家；向希姆莱申请一些有作战经验的党卫军补充单位；向邓尼茨请求海岸炮兵部队的增援；向戈林寻求空军方面的人力支援，以加强反游击作战行动的力度。

无论如何，到1月底，接近崩溃的第18集团军至少在纳尔瓦河沿岸区域获得了暂时平静。莫德尔封闭卢加附近防线的决定为德军提供了转移兵力和暂时喘息的机会。尽管苏军还是掌握着战场主动权，但这次他们会撞上一道连续的德军防线。然而，与相对平静的第18集团军不同，在2月前几天里，第16集团军面临着（相较其他部队）最为沉重的压力：波罗的海沿岸第2方面军已经突入其旧鲁萨以南和新索科利尼基以西防线，不仅将德军准备调往北翼的部队牢牢钉在原地动弹不得，同时还为稍后可能展开的深远突击打开了一个可供考虑的突破口。

到2月4日，列宁格勒和沃尔霍夫方面军也已经完成对兵力部署的调整，并开始再次接近第18集团军的防线。北方集团军群通知陆军总司令部称，梅列茨科夫在诺夫哥罗德西南部集结起了一个拥有200辆坦克的强大兵力集团，戈沃罗夫亦在距离第18集团军左翼30英里的萨姆罗湖（Samro Lake）以东进行了兵力集结。将上述情报综合起来分析后，可以得出很明显的结论——苏军极有可能对卢加实施合围。

但莫德尔仍然打算往西北方向发起攻击。他提出了"大""小"两种解决方案。"大"方案的目标是在卢加河上全段恢复原有防线；"小"方案则是将防线向西倾斜，搭上楚德湖的北端，并接上纳尔瓦河防线。集团军群参谋长金泽尔后来对第 18 集团军参谋长说,(莫德尔)敢于设想这么大胆的打击行动足以令人欣慰。不过是否要这样做,以及具体采用哪种方案都将取决于战局进展。当然,多考虑一步总是不会有错的,无论第 18 集团军接下来要执行什么任务,准备工作不管怎么说都是做得越多才越好。

对进攻相关话题通常很感兴趣的希特勒这次却没有表现出应有的热情。在一份罕见的发给莫德尔个人的训令中,他指出纳尔瓦是己方当前力量最薄弱的地区,必须立即强化这一地区的防御。在楚德湖和伊尔门湖之间区域,希特勒看到了第 18 集团军被苏军向东驱离楚德湖、陷入其合围的危险,并指示莫德尔一旦发现征兆,便马上向他发出撤回"黑豹"防线的申请。

在任命了自己所需要那种胆大包天、铁石心肠的将军后,德国独裁者本人却成了谨慎行动的倡导者。发生这种变化的部分原因可能是希特勒倾向于将人物与事件联系起来考虑(与常言所谓的"对事不对人"正好相反)。但最有可能的原因还是——在撤除屈希勒尔的职务前,希特勒自己就已经下定必须撤退到"黑豹"防线的决心,之所以当时没有这样做,只是因为他不想在将失败的罪责扣到屈希勒尔头上后,再回过头来打自己的耳光。

2 月 6 日,第 12 装甲师封上了其与第 16 集团军之间的缺口。该师的下一步行动是在普斯科夫完成集结,并向普斯科夫湖和楚德湖东岸展开进攻。第 58 步兵师当前驻扎在更远的东面,第 18 集团军已要求卢加附近防线的德军向后撤退,此举将在 2 天内释放出 3 个师的兵力。在战役间隙——尽管时间很短——该集团军的力量开始得到加强:各种闲散的、休假的和病愈的人员被召回了原单位。此外,莫德尔还下达命令,将后方梯队 5% 的人员转入作战部队,以执行一线战斗任务。

7 日,在第 18 集团军司令部,莫德尔发布了反攻计划第一阶段的行动指示:该集团军将首先从北部和东部防线上抽出部队,于楚德湖南端和卢加之间建立起一道坚固防线;完成上述任务后,第 18 集团军将运用"盾与剑"理论,在防线东部部署 2 个军实施防御,阻止苏军从萨姆罗湖向前推进,同时在西面投入 1 个军,沿楚德湖湖岸向北发动反击。

接下来 2 天时间里,第 18 集团军都在尝试将部队部署到指定位置上。然而游击队设置的路障迟滞了第 12 装甲师向普斯科夫机动的脚步。第 58 步兵师在新防线中心附近的普柳萨河（Plyussa River）上建立起了一道较短防线，不过苏军早已渗入该师两翼，迫使德军其他各师提前展开攻击以封闭缺口。但完成这一封闭任务并不容易，因为德军每个师都只剩下 4 个兵力不足的营，苏军却源源不断地从东北方向进入战场，其力量每过一小时都在增强。沼泽地形同样给德军造成了不小影响，然而从另一方面看，这可能也是列宁格勒方面军未能在攻击中倾其全力的主要原因。

到 2 月 10 日，第 58 步兵师已被苏军切割成两部分，其中一部分（1 个团）陷入了苏军的合围圈中。第 24 步兵师在尝试缩小第 58 师右翼的缺口，但最终毫无进展，当天大部分时间里，他们都在艰难地保持着卢加—普斯科夫铁路的畅通。尽管第 18 集团军准备于第二天再次尝试恢复与第 58 师的联系，并缩小其防线上的缺口，不过这一希望正在迅速破灭——德军空中侦察发现，苏军有 800 ~ 900 辆卡车正从萨姆罗湖往东南方向前进。

第二天下午，第 18 集团军发来报告说，会战的局势已经急转直下：第 24 步兵师的攻势陷入停顿；苏军投入了他们的坦克部队；第 58 步兵师的 2 个团都已陷入合围，只得自行突围。如此一来，能否将被围部队的重型装备从包围圈中抢救出来便又成了一个棘手的问题。入夜后，林德曼告诉莫德尔，唯一能挤出足够力量填补左翼缺口的办法就是把整条防线都撤回到楚德湖南端和伊尔门湖之间最短的那个地段上。因为戈沃罗夫已将钳形攻击的右臂伸向楚德湖东岸，并向南面的普斯科夫推进。他已经在足够远的南方部署了一些部队，以便从后方挤压第 12 装甲师。有鉴于此，莫德尔最终勉强同意了让第 18 集团军后撤。

第二天，更多的坏消息出现了。在纳尔瓦，苏联人扩大了他们已有的登陆场，并在城市北部建立起了另一个（登陆场）。在楚德湖和普斯科夫湖之间，戈沃罗夫投入了强大的力量，极有可能渡过湖峡并对"黑豹"防线产生威胁；如果莫德尔仍想在楚德湖和伊尔门湖之间建立防线，他就必须通过战斗守住此处。12 日夜间，莫德尔告诉陆军总司令部称，他仍计划建立并扼守上述防线，同时想知道希特勒是否同意自己这么做。陆军总司令部的回复表明，包括希特勒在内的所有人都不喜欢这个想法。他们一致认为，在湖泊之间建立一条战线已为时过晚，而且无论怎么说，现在最为重要紧迫的任务都是抽出 2 个师来分别支援纳尔瓦和楚德—普斯科夫湖峡。陆军总司令部作战处处长补充道，希特勒每天都在重申，他不希望德军在"黑豹"防线前方有任何被包围的风险。午夜前 1 小时，施蓬海默发来报告，称苏军已在纳尔瓦北部和南部达成突破。在北面，党卫军第 3 装甲军设法封闭了苏军的突破口，甚至还通过反击收复了一些失地；但在纳尔瓦南部，"统帅堂"装甲掷弹兵师甚至连进行有效抵抗的力量都凑不出来。

（七）"黑豹"防线

13 日早晨，莫德尔向希特勒发送了一份态势报告。报告中，莫德尔宣称自己将在纳尔瓦战斗到底。如果最坏的那种情况出现，他会放弃纳尔瓦河河曲部以缩短防线宽度。当此之时，他仍认为最好将防线保持在楚德湖和伊尔门湖之间一段时间，以便进一步加强"黑豹"防线。希特勒的回答是，后者（"黑豹"）将以最快的速度得到加强，北方集团军群需要提交一份迅速撤至"黑豹"防线的计划及时间表。

从当前情况来看，撤回"黑豹"防线的决定可能为时已晚，无法拯救纳尔瓦防线。作为最后即使毫无意义的努力，北方集团军群为纳尔瓦防线挤出了

纳尔瓦地区。图中两座中世纪的城堡——黑尔曼斯堡（左）和伊万哥罗德（右）——左右守护着纳尔瓦河

1 个爱沙尼亚旅。自 1 月以来，党卫队一直在爱沙尼亚、拉脱维亚和立陶宛征募兵员，该旅就是这一征兵行动的产物。由于希特勒拒绝向波罗的海国家提供最终自治这一最起码的承诺，当地的应征对象感到十分沮丧，他们入伍的唯一动机便只剩下了对于苏联人和德国人的恐惧。2 月 13 日晚，施蓬海默报告说，爱沙尼亚人在抵达时完全处于恐慌的混乱状态，部分人员还试图在中途开小差溜走。莫德尔别无选择，只能从第 18 集团军中抽调增援部队。他命令第 58 步兵师在休整 3 天后向北转移——该师在包围圈中已经损失了三分之一的人员和全部重型装备。

14 日上午，施蓬海默报告说自己不但缺乏机动空间，也没有足够的部队来封闭缺口，因此对莫德尔的要求爱莫能助。为此，莫德尔退而要求其撤出纳尔瓦东部的小型桥头堡，以此挤出 3 个营的兵力。另外，蔡茨勒还批准从挪威抽出 1 个步兵师前来增援。此时，在收到白天的坏消息不久后，苏军又在纳尔瓦北部的海岸上实施了一次登陆。后来的报告显示，其登陆部队的规模并不大，只有约 500 名海军士兵，提供支援的仅是来自芬兰湾拉万岛（Lavansaari）的几艘炮艇。在发给陆军总司令部的报告中，莫德尔宣称，即便如此，纳尔瓦附近的战局"并不漂亮"，他已下令相关德军立即撤出桥头堡。苏军的登陆部队在当天便被歼灭，没有造成太大破坏——除德军"斯图卡"误击己方某师的司令部，摧毁了几辆"虎"式坦克外。

更麻烦的是出现在（楚德—普斯科夫）湖峡北部楚德湖西岸的苏军滑雪部队。负责该防区的警卫师报告说，当地的爱沙尼亚军队正在"回家"。此后，莫德尔告诉陆军总司令部，他将于 2 月 17 日开始向"黑豹"防线撤退，并且不晚于 3 月 1 日完成行动。接下来几天时间里，他将肃清楚德湖西岸地区，同时使用从撤退行动中释放出来的 2 个师掩护湖岸。莫德尔预计道，一旦第 18 集团军开始向"黑豹"防线移动，戈沃罗夫和梅列茨科夫便会尝试从"两肩"对该集团军实施合围——苏军在普斯科夫湖北面和伊尔门湖西岸都部署有强大的兵力集团。

在德国人开始撤退的前两天，苏联人暂时放弃了渡过湖泊（楚德湖和普斯科夫湖）的想法。2 月 17 日，莫德尔抽出 1 个军的司令部负责湖区防御，并将第 12 装甲师划归其指挥。进行到这一阶段时，纳尔瓦战役开始转变成为一场残酷的僵局，双方势均力敌，谁也奈何不了谁——施蓬海默无法封闭他面前的突破口，但戈沃罗夫同样对自己的进展感到不满（这一点从他允诺会给第一支冲到纳尔瓦西部公路的部队指挥员以"苏联英雄"称号的多封电文中便可以得到证明）。第16集团军和第18集团军开始行动后，苏军也在其后方紧密跟随；通过特工和游击队网络，苏方将德方情况了解得一清二楚。

2月19日，北方集团军群突然明确意识到，在过去一个月危机的表象背后，一种出现已久的危险潜伏其中。当天，苏军针对维捷布斯克附近第3装甲集团军的攻击首次破天荒地停止了；德军空中侦察发现有2000辆甚至3000辆卡车正往北和西北方向开进。北方集团军群情报部门估计，苏军可在几天之内将2个集团军转移到第16集团军右翼。莫德尔判断，未来将存在以下两种可能：第一种、同时概率更大的那种是，在进一步加强涅韦尔—普斯托什卡（Pustoshka）地区兵力的集中程度后，波罗的海沿岸第2方面军将试图突破普斯托什卡下方的"黑豹"防线，并在第16和第18集团军反应过来前向北发起卷击；第二种，即德国人所谓的"大解决方案"是（苏军）直接向德文斯克方向展开突破，而后突向里加，将北方集团军群尽数合围在波罗的海沿岸。

莫德尔还推测，苏军在第16集团军右翼的活动可能是最高统帅部大本营合围第18集团军的意图有所减弱的迹象。可哪怕这一推断为真，苏军对第18集团军施加的压力也不会减轻——正如德军所预料的那样，沃尔霍夫和列宁格勒方面军仍将全部压力集中在了该集团军的双肩上。

2月17日，梅列茨科夫试图在伊尔门湖西岸的希姆斯克（Shimsk）达成突破。三天以来，当第16集团军将侧翼从旧鲁萨往后撤时，德军在两个集团军之间建立联系的努力便一直不够坚决。10日[①]，当两个集团军都开始从伊尔门湖撤退时，这场危机才算真正过去。

戈沃罗夫的反应较慢，但他所导致的危险性更大。普斯科夫是整个战争期间北方集团军群最重要的交通枢纽，也是其撤退到"黑豹"防线这一行动的关键所在。北方集团军群承担不起失去普斯科夫的后果，不过德军在该城周围

---

① 译者注：原文如此，疑为20日。

已经几乎没有任何回旋余地。尽管在普斯科夫湖以东的沼泽和森林中，列宁格勒方面军在兵力集结上遇到了不少困难，但从 2 月 24 日开始，该方面军就开始在普斯科夫城北部施加重压，并展开了跨湖试探进攻。有情报显示，斯大林曾打电话给戈沃罗夫，并亲自向后者下达了夺取普斯科夫的命令。2 月 26 日之前，苏军对普斯科夫和第 16 集团军右翼产生的威胁让希特勒异常紧张，并要求莫德尔加快撤军步伐。

到月底，在北部的纳尔瓦防线上，此处德军得到的加强仅能将战争的天平稍微向己方倾斜。2 月 24 日，在第 16 集团军与第 18 集团军接合部的战斗中证明了自己实力的约翰内斯·弗里斯纳步兵上将接管了施蓬海默的司令部（第 18 集团军此时已被改编为纳尔瓦战役集群）。与此同时，来自第 214 步兵师的增援正陆续抵达。该师虽然需要一定时间进行休整，但他们也完全可以负责那些相对平静地段的防务，将一些战斗经验丰富的部队置换出来。之后，弗里斯纳发动反击，切入纳尔瓦南部登陆场的末端，将苏军包围在了两个小型口袋中。尽管苏联人仍在冒着猛烈的炮兵和步机火力将部队不断投入口袋中，但他们（可能）突入海岸的威胁已经被消除了。

3 月 1 日，北方集团军群开始迈出撤向"黑豹"防线的最后一步。然而，苏军用行动表明了他们不会让德军在那里获得喘息之机。在普斯托什卡北部，苏军投入了 2 个集团军对第 8 军的防线展开突击；在该镇南面，德军第 10 军同样面临着敌方 2 个集团军的压力。列宁格勒方面军在普斯科夫以南集结了 2 个集团军，同时向北面的纳尔瓦河登陆场投入大量兵力，从那里展开了向北部、西北部和西部的攻势行动。战斗在各集团军全部防线上持续了整整一周（局部地段除外），不过德军还是守住了防线。3 月 9 日，波罗的海沿岸第 2 方面军加大了对第 16 集团军右翼施加的压力，并准备在此处达成突破。

10 日，北方集团军群开始面临政治不愉快和军事无成效的双重压力——第二种压力是冬季灾难的后遗症。西班牙军团的指挥官和西班牙军事特派团访问了北方集团军群并告诉莫德尔，称本国正准备将该军团召回本土。他们说，佛朗哥并没有抛弃德国盟友，他只是想把自己所有的"斗牛士"集结起来抵抗英美的入侵。由于事实已经证明该军团在后方地区只会带来麻烦，投入前线也根本发挥不了什么作用，因此，西班牙军团被召回一事实际并未对北方集团军群造成多大痛苦。

到本月中旬，波罗的海沿岸第 2 方面军仍在对第 16 集团军侧翼施加压力，列宁格勒方面军则在普斯科夫和纳尔瓦附近寻求突破。但此时的天气正往不利于苏军的方向发展。在度过了一个温暖的冬天后——对苏联人而言，春天的解冻又早早来临：第 16 集团军报告说，某些地方的泥潭甚至会淹没苏军坦克的炮塔。面对敌方力量薄弱的防线，苏联人本该像他们在乌克兰所做的那样继续乘胜前进，只是"黑豹"防线（"东方壁垒"此时剩下的全部）不负众望，一边挣扎一边仍然存在着。

（八）莫德尔离职

3 月 28 日，希特勒的首席副官施蒙特打电话给莫德尔说，本国元首将在几天后命令他接替曼施泰因的南方集团军群司令职务。对于莫德尔来说，这个消息来得并不是时候。在自己刚刚完成的一份战况评估报告中，莫德尔得出结论，当前线稳定下来后，北方集团军群将"可能"为南方集团军群提供 2 个师的增援。接到电话后，他仓促地修改了估测结果；在这份被修改过的报告中，他宣称，只要第 12 装甲师外加 2 个突击炮旅和 1 个坦克营能及时部署到位，北方集团军群便能立即抽出 5 个师和 1 个军的司令部增援在南方的友军。

29 日，莫德尔前往元首指挥部。尽管他名义上还是北方集团军群司令，但早就在使用手中仍然短暂保有的权力削弱该集团军群，为自己的新部队谋利。在后来被蔡茨勒描述为"无法理解的事态发展"过程中，莫德尔首先告诉希特勒，北方集团军群可以抽出 5 个师的兵力，之后又将数量增加到 6 个。在给北方集团军群的一封电报中，他宣称元首已经下令将 6 个师调往别处。而后，莫德尔又给他的参谋长打了半个小时电话，以确保自己的命令得以贯彻。最终，蔡茨勒在迫不得已的情况下介入此事，并指示北方集团军群不用再理会莫德尔的任何命令。

3 月 31 日，在莫德尔正式就任南方集团军群司令后，蔡茨勒希望元首将兵力转移的规模缩减到 1 个师，并推迟一定时间（而非现在）实施。第二天，清醒过来的希特勒同意了这项请求。与此同时，德国陆军资深的集团军司令林德曼被任命为北方集团军群代理司令。

北方战线上的苏联滑雪部队

二、芬兰的回声

1944 年 1 月底，德国国防军最高统帅部得到了一项令其痛苦的任务——与芬兰人商讨列宁格勒南部的战局。凯特尔在给曼纳海姆的信中保证北方集团军群将拼死守住卢加河防线，并向其询问需要德军采取哪些措施来加强芬军防线，以应对苏军日益增强的威胁。在回信中，曼纳海姆建议德军第 20 山地集团军将其右翼延伸至乌赫塔（Ukhta）地区，以便芬军释放出 1 个师的兵力。但第 20 山地集团军司令迪特尔对此明确表示反对。他坚持认为将更多的德国军队绑在次要的芬军战线上是极其浪费人力的做法。而且，芬兰人只要"付出更多努力，比如准备实施总体战"，便完全能够使用自身资源组建起那个预备队师，从而不需要向已经承担全部重任的德国军队提出得寸进尺的要求。近日以来，德军即使从芬兰撤出极少兵力也会引来该国的强烈抗议，这种做法更是进一步激怒了迪特尔——他希望，当第 20 山地集团军倾尽全力向北方集团军群提供增援时曼纳海姆能够闭嘴，因为北方集团军群"同样是在为芬兰而战"。但国防军最高统帅部回忆起了 1943 年秋天芬兰发出的严重警告，两相对比之下，认为曼纳海姆的反应还算温和，因此命令迪特尔接管乌赫塔防区。

在德黑兰会议上（举行于 1943 年 11 月 27 日—12 月 2 日），罗斯福和丘吉尔告诉斯大林，他们希望看到在英美联军进攻西欧的行动（计划于 1944 年春发动）得到落实前，芬兰会退出战争，而且他们希望这一过程能和平进行，并最终使芬兰获得独立。作为三巨头中唯一未与芬兰处于战争状态那个国家的领袖，罗斯福曾表示自己会帮助说服芬兰以实现讲和。对此，斯大林说，在当前双方探讨和平的进程中，苏方从未提出过任何前提条件；然而，他接着补充道，苏联会要求恢复 1940 年时的苏芬边界，并希望获得佩特萨莫和巨额战争赔款。

2 月 6 日夜间，苏军出动 200 架飞机轰炸了赫尔辛基（Helsinki）。第二天，美国国务院发出照会警告芬兰政府：芬兰在战争中滞留的时间越长，达成和平的条款就会越来越苛刻。8 日，苏联《消息报》发表了一篇长幅社论，其中便提到苏军向赫尔辛基发动突击一事，并指出本国军队有足够兵力来实施这一行动。10 日，芬兰本地的报纸登出了美国照会的具体文本，引起了民众几乎异口同声的回应，要求政府认真考虑和平的可能性。当晚，150 架苏军轰炸机轰炸了芬兰的科特卡港（Kotka）。12 日，芬兰政府派出前总理、最后一任驻苏联大使 J.K. 帕西基维博士前往斯德哥尔摩，并接受了苏联驻瑞典公使亚历山德拉·米哈伊洛夫娜·柯伦泰夫人提出的条件。

（一）"冷杉"行动和"白桦树"行动

苏芬两国在斯德哥尔摩举行的谈判，以及北方集团军群看不到出路的绝望状态促使德国人认真考虑起了波罗的海的控制权问题。向纳尔瓦的撤退已经在某种程度上解除了德军对苏联波罗的海舰队的封锁。此外，德国波罗的海战略中所有残存的支柱也将因为未来很有可能发生的达成苏芬停战协定而毁于一旦。如果戈格兰岛（Suursaari Island）① 和汉科（Hanko）港落在苏联人或中立的芬兰人手中，德军就会失去将苏联海军封锁在芬兰湾东部的重要保障；假如奥兰群岛（Åland Islands）落到苏联人手里，始自瑞典吕勒奥（Luleå）的铁矿

---

① 译者注：即苏尔萨里岛，俄方称戈格兰岛，下文将沿用俄方名称。

石运输路线便将被其切断；一旦苏联海军开始在波罗的海四处航行，德军的潜艇训练就会被迫停止，深海"狼群"的命运亦因此终结。

2月16日，希特勒下令，一俟芬兰局势生变，德军便必须立即占领奥兰群岛和戈格兰岛。为此，国防军最高统帅部拟制了代号为"西方冷杉"（奥兰群岛）和"东方冷杉"（戈格兰岛）的行动计划（见战场形势图1）。部署在丹麦的第416步兵师及1个伞兵团被指定用于实施"西方冷杉"行动，进攻戈格兰岛所需的部队则由北方集团军群负责提供。上述行动计划没有考虑过芬兰人的抵抗问题。"冷杉"行动的控制权由国防军最高统帅部掌握，并通过空军总司令部和海军总司令部对空海军的行动实施战术指挥。

与此同时，第20山地集团军再次捡起第50号元首训令，且制定了名为"白桦树"的具体实施计划。为执行这一计划，该集团军提议将其右翼向后旋转，大概退至瑞典边境附近的卡雷斯瓦多（Karesuando）到伊瓦洛南部的北冰洋公路一线。此次行动分两个阶段实施。在第一阶段中，第36山地军和第18山地军将撤出坎达拉克沙（Kandalaksha）、洛乌希（Loukhi）和乌赫塔地区，退至

一队苏军骑兵在北方战线上采取行动

罗瓦涅米（Rovaniemi），在罗瓦涅米以东的凯米耶尔维—奥汀基耶（Kemiyärvi-Autinkylä）一线上建立起一道掩护线，并扼守该线直至主力部队安全通过罗瓦涅米。到第二阶段，第 36 山地军将沿着北冰洋公路向北进入其位于伊瓦洛南部的新防区，同时和驻防于佩特萨莫东部及南部地区的第 19 山地军右翼建立联系。第 18 山地军会沿着罗瓦涅米—希博滕（Skibotten）公路往西北方向撤退，并在卡雷斯瓦多附近瑞典边境的东北部一线停下进行防守（见战场形势图 34）。德军无法提前制订第二阶段行动的具体计划，因为相关行动进展如何将取决于季节因素。在夏季，行动可按计划实施；但到了冬季，罗瓦涅米—希博滕公路的芬兰段是无法通行的。因此，在冬季，第 36 山地军和第 18 山地军将不得不往北沿北冰洋公路撤退，而后第 18 山地军继续前往挪威北部，改由第 36 山地军为卡雷斯瓦多附近的防线提供驻防所需兵力。

对于第 20 山地集团军而言，一个令人担忧的问题就是（该部）被迫执行第 50 号元首训令的可能性依然存在。在这一元首训令刚颁布的时候，该集团军便指出过，从长远角度来看，试图控制芬兰北部的想法最终肯定会"竹篮打水一场空"，因为挪威附近的海上运输线很容易被切断，铁矿石的运输和部队的补给也会因此停止。"白桦树"计划还将带来其他的危险。第 20 山地集团军没有足够兵力提前在伊瓦洛和卡雷斯瓦多构筑防御据点，而且无论如何，德军都无法在对芬兰人保密的情况下展开防线的建设工作。更为雪上加霜的是，撤退行动被限定在少数几条道路上，冬季积雪阻路、部队难以通行，夏季则会（使部队）暴露在苏军昼夜不断的空袭之中；即便德军最终能撤退到芬兰北部的预定防区，他们也还会面临在最恶劣的气候和地形条件下构筑防线的艰巨挑战。

（二）苏方条款遭到拒绝

两周以来，芬兰和苏联两国代表一直在斯德哥尔摩进行秘密磋商；与此同时，苏军仍在对芬兰的城市实施轰炸。2 月 27 日，苏方投入 300 架飞机，对赫尔辛基进行了一次相当猛烈的空袭。苏联的和平条款最早公布于 26 日，并在 28 日得以完全公开，苏方所提要求如下：1. 由芬兰人单独或在苏联人帮助下扣留德国第 20 山地集团军；2. 恢复 1940 年时的苏芬边界；3. 释放所有的苏军战俘和苏联平民；4. 遣散芬兰军队，遣散程度（部分或是全部）将在后续谈判中得到确定；5. 支付战争赔款（具体数额待定）；6. 佩特萨莫的所有权将由谈判决定。其中，苏联政府坚持要求关于边界和人员交换的第 2 点和第 3 点条款必须在停战前得以实现。3 月 8 日，在一份措辞温和的声明中，芬兰政府宣称将这两点列为停战的前提条件是不可接受的。该声明还反对了扣留德军第 20 山地集团军的要求，表示这在技术上无法实现。当苏联人将 3 月 18 日定为给出最终答复的期限时，芬兰人于 17 日明确拒绝了上述条款，但表达了进一步探讨相关事宜的强烈意愿。

　　事实上，苏联实际给出的条款比斯大林在德黑兰向罗斯福和丘吉尔提出的要求更为苛刻。凑巧的是，就在芬兰回绝那些要求的同时，苏联政府反而开始降低门槛，用稍微温和一点的语调宣称（苏方）还没有给出最合适的要求，并在几天后宣布他们愿意修改之前的条款。3 月 26 日，芬兰的帕西基维博士和外交部前部长卡尔·恩克尔（Carl Enckell）飞往莫斯科会见苏联外交部长莫洛托夫，后者重新修订了上述条款，并使之与斯大林在德黑兰会议上的承诺基本保持了一致。苏联人放弃了在停战前执行部分条款的想法，也不再坚持要求扣留第 20 山地集团军，而是让芬兰人在 1944 年 4 月底之前把所有德国军队从本国境内驱逐出去，主动消除了芬军"被（苏军）援助"的风险。不过在另外两点上，苏联人的立场变得更加强硬了：他们要求获得 6 亿美元的战争赔款和佩特萨莫的完全所有权；作为交换，苏方可以交还被租借的汉科港——这是 1939—1940 年冬季战争里苏军的战利品之一。

　　芬兰人在 4 月 18 日第二次拒绝了相关条款，表面上给出的理由是本国无力承担巨额的战争赔款；但实际原因是他们仍然占据着大片苏联领土，还在战场上拥有一支不屈不挠的军队，如此一来自然希望得到一份条件更好的协议。此外，促使帕西基维于 2 月前往斯德哥尔摩的背景因素——即军事上的遭入侵风险和国民的恐慌情绪——也在德国北方集团军群撤入"黑豹"防线后逐渐消散了。

　　在谈判早期阶段，德国政府采取了克制的态度，认为芬兰人还没有做好为和平付出巨大牺牲的准备，因此苏联人提出的要求或许反而可以将他们从对和平的狂热追求中浇醒。但随着北方集团军群态势的改善，以及芬兰人民对条款日益高涨的失望，希特勒也开始施加压力。3 月，他减少了给芬兰军队的武器供应数量；4月第一周里，他告诉曼纳海姆，说德国武器落入敌手的风险一日不被解除，德方亦将一日无法恢复武器的供应；4月13日，他停止了对芬兰的所有粮食供应；18日，他中断了对该国全部战争物资的输出。芬兰人虽然没有接到禁运的正式通知，可是很显然，他们很快就察觉到了由其导致的影响。

4月底，国防军最高统帅部邀请曼纳海姆的参谋长到元首指挥部参加会谈。此次会谈中，凯特尔首先和他梳理且回顾了德国近期制定的有关芬兰的政策；随后，约德尔用友好的口吻告诉曼纳海姆，德国人需要一份权威声明来让自己确信，其提供给芬兰人的德制军事装备不会在将来某一天里落入苏联人手中。曼纳海姆试图在他给希特勒的私人信件里作出这一承诺。然而希特勒声称，曼纳海姆的信显得过于谨慎，而且充斥着外交辞令，因此拒绝放宽禁运，仅会对芬兰军队进行最基本的武器和弹药输入，以防其彻底丧失战斗力。

整个冬季期间，就如在过去两年里（的冬天）那样，芬兰陆军的防线一直处于安静状态。不过到2月，苏联卡累利阿方面军开始在第20山地集团军的当面增加兵力。到3月初，第20山地集团军对面的苏军人数已从10万增至16.3万——所有迹象都表明他们将在月底前发动全面进攻。苏军最为强大的兵力集结指向了横跨芬兰中部、到达波的尼亚湾湾头的第36山地军防御地带。在那里，苏方投入了2个师和4个旅的生力军，并加强有大量的火箭炮和身管火炮；同时，该突击集团还向西北延伸了他们的右翼，并在德军的前方筑垒线中搭起了一块跳板。3月22日，第20山地集团军得出结论，称苏军的兵力集结已经完成，随时可能发动进攻。

随着3月接近尾声，春季的融冻期即将到来，苏军展开进攻的危险有所减弱。迪特尔得出结论，如果芬兰人接受了停战协议，那么苏军早就应该发动进攻。4月，他提议进行一次有具体目标的行动，以消除敌军对第36山地军侧翼产生的威胁，并请求曼纳海姆提供帮助。然而，由于这名芬兰元帅拒绝将本国军队投入攻势行动中，第20山地集团军又缺乏独自行动的足够力量，德军只得将战术优势拱手让给苏军。这样一来，整个冬季便在从表面上看毫无变化的情况下结束了；但从更深层次来看，德芬关系实际上已经出现裂痕。

第十三章

定调

一、泥泞和战略

1944 年 1—2 月间，当苏军在东线南北两翼展开粉碎性的攻势时，负责己方东线外所有战区的国防军最高统帅部正在努力推行将整个欧洲外围地区要塞化的防御战略。自 1942 年年底以来，德国国防军最高统帅部作战指挥部便始终推行着这一路线而且（对于此举的态度）越来越坚定不移：迪耶普突击、阿拉曼战役和北非登陆表明了盟军开辟第二战场的意图。到 1943 年 11 月 3 日，第 51 号元首训令更是将国防军最高统帅部的这一概念提升到了战略决策的高度。在月底召开的德黑兰会议上，罗斯福和丘吉尔向斯大林承诺，英美军队将于 1944 年春在欧洲开辟第二战场。这一事件使得国防军最高统帅部更加确信自己选择了一条正确道路。

在 12 月里，作战指挥部拟定了一个应对计划：如果盟军准备将力量捏成拳头、在某个地方展开大规模进攻，那么德军就会相应地把其他战区的力量削减到最低限度。如此一来，德军便不必在所有受威胁的地点保持高度戒备状态。但进行于 1943 年 1 月的安齐奥登陆表明，盟军似乎有意在从希腊到挪威北部漫长的欧洲海岸线上实施多点同时或者连续的登陆；于是在此之后，该应对计划就被搁置了。

凯特尔于 1944 年 2 月 13 日向希特勒提交了一份由作战指挥部撰写的报告，宣称德国正在实施的战略防御无法发挥内线作战的充分优势，因为敌军在地中海、中近东、非洲、北美、英国和冰岛都部署有强大兵力，随时可以自由地登陆欧洲的任何一处海岸，德军很大一部分机动力量都会因此受到牵制。作战指挥部确信，德军的任务将是顽强守住在俄罗斯境内占据的每一寸土地，直至击退英美联合的大型登陆以及其他小型登陆行动，并重新获得战争的主动权；之后，德方就可以将部队释放出来，展开对苏方的决定性打击。

然而，在撰写这份报告时，作战指挥部仍然无法确定德军未来的部署是否仅仅只是单纯地取决于如下两个因素：1. 在苏联境内扼守防线的需要；2. 在其他战区抵抗和击败盟军进攻的需求。苏军指向巴尔干半岛的突击行动意味着匈牙利、罗马尼亚和保加利亚的游击行动及政治反弹将进一步加强，一旦任其发展到需要实施军事干预的地步，德国的资源——尤其是国防军最高统帅部所占资源的紧张程度就会得到进一步加剧。

不过在另一方面，从国防军最高统帅部的角度来看，自 1943 年 11 月发布直至 1944 年 2 月这段时间以来，贯彻实施第 51 号元首训令以限制东线"吸血"的政策得到了非常完美的执行。尽管东线的南北两翼都发生了激烈战斗，但由国防军最高统帅部负责的战区只为此牺牲了 1 个师（即在挪威的第 214 步兵师）和 3 个新兵团的兵力。在（1944 年）2 月的第二个星期之后，按照国防军最高统帅部的看法，东线的各集团军群似乎又挺过了一个冬天。北方集团军群被莫德尔牢牢控制在手中，而且不管怎么说，该部都正在撤向一条坚固的防线；A 集团军群和南方集团军群所处境况并不理想，不过在德军完成切尔卡瑟口袋的突围行动后，苏军就全线停下了推进脚步；虽然东线的整个南翼仍空悬于第聂伯河及其西侧的南布格河之间，但在春天的解冻期即将到来之际，任何人——即便是那些无视苏军已在反常的温暖气候中持续奋战了整个冬季这一事实的人——都只能承认，只要再过几天，最多不超过 1 个星期，将战争双方陷在原地长达 1 个多月的泥泞便会如期到来。到 2 月底，国防军最高统帅部最终确认——在解冻之前，苏军就会暂时停下所有的攻势行动。27 日，希特勒命令"阿道夫·希特勒警卫旗队"师撤出乌曼东北部的防线，并准备转移到比利时或荷兰。

二、苏联人的春季攻势

1944 年 3 月初，苏德两军战线在普里皮亚季沼泽的南部划出了一道非常狭窄、被拉长的"S"，这个"S"的形状刚好可以被从科韦利到克里沃罗格的直线垂直平分（见战场形势图 24）。A 集团军群和南方集团军群仍然占据着南布格河与第聂伯河之间大约一半的土地。他们虽然失去了第聂伯河后方最东部的铁路线，以及除赫尔松以外所有的第聂伯河渡口，但还是掌控着利沃夫—敖德萨铁路。两个多月以来，除了那个明显的例外，德军的防线第一次保持了相对完整的连续性，没有出现巨大缺口。不过，德军的不利之处在于，除第聂伯河下游和因古列茨河的两个小段外，其防线的主体部分并不是根据自然障碍（河流）而设置。呈现在态势图上的那种连续性是由数量众多的类型不同、强弱程度各异的"线段"拼凑而成。对于某些地区，人们甚至都无法确定设于此处的防线是否还存在具体轮廓。

在苏军的持续重压下，位于南方集团军群北翼的第 4 装甲集团军已经无力封闭其舍佩托夫卡以西防线上 40 英里宽的缺口，并在 3 月 2 日失去了扬波尔（Yampol'）。曼施泰因认为，苏联人在春季泥泞期到来之前还会向南推进——至少也会尝试突入捷尔诺波尔和普罗斯库罗夫之间地区，以切断利沃夫—敖德萨铁路。他比以往任何时候都更加确信最危险的地方就是这里：苏军只要向前推进 35 英里便能切断铁路线，之后再推进 65 英里即可抵达德涅斯特河，渡过该河后前进不到 30 英里就能越过普鲁特河进入喀尔巴阡山脉。将上述距离累加到一起，苏军只要再往前推进 130 英里，便可以肢解德军多达三道潜在防线——南布格河、德涅斯特河及普鲁特河防线。此外，在该地区南面，第 6 集团军还远在南布格河以东 100 英里的位置上，与德涅斯特河或普鲁特河也分别有 200 英里和 300 英里的距离。

（一）调整部署

对切尔卡瑟口袋实施的突围行动结束后，曼施泰因开始对第 1 装甲集团军和第 8 集团军作战分界线附近的兵力部署进行调整。他把第 3 装甲军司令部、4 个装甲师和 1 个炮兵师调到了北面普罗斯库罗夫后方地域，此外还给第 4 装甲集团军分配了 2 个装甲师和 3 个新组建的步兵师（正从德国赶来）。3 月 1 日，曼施泰因开始将他的 3 个集团军向北移动，所用具体方法是将第 8 集团军受到威胁、位于右翼的各军划拨给第 6 集团军，将第 1 装甲集团军右翼的各军交给第 8 集团军，第 4 装甲集团军的右翼各军则交由第 1 装甲集团军指挥。如此一来，防御舍佩托夫卡和普罗斯库罗夫的重任就落到了第 1 装甲集团军肩上；第 4 装甲集团军则需要负责科韦利北部防线，并对捷尔诺波尔—舍佩托夫卡以西的那个缺口采取行动。为实施战场上这种"换手"行动，曼施泰因被迫承担起了以下两个巨大风险：首先，在天气、泥泞环境，以及人员和装备当前状况等多种因素的共同作用下，相关部队无法在 3 月的第二个星期结束前完成关于部署的所有调整；其次，装甲师的移防将抽走第 8 集团军右半部分防区内的全部主要力量，这一防区将因此受到双重削弱——原定部署于此的那 2 个军已经在切尔卡瑟口袋中被摧毁了。

即使苏联人在 3 月 1 日前放慢或者停下脚步（舍佩托夫卡西部地区除外），

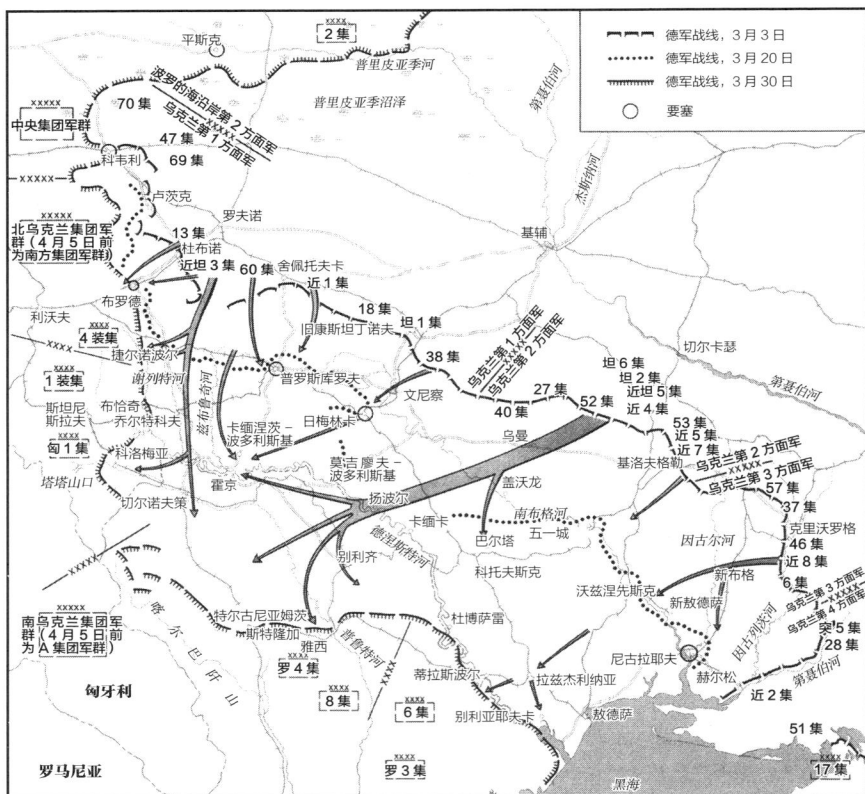

战场形势图 24：苏军春季攻势，1944 年 3 月 4 日—4 月 15 日

并有可能在全面解冻后重复以往的行动模式，但还是有充足证据表明他们的攻势可以随时重启。在进行于1月和2月的战斗中，乌克兰第1、第2、第3和第4方面军都没有机会发挥自己的全部实力。因此，他们的预备队数量不仅没被减少，反而得到了极大加强。到2月中旬，最高统帅部大本营的6个坦克集团军中已有5个部署在南方集团军群当面——其中有3个被编入战役预备队；到月底，最后那个（即第6个）坦克集团军也出现了。每个德国集团军都面临着苏军若干坦克/机械化军带来的压力。在冬季的行动中，苏联人已经证明了他们在泥泞环境中的攻击和机动能力。当德军同类装备完全陷入泥泞里、根本动弹不得时，美制卡车却让苏军机动部队在很长一段时间内都拥有自由行动的能力。苏军步兵（实施机动）则依赖于老式"潘杰"马车，除了最深的泥泞之处，这种由单马驾驭的大轮辐轻便型马车在其他一切地方皆可通行无阻。到3月，苏军的迫击炮组、机枪组，以及几乎每一个步兵班都装备了一辆运送武器、弹药和口粮的"潘杰"马车。在泥泞中跋涉时，该型马车不仅能明显减少步兵的负荷，更是将部队从对补给线紧张和持续的关注中解放了出来。

在判断苏军会把注意力集中在自己北翼这一点上，曼施泰因是对的。将本方面军所控制普里皮亚季沼泽边缘地域移交给新组建的白俄罗斯第2方面军后，4个乌克兰方面军中最为强大的乌克兰第1方面军把部队转移到了德军第1和第4装甲集团军当面。2月29日，指挥该方面军的瓦图京在一次视察途中受伤严重，随后朱可夫接管了他的部队；装甲力量极为强大的乌克兰第2方面军则在科涅夫指挥下，部署于实力受到严重削弱的第8集团军对面；将驻防于第聂伯河河曲部的第6集团军作为目标的乌克兰第3方面军（由马利诺夫斯基指挥）在装甲力量方面稍弱于前两者，但得到了来自乌克兰第4方面军的增援，该部（乌克兰第4方面军）的进攻地带位于第聂伯河以南，主要目标是克里木半岛。苏军的计划是由乌克兰第1方面军发起主要突击，并在第1装甲集团军和第4装甲集团军之间达成突破后连续强渡数条大河，直抵深远处的喀尔巴阡山。根据当时的苏联军事学说，在主要突击发动时，乌克兰第2方面军将对第8集团军防线的中央左翼、乌克兰第3方面军对第6集团军防线的中央地带发动强力辅助突击，以在强度上仅是稍弱一些的作战行动来支援主要突击集团的纵深突击。

（二）乌克兰第 1 方面军的攻击

3 月 4 日，乌克兰第 1 方面军发起进攻。在第 1 装甲集团军和第 4 装甲集团军侧翼之间的缺口地段，坦克第 3 集团军向南达成突破；近卫第 1 集团军则在舍佩托夫卡以东和普罗斯库罗夫正北地区突破了第 1 装甲集团军的防线。到第二天，第 13 集团军已经越过卢茨克和杜布诺的中间地带，并开始向西推进。

被夹在苏联 2 个集团军之间的第 59 军（位于第 1 装甲集团军左翼）不得不从舍佩托夫卡向南撤退。在捷尔诺波尔—普罗斯库罗夫铁路北面，第 4 装甲集团军在当时能召集到的只有一些第 48 装甲军的军直属单位。曼施泰因下令，第 1 装甲集团军和第 4 装甲集团军要将苏军阻挡在铁路以北，并从捷尔诺波尔和普罗斯库罗夫对苏军的侧翼发起反击。为此，第 1 装甲集团军会在普罗斯库罗夫获得拥有 4 个装甲师的第 3 装甲军，但目前这些师仍位于第 8 集团军的防御地带内，正在进行或是还在等待进行铁路装载。第 4 装甲集团军已经安排了 2 个步兵师通过铁路赶往捷尔诺波尔——不过这 2 个师均为由 18 岁士兵组成、毫无作战经验的新编部队。

截至 3 月 6 日，第 1 装甲集团军和第 4 装甲集团军之间的防线已被撕开了一道大口子。在这道缺口东部，第 59 军被孤立在了旧康斯坦丁诺夫（Staro Constantinov）。在捷尔诺波尔和普罗斯库罗夫之间某地，第 48 装甲军用"阿道夫·希特勒警卫旗队"师和第 7 装甲师的部队仓促拼凑出了一道较短防线。值得一提的是，最后者（第 7 装甲师）虽然拥有"装甲师"这个番号，当时却连 1 辆坦克都没有，而且在之后数日内也只能得到最多不超过 10 辆从修理厂归队的坦克。此时，运送 1 个步兵师给第 4 装甲集团军的火车早已开始在捷尔诺波尔以西卸下部队——在城市里进行卸载已经是件极其危险的事情了。

接下来 4 天时间里，德军加强了防御。2 个装甲集团军加强其侧翼的努力迅速取得了成效——第 4 装甲集团军利用新的那个步兵师在捷尔诺波尔以北建立起一道防线，使另一个步兵师得以安全方便地通过铁路进入城市；第 3 个步兵师正从波兰赶来，此外，曼施泰因还承诺会从丹麦争取到第 4 个步兵师的增援。第 1 装甲集团军将第 59 军从旧康斯坦丁诺夫撤向普罗斯库罗夫，同时投入 3 个装甲师的力量，以封闭该军与集团军主力之间的缺口。在普罗斯库罗夫周围，第 3 装甲军把兵力集结在一个狭窄地域中，随着增援兵力陆续从第 8 集团军防区内抵达，以及第 59 军逐渐靠近，其力量正稳步得到增强。

与此同时，朱可夫开始发力，希望达成战役突破。苏军曾数次突入捷尔诺波尔中心城区，但最终都被击退。朱可夫的坦克和步兵沿着通往东面普罗斯库罗夫的铁路展开了宽大的突击正面，首当其冲的第 48 装甲军所辖 2 个师虽在风雨中飘摇欲坠，却还是顽强守住了防线。

（三）第 11 号元首命令

1944 年 3 月 8 日，在第 11 号元首命令中，希特勒为东线德军引入了一个全新的基本战术概念。尽管它所造成的冲击要到未来才会被人们全部察觉，但该命令在当时就已对苏军于南翼展开的战役造成了影响。这个概念是希特勒对涅韦尔和罗夫诺失守的恼怒，以及迟滞苏军进攻速度——不管采取什么措施——这一日益迫切的愿望的联合产物。此前，希特勒曾玩弄过"堡垒"相关概念——斯大林格勒（战役）便是其中一个例子。第 11 号元首命令则创新推出了"要塞城市"这一概念——具体是指一个骑跨在交通线上、配有适当数量人员和防御设施的城镇或城市。用希特勒自己的话说，"要用它（要塞城市）发挥出昔日要塞所起到的作用"。

每个要塞城市都由一名将军或是资深的战场指挥官指挥作战，并直接对集团军群司令负责，后者（集团军群司令）只有在希特勒同意的情况下才可以解除其（要塞城市司令）职务。要塞城市的任务只有一个——坚守到最后一人。这是真正的"通往地狱之门"。要塞城市司令的权柄等同于军长，这意味着他们同样握有（对下级）宣判死刑的权力。希特勒在仍被德军占领的苏联领土上指定了 26 个城市和较大城镇为"要塞城市"，其中在南方集团军群防区内的包括捷尔诺波尔、普罗斯库罗夫、科韦利、布罗德、文尼察和五一城（Pervomaysk）。

（四）乌克兰第 2 和第 3 方面军的攻击

3 月 4 日，马利诺夫斯基和科涅夫发起了针对第 8 集团军和第 6 集团军的进攻。在近卫坦克第 5 集团军和坦克第 6 集团军支援下，近卫第 4 集团军对乌曼东北部的第 8 集团军防线展开了攻击。部署在那里的 2 个德国师无法挡住苏军步兵和坦克部队推进的脚步，到进攻发起后第 4 天，近卫坦克第 5 集团军便已推进至乌曼附近 25 英里内。同时，科涅夫的部队也在基洛沃格勒以西地区对第 8 集团军和第 6 集团军的接合部实施了辅助突击。

2 天后，即 3 月 9 日，苏军占领乌曼。第 8 集团军收到（城市失守）报告的时间仅比希特勒要求坚守该城的命令提早了几分钟。又过了 2 天，第 8 集团军的整个左翼就已经完全崩溃：该集团军侧翼部队失去了与第 1 装甲集团军的联系，4 个师的残余兵力也被苏军驱赶着撤往西和南方向的南布格河。3 月 11 日，第 8 集团军参谋长在一次沿着南布格河进行的侦察飞行中观察到，德军部队正如水上的漂萍一般，分散成了小群、甚至是单个人员散乱地撤往该河。这些败兵丢掉了全部重型武器，他们驾驶的车辆也将通往桥梁的每一条道路塞得满满当当，导致所有人寸步难行。

在第 6 集团军防线中央，马利诺夫斯基投入了 1 个近卫机械化军和来自近卫第 8 集团军的 3 个近卫步兵军。若想挡住苏军的进攻，霍利特就必须守住自己的防御前沿。他已经命令 2 个预备队师向前方靠近。但在前沿中的某个地方，苏军击溃了 1 个被当成步兵使用的炮兵营，从而获得了 1 个立足点。短短 2 天内，苏军就由此处楔入德军的防御纵深达 5 英里。3 月 7 日，近卫机械化第 4 军和近卫骑兵第 4 军突破德军的防线，之后径直向前狂飙 25 英里，冲向了新布格（Novy Bug）。当天晚上，第 6 集团军司令部仓皇转移，差点没时间将通信设备装上指挥列车，列车在离开城市时甚至遭到了苏军迫击炮和机枪火力的射击。截至这一天结束，该集团军痛苦地发现，他们再次陷入了某种熟悉的局面之中：部队被切成两半，强大的敌军甚至在自己后方 25 英里内的腹地上自由驰骋。

8 日，第 6 集团军开始通过"冷渠道"将其膨胀的北方侧翼收回（也就是说该集团军没有发布任何书面命令）。因为在前一天晚上，希特勒以泥泞阻碍行动，以及苏军的突破并不如报告中那么强大为由禁止了德军后撤。到新一天（8 日）昼间，希特勒却又改变主意，允许德军撤退到因古列茨河河口至新布格一线。但苏军的骑兵和坦克部队此时正在因古列茨河后方转头向南，并往西面的下一条河流——因古尔河推进。克莱斯特告诉蔡茨勒，说第 6 集团军无法在南布格河前方挡住苏军的脚步。如果非要这样做，该集团军的下场就是被敌军完全摧毁。他抱怨道，上级指挥部门总是不分青红皂白地否决集团军群所提建议，不过现在已经到做出改变的时候了。

3月11日晚上，希特勒命令第6集团军和第8集团军"尽可能地"推迟向南布格河的撤退。在北方，第8集团军早已输掉了一场致命的竞赛，没能赶在苏联人渡河之前把右翼各师撤至南布格河后方。

（五）铁锤和铁砧

截至3月第2个星期，乌克兰第1方面军的进展已远远落后于其预期。曼施泰因坚决扼守北翼的决心正在发挥作用，苏军的攻势也被来自捷尔诺波尔和普罗斯库罗夫两边的力量压制住了。3月12日，第3个新的步兵师于捷尔诺波尔后方完成卸载，开始在城市南部建立一道防线。接下来3天时间里，第1装甲集团军和第4装甲集团军重新建立起了联系。到3月16日，第4装甲集团军估计，他们能在未来3天内肃清铁路沿线的苏军。曼施泰因警告该集团军说，切勿在夺回铁路线一事上花费太多精力，因为它已经失去了使用价值：苏军早已在更南面的位置，也就是第1装甲集团军和第8集团军的侧翼之间切断了该（铁路）线。

此时，朱可夫稍微减弱了中央地区攻势的力度，开始往右翼发力。在北面，第13集团军加强了对卢茨克和杜布诺的压力，并于3月16日将德军逐出上述两座城市。同一天里，在更远的北方，负责防守科韦利要塞城市的党卫军将领报告说，由于部队已被苏军合围，他希望可以趁现在尚能行动迅速突围。其（党卫军）首领希姆莱给他回了一封电报："派你去科韦利就是为了守住它。履行你的职责。"曼施泰因的风格（比希姆莱）更现实，他命令第42步兵司令部、第131步兵师和党卫军"维京"师迅速结束他们在波兰的休整，并将这些部队派到科韦利解围。然而，上述两个师①都还没有从切尔卡瑟口袋的惊魂中回过神来，他们不仅没有任何重型武器，"维京"师甚至连人手一支步枪都无法保证。尤其不幸的是，原本指派给这些部队、为其提供炮兵火力支援的一辆装甲列车也因为弹药车厢遭苏军火力直接命中而被炸毁了。

3月11日之前，在东南部，科涅夫针对第8集团军的进攻已经摧毁第1

---

① 审校者注：第131步兵师来自中央集团军群的第2集团军，并没有参加切尔卡瑟之战。

装甲集团军右翼的支点，苏军第 38 集团军的步兵师蜂拥而入，将第 1 装甲集团军右翼的军割裂开来。乌克兰第 2 方面军的坦克部队正在南布格河与第聂伯河之间向西推进。在己方所施加这种巨大压力的辅助下，第 38 集团军往文尼察方向，对第 1 装甲集团军的侧翼展开了卷击。苏军步兵中约有 40% 是所谓的"乌克兰战利品"，即各集团军在收复的领土上直接招募的新兵。可就算如此，对于兵力已经过度吃紧的德军而言，苏军在人数方面的优势仍然巨大得难以抗衡。

此时，第 46 装甲军向南移动侧翼，试图以此掩护扬波尔和莫吉廖夫 – 波多利斯基（Mogilev–Podol'Skiy）的德涅斯特河渡口。如此一来，该军的防线便斜向地挡在了苏联坦克第 6 集团军的推进路线上，之后不出意料地被苏军推挤到了该河北岸的西面，始终无法站稳脚跟。3 月 17 日，德军第 75 步兵师的部队在扬波尔渡过德涅斯特河、发现苏军坦克搭载着步兵冲入对岸的城镇之后，炸毁了此处的桥梁。两天后，莫吉廖夫 – 波多利斯基的桥梁也被炸毁了。第 75 步兵师报告说，苏联人在多处展开了渡河行动；但因为缺少马匹，且手头只剩下一辆大众汽车，该师无法对此进行具体的侦察。3 月 20 日，当苏军第 38 集团军夺占文尼察时，其触角早已越过日梅林卡，刺入第 1 装甲集团军侧翼与第 46 装甲军之间的缺口，伸向了西南方的卡缅涅茨 – 波多利斯基（Kamenets–Podol'skiy）。

截至 3 月 21 日，朱可夫已经集结起了足够强大的兵力——3 个坦克集团军（坦克第 1、近卫坦克第 3、坦克第 4 集团军）外加近卫第 1 集团军——准备一举粉碎捷尔诺波尔和普罗斯库罗夫之间的德军防线。当天，坦克第 1 和坦克第 4 集团军的 200 辆坦克咆哮着蜂拥而出，越过铁路线往正南方向奔袭，在德军第 68 步兵师、"阿道夫·希特勒警卫旗队"师和第 7 装甲师支离破碎的残余力量身后紧追不舍。

23 日，坦克第 1 集团军的部队向西推进，对捷尔诺波尔两侧的步兵师展开攻击，并将其击退了 10 英里。然而，该城的卫戍部队被第 11 号元首命令陷在了原地——因为没有人来得及解除这座城市"要塞城市"的番号。在东面，近卫坦克第 3 集团军和近卫第 1 集团军已经兵临普罗斯库罗夫城下。昼间，坦克第 4 集团军的先头单位——2 个坦克军和 1 个机械化军便已越过德涅斯特河以北 20 英里的乔尔特科夫（Chortkov），他们的意图显然是渡过该河与乌克兰第 2 方面军的坦克部队会师。后者已经在莫吉廖夫 – 波多利斯基下游河段渡过该河，正向西推进。

在苏军坦克经过乔尔特科夫时，他们切断了那条堪称第 1 装甲集团军生命线的单轨铁路，加上还有一条德涅斯特河横亘在该集团军后方——第 1 装甲集团军当前的形势与被围无异。3 月 23 日，曼施泰因将第 7 装甲师、"阿道夫·希特勒警卫旗队" 师和第 68 步兵师的指挥权移交给了第 1 装甲集团军（上述各师正陆续进入该部防区）。他还命令该集团军撤回北翼的防线，并将右翼锚定在德涅斯特河上，而后向西进攻以恢复铁路运输。不过，希特勒此时仍然坚持要求守住普罗斯库罗夫，并将任何有关此事的决定权都收归于自己手中。但不管是曼施泰因还是第 1 装甲集团军司令胡贝都不相信德军能做到这一点（即守住普罗斯库罗夫）。当天（3 月 23 日）晚些时候，胡贝命令集团军全体单位开始摧毁一切不必要的车辆和设备，并征集所有可以找到的 "潘杰" 马车，以此保持部队的机动能力。

（六）第 1 装甲集团军的突围

3 月 25 日，曼施泰因飞往贝希特斯加登。当天下午，在与希特勒举行的狂风暴雨般的会谈中，他坚持第 1 装甲集团军必须突围，命令必须在当天下达，而且必须给南方集团军群提供至少 1 个军的增援，以便该部从西面打通逃生道路。希特勒愤怒地拒绝了曼施泰因的要求，声称后者已经将增援给他的所有师都挥霍殆尽，并且心里一直只会考虑撤退的事情，却从来没有在任何地方站稳过脚跟。然而，在午夜之后的第二次会谈里，希特勒改变主意，批准了这次突围行动，并将党卫军第 2 装甲军第 9 和第 10 装甲师（"霍亨斯陶芬" 师和 "弗伦斯堡" 师），以及第 100 猎兵师和第 367 步兵师的指挥权移交给了曼施泰因。

26 日，当曼施泰因飞回他在利沃夫的司令部时，苏军坦克第 4 集团军已抽出部分兵力转向东面，夺占了位于第 1 装甲集团军后方的卡缅涅茨 – 波多利斯基。此时，朱可夫和科涅夫的装甲部队正于德涅斯特河后方呈扇形展开，在第 1 装甲集团军之外形成了第二层包围圈。

对于希特勒和国防军最高统帅部而言，做出给曼施泰因提供更多增援的这一决定无疑是十分痛苦的。在美英军队联合进攻看上去即将发起的最危险时刻，它（增援决定）对第 51 号元首训令所规定、已经小心翼翼地执行了一个冬天的战略造成了严重损害。本月早些时候被派往东部的 4 个步兵师、3 月 26 日时希特勒承诺的 2 个师来自于国防军最高统帅部所辖预备队，以及情况早已足够糟糕的东南战区。党卫军第 2 装甲军及其 2 个最新锐装甲师的缺席则直接削弱了德军反击美英军队进攻的机动力量，而且根据以往的经验来看，这些被调入东线的部队在很长一段时间内都没法回到原先的地方。

对于如何实施突围行动，摆在第 1 装甲集团军面前的有两个选择——但这两个都不是很有希望获得成功：要么向西和西北与第 4 装甲集团军会合，要么向南撤过德涅斯特河。胡贝本人倾向于撤往南方，因为选择向西突围的话，他就必须突破苏军 2 个坦克集团军的拦阻，而且要越过 2 条大河、若干小河及无数沟壑。相对来讲，在德涅斯特河以南，他在霍京（Khotin）周围还掌握有一个小型桥头堡，而且附近的敌军似乎也更分散些；不过，曼施泰因所考虑的是用第 1 装甲集团军稳住本集团军群北翼，防止其被推向喀尔巴阡山或向南滑入第 8 集团军后方。他还对该集团军（第 1 装甲）能否顺利渡过德涅斯特河持怀疑态度：该河在霍京附近河段的河辐足有 1 英里之宽，而且洪泛期即将到来。3 月 26 日，曼施泰因命令胡贝向西突围，越过苏联坦克第 1 和坦克第 4 集团军的后方，冲向第 4 装甲集团军防区。

胡贝所面临的是一个非常棘手的战术问题。他需要将集团军从东部和北部的防线上撤回，完成集结后再向后方发起攻击。这一行动在战场态势图上呈现出的效果就如同一只沿着德涅斯特河向西蠕动、身躯巨大的阿米巴变形虫。胡贝把第 1 装甲集团军分成了南北两个集群，每个集群都以步兵殿后阻挡苏军的追击、以装甲部队为矛头突破苏军的拦阻。他得出的结论是，穿越兹布鲁奇河（Zbruch River）的行动至关重要，一切行动的成败都取决于以下因素：首先，集团军能否在第一时间渡过该河；其次，在做到前一点之后，部队是否还有足够的力量继续前进。他赋予北部集群的任务是在兹布鲁奇河西岸建立起第一个桥头堡并坚决守住它。该行动将切断莫吉廖夫 – 波多利斯基周围坦克第 4 集团军后方的路线，从而帮助南部集群突破苏军的拦截并靠近兹布鲁奇河。为利用和扩大"乌克兰战利品"新兵的紧张情绪，德方南北两个集群都将在夜间、黄昏或拂晓时发动攻击。夜间机动过程中，部队将在"潘杰"马车的两侧以密集纵队的阵型行进，并使用当地农民作为向导，逐村向前推进。

　　现在将目光转向另一边。苏军部署火炮以加强对口袋控制的努力受到了泥泞地形的阻碍。3 月 29 日，第 1 装甲集团军北部集群在兹布鲁奇河上建起了两个桥头堡。接下来两天时间里，当北部集群向其西面的下一条大河——谢列特河（Seret River）推进时，南部集群已接近兹布鲁奇河，该部口袋北面和东面的防线亦同时被撤回。从此时的情况来看，将整个第 1 装甲集团军带过兹布鲁奇河似乎已不成问题；但朱可夫也正从北面抽调装甲部队，随后在谢列特河以西又设置了一道拦阻线。

　　胡贝估计，由于受到步兵行进速度的限制，他需要 6 天时间才能让集团军全体部队渡过谢列特河。然而，仅靠其手中剩下的补给，哪怕加上通过空投获得的那一部分，该集团军亦无力再从另一个合围圈中杀出一条血路。31 日时，胡贝曾考虑让坦克部队单独突围，冲向第 4 装甲集团军；位于其后的步兵则化整为零，仿照苏联游击队的行动模式分成若干个百人左右的较小集群，争取从苏军的战线中渗透过去。

乌克兰第聂伯河沿岸典型的巴尔干地形

到 4 月初，持续 3 天的暴风雪迟滞了双方的行动进展。不过总的来说，第 1 装甲集团军得到的好处要更多些——德国空军的运输机在恶劣风暴天气中持续飞行；党卫军第 2 装甲军也已完成穿越波兰的最后一段铁路运输路程，正迅速靠近战场。

4 月 2 日，朱可夫对第 1 装甲集团军发出最后通牒，命令该部德军在当天结束前投降。他威胁道，如若不从，该集团军将被彻底歼灭，所有被俘军官都会在其部属面前遭到当众枪决，以此惩罚他们无谓抛洒自己士兵鲜血的行径。同一天里，德军北部集群在乔尔特科夫附近强渡了谢列特河。

到 3 日，天气开始转晴。朱可夫从北面和南面调集了数量众多的坦克和装甲车辆，打算夹击谢列特河附近的德军。第二天，第 1 装甲集团军北部集群击退了苏军 2 个坦克军的进攻，越过乔尔特科夫继续向西推进。胡贝由此得出结论，说最危险的阶段已经过去，突围即将取得成功。

4 月 4 日夜间，60 架载着弹药和汽油的容克 Ju–52 运输机在口袋里着陆。第二天早上，党卫军第 2 装甲军开始从第 4 装甲集团军翼侧发起向东的突击。到 6 日，党卫军第 2 装甲军的先头部队与第 1 装甲集团军北部集群在斯特雷帕河（Strypa River）河畔的布恰奇（Buchach）实现会师。战至 10 日，该集团军早已在谢列特河西岸建起防线，加上党卫军第 2 装甲军带来的 600 吨补给品，这次突围已是成功在望。

（七）第 6 集团军向南布格河的撤退

3 月第二个星期里，马利诺夫斯基在新布格附近集结起了足够强大的力量，足以突向其正南方尼古拉耶夫（Nikolaev）的南布格河入海口、合围第 6 集团军南半部分，或是向西进攻、在该集团军后方渡过南布格河。但马利诺夫斯基什么都没有做，或者更确切地说，他打算两者兼得——这一想法就像是给第 6 集团军送上了救命稻草。

3 月 11—12 日间，霍利特使用从东部防线上撤出的几个师向新布格方向逼近，试图消灭苏军的先头部队。此次反击在北面没有取得任何进展，不过在南面进行得非常顺利，直至苏军坦克第 33 军迂回到南面、相关（反击）行动才被迫停止。自此之后，霍利特丧失了争夺战场主动权的所有力量，只得让第

6 集团军撤至南布格河之后沿河固守。

当此之时，马利诺夫斯基却重复了自己一个月前在阿波斯托洛沃所犯的错误。他将近卫第 8 集团军的装甲和骑兵力量转向南面的尼古拉耶夫，同时派遣全步兵的第 46 集团军向西推进，突向新敖德萨（Novo Odessa）上游的南布格河河段。第 6 集团军虽然无法挡住上述突击集团中的任何一个，但苏军力量的分散给该集团军的逃离创造了良机。尤其是第 6 集团军南部集群——他们从不得不同时面对 2 个苏联集团军的困境中得以解脱，能够集中精力首先解决近卫第 8 集团军这一更大的威胁，两天后再转头从第 46 集团军战线中杀出一条血路。

3 月 12 日之后，这场会战又发生了一个令人意想不到、有利于德军的转折——近卫第 8 集团军的补给开始出现问题。苏军坦克部队的行动突然变得谨慎而克制，在距离尼古拉耶夫和南布格河河口只有一步之遥的时候，该集团军司令部反而开始变得犹疑不决。第 6 集团军大部分部队因此逃出虎口，只有 3 个师陷入了苏军完整的包围圈中。

然而，从因古尔河到南布格河的退却经历是极为痛苦的。这两条大河之间的乡野地带被无数道 30 ~ 100 英尺深的沟壑切割得支离破碎，其中很多沟壑内还有一定深度的积水。有时，德军整个师的部队不得不绕道数英里才能找到渡口。火炮和车辆常常绝望地陷在沟壑底部，不管（人员）怎么努力都无济于事。下雨时，整个地面都会铺满湿透的泥，部队行进过程中，这些泥会粘在鞋子、轮胎和履带上，使人员、车辆感觉沉重无比、难以移动。

截至 3 月 15 日，第 6 集团军的南部集群已经越过近卫第 8 集团军，抵达因古尔河。6 天后，霍利特在南布格河上建起了坚固的防线。从某种意义上说，他是用自己的牺牲给这次撤退画上了句号：撤退行动摧毁了他健康的身体，元首指挥部也对第 6 集团军在第聂伯河河曲部和因古尔河的溃退速度产生怀疑——虽然集团军群司令克莱斯特坚持认为这是没有根据的。3 月 21 日，希特勒宣布他将在未来几天内任命一个新的指挥官以接替霍利特。

（八）第 8 集团军掩护侧翼

3 月 11 日，当希特勒同意让第 8 和第 6 集团军撤回南布格河时，科涅夫的装甲矛头也早已进抵河边。第二天，负责防守盖沃龙（Gayvoron）及其南北两侧渡场的第 7 军——用集团军当天作战日志中的话来形容——已经"触底"。该军的各师实际上早就人间蒸发，苏军正在大摇大摆地渡过南布格河。

曼施泰因和第 8 集团军司令沃勒都认为乌克兰第 2 方面军很可能在南布格河与德涅斯特河之间调头向南，往沃兹涅先斯克（Voznesensk）前进，与乌克兰第 3 方面军配合包围德军第 8 及第 6 集团军。为此，第 8 集团军将党卫军"骷髅"师从基洛沃格勒以西的防线上抽出，使用一种吨位介于运输机和滑翔机之间、有铁路棚车那么大的飞机将该师的部分兵力空运到巴尔塔（Balta），并开始在上述两条河流间构筑一道防线。接着，沃勒将第 47 装甲军从他的右翼撤出，将其转移到了河对岸。起初，他和曼施泰因打算使用该军攻击苏军的翼侧，并（让该部）向第 1 装甲集团军靠拢，但这个念头很快就被泥泞地形和第 1 装甲集团军侧翼被苏军推往北方的事实所打消了。

此时，第 8 集团军和 A 集团军群也都遇到了新麻烦。两部的后方梯队正被压挤到比萨拉比亚以东的一个狭长地带上——基于自己对安东内斯库所作承诺，希特勒非常谨慎地禁止了德国军队进入罗马尼亚领土。最终，克莱斯特被迫宣布，A 集团军群将"置元首和安东内斯库于不顾"，进入比萨拉比亚。然而更严重亦更现实的问题是，未来第 8 集团军和 A 集团军群将不得不依赖罗马尼亚的铁路实施补给——随着战火逼近，这条铁路早已陷入了完全的混乱状态中。在德涅斯特河以东的罗马尼亚占领区特兰西尼斯特里亚（Transnistria），罗马尼亚铁路工人居然将德国部队的火车调到侧线，为他们本国军队的撤退列车让路。第 8 集团军将其司令部通过铁路从五一城转移到科托夫斯克（Kotovsk）只有 65 英里路程，整个行动却足足耗费了 27 小时。

3 月第三周里，乌克兰第 2 方面军将 2 个集团军和 2 个坦克集团军往西转向扬波尔和莫吉廖夫－波多利斯基，突入了第 1 装甲集团军的侧翼和后方。此举减轻了第 8 集团军所受压力，也暂时消除了苏军在南布格河与德涅斯特河之间向南推进的危险。但在 3 月 18 日，沃勒报告说，即便科涅夫已经抽走 4 个集团军，他手中同样还握有 4 个集团军和 1 个坦克集团军可用来对付德军南翼。沃勒确信科涅夫会渡过德涅斯特河并向南推进，最终切断第 8 集团军与第 6 集团军的联系。第 8 集团军——总共只有 4 个步兵师、4 个战斗群，以及 4 个半装甲师——早已无法再通过延伸自己的防线来应对这一威胁了。沃勒认为，现在已经到了将部队撤至德涅斯特河后方的关键时刻，即便本集团军完成撤退，许多重型装备也会被遗弃在泥地里或任由苏联人夺取，因此部队必须在德涅斯特河后方重新补充相应装备。集团军群不同意他的看法。第二天，曼施泰因的参谋长告诉沃勒，说科涅夫在强渡德涅斯特河时犯下了错误，他手上没有将第8和第6集团军合围在该河后方的充足兵力。（沃勒）这两种对未来局势的估计可能都只有部分是正确的。在向西面自由推进以及与左翼2个德国集团军进行殊死一搏这两者之间，处于当前阶段的科涅夫很明显会对前者更感兴趣。而且反过来，从德方的角度看，第8集团军实际上也缺乏足够力量来继续向西延伸其侧翼。

3月20日，曼施泰因通知沃勒，第6集团军即将接管其东面部分防线，从而使他能够向西延伸战线——初步计划是把所有坦克集中起来，与第47装甲军一道渡过德涅斯特河，对科涅夫的侧翼进行突袭。2天后，沃勒报告说，在卡缅卡到莫吉廖夫－波多利斯基宽达60英里的正面上，乌克兰第2方面军投入了3个集团军和3个坦克集团军，正扑向德涅斯特河。苏军的装甲侦察部队已经渡过该河，并抵达了位于普鲁特河及德涅斯特河中间位置的巴尔蒂（Balti）。苏联人正在德涅斯特河上架设8座桥梁，能以极快的速度将力量投送过该河。而后，他们不但可以转向南面，亦能继续穿过普鲁特河进抵喀尔巴阡山脉，将第8集团军和A集团军群挤压在山脉和黑海之间。沃勒坚持认为，第8集团军无力在防守德涅斯特河以东宽达100英里正面的同时，还在河西岸再构筑60英里长的防线；必须更改任务，最好是立即下达将该集团军撤往德涅斯特河后方的命令。

第8集团军和A集团军群两部参谋长曾私底下讨论过把前者（集团军）划归后者（集团军群）指挥的事宜。他们共同认为，第8集团军所能做的就是在北方坚持足够长时间，从而使第6集团军能从南布格河沿岸逃脱。很明显，他们怀疑曼施泰因——后者一直想着维持其北翼的强大并用第8集团军攻击科涅夫的侧翼——对南面2个集团军的安危只投入了次要程度的关注。

3月24日，沃勒和霍利特在前者的司令部里进行会谈。两者一致认为现在已经到了将两个集团军从南布格河一线撤出的时候。他们决定，当机会来临时，哪怕集团军群无动于衷，两部也会在没有命令的情况下采取一致行动。

此前一天里，克莱斯特询问曼施泰因，他（后者）认为第8集团军能否保住A集团军群的西部侧翼。曼施泰因的回答是否定的。该集团军最多只能掩护德涅斯特河与南布格河之间那一部分；此外，苏军的进攻要是十分坚决，德军便无法阻止他们在此处达成突破。25 日，苏军占领巴尔塔，该地骑跨在一道位于德涅斯特河以东、深入 A 集团军群后方的山脊线上，南距第 8 集团军后方的横向铁路线仅 5 英里。

当晚，沃勒和克莱斯特在后者位于蒂拉斯波尔（Tiraspol）的指挥部里会面。第二天早上，克莱斯特打电话给蔡茨勒，说自己现已接管第 8 集团军。关于向德涅斯特河撤退的命令，他已经做好了签署的准备，并建议于当天下午发布（他在前一夜里给沃勒提供了一份副本）。克莱斯特说："有人必须要被送上断头台。"当蔡茨勒建议他先与希特勒见面时，克莱斯特同意第二天——在他认为已经做好即刻开始撤退的准备之后——再去（见面）。27 日，希特勒同意了上述 2 个集团军的撤退行动，但条件是必须守住蒂拉斯波尔到敖德萨之间的桥头堡——他拒绝考虑放弃敖德萨这个克里木半岛德军的主要补给基地。

（九）莫德尔和舍尔纳接管指挥

3 月 30 日，希特勒派出他的"秃鹰"（型号为 FW-200）私人飞机前往蒂拉斯波尔和利沃夫，将克莱斯特和曼施泰因接到元首指挥部。在午夜的形势分析会上，他授予两位元帅双剑橡叶骑士铁十字勋章，而后解除了他们的职务。希特勒告诉两人，自己认可他们在过去几个月里所做的一切；但其本人的结论是，在东线，战术大师的时代早已过去，他现在需要的是那种能将部队推向极限、从下属身上榨出最后一丝力量的将领。当曼施泰因和克莱斯特离开时，晋升为元帅的莫德尔和新近晋升为大将的舍尔纳正在前厅等候。

希特勒撤掉曼施泰因的念头诞生已久。根据戈林的说法，前者早在 1943 年初就已经得出了"必要结论"。不过，曼施泰因身上长期闪耀的军事天才的光芒使他自己在历次风波中都立于不可或缺的不败境地中。但总的来说，他所表现出的才华只会使希特勒更难绕开以下认识：德国并不是仅仅处于暂时的逆境，而是完全陷入了绝望之中。从 1943 年 12 月开始，曼施泰因的继任者莫德尔便一直站在一旁等待这一时刻的到来。曼施泰因与希特勒的关系在 1944 年 1 月 27 日到达最低点。当时，他打断了元首对各集团军和集团军群司令的训话（元首的讲话被人打断——这在历史上还是头一次），并对将军"应该是最后一个弃旗的人"的说法表示反对。4 天后，如果不是当时的北方集团军群还需要莫德尔，曼施泰因的任期可能在（实际解职的）2 个多月前就结束了。

克莱斯特与希特勒之间并未发生过这样戏剧性的事件，然而他在防守克里木的问题上一直反对后者，最后还威胁要自作主张，将第 6 集团军从南布格河撤出。1943 年 11 月，他甚至建议希特勒将精力集中在民事和外交政策方面，并仿照第一次世界大战的传统，设立一个国防军第一军需长来负责东线战事，同时保有对其他战区所实施行动重要的建议权。

与曼施泰因和克莱斯特保持和睦相处耗费了希特勒大量精力——而且这样做的后果也只是证明了前两者在军队中的地位。

尽管可以这样假设，即苏军的进攻会很快结束，但在莫德尔和舍尔纳上任时，南方集团军群和 A 集团军群——在（1944 年）4 月 5 日被希特勒以经典的虚伪姿态改名为北乌克兰集团军群和南乌克兰集团军群——的状态仍然相当不稳定。在第 4 装甲集团军防区，捷尔诺波尔已经陷入苏军的合围，布罗德亦将很快步前者后尘；第 1 装甲集团军正处于突围的关键时刻；第 6 集团军则开始从南布格河撤退。

克里木被孤立了。在各集团军群侧翼之间的空隙中，苏军的攻击矛头已经进抵切尔诺夫策（Chernovtsy）和科洛梅亚（Kolomyya）以西的喀尔巴阡山脉。

（十）"玛格丽特"行动

在前线后方，一出原本会给各集团军群增添麻烦的即兴戏剧到落下最后一幕时反而产生了积极效用。2 月底，希特勒决定与匈牙利人摊牌。他已指示国防军最高统帅部作战指挥部重新拟定"玛格丽特"行动计划，并交给东南战区指挥官在 3 月上旬择机执行。从战术层面上看，此次行动不过是特洛伊木马概念的一个变种：宣称要从匈牙利过境的德军，突然停下脚步、扣留匈牙利军队，并占领该国的主要城市。罗马尼亚被排除在了该计划之外，因为希特勒认为，只要安东内斯库仍然掌权，该国就不可能改换阵营。3 月 15 日，在苏军的进攻迫使德军将原定用于"玛格丽特"行动的几个师东移之后，希特勒决定尝试一种更为简单的方式——首先，他需要会见匈牙利摄政霍尔蒂上将。

18 日，在进行于克莱施姆城堡（Schloss Klessheim）的会面中，霍尔蒂开始拒绝、但最后还是接受了希特勒的要求——组建一个亲德政府，并赋予德国在匈牙利领土上驻军的权利。不过他在登上火车前往布达佩斯前并未签署任何书面协议。第二天早上，德国军队就越过了边界。当霍尔蒂的火车在中午前抵达布达佩斯时，一个德国仪仗队已在车站等候多时。抵达匈牙利首都后，霍尔蒂的态度开始变得强硬，此时希特勒认为有必要加强占领军的力量，以解除匈牙利军队的武装。但霍尔蒂显然已经预见到了事态的发展方向：3 月 23 日，在德国外交部所提出 6 小时最后通牒到限的最后一刻，他将匈牙利驻柏林公使斯托尧伊·德迈（Doeme Sztojay）元帅任命为本国总理。虽然希特勒更喜欢伊姆雷迪·贝洛（Bela Imredy）——被怀疑是犹太人后裔，却在 20 世纪 30 年代末领导了一个反犹政府——不过对德国而言，斯托尧伊也是可以接受的。但就在同一天，安东内斯库突然横插一脚：要求匈牙利归还罗马尼亚领土——德国和意大利在 1940 年 8 月维也纳仲裁裁决中强迫罗马尼亚割让给匈牙利的那一部分。为避免这种复杂情况的发生，德国人宣布匈牙利在东线的力量将会全部转移至蒂萨河以东地区——实际上当时已经如此。3 月 24 日，当朱可夫的先头部队接近切尔诺夫策上游的普鲁特河段、距匈牙利边境不足 60 英里时，国防军最高统

德涅斯特河上某座桥梁在人员实施撤退后的景况

帅部作战指挥部和东南战区指挥官改变了他们遣散匈牙利军队的想法。他们希望该国军队进入喀尔巴阡山脉以封闭山口通道，并在 25 日说服了匈牙利陆军总参谋部——在这种情况下其态度出人意料地表现得友善配合——开始召集人员来补充本国军队。当前驻于苏联领土上的匈牙利占领军中，第 7 军已在普鲁特河（Prut River）上游建立了一道防线，第 8 军则仍然驻守在中央集团军群后方。

27 日，正进入山区的匈牙利部队发出报告，称他们遇到了南方集团军群的溃兵。到目前为止，国防军最高统帅部在部署部队时一直都刻意避开了可能被卷入东线交战的地区。也正因为这样，该部才会陷入目前两难的境地：边境必须守住，但无法将匈牙利军队部署在切尔诺夫策南部的罗马尼亚领土上。29 日，国防军最高统帅部为 1 个临时编成的军司令部集结了 2 个德国加强团的兵力，并于第二天将其作为阻击部队调入布科维纳（Bucovina）山区。可就算如此，德军在最危险的地方，即斯坦尼斯拉夫（Stanislav）以南的塔塔山口（the Tatar Pass）仍是无人守卫的。3 月 30 日晚，蔡茨勒指示南方集团军群接管第 1 山地师——国防军最高统帅部部署在匈牙利的诸师之一——并将其投入山口驻防。国防军最高统帅部作战指挥部参谋长约德尔向希特勒提出抗议，称国防军最高统帅部正在失去其中央预备队中的最后那个师；蔡茨勒则对国防军最高统帅部的整个战略及其兵力分配方案提出了质疑，以此反击约德尔的抗议。虽然赞同约德尔的意见，但希特勒还是不愿在刚摆脱曼施泰因和克莱斯特的关键时刻，己方再发生一场内乱。于是，他下令该师在靠近山口后停下脚步，并作为国防军最高统帅部预备队留在那里，等待自己最后的决定。

（十一）第 1 装甲集团军得救——被牺牲的要塞

4 月 3 日，当莫德尔在利沃夫接管南方集团军群时，最危急的时刻已经过去。德军守住了布罗德，党卫军第 2 装甲军正在对第 13 军施加短暂的推力，从而使其有能力拉直自己的防线。第 1 装甲集团军的突围行动仍在进行中。

最后剩下的只是一个较小悲剧——在当时情况下确实算是微不足道的。自 3 月 21 日起，在捷尔诺波尔这个要塞城市里，有 4000 多名德军被苏军合围，其中大多数人都刚满 18 岁。25 日，一支坦克部队带着一支补给纵队几乎冲进了苏军的合围圈。但由于被围德军尚未获得撤退许可，加上前来实施救援的装甲部队实力有限，无法在突破最后 5 英里的战线时有效保护好后方车队，第一次救援行动功亏一篑。德军的第二次尝试被推迟到了 4 月 11 日，原因是那个时候党卫军第 9 装甲师预计能从第 1 装甲集团军进行的救援行动中解脱出来。到该装甲师在大雨和泥泞中出发的第二天，莫德尔要求允许城防部队突围。希特勒最初拒绝了这一请求，宣称集团军群"有义务"解救位于捷尔诺波尔的德军；但后来他又改变主意，同意在救援部队靠近城市时下达让城内部队撤退的命令。然而，就像其他所有新的党卫队师那样，党卫军第 9 装甲师不过是一个由装备精良的新兵蛋子组成的"壮观"兵力集团，其实际作战能力令人怀疑。14 日上午，莫德尔从该师司令部手中抢走了他们的坦克，并将这些装备交由一名陆军军官指挥。当天，该师的攻击行动向前推进了几英里，但最终还是被苏军挡住。此时，捷尔诺波尔守军已被苏军挤压到城市西部一个狭窄区域内，正不停地承受着来自空中和地面的残酷打击。4 月 15 日，守军指挥官阵亡。同一天夜里，口袋中的高级军官下达了突围命令，不过最后只有 53 人活着抵达第 4 装甲集团军防区。

第 1 装甲集团军以超乎任何人想象的良好状态突出了包围圈。曾在切尔卡瑟口袋幸存者身上呈现出的那种士气彻底崩溃的情形并没有在该集团军内部大面积出现。突围成功后，第 1 装甲集团军便留在前线，并于 4 月 16 日派出第 3 装甲军越过德涅斯特河向南面发起进攻。在德国本土，该集团军的壮举被美化成了一场巨大的胜利，胡贝因此准备乘机前往贝希特斯加登接受镶钻骑士铁十字勋章。然而，他乘坐的飞机最终在奥地利阿尔卑斯山山区失事坠毁，随后德国的天空仿佛也被笼罩在了一片阴云之中。

4 月下半段时间里，匈牙利第 1 集团军（下辖第 7 军和第 6 军，后者由本土师编成）在第 1 装甲集团军右翼、围绕切尔诺夫策构筑了一道弧形防线，并沿喀尔巴阡山脉向南（将防线）延伸至罗马尼亚边境。临近月末时，匈牙利人成功挡住了苏军好几次相当强力的局部攻击；这一结果重新唤起了德国人对匈牙利第 2 集团军的怀疑，后者在斯大林格勒战役之后的表现极其糟糕——德国人有理由相信，匈牙利人最初是把他们最差的部队交给了德国国防军。

（十二）向德涅斯特河的撤退

3 月 28 日，第 6 集团军和第 8 集团军撤出南布格河。第 6 集团军在尼古拉耶夫（从此处渡河的唯一方法是使用第一次世界大战中由奥地利陆军工兵建造的一座浮桥）扼守桥头堡的 5 个师及时与集团军主力建立了联系。在新敖德萨周围，苏联近卫第 8 集团军和第 46 集团军调整了部署，紧跟在德军后方，打算又一次在第 6 集团军防线中央达成突破。

到 4 月 2 日，第 6 集团军的左翼已经靠上桥头堡，但该部被命令在敖德萨外围构筑防线。然而苏联人跟得很紧，而且表现出了要在敖德萨和蒂拉斯波尔之间的中点上将桥头堡切成两半的明显势头。当天，一场雨夹雪从喀尔巴阡山脉方向袭来，气温降到了冰点以下。德军的电话线和电线都被冻坏，连火炮和机枪也被冻住、无法使用了。

第二天夜间，就在风暴到达最高潮的时刻，苏联的坦克部队和骑兵突破了拉兹杰利纳亚（Razdelnaya），并向南将桥头堡一分为二。三天后，苏军便深深地切入了敖德萨后方，逼近德涅斯特河，占领了靠近别利亚耶夫卡（Belyaekva）村的城市取水站。随后，第 6 集团军在极度混乱的状态中，仓促撤向了河流后方。在蒂拉斯波尔以西的铁路桥和公路桥上，交通堵塞持续了好几个星期。该集团军虽在不同的渡口构筑了共 5 座小桥，但在通往这些桥的泥泞道路上，卡车、人员和役畜挤到一起，排成了数英里长、等待过河的队伍。数百列火车挤进了敖德萨，却只有寥寥几列能渡过河流到达西岸。

4 月 14 日，最后一批德军越过德涅斯特河。集团军群报告称，该河后方的景象让人回想起了（德军在）斯大林格勒的惨状——罗马尼亚的铁路完全陷入瘫痪；部队缺衣少粮，伤员躺在路边的空地上无人救治；士兵们每天获得的口粮仅为 200 克面包。

或许是因为马利诺夫斯基现已如愿以偿，或许是别的什么原因，第 6 集团军最终在从杜博萨雷（Dubossary）到入海口的德涅斯特河河段上建起了一道防线。不过，苏联人早已像往常那样，在这一河段上建起了许多登陆场，其中最大的那个就位于蒂拉斯波尔南部的战线中央地区。

在德涅斯特河西部，南乌克兰集团军群被迫靠着罗马尼亚第 3 和第 4 集团军挣扎求生。为控制罗马尼亚人，集团军群司令部设计出了一套复杂的指挥体系，在保持表面完整无瑕的同时，实际将罗马尼亚第 4 集团军交由第 8 集团军、罗马尼亚第 3 集团军划归第 6 集团军指挥。本国政权危在旦夕的安东内斯库元帅向联盟表示了忠诚，然而对于该国部队官兵来说，他们脑子里仅存的念头就是在战争中存活下来。

许多军官已经摘下了有关德国的配饰。3 月 27 日，在与罗马尼亚第 4 集团军司令交谈后，沃勒得出结论——罗马尼亚人"显然已经丧失了战斗欲望"。

4 月第一周里，第 8 集团军再次与向西推进的苏联人展开了竞速。在拒绝防守普鲁特河的要求后，罗马尼亚人承诺会在雅西（Iasi）和特尔古尼亚姆茨（Targu Neamt）之间防守所谓的"斯特隆加"（Strunga）防线；但他们真正的意图是撤回到多瑙河及喀尔巴阡山脉之间的狭窄地带。本月第二周里，德军装甲师越过普鲁特河发起反击，将苏军的先头部队挡在了雅西西部。之后，第 8 集团军、罗马尼亚第 4 集团军和布科维纳阻击部队沿着山脉北部的杜博萨雷—雅西—特尔古尼亚姆茨一线建立起了一道东西向的防线，并由此接上了北乌克兰集团军群的侧翼。

（十三）克里木

第 17 集团军在克里木待了一个冬天（见战场形势图 25）。1943 年 11 月，在曼施泰因可能前来救援的最后希望破灭、苏联人在锡瓦什湖（Sivash）南岸和刻赤半岛占领了滩头阵地后，蔡茨勒、克莱斯特和耶内克都同意将该集团军撤出克里木。他们给出的理由是，这个半岛（克里木）从长远来看根本无法守住，而且主要战线上本就急需军队，任何往该半岛增添兵力的行动都是彻彻底底的浪费。不过，希特勒坚持让第 17 集团军守在原地，并通过削弱南方和 A 两个集团军群，将其兵力从 1 个步兵师增加到了 5 个步兵师外加 2 个突击炮旅。安东内斯库元帅也给第 17 集团军留下了 7 个罗马尼亚师——虽然他更愿意把这些部队带出去。该集团军将主力用于扼守彼列科普地峡，并在冬季设法将苏军的滩头阵地压缩成了两个非常狭小的区域，一个在地峡东南端，一个在刻赤半岛最东端。如果彼列科普地峡失守，该集团军唯一能站得住脚的地方就只剩下塞瓦斯托波尔了。为此，他们在辛菲罗波尔（Simferopol）附近构筑了一道大致呈弧形的"格奈森瑙"防线（Gneisenau），不过只部署有限的兵力在这里实施殿后阻击，从而为主力部队撤进塞瓦斯托波尔创造条件。

1944 年 4 月 7 日，舍尔纳视察了克里木的防御体系，并宣称其状态良好；他在报告中称该半岛可以进行"长时间"据守——这可能是战争中最糟糕的预测之一了。第二天早上，乌克兰第 4 方面军发起进攻。德军的地峡防线岿然不动，但扼守锡瓦什登陆场一半地段的罗马尼亚第 10 师在攻击发起的第一天就受到严重冲击，到第二天甚至直接崩溃了。

当天晚上，耶内克将主要防线撤回了地峡根部。舍尔纳告诉蔡茨勒，说撤往塞瓦斯托波尔的行动可能会随时开始，所以应该授予耶内克实施该行动的权力。舍尔纳还说，他相信耶内克及其参谋长都不会轻率做出撤退的决定。希特勒当然拒绝了这一请求。相反，他派出蔡茨勒前往集团军群司令部。当后者于 4 月 10日抵达此处时，他刚好得知苏军早已突入半岛，德军撤退的第一阶段已经开始。由于这一阶段主要（也只是）涉及在刻赤半岛上的行动，因此得到了希特勒的批准。但在第二天，当得知将所有部队都撤至"格奈森瑙"防线的命令同样早就下达后，希特勒勃然大怒，指责耶内克丧失了勇气。在德军开始从刻赤半岛向西撤退的同时，苏联独立滨海集团军（前北高加索方面军）也开始从东部施加压力。

在舍尔纳和南乌克兰集团军群参谋长（当时正在克里木）一致认为耶内克的决定实属必要之后，希特勒批准了撤至"格奈森瑙"防线的行动，并同意在必要时亦可撤回塞瓦斯托波尔，同时指示要无限期固守塞瓦斯托波尔。然而所有人——包括希特勒在内——都先入为主地觉得，撤退一旦开始就必须不停顿地持续到它的最后阶段——撤离。舍尔纳报告说，"格奈森瑙"防线和塞瓦斯托波尔无法守上 3 ~ 4 个星期。他已经指示海军从罗马尼亚的康斯坦察（Constanta）派出一支护航船队，准备将上述地区的防守部队撤出克里木。

12 日，苏军的坦克已在数处突破了"格奈森瑙"防线；第二天，苏方占领了辛菲罗波尔。4 月 16 日，苏联人紧跟在第 17 集团军后卫部队的后方，逼近了塞瓦斯托波尔的主防线。1 天后，希特勒指示南乌克兰集团军群撤走所有对于防御而言非必要的部队和装备，随后再次强调要坚守塞瓦斯托波尔。

在克里木战役的前 10 天里，轴心国一方的伤亡数据为 13131 名德国人和17652 名罗马尼亚人。第 17 集团军的编制数为 75546 名德国人和 45887 名罗马尼亚人。该集团军估计，罗马尼亚人的战斗力大约只有德国同级部队的三分之一。集团军司令部报告称，罗马尼亚人并不适合战斗，应该将他们撤走。因此，第 17 集团军当时掌握的兵力（只算幸存德军）只有 5 个约为团规模的战斗群；而他们所面对的苏军多达 3 个集团军，共计 27 个师和 200 辆坦克。

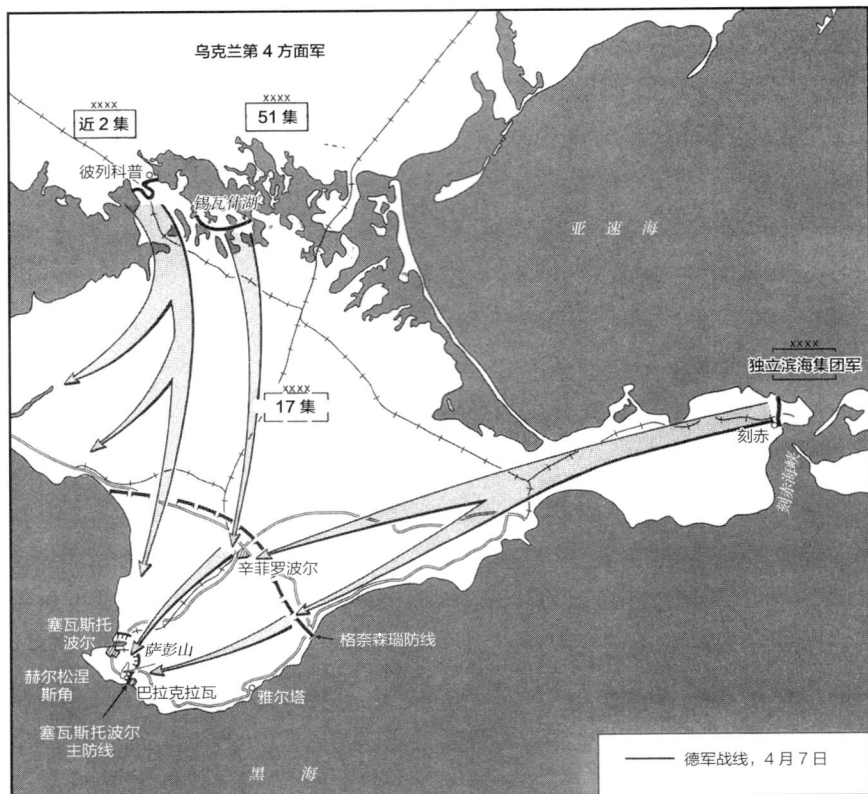

战场形势图 25：克里木，1944 年 4 月 8 日—5 月 13 日

4 月 21 日午夜，元首指挥部里，舍尔纳在与希特勒的会谈中争辩道，塞瓦斯托波尔之所以无法长期固守，是因为第 17 集团军缺乏足够力量，而且海军也无法持续提供补给——护航船队必须突破苏军的海空封锁才能进入塞瓦斯托波尔。就如斯大林格勒一役的重演那样，希特勒再次一条条地摆出了自己的反对意见：根据第 17 集团军下属第 5 军军长、步兵上将卡尔·阿尔门丁格的一份声明，要是能得到一些增援，该集团军就可以守住塞瓦斯托波尔；海军总司令部也报告说，海军可以保证长时间地为塞瓦斯托波尔提供补给；最后，希特勒强调说，他并不是要求德军永久地坚守塞瓦斯托波尔，而是只需为他争取 6 ~ 8 星期时间，从而使土耳其保持安静、并且为击败即将到来的英美军队进攻创造条件。

塞瓦斯托波尔的港口

　　4 天后，在舍尔纳敦促下，黑海舰队司令前往元首指挥部。希特勒询问后者是否有足够的运输吨位。在得到肯定的答复后，德国独裁者突然撤去了这名司令的职务，甚至都没给他留下解释的机会——拥有足够吨位和确保船只到达克里木是两件完全不同的事情。后来，根据蔡茨勒的说法，海军总司令部和空军总司令部联手，为希特勒描绘出了一幅（防守）塞瓦斯托波尔的"乐观前景"。

　　28 日，希特勒把耶内克召到贝希特斯加登，并向后者承诺会提供"慷慨"的增援。当得知增援只有 4 个营，而且部队成员都是未完成训练的新兵时，为厘清责任、避免背锅，耶内克提交了一封信，在信中要求将第 17 集团军置于陆军总司令部（即希特勒）的直接指挥之下。德国独裁者当即宣布，称事实已经证明耶内克无法按指示完成塞瓦斯托波尔的防御任务，因此责成阿尔门丁格接管第 17 集团军，并下令禁止耶内克返回克里木。与此同时，安东内斯库也递交了一封信，他在信中直截了当地说，罗马尼亚的本土如今危在旦夕，要是还想着用军队守卫遥远的滩头阵地——这完全就是胡闹。蔡茨勒并没有把这封信转交给希特勒，因为他认为"这会引起爆炸"。

5月5日，苏军袭击了德军塞瓦斯托波尔北部的防线。但这只是一次佯攻。他们的主要突击进行于7日，目标指向南部的巴拉克拉瓦（Balaklava）。当天结束前，苏军已占领萨彭高地（Sapun Heights）；如此一来，直至赫尔松涅斯角（Cape Khersonyes）的整个滩头阵地便都暴露在了他们的视线之中。翌日，第17集团军恢复了北部防线的态势，却未能重新夺回南方的高地。此时，德军的损失已经惨重得根本无法守住任何一个地方。当天夜间，希特勒同意了将该集团军撤出克里木半岛。

在接下来4天夜间，护航船队凑足了船只以运走在海角上的所有德军；但一些船空载驶回了康斯坦察，另一些也只是装载了少量守军。海军人员声称，整个海角都被浓烟笼罩，船只无法靠岸。第17集团军参谋长则坚称能见度满足船只进港的要求，只是好几支船队连尝试一下（进入港口）的勇气都欠缺。结果当然又是一场悲剧。5月第一周时仍在塞瓦斯托波尔的64700人中，有26700人被留在了海滩上，最终为苏军所俘虏。然而在之后，黑海舰队司令和克里木海军司令被授予了骑士铁十字勋章，耶内克和阿尔门丁格却被送上了军事法庭——希特勒下令，在两者洗清他们的"渎职嫌疑"前，革除其一切职务。

萨彭高地上的苏军

第十四章

灾难的前奏

一、卡累利阿

（一）苏军发起攻势

芬兰陆军的"黑日"（Black Day）乃是 1944 年 6 月 10 日。在前一天的大规模空炮火力准备和试探性进攻后，10 日上午，苏联第 21 集团军对驻守卡累利阿地峡西部防线的芬军第 4 军左翼师实施了主要突击。苏军集中 3 个师的兵力歼灭了该师的 1 个团，并在中午之前突入了芬军防线纵深达 6 英里（见战场形势图 26）。

战争进行到这一阶段时，对芬兰的进攻几乎已经不存在军事上的必要了。据苏联人解释，他们进攻的意图是将敌人的注意力从己方白俄罗斯地区的兵力集结（针对中央集团军群）上转移开来，并履行解放所有被占领土的神圣义务。此外，苏军的这次进攻看上去还被下列意图所驱动：一方面是打算通过某种形式的实际军事行动，在苏联领土之外的东欧地区获得"胜利者"或"解放者"的称号；另一方面则是准备为更激进地（相较德黑兰会议的设想）解决芬兰问题铺平道路。

从实际作战情况来看，苏军对芬兰的进攻战役几乎就是一场彻头彻尾的例行演练。过去 3 年里，芬兰人无论在哪一方面都未能跟上战争技术迅猛发展的势头。对步兵和炮兵力量的适度加强赋予了列宁格勒方面军和卡累利阿方面军压倒性的优势。根据苏方数据，上述两个方面军共计拥有兵力 45 万人、火

战场形势图 26：苏军对芬军展开的夏季攻势，1944 年 6—7 月

炮和重型迫击炮 1 万门、坦克 800 辆、飞机 1547 架；位于其当面的芬兰军队则只有 26.8 万人、1930 门火炮、110 辆坦克和 248 架飞机。

尽管本国高层早在 5 月便发出了苏军可能发起进攻的警告，但芬军还是被打了一个措手不及。6 月 1 日时，芬兰军方情报部门预测苏军的进攻将在 10 天内发起；在袭击发生前 4 ~ 5 天内，苏军实施了无线电静默——这几乎是进攻即将发起的铁证。然而，芬兰陆军作战部长根本不相信这一点；而且更要命的是，他所得出的结论对曼纳海姆具有极大影响力。

苏军刚发起突击时，防守地峡的 2 个芬兰军——左翼的第 3 军和右翼的第 4 军——在一线部署有 3 个师和 1 个旅的兵力，在二线也有至少 3 个师和 1 个旅，此外在维堡以东还部署有 1 个装甲师。如此一来，芬军在地峡便设置了总共三道防线：位于最前方的第一道大致沿芬兰和苏联的旧国境线分布；紧贴其后的第二道在军事上比第一道更有利，始于芬兰湾的瓦默苏（Vammelsuu），以近乎直线的样式穿过地峡，最终到达拉多加湖的泰帕列（Taipali）；第三道则是从维堡到库帕萨里（Kuparsaari），之后沿武奥克萨河（Vuoksi River）北岸到达泰帕列——这道防线虽然拥有天然的地理优势，不过直到 1943 年 11 月才开始施工，此时距离完工仍有很长一段时间。在最后一道地峡防线和芬兰腹地之间，芬军还设有一道沿 1940 年边境线（与前文的"旧国境线"不同）构筑的所谓"莫斯科防线"。该防线上布置有一些混凝土炮台（部分炮台正在建造中），但它不具有自然环境方面的优势，只能用于最后的负隅顽抗。

对于芬兰人的抵抗能力，德国人一直都心存疑虑。1943 年 6 月，迪特尔重申了他在当年 2 月得出的一个预判，即芬兰军队将无法抵御苏军强力的攻势。他曾这样说道，作为"森林战士"，芬兰人在应对困难地形和气候方面优于德国人，可他们对于硬碰硬的激烈对决有着天然的逃避倾向。1944 年 7 月，当苏军的攻势越过其顶点后，国防军最高统帅部的一名观察员得出结论称，芬军的失败至少有部分应归咎于训练的缺乏和对防御工事的忽视；他还认为，在 1944 年 6 月，芬兰人实际上并没有预料到苏联人会发动进攻。此外，在 6 月 10 日被苏军的突破打醒之前，芬军一直陷在一种虚妄的判断中，他们被冬季战争和 1941 年战局的经验所误导，严重低估了对手。在对芬兰人的后一种批评中，德国人获得了一定程度的心理安慰，因为他们长期以来都认为芬方未能充分认清德方在东线所遭遇问题的本质。

　　为达成并利用突破，戈沃罗夫的列宁格勒方面军部署了 2 个集团军司令部（第 21 和第 23 集团军）、10 个步兵师，以及大约相当于 3 个坦克师的装甲力量。根据相关报道，在主要突破地段上，苏军的火力密度达到了每公里 300 ～ 400 门火炮。在打击力量方面，戈沃罗夫依赖于他在坦克、火炮和飞机数量上拥有的巨大优势，其步兵师的战斗意志则在最初几天的战斗结束后迅速减弱。他使用的战术——在一个狭窄地段上部署超量的部队和器材，并在突破后投入数个军展开并列攻击以发展胜利——也基本遵循了东线主战场苏军的标准样式。

　　就在 6 月 10 日苏军达成突破后，芬兰第 4 军无法在第二道防线上站稳脚跟这一事实亦变得清楚可见。为此，曼纳海姆从预备队和第 3 军中分别抽出了 1 个师和 1 个团的兵力支援该军；同时命令（芬兰）第 1 装甲师加速离开维堡，以便从卡累利阿东部替换出另 1 个师的兵力；而且从德国第 20 山地集团军中召回了第 3 步兵旅。12 日之前，第 4 军便已退入第二道防线，此时尚未受到攻击的第 3 军同样实施了撤退。在当天，曼纳海姆下令将 1 个师和 1 个旅从东卡累利阿投入地峡，并希望德国国防军最高统帅部提供那批原本准备运往芬兰、后被希特勒的禁运措施扣押在德国的武器和粮食。翌日，德国独裁者同意了这一请求。

　　在情况危急之时，芬兰高层被迫开始考虑采取激进措施。6 月 13 日，曼纳海姆的参谋长告诉迪特尔，如果第二道防线失守，芬军将不得不放弃斯维里河及马谢利斯卡亚防线，并撤退到东卡累利阿地区拉多加湖东北一道较短的防线上，从而为地峡释放出 2 ～ 3 个师的兵力。自 1943 年 11 月以来，芬军在所谓"U"防线（Uksu River – Loimola Lake – Tolva Lake，即乌苏河—洛伊莫拉湖—托尔瓦湖）上的建设工作就一直没停过。

　　迪特尔主张道，芬军应有条不紊地实施撤退。但他担心芬兰人可能因为不愿放弃东卡累利阿而犹豫太久。此后，迪特尔向希特勒提出建议，称德方的政策应是通过全力支持芬兰人来将他们绑在自己的战车上；同时要求他们付出必要的战术牺牲，以避免该国军队在东卡累利阿地区停留过久而耗尽自身力量。他认为芬兰人会抵抗到底，因此，他们将拼死保卫自己的国家，同时将第 20 山地集团军从被迫执行"白桦树"行动的困局中解救出来。

当迪特尔还待在米凯利（Mikkeli）时，地峡上的第二道芬军防线已经受到了攻击。尽管芬兰人在防线上艰苦挣扎了一天时间，但苏联人在 6 月 14 日投入了他们的重型装备——根据一张后来被缴获的地图得知，苏军在开始进攻前就已对第二道防线进行过细致侦察，因此才能完成如此快速的部署。在又一次用火炮和坦克压制住芬军后，苏军在库泰尔塞凯村（Kutersel'ka）突破了防线。到 6 月 15 日，他们已经摧毁了芬军从该村到海岸长达 8 英里的防线。

此时便能看出，苏军试图以主力沿着通往维堡的铁路向前推进。芬军不仅无力挡住苏军逼近该城的脚步，而且更担心后者会赶在第 3 军和第 4 军撤退前堵住维堡和武奥克萨河之间仅 17 英里宽的后撤通道。无论从什么角度看，这条通道都会是决定这场战役谁胜谁负的关键——因为它可以终结芬军控制维堡—武奥克萨河防线的所有机会，并将第 3 军和第 4 军逼退至武奥克萨河以北地区。此外，由于该河上只有一座桥梁，芬军在撤退途中将不得不放弃大多数重型装备。

6 月 16 日，曼纳海姆下令芬军撤至维堡—武奥克萨河防线。6 月 10 日时，在经过 4 天的激烈战斗后，第 4 军便在苏军的紧追之下撤入了维堡和武奥克萨河之间的防线。第 3 军则在武奥克萨河北岸构筑了防线，并在武奥萨尔米（Vuosalmi）对面的该河南岸建起了桥头堡。这样一来，芬兰军队就再次回到了 1940 年时他们阻挡苏联军队的防线上。

芬军撤退的实际结果要比预想的更好——主要原因是戈沃罗夫眼中只剩下了维堡这座城市，没有向维堡—武奥克萨河这一狭窄地区发起进攻。不过芬兰人还是没有理由感到乐观。苏军在地峡的兵力已逐步增加到 20 个步兵师、4 个坦克旅、5 ~ 6 个坦克团和 4 个自行火炮团；而曼纳海姆可以用来对抗上述部队的，即使把卡累利阿地区所有能抽出的部队都算上也只有不超过 10 个师和 4 个旅的兵力。

（二）德国进行援助

卡累利阿第二道防线的失守本就导致了军事危机，其在发展过程中又引发了新的政治危机。在 6 月 18 日举行秘密内阁会议后，芬兰政府重新与苏联政府建立了联系。除此之外，这次会议的另一个结果便是海因里希向驻芬兰指挥部的德国军事代表询问，德国是否愿意提供除武器之外的其他援助——尤其是提供 6 个师的兵力来接管东卡累利阿防线，以便芬兰将此处的本国军队抽调至地峡方向。

尽管当时德国人自己也在诺曼底遇到麻烦，而且面临着苏军随时可能实施的进攻，但向芬兰人提供更大规模的援助已经成为他们上下一致的共识。6 月 19 日，即希特勒解除对该国禁运 6 天后，德国人使用鱼雷艇向芬兰人交付了 9000 具"铁拳"（44 毫米反坦克榴弹发射器）；三天后，5000 具"坦克杀手"（88 毫米反坦克火箭发射器）也被空运到了芬兰。尽管德国人无法为芬兰人提供他们想要的那 6 个师，不过在 10 日，国防军最高统帅部通知曼纳海姆称，如果芬兰军队下定了坚决扼守维堡—武奥克萨河防线的决心，那么德方亦会为其准备好各种类型的援助。除武器和补给外，德国人还提供了第 122 步兵师、1 个突击炮旅（第 303 旅）和一些空中力量（1 个集群的战斗机和 1 个集群外加 1 个中队的"斯图卡"近距离对地支援攻击机）。地面部队会从北方集团军群中抽出，飞机则来自于芬兰北部的第 5 航空队和配属给北方集团军群的第 1 航空队。为芬兰提供的空军部队当即就进行了转场，在 6 月 21 日便为该国的 1 个集团军提供了 940 架次的支援。

从某种程度上讲，德国为芬兰提供的援助虽然并未得到前者任何事先承诺，但双方对于自己在这场交易中要付出何种代价都心知肚明。6 月 21 日，曼纳海姆通知希特勒称，芬兰准备与德国建立更为密切的关系。第二天，里宾特洛甫亲自飞往赫尔辛基与芬方代表进行谈判。试图避免被绑到德国人战车上的芬兰人宣称，由于民众对和平的强烈渴望已经引发了一场社会思潮，并造就了一个亲苏的政府，因此，他们无法与德方达成任何一项须由议会批准的协议。对此，里宾特洛甫提出了一个妥协方案，表示可以接受由该国总统签署的声明。6 月 23 日，苏联通知芬兰，在其总统吕蒂和外交部长拉姆齐以书面形式宣布芬兰准备投降并获得苏联给予的和平前，苏方将不会和芬方讨论停战协议的细节问题。苏联的上述举动再次将芬兰推到了德国一边。

24 日，吕蒂和拉姆齐在米凯利与曼纳海姆进行了会谈。第二天，希特勒加大了施压力度，他直截了当地表示，芬兰必须公开表明自己的态度，否则德国将停止对该国的支援。6 月 26 日晚些时候，吕蒂召见里宾特洛甫并交给了他一封信。在信中吕蒂说道，作为芬兰总统，他不会抛开德国与苏联单独媾和，亦不会允许他任命的任何政府或任何其他人在未经德国政府同意的情况下进行停战或和平谈判。

德国人得到了他们想要的东西，但其采用的形式是非强制性的合约，而国家已经处于存亡关头的芬兰政府也不是完全出于自己的本意来签订这一合约。里宾特洛甫的最终成果掩盖了德国慷慨提供援助的光芒（考虑到德国自身入不敷出的困难处境，其力度之大可见一斑），反而在芬兰人心中成功唤起了这样一种感受——在最需要得到帮助的时候，他们竟然遭到了（来自盟友的）勒索。

对于芬兰人而言，6月谈判的目的之一便是求得德国人的帮助以阻止苏联人进攻。吕蒂用信达成了这一目的，但他得到的援助远少于自己的预期。事实上，这比德国人原本打算给予的也要更少，因为与此同时（6月22日），苏方针对中央集团军群的进攻几乎一下就抽尽了德方现有的资源。

第303突击炮旅于6月23日抵达芬兰，第122步兵师则会在5天后到达。不过准备交给芬兰人的第2个突击炮旅在该部动身前的最后一刻被移交给了中央集团军群；而且，从北方集团军群抽出、原本用于指挥芬兰境内德军的1个军级司令部最终也未被派往该国。但德国的武器和物资——包括一些坦克和重型装备——仍在按计划继续流向芬兰。"铁拳"和"坦克杀手"大大增强了芬兰人抗击苏联坦克的能力，并在恢复该国军队的信心方面发挥了重要作用。

（三）最后阶段

6月21日，苏联人占领维堡，芬兰人则在1天前便已撤出该城。尽管芬兰军队本就没有保卫这座古城的计划，但它的丢失对芬军士气而言仍是一大严重打击。在维堡和武奥克萨河之间，苏军正调整部署，准备发起另一次突击。6月25日，第21集团军投入了10个得到自行火炮加强的步兵师，在雷波拉附近的芬军防线上达成突破，突入纵深约有2.5英里。激战4天后，芬军成功封闭了苏军的突破口，不过还是没能恢复他们原有的防线。更危险的是，苏方仍占据着防线上的突出部，那里相当靠近一个适合坦克行动的地区。

6月16日，曼纳海姆下令放弃东卡累利阿。他打算将芬军从斯维里河及马谢利斯卡亚防线上逐步撤出，最终退往乌苏河—苏奥耶尔维湖—波罗索泽罗湖一线（Uksu River–Suo Lake–Poros Lake）。在进行撤退前的最后一刻，国防军最高统帅部仍在试图说服他不要放弃东卡累利阿。这一举动与迪特尔几天前给出的建议完全相反。国防军最高统帅部可能是受到了以下几个因素影响：首先，最有可能的是希特勒对于主动放弃的厌恶；其次，同时也更切合实际情况的原因是德方认识到，在放弃东卡累利阿后，芬兰人将失去他们最主要的战争成果、他们与苏联人谈判的最后资本，进而失去他们留在战争中的最后一个实质动机。国防军最高统帅部的考虑更多是站在德国的角度，然而芬兰人对于孤注一掷的赌博根本没有兴趣——而且就这一点而言，哪怕相关行为看上去是听从了迪特尔的建议，实际上他们却没有任何理由和热情去充当德国人失败的陪葬品。

在马谢利斯卡亚和斯维里河防线上，芬兰人部署有 4 个师和 2 个旅的兵力。位于他们当面的则是由梅列茨科夫指挥、拥有 11 个师和 6 个旅的卡累利阿方面军。6 月 18 日，芬兰人撤出了斯维里河以南的大型桥头堡，顺利摆脱了苏军在第二天发起的突击。然而，撤退行动后续进展的困难程度远远超出了他们想象——苏联第 17 集团军展开勇猛追击，在洛杰伊诺耶波列（Lodeynoye Pole）两侧渡过了斯维里河，并在拉多加湖东岸的图洛克萨（Tuloksa）和维德利察（Vidlitsa）之间登陆，威胁着要将芬兰军队逼入奥洛涅茨（Olonets）地峡东部的荒野中。之后，芬军在 6 月 30 日撤出了彼得罗扎沃茨克（Petrozavodsk）；2 天后，他们又撤出了萨尔米（Salmi）。

截至 7 月 10 日，芬军各师皆已撤入"U"防线。但芬兰人根本不相信自己能守住这道防线，于是他们又开始在艾尼维湖和拉多加湖之间构筑了另一道防线。他们甚至产生过撤回"莫斯科"防线的念头。

7 月前几天里，芬兰人获得了一个可以短暂喘息的机会——至少在卡累利阿地峡如此。于 6 月下旬接管地峡最西端地区之后，苏联第 49 集团军在 7 月 4 日占领了维堡湾内的数个岛屿，并试图以此为跳板在北岸登陆。不过他们的行动被刚刚抵达战场的第 122 步兵师击退了。与此同时，第 23 集团军也对武奥萨尔米以南的芬军桥头堡发动了进攻。然而，列宁格勒方面军将时间耗费在了对敌军实施零敲碎打的攻击和对己方兵力部署的调整上，给芬兰人提供了加强防御的宝贵时间。

芬兰高层对本国未来出路的焦虑与日俱增，对于人力资源的现状更是颇为担忧。6 月底,芬军伤亡数量达到 1.8 万人,其中只有不超过 1.2 万人的损失得到了补充。7 月 1 日,曼纳海姆要求德国人提供第二个师以及更多的突击炮旅。但希特勒除了承诺将第 122 步兵师的突击炮营扩编为旅之外,没有其他任何反应。曼纳海姆对此提出抗议称,在建议本国政府接受德国的条件时,他背负了沉重的压力——如果得不到德军的增援,那么不仅军事形势会急剧恶化,他个人在芬兰国内的威望和影响力也会受到巨大打击。最后,希特勒的回应是在 7 月 10 日前为芬兰提供一个突击炮旅,随后再派遣另一个突击炮旅,并在后期派出坦克旅、突击炮旅、反坦克炮旅和炮兵旅等增援部队。

到 7 月第二个星期,芬兰人放弃了武奥萨尔米以南的武奥克萨河右岸。苏联人随后在该河北岸建立了登陆场。芬军的力量过于薄弱,根本无力摧毁该登陆场,因此他们试图转而控制它。虽然当前态势极具危险性,而且持续激烈的战斗也使芬军的伤亡数据在 11 日达到了 32000 人,拉多加湖两边的战线却逐渐稳定下来。到 7 月 15 日,芬兰人发现了一个在几天后才真正得以确认的迹象——尽管苏联人在地峡的力量现已增加到 26 个步兵师和 12 ~ 14 个坦克旅,但他们的强力部队正逐步撤出,取而代之的是卫戍部队。苏军进攻的力度很有可能会减弱。

二、游击战高潮

在 1943—1944 年间,苏联的游击运动已经牢牢站稳了脚跟。游击队的兵力虽然稳定在 25 万(人)这一数字上下不再大幅增长,不过随着德国人胜利前景的日渐黯淡,游击队员们对苏联被占领土上数百万人的生活及态度的影响也越来越大。这场(游击)运动的主要施力者虽然位于战争中的苏联一方,但同样在战争另一方造就了一种组织和控制严密、并且集权于中央的军政工具。

(一)组织

截至 1943 年初,游击队仍是一种纯粹的军事组织——最高统帅部大本营游击战总司令潘捷列伊蒙·孔德拉季耶维奇·波诺马连科中将便隶属于苏军总参谋部;在前线附近作战的游击队直接隶属于战线对面的苏军司令部,位于德方更深远控制区的游击队则由莫斯科的总部控制;苏军向游击队指派正规军官和士兵，以充当训练骨干和指导专家；游击队司令部（里面通常是一些在被占领土上担任过党或政府职务的军官）隶属于方面军和集团军司令部，后两者会与各游击队保持联系，为这些部队的补给提供保障，代表中央游击战总司令部处理组织方面工作，并转达来自于正规军各级司令部的作战指令。

到 1942 年末或是 1943 年初，随着军事改革的全面实施，游击运动开始重新接受党（在一定程度上）的控制——或许这只是一种表象——因为从理论上讲，开展这类运动本就是苏共基因中自带的一大卓越功能。这种变化带来的主要后果是，自此之后，有许多游击队指挥员也得到了地区行政（政治）方面的职务任命。在最高层，作为战前白俄罗斯共产党（布）中央第一书记的政工将军波诺马连科——现在成了白俄罗斯共和国游击运动的负责人；同时，作为全部游击运动的总司令，他还领导了整个俄罗斯苏维埃联邦社会主义共和国（即苏俄，原苏联最大的加盟共和国）的游击运动。不过，除白俄罗斯外，苏联其他地区均未单独组建这一方面的司令部。

1943 年和 1944 年里，苏联被占领土内游击运动的最显著特征就是所谓的

一名正在作战的游击队员

"联合体"开始出现——各游击队旅在统一指挥下，集结于特定的地区开展活动。这一特征在白俄罗斯得到了最充分的体现，该地区出现了十几个甚至更多的联合体，其中位于波洛茨克北部罗索诺区（Rossono Rayon）的那个（联合体）共有 15000 人；另一个则是沿波洛茨克和列佩利（Lepel）之间的乌沙奇河（Ushachi River）分布，共有 14000 ~ 18000 人；还有一个位于鲍里索夫（Borisov）和列佩利之间的别列津纳河沿岸沼泽地带，规模与前一个几乎相等；此外，明斯克、先诺（Senno）和维捷布斯克附近亦分别存在着 8000 人、9000 人和 14000 人规模的联合体。到 1943 年中期，至少有四分之三的游击队力量集中在以上地区。根据苏方数据，截至 1944 年 6 月，白俄罗斯的游击队人数达到了 15 万，共编有 150 个旅和 49 个支队。

自 1941 年以来，游击运动的主流趋势便是集中——先是组成旅，然后编成通常被称为师或军的联合体。白俄罗斯和俄罗斯西北部的大片森林和沼泽促进了这一趋势的发展。同时，苏联的高层也在有意推动这一进程，其中一部分原因是它简化了后勤、控制和管理的方式方法，另一部分原因是它提供了一种可以控制大片领土和大量人口的有效手段；还有一部分原因则来自于苏方的一种错误认知，他们认为游击队的规模只要足够大，就可以在与敌正规军的对垒中获得胜利。

从军事层面上看，很少有游击联合体能够证明花在他们身上的人力、精力和装备是值得的。若只看表面，他们确实挡住了德军伸向苏联广阔乡村的魔爪；但事实上，这些联合体中的大多数都是在 1941 年时德国人绕过的地区中建立起来的，而且就是在这样一些"空白地区"，他们也没能将其（相关地域及人员）纳入自己完全的军事控制之下。以上中心（即地区）固然可以作为固定基地，由此派出小分队袭击德军的补给线路，可如果仅是为了完成此类任务，联合体可能只需动用现有兵力的十分之一（还能保证快速、高效完成）。此外，这些中心看上去是形成了力量节点，但它们实际上与海中的孤岛无异（就如太平洋战争中日本人占据的那些岛屿）；由于缺乏机动性，这些游击队无法形成战术意义上的打击力量，当某个中心遭受攻击时，另一个中心却无法派遣部队前去增援。因此，没有哪一个联合体能成功抵御德国正规军的进攻。

从军事效益的角度来看，游击运动日益发展的趋势更像是一种值得怀疑的心理和社会现象。与正规军不同，游击队通常是无法打赢战争的，他们只能为胜利做出一定程度（但非决定性）的贡献。哪怕是苏联这种得到严密控制的游击运动，其最终也很难取得什么重要成就。对于一般的游击队员而言，他们并不会将英勇牺牲视为一种神圣的使命，而是更倾向和专注于保障自身的安全：一旦发现自己处于危险之中，他的第一反应就是不断努力以降低个人受害的风险。同样的道理也适用于整个游击运动——致力于保存自己的力量，而不是英勇牺牲、自求毁灭。这种观念顽固且长期存在，从长远来看，它甚至还是无法被人改变的。这些联合体给游击队员提供了安全感：一旦自身规模达到 5000 人、10000 人或是更多人，他们便能免受德军小规模警备行动的影响；而且，由于德国人很少有足够兵力来进行大规模的反击，他们可能会在一个地区相对平静地生存数月，甚至数年亦有可能。当然，这些联合体也能在士气、纪律和政治传统（以苏联人的角度来看这非常重要）等方面产生积极影响；但从作战效率和实际效果上看，维持他们的存在让苏联人付出了相当大的代价。

（二）人力

游击运动所需的人力主要来源于农民，以及 1941 年时因部队被击溃而滞留敌后的苏军士兵。在 1943 年和 1944 年，上述两个规模大致相等的群体占据了苏联游击运动总体力量的 80%。

大部分农民都是被征召进入游击队的。作为游击队员，他们的显著特征是对战争进程漠不关心且听天由命。作为农民，自身阶级利益决定了他们会把游击运动视为一种对经济的破坏——因为这会减少农业的产出。而且从长远来看，这些人认为苏联和德国的制度在罪恶程度方面几乎不相上下，主要区别只不过是苏联似乎更有可能赢得战争。从某种程度上说，由于德国的制度并未给他们提供任何实际利益，于是也没有带来多少真正的吸引力，因此，他们的行为主要还是受到了可谓"义务感"的影响：对苏联政权——法律意义上和民族意义上的政治权威——的服从义务。

溃兵和掉队人员的动机要更积极些。在这些士兵看来，农民们"只要不影响我从土里刨食，管谁打得死去活来"的观念毫无意义，而且后者对于苏联政权的拥护也仅仅是两害相权取其轻的无奈选择。但作为士兵，他们对苏联这个国家负有明确的义务和责任，于是就国家而言，这些人现在已经成了逃兵。然而，游击运动给了他们一个履行义务的补救机会，并为其提供了恢复自身政治声誉的可能。德国的政策亦从另一方面增强了游击运动对溃兵和掉队人员的吸引力——如果不加入游击队，这些人员便只有三条路可走：要么在被占领土上非法地生活，没有合法的就业机会，同时面临着随时被逮捕的危险；要么投降并体验德国监狱和集中营生活的艰辛；要么加入伪军和伪警单位，为本就不光彩的自己再添上一项叛国罪名。但即便如此，大多数溃兵和掉队人员仍会倾其所能逃避战争，直到 1941 年之后才加入游击运动，而且主要原因还是害怕受到苏联军队的惩罚——他们反攻打到的地方越近，这种担心就会变得越强。

1941 年后，共产党员在游击运动中所占的比例迅速下降。在这一年（或者说大约半年）里，多数游击单位中党员的比例通常在 25% 到 40% 之间，个别单位中该比例甚至高达 80%。但在之后几年内，党员的比例就很少会达到游击队力量的 10% 以上了。这一转变之所以会引起重视，主要还是因为它反映了苏联游击战争观念的一个根本性变化：从依靠相对有限的党员走精英路线转变为利用一切可用人力资源，并用对动员一切力量来扩大政权基础、在被占领土上建立统治的能力的追捧取代对政治忠诚的追求。从 1942 年开始，游击队伍中的党组织建设越来越受到重视，最主要原因便是其已经成为苏联人控制游击运动的手段之一。对政委制度的坚决执行保障了党和国家在游击运动中的利益，而另一大重要的助力则来自于内务人民委员部特殊总局（1943 年后为人民委员部反间谍总局，缩写为 SMERSH）——一个可以用来监视和控制游击队、特殊的反颠覆和反情报部门。

（三）作战行动

1943 年和 1944 年里，游击队的装备条件得到了极大改善，按照游击战的标准来说甚至达到了一流水平。德国人在夜间几乎无法对低空穿梭防线、向游击队输送补给的苏方运输机造成什么影响，而且那些接受补给的联合体通常控制着面积巨大的区域，能提供面积足够大的机场，足以满足 C-47 级别飞机起降的要求。此外，位于某些地区的游击队甚至可以通过陆路获得补给，有时连马匹和马车编队都能有惊无险地通过火线，将物资送往目的地。

然而，直到战争结束，使游击队真正形成战斗力都还是一大难题。由于队伍中含有大批缺乏经验的军官和绝大多数素质都相对欠缺的新兵，游击运动长期面临着退化为无法预料的流寇作战、失去军事效用的危险，而且很可能造成政治上的不良影响。为此，苏联人将严格的外部控制当成了一种对抗内部瓦解倾向的重要手段，并通过派遣正规军官和训练骨干来提升游击队的战斗力。截至 1943 年初，每个游击队旅都已配备了若干游击战专家或正规军官来指导训练和监督军纪。

游击运动的任务涵盖了军事、经济和政治—心理等数个层面。其军事目标是：1. 削弱德军的机动能力，切断其后勤支援线路；2. 搜集情报；3. 牵制和摧毁德国的军事人力资源。达成第一个目标的方法被苏联人称为"铁路战争"，游击队为此付出了最多的努力——在整个 1943 年和 1944 年上半年，苏联被占区内公路和铁路每天被破袭多达数百次，在苏军发动进攻之前的某些时段里甚至多达数千次。总之，游击运动不仅仅是一直惹敌生厌那么简单，在关键时刻它甚至可以严重影响德国人的交通补给和通信联络。关于第二个目标，就充当情报来源这一点而言，游击队是称职有效的，虽然其成果可能不如正规军及内务人民委员部直属数千名特工（所取得的）。在最后一点上，游击队做得可谓最不成功：实际上他们很少能真正摧毁某支德国部队，或是完全限制其行动自由；德国人也很少投入一线部队去对付他们，而且哪怕是二三流的警卫部队和警察单位，这些游击队同样很难与其在正面战场上相抗衡。

游击运动虽然给德军带来了很大不便，但其在总体上仍然只是经济战的一种有限手段——最主要的原因便是它被局限在了俄罗斯北部生产力相对低下的贫困地区。在南方，由于缺少可以隐蔽行踪的大面积森林，游击行动并未对德国人的经济开发行动造成严重干扰。此外，哪怕是在苏联农业产出最低地区之一的北方，完全依赖当地农业产出的北方集团军群也很好地活过了 1943 年。因此，最严重的经济影响最终还是落在了农民身上——他们发现自己经常会陷入不是游击队便是德国人所施加、无法忍受的压迫之中。

当然，在政治和心理领域，游击运动的存在本来就是一个相当大的成就。在缺乏其他手段的情况下，仅靠游击运动便能圈住被占领土上规模可观的人力资源；而且它可以通过恫吓或者激励等手段唤起其余人口的抵抗意志。对于德国士兵而言，游击战还加剧了战争的不确定性和恐怖性。

（四）反游击战行动

　　1944 年春，德国人实施了三次——也是战争结束前的最后三次——针对游击队联合体的大规模作战行动。在苏联人看来，此时的游击队联合体已经发展到了他们历史上的最高阶段，即可以在相对平等的条件下与敌正规军相抗衡。自 1941—1942 年冬季战役以来，第 3 装甲集团军和第 4 集团军（在中央集团军群左翼）的后方区域就一直是东线游击队活动的"重灾区"。在那里，1944 年时，波罗的海沿岸第 1 方面军希望利用游击队在敌后开辟出第二个战场，以便有朝一日能一举摧毁 2 个德国集团军。其中最强大的游击队联合体，即所谓"乌沙奇游击队共和国"控制着列佩利和波洛茨克之间一块长约 40 英里的狭长地带。该联合体由弗拉基米尔·洛巴诺克（Vladimir Lobanok）上校指挥，他是一名担任过政委、作战经验丰富的旅指挥官。占据着先诺至列佩利以东之间区域，以及列佩利与鲍里索夫之间地区的那两个和洛巴诺克上校所领导的联合体一样大。"乌沙奇"下辖的 18000 名游击队员得到了堪称慷慨的空中补给和高强度的训练。1944 年春季，他们受命在防区内构筑工事以加强防御，并粉碎德军占领该地区的任何企图。

　　从 4 月 11 日开始，第 3 装甲集团军投入 20000 人的兵力，展开了针对"乌沙奇"游击队的打击行动。此次作战由两个相互关联的行动"阵雨"（REGENSCHAUER）和"春节"（FRUEHLINGSFEST）组成。游击队的抵抗十分顽强，但（具体各部）力度参差不齐。尽管他们拥有空中支援、布设了面积广阔的雷区，还在纵深后方构筑了坚固工事，可还是无法抗衡德军施加的巨大压力。许多游击队员，有时甚至整个旅（的成员）都是以前从未经过战火考验的新兵蛋子。德军后来缴获、一些由洛巴诺克签署的命令将游击队的缺点无情揭露了出来：某些旅在第一次进攻中就被击溃，其他部队，包括司令部在内的全体人员也都陷入了恐慌之中；由于各游击队的行动表现差异很大，各旅经常无法协调防御行动或组织步调一致的撤退；一些游击队员甚至还抢劫平民。从另一方面看，第 3 装甲集团军刻意放慢了推进速度，以形成铁桶一般的严密战线，有效阻止了苏军游击队逃离，最终在 5 月中旬彻底摧毁"乌沙奇"联合

一个俄罗斯的农民家庭和他们家的马车

体。据估计，该部游击队员阵亡数多达 7000 人，另有 7000 多人被俘。

5 月 22 日，第 3 装甲集团军展开了另一次大规模行动，其代号为"鸧鹚"，主要打击位于列佩利、先诺、鲍里索夫、明斯克和莫洛杰奇诺（Molodechno）边界地区的几个游击队联合体。苏联游击队的防守再次呈现出了松散而不协调的态势。德军从四面展开铁壁般的合围，将游击队员逼进一个不断缩小的包围圈中，而后有条不紊地进行分割围歼。不过，在苏军发起夏季攻势后，"鸧鹚"行动被迫取消；但就算这样，该行动同样造成了游击队多达 13000 人的巨大伤亡。

到 1944 年 7—8 月，随着德军逐渐从苏联领土撤出，游击运动也淡出了人们的视野。对于大多数游击队员而言，后续的事态发展给他们带来的便只有深深的失望了。德国特工报告说，在苏联人大步向前推进的阶段中，那些被苏联军队抛到身后的游击队员并没有获得自己想要的优待，而是仅仅得到时间短暂的休假，随后就被编入了前线部队。由于本国政权极度多疑的本性和游击队员的复杂成分，即便是那些一心一意的人在回归苏联统治后也会发现，自己能不被遣送到军队惩戒营都可以算是十分幸运的了。而担任指挥职务的受信任党员则会毫无疑问地从其经历中获益良多。最后，那些在政治筛查中存活下来、堪称幸运的普通游击队员却最多只能在将这场运动作为一个整体进行持续宣传的过程里，从苏联报纸、杂志，以及著名指挥官的公开回忆录中沾得一点点属于自己的余光。

三、东线和西线

　　1944 年春，德军的战略遇到了它迄今为止最为艰巨的挑战，即全面的两线作战。这一严峻考验的到来已如金乌东升西落般不可避免。它不仅像死亡那样投下了长长的阴影，而且自斯大林格勒战役以来便始终阴魂不散地困扰着德国高层——尤其是在后者需要做出重要决定的时候。对于德国人来说，第二战场在其成为现实之前就已经存在了：它分散了德国的武装力量，肢解了德军的指挥体系——最后者（指挥体系）的受影响程度甚至可能比第二战场已经存在时（造成的影响）还要严重。

　　1944 年 3 月 30 日，蔡茨勒试图染指第 1 山地师的行动，将国防军最高统帅部和陆军总司令部之间、德国地面力量部署方面长期存在的矛盾暴露得淋漓尽致。此后不久，希特勒指示约德尔编制一份战略调查报告，并将其分发给陆军总司令部参谋长和各集团军群司令部。德国独裁者希望借此清楚表明，未来德军的部署必须基于对德国整体形势的通盘考虑。4 月 13 日，约德尔完成了调查报告。在这份报告中，他以自己熟悉的论点开场，即在东线的高级指挥官群体中，某些人出于对整体形势的无知，得出了错误甚至危险的"关键结论"。约德尔写道，正是他们推动了此类破坏性流言的传播——"有 53% 的德军在俄罗斯为德国人民的生存而战，另外 47% 的军队则坐在西欧等待一场根本不存在的入侵"或是"第一次世界大战中德国败于海军之手，这次则会败于陆军之手。"他继续说道，这些批评者并未意识到那个改变了历史走向的事实，即正是因为德国人被迫在芬兰、挪威、丹麦、法国、低地国家、意大利和巴尔干抢先获得立足点，才得以创造出良好的军事和经济条件，使德国能够维持与英国、美国及苏联的长期战争。不管怎样，他补充道，放弃上述任何一个地区都将使盟军的空军基地更接近德国本土，并且会延长而不是缩短德军的防线。因此，约德尔总结道，现在唯一需要考虑的就是，是否还应向东线抽调力量。

他给自己的论点找到了更加有力的支撑——在国防军最高统帅部战区的131 个师中，有 41 个师的武器装备较为齐整，适合在东线作战；但其中 32 个师已被投入了诸如在意大利、芬兰，以及保卫海岸线的战斗。剩余 9 个师则占据了国防军最高统帅部战区所需预备队力量的三分之一。

在 1944 年 4 月，几乎没有人会跳出来，说德国可以为了东线的利益而削减国防军最高统帅部战区的兵力。然而从另一方面看，对于那些自斯大林格勒战役以来便一直主张德国不能两线用兵——一部分投入俄罗斯，另一部分的绝大多数则被绑死在所谓"实施战略防御"的无法用武之地上——的人来说，约德尔的调查报告无疑是空洞的。

从调查报告的论调中可以轻易发现一种长期折磨着希特勒及其下属心态的外显症状——换句话说就是，德国独裁者不会犯任何错误，如果事情出了差错，责任也不是他的。基于相同道理，那些持异议者往往会被不分青红皂白地扣上"颠覆分子"的帽子，在俄罗斯的失败就已经证明了这一点。从当前情况来看，所有问题的根源似乎都是人们信心的缺乏；而且在元首指挥部里，信心不仅意味着要告诉希特勒他想听的东西，更关键的是要让自己先相信这是真的。

最终的结果便是，元首指挥部的核心圈子开始沉迷于为他们自己——尤其是希特勒——的幻想构筑护城河。3 月，希特勒的首席副官施蒙特注意到，塞德利茨（由苏联所扶植德国军官联盟的首脑）写给切尔卡瑟口袋中德国将军们的信引起了元首对本国所有将领的不信任。为安抚希特勒，施蒙特说服德军元帅们签署了一份谴责塞德利茨的声明。3 月 19 日，在其他元帅在场的情况下，陆军资深元帅伦德施泰特向希特勒大声宣读了这份文件，并一本正经地将其递交给他。4 月，德国独裁者向将领们发表演说，并这样告诉他们，每一个军官都必须认同国家社会主义的"思想"，本国不存在非政治的军官。5 月，确信按自己的方式使用坦克仍能赢得战争的古德里安给希特勒写了一封信。在信中，古德里安把陆军总参谋部描绘成了一个软弱的由失败主义者组成的集体。当蔡茨勒要求希特勒要么拒绝这项指控、要么允许自己辞去陆军总司令部参谋长一职时，后者只挤出了这么一句话——鉴于目前的情况，他不会（就此事）做出决定。当月月底，施蒙特视察了东线。他回国后所描述的个人印象是，南方两个集团军群指挥权的变更"导致了特别有利的结果"。

事实上，在 1944 年 4—5 月间，德国的命运似乎仍是由本国元首的意志所决定。如果能够击退美英军队入侵，德国就可以将其全部力量转向东方。这一前景从目前来看依然很有可能实现。4 月结束前，西部防御体系中，由党卫军第 2 装甲军被抽调至东线所形成的缺口已为新调来的装甲师所填补。尽管东线南翼战场已经成为德军的梦魇，但在莫斯科以西 290 英里的中央地带，具体是维捷布斯克和奥尔沙之间，前往苏联首都的大门仍是对德国人敞开的。此外，苏军距离柏林最近的那支部队都还远在该城 550 英里开外。整个 5 月里，苏联人都在忙于进行大规模的部队调动，不过没有任何迹象表明他们会采取任何措施，为盟军的登陆创造更加有利的条件。苏方的《五一宣言》——当然也有不同的解释——把解放所有苏联领土，"包括从巴伦支海到黑海的所有疆域"设定成了苏军的首要目标，向德国本土的进军看起来反而被摆在了次要位置上。德国人如果知道最高统帅部大本营于 5 月第一周所发出的那份全军通令，他们可能会更加欢欣鼓舞——大本营命令所有前线部队设定训练计划，保持对敌军的全面侦察，并肃清防线后方 25 公里的纵深地带，保证部队的安全。换句话说，大本营就是要为进入长期或者至少一段时间的稳定状态建立起一套例规。

在春季，虽然德军东线的实力到达了一个新的低点（2242649 人）[1]、苏军的兵力则创下历史新高（6077000 人）；但从其他方面看，德国的力量实际上正处于上升状态。该国的工业产出在增长：1944 年 1 月，德国空军接收到的飞机总数为 5585 架，前一年的数量则为 3955 架；合成油料的产量在 1944 年 4 月达到峰值，航空燃料的库存也创下了 1941 年以来的新高；以优化航空工业体系为目标而成立于 1944 年初的战斗机司令部表现得十分出色，甚至在 1944 年 3—9 月间，虽然英国和美国空军恢复了昼间轰炸，德国战斗机的每月产量却还是在稳步增加；足以装备西线新组建各师，以及补足东线各师损失的坦克和武器装备正在源源不断离开生产线；装备精良的党卫军——虽然其（具体某支部队的）作战能力并不是总能匹配自身的装备水平——在 3 月底达到了

---

[1] 作者注：各集团军群实力如下：北方集团军群540965人；中央集团军群792196人；北乌克兰集团军群400542人；南乌克兰集团军群508946人。

40 万人的规模。总而言之，德国人似乎又能野心勃勃地开始下一场豪赌了。

然而到 6 月中旬，命运的骰钟被揭开，德国人输了。美国和英国空军始于 4 月、一直持续到 5—6 月的空袭摧毁了罗马尼亚超过 40% 的石油产量和德国至少 90% 的合成石油产能——虽然（其中一部分）产能丧失只是暂时的；6 月 6 日，美英两国军队在诺曼底成功登陆，德国于 1943 年 11 月颁布第 51 号元首训令后处心积虑推行的战略在几天之内就崩溃了。希特勒所设想的"强大反击"并没有出现。由于其本人预计盟军将会在塞纳河以北展开另一次登陆，因此德国独裁者没有从距离该滩头最近的第 15 集团军中抽调出足够部队来增援诺曼底，而是做出了从更偏远地区征召部队的决定。诺曼底的德国陆军部队被迫转入防御。与此同时，在东部，苏军这台压路机已经做好了继续前进的准备。

第十五章

中央的崩溃

一、欺骗和误导

在 1944 年 5 月第一个星期、东线暂时性的稳定局面背后，陆军总司令部东线外军处看到了苏军未来攻势的两种可能：其中一种是越过科韦利—卢茨克一线，向北方集团军群和中央集团军群的深远后方推进，经由华沙抵达波罗的海沿岸；另一种则是穿过罗马尼亚、匈牙利和斯洛伐克，进入巴尔干半岛。东线外军处判断，前者对苏军战术水准的要求相当之高，最高统帅部大本营很可能不会进行相关尝试。因此，其得出结论，苏军的主攻方向将继续保持在南部，指向巴尔干地区——在那里，德国的盟国已经摇摇欲坠，苏联正好可以利用这一良机，最终在东南欧建立起其垂涎已久的本国霸权。东线外军处因此预测，普里皮亚季沼泽以北的前线会在未来很长一段时间内保持平静。

该判断与陆军总司令部和各集团军群司令部的观点几乎完全吻合。但其中也有一点不同，即科韦利—捷尔诺波尔地区苏军繁忙的铁路交通运输，以及其他有关兵力集结的迹象引起了中央集团军群和北乌克兰集团军群的担忧。蔡茨勒对这样的观点表示认同，即不能轻视以上两个集团军群侧翼间敌军的活动迹象。同时，他还建议从中央集团军群和北方集团军群中抽调兵力组建预备队，以便在"苏军发动一次大规模进攻时，保留有应对之力"。5 月初，中央集团军群开始投入坦克、突击炮和火炮，以加强位于其右翼的第 56 装甲军。5 月12 日，东线外军处更改了他们的预测：苏军的主攻方向仍位于南部，将会突击进入喀尔巴阡山脉和黑海之间的地带，指向巴尔干半岛。但在喀尔巴阡山脉和普里皮亚季沼泽之间，一个大型突击集团也正处于集结状态中，其目标是利沃夫、卢布林和布列斯特（Brest）。

对于德军而言，若是苏军在喀尔巴阡山脉和普里皮亚季沼泽之间展开辅助突击，其中一个相当诱人的前景便是：如果其余的集团军群防线能保持预期那样的稳定，德军就能获得相当强大的力量来应对苏军的进攻，这种情况在斯大林格勒战役之后还是第一次出现。5 月 10 日，蔡茨勒建议使用计划组建的那个预备集团军——以第 56 装甲军为核心——发动先发制人的打击。害怕再经历一次"堡垒"行动惨败的中央集团军群和北乌克兰集团军群司令部对此的态度十分冷淡。然而，莫德尔认为这是一个可以让"盾与剑"积极防御理论大展拳脚的舞台，并有可能由此创造出一个机会，将第 56 装甲军司令部及在其麾下集结起来的十分强大的兵力，从他脑子不太灵光的同事布施元帅那里骗到自己手中。

15 日，莫德尔请求希特勒让自己指挥第 56 装甲军去尝试"一种攻势解决方案"——这一想法显然大对后者的胃口。为配合自己的行动，莫德尔让他的司令部在接下来几天内发送了大量报告，迅速修改了前期根据情报所判定的局势：人们突然发现，苏军在喀尔巴阡山脉北部发动的进攻将会完全绕开中央集团军群。5 月 20 日，希特勒将第 56 装甲军移交给了北乌克兰集团军群。为此，中央集团军群让出了占其所负责防线总长度 6% 的地段，同时损失了 15% 的师、88% 的坦克、23% 的突击炮、50% 的坦克歼击车和 33% 的重型火炮。

布施无视了第 2 集团军司令魏斯所发出、认为莫德尔正试图控制第 56 装甲军的警告，没有提出任何抗议便将该部拱手让出。仿佛这样做还不足以完全体现他的无为领导哲学一般，布施还在 5 月 24 日将集团军司令们召集到一起，告诉了这些人此次会议主要——事实上也是唯一的目的，即务必让他们感受到元首在任何情况下都将坚决守住东部战线的坚定决心。他命令各集团军大幅减少防线后方的工作，将全部精力集中到主要防线上。事实上，在该集团军群的纵深后方，德军只是在别列津纳河上计划构筑一个主要的斜切阵地。但考虑到希特勒的多疑秉性，为避免他怀疑各集团军有"向后看"的意图，代号为"海狸"的这个计划完全避开了"防线"或"阵地"之类的命名——当然还有一个原因，即这样的斜切阵地实际上并无多大意义。

德军已被苏军牵住了鼻子。苏军高层掌握了完全的战略主动权，他们可以将其占压倒性优势的兵力和装备自由部署到战线上的任何地方，让防御此处的敌人陷入绝望。4 月第三个星期里，最高统帅部大本营宣称，根据国防委员会的决定，他们十分"有必要"肃清白俄罗斯地区残留德军这一威胁，并以此为掩护，秘密展开一次针对中央集团军群的兵力集结。同时，苏联人精心策划了一个骗局，来误导德国人相信其夏季攻势还将从南方发起。此次欺骗想要取得成功的重要条件之一便是，在冬季攻势中，苏军包括坦克集团军在内的进攻部署都必须远离东线的中央地带。现在，苏联人所期待的那种错误印象已在德国人脑子里成功站稳了脚跟，接下来他们要做的便只是在不受干扰的情况下完成中央地带的兵力集结了。

5 月 1 日前后，就在德军的注意力开始投向普里皮亚季沼泽南部地区的同时，苏军在中央集团军群当面——从第 3 装甲集团军位于波洛茨克以东的左翼，到第 9 集团军位于日洛宾以南第聂伯河与别列津纳河之间的右翼——开始了兵力集结。从 5 月到 6 月前三周，波罗的海沿岸第 1 方面军和白俄罗斯第 1、第 2、第 3 方面军的兵力增加了 60%，坦克和自行火炮增加了 300%，火炮和迫击炮增加了 85%，近距离空中支援力量增加了 62%。在 6 月 1—22 日间，共有超过 75000 节装载着人员、物资和弹药的车皮被运进了上述 4 个方面军战区。

完成集结后，在从维捷布斯克以西到博布鲁伊斯克（Bobruysk）以南的进攻地带内，苏军的兵力总数达到了 120 万人——其对面的中央集团军群兵力仅略微超过了 70 万人。加上进攻发起前掌握在最高统帅部大本营手里的战略预备队，参与此次进攻战役的苏军人数总计达 250 万。苏方投入的 4000 辆坦克、24400 门火炮和迫击炮及 5300 架飞机使他们在主要突破地段上拥有了超过 10:1 的装甲、火炮和空中优势。

苏联人巧妙地隐蔽了他们的行动——直至 5 月 30 日，第 9 集团军报告罗加乔夫（Rogatchev）以北苏军的集结行动后，德军才真正开始关注中央集团军群当面的态势。

此后，随着苏军行动节奏的加快，各种迹象接连出现，但这仍不足以将德国陆军总司令部的注意力从北乌克兰集团军群的身上移开——该集团军司令莫德尔正准备将其"进攻性解决方案"以"盾与剑"之名付诸实施。东线外军处反驳了中央集团军群当面敌军活动的相关情报，称其"显然是一种欺骗"。值得一提的是，中央集团军群司令部还注意到了第 3 装甲集团军、第 4 集团军和第 9 集团军防区当面苏军的变化，然而几乎没有对其做出过任何反应。此时，布施更担心的是第 2 集团军右翼纵深危局的发展情况，以及能否在莫德尔完成任务后要回第 56 装甲军。

6 月 14 日，蔡茨勒召集了集团军群和集团军两级参谋长举行会议。在会议上，他提前打好了预防针，称"中央集团军群不会成为特别的议题"。预料中苏军对北乌克兰集团军群实施的相关攻势仍然占据着陆军总司令部的全部心神，甚至连巴尔干地区存在的威胁都因此被他们抛到了一边。在这次会议上，东线外军处处长警告说，苏军可能会对中央集团军群和南乌克兰集团军群同时发起打击，并以此为先导，展开对北乌克兰集团军群的更大规模突击。

接下来一周时间里，中央集团军群防线上的凶险预兆正在成倍增加：各集团军都发出报告，称其防线对面的苏军中出现了一些新番号；由一名被击落苏军飞行员提供的口供则证实了特工们听到的有关朱可夫正在幕后进行指挥的传闻；苏军战俘表示，他们被俘前接受的政治灌输重点强调了夺回所有苏联领土这一首要目标；6 月 19 日晚上，苏联游击队在第 2 和第 4 集团军后方的公路及铁路上布设了 5000 多枚地雷。但在中央集团军群司令部，上述报告没有激起任何波澜，只是被当成常规情况看待。在 6 月 20 日的《中央集团军群战争日志》中，有一条简短的记录指出，日益加强的游击行动"表明，或者说不能排除苏军提前发动进攻的可能性"。当天下午，布施飞往德国贝格霍夫，打算在 22 日与希特勒见面，以探讨当前形势。

正如一句经常挂在德国人嘴边的口号"不要计划"所暗示的那样，德国总参谋部军事学说的一大基本原则就是避免僵化或教条的战术和战役概念。不过，在 1944 年 6 月的东线，这条原则被遗忘了。在苏方的骗局中，德方司令部陷入了一种几乎具有催眠效应、自欺欺人的错觉之中：苏军的主要突击方向将指向北乌克兰集团军群——因为那里正是他们已经做好了防御准备的地方。

在布施的领导下，中央集团军群司令部已经成为一个毫无主见、只是用于传达元首意志的传声筒。他也不打算在希特勒所下达命令——保持防线不变——的严苛边界之外行使任何领导权。1944 年 6 月 22 日，在第 9 集团军的战争日志中，步兵上将汉斯·约尔丹对集团军群所处的沦陷状态进行了这样的描述：

第9集团军现已踏上了另一场大战的门槛，但其具体规模和持续时间还无法预测。然而有一点是肯定的：在过去几个星期里，敌人已经在本集团军当面完成了一次最大规模的兵力集结。集团军司令部认为，敌军在这里进行的兵力集结足以使北乌克兰集团军群北翼对面的那一次相形见绌……集团军认为有必要反复指出的是，当面敌军的巨大规模足以说明这里将是苏联人今年的主要进攻方向，他们的目标将是收复整个白俄罗斯。

集团军认为，即便是在目前条件下，成功阻挡敌人进攻的可能也仍然存在，但绝不能按照现行训令所规定的那样，去执行僵化的固守防御战略……毫无疑问……如果苏军的进攻爆发，第9集团军将只能采取机动防御的方式，否则就只能眼睁睁地看着防线被摧毁……

集团军认为，要求建立要塞城市的命令尤为危险。因为在这一命令强压下，本集团军只能被迫采用那些与自身良知相违背的战术手段。而在战争早期我们所取得的胜利中，敌人正是因为使用这些僵化的手段，才导致了他们接连失败——比如在波兰和法兰西的大规模突破及合围中。为此，本集团军只能怀着绝望的心情等待灾难来临。

集团军司令和参谋长在会议上多次向集团军群提出这些观点，但很明显，集团军群并没有勇气把这些想法呈报上峰，因为他们除了解释陆军总司令部的命令外，从来就没有给出过哪怕一条反对意见。这也是本集团军对未来产生焦虑的根源所在。

二、白俄罗斯战役

（一）计划和兵力

5月31日,进攻中央集团军群的最终指令传达到了苏军各方面军司令部（见战场形势图 27）。最高统帅部大本营确立的战役目标是解放白俄罗斯，并向维斯瓦河及东普鲁士边境推进①。此次战役由苏联元帅朱可夫和华西列夫斯基负责筹划，并各自协调两个方面军的具体行动，其中华西列夫斯基负责波罗的海沿岸第 1 方面军和白俄罗斯第 3 方面军，朱可夫负责白俄罗斯第 1 和第 2 方面军。这次进攻将在从波洛茨克以南到博布鲁伊斯克以南近 300 英里宽的正面上突然发起。战役的第一阶段目标是摧毁德军的防御要点和交通枢纽，包括维捷布斯克、奥尔沙、莫吉廖夫（Mogilev）和博布鲁伊斯克。之后，位于两翼的突击集团会沿着奥尔沙—明斯克公路和博布鲁伊斯克—明斯克公路，从西北和西南向明斯克发起钳形突击，合围德国第 4 集团军。强大的纵深突击集团将向北越过明斯克、直扑莫洛杰奇诺（Molodechno），从博布鲁伊斯克经斯卢茨克进抵巴拉诺维奇（Baranovichi），切断德军明斯克重兵集团的逃生路线，并控制可通行于普里皮亚季沼泽、明斯克西部纳利博卡森林，以及莫洛杰奇诺以北维利亚河（Viliya River）与西德维纳河之间沼泽低地的道路。

苏军的推进部队最终会在明斯克会师，各方面军的进攻展开线路将形成一道巨大的弧线：波罗的海沿岸第 1 方面军的进攻地段有一半面对着北方集团军群，其进攻正面是从波洛茨克北部到维捷布斯克；白俄罗斯第 3 方面军会在维捷布斯克到奥尔沙南部一线展开；白俄罗斯第 2 方面军将从奥尔沙南部到罗加乔夫北部之间发起突击；白俄罗斯第 1 方面军的进攻正面是从罗加乔夫北部到科韦利南部。其中，白俄罗斯第 1 方面军的进攻正面比其他 3 个方面军都更加宽广，但该方面军只有右翼会参与此次进攻战役。

在伊万·赫里斯托福罗维奇·巴格拉米扬大将领导下，波罗的海沿岸第 1 方面军投入了近卫第 6 集团军和第 43 集团军，从维捷布斯克西北部发起进攻，在强渡西德维纳河后，于西面包围维捷布斯克，此后则会在北方为主要突击集团的行动提供掩护。由伊万·丹尼洛维奇·切尔尼亚霍夫斯基上将指挥的白俄罗斯第 3 方面军被分成了两个突击集群，位于北面的那个由第 39 集团军和第 5 集团军编成，在维捷布斯克南部达成突破、配合波罗的海沿岸第 1 方面军完成对该城的合围后，该部将向西南推进到先诺；位于南面的那个则由近卫第

① 作者注：上述战役目标来自于苏方资料。在绝大多数情况下，苏军的战役目标与其战役终止线是完全吻合的。

图例：

- 战线，6 月 22 日
- 战线，7 月 18 日
- "立陶宛"阵地

北方集团军群

XXXX 16

希奥利艾

XXXXX 中央集团军群

乌克梅尔格

XXXX 3 装集

考纳斯

XXXX 4 集

格罗德诺

比亚韦斯托克

XXXX 2 集

布列斯特

波罗的海沿岸第 3 方面军

奥斯特罗夫

波罗的海沿岸第 2 方面军

突 1 集

近 10 集

22 集

列津克涅

突 3 集

德文斯克（陶格夫匹尔斯）

波罗的海沿岸第 2 方面军

克拉斯拉瓦

波罗的海沿岸第 1 方面军

波罗的海沿岸第 2 方面军

波罗的海沿岸第 1 方面军

突 4 集

43 集

XXXX 16 集

波洛茨克

近 6 集

波罗的海沿岸第 1 方面军

白俄罗斯第 3 方面军

39 集

近坦 5 集

维捷布斯克

5 集

奥斯利科夫骑－机集群

近 11 集

波罗的海沿岸第 1 方面军

白俄罗斯第 3 方面军

XXXX 3 装集

先诺

奥尔沙

31 集

33 集

XXXX 4 集

莫吉廖夫

49 集

50 集

白俄罗斯第 2 方面军

白俄罗斯第 1 方面军

罗加乔夫

日洛宾

65 集

普利耶夫骑－机集群

维利斯河

维尔纽斯

莫洛杰奇诺

鲍里索夫

别列津河

别列津诺

普鲁特河

白俄罗斯第 3 方面军

白俄罗斯第 2 方面军

利达

纳利博卡

明斯克

马里纳戈尔卡

斯托尔布齐

博博夫尼亚

博布鲁伊斯克

XXXX 9 集

涅曼河

斯卢茨克

XXXX 2 集

巴拉诺维奇

普里皮亚季沼泽

28 集

平斯克

70 集

61 集

科韦利

69 集

北乌克兰集团军群

XXXXX 白俄罗斯第 1 方面军

乌克兰第 1 方面军

XXXX 4 装集

基辅

战场形势图 27：白俄罗斯战役，1944 年 6 月 22 日—7 月 18 日

11 集团军和第 31 集团军组成，他们会在奥尔沙公路两侧展开并肩攻击，在这 2 个集团军突破卢切萨河（Luchesa River）后，奥斯利科夫骑兵 – 机械化兵集群（以下简称骑 – 机集群）①将迅速越过先诺，往正西方实施高速突进。作为方面军预备队，近卫坦克第 5 集团军会根据战役的进展，跟随在南部集群或北部集群后方。随后，精力集中于明斯克—奥尔沙公路以北的切尔尼亚霍夫斯基将指挥部队经由鲍里索夫（Borisov）向明斯克及位于该地以北的莫洛杰奇诺发展进攻。白俄罗斯第 2 方面军由第 33 集团军、第 49 集团军和第 50 集团军编成，在马特维·瓦西里耶维奇·扎哈罗夫大将指挥下，他们将在德国第 4 集团军位于第聂伯河以东的桥头堡中心地带打开突破口，攻占莫吉廖夫，并在明斯克以东地区构筑合围圈的东部防线。罗科索夫斯基的白俄罗斯第 1 方面军（原白俄罗斯方面军）把第 3 集团军和第 48 集团军部署在了别列津纳河以东地区，第 65 集团军、第 38 集团军和普利耶夫骑 – 机集群则被投入该河西岸，对博布鲁伊斯克实施合围。完成上述任务后，该方面军将派出兵力，一部向西北方的明斯克推进，一部向西经由斯卢茨克、往巴拉诺维奇（Baranovichi）发展进攻。

苏军此次进攻的兵力集结行动尽可能避免了部队之间的对调和移动。因此，德国人直到 5 月底才发现苏联人的西方面军已为白俄罗斯第 2 和第 3 方面军所取代——此事本该早就引起德方的警觉。苏军还向前线投入了 3 个新的集团军，即近卫第 6 集团军、近卫坦克第 5 集团军和第 28 集团军；然而截至 6 月 22 日，德军情报部门都还没能确认其中的任何一个。很明显，苏军此次兵力集结改变了以往历次进攻集结那种声势浩大的表象，主要是通过加强前线既有部队的实力来完成（而非投入新的部队），因为此时苏军各级司令机关的能力已经有了长足发展，各司令部能指挥的单位也更多了。此外，步兵军这一单位的重新启用更是对集团军延伸指挥跨度提供了极大帮助。

自 1943 年下半年以来，除了沿着普里皮亚季河延长右翼外，中央集团军群的防线并未发生什么重大变化：在其左翼，第 3 装甲集团军占据了维捷布斯

---

① 作者注：骑 – 机集群作为独立建制出现始于 1944 年夏。每个骑 – 机集群都编有 1 个坦克／机械化军和 1 个骑兵军，往往以其指挥官的名字命名，在此例中即为奥斯利科夫骑 – 机集群。骑 – 机集群的实际规模小于坦克集团军，苏军组建这类部队的初衷就是在实现突破后发展高速进攻，事实上遂行快速集群的任务。

苏军摩托化部队正在突进

克两翼防区，于波洛茨克附近与北方集团军群保持着联系；第 4 集团军占据着防线上的一个巨大突出部——第聂伯河以东一个正面达 80 英里、纵深为 25 英里的桥头堡，该集团军北翼在奥尔沙以北地区与第 3 装甲集团军相连，南翼则在罗加乔夫以北地区与第 9 集团军建立了联系；在第 4 集团军右翼（即南翼），第 9 集团军的防线掩护着博布鲁伊斯克周围地区，而后向东南沿普鲁特河 [1] 及第聂伯河抵达日洛宾，之后再折向西南、越过别列津纳河到达普季奇河下游和普里皮亚季河；第 2 集团军的防线沿着普里皮亚季河向上游（西面）延伸，与北乌克兰集团军群在科韦利以北地区建立了联系。

　　中央集团军群在前线部署有 38 个师（其中包括 1 个匈牙利师），并有 3 个装甲或装甲掷弹兵师和 2 个步兵师作为预备队，在后方地区还部署有 3 个匈牙利师和 5 个警卫师。尽管从数量上看，它仍然是最为强大的那个集团军群，

---

　　[1] 译者注：此处应为德鲁季河。

但该部同时也拥有迄今为止最长的集团军群防线——共计488英里。相较之下，拥有35个德国师和10个匈牙利师的北乌克兰集团军群（包括8个装甲师在内）就只需要防守219英里长的防线。北乌克兰集团军群和南乌克兰集团军群总共辖有18个装甲或装甲掷弹兵师（包括1个匈牙利装甲师和1个罗马尼亚装甲师），与此形成鲜明对比的是中央集团军群那少得可怜的3个装甲师[1]。关于空中支援的分配同样不算均匀——在德国空军东线部队拥有的2085架作战飞机中，支援中央集团军群的第6航空队只有其中的775架，支援北乌克兰集团军群和南乌克兰集团军群的第4航空队却有845架；从总数上看两者虽然相差不大，可第6航空队的飞机中还包含有用于执行战略级别任务的405架远程轰炸机和侦察机。因此，就战斗机和近距离支援轰炸机的数量而言，第4航空队拥有670架，而第6航空队只有275架。

（二）突破

1944年6月22日上午，就在德军入侵苏联正好三年的这一天，苏军发动了对中央集团军群的进攻。波罗的海沿岸第1方面军和白俄罗斯第3方面军分别从维捷布斯克的西北部和东南部发起了攻击。在该城西北面，之前从未被发现的近卫第6集团军将德军第3装甲集团军打了个措手不及，后者在苏军发起突袭的那一刻起就陷入了完全的绝望之中。其上级集团军群不得不在此投入了1个预备队步兵师和1个陆军总司令部从北方集团军群中抽出、原本部署在波洛茨克附近的师，试图支撑这一"将倾大厦"。在贝格霍夫收到上述消息后，布施未等与希特勒进行会谈便匆忙赶回了他在明斯克的司令部。

第二天，苏军撕开了第3装甲集团军的防线，逐渐逼近维捷布斯克后方。白俄罗斯第2和第3方面军向着奥尔沙和莫吉廖夫，对德军第4集团军发起了突击——当天结束前，该集团军就已经接近崩溃边缘。在同一天昼间，布施发出报告说，除非放弃维捷布斯克或得到预备部队的增援，否则他实在是找不到任何办法来堵上第3装甲集团军防线内的缺口。然而，陆军总司令部不愿意从

---

[1] 审校者注：实际上中央集团军群在苏军发起进攻当天只有第20装甲师1个装甲师可用。

北乌克兰集团军群中抽调部队，而布施自己同样不希望对第 2 集团军进行任何削弱——因为他仍然担心苏军会攻击布列斯特。

24 日，白俄罗斯第 1 方面军对第 9 集团军发起突击，并在别列津纳河以南及该集团军北部作战分界线附近达成突破。第 4 集团军的左翼部队在苏军打击下开始走向崩溃。在第 3 装甲集团军防御地带内，苏军抵达了先诺，随后其坦克部队在该城东部掉头向南，直插第 4 集团军侧后方。此时，布施得到希特勒的许可，命令被围在维捷布斯克那 5 个师中的 4 个自行突围——然而为时已晚。

此时，布施仍将希特勒创造的固守防御观念奉为圭臬——不论对自己，还是在指导麾下部队时。他两次拒绝了第 4 集团军放弃桥头堡的请求；在第二天该集团军司令库尔特·冯·蒂佩尔斯基希步兵上将亲自下达撤退命令后，他（布施）还试图撤销该命令，强迫部队重新夺回原来的防线。6 月 25 日，当第 9 集团军希望将其主力从第聂伯河与别列津纳河之间的合围圈中撤出时，布施的回答是，该集团军的使命是守住每一寸土地，而非主动放弃任何东西。第 9 集团军战争日志中，集团军司令约尔丹指出："在履行了如实上报情况的责任后，一个军人只能无条件服从上级的命令，即便他深信这道命令是错误的。更糟糕的是，我们发现来自集团军群的完全不合时宜的指令并不是有远见的领导层经过深思熟虑的结果，而仅是亡羊补牢般的又一次徒劳尝试。"

到第 4 天结束前，中央集团军群早已投入其所有预备队，但还是没能在任何地方阻挡或是迟滞苏军的攻势。有 5 个师陷入了合围，基本上已逃脱不了被歼灭在维捷布斯克的命运；第 3 装甲集团军正试图守住维捷布斯克以西 50 英里长的西德维纳河及乌拉河（Ulla River）河段防线。第 4 集团军已经接管了第 3 装甲集团军位于右翼的部队，在这里，苏军的钢铁洪流正从先诺附近的缺口涌入，将德军 5 个残缺不全的师推向先诺西面和南面；第 4 集团军的桥头堡防线只得不断往后缩，以此保持其完整性；在第 9 集团军防御地带，罗科索夫斯基下辖各集团军正从东、南两面向博布鲁伊斯克推进。

在组织上述突破行动的过程中，苏军于战术观念、兵力使用效益和战场控制方面展现出了高超的技艺，与德国人在战争初期的水平已是不相上下。如果按照以往的做法，他们会在狭窄地段上投入高度密集的步兵和炮兵以达成突破，坦克则一直部署于前线部队视野所不及的后方，直到步兵打开突破口才直接由此进入战斗，并且置其侧翼安全于不顾，直插敌军纵深。

苏军的空中支援将德军炮兵列为主要打击目标。由于以往的空中威胁并不严重，德军通常把炮兵部署在靠近前线的开阔阵地上，此举虽可为直瞄反坦克火力提供开阔的视野和射界，但同时也会暴露在敌方的空地火力打击之下。苏军现在拥有压倒性的空中优势，相比之下，德国第6航空队则由于飞机和汽油的短缺而几乎陷于瘫痪状态：据一份报告称，6月22日时，该航空队不仅只有40架战斗机处于正常工作状态，而且缺少足够的燃油以执行作战任务。

（三）博布鲁伊斯克口袋

第一个倒下的是第9集团军。6月26日，苏军已进抵博布鲁伊斯克西南3英里处，并在城市以北12英里处越过了莫吉廖夫公路。当天一整天里，（德军）禁止后撤一步的命令仍处于生效状态中。第二天早上，第9集团军才得到了撤退至博布鲁伊斯克和别列津纳河的许可——他们已经等待这道命令的下达

一名苏联妇女在追打德国战俘

有 2 天之久，因为这一许可至少能为该集团军提供一个向北逃往第 4 集团军防区的借口。然而，在采取行动前，第 9 集团军又接到了一项禁止以任何形式进行撤退的命令。

当日下午，陆军总司令部批准了被围德军向北突围的行动，但随后又通过集团军群发布了数条措辞尖锐的警告，要求在任何情况下都必须坚守博布鲁伊斯克要塞城市。可惜为时已晚。10 个苏联师早已扎紧了口袋。有 2 个军共计 7 万人的德军被包围在了博布鲁伊斯克以东地区。在这座城市里，成千上万的散兵游勇四处游荡、惊慌失措，场面混乱不堪。位于合围圈外的第 9 集团军司令部将其 1 个完整的军移交给了第 2 集团军，并将正通过明斯克赶来的第 12 装甲师的一半兵力——除此之外该集团军手头再无别的任何部队了——移回了明斯克东南 30 英里的马里纳戈尔卡（Marina Gorka），试图为第 4 集团军开辟出一条逃生道路。刚迈开大步向前推进的罗科索夫斯基丝毫没有耽误时间，立即对明斯克发动了攻击，同时还在第 2 集团军后方向斯卢茨克实施了进攻。

（四）明斯克口袋

6 月 26 日，在第 4 集团军防御地带内，扎哈罗夫的先头部队已于莫吉廖夫北部渡过第聂伯河。此时，其友邻方面军也已切入第 4 集团军侧翼纵深。在自身责任感的驱使下，蒂佩尔斯基希下令让集团军撤回第聂伯河后方。然而在该集团军西部后方，普鲁特河与别列津纳河间有一片 40 英里宽的沼泽和森林地带，在此之中只有莫吉廖夫—别列津诺（Beresino）—明斯克公路可供通行。如果第 4 集团军想撤退得更远，他们就必须全部经过这条道路，以及别列津诺城中那座承重量仅为 8 吨的桥梁。但德军无线电监听人员截获了一份苏军发给其北翼先头坦克部队的电报，电报中该部被要求迅速夺占别列津诺渡场。

27 日上午，第 4 集团军通过无线电向上级集团军群请求"（上级）发出指示，使本集团军向西突围，或是让大部分部队坐以待毙"。该日中午，集团军群情报军官乘轻型飞机抵达了第 4 集团军司令部，带来了集团军群的命令——扼守第聂伯河防线，以及奥尔沙和莫吉廖夫要塞城市。如果相关防线未能守住，那么集团军也必须在普鲁特河 ① 上构筑另一道防线。但蒂佩尔斯基希认为撤退已经不可避免，在下午接到苏军正沿其南翼展开攻击的报告后更是对自己的观点确信无疑。然而，在实施撤退前的最后一刻，布施再次横插一脚，下令不得取消莫吉廖夫"要塞城市"的身份——哪怕现在苏联人攻克了奥尔沙。

6 月 28 日，第 4 集团军司令部通过撤退的必经之路，从别雷尼奇（Belynichi）转移到了别列津诺。为走完这段仅 30 英里长的路程，他们花费了整整 9 个小时：好几个几乎从未挪动的运输车队堵住了道路；在天亮到黄昏之间，苏军的飞机对别列津诺的大桥发动了 25 次空袭；当天昼间，有 2 名军长阵亡。为保持前进状态，司令部人员不得不放下身段，组织实施了将被烧毁的卡车和死去的马匹从道路上清除出去之类的琐碎工作。

蒂佩尔斯基希到了别列津诺才发现，布施的命令正在那里等着他——第 4 集团军必须尽快将部队撤往别列津纳河后方。在其个人日记中，蒂佩尔斯基希写道："这道命令来得太晚了！"午夜时分，布施又传来了希特勒放弃莫吉廖夫的决定。此时，德军已有 24 小时没有收到过来自那个要塞城市（相关部队）的任何消息。

28 日上午，布施给蔡茨勒发送了一份情况报告：第 9 集团军已被击溃；第 4 集团军正在撤退；3 个军被打得最后只剩 1 个的第 3 装甲集团军的防线已被刺穿，只留下无数孔洞。尽管如此，布施仍打算原封不动地执行他在夜间收到的第 8 号作战命令。在这道命令中，希特勒很明显是用了一把尺子在别列津诺的正北方和南方画出一道直线，并要求上述 3 个集团军都在这条防线上停下来。

布施很满意有另一道防线可以防守。他命令莱因哈特——后者的部队现已撤至该线西部——发起攻击，因为集团军群已经被人用"铁链"绑死在这道（第 8 号）作战命令上了；此外，他指示同样位于该防线以西的第 9 集团军以"进攻性"的方式部署该部的半个装甲师。

当天，中央集团军群和陆军总司令部作战处得出结论称，针对该集团军群的进攻比他们之前预想的——以夺回明斯克为目标——要更加野心勃勃。但

---

① 译者注：此处应为德鲁季河。

陆军总司令部认为，针对北乌克兰集团军群的打击规模可能更大。为解决这一问题，希特勒在下午宣布，莫德尔将于第二天接管中央集团军群，同时保留其对北乌克兰集团军群的指挥权，以便他能更好地协调两个集团军群之间的兵力调动事宜。对于希特勒来说，让莫德尔指挥中央集团军群是个好主意，同时也是一个规避陆军总司令部提案——将北方集团军群撤至德文斯克至里加一线，从而为中央战线挤出兵力——的好办法。

受某些其他方面原因的影响，各集团军都很满意这次指挥权的变更：在第9集团军，取代约尔丹成为司令的尼古拉斯·冯·沃曼装甲兵上将在接到任命消息后感觉"十分满意并重获了信心"。此外，在与布施的最后一次谈话中，蒂佩尔斯基希竟"忍不住表达出了对后者领导方式所招致恶果的怨恨之情"。颇为讽刺的是，莫德尔受命将集团军群从中解救出来的那场灾难其实是他自己一手造成的（或者说是间接造成）。然而，这一事实又被他显然是完成该任务的天命之选的另一些事实所冲淡：首先，要不是莫德尔，北乌克兰集团军群的增援将会来得很慢；其次，他是仍然处于指挥位置上、德国军队最好的战术专家中仅次于伦德施泰特——当前被陷在法国无法抽身——的那一个。

29日昼间，苏军的一架飞机击毁了别列津诺大桥30英尺长的桥面；完成修理后，苏军再次通过空袭摧毁了一节45英尺长的桥跨。由于桥梁通行不畅，三两辆并成一排的卡车车队沿着通往大桥的道路向东排开了30英里之远。第4集团军后方，第9集团军的司令部在马里纳戈尔卡东南部构设了一道力量薄弱的防线；但在第4集团军更深远后方的南北两个翼侧之外，白俄罗斯第3和第1方面军已于当天抵达了鲍里索夫和斯卢茨克。

第4集团军的表演在6月30日落下帷幕。别列津诺大桥早已处于苏联人的坦克和自行火炮射程之内。即便允许部队扔下装备过河，该集团军逃脱的希望也十分渺茫。在其他地方，当苏军于抵达鲍里索夫和斯卢茨克之前停下脚步时，德军获得了1天的喘息时间。莫德尔告诉希特勒称，如果北方集团军群能收回其当时仍位于波洛茨克以东的右翼，从而挤出2～3个师的兵力来增援自己，他就可以守住这两座城市。他还希望北方集团军群向南伸展其侧翼，恢复与第3装甲集团军已被中断2天的联系。希特勒无视了上述建议，不过指示莫德尔开始将第2集团军调回，以掩护斯卢茨克和巴拉诺维奇。

根据 7 月 1 日早晨进行的空中侦察，大约有 35000 名德军沿着别列津纳河西岸向北逃出了博布鲁伊斯克。得知这一消息后，第 9 集团军马上派出了 1 个装甲团，从西面开辟了一条接应他们的走廊。然而德国人的运气已经到此为止，当这些从口袋里冲出的乌合之众徒步挤过马里纳戈尔卡的铁路时，罗科索夫斯基的坦克 / 机械化部队早已越过斯卢茨克及鲍里索夫，冲向了巴拉诺维奇和莫洛杰奇诺。当得知苏联人已经出现在斯卢茨克西北 30 英里处的波波夫尼亚（Bobovnya）时，第 9 集团军司令部立即从马里纳戈尔卡撤出，向位于巴拉诺维奇—明斯克铁路半道上的斯托尔布齐（Stolbtsy）转移，希望能在那里守住涅曼河（Neman River）上的渡口，为明斯克守军留出南面的最后一条逃生道路。转移途中，该集团军司令部被向东逃窜的己方部队挡住了好几个小时，后者声称苏联人就在他们后面。明斯克周围的道路上挤满了德军的勤务部队和车辆。恐慌笼罩了整个城市。

7 月 2 日，为打开自明斯克往南的道路，第 2 集团军指挥其位于马里纳戈尔卡的那个装甲师向斯托尔布齐发起了突击。集团军司令部曾试图将散兵游勇收拢在一起，组成临时部队来保卫这个城镇（斯托尔布齐），但最终未能取得成功。这些溃兵——不管是军官还是普通士兵——再次逃散的速度几乎和集团军收拢他们的速度一样快。在北面，近卫坦克第 5 集团军正接近明斯克。在明斯克口袋中，一些从博布鲁伊斯克逃出来的德军已登上火车，试图穿过明斯克和莫洛杰奇诺；其余大多数人则只能依靠自己的两条腿，在炎热天气和尘土中艰难逃向斯托尔布齐。除一支殿后部队外，第 4 集团军已全部渡过别列津纳河，不过其先头部队被挡在了明斯克以东。当日，第 4 集团军司令部移往莫洛杰奇诺，试图保障该处铁路的畅通。由于苏军早已在上午进入斯托尔布奇，第 9 集团军的装甲师未能完成夺占该城的任务，但一些突围部队在涅曼河下游很远的河段上找到了一个渡口。

第二天，罗科索夫斯基和切尔尼亚霍夫斯基的部队占领了明斯克。第 9 集团军曾数次尝试夺回斯托尔布奇的桥梁，但皆以失败告终。7 月 4 日，苏联人开始向巴拉诺维奇推进，将第 9 集团军的注意力完全钉在了那里。自此之后，唯一能从口袋中逃出来的德军就只有那些穿过纳利博卡森林、有时能得到波兰农民帮助的散兵和小分队了。

维尔组斯城内的苏军机枪组

在战役开始之后的 12 天内，中央集团军群损失了 25 个师。第 4 集团军原有兵力 165000 人，目前损失 130000 人；第 3 装甲集团军损失了 10 个师；第 9 集团军将包围圈的袋口撑开了一段时间，让多达 10000 ～ 15000 人的德军逃离了被歼灭的命运。当第 2 集团军派来增援的部队抵达巴拉诺维奇时，第 9 集团军司令部却找不到足够的参谋人员和通信器材指挥这些部队，只能尝试通过第 2 集团军的通信体系管理他们。持续数天后，这些部队最终被撤到了后方进行重组。

（五）撤退

7 月 1 日时，莫德尔终于确认，他所能守住的防线最东部只能划到巴拉诺维奇和莫洛杰奇诺之间。在这段防线上，他可以从第一次世界大战遗留下来的一些土木工事和堑壕中获得安全感。不过他还是告诉希特勒，说自己需要从北方集团军群中抽调数个师来守卫莫洛杰奇诺。莫德尔最担心他的左翼：在北方集团军群的侧翼——被希特勒命令"钉死"在波洛茨克——与第 3 装甲集团军位于明斯克东北的左翼之间，苏军早已撕开了一道 50 英里宽的大口子；此外，该装甲集团军的右翼也有一道几乎相同宽度的缺口，横亘在该部与第 4 集团军的零碎防线——围绕着莫洛杰奇诺——之间。在这种情况下，只要苏联人愿意，他们就可以随时包围第 3 装甲集团军，或是将其扫到一边。通往里加和波罗的海沿岸的大门已经向苏军敞开。

尽管被莫德尔称为"徒劳的尝试"，但希特勒仍然坚持要求北方集团军群死守波洛茨克，并从那里往西南方向发起进攻，重新建立与第 3 装甲集团军的联系。北方集团军群司令林德曼报告说，如果他的翼侧必须死守波洛茨克，那么自己就只能抽出 2 个师的兵力，哪怕这点力量并不足以发起进攻。7 月 3 日，在得到希特勒的批准、将部队从波洛茨克向后撤出一小段距离后，林德曼仍坚称无法发起进攻。因此，德国独裁者撤去了他的职务，并命令弗里斯纳接管其部队。

当苏军抵达明斯克时，中央集团军群根据以往经验判断：苏联人已经完成其战役第一阶段的主要目标，而且他们已经推进了超过 125 英里，这大大超出了通常进行一次补给的距离限制，因此苏军至少会暂停几天以调整部署和实施补给。然而，该集团军群的判断错了。尽管第一阶段的战役目标确实早已达成，但最高统帅部大本营随即下达命令，要求进攻部队展开成宽大正面，继续不停歇地向西推进。波罗的海沿岸第 1 方面军的目标是德文斯克；白俄罗斯第 3 方面军将攻占莫洛杰奇诺，并通过维尔纽斯（Vil'nyus）和利达（Lida）到达涅曼河；白俄罗斯第 1 方面军需要攻占巴拉诺维奇，并向西推进至布列斯特；白俄罗斯第 2 方面军则留在原地，以肃清明斯克附近区域。

苏军行动的速度超过了中央集团军群部署其战力孱弱部队的速度，导致该集团军群连站稳脚跟的机会都没有。到 7 月 6 日，苏军已经越过了莫洛杰奇诺南部和东部的狭窄地带。中央集团军群报告说，苏军向维尔纽斯的推进现已完全不存在障碍。第 2 集团军在巴拉诺维奇周围投入了足量部队，暂时止住了苏军的脚步，但仅靠 1 个装甲师和 1 个匈牙利骑兵师的薄弱力量还是无法真正挡住 4 个得到步兵支援的坦克军。7 月 8 日，巴拉诺维奇以及利达——两地均是位于纳利博卡森林西部的公路和铁路枢纽——双双失守。

此时，北方集团军群通过向西延伸其防线，将自身与第 3 装甲集团军之间缺口的宽度缩短到了 20 英里左右。弗里斯纳准备投入 3 个师向南方发起进攻，然而波罗的海沿岸第 1 方面军的突击第 4 集团军和近卫第 6 集团军此时已开始压向德文斯克，该集团军群侧翼上的所有部队都被绑住了手脚。为此，弗里斯纳又提出了一个"小解决方案"，即命令第 16 集团军后撤至"立陶宛"阵地——一条从德文斯克以东的克拉斯拉瓦（Kraslava）到奥斯特罗夫（Ostrov）的在建防线，不过希特勒连上述撤退距离的一半都表示不会考虑。

8 日，莫德尔报告说，他已无力守住维尔纽斯—利达—巴拉诺维奇一线。事实上，相关努力业已完全失败：维尔纽斯现在被苏军包围，后两者更是早已失守。莫德尔预测说，接下来 8 天内自己将得不到任何增援，因此他无力在任何地方哪怕是尝试挡住苏军的兵锋。此外，他要求于第二天与希特勒面谈。

在元首指挥部，希特勒打算立即给莫德尔调拨 1 个装甲师和 2 个师（分别来自德国本土和北方集团军群），未来还会再增派 2 个师。而后，第 3 装甲集团军将与这些增援部队一道向北发起进攻，封闭该部与北方集团军群之间的缺口。但在莫德尔最需要得到处理，也就是将北方集团军群撤至里加—德文斯克—西德维纳河一线的"大解决方案"这一问题上，希特勒坚定不移地表示了拒绝。他说道，邓尼茨上将已经提交了一份报告，证明了这样的撤退将对海军造成毁灭性的影响。

接下来几天里，中央集团军群的防线被苏军的洪流冲向了考纳斯（Kaunas）、涅曼河、比亚韦斯托克（Bialystok）。北方集团军群的增援并未如期而至。弗里斯纳既未按承诺派出增援部队，也没有发起向南的进攻。在西德维纳河与韦利卡亚河（Velikaya River）之间，波罗的海沿岸第 2 方面军和波罗的海沿岸第 3 方面军的右翼部队正将第 16 集团军拖入一系列惨烈和代价高昂的战斗中。在西德维纳河以南的德文斯克附近，波罗的海沿岸第 1 方面军已在德军的防线上凿出了 2 道裂口。

7 月 12 日，弗里斯纳向希特勒报告说，他仍有往第 3 装甲集团军方向发起进攻的打算，不过此次进攻哪怕取得成功，其影响也只是暂时性的，因为巴格拉米扬的部队将会继续向西推进。而且更糟糕的是，这样的进攻行动将使他再也无力保持奥斯特罗夫以南防线的稳定。弗里斯纳极力主张——"如果想要

莫斯科游行中的德军战俘，1944 年 7 月 17 日

拯救北方集团军群"——将纳尔瓦战役集群撤回雷瓦尔（Reval）[①]，而后从此处乘船撤至里加、利耶帕亚（Liepaja）或梅梅尔（Memel）[②]，并将第 16 和第 18 集团军撤至里加—考纳斯一线。弗里斯纳写道："我无法与我的良心达成和解：在这个决定性的关头，我却没能尽自己最大的努力赶走即将降临在这些忠诚的部队头上的噩运，也没能为他们找到一种可以将敌人挡在祖国东部边境之外的部署方法。"如果希特勒不给予充分的行动自由，那么他（弗里斯纳）就准备请求前者解除自己的职务。

希特勒断然拒绝了弗里斯纳的建议，并提出了另一个计划：他打算为莫德尔提供 5 个装甲师——包括"赫尔曼·戈林"伞兵装甲师，让他（莫德尔）在考纳斯后方完成部队集结后，以攻势行动封闭北方集团军群和中央集团军群

---

① 译者注：即塔林。
② 译者注：即克莱佩达。

之间的缺口。然而陆军总司令部作战处处长指出，此次会战的发展速度极快，在集结上述各师所花费的时间段内，战线必定会发生巨大变化，因此这样的攻击计划是无法实施的。

7月13日，莫德尔发来报告说，他可以尝试把苏军阻挡在考纳斯—涅曼河—格罗德诺（Grodno）—布列斯特一线以东地区，但也不得不投入新的装甲师来完成这个任务。哪怕算上预计在7月21日后抵达的增援部队，莫德尔总共也仅有16个战力完整的师，可他们要对抗的苏军师旅级单位多达160个。14日，在拉斯滕堡（Rastenburg）元首指挥部召开的会议上，希特勒改变主意，给莫德尔下达了双重命令：首先挡住苏军的攻势，随后在其北翼组织起一支打击力量。

本月第三周里，第3装甲集团军和第4集团军设法挣扎着停下脚步，分别从乌克梅尔格（Ukmerge）向南经过考纳斯、沿涅曼河到格罗德诺南部一线上站住了脚跟；位于东面的第2集团军则在撤向比亚韦斯托克的过程中慢慢稳定了下来；在第9集团军司令部督促下，东普鲁士边境防线的建设工作正逐渐展开；该集团军司令部还派出了拦阻分队抓捕逃兵和掉队者。中央集团军群开始恢复正常状态。

就目前而言，苏军已经毫不停歇地连续推进200多英里，暂时耗尽了补给。他们现已深入饱受战火蹂躏的本国领土，桥梁必须重建，铁路也不得不重新进行铺设——在己方实施撤退过程中时间相对充裕的地方，德军用"铁狼"（Rail Wolf，一种由机车牵引的大型钢犁），就像农夫犁地那样，把长长的铁路犁成了一堆由破碎枕木和扭曲钢轨组成的"麻花带"。

（六）北方集团军群面临的威胁

17日，苏联人在莫斯科的主干道上举行了规模宏大的游行活动，向市民展示了多达5.7万名德国战俘，以此纪念白俄罗斯战役取得胜利。中央集团军群的无线电监听人员截获了发给维尔纽斯以北苏军坦克部队的电文，电文中该部队被要求突入中央集团军群与北方集团军群之间的突破口。与此同时，另一场或许更大的灾难似乎就要出现在德国人面前了。莫德尔通知陆军总司令部称，他无法按时集结起用于逼停苏军装甲部队的打击力量，因此必须让北方集团军

394

战场形势图 28：北乌克兰集团军群和第 9 集团军，1944 年 7 月 14 日—9 月 15 日群来完成此事，否则后果将不堪设想。

　　但北方集团军群此时正全神投入于向"立陶宛"阵地的转移行动中，而且在苏军兵锋所及之处，这道防御阵地也已经呈现出了破碎之兆。7 月 16 日，弗里斯纳告诉希特勒，苏联人至今还未向里加派遣部队以包围集团军群的侧翼，这简直是一个奇迹——如果苏军真这么做，那么他将会拿不出任何应对手段。弗里斯纳当时正从纳尔瓦防线上抽出 1 个师的兵力。不过该师在 10 日之前就会被投入使用，此后他便再也没有任何预备力量了。他总结道："从那时起，就必须要考虑防线瓦解之后（该怎么办）的问题了。"

　　7 月 18 日，在一次与莫德尔和弗里斯纳的会谈中，希特勒下令将机动部队投入缺口中的战斗。未来 4 天内，他将有 2 个突击炮旅可供使用，而且戈林也能提供强力的空中支援。每个集团军群都将得到一些步兵营和大约 6 个装甲营或自行炮兵营的补充。当时在场的戈林曾鼓起勇气宣称，所有人都知道，唯一能获得力量的办法就是退回到西德维纳河一线；希特勒也表示同意，说这是最简单的办法。但同时他反驳道，这样做会使德国失去拉脱维亚的石油、瑞典的铁矿石和芬兰的镍矿，因此，北方集团军群的任务便是"发挥一切想象力，并用尽各种手段"来守住现有防线。蔡茨勒最后一次试图说服希特勒，以辞职相威胁来坚持自己的主张，并在最后报告说自己身体抱恙。希特勒则针锋相对地发布了一项命令予以反击——禁止军官主动辞职。

三、战火延伸到侧翼

　　到 7 月中旬，由于苏军针对中央集团军群的正面进攻逐渐失去冲力，最高统帅部大本营转而着手对德军的侧翼施加压力。在北方，第 3 装甲集团军和第 16 集团军之间的缺口——"波罗的海缺口"——为苏军提供了一个现成机会。得到近卫第 2 集团军和第 51 集团军的加强后，波罗的海沿岸第 1 方面军命令从克里木调来的这两个集团军向希奥利艾（Shaulyay）发起攻击，而后再从那里攻击位于北面的里加。

　　在南部，即使按照德国当前的标准来看，北乌克兰集团军群仍然十分强大，但已不再是 5—6 月刚组建时的那个庞然大物。该部被直接抽走了 3 个装甲师和 2 个步兵师，作为交换，却只接收到了几个未经战火考验的新编师。在北乌克兰集团军群防御地带四分之三的南部地区当面，科涅夫的乌克兰第 1 方面军拥有 10 个集团军，其中包括 3 个坦克集团军；四分之一的北部地区当面则部署有白俄罗斯第 1 方面军的 3 个集团军，而后在 7 月第二个星期里，此处又增加了来自南方一些方面军的部队：1 个近卫集团军和 1 个坦克集团军，以及象征性的、由 4 个师组成的波兰第 1 集团军。显然，罗科索夫斯基和科涅夫效仿了苏军之前针对中央集团军群的进攻策略，对各集团军进行了如下安排：在北部突向布列斯特和卢布林，在中部向俄罗斯拉瓦（Rava Russkaya）和利沃夫进发，在南部则往斯坦尼斯拉夫推进。

（一）北乌克兰集团军群防线被突破

有关中央集团军群的灾难在一定程度上解决了北乌克兰集团军群司令部所面对的问题，因为前者导致德国最高领导层出现了态度方面稍微灵活一些的转变。6 月底，希特勒取消了科韦利和布罗德"要塞城市"的称号。一周后，第 4 装甲集团军放弃科韦利，撤入了该城以西 15 英里处的一道较短防线内。7 月第二周里，希特勒还允许了该集团军拉直其右翼围绕着托尔钦（Torchin）所形成的突出部。

当第 4 装甲集团军从托尔钦后撤时，希望抓住德军忙于撤退这一良机的科涅夫在 7 月 13 日——比原计划提前一天——发起了对俄罗斯拉瓦的进攻（见战场形势图 28）。这一举动打乱了双方的脚步：近卫第 3 集团军所辖部队的进攻力度参差不齐；德军撤退中的各师在预定位置停下脚步，但有 1 个师向南偏离了数英里，然后陷入了崩溃。德军派出 1 个装甲师前去增援，却被苏军发起的空中打击所阻挡，行动进展极其缓慢。第二天，第 13 集团军发现了德军的一个薄弱环节，开始向其纵深突进。

7 月 14 日，苏军 2 个集团军突击了第 1 装甲集团军部署在利沃夫正东面的左翼。此时，该装甲集团军在防线后方近处部署有 2 个预备装甲师。15 日，上述预备队从南面发起反突击，挡住苏军第 38 集团军前进的脚步，甚至将他们打退了 1 ~ 2 英里；但在更北面，第 60 集团军成功在德军防线上打开了一个较小的突破口。

7 月 16 日，科涅夫不等缺口扩大就将近卫坦克第 1 集团军投入了第 4 装甲集团军右翼的战斗中；并在一天后故伎重施，将近卫坦克第 3 集团军投向第 1 装甲集团军左翼。2 个德国集团军将侧翼后撤了 15 英里，退到了一个代号为"欧根亲王"的斜切阵地上。然而在此之前，苏军已于德军新防线的两个关键地点上达成了突破。在其他地方，德军的撤退并未缩短防线长度，因此也没能释放出部队以封闭突破口，或是挡住苏军向西奔涌的坦克洪流。

18 日，来自苏军南北两支部队的装甲矛头在利沃夫以东[①]30 英里的西布格河上会师。在他们身后，第 13 军（含 5 个德国师和党卫军"加利西亚"师）陷入了合围。同一天里，近卫坦克第 1 集团军开始向俄罗斯拉瓦推进，并于克雷斯特诺波尔（Krystynopol）附近渡过了西布格河。当天夜间，第 4 装甲集团军逐渐将整条防线撤至西布格河；考虑到苏军已在南面达成突破，北部友邻第 2 集团军又被迫向布列斯特后撤，该集团军也必须马上撤退。第 4 装甲集团军报告说，该部只有 20 辆坦克和 154 辆突击炮仍能投入作战，位于其当面的苏军却拥有 500 ~ 600 辆坦克；本集团军所辖 12 个师面对的是苏军 34 个步兵师、2 个机械化军和 2 个坦克军。此外，苏联人手中还握有由 10 个步兵师、2 个骑兵军和 4 个独立坦克团组成的预备队。

7 月 18 日后，斯坦尼斯拉夫以北整个北乌克兰集团军群的防线都陷入了动荡之中。一俟第 4 装甲集团军开始向西布格河撤退，白俄罗斯第 1 方面军就发起了对卢布林的突击。10 日，近卫第 8 集团军强渡西布格河，逼近海乌姆（Chelm）。当天，突入第 4 装甲集团军和第 1 装甲集团军之间地域的近卫坦克第 1 集团军抵达了俄罗斯拉瓦；近卫坦克第 3 集团军越过了利沃夫北部地区，此时，新近投入作战的坦克第 4 集团军也从东部逼近了该城。被围在利沃夫以东 40 英里处的第 13 军正集结部队，准备赶在第 1 装甲集团军的左翼[②]被推往西面之前向南突围。

7 月 22 日，第 2 集团军的右翼退入了布列斯特防御圈。在第 4 装甲集团军当面，苏军的坦克于晨间涌过了海乌姆，并在下午向卢布林突进了 40 英里。夜幕降临后，德军报告称苏军有 70 辆坦克和 300 ~ 400 辆卡车正越过卢

---

① 译者注：原文为以西，有误。
② 译者注：原文为右翼，有误。

布林、往西北方向推进。此时，希特勒仍拒绝解除该城"要塞城市"的称号，约有 900 人的城防部队被困在了城里。在第 4 装甲集团军和第 1 装甲集团军之间缺口处（当时有 30 英里宽），近卫坦克第 1 集团军打通了一条前往桑河（San River）的康庄大道。第 4 装甲集团军告诉上级集团军群，称该部能拯救自己的唯一方法便是毫不迟疑地撤退到维斯瓦河及桑河之后。当天，第 13 军开始尝试突围，但一直与成功遥不可及。被困在口袋内的 30000 人里最终只有不超过 5000 人得以逃脱。在利沃夫附近，第 1 装甲集团军的抵抗大大超出了苏联人的预期，或许这正好就能解释为何科涅夫没有按计划向斯坦尼斯拉夫发起进攻了。

（二）波罗的海缺口

到 7 月 18 日，在中央集团军群和北方集团军群相邻的侧翼上，作战双方均感受到了压力的增加（见战场形势图 29）。一名被俘的苏联军官说，他曾看到近卫第 2 集团军在向西移动，具体指向第 3 装甲集团军北翼；后面紧跟着第 33 集团军的近卫坦克第 5 集团军已经逼近第 3 装甲集团军位于考纳斯东部和南部、构筑在涅曼河上的防线。只拥有 1 个实力薄弱的装甲师和 4 个步兵师的莱因哈特要面对苏军多达 18 个步兵师、3 个坦克军、1 个机械化军及 3 个独立坦克旅的攻击。他报告说，自己看不到有任何机会可以恢复与北方集团军群的联系，并建议上级授权他收回北方的侧翼——至少要（通过此举）释放出足够的力量，从而围绕着考纳斯建起一道坚固的防线。刚结束当天与希特勒的会面的莫德尔回复道，该集团军需要坚守原地。莫德尔以稍微夸大事实的态度说道，北方集团军群将担负起封闭突破口的职责。他还向莱因哈特许诺，说会把"赫尔曼·戈林"伞兵装甲师调拨给后者。

接下来三天时间里，当近卫坦克第 5 集团军努力在涅曼河上建起数个登陆场、进一步强化对考纳斯的威胁时，近卫第 2 集团军已经向西突入"波罗的海"缺口，并开始向南面推挤第 3 装甲集团军的侧翼。7 月 22 日，在 6 个近卫步兵师的压力之下，该装甲集团军的侧翼开始崩溃，被苏军所打开缺口的宽度增加到了 36 英里。当天昼间，近卫第 2 集团军的先头部队抵达了第 3 装甲集团军防线后方 40 英里处的帕涅韦日斯（Panevezhis）。德军集团军可堪一战

战场形势图 29：中央集团军群的北翼和北方集团军群，1944 年 7 月 18 日—8 月 31 日

的兵力减少到了仅仅 13850 人，然而，莫德尔再次拒绝了撤退的请求；至于之前所提的增援，他告诉莱因哈特，该集团军必须再忍受 2 ~ 3 天的"干渴"。

与此同时，第 16 集团军早已完成了向"立陶宛"防御阵地的撤退，但未能在那里挡住苏军的攻势。22 日，弗里斯纳命令该集团军再向后撤退 5 ~ 10 英里距离——这意味着他准备放弃防线的北方锚点普斯科夫。弗里斯纳向希特勒发出报告，称自己已经找不到把集团军各部聚在一起的其他办法了。新的防线同样无法守住，他将不得不再次下令后撤。弗里斯纳还补充道，该集团军很快就会失去普斯科夫湖与楚德湖之间的连接点，因此，撤至西德维纳河后方一事将成为整个集团军群"生死攸关的所在"。

（三）暗杀、古德里安与舍尔纳

7 月 20 日，一场针对希特勒的暗杀在元首指挥部降临。在下午的形势分析会议上，一枚定时炸弹炸伤了与会的全部 19 名军官，其中 3 人受到了致命伤害，会议室遭到破坏；但希特勒仅受到了轻微的烧伤、瘀伤，以及耳部遭受伤害，最终逃过了一劫[1]。

爆炸发生后几小时内，一个在陆军内部涉及面很广、同时牵扯到最高指挥层尤其是总参谋部、针对希特勒的阴谋迅速败露，而后很快就被摧毁。还没等天黑，希特勒便在一些关键岗位上安排了新人。然而，单就东线而言，此次暗杀事件带来的最重要变化还是古德里安被任命为陆军总司令部代理参谋长。

古德里安获得这一任命纯粹是因为运气。事实上，希特勒的首选对象是瓦尔特·布里步兵上将，但他在暗杀行动中受伤，无法在康复之前担任该职务。德国独裁者从来没有完全原谅过任何一位曾经忤逆自己的将军，不过在 1944 年 7 月 20 日，古德里安可能是陆军总司令部唯一一位没有受到直接怀疑的将军。虽然他的动机并不完全明确，但身处柏林的古德里安曾在暗杀发生的那个下午将准备攻占费尔贝林（Fehrbellin）党卫军指挥部的坦克营撤回。此外，对于如何打赢这场战争，他的脑子里现在也充满了新想法。自从被解除在东线的指

---

[1] 作者注：希特勒后来说，在那场暗杀之后，困扰了自己很长一段时间的左腿抖颤问题最终得以解决。不过他也补充说，治疗过程十分痛苦，是一段（其本人）不愿再次提起的回忆。

挥权后，古德里安就从来没有掩饰过他对苏德战场上德军将领们领兵之道的轻视态度。另外，其最近对总参谋部有关失败主义的指控也使他看起来不太可能是这个（暗杀）阴谋中的一员。

接到任命后，古德里安迅速行动起来，不仅向元首递交投名状，还与其诸位前任彻底划分了界限：在一份发给总参谋部所有军官的命令中，他要求这些人在政治问题上保持"模范（即纳粹）的态度"，并公开表明自己持这一态度。那些不听从命令的人将被踢出总参谋部。他进一步指出："为了减少思路的彻底转变对你们造成的困扰，所有总参谋部军官将获得聆听政治宣讲的机会，并参与到国家社会主义领导权问题的详细讨论中。"

在其走马上任的第一天，古德里安就展示了他对东线作战指挥问题的打算。当北方集团军群参谋长告诉他说，弗里斯纳确信希特勒所遵循的路线将导致他（希特勒）失去波罗的海诸国和第16、第18集团军的立足之地时，古德里安以讥讽的语气驳斥了这一说法，并且说自己预计"当灾难发生时，弗里斯纳将军一定会有足够的勇气发出必要的命令（宣布投降）"。

在弗里斯纳递交了7月22日的报告后，他在北方集团军群司令任上的时间已然无多。第二天，在古德里安要求下，弗里斯纳和舍尔纳互换了岗位。古德里安告诉莫德尔说，他相信在北方集团军群，舍尔纳会"把一切事情安排好"。他还补充道，是时候加强北乌克兰集团军群司令部的骨干力量了。

舍尔纳带着希特勒赋予他的一项特权——对战区内国防军三个军种、党卫军、波罗的海诸国由党和民政部门指挥所有战斗部队的指挥权限——来到了北方集团军群。这种完全彻底的权力看上去非同一般，实际上却没有多大作用：只是给舍尔纳提供了几千名士兵，使他有能力填补集团军群南翼的缺口而已；除此之外，其主要作用就是强调和凸显希特勒的决心——坚决守住己方在波罗的海诸国所剩无几的地盘。

（四）"最好的抵挡就是反击"

对前一天出现在防线正面和侧翼的威胁深感担忧的莫德尔于7月23日早间进行预测，称苏军将会从利沃夫向桑河攻击前进；同时越过卢布林进逼华沙，包围在布列斯特的第2集团军；越过比亚韦斯托克—格罗德诺一线，向东普鲁士前进；经由考纳斯越过集团军群的左翼，从希奥利艾向梅梅尔或是里加发起攻击。当天昼间，莫德尔对其南翼的关注度很快上升到了顶点——苏联人正在维斯瓦河与西布格河之间迅速北上，冲向华沙和布列斯特之间重要的公路枢纽谢德尔采（Siedlce）。下午晚些时候，在连发数份报告却全无回音的情况下，莫德尔打电话告诉陆军总司令部作战处，称"不能坐视不理。当前能做出的唯一决定就是退过维斯瓦河—桑河一线"。作战处长回复说，他同意这一观点，可古德里安设定的目标与此大不相同。后来，集团军群参谋长在与古德里安进行交流时，后者只是迅速提出了在谢德尔采附近组建一支强大坦克部队的建议，绝口不谈撤退之事。他要求道："我们必须到处进攻！再后退一步都是绝对无法容忍的！"

第二天拂晓前，古德里安拟好了一份训令，由希特勒签署之后发给了各集团军群：北方集团军群和北乌克兰集团军群必须坚守原地，并封闭防线上的缺口；中央集团军群须在考纳斯—比亚韦斯托克—布列斯特地区构筑起坚固防线，并在两翼集结起大兵力，用以对南北两个方向发起进攻，恢复与友邻集团军群的联系。上述所有3个集团军群都得到了增援的承诺。该训令最终以一句格言"最好的抵挡就是反击"结尾。在收到这份训令后，莫德尔的参谋长告诉陆军总司令部作战处长称，本集团军群要想获得任何规模可观的增援都将是7天之后的事情，但在这段（等待增援的）时间里，局势会发生很大变化。

本月最后一个星期里，苏军的各集团军向西碾过了支离破碎的德军防线。截至7月24日，第1装甲集团军仍然控制着利沃夫及其南部前线；然而在该集团军侧翼，即利沃夫以西50英里的位置上，苏方的坦克第1集团军、近卫坦克第3集团军和巴拉诺夫骑-机集群已派出4个坦克/机械化军逼近雅罗斯瓦夫（Jaroslaw）和佩列梅什利（Przemysl）之间的桑河河段。当天，第4装甲集团军向后撤退了25英里，在卢布林东南的维普日河（Wieprz River）上构设了一道40英里长的防线。但在该防线两翼地段，苏军已经撕开了两道巨大的缺口——南部缺口宽达65英里，北部那道也有55英里宽。第2集团军已将其侧翼的3个军撤回，该集团军防线形成了一个以布列斯特为顶点、横向放置的"V"。在第2集团军后方，坦克第2集团军的前锋部队已于24日黄昏抵达谢德尔采城郊；当天昼间，苏联第47和第70集团军也加入了针对该德国集团军南翼的作战中。

为保卫谢德尔采、华沙和南至普瓦维（Pulawy）的维斯瓦河河段，莫德尔于24日将第9集团军司令部派往前线，并将"赫尔曼·戈林"伞兵装甲师、党卫军"骷髅"师和另外2个步兵师，以及目前仍在赶来路上的3个师交予该司令部指挥。第9集团军在维斯瓦河上立起了一面筛子，将渡河向西逃窜的纵队中所有能用的兵员拦下来留为己用。在此时的华沙城内，起义随时都有可能发生。

第二天，苏联坦克第4集团军在雅罗斯瓦夫和佩列梅什利之间渡过了桑河。为阻止苏军突破，北乌克兰集团军群根据陆军总司令部的命令从第4装甲集团军中抽出了2个师的兵力。作为补偿，陆军总司令部允许该集团军后撤至维斯瓦河一线。在第9集团军防御地带内，罗科索夫斯基的装甲矛头刺穿了德军围绕着登布林（Deblin）和普瓦维渡口构设、力量薄弱的防线，抵达了维斯瓦河东岸。

根据26日早上进行的空中侦察，德军发现苏军有1400辆卡车和坦克行驶在通往华沙的公路上，当时已经向北越过了登布林。同时，在中央集团军群北翼，他们的侦察机也在第3装甲集团军后方发现了数不清的摩托化纵队；这些苏军部队正从帕涅韦日斯开出，且向西推进。当天昼间，第2集团军宣称已无力再坚守布列斯特，但希特勒和古德里安拒绝给出回复，直到午夜过后才做出决定——不幸的是，此时城中和附近的德军实际上已被包围。

又过了两天后，第1装甲集团军撤出利沃夫，开始往西南方向的喀尔巴阡山脉撤退；第4装甲集团军退入了维斯瓦河后方，数次打退了苏军越河追击的尝试；第9集团军将其能搜罗到的所有兵力都投入到了华沙和谢德尔采的城防，以及为从布列斯特突围的师维持一条生命走廊的行动之中。在普瓦维以南，苏军有2个排渡过维斯瓦河，获得了一个较小立足点。第9集团军随后指出，苏军十分擅长将这些微小的星火扩散成燎原之势。

在穿过了希奥利艾之后，巴格拉米扬的摩托化纵队转头往北，朝着叶尔加瓦（Jelgava）的方向推进了50英里，切断了外界通往北方集团军群的最后一条铁路线。第3装甲集团军派出1个装甲师向帕涅韦日斯拼死发起了反击，试图迟滞苏军的推进。希特勒原本想再投入2个师，但只能从涅曼河防线中抽调部队——在那里，第 3 装甲集团军已经失去了守住考纳斯的一切希望。

29 日，中央集团军群遇到了新的麻烦：苏军投入 9 个步兵师和 2 个近卫坦克军，对考纳斯以南涅曼河上的第 3 装甲集团军右翼防线实施突击；罗科索夫斯基的装甲部队则向北驶过华沙，切断了第 9 集团军和第 2 集团军之间的公路和铁路运输，并为从东南、东部和北部向华沙发起向心攻击奠定了基础。

30 日，第 3 装甲集团军的侧翼分崩离析，苏军冲向了距离东普鲁士边境仅 20 英里的马里亚姆波列（Mariampol）；此外，如果愿意，他们完全还可以走得更远些。在马里亚姆波列和考纳斯之间，德军的防线已经崩溃。在考纳斯城内和城东第一次世界大战所遗留的要塞里，德军 2 个师陷入了被碾成碎片的危险境地中——只要苏军从南面扫过他们的后方。莫德尔告诉莱因哈特，集团军群不可能批准放弃这座城市，就算请求陆军总司令部也毫无用处。莱因哈特回答说："很好，如果事实如此，那我会拯救我的军队。"午夜 0:10，他命令考纳斯守军撤退，最终到达该城以西 10 英里的内瓦伊扎河（Nevayazha River）后方。

在白天向华沙挺进的过程中，坦克第 2 集团军一度进逼至该城东南方向 7 英里以内，而后还夺占了该城东北方 8 英里处的沃沃明（Wolomin）。华沙城中，枪击事件在各处爆发。在桑河与维斯瓦河交汇处的三角地带，坦克第 1 集团军[①]凿穿了第 4 集团军[②]的防线，并向西北方巴拉努夫（Baranow）两侧德军兵力空虚的维斯瓦河地带突进。在苏方坦克集团军南翼，德方陆军总司令部投入了第 17 集团军司令部及其所辖 2 个半师，准备用他们塞住第 4 装甲集团军和第 1 装甲集团军之间的缺口。

在这个月最后一天里，1 个苏军机械化军的先头部队抵达了里加西部的里加湾；华沙南面 40 英里处，近卫第 8 集团军在马格努谢夫（Magnuszew）附近的维斯瓦河河段上建立了 1 个小型登陆场；第 4 装甲集团军和第 17 集团军之间，近卫坦克第 1 集团军已开始在巴拉努夫渡场渡过维斯瓦河。但就在同一天，苏军的进攻也首次出现了停顿：巴格拉米扬没有采取行动扩大在波罗的海

---

① 译者注：应为近卫坦克第1集团军，此注下文均按正确番号修正，不再一一注明。
② 译者注：应为第4装甲集团军，此注下文均按正确番号修正，不再一一注明。

海岸上的立足点；对华沙的坦克行军显然是因为油料不足而突然减速到几乎停下；德军从谢德尔采向西发起的反击开始取得进展；切尔尼亚霍夫斯基没有利用好马里亚姆波列与考纳斯之间的缺口。

7月31日午夜，希特勒向约德尔和其他数名军官发表了一次冗长、怪异的讲话，回顾并总结了德国当前的总体形势。他说，西线的消息一样不容乐观：在那里，盟军正从科唐坦半岛突围而出；截至31日，美国第1集团军已经越过阿弗朗什。不过，希特勒又说，最直接的危险仍在东方，因为战火一旦烧进上西里西亚或东普鲁士，它就会对德国造成严重的心理影响。事实上，德军此次败退已在芬兰和巴尔干半岛国家中引起了恐慌，土耳其正处于放弃中立的边缘。德国现在急切需要的是前线的稳定以及——如果能够实现——赢得一两场战斗以恢复本国的威望。①

然而更深层的问题——正如希特勒所见，其实是"这个人，这场道德危机"，换句话说也就是最近出现的德军军官们针对他的阴谋。希特勒接着说道：

归根结底，我们对前线的期盼……如果大家看到现在后方最重要的职位全都为彻底的毁灭主义者——不是失败主义者，而是毁灭主义者——所占据。人们甚至不知道这些人与敌人或那边的那些人（塞德利茨的德国军官联盟）共同谋划了多久。在过去不到一两年时间里，苏联人并没有变得那么强大，只是我们变虚弱了，因为我们这里有一个完整的体系，在通过总参谋长、军需长、交通部长和其他高官不断散播着致命的毒液。如果我们能克服这场道德危机……在我看来，我们便有能力将东线的事情做好。

希特勒预测道，只要再组建15个装甲掷弹兵师和10个装甲旅就能稳定东线的战局。他认为，被推进一个相对狭窄的地区并不完全是坏事，这至少可以减少部队对耗费人力的勤务和后勤系统的需求。

---

① 作者注：当天下午，古德里安告诉中央集团军群参谋长，为了给当前本国与土耳其之间的会谈造势，该集团军群必须在两翼发起反击。

四、恢复

希特勒认为前线可以稳定下来的预言即将成为事实。实际上，哪怕是他想得到一两次胜利的愿望也会得到部分满足。莫德尔一直控制着手中的力量，而且他所掌握的力量正在逐渐增强。早已推进很远距离——在某些地方甚至超过 150 英里——的苏联军队再次超出了他们后勤补给的（距离）极限。洪峰已经过去，它也许会造成更多的破坏，但在某些地方，德军获得了筑坝改道的机会。

（一）逆流

8 月 1 日，在考纳斯和马里亚姆波列之间遭受严重打击、还未完全恢复过来的第 3 装甲集团军将其右面的一半防线转移到了东普鲁士境内的防御阵地。白俄罗斯第 3 方面军则紧随其后，在德国本土前方敌军最后一道防线上切开了三处口子，并夺占了边境线以东 10 英里处的维尔卡维什基斯（Vilkavishkis）。驻守于此防线、实力孱弱的相关部队指挥官警告说，苏军再用上一天就可以到达东普鲁士。

设立在边境西侧施洛斯伯格（Schlossberg）的装甲集团军司令部发现，自己处在了"一个秩序井然到几乎让人——即他们这些在苏联领土上待了三年的军人——无法相信的德国小城中"。莱因哈特却感到相当震撼，甚至可以说被吓坏了，尤其是他发现东普鲁士的省长、同时也是该区域民防专员的埃里希·科赫居然连前线附近区域的妇女儿童疏散计划都仍未制订。集团军参谋长说，他每天都在抗议，但一直没人理会——科赫显然正在执行元首的训令。

8 月 1 日，华沙城内，波兰"国内军"在塔德乌什·博尔·科莫罗夫斯基将军的领导下发动了起义。波兰人训练有素、装备精良。他们很快就占领了城市的中心地带和街道，但起义者需要夺占的关键地域——与苏联人建立起联系的 4 座维斯瓦河大桥，以及河东岸的普拉加（Praga）郊区还是被德国人所掌握。此外，对这些起义者而言更糟糕的是，沃沃明以南的"赫尔曼·戈林"师、第 19 装甲师和党卫军"维京"师在苏联坦克第 3 军的后方逐渐靠拢，于 7 月 31 日将已经从北面扫过华沙的最后者逼至近乎停顿的状态。在接下来 2 ~ 3 天里，当德军各师着手摧毁坦克第 3 军时，坦克第 2 集团军将其主攻方向从华沙转移到了该城南面 35 英里处的马格努谢夫登陆场。

　　很明显，斯大林对于帮助起义分子实现他们的目标——参与波兰首都的解放进程，而后以此为基础，为美英所支持的该国流亡政府总理史坦尼斯劳·米科莱奇克在战后解决方案中争取更大话语权——完全不感兴趣。7 月 22 日，苏联人在卢布林组建了经过他们精挑细选的波兰民族解放委员会，其最早做出的举动就是宣布同意并正式与苏方达成协议，以"寇松线"来划定波兰东部边界——这是苏联与米科莱奇克政府的争论焦点所在。米科莱奇克当时还在莫斯科（于 7 月 30 日抵达）为争取一个自由和独立的波兰进行谈判，这一局面强化了起义的紧迫性；然而与此同时，此举也使华沙起义者沦为了苏联人眼中的政治妨碍因素。

　　8 月 1 日，北乌克兰集团军群的反击已进入第二天。该集团军群最初的目标是肃清整个桑河—维斯瓦河三角地带，不过在切断从巴拉努夫渡过维斯瓦河的苏军坦克第 1 集团军各部联系这一行动开始前，他们的目标缩水了。尽管第 17 集团军和第 4 装甲集团军都取得进展，但他们还是没能减缓科涅夫渡过维斯瓦河的速度，也未能对这一行动造成多大干扰。十几座载荷多达 60 吨的大

一辆华沙附近被摧毁的德军坦克

型漕渡门桥正日夜不停地将坦克第 3 集团军与第 13 集团军的兵员、坦克、装备和补给运送过河。到当天结束时，第 4 装甲集团军已经耗尽全力。第二天下午，该集团军被迫全线退出战斗。维斯瓦河西岸，坦克第 1 集团军在近卫坦克第 3 集团军和第 13 集团军支援下集结起了足够强大的力量，随时可以向其北面的拉多姆（Radom）或者西南面的克拉科夫（Krakow）发起进攻。

8 月 3 日晚，莫德尔向希特勒发送了一份谨慎然而乐观的报告。他说，中央集团军群早已在希奥利艾以南到普瓦维附近的维斯瓦河右岸建起了一道连续防线。这道防线的力量虽然十分薄弱——在 420 英里长的防线上，39 个德军师和旅面对的是占苏军总兵力三分之一的部队——但似乎已经到任由该集团军群自己做主，通过谨慎的反应、周密的计划夺回战场主动权的时候了。莫德尔提议将第 19 装甲师和"赫尔曼·戈林"师配置在维斯瓦河后方，以便封锁马格努谢夫登陆场；同时在蒂尔西特（Tilsit）地区投入 1 个装甲师的兵力来强化集团军群北翼，并利用来自南乌克兰集团军群的"大德意志"装甲师向维尔卡维什基斯发起反击。他预计，在将第 2 集团军和第 4 集团军的右翼撤到纳雷夫河（Narew River）后，己方可以释放出 2 个师的兵力。他还认为运气够好的话，上述任务可以在 8 月 15 日前全部完成。之后，他就可以在北翼集结起 6 个装甲师的兵力，发起反击并重新建立与北方集团军群的联系。

正所谓"风水轮流转"，德国人现在至少得到了幸运女神一半的青睐。"赫尔曼·戈林"师和第 15 装甲师①在马格努谢夫附近挡住了苏军。由于在一周多时间里一直没有获得上级（以预备部队）替换前线部队的承诺，莫德尔放弃了他原本打算部署到蒂尔西特的那个装甲师，该师后来被移交给了北乌克兰集团军群。在那里，科涅夫将自己左翼一半的防线转让给了重新组建的乌克兰第 4 方面军——在伊万·叶菲莫维奇·彼得罗夫上将指挥下，该方面军将坦克第 4 集团军投入了巴拉努夫登陆场。苏军的登陆场虽然如水泡那般越涨越大，但考虑到双方悬殊的力量对比，这种扩大的速度其实并没有（苏方）预期那么快。

在这个月第二个星期里，有 3 个装甲掷弹兵师和 2 个装甲旅抵达中央集

---

① 审校者注：应为第19装甲师，德军第15装甲师已在1943年秋被改为第15装甲掷弹兵师。

团军群地域。8 月 9 日，"大德意志"师对维尔卡维什基斯南部发起了攻击；早在德军攻击发起前，苏军就收到了己方特工发回的预警情报，做好了迎击准备——使用强有力的空中支援和 2 个预备师。苏军此举在一定程度上削弱了德方的攻势，不过"大德意志"师还是攻克了维尔卡维什基斯，尽管他们在 8 月 10 日之前一直都没能完全摧毁该镇北部的苏军突出部。

（二）通往北方集团军群的走廊

德军在 8 月第一周里最需要解决的问题便是赶在北方集团军群彻底崩溃之前向其提供帮助。8 月 6 日，舍尔纳告诉希特勒，如果"不用等太长时间"，那他就可以守住自己的防线，等待中央集团军群重新恢复与本集团军群的联系。他的部队已经精疲力竭：他们设于茂密森林中漫长防线上的每一个薄弱点都遭到了苏军大量兵力——通常由 14 岁左右的少年或老年人组成——的攻击，被迫不断地向后撤退。舍尔纳对古德里安说道，如果中央集团军群不能很快发起攻击，那么北方集团军群所能选择的便只剩下向南撤退这一条道路，退回到里加—希奥利艾—考纳斯一线；可就算是实施这样的行动（指撤退），其难度也在日复一日的防守中不断增加。

8 月 10 日，波罗的海沿岸第 3 和第 2 方面军对普斯科夫湖以南、西德维纳河以北的第 18 集团军发动了大规模的空中和炮兵火力打击。当天，苏军的两个方面军双双达成突破。由于手中已无可堪一用的预备队，舍尔纳只得拼尽所能，从部队中压榨出最后一丝力量。他向麾下一名师长发出了这样一段文字："通知查理·比利中将，他必须以勇敢的行动恢复自己和他那个师的荣誉，否则就会在屈辱中被驱逐出去。此外，他还要在 21:00 之前发出报告，报告中需要列出那些被枪决或即将被枪决的懦弱的指挥官。"他（舍尔纳）对第 18 集团军司令的要求是，"严苛的控制"以及"近乎残忍的无情"。

为鼓舞舍尔纳所部的士气，德国空军把汉斯·鲁德尔少校指挥的"斯图卡"俯冲轰炸机中队——有名的"坦克破坏者"——派到了北方集团军群。就在几天前，汉斯·鲁德尔少校刚刚刷新了他的战果记录——在俯冲轰炸中共击毁了 300 辆苏联坦克。12 日，希特勒放话称，中央集团军群将比原计划提前 2 天发动攻击。陆军总司令部也将 1 个掷弹兵师从柯尼斯堡空运到了第 18 集团军所在地域。

8 月 16 日，中央集团军群发起了救援行动。2 个尚未完成集结的装甲军从希奥利艾西部和北部发起了突袭。同一时间内，白俄罗斯第 3 方面军投入第 5 集团军、第 33 集团军和近卫第 11 集团军，也对第 3 装甲集团军的右翼发起打击，并重新夺回了维尔卡维什基斯。当天昼间，莫德尔接到了一份任命他指挥西部战区的命令，资历深厚的莱因哈特接管了前者的（中央）集团军群；艾哈德·劳斯大将则取代莱因哈特，成了第 3 装甲集团军的指挥官。

第二天，当德军北翼的攻势继续向前推进时，切尔尼亚霍夫斯基的前锋部队也已抵达了维尔卡维什基斯西北方向的东普鲁士边境。苏军的 1 个排越过边界；尽管该排成员在入夜前即被消灭，但还是成功把战火第一次烧到了德国领土上。此后 2 天里，苏军逐渐逼近到了（对德军而言）堪称危险的距离，随时都有可能突入东普鲁士。

在第 3 装甲集团军最北翼，2 个装甲旅在巡洋舰"欧根亲王"号（部署在里加湾近岸地区）的火力支援下，于 8 月 10 日夺占了图库姆斯（Tukums），并与北方集团军群建立了联系。根据陆军总司令部的命令，这两个旅将迅速在里加完成列车装载，随后前往楚德湖以南防线。第二天，第 3 装甲集团军在图库姆斯以东的海岸上站稳了脚跟，并派出了一个卡车纵队为北方集团军群提供补给。在东普鲁士边境，该集团军力量薄弱的防线开始出现问题。但苏军当时把精力完全放到了北面，并未趁机突入德国领土。莱因哈特在白天告诉古德里安说，如果想扩大走廊并控制通过叶尔加瓦连接北方集团军群的铁路，那就需要花费很长时间。他建议北方集团军群实施撤退。古德里安回答道，他本人十分同意这一观点，不过希特勒（出于政治原因）反对这样做。在 8 月 27 日德国独裁者下令将 1 个装甲师调到北方集团军群之前，德军的进攻一直都在持续。

直到最后，（其余地域）德军与北方集团军群的联系仍被限制在一条仅 18 英里宽的沿海走廊上。但就目前而言，做到这样已经足够了。在本月最后一天里，波罗的海沿岸第 2 方面军和第 3 方面军突然停止攻势，转入了防御状态。

（三）会战尾声

本月结束时，在中央集团军群和北乌克兰集团军群的整个防御地带内，苏军的进攻大潮逐渐退化成了随处可见、散乱的漩涡：8 月 18 日，在攻占桑多梅日（Sandomierz）后，乌克兰第 1 方面军逐步转入防御，虽然该部有 4 个完整的集团军（其中 3 个是坦克集团军）早已挤入维斯瓦河登陆场；在华沙以北地区，白俄罗斯第 1 方面军将向着纳雷夫河撤退的第 2 集团军蹂躏得体无完肤，并在 9 月第一个星期、具体是第 2 集团军撤至河边时，于塞罗茨克（Serock）和鲁然（Rozan）附近建立起了规模可观的登陆场。华沙城在第 2 集团军撤退之后改由第 9 集团军接管，然而在之后两周多的时间里，罗科索夫斯基好像丧失了对华沙周围桥头堡的兴趣。

到 9 月初，华沙起义的火焰似乎即将熄灭。那些起义者之所以能坚持这么久，其中一大原因便是德国人不愿意也无力投入正规部队，去进行逐街逐栋的巷战。他们投入了遥控爆破车、火箭发射器和火炮——包括一门 24 英寸榴弹炮①，并将打击行动转交给了埃里希·冯·登·巴赫－热勒维斯基将军和党卫军上将海因茨·赖内法特实施。参与行动的力量主要来自于党卫军和警察部队，其中包括卡明斯基旅和迪勒万格尔旅②。战斗过程惨无人道，但德方还是没能取得（与过程）相匹配的成果。③

9 月 2 日，波兰人在城中心的抵抗被消灭，5 万平民穿过了德国人的防线。9 日，博尔·科莫罗夫斯基派出两名谈判代表，德方则承诺向"国内军"成员提供战俘待遇。第二天，为保持起义军的活力，苏联第 47 集团军对华沙桥头堡发动了不温不火的打击，波兰人也没有回应德国人的提议。在苏军这次攻击中，第 73 步兵师——1 个仓促重建的克里木师④——被击溃了。又过 2 天后，

<hr/>

① 审校者注：此处指的是德军第638重炮兵连的1门600毫米"卡尔"自行臼炮。
② 作者注：卡明斯基旅由哥萨克人和其他俄罗斯人组成，其中包括一些苏军逃兵。该旅指挥官米切斯劳·卡明斯基是一个声称拥有俄罗斯国籍、试图建立一个以自己为元首的俄罗斯纳粹党的波兰人。1943年秋天之前，该部在布良斯克附近游击队出没的森林中一直占据着一块所谓的"洛科特自治区"。该"自治区"失守后，这个约7000人的旅，连同超过20000人的相关家属随着德军撤退的脚步逐渐向西移动，并且一路烧杀抢掠。这个旅毫无纪律可言，所用装备杂乱不齐，虽然穿着制服，却更像一支16世纪或17世纪里的雇佣军，而不是一支现代化的军队。在起义第四周里，德国人开枪打死了卡明斯基，因为他拒绝接受任何形式的权威（对其进行管理）。党卫军上校奥斯卡·迪勒万格尔领导的迪勒万格尔旅主要由集中营人员组成（除军官和其他一些人之外）。迪勒万格尔是个酒鬼，曾因严重的道德犯罪被驱逐出党卫军。他以自己的残酷形象为基础塑造了这个旅。如果不是希姆莱提供保护，他将不止一次因为在战斗中和战斗外的暴行而接受军事法庭审判。
③ 作者注：战争中最严重的暴行——在沃拉和奥乔塔地区发生的针对男人、妇女和孩子的屠杀，发生于镇压起义者的军事行动开始之前。希特勒和希姆莱最初对起义表示欢迎，认为这是一个摧毁其宿敌根基的极佳机会，还可以对其他被占领国起到杀鸡儆猴的作用。
④ 审校者注：第73步兵师在当年5月于克里木覆灭，随后残部重建了该师，并被投入华沙地段。

第 9 集团军不得不放弃该桥头堡，撤出普拉加，并摧毁了维斯瓦大桥。

这一胜利显然超出了最高统帅部大本营的预料。14 日，尽管美国出动 100 架四发轰炸机，对起义军进行了有力支援，但城内的战火还是逐渐熄灭。在 9 月 10 日之前，苏联政府一直都拒绝向美方的飞机开放机场，后者也因此无法向起义者提供空运补给。9 月 18 日，美国人的飞机进行了一次穿梭飞行，然而此时起义军控制区域的面积已大大缩小，无法保证实施精准空投，后续空运任务被迫取消。

9 月 16 日至 17 日夜间，波兰第 1 集团军在苏联人的有限支援下——仅限于从东岸发射炮弹——开始渡河向华沙推进。苏方统计报告显示，计划渡河的 3 个师中有 6 个营成功抵达对岸。但德国人估计只有几个连做到这一点（渡河），而且第 9 集团军观察到，波兰（第 1）集团军的行动在第二天就全线停止了。已经渡过河流的波兰人于 9 月 23 日撤回另一岸。26 日，博尔·科莫罗夫斯基第二次派出谈判代表，并在 10 月 2 日（由后者代表前者）签署了投降协议。

会战结束后，夏季灾难在人们心中激起的涟漪仍然久未消散。9 月，莱因哈特写信给古德里安说，德国国内有关布施失宠、降职、自杀甚至出逃的流言正在削弱国民对中央集团军群的信心。他要求让布施公开出席某种活动，以表示元首对他一如既往的尊重。10 月第一周里，布施被允许在希特勒的首席副官施蒙特的葬礼上发表讲话——施蒙特于 7 月 20 日因伤情加重离世。如果说这一举动算是恢复了公众的信心，那么对于希特勒本人而言，这显然还不是他恢复对布施或者整个德军将领阶层的信任的标志。他已经将布施排除在集团军或集团军群司令官的考虑名单之外。由于在之前撤退中被俘的 18 名德军将领里绝大多数都加入了由苏联提供支持的德国军官联盟，为此，希特勒下令，从今以后不得给中央集团军群的军官授予任何（较原先已有的）更高级别的勋章。

在高层，希特勒看到的是叛国，其他人看到的则是更广泛更致命更无法接受的问题——对被包围和俘房，以及对受伤和被遗弃的恐惧。德国士兵正饱受斯大林格勒、切尔卡瑟和克里木的幽灵的纠缠。以前，他们甚至不敢想象那最终的结局——但现在，他们甚至在期盼这一天的到来。

第十六章

南翼

一、向喀尔巴阡山脉撤退

针对中央集团军群和北乌克兰集团军群的夏季攻势就像是在东线中央地带打入了一个巨大无比的楔子。这个楔子的两翼分别一直延伸到了北冰洋和黑海，虽然位于其根部的防线仍被德军掌握在手中，但也已经绷紧到了行将断裂的边缘。尽管这些压力大多都隐藏在深处，不过它们的致命程度并不会因此降低。

（一）南乌克兰集团军群

7月23日清晨，当舍尔纳被召往且指挥北方集团军群时，南乌克兰集团军群的防线早已经历了两个多月的沉寂。这其中仅有舍尔纳自己主持的训练和部队调整计划激起了些许波澜。苏联人已从前线撤走了规模庞大的部队，以至于德国陆军总司令部不得不指示相应集团军群多少弄出点动静，将苏军的兵力牵制在原地。

当苏联人的春季攻势结束后，德国人位于东线南翼的防线保持了原样。在其左翼从库蒂（Kuty）到雅西东部一个大致呈弧形的地带里，由沃勒集团军级集群——第8集团军和掺杂其中的罗马尼亚第4集团军——控制的这道防线有一半落在了东喀尔巴阡山脉上，另一半则位于特尔古弗鲁莫斯（Targul Frumos）和雅西以北、并且东西跨越摩尔达维亚。第6集团军的防线是从雅西以东到杜博萨雷（Dubossary）下游的德涅斯特河河段，而后沿河进至蒂拉斯波尔登陆场大致中央地带设置，并在此处与负责该河下游直到入海口地域防务的罗马尼亚第 3 集团军保持联系。第 6 集团军和罗马尼亚第 3 集团军共同组成了杜米特列斯库集团军级集群，指挥官是罗马尼亚第 3 集团军司令彼得·杜米特列斯库上将（部署情况见战场形势图 30）。

两条大河——普鲁特河与锡雷特河（Siret River）——从北向南分割了集团军群的防御地带。苏联人已在上游地区渡过这两条河。特尔古弗鲁莫斯—雅西地区崎岖难行和林木丛生的地形部分弥补了这一不利态势——至少在集团军群还留有足够德军以支援罗马尼亚人的情况下是这样。到夏初，在战术层面上发生的最大变化莫过于北乌克兰集团军群撤至波兰腹地，南乌克兰集团军群事实上因此被困在了喀尔巴阡山以东地区。沃勒集团军级集群面对的是由马利诺夫斯基指挥的乌克兰第 2 方面军，而杜米特列斯库集团军级集群需要应对的则是托尔布欣的乌克兰第 3 方面军。

战场形势图 30：南乌克兰集团军群，1944 年 8 月 19 日—9 月 26 日在指挥权发生变更那段时间里，南乌克兰集团军群司令部最关心的就是确定薄弱防线处于静谧表面之下的暗流到底有多危险，以及在剧变发生前还可以做些什么。在得知调任消息的两天前，舍尔纳写信给希特勒说，罗马尼亚的领导层正在产生动摇，并试图与同盟国一方建立联系，安东内斯库逐渐失去了对该国的控制。舍尔纳认为，与希特勒进行私人会谈也许会对强化安东内斯库的地位有所帮助。7月25日，该集团军群司令部起草的一份报告指出，过去一个月内，本集团军群被迫抽出了6个装甲师、2个步兵师和2个突击炮旅，这一事态产生的结果便是——面对全面攻击时，各集团军将无力守住自己的防线。因此，集团军群司令部提出建议，应提前授权本集团军群，一旦发生此类攻击就（被允许）马上收缩防线。但相关报告最终没有发出，显然是因为弗里斯纳这位新的集团军群司令（对形势）有着更为乐观的估计。

（二）罗马尼亚

目前最需要关注的是罗马尼亚国内状况。南乌克兰集团军群虽然完全依赖于罗马尼亚的铁路，并在很大程度上不得不依靠当地的产出维持生存，但该集团军群在罗马尼亚没有行政权，一切决定都必须经过布加勒斯特与柏林之间的来回商议。到7月底，集团军群司令部终于确认，在最重要的问题即罗马尼亚对联盟的忠诚方面，罗方出现了严重偏差：安东内斯库元帅（其个人权威乃是使本国留在联盟的唯一支柱）即将垮台的情况在罗马尼亚几乎已是路人皆知，但以下三人除外——元帅本人、德国驻罗马尼亚大使曼弗雷德·冯·基林格男爵，以及德国军事代表团团长埃里克·汉森骑兵上将。后两者是德国派驻罗马尼亚的主要负责人。第一次世界大战期间的潜艇艇长、长期担任纳粹外交官的冯·基林格和精力充沛不过缺乏灵活性的军官汉森都被自己对安东内斯库的迷信蒙蔽了双眼——后果就是他们使希特勒圈子里业已十分强烈、将安东内斯库个人的忠诚与罗马尼亚军民的忠诚混为一谈的倾向进一步得到强化。南乌克兰集团军群司令部确信，安东内斯库仍在掌权仅仅是因为他的对手不太愿意承担将其赶下台的风险；而这个国家——包括安东内斯库在内——之所以仍然留在战争中，也不过是因为人们对苏联人的恐惧还是略微多于对和平的渴望。

8月1日，为避免土耳其宣布与德国断绝外交关系（于第二天正式生效）

对整个东南欧地区造成影响,弗里斯纳命令他的 2 个集团军各组建 1 个机动团,用以应付罗马尼亚领土上"可能发生的意外事件"。令人感到奇怪且被后续发生事件证明堪称致命的是,该集团军群几乎将其注意力完全集中在了罗马尼亚叛变后可能出现的危险上,却没有思考除此之外同样重要的问题:战斗意志本就不强的罗马尼亚军队还能剩下多少勇气(如果真有此物)去战斗?此处值得一提的是,在该集团军群 392 英里长的防线中,有 160 英里是由罗马尼亚人据守。

8 月第一周里,安东内斯库前往拉斯滕堡,在法国和东线大败退的阴云笼罩及相互抱怨和猜疑的气氛中,与希特勒进行了会谈。但直到最终,两人除了告诉对方自己想听到什么之外,并没有做出真正的决定。5 月时,在开罗与美国、英国和苏联代表举行了半公开的谈判后,安东内斯库拒绝了同盟国提出的一系列停战条款。不过,当他在同一时间内与苏方在瑞典举行秘密的单独谈判、后者带来了一系列更为宽厚的条件时,这名罗马尼亚领导人却无法再次硬下决心去尝试冒险了。有关元首指挥部会谈的报告后来被抄送给了南乌克兰集团军群,报告称会议的结果"非常积极"——希特勒告知元帅(安东内斯库)他正在采取何种措施来恢复德国的局势;双方都向对方承诺"一切均有可能"。在传达报告的过程中,有人补充道:"现在剩下的就要看承诺兑现的程度了。"

由于德军进入罗马尼亚领土会引发很多需要讨论和解决的问题,加之提出和解决上述问题的时机似乎也已成熟,因此趁安东内斯库还在元首指挥部时,南乌克兰集团军群派出了作战处长前去商议诸事。弗里斯纳给希特勒写了一封信,前者在信中说道,如果不再从本集团军群抽走更多的师,他就有能力守住自己的防线;当然也要做好迎接不可预测事件的准备:他建议授权集团军群控制罗马尼亚境内所有德军的行动,并希望任命一个单一称职的政治机关,以便与集团军群展开合作。根据弗里斯纳的指示,作战处长告诉古德里安,要是集团军群被迫放弃更多的师,或是罗马尼亚人变得不再可靠,那么陆军总司令部就必须同意本集团军群撤退至喀尔巴阡山和多瑙河下游一线。在与希特勒商谈之后,古德里安回答说,他"希望"在事态发生了这样的转折时能够"及时下达必要的命令"。然而,在与安东内斯库的会谈结束后,下达上述命令的前景迅速变得黯淡——尽管安东内斯库曾在春季主张过此事(撤退到喀尔巴阡山和多瑙河一线),但他此时不可动摇的信念是:不能牺牲罗马尼亚的领土,否则就会（对本国）造成致命的后果。①

在与凯特尔会谈时，南乌克兰集团军群作战处长提出让弗里斯纳担任驻罗马尼亚武装部队的司令，并提议用一名"更能代表德国利益的军官"取代汉森。凯特尔最初看上去颇为意动，然而在与安东内斯库会谈后改口说，他看不出有做出改变的任何必要，因为罗马尼亚将与德国"患难与共"。总之，若即若离的德罗两国又一次、也是最后一次绑在了一起，只是相关代价将由南乌克兰集团军群承受。

（三）攻击开始

8月8日，德军的空中侦察第一次发现了普鲁特河以东地区苏军部队的活动迹象——他们往返于前线的车队重载进入、轻载返回，这一情况表明苏联人正在加强前线的力量。13日，陆军总司令部从南乌克兰集团军群中又抽走了1个师的兵力。如此一来，从6月算起，该集团军群损失的兵力就多达11个师，整体实力下降了近三分之一，装甲力量甚至减少了四分之三。同一天里，关于安东内斯库被推翻的传言也在集团军群后方区域中引起了一阵近乎恐慌的混乱。

16日，沃勒集团军级集群报告，苏军将在一两天内完成进攻准备，突击的目标很可能位于雅西以西地区，目的是在雅西与特尔古弗鲁莫斯之间打入一个楔子（见战场形势图30）。该集团军级集群宣称，罗马尼亚人对此事的发生"极有把握"。19日下午，乌克兰第2方面军在马利诺夫斯基指挥下，在沃勒的防线上展开了拥有炮兵支援的试探性进攻；集团军群方面预计，苏军将在第二天向雅西以西地区发起强力的主要突击，同时还可能在蒂拉斯波尔以南展开次要突击。

1944年8月20日，天气炎热晴朗。苏军炮兵在两个相当狭窄的地段上实施了猛烈的火力准备——一个位于雅西西北，另一个位于蒂拉斯波尔南部。当乌克兰第2和第3方面军的步兵发起冲击时，几个罗马尼亚师早已接近崩溃。

沃勒集团军级集群所辖、守卫雅西的那2个罗马尼亚师不战而逃。在罗

---

① 作者注：古德里安在他的回忆录里宣称安东内斯库同意撤回防线。但后者（安东内斯库）对弗里斯纳所做的声明表示他本人很可能并未做过此事。

马尼亚人留下的缺口西侧，德军预备队迅速建起了一道掩护线，但苏军在东面继续向南推进，并于下午进入雅西。在蒂拉斯波尔以南地区，苏军的突击指向了德军第 6 集团军与罗马尼亚第 3 集团军的接合部。第 6 集团军右翼的军顶住了苏军最猛烈的打击，守住了阵地；不过分界线另一侧的罗马尼亚师早就崩溃，甚至将其南面的本国部队也一并带垮。到当天结束时，弗里斯纳才真正意识到罗马尼亚人的表现毫无底线可言。然而他要学的（或者说不知道的）还有很多。

根据苏方提供的数据，由最高统帅部大本营代表铁木辛哥元帅负责协调的两个乌克兰方面军在对敌优势方面的兵力数量比略低于 2:1，火炮和飞机高于 2:1，坦克和自行火炮高于 3:1。马利诺夫斯基和托尔布欣总共拥有 90 个师、6 个坦克 / 机械化军，兵力总数为 92.9 万人。

苏军的主要突击集团由坦克第 6 集团军、第 27 集团军、第 52 集团军和第 53 集团军组成，在乌克兰第 2 方面军的编制内、于雅西西北地区发起突击。当天下午，坦克第 6 集团军便已打开突破口。夜幕降临时，该集团军正与第 27 集团军一同向纵深推进，试图发展战役突破。在其右翼的特尔古弗鲁莫斯北部，近卫第 7 集团军和戈尔什科夫骑 – 机集群已做好准备，将沿锡雷特河向南突破；托尔布欣则派遣了第 37 集团军、第 57 集团军和 2 个机械化军（近卫机械化第 4 和机械化第 7 军）从蒂拉斯波尔登陆场冲出。在这些部队左翼，第 46 集团军已经分兵包围了罗马尼亚第 3 集团军。

截至第二天早上，弗里斯纳仍然认为会战的进展并未超出预期。尽管他对敌军的实力并无清晰认知，但集团军群所获情报似乎表明苏军此次的战役集结并未达到其前几次全面进攻的水平。此外，苏军的主要突击目标是沃勒集团军级集群——在那里，该集群于雅西南面的高地上构筑了第二道、被认为坚不可摧、名为"图拉真"的防御阵地。

在安东内斯库于当天 ① 中午抵达南乌克兰集团军群驻地时，弗里斯纳告诉他，自己将封闭蒂拉斯波尔下游的防线，并从杜米特列斯库集团军级集群那里挤出尽可能多的兵力来加强北线防御，防止苏军突入普鲁特河空虚的后方。他

---

① 编者注：应是指上一段所说的"第二天"，即8月21日。

认为，苏联人在对付杜米特列斯库时无法像对付沃勒那样放开手脚。而且，在前一天的突破超出预期的情况下，苏军很可能会停下以重组攻势。但以往一直倡导灵活防御的安东内斯库这次坚持认为包括雅西在内的全部防线都必须坚决守住。他宣称丢失的每一块土地都会算在自己头上。此外，这场会战决定的并不仅仅是比萨拉比亚的前途，更是全体罗马尼亚人民"永恒的"命运。

白天里，一个比一个更令人震惊的消息从前线不断传来：在北部，雅西已经失守，苏军的攻势向西延伸到了特尔古弗鲁莫斯；戈尔什科夫骑－机集群的坦克在特尔古弗鲁莫斯附近的某一点上突破了"图拉真"防御阵地，步兵在坦克支援下夺占了该防御阵地设于普鲁特河以西的绝大部分地段。沃勒集团军级集群报告说，罗马尼亚部队的5个师现已完全瓦解。蒂拉斯波尔以南地区，苏军在第6集团军和罗马尼亚第3集团军之间打开了一道20英里宽的缺口。

下午，弗里斯纳决定将杜米特列斯库集团军级集群撤至普鲁特河后方，以释放出足够多的德军部队来增援沃勒集团军级集群。南乌克兰集团军群和陆军总司令部作战处一致同意这一观点，即上述行动只是撤退的第一步，一旦开始，不退至喀尔巴阡山—多瑙河一线便无法结束。得到了安东内斯库现在"只考虑军事因素"的保证后，希特勒没有提出反对意见，并在夜间批准了上述撤退行动。此时，第6集团军已收到要求他们立即在普鲁特河后方整理（并带走）一切可供利用之物的命令。该集团军司令部随即作为首批单位之一率先撤离，因为苏军的坦克已经逼近其设在科姆拉特（Komrat）的指挥部。

接下来两天里，这场会战保持着它刚开始的节奏继续发展。罗马尼亚部队——甚至包括那些被认为是精锐部队的罗马尼亚装甲师——全都拒绝继续战斗。苏军在普鲁特河后方迅速向南推进，就在德国人的眼皮底下大摇大摆穿过了杜米特列斯库集团军级集群被扯开的中央防线。在普鲁特河后方，苏军的装甲矛头于23日抵达伯尔拉德（Barlad）和胡希（Husi）。乌克兰第3方面军则是继续向西推进，越过科姆拉特，逼近了普鲁特河。第46集团军将其左翼转向东南，其右翼集群现已越过德涅斯特利曼（Dnestr Liman），准备合围罗马尼亚第3集团军和1个德国师。在从雅西以东的普鲁特河直至蒂拉斯波尔的整段防线上，德军主力部队开始朝西南方向迅速撤退，但其速度还是不如迈出追击步伐的苏军那么快。

（四）罗马尼亚投降

8 月 23 日傍晚，南乌克兰集团军群司令部得到消息说，在当天下午，安东内斯库受到国王的传召，随后罗马尼亚现政府惨遭解散，安东内斯库及其他政府成员被捕。不久后，集团军群参谋长与从王宫返回的冯·基林格进行会谈，后者得到的消息是罗马尼亚已经成立了新政府，并准备签署停战协议。国王向他保证说，绝对不会出现罗马尼亚军队拿起武器对付德军的情况。但国王在当晚发表的广播演讲又让德国人的心悬了起来。他在广播中说道，罗马尼亚将加入同盟国，并对抗共同的敌人德国。同时，罗马尼亚还谴责了签订于 1940 年 8 月 30 日的《维也纳条约》——它将北特兰西瓦尼亚塞克勒狭地（Szekler Strip）割让给了匈牙利——这实际上就等同于对匈牙利宣战。

国王声明中的前后自相矛盾显然是由两大不同的停战条款所引起：尽管罗马尼亚政府在公开声明中接受了美国、英国和苏联三个大国在开罗谈判（于当晚开始）中提出的更为严苛的条款，却又指示本国代表团尝试修正协议草案，将苏联在秘密磋商里提出的让步——允许罗马尼亚在同盟国与德国的冲突

一名正在冲锋的苏军冲锋枪手

中保持中立，并在更为重要的战后安排中确保一个独立罗马尼亚国家的持续存在——包含在内。[①]

　　在 23 日午夜即将到来前，弗里斯纳与希特勒通电话，向后者报告了罗马尼亚政变的情况；并告诉本国元首他已经掌控罗马尼亚境内所有德国国防军，还准备将防线撤至喀尔巴阡山—多瑙河一线。午夜里，陆军总司令部作战处传达了一份来自希特勒的命令，后者要求粉碎罗马尼亚"政变"，逮捕国王和"宫廷佞臣"，并将政府移交给安东内斯库，或者说，如果他"不再有用"，那就交给一位亲德的将军管理。在得知冯·基林格、汉森和德国驻罗马尼亚空军指挥官阿尔弗雷德·格斯滕伯格航空兵上将均已被罗马尼亚人关押在公使馆后，弗里斯纳把希特勒的任务移交给了一名党卫军将军——他当时在布加勒斯特城外某处就职。这名党卫军将军在 0:30 报告说，其部队将在一个半小时之内从普洛耶什蒂（Ploeşti）抵达布加勒斯特，而后进入该城。

　　黎明到来前，汉森打电话告诉弗里斯纳，说罗马尼亚国防部长已经宣布，如果德国不立即停止对罗马尼亚新政府的敌对举动，该国军队将把枪口对准德军。汉森补充道，他本人和其他人都认为（罗国境内的）德军还未强大到足以攻占布加勒斯特。当弗里斯纳询问说现在是否受到了罗马尼亚人的限制时，汉森给出了肯定的回答。

　　弗里斯纳向元首指挥部转发了这份谈话摘要，同时提醒其同僚注意，罗马尼亚国王声称不会与德国为敌。几分钟后，约德尔打来电话说，汉森的决定肯定是在受到逼迫的情况下做出，而且不管如何，整体事态迟早都会出问题（即罗军很可能攻击德军），所以最好马上进行一次彻底的决断。几乎就在同时，格斯滕伯格打来电话说，罗马尼亚人现已将他释放，并希望他阻止德军箭在弦上的进攻行动。格斯滕伯格把罗马尼亚新政府描述成了由一群惊弓之鸟组成的弱小团体，靠着首都周围一道力量薄弱的防线进行自保。于是，弗里斯纳将布加勒斯特地区部队的指挥权交给了格斯滕伯格。

　　[①] 作者注：苏联人挟大胜之威，拒绝对罗马尼亚人让步，谈判一直拖到9月12日才结束。最终，苏联——或许是为自己的两面派行径所困，或许是出于其他方面考虑——同意将罗马尼亚武装部队划归苏军指挥，以共同对抗德军；作为补偿，苏方意减少赔偿数额，归还被割让的北特兰西瓦尼亚和罗马尼亚领土中战区之外的民事行政权。

7:30，6000 名德军开始向罗马尼亚首都进发。但他们在 10 分钟后就遭到了强烈抵抗，前进脚步因此受阻。快到中午时，格斯滕伯格无奈承认——截至目前——他还无法突入该城远郊。他占领了罗马尼亚人的广播电台，但除此之外并无值得一提的战果。此时，弗里斯纳了解到的情况是，没有一个罗马尼亚将军愿意和德国人一起向自己的首都进军。

下午，根据希特勒的命令，第 4 航空队轰炸了位于布加勒斯特的皇宫和政府大楼。这次轰炸不仅给罗马尼亚政府提供了一个彻底、公开与德国决裂——虽然事实上可能早已如此——的借口，也在反对德国的旗号下团结了全国人民的意志。截至当天结束，布加勒斯特周围的僵局仍未被打开，格斯滕伯格还在等待东南战区的援兵。同时，弗里斯纳向国防军最高统帅部发出请求，希望后者从匈牙利派遣部队增援；但后者回复道，他们在该国"同样收到了出现异常情况的报告"。

（五）第 6 集团军的毁灭

24 日和 25 日这两天是南乌克兰集团军群的灾难日。在 24 日，乌克兰第 2 方面军的先头装甲部队夺占了锡雷特河上的巴克乌（Bacau），并在伯尔拉德 (Barlad) 附近伯尔拉德河（Barladul River ）的下游河段渡过该河。除勤务部队外，第 6 集团军的所有部队都在向胡希东部和南部收拢，该集团军的 2 个军有部分兵力位于普鲁特河以西地区，但主力仍在该河以东。位于福克沙尼（Focsani）、仅能与各军保持断断续续的无线电联络的集团军司令部试图将全体部队转向南方，以渡过普鲁特河下游或多瑙河来逃脱苏军的追击。弗里斯纳预计苏军会在第 6 集团军抵达之前抢占和封闭渡场；因此，他下令第 6 集团军向西突破，越过巴克乌、逃入喀尔巴阡山。

25 日，当罗马尼亚向德国宣战时,南乌克兰集团军群的毁灭已成注定之局。该部不知道第 6 集团军现在的情况，也不知道德国在罗马尼亚的其他驻军和设施又有何种遭遇。弗里斯纳告诉陆军总司令部，德军在罗马尼亚的所有残余部队必须迅速撤入匈牙利，而后关闭喀尔巴阡山和特兰西瓦尼亚阿尔卑斯山（亦称南喀尔巴阡山）的山口通道。

26 日，托尔布欣的部队占领卡胡尔（Kagul），完成了对第 6 集团军的合围。

此时，马利诺夫斯基所部开始转向西南，越过了锡雷特河下游。从第 3 山地师右翼所在的特尔古尼亚姆茨（Targu Neamt）以西山脉到东南面 250 英里开外的多瑙河河口，南乌克兰集团军群已经拼凑不出哪怕一条像样的防线。然而，异想天开的希特勒到现在都还下令德军守住喀尔巴阡山脉、福克沙尼、加拉茨和多瑙河下游防线。

第二天，马利诺夫斯基的前锋部队越过锡雷特河，夺取了福克沙尼。第 6 集团军司令部投入后方勤务部队、极其勉强地在福克沙尼与加拉茨之间构筑了一道防线，随后撤向了布泽乌（Buzau）。来自被围部队的零星无线电报显示，苏军现已形成两个口袋，较大的那一个（包围了 10 个师）位于普鲁特河东岸的胡希，另一个（包围了 8 个师）正在胡希南部向西缓慢移动。在布加勒斯特北部，罗马尼亚人包围了德军的进攻部队。在普洛耶什蒂，第 5 高炮师丢掉了炼油厂和半个城市。从锡雷特河往后撤的第 8 集团军抽调不出足够的力量，无法在奥伊图兹山口（Oitoz Pass）及其北侧山口组建拦阻支队。虽然喀尔巴阡山脉为德军提供了掩护，但后者深远的侧翼，也就是从匈牙利东南端到铁门峡谷[1]、长达 190 英里的特兰西瓦尼亚阿尔卑斯山一线完全无人防守。第 4 航空队的飞机正使用该部剩下的全部燃料飞往匈牙利东部。在南面，并未正式对苏宣战的保加利亚人现在拼命地寻找办法来阻止苏军进入他们的领土——保加利亚人解除了所有越境进入本国的南乌克兰集团军群部队的武装，并扣押了他们。

（六）向喀尔巴阡山撤退

8 月 29 日晚上，陆军总司令部命令南乌克兰集团军群沿特兰西瓦尼亚阿尔卑斯山和喀尔巴阡山的山脊线构筑起一道坚固防线，与东南战区在铁门峡谷，以及与北乌克兰集团军群在波兰边境建立联系。组建于匈牙利东部的匈牙利第 2 集团军现亦划归弗里斯纳指挥。

事实上，山脉为德军提供了最好的保护，但前提是弗里斯纳搜罗出充足兵力，能够夺占和守住罗马尼亚境内的南喀尔巴阡山诸山口。第二天，当他报

[1] 译者注：铁门峡谷，即多瑙河在罗马尼亚与塞尔维亚边境处、切断喀尔巴阡山脉与巴尔干山脉所形成一系列大峡谷的统称。

告说第 6 集团军没有一个完整的师能逃脱出来时，情况就变得很清楚了——当前仍存在的只是集团军司令部和后方勤务部队人员，以及大约 5000 辆卡车；他们全都挤进了布泽乌山谷，到目前为止还看不出有任何可以逃出生天的希望。

南乌克兰集团军群目前总共还有 4 个完整的师，其中 3 个部署在左翼，并未遭受苏军打击；另 1 个则是于苏军发动进攻后，在离开集团军群防区的路途中被召回。实际上，该集团军群所扼守的不过是喀尔巴阡山脉中的一道不连续防线。如果苏联人决定实施一次快速突击，越过普雷代亚尔（Predeal）和特尔努 – 罗素（Turnu Rosu）山口、向北推进，集团军群参谋长补充道："两面夹击便会在那里等着我们。"

8 月 30 日，马利诺夫斯基的部队占领普洛耶什蒂，并从第二天就开始向布加勒斯特挺进。为执行最高统帅部大本营的命令，8 月 29 日，马利诺夫斯基分散了他的兵力——派出坦克第 6 集团军、第 27 集团军和第 53 集团军，沿罗马尼亚南部的喀尔巴阡山—多瑙河中间地带一直扫荡到塞维林堡（Turnu Severin）；剩下规模较小的那部分兵力则被用来将德国人赶出东喀尔巴阡山脉。苏联第 40 集团军会向德国第 8 集团军相对完整的左翼发起进攻；近卫第 7 集团军和戈尔什科夫骑 – 机集群则压向奥伊图兹山口，并越过山脉向锡比乌（Sibiu）和克卢日（Cluj）推进。

当苏军开始从喀尔巴阡山南部向西推进时，弗里斯纳发现他目前还有机会，至少也可以封闭普雷代亚尔和特尔努 – 罗素山口（东南部战区司令部负责铁门峡谷）。至于剩下的瓦尔肯（Vulcan）山口——其所在之处是东南战区和南乌克兰集团军群均无法顾及的。与此同时，考虑到成功夺取上述山口的可能性较低，弗里斯纳命令各集团军在穆列什河（Muresul River）上展开侦察，并试图构建一道横穿塞克勒地带西端的防线。

9 月 5 日，匈牙利第 2 集团军从克卢日附近发起向南的进攻，堵上了特尔努 – 罗素山口。德军在之前一天进行的空中侦察发现，乌克兰第 2 方面军显露出了调头向北推进的迹象。为此，弗里斯纳警告各集团军做好准备，一俟接到命令就迅速行动，一举撤入穆列什河后方。但他认为暂时还没有必要下达此项命令。匈牙利第 2 集团军克服了仓促重组的罗马尼亚第 4 集团军（9 月 6 日，罗马尼亚第 1 和第 4 集团军被置于马利诺夫斯基的指挥之下）的微弱抵抗，推

苏军坦克部队正在进入一个罗马尼亚城镇

进得十分迅速。

当天昼间内，第 6 集团军从布泽乌山谷中带出了最后一支德国部队。然而，此举和匈牙利人的成功不过是黯淡全局中仅有的少数亮点。在连续几天没有收到任何消息后，南乌克兰集团军群不得不撤销了被围在两个口袋中的 5 个军司令部和 8 个师的番号。在白天里，苏军向西抵达了位于铁门峡谷东南、距此地（峡谷）仅 10 英里的塞维林堡。夜幕降临前，弗里斯纳虽然已经得出结论——第 6 集团军和第 8 集团军将不得不撤退至穆列什河后方——但还是决定等上一两天再下命令，以尽量减少"匈进德退"的尴尬反差。

二、防线的重建

（一）向穆列什河撤退——匈牙利的危机

匈牙利第 2 集团军在 9 月 6 日继续向前推进，只是速度相较前一天有所下降。接管了第 8 集团军右翼军的第 6 集团军报告称，苏联人已出现在奥伊图兹山口，并在本集团军的南翼之外越过了普雷代亚尔山口，正在布拉索夫（Brasov）集结部队。弗里斯纳授权第 6 集团军，若是（受到的）压力过大，他们可以在夜间实施后撤；他还告诉古德里安，说匈牙利人不可能到达特尔努 – 罗素山口，因为罗马尼亚人已向苏联人请求帮助；此外，他也和匈牙利人进行过磋商，后者同意了退回到一条较短防线上。

第二天，匈牙利人的攻势陷入停顿。他们在之前两天取得的成功反而在南面更远的地方展现出了效果——当时正向铁门峡谷推进的苏联坦克第 6 集团军停下脚步，开始往北前进。该部的 1 个机动军正在越过特尔努 – 罗素山口，另 1 个则正往瓦尔肯山口推进。中午到来前，该集团军的先头部队已经通过特尔努 – 罗素山口，抵达了距离匈牙利军队前线仅 40 英里的锡比乌。因此，弗里斯纳决定停下匈牙利第 2 集团军的进攻行动，将其兵力添入防线，并投入德军所有搜集到的反坦克武器，以进行火力支援。第 8 集团军和第 6 集团军接到了命令，从当晚就开始撤退。同样是在当天夜间，陆军总司令部作战处请求希特勒下达命令，从而阻止该集团军群的撤退行动。当集团军群回复说行动早已开始时，作战处提醒道，希特勒"已注意到"第一阶段的撤退，而且接下来所有的决定都必须经过元首批准。

五天前，希特勒曾亲自指示弗里斯纳，让后者撤退到比原定的穆列什河防线再往西大约 40 英里的位置。但就在这几天里，德国独裁者又改变了主意，其中一个原因是他决定抓住本国最后一个真正的盟友匈牙利，另一个则是他对苏军的战略得出了一个新奇的判断。

第一个原因更为直接。自罗马尼亚投降以来，从未成为轴心联盟支柱力量的匈牙利在内政方面便一直处于严重的紧张状态。霍尔蒂解散了所有政党，并宣布自己效忠于德国。这一举动的目的看上去应是抓住有利机会，以吞并特兰西瓦尼亚的罗马尼亚部分——希特勒在罗马尼亚（对德国）宣战后只会对此表示欢迎。不过到了 8 月 24 日，匈牙利国内的情况已变得十分不稳定；为此，国防军最高统帅部在靠近该国首都的地方部署了 2 个党卫师，以镇压可能出现的反德政变。

然而，接下来几天的事态发展至少从表面上缓解了人们的担忧。在当前情况下，匈牙利军队——一支看上去忠于轴心联盟的军队——开始爆发出惊人的力量，动员部队与罗马尼亚这个世仇展开了斗争。8 月 30 日，洛格特什·盖扎上将被任命为总理，代替了生病的斯托尧伊·德迈；在任命内阁成员时，前者保留了当年春天德国人在匈牙利政府内部享有的权力。

但从另一方面看，霍尔蒂又将激进右派、狂热支持德国的箭十字党相关代表排除在了内阁之外。

9 月 7 日，第一次公开的警报响起：一份关于苏联人已出现在本国东南边界距布达佩斯 140 英里处的阿拉德且当地兵力空虚的虚假报告引发了匈牙利人的恐慌。匈牙利王国议会（Hungarian Crown Council）秘密召开会议，随后通过其总参谋长向德国陆军总司令部发出最后通牒，宣称德方如果不在 24 小时内派遣 5 个装甲师进行增援，匈方就会保留按其利益行事的权力。匈牙利人此举被古德里安称为敲诈行径，但后者还是给出承诺，说会像保卫德国一样保卫匈牙利。古德里安宣布将派出 1 个装甲军司令部和 1 个装甲师，后来又增加了 2 个装甲旅和 2 个党卫师，使该部兵力总数大致达到了匈牙利人所要求的 5 个师。由于该盟国国内的情况是如此不稳定，希特勒最终拒绝了出让塞克勒狭地——尽管弗里斯纳和德国驻布达佩斯的全权军事代表都向他保证，说匈牙利人甘愿吞下丢失领土的苦果。

9 月 9 日，弗里斯纳抵达布达佩斯。在这里，他说服了霍尔蒂以书面形式同意撤军。在与霍尔蒂、洛格特什和军方领导人的谈话中，弗里斯纳形成了令自己极其不安的印象，为此，他决定于第二天亲自向希特勒报告此事。在元首指挥部里，弗里斯纳了解到了本国元首不愿放弃塞克勒狭地的第二个原因：希特勒得出结论，在攻入巴尔干半岛后（乌克兰第 3 方面军已于 9 月 8 日进入保加利亚），苏联人会把其旧日野心的实现——对东南欧的政治霸权和控制达达尼尔海峡（Dardenelles）——摆到向德国本土进军的前面。苏联的这种做法将损害英国的利益，随后战争会往有利于德国的方向转变。因为英国将意识到这一点，即他们需要德国作为一个对抗苏联的缓冲地带。①由于撤退已经开始，希特勒在会面结束时同意了南乌克兰集团军群撤至穆列什河，不过条件是要对部署进行调整以保护瓦特拉多尔内（Vatra Dornei）的锰矿区，并用防线守过这个冬季。在听取了弗里斯纳的报告后，德国独裁者还决定"邀请"匈牙利参谋长，于第二天进行谈话。

10 日，霍尔蒂在布达佩斯与一批有名的政治人物举行了会谈。第二天，他通知本国内阁，称自己将要求停战，并希望知道有哪个成员愿意分担这一责任。但投票结果令他极度失望：根据当时德国人收到的报告，霍尔蒂遭到了几乎全部人的反对，只有 1 个人投赞成票（不过后来他宣称有 3 个人支持自己）。内阁随后要求他辞职，只是霍尔蒂拒绝了这一要求；或者说正如其在回忆录中所言，他"决定不解散内阁"。

不管如何，当 12 日匈牙利总参谋长出发前往德国元首指挥部时，其身份仍然是德国人的盟友。但被耽误的一天引起了希特勒极大怀疑，他告诉匈牙利

① 作者注：当苏联和西方盟国间分裂的可能尚且远在天边时，德国人却将其视为救命稻草，而且这种推理很难被驳倒——弗里斯纳在战后评论道，当时他就认为希特勒是在据理而谈，而非单纯玩弄空洞的理论。

军方称，其本人对该国政府不再抱有信心。正如安东内斯库在 8 月时所做的那样，匈牙利总参谋长的访问同样是在双方的相互抱怨和指责中进行，最终的结果也被掩盖在了多少有些空洞的承诺的云遮雾罩之中。在该参谋长离开时，古德里安送给了他一辆崭新的梅赛德斯豪华轿车——几周之后，这辆车在他去苏联人那里时派上了用场。

（二）希特勒计划反击

南乌克兰集团军群于 9 月 15 日完成了向穆列什河的撤退。在保加利亚，托尔布欣的部队暂时停下脚步，马利诺夫斯基从南方发起的攻击也比预期晚了一些——他的坦克和卡车在穿越山口时饱受机械故障的困扰。除此之外，北方出现了新的威胁：9 月 9 日，乌克兰第 4 方面军开始突破第 1 装甲集团军防线，越过捷克斯洛伐克东部贝斯基迪（Beskides）山脉中的杜克拉山口（Dukla Pass），随后向乌日哥罗德（Uzhgorod）进发。与此同时，德国人还在该地区后方、斯洛伐克人爆发的一次起义中遇到了麻烦。在这次起义中，该国国防部长和 1 个师的斯洛伐克军队已经投向了游击队一方。

在弗里斯纳尚未离开元首指挥部时，希特勒已经对其发出指示，要求他采取进攻性的手段，并使用新近增派给他的那些师。德国独裁者希望将上述各师集结在克卢日附近并向南发起进攻，以歼灭苏联的坦克第 6 集团军和第 27 集团军，重新夺回普雷代亚尔山口和特尔努－罗素山口。弗里斯纳于 9 月 15 日发布相关训令，但该行动看上去还是很难如期发起——希特勒已将部分增援部队部署到布达佩斯，以应对那里的政治危机。

在前线作战，具体来说是对罗马尼亚人的战斗中表现还不错的匈牙利人却不愿意真正卷入与苏联人的对抗中。为坚定他们的意志，南乌克兰集团军群将匈牙利第 2 集团军与第 6 集团军合并，并在第 6 集团军司令弗雷特－皮科的领导下组建了弗雷特－皮科集团军级集群。17 日，皮科报告说，第 2 集团军现已处于"灾难性"的状态：有 1 个山地旅（的成员）已经逃走了。

（三）德布勒森坦克会战

本月中旬里，最高统帅部大本营也下达了新的指令——指示仍被纠缠在保加利亚的托尔布欣将第 46 集团军交给马利诺夫斯基，同时将普利耶夫骑－机集群从乌克兰第 1 方面军转移至乌克兰第 2 方面军（由马利诺夫斯基指挥）。随后，最高统帅部大本营指示马利诺夫斯基，让他集中力量从克卢日向德布勒森（Debrecen）、蒂萨河（Tisza River）及米什科尔茨（Miskolc）方向实施主要突击，以此与乌克兰第 4 方面军向乌日哥罗德的推进相互配合。在从 9 月 16 日开始的那个星期里，坦克第 6 集团军和第 27 集团军曾多次试图占领克卢日，不过皆以失败告终。因为按照希特勒的计划，克卢日正是南乌克兰集团军群防守决心最坚定的地方。

弗里斯纳的力量远不足以完成不仅在克卢日打一场会战，同时还在西面建立起一道防线这么艰巨的任务。9 月 20 日，掩护弗里斯纳西部侧翼的匈牙利人被苏军的一次小规模进攻踢回了阿拉德（Arad），而且在第二天不战而逃，放弃了这座城市。此后，匈牙利总参谋部组建了一个新的集团军，即主要由新兵和新近召回的预备役军人组成的第 3 集团军，用以防守阿拉德两面的防线。同时，匈牙利人很不情愿地同意了将该集团军划归南乌克兰集团军群指挥。

尽管该集团军群（于 9 月 23 日午夜更名为南方集团军群）确信马利诺夫斯基还未在阿拉德积蓄起足够力量，可以向布达佩斯发动进攻，但阿拉德的失守还是让匈牙利首都再次陷入恐慌。德国驻布达佩斯的军事代于 23 日报告称，匈牙利指挥层完全丧失了勇气：他们已经把第 1 集团军撤回边境，并将第 2 集团军的 2 个师调往西面，还希望将第 3 集团军撤回蒂萨河。德国陆军总司令部迅速将匈牙利部队赶回防线内，并废除了匈牙利本土发给他们的命令。考虑到匈牙利人的态度，古德里安随后派遣了几支强大的装甲部队，将其部署在布达佩斯郊外"进行人员休整和装备维修"。

匈牙利人的担忧虽然出现过早，却算不上多么严重。马利诺夫斯基正将其主力向西转移到阿拉德—奥拉迪亚（Oradea）地区，而南方集团军群的德军部队还是太少，无法跟上苏军的行动（以做出合适的反应）。24 日，当弗里斯纳提出增援要求时，陆军总司令部作战处回复道，该局能理解集团军群的请求，但其（集团军群）至今仍未收到任何消息是因为希特勒到现在还相信苏联人将会首先尝试解决巴尔干问题——用他们（苏联人）自己的方式。

25 日，坦克第 6 集团军的部队从克卢日向西转移，逼近了奥拉迪亚。弗里斯纳告诉希特勒，说苏军的下一次进攻将越过塞格德（Szeged）—奥拉迪亚一线，要么冲往西北方向的布达佩斯，要么沿蒂萨河北上、与越过贝斯基迪山脉的乌克兰第 4 方面军会师。由于缺乏装甲和步兵力量，他无力阻止苏军的推进。陆军总司令部作战处答复说，希特勒打算在德布勒森周围集结和组建一个由 4 个装甲师组成的打击集群，而后向南发起进攻，但这在 10 月 10 日之前无法完成。因此，在这一日期前，弗里斯纳只能依靠自己的力量，在塞格德—奥拉迪亚地区压制住苏军的进攻势头。

到月底，希特勒已经为他准备组建的打击集群制定了详细的行动计划：这次进攻行动将向南越过奥拉迪亚，而后掉头向西、沿特兰西瓦尼亚阿尔卑斯山的边缘推进，将苏军围困在该山脉以北地区；歼灭被围苏军后，南方集团军群将有能力在山脉中建立一道易守难攻的冬季防线。在之前好几天里，用来集结这一打击集群的时间看上去都是充裕的——在 9 月 26 日攻占奥拉迪亚、并于 28 日击退德军的反击后，乌克兰第 2 方面军的攻势分散成了众多毫无具体目标的小规模突击。

最高统帅部大本营也在寻找一个快速而彻底的解决方案（见战场形势图 31）。根据其命令，马利诺夫斯基将在阿拉德南北两边广阔的正面上部署第 46 集团军、第 53 集团军和普利耶夫斯基－机集群，突击越过蒂萨河，随后向布达佩斯推进；其右翼的坦克第 6 集团军——现已成为近卫坦克第 6 集团军——会攻击越过奥拉迪亚，向德布勒森、蒂萨河及米什科尔茨推进，与越过杜克拉山口（Dukla Pass）和乌日哥罗德的乌克兰第 4 方面军先头部队会师，完成钳形合围，以困住南方集团军群、第 1 装甲集团军和匈牙利第 1 集团军。此外，苏联第 27 集团军、罗马尼亚第 1 集团军和戈尔什科夫骑－机集群将从克卢日郊区向北发起进攻，具体指向德布勒森。

苏军的这个计划过于雄心勃勃，甚至超出了他们的能力范围。在夏季攻势进行到这一阶段的同时，苏军已无充足的人力和装备可以进行如此大规模的集结。两个方面军（乌克兰第 2 和第 4 方面军）都深刻体会到了远距离推进和频繁战斗带来的不利影响，他们的补给线也已经被扯过了极限。由于轨距不同，罗马尼亚境内铁路对苏联人的用处（如果真的有）还远不如它们对于德国人，乌克兰第 2 方面军在德涅斯特河以西地区的补给主要还是依靠汽车运输来实现。马利诺夫斯基过于宽广的正面稀释了部队的力量，其单位正面内的实力仅为苏军正常进攻标准的一半左右。乌克兰第4方面军穿越杜克拉山口的行动——作为此项大计划的先决条件——实施得也谈不上令人乐观：它从一开始就进行得十分缓慢，到本月底更是几乎陷入了停滞状态。

9月结束后，苏军对杜克拉山口的进攻终于开始取得进展——部分原因是希特勒为了集结起德布勒森附近的那支打击力量，从这里抽走了1个装甲师。

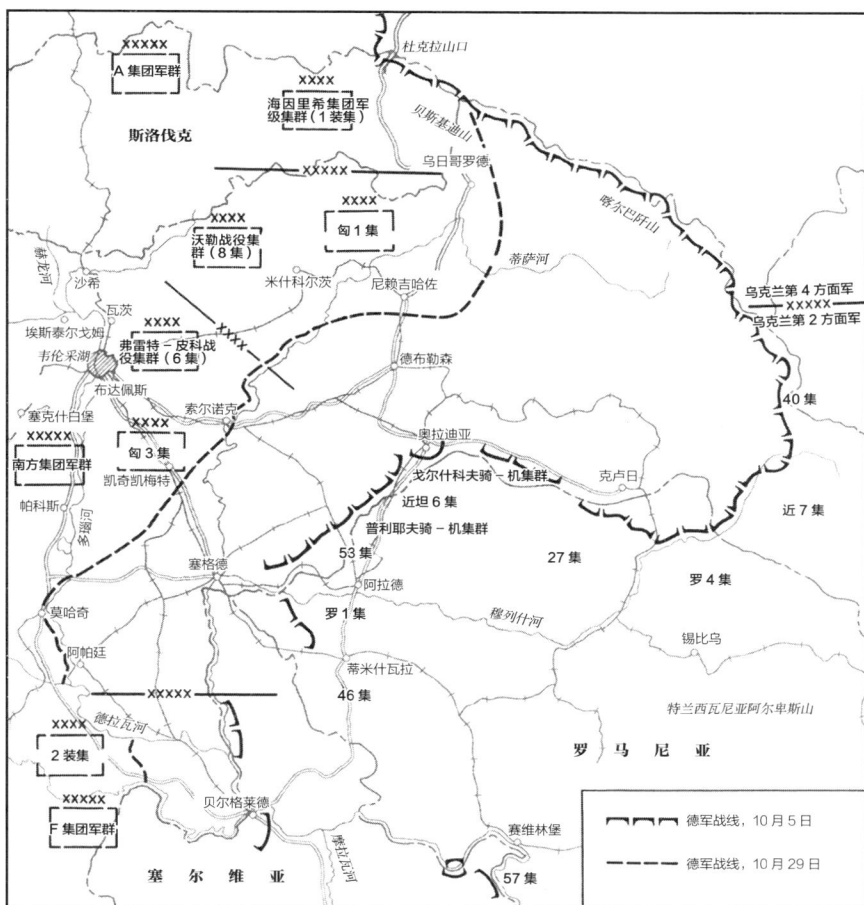

战场形势图 31：南方集团军群，1944 年 10 月 5—29 日

10月6日，苏联人夺占了杜克拉山口。当天早上，马利诺夫斯基的部队发起进攻，匈牙利第3集团军在苏军的打击下如汤沃雪般消失得无影无踪。但在奥拉迪亚，德军挡住了近卫坦克第6集团军的推进，该集团军被迫停下了脚步。

8日，当左翼部队靠近蒂萨河后，马利诺夫斯基调转了普利耶夫骑-机集群的方向，使该部往东南方向的奥拉迪亚后方地域发起攻击。此举粉碎了德军的防御。到夜幕降临时，苏军的1个坦克军和1个骑兵军已在德布勒森西面站稳脚跟。在希特勒的抗议声中，弗里斯纳向沃勒集团军级集群发出命令，让该部从穆列什河防线往后撤退。

南方集团军群在布达佩斯附近仍部署有1个装甲师的兵力，作为打击集群组成部分之一的另1个装甲师则驻扎在德布勒森。10月10日，各师在德布勒森以南地区向东西两面发起对进攻势，突入了苏军先头部队的侧翼。当天深夜里，德军前锋部队成功会师。他们现已切断苏军3个军与其他部队的联系。南方集团军群开始幻想"另一次坎尼会战"的实现可能，希特勒则命令沃勒集团军级集群在下一道撤退阶段线上停下了脚步。

第二天，近卫坦克第6集团军发起了一次猛烈攻击，试图将己方被围部队救出。此后，到底是谁包围了谁这个问题变得越来越模糊，难以得出准确答案。平坦的匈牙利平原上演了战争中最为激烈的一幕坦克争锋。马利诺夫斯基将他剩下的集团军都投入了战场。到12日，当口袋里的苏军挣扎着使德军的包围圈逐渐变松时，弗里斯纳又命令沃勒集团军级集群继续撤退。14日，苏军已在肃清德军之前的包围圈；此时，南方集团军群也开始集中精力，试图建立起一道足够强有力的防线，以防止苏军继续向北推进。在杜克拉山口以南的贝斯基迪山脉，乌克兰第4方面军再次缓慢向南移动，并打算穿过东面更远的一系列较小山口。

（四）霍尔蒂请求停战

在德布勒森的战斗中，德国人意识到他们正如陆军总司令部中有人所说的那样："在火山口上跳舞。"在布达佩斯，他们能感觉到变故或许会在任何一天，甚至下一个小时里出现。德国人的怀疑并非空穴来风：9月底，霍尔蒂派遣代表到莫斯科就停战协议进行谈判；10月11日，他们拟好并草签了一份协议草案（未注明具体日期）。为应对可能出现的突发事件，希特勒派出了两名"专家"——分别是党卫军冯·登·巴赫－热勒维斯基将军和党卫军奥托·斯科尔泽尼上校。冯·登·巴赫在处理起义方面有着丰富经验，他最近的一次经历是在华沙；斯科尔泽尼则指挥过拯救墨索里尼的敢死特遣队。

发生在匈牙利的危机没有德国人预料之中那么严重。作为本国整整一代人的国家元首，霍尔蒂积攒起了巨量的个人声望，但他的权势已经下跌，其政治地位亦受到严重影响。议会中，右派政党在10月第一个星期里组成了一个反对霍尔蒂、支持战争、亲近德国的多数派联盟。军队为此也陷入分裂状态：一些将军和许多资深参谋军官希望将战争持续下去。10月8日，盖世太保逮捕了作为霍尔蒂最忠实和最有潜力支持者之一的布达佩斯卫戍司令；15日，他们又逮捕了霍尔蒂的儿子，后者在争取停战一事中发挥了主导作用。

苏联要求匈牙利在10月16日前接受停战条款。布达佩斯广播电台于15日下午播出了霍尔蒂的声明，宣称他已经接受苏联人提出的条款。但这时他已经成为孤家寡人：洛格特什内阁全体辞职，给出的理由是无法批准停战协议；议会也没有就停战谈判进行过讨论。

第二天早上，伴随着零星的枪声，德国人占领了皇宫，劝说霍尔蒂"请求"德国的庇护。霍尔蒂的最后一次官方行动便是在德国人"保护"下，任命箭十字党领袖萨拉希·费伦茨为自己的继任者。萨拉希最有名的特征——在过去是不管语言还是书面表达方面的语无伦次；而在取得本国统治权后，则是他任命自己为"纳多"（即领袖，拥有摄政王的所有权利和义务）这一事件。

10月17日，古德里安在一份宣布匈牙利的政治斗争已经取得胜利的命令中指出，己方采取的下一步行动将会把德国和匈牙利的所有力量集中到前线。然而他并未说明要怎样才能做到这一点。从军事层面上看，这场所谓的"胜利"只是相较于德匈一拍两散——如果霍尔蒂成功实现自己的停战意图——这一结局而言。经此一事之后，匈牙利军队的士气降至谷底，包括总参谋长在内的部分军官、一些整建制部队，还有许多人员（以个人名义）都向苏军投降了。苏方还鼓励其他匈牙利人弃暗投明，并承诺那些生活在苏联控制区内的士兵可以复员归家。

（五）退守蒂萨河

10 月 16 日晚，希特勒命令南方集团军群在坚持将德布勒森的战斗继续下去的同时，开始准备将沃勒集团军级集群撤回蒂萨河一线。同一时间内，马利诺夫斯基重新部署了他的装甲力量，于德布勒森以南地区集中了 2 个骑 – 机集群和近卫坦克第 6 集团军。10 日，普利耶夫骑 – 机集群突击越过了德布勒森，并在 2 天后夺占尼赖吉哈佐（Nyiregyhaza），切断了沃勒集团军级集群主要的对外交通线路。

同时还指挥匈牙利第 1 集团军（在其左翼）的沃勒集团军级集群扼守着一道弧形防线，该集团军级集群中心位于尼赖吉哈佐以东 80 英里处。弗里斯纳早先的想法是把该部（集团军级集群）撤向西部和北部，绕过尼赖吉哈佐。其参谋长则说服了他去尝试一种更大胆的策略，即让沃勒的右翼在德布勒森和尼赖吉哈佐之间来一个 180 度的调头，向正西推进，与在尼赖吉哈佐和蒂萨河之间向东发起进攻的第 6 集团军装甲师相配合，突入苏军的侧翼。

德国人在上述行动中运用了他们闪电战时期的高超技巧和精准性原则。23日，德军 2 支部队在尼赖吉哈佐会师，并切割分散了苏军 3 个军的兵力。在苏军挣脱包围圈之前，沃勒集团军级集群投入了几乎全部兵力，从东面击败了这些敌军。三天后，德国人重新占领尼赖吉哈佐。29 日，口袋里的苏军幸存者丢弃了他们的坦克、车辆和重型武器，最终逃往南方。

就在这一天，南方集团军群两个月以来首次掌握了一道完整防线：北部，它在蒂萨河以东绕着尼赖吉哈佐转了一个大弯，而后沿着蒂萨河中游向南一直延伸到索尔诺克河（Szolnok River）下游，在那里偏离蒂萨河，经过凯奇凯梅特（Kecskemet）抵达莫哈奇（Mohacs）附近的多瑙河，并在德拉瓦河（Drava River）河口与 F 集团军群建立起了联系。然而，这并不是一道可供长期使用的防线：蒂萨河两岸地势平缓，无法提供任何保护——匈牙利第 3 集团军之前据守的阵地比现在位于蒂萨河与多瑙河之间开阔地带的这些要强出不少，可最终还是被苏军轻易攻破，更别说当前德军所构筑的（这道防线）了。

第十七章

撤退和包围

一、巴尔干半岛

（一）东南战区

德国人的东南战区是一个建立在巴尔干传统观念之上、随意性极强的组织（见战场形势图 32 ）。它不仅继承了该地区许多历史遗留问题，同时还在轴心国军队入侵的过程中增添了更多新的麻烦：三国共同占领（包含德国、意大利和保加利亚）；希特勒对南斯拉夫的无情肢解；德国人、意大利人、保加利亚人、民族主义者、分裂主义者和共产主义者之间纠缠的利益及竞争关系；以及西方国家和苏联的别有用心——一边在联手建立反德同盟，另一边却很早就开始盘算战后势力范围的划分。1943 年春天，盟军从海上进攻东南战区已逐渐成为可能；一年之后，苏军也做好了从东部发起攻势的准备。

1943 年 8 月前，意大利在巴尔干战区占据着面积最大的领土——黑山、阿尔巴尼亚、克罗地亚西部的三分之一和希腊的三分之二；德国控制着斯洛文尼亚北部、塞尔维亚、马其顿萨洛尼卡（Salonika）周边地区、希土边界上呈长条状的希腊领土、比雷埃夫斯、爱琴海诸岛和克里特岛；保加利亚占领了西色雷斯和南斯拉夫马其顿；匈牙利和罗马尼亚各自分得了南斯拉夫多瑙河以北的一片土地；克罗地亚（包括波斯尼亚和黑塞哥维那）则是处于安特·帕韦利奇博士和他的乌斯塔什运动领导下的半自治国家。意大利投降后，德国接管了该国占领区；保加利亚占领区有所扩大；阿尔巴尼亚和黑山成立了与塞尔维亚及希腊相似的傀儡政府。

意大利的投降大大加重了德国在巴尔干的军事和行政负担。军队关于兵力的需求只能得到部分满足，而且主要是依靠当地合作者提供力量。在指挥机构的配置上，东南战区却得到了近乎奢侈的对待：魏克斯元帅被希特勒任命为该战区司令，同时兼任 F 集团军群司令；从某种意义上看，他也是自己的下属。就第一个职务而言，魏克斯是战区最高指挥官；第二个职务则赋予了他对驻南斯拉夫和阿尔巴尼亚德军的作战指挥权；同时，为了监察亚得里亚海的海岸防御事宜，他还获得了对第 2 装甲集团军司令部的控制权。希腊和爱琴海诸岛上的作战行动则由 E 集团军群司令亚历山大·勒尔负责。E 集团军群（司令部）位于战区司令部之下，但不是其直接下属。国防军最高统帅部已经任命了一名东南军事指挥官，他负责该地区的军政管理事务，并处理本国政府与仆从国政府之间的关系。

东南战区司令部肩负如下两大军事职责：1. 保卫巴尔干半岛的海岸；2. 打击本地区内部的游击运动。由于该地区地形多山，加之德国人无力在一个相对不活跃的战区内维持一支需要众多车辆和装备的机动力量的存在，因此，本地区海岸采用的是定点防御体系，魏克斯只能将他的力量分散部署到一个广阔的区域内。另外，他麾下那些战斗力最强的部队被陷在了克里特岛和爱琴海诸岛中，在 1944 年春季之前，这些兵力完全是静止不动的，能与他们联系上的手段也只有飞机和小型登陆艇。在反游击运动方面，德军总是挤不出足够兵力，从而对游击队发动一次彻底的清剿；不过从另一方面看，当地游击队之间的矛盾和冲突同样给德国人带来了不少好处。

巴尔干地区的第一次游击运动，即德拉卡·米哈伊洛维奇上校的"切特尼克"运动是在 1941 年轴心国军队进攻南斯拉夫战役结束之前发展起来的。但是，在约瑟普·布罗兹·铁托的游击队开始活跃后，"切特尼克"组织把他们的大部分精力都投入到了针对铁托游击队的战斗中——对于 1944 年 5 月之前一直担任南斯拉夫流亡政府战争部长的米哈伊洛维奇而言，他最关心的问题是确保君主制在战后的恢复和保障塞尔维亚（在南斯拉夫内部）的主导地位。

铁托的游击队是巴尔干诸游击队中规模最大、战斗力最强的。意大利人撤退后，该游击队成功接收了大量武器装备，其中甚至包括一些火炮和坦克；

2 装集

匈牙利

罗马尼亚

斯洛文尼亚

莫哈奇

阿拉德

乌克兰第 2 方面军

萨格勒布

武科瓦尔

蒂米什瓦拉

53 集

东南战区
（F 集团军群）

贝尔格莱德

潘切沃

铁门峡谷

塞维林堡

克罗地亚

沙巴茨

格罗卡

波斯尼亚

E 集团军群

塞尔维亚

大普拉那

博尔

46 集

多瑙河

久尔久

黑塞哥维那

萨拉热窝

克拉古耶瓦茨

东南战区军事指挥部

克里纳河

摩斯塔尔

德里纳河

克拉列沃

尼什

57 集

贝拉 - 帕兰卡

乌克兰第 3 方面军

黑山

米特罗维察

xxxxx 保 2 集

索菲亚

保加利亚

亚得里亚海

克里苏拉

保 1 集

阿尔巴尼亚

斯科普里

斯特鲁马河

保 4 集

意大利

地拉那

普里莱普

色雷斯

马其顿

萨洛尼卡

E 集团军群

奥林匹斯

科孚岛

梅索沃山口

拉里萨

爱琴海

希腊

爱奥尼亚海

帕特雷

雅典

科林斯地峡

伯罗奔尼撒

基克拉泽斯群岛

基西拉岛

━┌┐━ 战线，1944 年 9 月 21 日

┅┅┅ 战线，1945 年 1 月 15 日

战场形势图 32：东南战区，1944 年 9 月—1945 年 1 月

此外，举行于 1943 年 11—12 月的德黑兰会议也给他们提供了不少装备。之后，铁托游击队的力量得到了极大提升，后来逐渐上升到了国家军队的层面，并获得了西方盟国和苏联全力支持的承诺。可就算这样，在"切特尼克"和其他民族主义团体的帮助下，德国人还是设法将铁托游击队的活动限制在了南斯拉夫西部地区——前意大利占领区，也是铁托长期经营的根据地——直到 1944 年秋季。

在希腊，游击运动以及共产主义和民族主义运动出现较晚，而且远不如南斯拉夫的游击运动那么强大。虽然英国费尽心思，想统合这些力量；但在大多数时候，他们（各类运动）更喜欢做的仍是互相争斗，而非与德国人作战。当共产主义者在与民族主义者的争斗中占据上风时，后者便与德国人谈判休战，这一局面一直持续到了 1944 年 8 月。

在德国人的战略构想中，东南战区的存在首先会威胁到英国在地中海东部的海上航线；其次，它还能平衡盟军施加于中立国家土耳其之上的压力。然而到了 1944 年中期，这两方面的效力已经完全消失：从军事上看，与那些战事频繁的战线相比，东南战区早已成为一大负担（白白消耗了宝贵的兵力资源）；但问题是，该战区任何地域的兵力真空又会让西方盟军获得新的进攻基地或是在欧洲大陆上的另一个立足点，进而很有可能导致土耳其放弃中立，或者至少也会大大增加保加利亚、罗马尼亚及匈牙利等国政府的不安情绪。

因此，东南战区的德军部队就这样被绑死在了自己的防区上，苦无用武之地；当最致命的威胁终于出现在背后时，他们却紧紧盯着大海的方向。调转方向可能——甚至是必定——会造成严重的军事和政治影响；但不管怎么说，做出这种决定的那一天总会到来的这一事实并没有引起人们的充分重视和思考。其原因看上去是该战区的角色——从某种程度上说它仍有一个角色——被认为是战略性的，因此获得了希特勒和国防军最高统帅部的关注。魏克斯或许已经意识到，他将在某天被卷入东线的某一场混战之中。不过，在此事发生或确定即将发生之前，他的（东南）战区和东线之间的关系便还是一个宏观的战略问题，只能交由最高层进行评定。此外，作为一名国防军最高统帅部战区的指挥官，魏克斯与其东线的同僚分属两个完全不同的指挥体系（OKW 和 OKH），就像是在打两场完全不同的战争。

（二）魏克斯和希特勒坐视战局发展

东南战区的第一个明显变化发生在 1944 年 8 月初。土耳其和德国于本月 2 日的决裂大大增加了盟军在爱琴海诸岛登陆的可能性，同时还点醒了保加利亚政府，使其开始认真考虑退出战争的问题。在接下来两周内，保加利亚人重新建立了与苏联人之间的领事关系，并对德国人在其领土上的活动进行了限制。由于德军在该国只承担一些小规模任务，而且魏克斯无力从其他地方挤出兵力，因此，在保加利亚发动一场政变的可行性便被否决了。此外，保加利亚军队还装备有德国制造的坦克和飞机，考虑的他们在战争中所扮演的只是"小角色"，这些装备可以说是相当精良了。

8 月 17 日，保加利亚总理告诉本国议会，说政府"决心消除迎来和平的一切阻碍"。魏克斯因此得出结论称，如果保加利亚人叛变，那么轴心国军队在希腊的东部侧翼和色雷斯的海岸防线就会暴露于极大的风险之下，他将不得不把驻希腊德军撤回南斯拉夫边境地区。此时，他还不知道自己在东方的同僚弗里斯纳也已经对罗马尼亚政府产生了强烈怀疑；相应地，弗里斯纳亦是在很久之后才知道保加利亚出现的情况。两个德国将军想当然地认为，对方正在维护自己后方地区的秩序；而且他们显然都以为希特勒仍旧掌控着政治全局。

8 月 23 日，当罗马尼亚正在退出战争的消息传来时，魏克斯正位于元首指挥部。由于近期发生在罗马尼亚和保加利亚的事情，希特勒决定，希腊的防线——尤其是伯罗奔尼撒的前线——在今后将被当成警戒线对待，相关部队会在美国和英国军队发动进攻时撤离。防御体系的重心将向北转移到南斯拉夫，总的趋势是把 E 集团军群向北转移，并将其力量集中在雅典—萨洛尼卡—贝尔格莱德铁路线周围。

8 月 25 日，希特勒下达命令，让所有平民和非战斗人员撤出了可能突然变成战区的区域。由于在罗马尼亚领土上的德军直到最后一刻才试图撤出该国，由此带来的恐慌和混乱给希特勒造成了巨大刺激——他下达前文所述命令的原因便是如此。不过，当这项命令真正落到实处时，它也给魏克斯创造了一个机会，使其可以砍掉那些过于沉重的行李和行政开销——在希腊这里尤其高昂：愿意为阳光和古老纪念碑环伺下的"最终胜利"贡献自己力量的妇女、学者和其他人都获得了与之相匹配的任命，但这同样导致相关官僚机构变得十分臃肿。

罗马尼亚投降后，希特勒、国防军最高统帅部和魏克斯仍然打算继续等待和观察，尽管这种做法可以说是老成持重，然而战区部队当前的状态、罗马尼亚战局的发展似乎都在呼吁他们尽早做出决定。

若是以"战术工具"这一标准来判断，东南战区的部队既算不上反应灵活，也谈不上非常可靠。该战区部队兵力数是 90 万人，其中包含有海军与空军分遣队，还有德国人所谓的"国防军辅助人员"，以及技师、官僚、警察和纯粹的向导。地面部队的规模大约为 38 个师和旅，共计 60 万人，其中包括 7 个保加利亚师，9 个编有苏联、意大利、阿拉伯和巴尔干各民族人员的国际合作师。德军部署在此地的 15 个师和 7 个要塞旅大部分不是一级部队，他们中的绝大多数人并未经历过充分的战斗训练，也没有获得合适的作战装备。部分师和要塞营几乎完全是由超龄和身体有缺陷的人员组成。就总体实力而言，驻希腊的 E 集团军群最为强大，总兵力为 30 万人，其中有 9 万人驻扎在爱琴海诸岛上；该集团军群的德军占比略微超出了整个战区的平均水平——占其总数一半的师和除 1 个之外的所有要塞营都是德国部队。此外，战区下辖各部队的机动能力亦存在一定差异，从"低"到"不存在"不等。战区内的交通路线分布稀疏且大多落后，只有 E 集团军群拥有一条铁路线，即雅典—萨洛尼卡—贝尔格莱德铁路；它和另外一两条路况相对较好的公路穿过了保加利亚人占领的马其顿，最终通向希腊。

8 月 26 日，魏克斯指示从希腊抽出 1 个山地师，并将其转移到保加利亚占领区以北的塞尔维亚南部。30 日，就在保加利亚退出战争的几天之前，他

铁托（右）与游击队其他领导人

又命令该山地师在尼什（Nis）停下，同时把 1 个党卫师和 1 个空军野战师从希腊调入保加利亚占领区，准备用这些部队守住斯科普里（Skoplje）这个公路和铁路枢纽。

国防军最高统帅部——比魏克斯略早一些——于一天前（25 日）发布了"东南防御命

令"。该命令指示魏克斯将他的预备队部署到贝尔格莱德—尼什—萨洛尼卡地区，并做好将希腊境内德军撤入科孚岛—奥林匹斯山一线后方地区的准备。为了更好地实施将部队从岛屿上撤出这一行动，相关部队的休假时间也有所增加。但总的来说，目前"最重要的"目标还是避免给人们留下德军正在撤退的印象。

（三）保加利亚投降

由于本国军队从来没有与苏军直接交手，保加利亚人希望获得一份可以让他们恢复完全中立、并阻止苏联人进入自己国家的停战条款。为表明自己的态度，他们愿意帮助土耳其人击退德军的任何——在当时至少可以说是假想中确实存在的——入侵企图；他们要求德国人撤出其作战部队；他们还解除了从罗马尼亚越境逃入本国的德军的武装，并拘禁了这些人。然而不幸的是，保加利亚代表在与苏联驻土耳其代表的谈判中并未取得什么进展。

9月2日，也就是苏军抵达本国多瑙河边境上的久尔久（Giurgiu）当天，保加利亚成立了一个新内阁；2天之后，保加利亚人单方面宣布结束与同盟国军队之间的战争，并恢复完全中立。但对苏联人来说，这远远不够。苏方宣称，中立的保加利亚将成为撤退德军的庇护所，并于9月5日正式对该国宣战。

8日晚，即乌克兰第3方面军越过边境当天的晚上，保加利亚向德国宣战。此时，德军的调整工作已经全面展开。德国的军事特派团已撤离保加利亚；在马其顿，德国人轻易解除了当地保加利亚占领军的武装并扣押了他们；在斯科普里，3个保加利亚师丢弃了自己的武器和装备，不得不逃入山中；在普里莱普（Prilep），德军的几个团与保加利亚人爆发了一场冲突，直到本月的第四周才最终结束（这场冲突）。

（四）东部战线

罗马尼亚投降和保加利亚叛变的结果之一便是在战场东面开辟出了一条从匈牙利边界直到爱琴海的战线，德国东南战区司令部无论如何都必须守住这条425英里长的防线。从当前情况来看，南部存在的危险最大。如果E集团军群能逃出希腊，那么他们还需要在萨洛尼卡—斯科普里—尼什线以东地区建立一道防线。9月9日，魏克斯将E集团军群的作战分界线往北移到了克里苏拉（Klisura），并将阿尔巴尼亚也移入了该集团军群防区。这就导致勒尔的部队承担起了撤退途中己方最脆弱部分的防卫任务。E 集团军群的一些部队已经进入马其顿，另一些则还在从岛屿撤至萨洛尼卡的路上。到本月中旬，该集团军群成功堵住了战前边境线上的缺口，并在斯特鲁马河（Strimon River）上构筑了一道防线。不过，最麻烦的问题还是运力的缺乏，他们无法将部队及时部署到防线上，同时还要考虑对那些从岛上撤出部队进行重新武装。

在克里苏拉和铁门峡谷之间的 F 集团军群防区，当近卫坦克第 6 集团军的装甲矛头于 9 月 5 日抵达塞维林堡时，德军 1 个被派往东部控制铁门峡谷的摩托化旅不得不在贝尔格莱德停下脚步——盟军的空袭摧毁了桥梁。当苏联的坦克集团军在 6 日掉头北转后，东南战区司令部沿着南斯拉夫边境建立起了一道兵力薄弱的防线，该防线在铁门峡谷以西横跨过了多瑙河。在本月中旬，魏克斯派出 1 个师的部分兵力外加 2 个警察营，他们进入了南乌克兰集团军群的防区，打算占领和控制蒂米什瓦拉——它是向南通往匈牙利平原和巴纳特地区的门户。第 2 装甲集团军则不得不暂时待在原地，以便在匈牙利人投降后，阻止克罗地亚人效仿这一举动。

此时，德军上下都普遍接受的一个事实是：E 集团军群已经无法在希腊再待下去，而且及时将其撤出的难度也越来越大，可能性越来越小。但魏克斯不想让自己轻率做出决定——这显然很对希特勒和国防军最高统帅部的胃口。9 月 10 日，魏克斯表示，自己还没有做好下定决心的准备。他告诉勒尔称，何时展开下一步行动将取决于马其顿局势的发展；一旦时机成熟，战区司令部自然会下达命令。

此时，令德国人大为吃惊的是，他们通过空中甚至海上将部队从岛屿上撤出的行动居然没有受到任何干扰。在魏克斯看来，盟军简直为己方的撤退"建造了一座金桥"。他和司令部其他人员，甚至包括希特勒都在思考这么一个问题：为什么英国人和美国人一边在切断德国驻希腊部队经由南斯拉夫撤退的路线，一边又在放任德军离开这些岛屿呢？

9 月 1 日，盟军在巴尔干的空军部队实施了一项代号为"鼠周"（Ratweek）的行动，具体目标是切断德军从希腊和南斯拉夫南部北撤的路线，并帮助铁托的游击队向东进入塞尔维亚，从而与已在罗马尼亚的苏军会师。长达三天的猛烈空袭切断了经过尼什的所有交通干线，摧毁了贝尔格莱德城中全部多瑙河及萨瓦河上的大桥。这些针对公路和铁路的袭击给游击队带来的帮助并没有达到预期（所设想的程度）；不过，在交通干线的损坏得到修复前，盟军于南斯拉夫东部成功牵制住了德军的行动，有时甚至是一些非常关键的行动——例如前文所述德方摩托化旅向铁门峡谷的推进，同时还切断了他们从希腊撤出的所有交通路线（空运除外）。

盟军莫名其妙的战术——从德国人的角度来看——让希特勒和国防军最高统帅部得出了这样的推测结论：英国人想把德军赶出这些岛屿，但又想把他们留在希腊、充当某种意义上的治安部队，以此平衡苏联人的力量。9 月 15 日，希特勒授权当地德军全面撤出这些岛屿，同时指示魏克斯在苏联和西方盟国之间"玩弄双面伎俩"，以充分利用盟军对德军撤退行动抱有的明显的消极态度。

希特勒的计划并未取得任何进展。就在当天的一次突然袭击中，英美空中力量轰炸了雅典附近的机场，严重破坏了跑道，并摧毁了大量容克 Ju-52 运输机。接下来数天里，英国人的战舰——包括携带有夜间战斗机的航空母舰——突入了爱琴海，对德国人往返于爱琴海岛屿的海上交通线造成了严重破坏。

然而，根据盟军仍未表现出入侵希腊本土的明显意图这一情况，希特勒还是得出了敌人之间的斗争即将到来这一结论。因此，他倾向于继续浑水摸鱼。尽管英国和美国军队仍有精力开辟出其他战区——从当前情况看这已是事实，以及不管是西方盟国还是苏联在这个阶段都没有在巴尔干半岛挑起冲突的意愿这一现实已于丘吉尔和斯大林在 10 月莫斯科会晤后关于该地区的安排中体现无疑，但希特勒还是对此视而不见。

9 月第三周里，东南战区司令部发现苏军开始了在其战线东部当面的集结。在特兰西瓦尼亚阿尔卑斯山以北的罗马尼亚地区，乌克兰第 2 方面军向阿拉德—蒂米什瓦拉地区投入了第 53 集团军；在山脉南面，第 46 集团军的先头部队正从保加利亚越过多瑙河向北推进，现已抵达塞维林堡。乌克兰第 3 方面军的另 1 个集团军，即第 57 集团军也被发现正向西朝着南斯拉夫与保加利亚的边境线推进。最为凶险的一个预兆是——苏军在保加利亚西部和罗马尼亚机场的飞机数量突然增加：根据拍摄于 9 月 19 日的航空照片，苏联人在索菲亚附近的两个机场上集结了 372 架飞机。

保加利亚人开始沿边境线部署军队。9 月 22 日，该国宣布进行总动员。尽管还是对保加利亚军队的实力心存怀疑，但他们仍有能力伤及己方军队的这个事实的确让德国人既感不快、更感惊诧——德方曾希望保加利亚军队在本国投降后解散。

9 月 18 日，魏克斯获得了国防军最高统帅部的许可，得以从希腊西部海岸和科孚岛上撤出部队，并开始将防线向后收缩。两天后，他提交了一份"作为元首决策背景"的情况报告，呼吁本国高层关注苏联人和保加利亚人的行动，以及希特勒"很快和突然"做出"关于希腊的重大决定"的可能性。魏克斯的日记显示，9 月 21 日时，他本人仍然没有做出决定。此外，他相信苏军很快就会发动对斯科普里—尼什这一关键地区的进攻行动，E 集团军群也随时面临着被切断的危险。因此，暂停爱琴海诸岛德军的空运撤退行动，以便使用这些飞机将 E 集团军群的部队运往北方以加强马其顿防线的时机即将到来。这一决定应在何时做出？E 集团军群司令勒尔希望就是当下。然而，魏克斯判断说，除空中力量的增强以外，目前尚无明确迹象表明苏联人即将展开行动：如果愿意，他们完全可以进行高速机动——甚至可能快到任何决定都来不及挽救勒尔的部队。不过他仍然坚信的是，为了将部队从岛屿上撤出，任何力所能及的事情——包括在马其顿边境的冒险——都应当尽力完成。很明显，魏克斯依然还没有开始考虑那个更重要的问题，即在何时完全撤离希腊。

在面对自己的狼狈处境时，魏克斯并未获得来自苏军的任何"帮助"。苏军正不断推进，只是速度和进展都不如他们的预期。尽管损失十分惨重，但目前飞往爱琴海诸岛的航班还是达到了本月初期日均 44 架次的两倍之多。此外，勒尔虽然已经把他的部队撤回到伯罗奔尼撒半岛北部的两个桥头堡中——一个在帕特雷（Patrai），另一个在科林斯地峡（Isthmus of Corinth）——可盟军对此似乎还是无动于衷，唯一值得注意的迹象也不过是英国人于 9 月 21 日在半岛以南的基西拉岛（Kithira）上进行了登陆。

当苏联人看上去仍在等待战机的同时，德国东南战区司令部正歇斯底里地抓住他们能够得到的一切：东部的防线力量薄弱到了堪称可怜的地步；前线部队和后方的通信体系一直处于敌空军的打击和游击队骚扰之下，难以正常运转；战区司令部正在使用五花八门的部队——即便按照当时德国人的普遍标准也是如此——进行作战；铁托现已站在德国人身后，注视着自己最终的战利品——首都贝尔格莱德和塞尔维亚；在希腊，E 集团军群有几个师正在或准备向北移动，但一些从岛屿上撤出的部队此时手无寸铁、寸步难行——所有的陆路交通都十分堵塞、几近瘫痪。

9 月 22 日，还没等正常的兵力集结完成，乌克兰第 3 方面军的部队就越过多瑙河，突入了塞维琳堡以西的多瑙河河曲部。刚开始时，苏军的力量仅仅能压过德军的警戒部队一头，进展算不上迅速。然而到 25 日，魏克斯已经对战局感到担忧，他决定投入第 1 山地师肃清多瑙河河曲部。当时，托尔布欣渡过多瑙河的兵力只有 1 个师，在河对岸却还有 4 个师（未完成渡河）。

27 日清晨，一份报告送达魏克斯在贝尔格莱德的指挥部，报告称乌克兰第 2 方面军的左翼正在蒂米什瓦拉和多瑙河之间向西推进。魏克斯在蒂米什瓦拉部署有 2 个党卫师的部分兵力，在铁门峡谷以北还有 1 个摩托化旅；不过除此之外，两地之间再无任何兵力。德军曾这样设想，苏联人经由蒂米什瓦拉西北方向进入匈牙利的可能性要更大些。因此，魏克斯立刻产生了怀疑，不明白

行进中的南斯拉夫游击队员

苏军沿着多瑙河两岸向西面贝尔格莱德实施的并列突击（或许以后还能得到铁托从西面的配合）到底意味着什么，但他实际上什么都没做。尽管多瑙河以北的那个摩托化旅遇到了麻烦，于28日几乎陷入包围，德军在该河以南的反击却进展得相当顺利。

29日，魏克斯的司令部提出了这样的观点，即部署在蒂米什瓦拉与多瑙河之间的苏联第77军和第46集团军的"总目标"将指向贝尔格莱德——相关迹象将会逐渐显现，至少"不会再被（德方）忽视"。当天，魏克斯决定再次从希腊抽调部队增援，除1个已经在路上的猎兵师外，还抽调了2个团的兵力，分别乘坐火车和飞机前去支援。

（五）贝尔格莱德——撤出希腊的决定

30日，魏克斯和他的司令部收到了第一份真正的警报。在多瑙河以北，苏联人投入了3个军用以对付德国人7.5个实力不足的营；在该河以南，第1山地师正与4个、甚至可能是5个苏联师作战；此外，苏军在多瑙河两岸还掌握有（较作战部队而言）几乎相同规模的预备队。魏克斯又一次开始考虑应如何处理E集团军群的问题，并且意识到了自己必须尽快做出决定。

到10月2日，东南战区司令部痛苦地发现自己几乎已经黔驴技穷。恶劣天气将计划乘机转移的那个团陷在了希腊，也没人知道另一个团会在何时抵达目的地；搭载着猎兵师的第一列火车才刚刚到达贝尔格莱德——他们已在路上待了整整14天。

2日，国防军最高统帅部作战指挥部对魏克斯施加压力，要求他确定撤离希腊的时间。后者承诺在24小时内给出答复。第二天，他和勒尔达成一致，认为可以在10月10日前做好动身准备，于是战区司令部命令E集团军群撤出阿尔巴尼亚、马其顿南部和希腊。飞往爱琴海诸岛的航线仍将继续运行，直至德军在希腊的油料储备耗尽、机场失守为止。希特勒批准了以上命令。

在塞尔维亚，尽管贝尔格莱德战役还未正式开始，但德军已经输掉了一半。10月4日，苏联人抵达贝尔格莱德河流下游10英里、位于多瑙河北岸的潘切沃（Pancevo）。两天后，他们攻占了潘切沃，并将德国人推回到了贝尔格莱德河对岸的一个小型桥头堡之中。为避免通信设备陷入危险，魏克斯于10

月5日将他的指挥部从贝尔格莱德转移到了武科瓦尔（Vukovar）。当天，他还将东南军事司令部的名称改为"塞尔维亚集团军级集群"，并向国防军最高统帅部提议，将第2装甲集团军从海岸撤回到山区内的一道防线上。如此一来，他便解除了原东南军事司令部的地方行政职能，并开始将第2装甲集团军从一群进行海岸防御的乌合之众改造成为一个像那么回事的作战单位。此时，从以下两个方面看，德国人的运气似乎正往好的方向发展：10月3日，德军修复了克拉列沃（Kraljevo）和米特罗维察（Mitrovica）于9月初被摧毁的铁路桥，从希腊撤出的部队现在可以乘火车直接前往贝尔格莱德；在其左翼部队逼近贝尔格莱德的同时，苏联第46集团军已将其主力转向西北，加入了强渡蒂萨河、突入匈牙利的行动之中。

但魏克斯遇到的麻烦仍然超出了他的应对能力，就连时间也在与其作对。为肃清塞维林堡以西的多瑙河河曲部，第1山地师被迫放弃了他们设置在保加利亚边境上的原有防线。然而在10月1日之后，苏军越过边界和该师南翼，紧随其后的游击队迅速切断了该师的补给线。魏克斯试图投入1个党卫师以恢复与南方的联系，但苏联第57集团军正源源不绝越过边境，在从贝拉帕兰卡（Bela Palanka）以北到多瑙河之间的防线上，抓住一切间隙和缺口蜂拥而入。

10月8日，苏军1个机械化军悄无声息地从博尔（Bor）附近掠过，出现在了德军防线后方50英里处的摩拉瓦河（Morava River）河谷。黄昏时，该军已渡过这条河，切断了德军从南部前往贝尔格莱德的铁路线。此时，游击队也从贝尔格莱德西南部和尼什西部地区进入了塞尔维亚。9日，保加利亚第1集团军开始越过贝拉帕兰卡，并向尼什发起了进攻。

根据魏克斯的指示，从南部乘火车抵达的部队在克拉古耶瓦茨（Kragujevac）完成卸载后将向北发动攻击以肃清摩拉瓦河河谷之敌。他还将蒂萨河及贝尔格莱德以北多瑙河地区部队的指挥权交给了第2装甲集团军司令部。该装甲集团军大部已经完成从海岸防线上撤退的行动，可以抽出2个师的兵力东进实施增援，但这可能会花费数个星期的时间。当此之时，魏克斯所能做的就是将塞尔维亚集团军级集群司令部释放出来，使其集中精力完成贝尔格莱德的防御任务。该集群决心投入所有能得到的部队——包括削弱贝尔格莱德防御力量后所得大约1个师的兵力——向东发起进攻，推进到摩拉瓦河口，与第1山地师建立联系之后再往摩拉瓦河上游推进，与从南方发起攻击的己方军队会师。

　　德国人从贝尔格莱德实施的攻击确实到达了摩拉瓦河。12日，德军已向上游推进到大普拉那（Velika Plana），也就是苏军首次渡河的位置，然而为时过晚——第57集团军已将1个完整的机械化军送到了对岸。13日中午，苏军的装甲部队已被部署到贝尔格莱德以南6英里处，正准备突入该城。此时，第1山地师也已向西撤入摩拉瓦，加入了河谷中的德军，但由于苏联人已经出现在贝尔格莱德，这两支部队都被切断了。为此，魏克斯决定将摩拉瓦河谷中所有的部队都划归第1山地师师长沃尔特·斯坦特纳·里特·冯·格拉本霍芬中将统一指挥；同时命令塞尔维亚集团军级集群扼守贝尔格莱德，直至斯坦特纳成功突围且渡过萨瓦河（Sava River）；并指示第2装甲集团军在萨瓦河上游以南地区部署一些兵力，以在斯坦特纳被迫向西偏离时派上用场。

　　14日夜间，苏军和游击队突入了贝尔格莱德市区。到第二天下午，他们已经占领城市中心区；塞尔维亚集团军级集群挤出了最后一丝力量，包括从第2装甲集团军中抽出的1个摩托化炮兵营，并将其投入了萨瓦河大桥的桥头堡内。15日昼间，斯坦特纳开始向西转移，其前锋随后进至贝尔格莱德东南15英里处的格罗卡（Grocka）。第二天，他又向西推进10英里。但在17日，斯坦特纳靠近贝尔格莱德的尝试最终未能成功。在收到他打算于18日再试一次的消息之后，塞尔维亚集团军级集群与斯坦特纳的无线电联系突然中断，此后再也没有收到来自他的任何消息。两天后，一名渡过了萨瓦河的军官声称，斯坦特纳已下令摧毁所有的重型装备，并向西逃往该河。19日，塞尔维亚集团军级集群撤出了贝尔格莱德桥头堡。21日，大约有数千名斯坦特纳部队的成员在沙巴茨（Sabac）渡过萨瓦河——F集团军群作战日志上记载的是12000人，不过后来的一份记录指出"（实际渡河人员）远远少于此数"。

（六）集团军群的撤退

　　10月15日，到尼什同样快要失守之时，魏克斯在此地与贝尔格莱德之间长达120英里的距离上已无任何一条防线存在，也失去了任何挽回局面的希望。在此危急之际，他授予第2装甲集团军对贝尔格莱德北部地区军队的指挥权，并让这些部队在蒂萨河、多瑙河、萨瓦河及德里纳河（Drina River）等战线上挡住苏军的脚步;同时,他命令 E 集团军群负责克拉列沃北部地区的行动,并保障斯科普里—克拉列沃—维舍格勒(Visegrad)这一撤退线路的畅通;萨拉热窝至维舍格勒的道路则由第 2 装甲集团军负责。E 集团军群原本决定在斯库塔里(Scutari)—斯科普里—克里苏拉一线停下脚步,因此该部现在必须将防线往西北方向延伸,以进入萨拉热窝—摩斯塔尔(Mostar)地区。

即便是在贝尔格莱德和尼什这两个城市——位于从希腊撤出最直接方便的路线上——失守的情况下,魏克斯对 E 集团军群长期以来的犹豫不决也越来越像是一种经过深思熟虑后做出的行为:一个多月的拖延给勒尔提供了充足时间,让他能够将非战斗人员和多余装备运出,并征集到足够数量的民用卡车和汽车,为部队增强一些机动性。到 10 月 10 日撤退行动开始时,所有部队都已准备就绪——从对时机的选择上看可谓完美无缺。此外,正在谨慎进入伯罗奔尼撒半岛的英国人也没有采取任何措施来破坏这次行动。就在 E 集团军群开始撤退时,在巴尔干的盟军空军亦将其主要精力从南斯拉夫转移到了支援希腊英军的行动上,从而在一定程度上减少了 E 集团军群北部所受压力,同时也没有在(该集团军群)南部增加任何明显的压力。

德国人的后卫部队于 13 日离开雅典,21 日在梅索沃山口(Metsovon Pass)—拉里萨(Larisa)一线上短暂停留后,接着继续向北推进。31 日,德军撤出萨洛尼卡;到 11 月 1 日晚,其后卫部队已越过希腊边境。此时,爱琴岛上还有 45000 人的驻军——其中三分之一是意大利人——被落在了后方。为此,有人发明了一个委婉的用语"核心要塞"(kernfestung),让人觉得他们是有任务在身(而不是被抛弃了)。

10 月最后一周里,苏联人和保加利亚人投入重兵,准备夺占克拉列沃和斯科普里。由于手头还有机动力量,铁路线也畅通无阻,只要苏军对上述两个地方的攻击进行得不是太快,勒尔就有能力应对这一挑战。11 月 2 日,E 集团军群在克拉列沃粉碎了苏军的进攻,并在随后几天里将保加利亚人挡在了斯科普里以东地区。自此,取道马其顿撤军的行动才真正完成。在斯科普里以北,该集团军群虽然不得不急转向西,穿行于路况较差的地区中,但这同样能使部队免受冬季穿越沿海山脉所带来的——且几乎是必然出现的——那些灾难。

（七）德里纳河防线

10 月最后两周里，第 2 装甲集团军被迫实施了撤退。该集团军最好的部队已被摧毁，其余那些则完全陷入了混乱状态中。由于兵力匮乏的情况过于严重，斯坦特纳麾下身心皆受重创的幸存者们连休息一下的时间都没有，很快就被再次投入前线；他们的装备状况也不容乐观，德军（国防军）只好解除党卫军"弯刀"山地师——一支由巴尔干地区阿拉伯人组成、装备精良但战力堪忧的部队——的武装，才勉强补足了斯坦特纳部队的装备。在第 2 装甲集团军北翼，苏联人正不断渡过蒂萨河，向西面的多瑙河推进。

作为 F 集团军群司令，魏克斯曾试图在东部建立一条防线；然而，东南战区总司令的身份又让他无法如此行事。于是，他为贝尔格莱德战役进行的谋划便成了一系列总是落后敌人几步的零敲碎打。不过，在失去贝尔格莱德之后，随着战局的发展，魏克斯开始显露出——不管在北部还是南部——对把握战机的敏锐直觉，以及指挥部队在敌人面前稳步后撤的高超天赋。此时，托尔布欣将贝尔格莱德和蒂萨河西部地区的追击任务主要交给了游击队来完成。正因如此，在接近月底的时候，第 57 集团军已经将其兵力转移到了多瑙河以北。此举使第 2 装甲集团军获得了有利时机，能在多瑙河与萨瓦河之间实施分段逐次的撤退行动——因为这里没有其他河流防线可供依靠。11 月 2 日，该集团军停下脚步，并构筑了一道防线——从匈牙利边境沿多瑙河抵达武科瓦尔，然后从此处直到德里纳河口，再沿德里纳河向南延伸。第二天，F 集团军群证实，苏军第 57 集团军的主力已向北进入匈牙利，加入到了对布达佩斯的进攻行动中。

二、布达佩斯

（一）第一次突击

10 月 29 日，南方集团军群防区内，苏联第 46 集团军在 1 个近卫机械化军支援下从凯奇凯梅特——位于多瑙河与蒂萨河中间——向西发起了攻击（见战场形势图 33）。马利诺夫斯基试图在行进间发起对布达佩斯的进攻。此时，乌克兰第 4 方面军从北面发起的突击早已陷入泥潭，而且该方面军各集团军，尤其是装甲部队还远未恢复其初始状态。戈尔什科夫骑－机集群已经消失——可能是与普里耶夫骑－机集群的残部进行了合并。马利诺夫斯基预计，第 46 集团军的推进将极大地降低近卫第 7 集团军渡过蒂萨河的行动难度。他手中还握有 2 个机械化军作为第二梯队，随时可以向布达佩斯发起最后一击。

第二天，第 46 集团军开始发起进攻，并于 31 日攻占了凯奇凯梅特。第 6 集团军——即弗雷特－皮科集团军级集群——司令部随后接管了河流之间所有德国和匈牙利部队的指挥权。它正在将德国师从蒂萨河防线上撤出。但到 31 日那天，该司令部搜罗到手的兵力也就是 1 个装甲师。11 月 2 日，苏军的前锋部队已进抵布达佩斯以南 7 英里处，匈牙利第 3 集团军实际上已经人间蒸发。第二天，苏联人的坦克先头纵队突入了布达佩斯桥头堡——德军设在多瑙河东

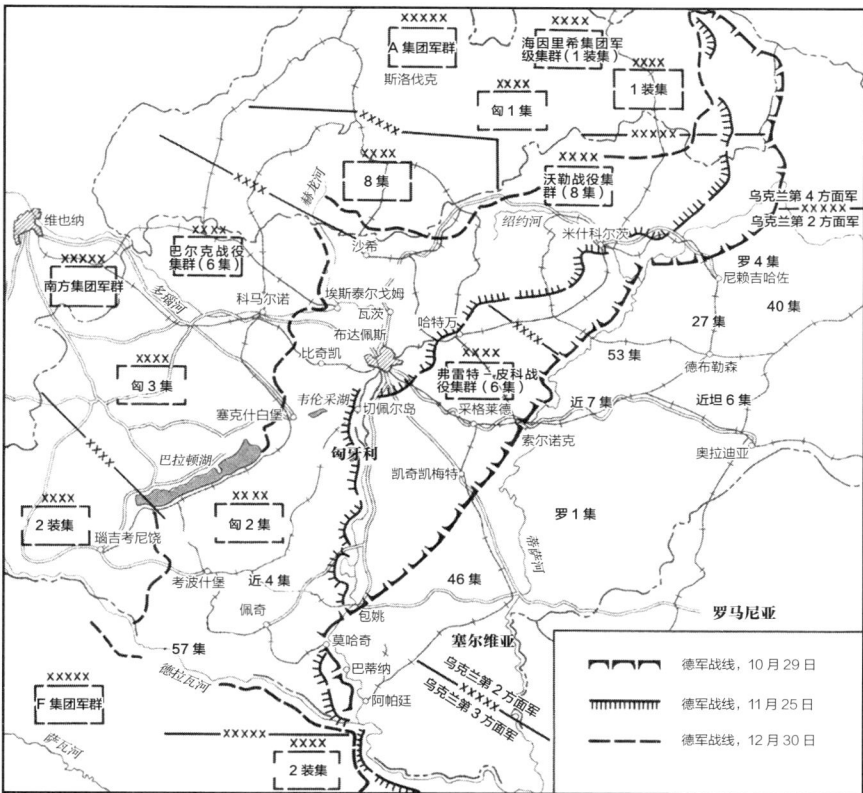

战场形势图 33：南方集团军群，1944 年 10 月 29 日—12 月 30 日

岸、保护着郊区的一个半圆形防御体系，但此时弗雷特－皮科集团军级集群在桥头堡内还有 2 个党卫师和 1 个装甲师的兵力。在第 46 集团军东翼，有 5 个装甲师正在进入布达佩斯—塞克萨德（ Cegled ）—索尔诺克（ Szolnok ）公路一线。11 月 4 日，希特勒命令南方集团军群将所有力量集中起来，从塞克萨德和索尔诺克地区发起攻击，向西面的凯奇凯梅特推进，以此切断苏军的补给线。然而近卫第 7 集团军早已渡过蒂萨河，夺占了塞克萨德和索尔诺克，并且已经做好了向北实施进攻的准备。

11 月 4 日和 5 日，即德国人和苏联人的坦克开始在布达佩斯郊区交火时，根据南方集团军群战争日志的记载，这座城市"完全失去了理智"。这场恐慌其实是两个因素共同作用的结果——苏军不断逼近这一背景，以及城市中发生的一个小意外：正在城中几座多瑙河大桥上布设炸药的德国工兵意外引爆了玛格丽特大桥上的装药，炸毁了该桥数个桥节。此次事故将人们心中最深沉的恐惧炸出了水面，那就是德国人会在离开时释放出毁灭性的巨浪。现在，除了对最后一刻到来时玉石俱焚的恐惧之外，这座城市已不存在其他任何情绪。于是，民众只能让自己相信苏联人所给出、他们没有德国人描绘中那么糟糕的保证。

5 日，苏军的无线电通信记录显示，进攻布达佩斯的己方部队已经开始出现弹药紧缺的情况。渴望在 11 月 7 日布尔什维克革命纪念日当天占领布达佩斯的马利诺夫斯基督促部队继续努力。他向指挥官们说道："同志们，拼尽你们的全力，把匈牙利首都献到斯大林面前。名望和奖赏在等待你们。可要是失败了，我会很担心你们的健康状况。"不过在 6 日，第 46 集团军还是将其部队和坦克从桥头堡中撤出，并撤到了南面几英里以外的一条战线上。弹药的短缺和弗雷特－皮科集团军级集群针对自身右翼的小型反击行动——希特勒所想要的那种反击的缩水版本——引起了该集团军司令部的警觉。此外，另一个可能的原因是，德布勒森和尼赖吉哈佐的教训（对苏军来说）仍然历历在目、挥之不去。

在布达佩斯，人们拼命地将未来抛诸脑后，迫切想要抓住一切机会，从而回到他们习以为常的生活中去——这在德国人看来显然是没有任何意义的。德军和匈牙利宪兵把城市"梳理"了一遍，将他们能找到的匈牙利第 3 集团军士兵都抓起来送回前线。这次"旅程"（抓捕行动）耗费的时间极短，乘电车即可到达。许多匈牙利军官甚至在行动结束后选择了回家过夜。

（二）马利诺夫斯基的行动

当第 46 集团军放弃攻城的尝试时，很明显，马利诺夫斯基已经得出结论：布达佩斯无法通过正面强攻夺取。最高统帅部大本营认同他的观点，并命令他将近卫第 7 集团军、第 53 集团军、第 27 集团军和第 40 集团军摆开，以形成宽大的攻击正面，从蒂萨河一线发起向西的攻击。在接下来数周里，他使用这些部队完成了一系列合围行动。这些合围行动的精巧程度甚至可能超出了相关集团军当初的设计指标和能力上限。

与此同时，弗里斯纳正试图劝说希特勒和古德里安，让后两者放弃使用巷战保卫布达佩斯的念头。他决定，如果无法将敌军阻挡在城市边缘，自己就会撤至多瑙河后方并炸毁相关桥梁。弗里斯纳说，自己的集团军群并未拥有足够力量，以同时完成对抗苏军和镇压"城市暴徒"的双重任务。希特勒不相信这一点，直到 11 月 26 日他才发出一项明确命令，要求建立巷战防御体系。然而截至此时，由于害怕激起当地民众的反抗，弗里斯纳的集团军群还未在城区内构筑任何防御阵地。

11 月 11 日，马利诺夫斯基开始对布达佩斯实施深远迂回。从蒂萨河一线向西北发起攻击的各集团军中，最左翼的部队已经绕过布达佩斯桥头堡的东北角。四天后，苏军抵达了哈特万（Hatvan）和米什科尔茨（Miskolc）——哈特万位于马特劳山脉（Matra Mountains）的南缘，控制着一条地势低洼的走廊，该走廊西北方向通往布达佩斯附近多瑙河上游的河曲部；米什科尔茨则位于捷克斯洛伐克边境东南 25 英里的绍约河（Sajo River）河谷内，是一个钢铁和武器生产中心，骑跨在一条通往斯洛伐克、相当便捷的路线上。苏军大致在布达佩斯桥头堡—哈特万—米什科尔茨一线暂时收住了脚步。德国人的防线虽然受到强烈挤压和冲击，但未被敌人突破。在米什科尔茨，沃勒集团军级集群在抗击苏联人的同时还不得不分出精力去处理一场起义——为防止德军破坏工厂，当地工人们在工厂设栅自卫。

11 月 22 日，第 46 集团军派出数个师，成功渡河登上了位于布达佩斯南部的狭长河心岛——切佩尔岛（Csepel Island）。弗里斯纳判断，苏军的攻城阶段即将开始。不过，苏联人在占领该岛的南半部分之后又停下了脚步。25 日，他们开始从哈特万主攻方向上撤出部队，并将该部兵力向南转移到多瑙河。尽管在哈特万和米什科尔茨受创严重，但南方集团军群认为自己还算幸运——如果乌克兰第 2 方面军倾注其全力由此直插布达佩斯后方，后果将是难以想象的。

（三）托尔布欣加入

在 11 月下半段时间里，乌克兰第 3 方面军的战线开始移动。主力部队北上后，托尔布欣将他的指挥部从贝尔格莱德转移到了匈牙利南部多瑙河上的包姚（Baja）。11 月 7 日，他在多瑙河上的阿帕廷（Apatin）——F 集团军群与南方集团军群作战分界线以北 10 英里处——的对岸建立了一个小型登陆场。

10 日，考虑到南方集团军群已在布达佩斯东北部消耗过多力量，无力在匈牙利第 2 集团军支持下进行多瑙河一线的象征性防御，国防军最高统帅部将 F 集团军群的北翼延伸至包姚，让魏克斯负责保卫此处。当天夜间，苏联人在阿帕廷以北 15 英里的巴蒂纳（Batina）建立了第二个登陆场。虽然该登陆场的规模很小，不过苏军立即开始卸载架桥设备的举动就意味着这里将有大动作。第 2 装甲集团军正在接收从意大利赶来的 1 个师，魏克斯也已命令 E 集团军群尽快从南方再调几个师前来增援，但谁也无法保证这些部队能在什么时候到达。此时，第 2 装甲集团军正忙于对付游击队，以确保补给线的安全；换句话说，他们根本没有足够兵力去压制苏军的登陆场。

11 月 22 日，近卫第 4 集团军和第 57 集团军冲出了上述两个登陆场（阿帕廷对岸及巴蒂纳）。接下来几天时间里，他们肃清了德拉瓦河（Drava River）—多瑙河三角地带的南端，并于 26 日攻下了莫哈奇（Mohacs）。显然，苏军正在多瑙河以西地区酝酿一次规模宏大的进攻行动：第 57 集团军向西面的佩奇（Pecs）和考波什堡（Kaposva）攻击前进；近卫第 4 集团军则向巴拉顿湖（Lake Balaton）的东北角进发。魏克斯再次陷入了他本人先前的优柔寡断之中——他有潜在的预备队，却没有机会把他们变成实实在在的兵力：在整个 11 月中旬，E 集团军群的撤退行动虽然十分顺利，但在 18 日，保加利亚第 2 集团军在斯科普里北部发动了一次猛烈进攻。第二天，巴尔干的盟军轰炸机摧毁了维舍格勒的德里纳河大桥，将撤退德军的车队逼退至克拉列沃以东 85 英里处。在阿尔巴尼亚，当第 21 山地军试图加入撤退行动时，当地强大的游击队对其实施了全面袭扰。在这种情况下，E 集团军群不得不将它原本打算抽出的一些部队再次部署回自己的防线上，而且其余部队也被困在了南斯拉夫中部、距离急需他们的战场 200 英里远的地方。

在当地起义矿工帮助下，苏军于 11 月 29 日夺占佩奇。后者已经快要跃出德拉瓦河与多瑙河之间的狭窄山地地形区，之后其推进速度预计将得到迅速提升。但到目前为止，德国人都还没有决定他们的主要防御方向。弗里斯纳确信托尔布欣会朝西北方向发起一次并列突击：左翼冲向巴拉顿湖南端，攻占瑙吉考尼饶（Nagykanizsa）的油田和炼油厂；右翼则渡过该湖，从西面和南面包围布达佩斯。魏克斯对这一观点表示同意。不过，在决定第 2 装甲集团军的部署位置时，他认为苏军的进攻将朝向萨格勒布（Zagreb）的正西方，意图是切断自己与巴尔干半岛之外地区的主要交通路线。弗里斯纳则希望将第 2 装甲集团军的主力部署在德拉瓦河以北，并坚守该地。魏克斯允许该集团军撤至河流后方，让南方集团军群自己去解决德拉瓦河与巴拉顿湖之间区域的防御问题。

12 月 1 日，托尔布欣亮出了他的底牌：第 57 集团军从佩奇向西北快速突进至考波什堡，近卫第 4 集团军则沿多瑙河展开向北的扫荡。当天夜间，希特勒将第 2 装甲集团军的指挥权移交给了南方集团军群。第二天，弗里斯纳命令该集团军中断与 F 集团军群的联系，将精力集中在巴拉顿湖南端与瑙吉考尼饶西南德拉瓦河之间的区域，在此构筑一道防线并将其守住。

托尔布欣从南面发起的突击迫使南方集团军群再次调整部署——此举对兵力和装备的消耗几乎与战斗一样高昂。此外，如果苏联人本身并未从巅峰状态下降太多，德军的这一举动就会给自己带来致命后果，事实也将很快证明这一点：匈牙利第 2 集团军几乎已经消失不见；为堵住巴拉顿湖和多瑙河之间的缺口，弗雷特－皮科不得不从布达佩斯—哈特万地区抽出德国师填入该处；被抽走 1 个装甲师的米什科尔茨在 12 月 4 日失守了。

（四）被围的布达佩斯

12 月 5 日，当近卫第 4 集团军逼近巴拉顿湖北端时，乌克兰第 2 和第 3 方面军重启了包围布达佩斯的计划。第 46 集团军在乌克兰第 3 方面军支援下，从切佩尔岛发起了进攻。该集团军渡过该岛以西的多瑙河航道，冲向了埃尔奇（Ercsi）。近卫第 7 集团军和近卫坦克第 6 集团军突破了哈特万地区的德军防线。8 日，马利诺夫斯基的先头部队已抵达布达佩斯北部多瑙河河曲部的瓦茨（Vac），托尔布欣的先锋也逼近了城市西南部的巴拉顿湖—韦伦采湖（Velencze）一线。

陆军总司令部决定给弗里斯纳增派 2 个装甲师和 3 个"虎"式坦克营（每营装备 60 辆坦克）[1]，以便发起反击。然而问题在于，反击的具体方向是往北还是往南——弗里斯纳在南部的湖泊之间看到了更大危险，古德里安却认为真正的威胁在北部。争执到最后，希特勒决定还是按照弗里斯纳的建议部署增援部队，原因部分是出于战术方面的考虑，另一部分则是他担心失去位于塞克什白堡（Szekesfehervar）附近湖泊之间的铝土矿。

做出决定后，弗里斯纳开始等待装甲部队抵达，以及天气的好转。降雨和高于冰点的温度将布达佩斯西南部的平原变成泥淖，在部分地域，道路和壕沟已被淹没于水中。糟糕的天气、部队对休整的迫切需求，以及最近几次行动中表现出来的不同于以往的谨慎也迟滞了苏军在巴拉顿湖—韦伦采湖—布达佩斯地区的行动脚步。如果苏军能在德军的装甲部队到达之前，或者在地面被冻硬前发起进攻，那么很明显，弗里斯纳就会陷入巨大的麻烦之中：他用来反击——如果必须这样做——的力量便会只剩下步兵。在韦伦采湖和布达佩斯桥头堡之间 19 英里长的防线上，弗雷特－皮科集团军级集群只部署了 1 个国民掷弹兵师（含 900 名步兵）、800 名警察（大部分是非德裔），以及一些匈牙利轻骑兵，总共仅有 2500 人。

布达佩斯以北，近卫坦克第 6 集团军和近卫第 7 集团军在占领瓦茨后并未试图渡过多瑙河；相反，他们向西北进入了博尔塞尼山脉（Boerzsenyi Mountains），向着沙希（Sahy）这个匈牙利西部平原的北大门前进。为保卫沙希，弗里斯纳不得不用来自斯洛伐克的迪勒万格尔旅，从布达佩斯桥头堡中置换出了 1 个装甲师。自华沙起义结束以来，迪勒万格尔旅就一直在斯洛伐克与游击队作战。该旅虽然辖有 6 个满编的营——集中营为其提供了充裕的后备兵员——但把它部署在前线确实很危险：此旅部分成员是德国共产党人，而且就

---

[1] 审校者注：原文如此，实际应为45辆。

军事素质而言，本旅成员远逊于德意志帝国的职业战士。该旅的军官与其说是战术家，还不如说都是粗鲁的虐待狂和任性的刽子手。12 月 14 日，迪勒万格尔旅一名营长在他本应投入全营进行防御的地方草草设立了一道力量薄弱的警戒线；之后不久，苏联人夺占了沙希。指挥官或许找到了让部队后撤的正当理由：在第二天（15 日），一整个连的共产党员都集体开小差了。随后几天里，该旅陷入了一种按照通常的标准可以认定为兵变的状态之中——有些部队的成员开枪打死了自己的军官，有些人选择开小差，一些人更是两者兼有。

夺占沙希后，近卫坦克第 6 集团军并没有打算投入主力突入布达佩斯深远后方的平原地带——然而古德里安不这么认为。此时，在布达佩斯南部，德军用于反击的装甲师已经抵达，但降雨仍在继续；天气虽然转冷，却还不至于将地面冻硬，只是让泥浆层变得更厚了而已。古德里安愈发感到焦虑，并在 12 月 17 日敦促弗里斯纳发动反击。他坚持认为德军承受不起让强大的装甲部队无所事事的负担。不过弗里斯纳回答说，自己必须等待寒潮的到来。如果出了什么差错，他将损失所有坦克；此外，即使（从现在开始攻击）获得成功，大多数坦克也会在第二天趴窝。18 日，在与弗里斯纳进行当面谈话后，古德里安同意继续等待，但前提是将 2 个装甲师的司令部和步兵部队派往北方，在这一期间内帮助扼守沙希西部的防线。

12 月 20 日，马利诺夫斯基的部队跃出沙希以南的博尔塞尼山脉，托尔布欣则对韦伦采湖的两侧同时发起了攻击。当天昼间，从沙希向西北推进的坦克纵队到达了赫龙河（Hron River），然而在沙希以南，德军拥有足够的预备部队——来自弗里斯纳装甲师的步兵——来阻止苏军沿多瑙河的突破。第二天，德军的装甲师——那 2 个没有司令部和步兵的师——在韦伦采湖以西地区发起反击，但他们的反击地域很快就不得不扩大到了整条防线。当德国人的坦克在空耗燃油、呼啸驰突时，托尔布欣的步兵则远离道路，沿着森林和仍然没有被冻住的沼泽地行进，躲开了德方的攻击。德军许多坦克指挥官甚至没有意识到究竟发生了什么：直至燃油将要耗尽时他们才发现，自己必须再杀出一条血路才能回到油料场——而大多数情况是，苏军早就在他们之前到达了那里。古德里安坚持认为，凭借他所说的 "一个比以往任何时候都要更强大的东线坦克集群"，南方集团军群应该能挡住苏军。但弗里斯纳回答说，要是没有步兵的支援，坦克就毫无用处。

到 12 月 22 日，已经可以肯定的是——苏军在为德国人所称的"小解决方案"而努力，即从浅近后方对布达佩斯实施迂回。除西北方向以夺占塞克什白堡为目标的辅助突击外，托尔布欣将主要精力集中在了从韦伦采湖发起、指向正北方埃斯泰尔戈姆（Esztergom）的行动上。当弗里斯纳建议把布达佩斯桥头堡的防线撤至内层防御圈，从而为城市西部的战斗挤出 1 个师时，陆军总司令部回答说，希特勒对任何可能危及匈牙利首都的行为都抱有"政治顾虑"。弗里斯纳回应称，如果这样，那么布达佩斯就会被包围。22 日晚，陆军总司令部作战处打来电话，通知了弗里斯纳和弗雷特－皮科已被解职的消息，沃勒将接管南方集团军群，赫尔曼·巴尔克装甲兵上将则会接替弗雷特－皮科。

古德里安告诉新的指挥官，他们应该只有一个战斗口号——进攻——并通过局部或者大范围的战斗巡逻来实现。古德里安这样说道："德国无法承受在匈牙利作战失败的后果，因为这将迫使本国军队从本已节节后退的西线抽调力量——德意志帝国的政权便会危在旦夕。"

在德国高层所追捧的那种虚幻的战略中，布达佩斯已经与阿登进攻联系到了一起。希特勒曾说过，失去布达佩斯将减少在西线取得胜利 50% 的战果。此外，对德国独裁者来说，布达佩斯早已成为一个关系到未来、意义相当重大的象征，正如曾经的斯大林格勒那样：无论如何都不能放弃这座城市，即便这意味着——正如古德里安所指出的——要从德军在阿登的进攻中抽调力量。

在战术层面上，正如自己即将展现出来的那样，沃勒完全同意弗里斯纳的观点。在与古德里安的第一次电话交谈中，沃勒就提出了撤出布达佩斯桥头堡的请求。古德里安回答说，下达给弗里斯纳的命令——不允许从桥头堡中撤出部队，或是缩小桥头堡——是不可撤销的；他继续说道，南方集团军群有着"比其他任何地方都要多"的装甲力量，足以重新夺回巴拉顿湖—韦伦采湖—布达佩斯一线。此外，古德里安还打算从陆军总司令部派出一名军官，去调查为什么装甲部队没有被正确使用。

在布达佩斯，德军已经做好被围攻的充分的军事准备。桥头堡防线已环绕延伸至城市西部，路障和坦克陷阱早已建成，建筑物也被改造成了射击阵地。在党卫军地区集团领袖（中将）卡尔·普菲费尔·维尔登布鲁赫领导下，党卫军第 9 山地军司令部指挥着 4 个德国师、2 个匈牙利师，以及桥头堡中五花八门的小单位共同组成了布达佩斯守备部队。相较而言，当地平民几乎什么工作都没做。原本不想保卫布达佩斯的塞拉西在最近与希特勒谈话后改变了主意，但他仍然坚持自己的龙套角色，宣称对布达佩斯不负有任何直接责任。不愿放弃家园和财产的匈牙利平民对德军冷酷无情的疏散命令视而不见，德国人也不愿意强制疏散，因为他们手里仅有的一小块匈牙利地盘上已经挤满了难民，更多难民则不得不被撤往奥地利或德国。在圣诞节来临之际，布达佩斯换上了节日的盛装，街道上挤满了顾客，不过城中早已开始出现有人因营养不良而死亡的报告。集团军群参谋长告诉古德里安称，集团军群反对将部队陷在围城之中——尤其是在还要应付 100 多万饥饿民众的情况下。古德里安则回答说，这个问题"无关紧要"。

12 月 23 日昼间，近卫第 4 集团军占领比奇凯（Bicske），切断了此处通往布达佩斯西部的公路和铁路。如此一来，布达佩斯与外界联系的通道便只剩下了一条从西北方向穿过埃斯泰尔戈姆进入城市的山路。24 日下午，沃勒再次给古德里安打电话，宣称历史上布达佩斯（的守军）就一直只是在多瑙河西岸实施防御。此时，古德里安的心态亦发生变化，他说自己看到了几种可能性，其中便包括放弃布达佩斯，但他必须先和希特勒谈谈，因为此事关乎战略大局。3 小时后，他对沃勒宣布了希特勒的决定：必须死守包括桥头堡在内的布达佩斯；集团军群可以从桥头堡抽出不超过 2 个师的兵力；陆军总司令部须派出党卫军第 4 装甲军司令部，并将党卫军"骷髅"师和"维京"师从中央集团军群中抽出以支援南方集团军群；在增援到达前的 3 ~ 4 天时间里，"每一个能拿起枪的人"都要被派到城防战斗前线。

到 24 日，从布达佩斯撤退的最后一丝可能也已经消散。沃勒先前下令撤出的第一个师又被再次投进了城市西郊的防线中。南方集团军群再也无力阻止托尔布欣的先锋部队向北推进。12 月 26 日，苏军抵达埃斯泰尔戈姆，完成了对布达佩斯的合围。第二天，他们把守军推回了内层防御圈。同一天里，苏军向西部发起的一次突袭几乎冲到了科马尔诺（Komarno）这一（德军实施）救援行动的最佳出发地。28 日，苏联人突然停了下来。此时，希特勒手中正赶往南方集团军群的师又多了几个，德军的救援计划即将成形。

第十八章

北方败局

一、芬兰停战

1944 年 7 月最后两周里，芬兰军队的作战能力逐渐得以恢复。根据最高统帅部大本营相关命令，列宁格勒方面军的任务转变成了防御卡累利阿地峡。在东卡累利阿，苏军仅剩第 7 集团军右翼的第 32 集团军还在伊洛曼奇（Ilomantsi）东部向前推进，但未被指定（达成）任何战略目标。苏联人这一举动并不难理解：如果他们想获得对芬兰人的胜利，那就需要增加更多部队和资源；然而很明显，这些额外的资源需求已经超出了最高统帅部大本营的心理上限——除非以削弱对中央集团军群和北方集团军群的攻势来满足这些需求——苏联人绝不会打这样的算盘。

（一）同盟瓦解

在芬兰人心目中，德国北方集团军群几乎与本国军队一样重要，因为其命运走向与他们自己也息息相关。一旦波罗的海沿岸落入苏联人之手，芬兰人从德国人那里获取食物和几乎所有军事装备及物资的海上航线就会被切断。普斯科夫在 7 月 23 日的失守，以及 4 天后纳尔瓦的沦陷对芬兰人而言无异于当头棒喝。令其更为惊骇的是，纳尔瓦失陷 2 天后，希特勒居然将第 122 步兵师从芬兰军队中抽出，把该师重新交由北方集团军群指挥。在得知此事不可更改后，曼纳海姆只能退而求其次，无奈要求这个师从汉科港离开，而不是取道赫尔辛基，以免引起公众的惊慌。但国防军最高统帅部坚称，召回第 122 步兵师的原因是芬兰方向防线从目前来看相对平静，对该部的需求并不迫切。德方还向曼纳海姆保证，如果爆发了新的危机，他们仍将提供帮助。然而，在当前形势下，这些解释听起来都是空洞无比的。

7 月 28 日，相关人员在曼纳海姆位于塞拉拉（Sairala）的乡村别墅里举行了一场秘密会议。会议上，芬兰领导层决定，吕蒂应辞去本国总统一职。8 月 4 日，在未经正式选举的情况下，芬兰议会直接任命了曼纳海姆担任总统——此举为推翻《吕蒂—里宾特洛甫协议》，以及芬兰重新接近苏联铺平了道路。

德国人有理由怀疑芬兰人发生的这一变化将有损于其自身利益，因为曼纳海姆动员全民抗苏的可能性看起来要远低于他继承主和派的衣钵。由于已无力对芬兰的政策施加任何实质性影响，德国人只能加紧拉拢和稳住曼纳海姆。8 月 3 日，为了回应芬兰对波罗的海沿岸诸国军事形势的关注，国防军最高统帅部派遣舍尔纳亲赴该国，向曼纳海姆当面进行报告，同时宣布凯特尔也会在几天后到来。

只有具备如其那般热忱和决心的人，才能从北方集团军群当前境况中得出令人鼓舞的结论，因为在里加以西地区，近卫坦克第 5 集团军此时已经一脚踩在了他（舍尔纳）的后方交通线上。由于此事造成的"涟漪"甚至波及了芬兰——汉莎航空暂停德国与芬兰之间的商业航班，德芬之间的直连电话线路也被切断。但舍尔纳毫不气馁，他承诺德军将守住波罗的海沿岸，并通过海路和空中航线保证北方集团军群的正常补给，同时会动用东普鲁士的装甲部队重新打通陆上运输线。然而讽刺的是，舍尔纳把这一承诺"挂在墙上"的时间实在太长——至少长得能让芬兰人在被完全孤立前（将自己）从战争中解放出来。

到 8 月，芬兰方面的军事形势正日渐好转，已接近最坚定的乐观主义者在一个月前所作的大胆预测（虽然这只是暂时的）：第 3 装甲集团军已经开辟出一条前往北方集团军群的通道；7 月中旬至 8 月中旬间，苏联人从卡累利阿地峡抽走了 10 个步兵师和 5 个坦克旅；8 月 9 日，在东卡累利阿地区伊洛曼奇东部的一个口袋中，芬军第 14 师、第 21 旅和骑兵旅几乎全歼苏军第 32 集团军的 2 个师，为芬兰人在第二次世界大战中的最后一次大规模作战行动画上了圆满句号。导致这一结果的原因也许能通过 1939—1940 年的苏芬冬季战争窥知一二。尽管苏军当时声称获得巨大胜利，但他们实际取得的战果只能说是差强人意。其中很大一部分问题出在苏联人自己身上：他们在战术指挥方面的表现死板僵硬而缺乏创造力，同时低估了芬兰人的抵抗意志和能力。

凯特尔于 8 月 17 日抵达赫尔辛基。他随身携带有一枚准备授予曼纳海姆的橡叶骑士铁十字勋章，同时还有枚骑士铁十字勋章会授予后者的参谋长。必须将当前德国总体形势涂抹成一幅激动人心的画面——这一任务足以让凯特尔那般坚定的乐观主义者挠头不已：盟军早就突出诺曼底，巴黎的失守已经不可避免；盟军于法国南部实施的辅助突击发展顺利；在意大利，德军被赶回了"哥特"防线；在东线，苏军已进入华沙郊区。德国人的末日似乎突然就近在眼前了，而且比以往任何时候都离他们更近。

曼纳海姆把凯特尔的访问当成一个消除分歧的机会，但不是站在为德国人考虑利益的角度上——只是想借此为接近莫斯科铺平道路。他说，于夏季损失的 6 万人虽然已经得到补充，可芬兰绝对无法再次承受这样的伤害。在谈及自己、可能也是凯特尔心目中最重要的那个问题，即《吕蒂—里宾特洛甫协议》的现状时，他宣称，吕蒂是在处于绝望时才选择签订这份协议，而事实证明它本身极其不受欢迎；芬兰方面认为，吕蒂的辞职已使该协议失去效力。而凯特尔的反应——以未被授权协商政治问题为由，毫无根据地拒绝接受上述声明——更是出卖了德国国力衰弱的现状。

（二）决定

8 月中旬之后，芬兰民众的和平呼声每天都在增多，各种各样的谣言也开始四处蔓延；罗马尼亚祈求停战的消息更是加剧了他们的紧迫感。8 月 25 日，芬兰人通过驻斯德哥尔摩大使馆询问苏联政府，是否愿意接洽本国停战谈判代表团。同时送出的一份说明还指出，曼纳海姆已经告诉凯特尔，自己不会接受《吕蒂—里宾特洛甫协议》的约束；第二天，芬兰人向德国人发出一份正式照会，否认了这一协议的效力。

在 8 月 29 日的答复中，苏联政府表示愿意接受谈判，不过提出了两个前提条件：1. 芬兰必须立即与德国断绝关系；2. 芬兰必须勒令所有德国军队在两周内离开本国领土，最迟不得超过 9 月 15 日；如若德军不从，芬军必须采取

德军位于芬兰的警戒阵地

措施扣留他们。芬兰议会于 9 月 2 日接受了苏联人的条件，并于当天批准了一项与德国断绝关系的动议。

芬兰这一决定震惊了德国上下。尽管本国驻赫尔辛基大使已在 8 月 31 日知悉谈判开始进行，但德国超过半数的人都认为芬兰将不会接受苏联提出的谈判条件——在过去，只要看一眼苏方的停战条款，哪怕芬兰人中最渴望和平的那部分也会抑制住自己这一情绪。9 月 2 日，企图在最后一刻抓住该点大做文章的洛塔尔·伦杜利克大将——在迪特尔丧生于 6 月 23 日的飞行事故后接管了第 20 山地集团军——打电话给曼纳海姆说明利害，并着重强调了苏联人的要求可能会引发德国人和芬兰人之间的冲突。他认为，一旦欧洲战斗力最强的两支部队相互厮杀，双方得到的都只不过是至少损失 90% 战力的悲惨结局。

芬兰领导人已经充分认识到了与德国断绝关系的风险。其中之一，即德国停止援助后本国可能出现的经济崩溃，他们已在 8 月通过求得瑞典的帮助暂时得以避免，当时该国同意在 6 个月内为芬兰提供粮食和其他食品，以满足其国民生存需求。另一大风险是芬兰军队（尤其是陆军的一些部队）可能会拒绝投降，并在国内制造冲突或叛入德国；而且这种内战与伦杜利克所言的德芬两国冲突是相生相成的。

事实上，在这个夏天里，德国人用尽了一切手段——包括那些上不得台面的——企图将芬兰人死死绑在自己的战车上。6月，里宾特洛甫前往赫尔辛基，他对驻于此地的本国大使提出了一个疯狂的提议："找出一千名可靠人员来接管（芬兰）政府。"迪特尔丧生前不久，希特勒曾指示他（前者）在战况相对缓和的时候将芬兰军队纳入第20山地集团军；此后，伦杜利克也曾设想以芬兰南部的第122步兵师为核心，吸引和团结起一批芬兰的抵抗力量，并从该国将领中选取一人，说服其挑起反抗苏联人的大梁。然而，这些计划全都停留于谈话和纸面阶段，只有一个在停战后实施的行动——芬兰古老的第27猎兵营（在一战中由德国交给该国，保留有几乎完整的军官队伍）的重建，才吸引到了零星志愿者。不过绝大多数芬兰人都愿意追随本国政府；而且，芬兰政府在整个战争期间都非常小心谨慎，严防潜在的"吉斯林"[①]出现。

在表明愿意满足苏联所提条件的意向后，芬兰组建了一个代表团，于总理安蒂·哈克塞尔（Andi Hackzell）的领导下就停战协议条款——随着谈判的进行，还包括和平条款在内——进行谈判。在给希特勒的一封私人信件中，曼纳海姆对芬兰的行动进行了解释：虽然德国永远不会被彻底摧毁，芬兰却有可能走向灭亡——无论是作为一个民族还是一个国家；因此，芬兰必须追求和平以保证自己的生存。在第二封给斯大林的信中，曼纳海姆提议首先停火，以免流血事件在谈判过程中继续发生。双方均同意于9月4日7:00停火。不过，芬兰人虽然按照约定停止行动，但苏联人或许是无心之失、或许是为了展现他们的胜利姿态，在24小时之后才真正停火。

芬兰代表团于9月7日抵达莫斯科，但苏联政府推迟了一周才公布其停战条款（要求）：必须恢复1940年时的两国边界；苏联要求获得整个佩特萨莫地区，以及波卡拉半岛（Porkala）50年的租借权——此举将使苏联获得一个可以控制芬兰西南部公路和铁路枢纽的基地，并将芬兰首都纳入本国炮兵射程

---

① 译者注：吉斯林（Vidkun Quisling），挪威法西斯党魁，在第二次世界大战中卖国通敌，德军侵占挪威后任该国傀儡政府头子。

之内；赔偿金被设定为 3 亿美元，可在 5 年内以货物代替现金支付 ①；芬兰军队要在 5 天内撤至 1940 年时的边境，并在 2 个半月内解除动员，将战备降至平时的水平；在对德国的战争结束前，苏联将获得芬兰港口、机场和商船的使用权；由苏联设立的委员会将监督停战协议，该协议自签署之日起生效。

9 月 18 日，芬兰内阁正式审议了这些条款，但未能达成一致。苏联人发出通牒，要求在第二天下午前完成签署。19 日清晨，芬兰议会——在得知即便是在最有利的情况下本国也无法将战争再持续 3 个月的情况后——批准了这一决定（签署协议）。在莫斯科，停战协议是在中午前签署的。

二、从芬兰北部撤退

在关于第 20 山地集团军出路的问题上，芬兰人的停战诉求将德国人推入了左右为难的痛苦境地。其中主要原因就是没有任何行动方案能带领他们（第 20 山地集团军）逃离灾难的结局。尽管该集团军仍在继续执行"白桦树"行动——向芬兰极北地区防线撤退，但为了保护希特勒念念不忘的镍矿，他们无法保证能在那里建立起一道可供长期使用的防线。此外，还有一个更为致命的问题——几乎可以肯定的是，该山地集团军的海上航线迟早会被切断，从而使其完全失去战斗力。从另一方面看，随着冬季的到来，通过芬兰北极地区撤往挪威的风险同样堪称巨大。

"冷杉"行动——对奥兰群岛和戈格兰岛的占领——的前景也变得暗淡起来。自提议以来，"西方冷杉"行动就一直饱受质疑，因为瑞典人在奥兰群岛拥有既得利益；另外，为防止从瑞典进口铁矿石和滚珠轴承的贸易受到损失，德方必须避免做出任何挑衅行为。9 月 3 日，希特勒决定放弃"西方冷杉"行动，所给出的原因是驻丹麦德军不能再抽出兵力。同一天里，负责"东方冷杉"行动的海军亦发出报告，说由于缺乏训练有素的部队，该行动无法实施。

---

① 作者注：与先前的6亿美元要求相比，金额减少的部分原因可能是在1944年春天，芬兰经过努力宣传瑞典经济学家的观点，向世界证明了6亿美元赔款是本国确实负担不起的；还有部分原因是苏联对美国和英国的让步——美英原则上反对赔偿一事。芬兰人后来坚持认为，苏联人只是表现出了让步的样子。因为苏方通过坚持以1938年相关价格为标准，限制木材产品的数量，赔偿的实际价值几乎翻了一番。在进行于1945年的波苏坦会议上，苏联又"拿走"了6亿美元，作为德国驻芬兰的财产对苏方的补偿，以及从割让给苏联的领土上转移走的"战利品"。后来，通过英国的调解，芬方的赔偿负担有所减轻，具体方式是延长付款期限，先是6年，后来又延长到了8年。

（一）"白桦树"行动

9月6日，德军开始执行"白桦树"行动（见战场形势图34）。他们决定在芬兰北部扼守佩特萨莫及其周边地区，并对该国政府严格保密。这次行动将按部就班地谨慎实施，以便有充足时间来转移军队的补给，并使位于南方的那两个军，即第36山地军和第18山地军能够有效地应对苏联人或芬兰人的追击。

当芬军第14师承诺会在德军第18山地军撤至边界后方之前一直在第20山地集团军右翼保持联系时，德方对该集团军已向敌人"开放"的右翼的严重关切才得到缓解。但在撤至边界之后到底会发生什么，德国人和芬兰人产生了很大分歧。芬兰人坚持认为苏联人不会越过1940年时的苏芬边界。因此他们的主张是，一俟德军撤退至边界后方，撤军便会成为纯粹且例行性的机动和补给行动。然而，伦杜利克声称芬兰人要么是与现实产生了脱节，要么就是心口不一。他认为苏联人极有可能会不把1940年的边境线放在眼里，而且更有可能的是——他们将尝试找到或者干脆自己制造出一个借口，从而占领芬兰托尔尼奥—苏木萨尔米（Tornio Suomussalmi）一线以北的全部领土，该地区实际上正是第20山地集团军的防区。尽管后来的事实证明自己错了，但作为一个谨慎的指挥官，伦杜利克产生这样的想法也无可厚非。

在没有受到任何干扰的情况下，第18山地军完成了撤向芬兰的行动。苏联第26集团军的部队跟在德军后面，并在即将越过边境前停下了脚步。第36山地军则遭遇了苏军两次冲击：一次是第19集团军利用在春季向北延伸的侧翼，切断了该军的主要撤退路线；另一次则是苏方的T-34坦克不知道用了什么方法穿过森林和沼泽，切入了该军的深远翼侧。不过，第36山地军很久之前就在被切断那条道路的南面修建了一条迂回道路，而且苏军坦克在后来的表现也不如其最初造成的冲击那么有力。

当9月15日，即停战协定允许德军主动撤离的最后那天到来时，第20山地集团军与芬兰军队的关系仍然很友好。

伦杜利克告诫他的部队要保持对芬兰人的"忠诚"，而驻在本集团军司令部的芬兰联络官透露说，他的上级愿意进行某种程度的"妥协"，但希望给世人留下一个已与德国人完全决裂的表面印象。9月13日，芬兰人通知第20山地集团军称，他们将在14日下达命令，把罗瓦涅米和萨拉（Salla）之间所有

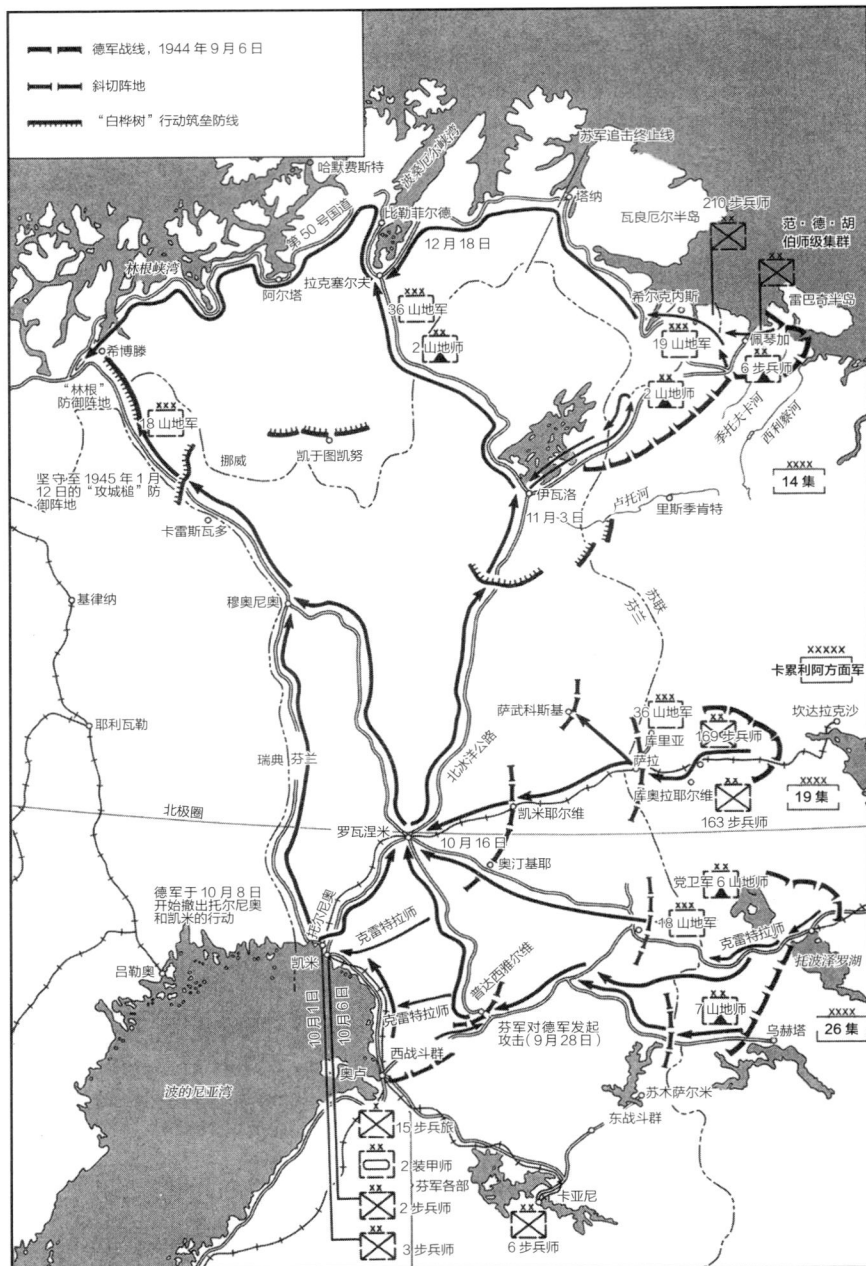

战场形势图 34：德军从芬兰撤退，1944 年 9 月 6 日—1945 年 1 月 30 日

的铁路车辆都转移到罗瓦涅米以西——不过，德国人要是在此之前接管了上述设备，他们也将"无能为力"。作为回报，第20山地集团军同意了在15日将奥卢港（Oulu）移交给芬兰军队。

这种相互迁就的微妙状态并未持续多久就被德国人首先打破。在9月第二个星期，当戈格兰岛上的海军联络官报告，说岛上的芬兰指挥官承诺永远不会向德国军队开火后，德国海军突然改变了对"东方冷杉"行动前景的估计。受此鼓舞的邓尼茨宣称，一个如此重要的战略要点不应该拱手让给苏联人。当联络官的后续报告显示芬兰人可能在12日前撤离时，希特勒于9月11日下令，要求德军在一周内登陆该岛。

海军特遣部队在塔林装载了1个团的兵力，并于15日上午实施登陆行动。在第一波登陆部队（共1400人）完成抢滩后，芬兰驻军当即向德军开火；天亮后不久，苏军也以猛烈的空袭支援了芬军的抗登陆行动。最终，德军第二波部队无法实施登陆，第一波部队有部分人员被阻滞在海滩上。芬军宣称俘虏了700名德军。

曼纳海姆对此发起了反击。他要求德国第20山地集团军必须马上撤离奥卢—苏木萨尔米一线以南地区，并放弃从奥卢到瑞典边境的波罗的海海岸。伦杜利克拒绝了上述要求，但提出可以就渐次撤军的事宜展开谈判。此举正合曼纳海姆之意，已在戈格兰岛向苏联方面递交投名状的他显然不愿意与德国人产生进一步的纠缠。到17日，伦杜利克和曼纳海姆的代表们已经关于被芬兰方面指挥官称为"秋季机动"的撤军计划达成一致。该计划是一种分阶段的撤军，可以让德国人设定自己的路线，避免两国军队相互干扰，同时能让芬兰人随时向苏联人转告德方"前进"的进展。然而，最让德国人担心的一个问题就是芬兰人到底能坚持（这种做法）多久。伦杜利克指出，尽管他们（芬兰人）不想与德国人作战，但为了实现和平也可以不惜任何代价，因此很可能会接受苏联人的所有要求。

"秋季机动"已按计划进行了10天。9月26日，第20山地集团军报告说，芬军按照协议在德军后方逐阶段线地跟进，两军之间保持着相当远的距离，不存在交火的可能性。芬军有个装甲师是沿奥卢—凯米公路前进的，这条公路对于1个装甲师而言是所有可选路线中最糟糕的那条——他们需要渡过许多河流，德国军队在经过时还会摧毁桥梁和渡船，有时候芬兰人甚至站在一旁观看德国人的破坏行动。

情况在9月28日上午骤然发生变化。芬军的1个营在普达西雅尔维（Pudasyärvi）突然向德军开火，并在当天拒绝了德国方面所提出恢复停火的几项提议。午夜，伦杜利克向芬军在拉普兰的司令部发出最后通牒，要求其重回协议框架，否则就要承担起两军全面对抗的后果。10月1日，凯米和托尔尼奥这两个港口内都爆发了战斗，原因是一直在那里守卫工厂的芬兰军队突然占领了几座公路和铁路桥梁。当天昼间，从奥卢乘船赶来的芬兰第3师开始在托尔尼奥下船。桥梁事件给国防军最高统帅部造成了很大刺激，很明显，希特勒看到了该事件与盟军在荷兰阿纳姆的行动之间的关联——就在两周前，盟军采用类似战术对该地的莱茵河大桥发动了袭击。虽然伦杜利克不觉得凯米和托尔尼奥的桥梁有那么重要，但为了安抚希特勒，同时也考虑到让芬兰人在一段时间内无法使用这些港口或许是值得一试的，于是，他命令德军发起反击。

10月2日，芬兰人拒绝了伦杜利克的最后通牒，所给理由是德芬之间不可能再达成任何有违苏芬停战条款的协议，而个人之间的任何沟通和协商并不具有对芬军指挥机构的约束力。第二天，伦杜利克宣布，第20山地集团军今后将"不受限制地"对芬兰人开战。他放弃了迄今为止被严格遵守，限制己方对芬方公路、铁路和桥梁进行破坏的政策，下达了这样的命令："从现在开始，所有可供敌人利用的掩蔽物、建筑和物体都将被摧毁。"

一群驯鹿及雪橇上的德国第20山地集团军成员

进行于凯米和托尔尼奥的战斗持续到了 10 月 8 日。10 月 6 日，在芬兰第 11 师登陆凯米后，伦杜利克所能投入那个实力不足的师取得胜利的极小概率就变得更加渺茫了。战斗最后两天里，德军的目标已经退化为将该师部分兵力从芬军的包围中解救出来。8 日，德军向北撤退；此时，第 36 山地军和第 18 山地军的主力部队早已通过罗瓦涅米。对自己在托尔尼奥和凯米的成功感到满意的芬兰人仍然紧跟在德国人身后（他们甚至请来了外国记者见证相关战斗），只不过再也没有主动挑起事端。

（二）"诺德里奇"行动

与此同时，国防军最高统帅部作战指挥部重新审视了德国在斯堪的纳维亚国家和芬兰眼中的战略地位。这次审视的主要关注点是将第 20 山地集团军撤出芬兰北部。撤军问题也与瑞典（对德国）日益增长的敌意及挪威潜艇基地的战略重要性有关——法国基地近期的失守和恢复大规模潜艇作战（使用改进的 U 型潜艇）的可能更是使这一问题变得更加重要。作战指挥部得出的结论是，原先将精力集中在法国基地的英国海军和空军将被挪威基地、第 20 山地集团军脆弱的海上补给线，以及阻止苏军在斯堪的纳维亚北部立足的愿望所吸引，从而将注意力转移到北方。同时，作战指挥部还发现德国已没有必要再去冒险控制芬兰北部地区，因为装备部长施佩尔最近曾表示本国的镍储量充足。从另一方面看，将第 20 山地集团军撤入挪威也为强化该国对盟军和瑞典军队的防御创造了条件。10 月 3 日，在知悉作战指挥部的结论后，希特勒批准了撤入挪威"林根"防御阵地的行动。这道从林根峡湾出发、划过挪威北部，最终直达瑞典最北端的防线从长远来看将是坚不可摧的。接下来两天时间里，第 20 山地集团军接到了初步命令，得知行动代号为"诺德里奇"（意为"北方之光"）。

从战术层面看，"诺德里奇"行动只是"白桦树"行动某种意义上的延伸，前者不过是加上了佩特萨莫以东地区的第 19 山地军的行动，以及运走本集团军（第 20 山地）8 个月的储备物资。一支辖有 20 万人、携带着所有装备和储备物资的军队在冬季进行穿越北极的冒险——这样的行动在历史上尚属首次。时间已经不等人了。受积雪影响，德国人在挪威北部修建的第 50 号国道从希尔克内斯（Kirkenes）到拉克塞尔夫（Lakselv）之间的路段在 10 月初到来年 6

月 1 日这段时间里通常被认为是无法通行的。因此，哪怕 1944 年的秋天显得异常温和，第 19 山地军也需要足够运气才能通过，并且最迟必须在 11 月 15 日前到达拉克塞尔夫以西地区。第 36 山地军可以使用从伊瓦洛到拉克塞尔夫的全天候公路。第 18 山地军使用的公路在希博滕—穆奥尼奥（Muonio）之间处于半完成状态，穆奥尼奥—罗瓦涅米之间路段则没有坚实的路面；不过，该山地军同样由于机动路线的低承载力至少获得了部分补偿，因为这是通往林根峡湾最南端和最直接的路线。

在道路和天气带来了前所未有的技术困难的同时，德军在战术层面上也面临着势如累卵一般的危险，局势随时都可能演变成为灾难——芬兰军队可以在任何时候投入优势兵力对第 36 山地军和第 18 山地军发动进攻，苏联人则铁定不会让第 19 山地军轻松逃走，而且苏军手里还有很多牌可以打：他们能够尝试在伊瓦洛拦阻第 36 山地军；可以实施突击、穿越波的尼亚湾湾头，使用吕勒奥—纳尔维克铁路——该铁路在瑞典人的请求下用以充当 1941 年时德国人使用本国铁路的补偿——越过瑞典北部并在纳尔维克切断整个第 20 山地集团军；此外，他们还能在芬兰北部发起追击，随后进入挪威。

综合各方面情况来看，相比苏联人制造的麻烦，由英国人和美国人实施的干预只是稍微多出了一丝不确定性。第 50 号国道沿途分布有众多渡口，而且大部分路段靠近海岸，很容易受到盟军海军和空军的攻击。瑞典可能带来的危险同样不能掉以轻心，该国早已废除了与德国的贸易协定，双方关系似乎正在走向完全破裂。第 20 山地集团军已经接到命令，避免发生任何可能被认为是挑衅的事件。然而这对于第 36 山地军而言是一项艰巨任务，因为该军将直接沿着瑞典边境行进数百英里。

（三）北极圈内的战斗

"诺德里奇"行动的第一阶段如何实施将完全取决于苏联人。自 9 月中旬以来，苏军已在德军充满忧虑目光的注视下完成了一次兵力集结，并在 10 月 7 日对第 19 山地军发起了一次进攻（见战场形势图 35）。第 19 山地军当前正位于其自 1941 年夏末以来一直扼守的防线中：在其左翼，第 6 山地师控制着西利察河（Litsa River）上的防线；在其右翼，第 2 山地师守卫着一道延

战场形势图 35：苏军针对第 19 山地军的攻势行动，1944 年 10 月 7—28 日

伸向伊瓦洛的要点式防线；范·德·胡伯师级集群（Divisionsgruppe van der Hoop）[1]扼守着一道位于雷巴奇半岛颈部的防线；第 210 步兵师负责佩特萨莫湾和希尔克内斯之间的海岸防御作战。在第 19 山地军当面，苏联第 14 集团军的兵力已增至 5 个步兵军（共计 97000 人），而该山地军的兵力仅为 53000 人。在雷巴奇半岛的北面防御地域，苏军还部署有 2 个海军步兵旅。尽管如此，第 19 山地军还是不得不坚守原地，因为他们需要掩护从南方撤退的己方各军，并确保准备实施撤离的大量物资和设备的安全。[2]

　　10 月 7 日上午，苏联步兵第 131 军在恰普尔湖（Chapr Lake）以南地区对第 2 山地师要点式防线的侧端发起了攻击。步兵第 99 军则于该军右翼加入战斗。在炮兵、飞机及出乎德军意料之外的坦克支援下，上述 2 个军肃清了德军要点式防线上的数个据点，到中午时已逼近芬兰和苏联边界上的季托夫卡河

---

　　① 审校者注：由第193掷弹兵旅和第503掷弹兵旅组成，1944年9月1日时的兵力为3992人。前者（第193掷弹兵旅）由第193步兵团改编而来，后者（第503掷弹兵旅）由第503空军野战团改编而来。

　　② 作者注：预料第20山地集团军可能会被孤立的希特勒早已在1942年下令建立该集团军的补给储备体系。当"诺德里奇"行动开始实施时，许多存放在集团军仓库里的物资——如一位军官所说——已经在德国国内成了"稀缺物资"。当该集团军抵达挪威时，进行再补给的条件亦是比较艰苦的。

（Titovka River）。第 2 山地师受到了剧烈冲击，被迫沿"兰"（LAN）公路向卢奥斯塔里（Luostari）撤退。在卢奥斯塔里，第 20 山地集团军的主要交通动脉北冰洋公路受到了威胁。伦杜利克命令第 6 山地师撤离西利察河前线，释放出兵力来保护公路的安全。

11 月 9 日，轻步兵第 126 军绕过第 2 山地师南翼，向北冰洋公路发起了攻击。在"兰"公路上，德国山地师的北翼被苏军逼退，该师与第 6 山地师的侧翼之间出现了一道缺口。作为回应，伦杜利克从第 36 山地军中抽出 1 个团和 2 个营前去增援。

10 日那天噩耗频传。午夜时分，苏联海军步兵第 12 旅在雷巴奇半岛西面的大陆海岸上实施登陆，并在当天昼间卷击了范·德·胡伯师级集群的防线，迫使该部从半岛颈部撤回；在第 2 山地师和第 6 山地师之间，步兵第 131 军派出 2 个团的兵力，朝正北方向穿过缺口，切断了俄罗斯公路这条第 6 山地师通往西面的主要交通线；在第 2 山地师右翼，轻步兵第 126 军将前一天的威胁化为今日的现实，切断了卢奥斯塔里以西 5 英里处的北冰洋公路。为此，伦杜利克命令第 6 山地师首先肃清俄罗斯公路之敌，而后撤退到佩特萨莫—卢奥斯塔里一线。他还命令第 163 步兵师从罗瓦涅米向北进行强行军，并下令摧毁科洛斯约基的镍厂①。后来，该工厂大部分建筑均被炸毁。

在接下来两天时间内，第 6 山地师重新打通了俄罗斯公路，并与范·德·胡伯师级集群一起退向了佩特萨莫。第 2 山地师成功守住了卢奥斯塔里的道路交叉口。此时，苏联人已经占据北冰洋公路上大约 5 英里长的路段。为阻止苏军向西推进，鲁培尔战斗群（辖有第 163 步兵师的 2 个团，指挥官为卡尔·鲁培尔中将）在公路上设置了一道掩护线。

10 月 13 日，当鲁培尔战斗群和第 2 山地师向南北展开攻击、试图肃清道路时，苏联轻步兵第 126 军派出一支部队向北突入德军接合部，切断托尔内特公路（Tarnet road），有效地将第 2 山地师、第 6 山地师和范·德·胡伯师级集群割裂开来——在多石的冻土带上，大部队在离开道路的情况下根本无法机动。

---

① 作者注：科洛斯约基镍厂的防空措施十分完善，工厂部分建筑被深埋在地堡之下，其他一些留在地面上的建筑亦由大量钢筋混凝土"圆顶"提供保护。据说，该厂的对空防御能力强于东线上的任何一处阵地。

短短一个星期内，第 14 集团军便已摧毁这道德军在前三年里投入了无数人力物力的防线。之后，伦杜利克命令各师放弃佩特萨莫和卢奥斯塔里，撤至挪威边境。

哪怕是大多数人员都经历过专门训练的苏联军队也无法在冻土带上长时间保持快速推进。14 日，他们停下脚步，对兵力部署进行调整。此后几天内，德军 3 个师 / 师级集群拼尽全力，在托尔内特公路上杀出了一条血路。但在他们终于冲出去的同时，第 2 山地师已经濒临崩溃，不得不前往南方，躲在鲁培尔战斗群的后方进行休整。

18 日，因为预计苏联人将在 1 ~ 2 日内重新开始行动，伦杜利克命令鲁培尔战斗群在三天之内撤退到萨尔米耶尔维（Salmyärvi）。此外，由于此举将使苏联人突入科洛斯约基和希尔克内斯之间运输镍矿的路线，他命令第 6 山地师守住位于希尔克内斯南面、靠近此地的道路。完成上述任务后，第 19 山地军和鲁培尔战斗群便会被分割开来，并且朝向不同的作战方向。

10 月 18 日，第 14 集团军重新发起进攻，共计投入 4 个军展开了对鲁培尔战斗群的攻击。该战斗群则沿着北冰洋公路全部向后撤退，躲开了苏军的正面攻击。但在第二天，当轻步兵第 127 军开始攻击其侧翼、并威胁要切断其后方的公路线时，鲁培尔战斗群的命运立即变得坎坷起来。为保证撤退路线畅通，该战斗群被迫撤退到了卡斯卡马湖（Kaskama Lake）狭地。之后，随着鲁培尔战斗群继续撤向伊瓦洛，苏军向其施加的压力也有所下降。

步兵第 131 军对第 6 山地师掩护着希尔克内斯的防线展开了攻击，具体目标是托尔内特——这是为希尔克内斯提供电力的水电站所在地。到 10 月 22 日，水电站已处于苏军的火力打击范围之内，伦杜利克通知国防军最高统帅部称，如果没有电力，码头设施便无法运转，船只也无法进入希尔克内斯。因此，他请求上级允许其根据战场情况自主行动，停止物资的转运事宜。在经过几个小时的延迟后，伦杜利克的请求得到了批准，随后，希尔克内斯以东的部队迅速向后撤退，最后那一支于 24 日向西进入第 50 号国道。德军在 27 日和 28 日实施了后卫阻击行动，迟滞了苏军的追击速度，己方各军亦抢回了三分之一（约 45000 吨）的物资。

10 月 26 日，德军展开了撤出瓦朗厄尔半岛的行动，而苏军一直追击到了塔纳峡湾（Tana Fiord）。在第 19 山地军之前，挪威集团军已经投入 2 个师，将其部署在希博滕和拉克塞尔夫（Lakselv），以防守第 50 号国道上的薄弱点，直至第 20 山地集团军通过。根据希特勒的命令，为阻止苏联或自由挪威政府的军队在林根峡湾（Lyngen Fiord）北部获得立足点，伦杜利克实施了焦土政策；同时疏散了约 4.3 万平民（主要是靠小船通过海路进行），以免对第 50 号国道的作战行动造成影响。

（四）"诺德里奇"行动结束

10 月中旬，在第 36 山地步兵军的防区，第 169 步兵师占据了"棱堡"防御阵地。该阵地位于伊瓦洛以南，最初是为"白桦树"行动所建。这一阵地东面，在卢托河（Lutto River）与里斯季肯特（Ristikent）方向，德军还设有一道掩护线。10 月 21 日，当无线电监听人员在卢托河谷地监听到了苏联第 19 集团军司令部和 3 个师的信号时，德军曾经出现过短暂的恐慌。但之后的地面侦察证实了这只是苏联人所实施的无线电欺骗。

在鲁培尔战斗群经过伊瓦洛前往拉克塞尔夫后，德军于 10 月 30 日放弃了卢托河防线，并在第二天开始从"棱堡"防御阵地中撤出。11 月 2 日，第 2 山地师在拉克塞尔夫进入第 50 号国道，开始了第 19 山地军和第 36 山地军最后阶段的撤退。到第二天，第 169 步兵师的后卫部队已经离开伊瓦洛。

10 月 29 日，穆奥尼奥的大量弹药储备已被撤走，防守此地的第 18 山地军开始撤退到卡雷斯瓦多以西的"攻城槌"防御阵地。在这个为"白桦树"行动所建造的防御工事中，第 7 山地师被留下殿后，扼守着一块位于芬兰领土上、向西北伸入瑞典和挪威的狭长地带，从而临时性地充当"林根"防线的侧方屏障，并掩护沿第 50 号国道向西前进的德军。12 月 18 日，第 50 号国道上的后卫部队通过了比勒菲尔德（Billefiord）。但"攻城槌"防御阵地上的第 7 山地师一直在这里待到了 1945 年 1 月 12 日，而后才从容不迫地撤向"林根"防线；此时，该防线上已有第 6 山地师进行布防。

1 月底，"诺德里奇"行动彻底画上句号。此时的态势是：在芬兰最西北端，被纳入"林根"防线的一小部分芬兰领土一直由德国人掌握，直到 1945 年 4 月的最后一周才发生变化；从林根峡湾以东直到瓦朗厄尔半岛，德军除了在哈默费斯特（Hammerfest）和阿尔塔（Alta）仍有一些小型分遣队在转移物资（于

1945 年 2 月结束），整个挪威芬马克地区完全处于兵力真空状态。1945 年 1 月，挪威政府派出了一支来自英国和瑞典、只有象征意义的警察部队；之后，苏联军队开始逐步后撤，仅在希尔克内斯留下了一支分遣队。

尽管"诺德里奇"行动堪称德军一次技能和耐力的杰出展示，但运气在这次成功中所起的作用可谓同等重要：预想中最严重的危险和威胁都没有变成现实；北冰洋的天气和预料中的一样好；冬季到来的时间比往年晚了很多。此外，对第 20 山地集团军而言最幸运的是——当"诺德里奇"行动开始时，苏联和西方盟国的兵力及资源都被限制在了主要战线上，无暇顾及北面的这些小打小闹，所以苏军的攻势相对温和，而盟军根本就没有露面。

三、北方集团军群撤至库尔兰

芬兰人签署停战协定、第 20 山地集团军撤退，以及夺取戈格兰岛行动的失利完全推翻了希特勒长期以来所坚持的将东线向北延伸的理论基础。而且从战术上看，北方集团军群也在 1944 年 9 月中旬陷入了最危险的境地中（见战场形势图 36）。该集团军群的防区在柯尼斯堡以北地区已经缩减成为一个紧贴着海岸线的弯曲狭长地带，平均宽度仅有 70 ~ 80 英里，长度略微超过 400 英里。该防线上的德军在中央的图库姆斯—里加（Tukums–Riga）地区被苏军掐住了喉咙——近卫坦克第 5 集团军在 7 月底的时候向海岸发起突击，一度推进到了距离海岸仅有不到 20 英里的位置。从本质上看，北方集团军群和第 3 装甲集团军的境遇基本类似，两部都是身陷于细长蜿蜒的滩头阵地上，防线四处漏风，而且纵深浅窄到了根本没有办法转身的危急程度。

（一）华西列夫斯基的九月攻势

8 月时，华西列夫斯基接手了波罗的海沿岸 3 个方面军的协调和战役筹划工作。戈沃罗夫的列宁格勒方面军则处于最高统帅部大本营直接领导之下，其左翼边界向南进行了调整，从而使兵力能够覆盖位于塔尔图（Tartu）——在楚德湖和沃尔茨湖（Lake Vortsjaerv）之间——的本方面军侧翼。9 月，戈沃罗夫将突击第 2 集团军从纳尔瓦附近调往塔尔图以南地区，准备在纳尔瓦战役集群后方发起向北的突击。波罗的海沿岸各方面军则按向心突击的样式展开了部署，每个方面军都会在初始阶段投入 2 个集团军作为主力。伊万·伊万诺维奇·马斯连尼科夫大将的波罗的海沿岸第 3 方面军将经过瓦尔加（Valga）和瓦尔米耶拉（Valmiera）向西南方的里加推进；在叶廖缅科指挥下，波罗的海沿岸第 2 方面军会从马多纳（Madona）朝正西方向发起突击；巴格拉米扬的波罗的海沿岸第 1 方面军所实施的突击距离最短——位于正南面的包斯卡（Bauska）到里加的距离仅有 35 英里。

巴格拉米扬极有可能再次发起进攻，穿过图库姆斯—里加走廊，从而进抵波罗的海海岸。但这一最具危险性的可能在对苏军战役计划的研究判断报告中被忽略了。不过，同期的德国情报显示，除部署在包斯卡的突击第 4 集团军和第 43 集团军之外，巴格拉米扬还拥有一支更为强大的力量，即近卫坦克第 5 集团军；近卫第 6 集团军和第 51 集团军则部署在叶尔加瓦附近。如果他和华西列夫斯基实际上没有打算使用这些部队来切断图库姆斯—里加走廊，那么至少就可以这样说，他们在战术层面犯下了严重失察的错误。

苏军的兵力集结十分缓慢，甚至慢到了能让德国人详细地跟踪其进展。然而北方集团军群所面对的问题也简单到令人沮丧：他们必须在图库姆斯—里加走廊被切断之前做出谨慎而明确的决定，将该集团军群撤出波罗的海诸国。原因很明显，既然本集团军群并未构设坚固的后方阵地，那么除了撤退之外便不可能还有其他出路。最重要的——亦是为数不多有一丝机会能守住的——就是"温登"防御阵地（一段距里加 60 英里的弧形防线）、"塞格沃德"防御阵地（"温登"防御阵地后方 10 英里处），以及"米塔乌东部"防御阵地和"德维纳"防御阵地（里加南面 20 英里处，与东南的"塞格沃德"防御阵地和"温登"防御阵地相连，其整体几乎呈直线）。

哪怕舍尔纳也不认为德军能在苏军的坚决攻击之下守住爱沙尼亚和拉脱维亚北部地区。苏联人在南部距离里加仅有 35 英里，在沃尔茨湖以南地区距离海岸只有 50 英里；而部署于爱沙尼亚的纳尔瓦战役集群的左翼和右翼与里加的距离分别达到了 120 英里和 220 英里。北方集团军群已经进行了代号为"紫菀"的图上推演——之所以称其为图上推演，是因为该集团军群想要避开希特勒所反感的"撤退计划"这一类字眼。但"紫菀"实质上是一项预先命令，它指示纳尔瓦战役集群和第 18 集团军要做好撤退到"温登"防御阵地的准备。

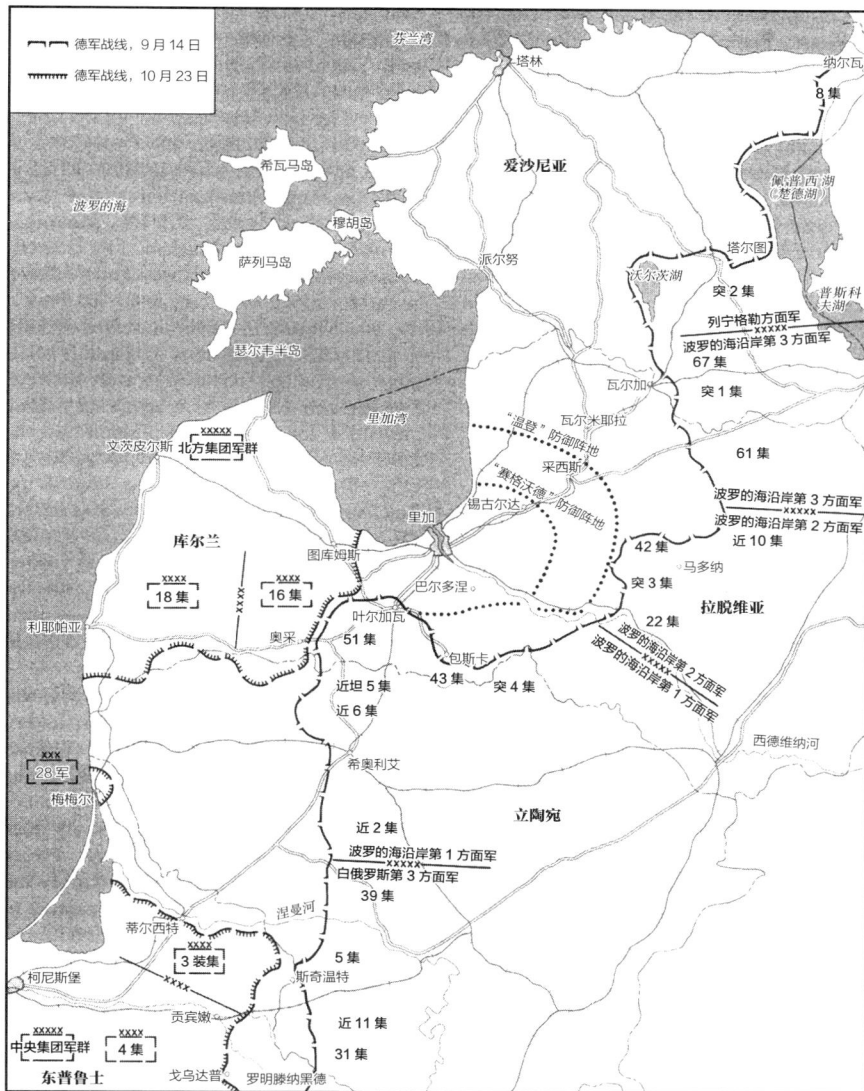

战场形势图 36：北方集团军群撤往库尔兰，1944 年 9 月 14 日—10 月 23 日

然而，陆军总司令部希望北方集团军群能守住图库姆斯—里加走廊；并在 9 月 12 日那天命令第 3 装甲集团军加强其左翼，而后从奥采（Auce）发起进攻，突入波罗的海沿岸第 1 方面军正在包斯卡附近和西面集结的部队的后方。第 3 装甲集团军本来有望完成这一壮举，但在 9 月 14 日上午，当波罗的海沿岸第 1、第 2、第 3 方面军发起攻击，波罗的海沿岸第 1 方面军在己方防线上凿出了一道 4 英里深的缺口时，德军便大势已去。波罗的海沿岸第 2 和第 3 方面军在进攻实施后的前两天里表现得都不算理想，然而到了 15 日，巴格拉米扬的部队利用第一天在德军防线上夺得的一个立足点，投入突击矛头冲向了里加以南 25 英里处的"米塔乌东部"防御阵地。有鉴于此，舍尔纳要求允许部队撤出爱沙尼亚，并声称现在已经到了"离开那里的最后一刻"。第二天，他飞往元首指挥部，准备向希特勒当面汇报此事。

一如既往——希特勒极不情愿地批准了这一撤退行动。不过相反的是，他运用逆向逻辑宣称，位于集团军群外围、被卡在楚德湖和芬兰湾之间的党卫军第 3 装甲军无论在何种情况下都无法逃脱。他还声称苏联人已经伸出了和平的触角，因此自己需要波罗的海沿岸领土来作为谈判的筹码。希特勒哀叹道，正如以前每次讨论这个问题时都会提到的那一点，即海军失去了波罗的海训练区。最终，在得到"图上演习期间，撤退不会在之后两天内开始，而且随时可以终止（撤退）"的保证后，他批准了这一行动。

16 日昼间，第 3 装甲集团军开始进攻。但该集团军投入进攻的 3 个师没有任何 1 个找到了苏军防线上的薄弱点，还没等天黑，他们奋力凿出的几道浅口便又被堵上了。当天夜间，古德里安告诉莱因哈特说，由于在外交政策层面上（所谓的苏联人伸出的和平触角）正有"大事"发生，希特勒要求"无论第 3 装甲集团军还是北方集团军群都必须取得成功"。直觉告诉自己攻击不会取得成功的莱因哈特向希特勒如实报告了他的想法，并做好了将部队转隶给北方集团军群的准备。

17 日，突击第 2 集团军突破了纳尔瓦战役集群设置在沃尔茨湖和楚德湖之间的防线，越过塔尔图向北发起了进攻。当天晚上，舍尔纳对"紫菀"计划进行了彻底修改，他命令党卫军第 3 装甲军机动 120 英里，在 10 日[①] 前从纳尔瓦河撤至里加湾的派尔努（Paernu）。运送该军装备和补给的列车将通过塔林撤离，或是乘船越过海峡前往波罗的海诸岛。于是，这次撤退就变成了一种成功希望十分渺茫、不受控制的大溃逃——党卫军第 3 装甲军只会从一个包围圈跳入另一个包围圈。第 18 集团军发来报告称，该装甲军已无力守住沃尔茨湖南端。

北方集团军群在某几天时间内的确是陷入了危机四伏的险境之中，可谓命悬一线。然而如奇迹一般令人不可思议的是，这根细线从来都没有真正断裂。舍尔纳从纳尔瓦战役集群中给第 18 集团军调派了一批高射炮兵、反坦克炮兵和小规模摩托化分队，并命令这个集团军守住沃尔茨湖。此后，该集团军的防线虽然被撞出了一个深坑，却从未被苏军突破过。

9 月 17 日和 18 日里，第 3 装甲集团军加强攻势，在巴格拉米扬的侧翼打进了一个 10 英里深的楔子；但同样在 18 日，该集团军又陷入了无法继续前进的尴尬境地中：一方面，北方集团军群急切需要增援；另一方面，该部自身却不能一下子完全停止攻势——那样会使苏军解放出更多兵力。可就算这样，莱因哈特还是相信自己在关键时刻阻止了巴格拉米扬，不仅使其无法将预备队投入到包斯卡北部的攻击中，还扼住了他再次突击图库姆斯—里加走廊的势头。

19 日，巴格拉米扬所辖波罗的海沿岸第 1 方面军的一支前锋部队越过巴尔多涅（Baldone），逼近里加以南 10 英里处的西德维纳河，但最终因为力量不足而停下了脚步。党卫军第 3 装甲军在令人惊疑的轻松状态中从纳尔瓦河防线上脱身，于 20 日有惊无险地抵达了派尔努。与此同时，纳尔瓦战役集群的另一个军——第 2 军——以沃尔茨湖的北端为轴，进行了一次 180 度的大转弯。

希特勒仍在寻求某种形式上的胜利。20 日，他将第 3 装甲集团军划拨给北方集团军群，并授权舍尔纳继续实施"紫菀"行动，越过"温登"防御阵地，

---

① 译者注：此处时间表述有误，疑应为 20 日。

撤入"塞格沃德"防御阵地。在将第18集团军和纳尔瓦战役集群撤入一道较短防线后，北方集团军群得以挤出数个步兵师的兵力，且准备将其投入图库姆斯—里加走廊，从那里置换出第3装甲集团军的数个装甲师。舍尔纳计划使用这些装甲师从希奥利艾以西地区发起攻击，同时使用步兵师从包斯卡以北地区发起向心攻击，具体目标是摧毁巴格拉米扬突出于里加南部的部队，并将防线推回到"塞格沃德"防御阵地与希奥利艾之间的某条直线上。

9月20—24日，华西列夫斯基再次发力，试图达成他最初的目标，即切断并摧毁北方集团军群。19日，在第3装甲集团军停止其攻势后，第43集团军释放了已无必要抓在手中的6个步兵师，愈发逼近里加；22日，波罗的海沿岸第2方面军投入大量坦克和步兵，在马多纳以西地区歼灭了德军第10军；波罗的海沿岸第3方面军则突击越过了瓦尔加。

党卫军"诺德兰"装甲掷弹兵师从集团军群最外翼的芬兰湾启程，经过4天强行军，跨越250英里的路程，于22日准时抵达了里加南部地区，及时阻止了灾难的发生。在第10军当面的叶廖缅科没有及时投入预备队发展胜利。波罗的海沿岸第3方面军的矛头虽已进至瓦尔米耶拉，但没能对德军的撤退行动造成有效影响。25日，第16集团军报告说，波罗的海沿岸第1方面军已经放弃了攻占里加的意图，同时还"牺牲"了他们最前方的矛头——这些前锋部队随后被分割歼灭了。到9月27日上午，德军已撤入"塞格沃德"阵地，波罗的海沿岸第2和第3方面军也转入了防御状态。

（二）巴格拉米扬向波罗的海的突击

从战术层面上看，苏军在9月对北方集团军群的进攻行动起到了与他们预期相反的效果。苏军不仅没有割裂该集团军群，反而使敌军将里加—马多纳以北的防线长度缩减约三分之二，从原来的240英里减到了现在的70英里。纳尔瓦战役集群、第18集团军和第16集团军的兵力受到了一定程度的损失，不过还是保持着编制上的大致完整，而且被压缩成了围绕着里加的"硬核桃壳"。因此，对于苏联军队而言，随着当前态势的发展，他们突入里加的困难正越来越多，收益却越来越少。9月27日，第16集团军报告说，苏军从前线通往西南方向的公路运输十分繁忙。

最高统帅部大本营于 24 日决定重启攻势。在本月最后一周里，巴格拉米扬将他集中在里加南部和东南部的兵力分散开来，并将突击第 4 集团军、第 43 集团军、第 51 集团军和近卫坦克第 5 集团军投入希奥利艾地区，准备向梅梅尔（今克莱佩达）发起突击。波罗的海沿岸第 2 和第 3 方面军继续执行其原定任务，在宽广正面上向里加推进，并随时做好准备、根据战役进程追击逃入库尔兰半岛 [1] 的北方集团军群。列宁格勒方面军则被赋予了占领波罗的海群岛——穆胡岛（Muhu）、萨列马岛（Saaremaa）和希乌马岛（Hiiuma）的任务。在巴格拉米扬左翼，白俄罗斯第 3 方面军正准备投入 1 个集团军的兵力向蒂尔西特（Tilsit）发起进攻。

到月底，希特勒要求北方集团军群发动进攻的迫切程度到达了顶峰。在 28 日与舍尔纳的一次会谈中，他将第 3 装甲集团军的攻击发起位置转移到了

苏军使用美制卡车越过东普鲁士边境

---

① 作者注：库尔兰是拉脱维亚最西部的省份，也是历史悠久、曾经的库尔兰公国所在地，该地西濒波罗的海，东北面临里加湾，南部与立陶宛接壤。

希奥利艾以南，将第 16 集团军的攻击发起位置转移到了里加以西。两天后，舍尔纳告诉希特勒说，本集团军群首先必须将里加以东的防线收回、使其向城市靠拢，提前疏散里加城中军民，消化 30000 名补充兵（目前尚未派出）并进行一次复杂的重组之后才能发起进攻。他认为，攻击行动最早也得到 11 月 3 日才能实施。

30 日，北方集团军群参谋长告诉第 3 装甲集团军的作战处说，此次进攻行动很可能无法达成，因为苏联人会率先发起攻击。然而这一任务"并非不受欢迎"，因为它给集团军群创造了一个机会，能够对原先部署进行一些有益的调整。当天早些时候，第 3 装甲集团军在希奥利艾西北部地区发现了突击第 4 集团军司令部的踪迹，不过很快苏军在该地区的所有无线电通信就突然中断了。

尽管迹象已经很明显，但直到 10 月 5 日上午之前，北方集团军群司令部仍认为波罗的海沿岸第 1 方面军不可能在短短 10 天之内便完成部队的重新部署。因此，它倾向于根据自己预定的攻击计划调整部署，并假设这样的做法能将足够的部队及时投入正确位置以挡住苏联人。有数个装甲师已在 5 日前进入希奥利艾—拉塞尼艾（Raseynyay）地区，然而第 3 装甲集团军在步兵力量方面仍然极度虚弱。希奥利艾以西的第 551 掷弹兵师防守着一条 24 英里长的防线，但该部凭自身力量只够掌控数个要点。此外，在 10 月 16 日之前，各集团军也几乎不可能获得步兵的增援。

10 月 5 日，波罗的海沿岸第 1 方面军发起攻击，越过希奥利艾，最终突向梅梅尔。第二天，巴格拉米扬投入了近卫坦克第 5 集团军向海岸猛冲，白俄罗斯第 3 方面军右翼的第 39 集团军同样开始向蒂尔西特推进。在几天前占领了防守并不严密的希乌马岛和穆胡岛之后，列宁格勒方面军从 10 月 6 日开始登陆萨列马岛。

在一天半时间里，苏军占领了萨列马岛除西南端瑟尔韦半岛（Soerve Peninsula）之外的所有地区。对德方而言更严重的问题是，第 3 装甲集团军的防线在 7 日被突破了。近卫坦克第 5 集团军和第 43 集团军穿过突破口，并在两天之后抵达了梅梅尔南北两侧的海岸。第 3 装甲集团军的指挥所已被占领，司令部人员不得不奋力杀向梅梅尔——此处，被夹在 2 个苏联集团军之间的第 28 军被迫退入了港口附近的滩头阵地。

知道元首心里想要什么的舍尔纳宣布自己将对梅梅尔展开攻击。为凑足兵力，同时保卫库尔兰的北端——在占领瑟尔韦半岛后，列宁格勒方面军只需渡过不到 20 英里远的水域即可抵达此处——他建议放弃里加。苏军的潜艇已经出现在里加湾，港口已被其炮兵纳入射程范围内；德军最后一支护航船队也于 10 月 10 日离开。这座城市几乎已不存在防守的价值。但就算这样，希特勒还是极力反对撤退，并推迟了一天才给予批准。

就北方集团军群自身而言，它完全有能力保障自己在库尔兰半岛的安全，甚至可能有余力挤出部队发起一次强力反击，然而"工夫在诗外"，战争的胜败并不总是在战场上决定。10 月 10 日，陆军总司令部将第 3 装甲集团军还给了中央集团军群。该集团军只能用剩下那个军——另外 2 个军有 1 个被陷在梅梅尔，1 个被切断在北方集团军群中——来保卫中央集团军群的侧翼，使其免遭苏军第 39 集团军对蒂尔西特所发起强力突袭的打击。发生在北方集团军群身上的是一种屡见不鲜的军事灾难。但中央集团军群所面临的威胁又是另外一回事，因为苏联人向东普鲁士德国领土的推进影响了整个德国对战争的看法。最高统帅部大本营已经设好各种陷阱，就等最后那个跳进来的人了。

10 月 16 日，苏联人先是投入 2 个、后来增至 3 个集团军在斯奇温特（Schirwindt）和罗明滕纳黑德（Rominteiner Heide）之间越过东普鲁士边界，向贡宾嫩（Gumbinnen）进发。会战进行到第三天时，希特勒已不得不从第 3 装甲集团军中抽调装甲部队应对苏军的突击，并将该集团军撤入涅曼河后方。21 日，在两次巨大冲击——战争中第一次有德国城市被占领（盟军夺占亚琛），以及第 4 集团军发来报告说贡宾嫩可能在明日失守——的影响下，希特勒命令北方集团军群在库尔兰转入防御。

两天后，德军挫败了苏军突入东普鲁士纵深的尝试。此时，北方集团军群再次提议向南发起进攻——虽然第 3 装甲集团军撤入涅曼河后方的举动大大降低了此次行动成功的可能性——以恢复集团军群与该集团军间的联系。月底，希特勒以不具可行性为由拒绝了这项建议，并开始从库尔兰撤回部队。

第十九章

一月攻势

一、两条战线、元首的意志和德国的资源

1944 年圣诞节前一天，古德里安来到了陶努斯山脉（距巴德瑙海姆西北 10 英里）中的"阿德勒霍斯特"（Adlerhorst，即"雕巢"）元首指挥部，与本国元首共进晚餐。希特勒于阿登进攻开始之前便搬到了这个他曾在此指挥 1940 年法国战役的指挥部——他在本月初就离开了拉斯滕堡，并在柏林短暂停留过一段时间。古德里安则是从位于柏林南部措森迈巴赫湖畔的陆军总司令部出发，乘坐他的指挥列车，经过一整夜的旅行才在当天早上抵达这里。面见希特勒后，古德里安请求停止西方的进攻，将剩余力量调往东线。因为从过去 48 小时的情况看，阿登攻势已经明显无法达成预期目标，但在喀尔巴阡山脉以北的东线，苏联人早已完成了这场战争中规模最为宏大的兵力集结。

希特勒拒绝拱手让出西线的战场主动权，并大肆嘲讽了陆军总司令部经计算得出的数字——即苏军集结起来用于对付 A 集团军群和中央集团军群的兵力数量。他说苏联人这次集结是"自成吉思汗以来最大的虚张声势"，因此拒绝考虑通过抽调西线、挪威或库尔兰的部队来为东线建立兵力储备的事宜；东线部队必须自力更生。在当天的晚餐中，最近才在西线集团军群司令任上开始其军事生涯的希姆莱劝解古德里安说不用太过担心，宣称苏联人不会发动进攻，他们只不过是企图制造"一个巨大的假象"。希特勒则是一直等到第二天，在古德里安这位参谋长完成访问任务、启程返回措森并失去联系数小时之后才

命令将党卫军第 4 装甲军司令部和 2 个装甲掷弹兵师 [1] 转隶给南方集团军群，用以救援布达佩斯。

（一）急转直下

对德国人而言，在 1944 年最后几天里，帝国末日的来临似乎比他们在当年仲夏时所预测的还要更遥远些。西方盟军和苏军所宣称的虎钳并未夹紧。阿登攻势虽然够不上战略打击的层次，无法使德军抽出手来对付苏军，但德方仍然占有（西线）战场主动权，而且盟军还需要一段时间才能进入德意志帝国的心脏地带。在喀尔巴阡山脉以北，苏军在两个半月的时间内没有取得任何实质性进展，而且，在 8 月几乎被完全摧毁之后，南方集团军群现在已基本上能够在匈牙利站稳脚跟，哪怕是救援布达佩斯的行动看起来也不无实现的可能。E 集团军群正处于从希腊、阿尔巴尼亚和南斯拉夫撤军的最后阶段。在意大利，C 集团军群现已在"哥特"防线上挡住了英国人和美国人的脚步。

然而，希特勒的战略最终还是破产了。他顽固地紧抓着所有能抓到手里的东西不肯松手。他已将最后一批"流动资产"投入西线，企图实现战局的翻盘，却还是以失败告终。现在，他所能做的就只是推迟自己灭亡的时间，而且他本人对此心知肚明。12 月底时，他对一位将军说道："战争不会再持续下去了。这是绝对肯定的。没有人能再忍受下去，我们不能，其他人也不能。唯一的问题便是谁能忍受得更久？一定是那些将自己置于死地的人，就如现在正这样做的我们。"可哪怕如此，希特勒的时间也已经所剩无几——至少并不如他自己想象的那么多。德国坚持和忍受的能力正在呈螺旋式下降，而且这个过程是不可逆转的。

不论在东线还是西线，德军与其对手的力量对比都悬殊。德国的工业生产体系出人意料地承受住了大轰炸的打击，但其产出正在起伏不定的过程中稳步下降——低落的时候居多，上升则相当缓慢。1944 年 9 月，德国飞机制造厂生产了 3000 架战斗机，达到战争时期的最高水平；10 月，喷气式战斗机开

---

[1] 审校者注：应为党卫军第3和第5两个装甲师。

始下线；12月的战斗机产量仍然高于1944年5月之前的任何一个月份。装甲车辆的生产，包括坦克、突击炮和自行火炮在1944年12月达到了战时顶峰的1854辆，但这主要是因为重型部件的交货期很长，而且上述车辆在几个月前就被摆上了流水线。从另一方面看，德国工业金字塔的基础也正在崩溃。由于鲁尔区在去年12月遭到猛烈轰炸，1945年1月时德国的生铁、粗钢和轧钢产量降至1944年9月的一半，以及1944年1月的三分之一。根据一些关于美军战略轰炸调查的数据，截至1944年底，轰炸已经严重摧毁了德国的铁路系统，以至于该国"无论何时都无法指望将战争工业的运转维持在较高水平"。

投产期较短的工业部门早已感受到了压力。汽车工业受到了工厂被轰炸和铁路被摧毁的双重严重打击：1944年10月和11月里，汽车装配工厂搜罗了在德国能找到的所有残损军用卡车，拼凑组装出了12000辆可用卡车。然而到12月，计划生产的6000辆新卡车中只有3300辆被制造出来，而且其中的70%被希特勒投入了西线的进攻之中。到1945年1月，装甲师和装甲掷弹兵师的卡车配额将被砍掉25%，部队不得不使用摩托车运载装甲掷弹兵。对此，希特勒安慰自己说，不管怎样，大范围扫荡作战的阶段已经过去，装甲师现在不需要这么多车辆了。而且就实际表现而言，步兵师还能比那些所谓的"机动师"跑得更快——他说"机动师"只会造成交通堵塞。

从军事层面上看，当前德国最大的一处创口是始于1944年5月的石油产量灾难性下跌。尽管盖伦伯格早已计划分散、修复和建设更多合成油工厂，但油料产量还是在夏季不可避免地减少了。9月，受盟军大轰炸影响，所有合成油工厂都被迫停工。到8月底，德国失去了罗马尼亚的石油。截至10月和11月，合成油的产量才以极低的速度逐渐恢复，然而到12月底，新一轮的猛烈空袭几乎又摧毁了所有石油工业：大型工厂只剩下1个，小型工厂只剩下20%。南方集团军群手中还握有匈牙利的瑙吉考尼饶油田，但由于布达佩斯炼油厂被破坏，加上工人的抵抗，匈牙利的汽油产量并不足以满足该集团军群自身的需求。1944年6月里，德国空军消耗了18万吨航空燃油，而在战争结束前能供给该军种的油料总数仅剩下了不超过19.7万吨。尽管飞机制造在年底保持着较高产量，然而空军缺乏足够的燃油，亦无法为飞行员提供足够的培训，因此很难保证飞机有效出勤。汽车燃料短缺的问题同样严重，军队的装甲车辆也遇到了类似麻烦。

　　虽然军事人力资源的衰减要早于工业产量的下降，但在某种程度上它是能够通过各种措施加以补救和缓解的。到 1944 年底，除一些毫无指望的措施之外，大多数尚可期待的措施已经执行完毕或正在执行，只是并没有给德军提供足够人力，以阻止或是减缓其坐吃山空的进程。1944 年 6—11 月间，德军在所有战线上不可逆的人力损失总额为 1457000 人，其中东线为 903000 人。[①] 1944 年 10 月 1 日，德方东线的兵力总数为 1790138 人，其中有 15 万人为俄罗斯志愿军。[②] 该数字（10 月兵力总数）比 6 月减少了约 40 万人，比 1944 年 1 月减少近 70 万人——当时的西部战区甚至能被当作半个预备队。

　　人力资源的短缺对大多数老牌部队产生了影响。1944 年 9 月 1 日—12 月 31 日间，在所有战线的补充兵员中，有三分之一（约 50 万人）被填入了新组建或进行重组的师。因此，到上述同一时段结束，那些老牌部队中产生了大约 80 万人的缺编数额——这还是在 1944 年砍掉了编制表中 70 万人员数额的情况下产生的。

　　1944 年 8 月，希特勒任命戈培尔为帝国总体战全权代表，要求他通过纳粹党的渠道征召 100 万人。这些人员将被用于组建新的师级部队，不论其之前是否为应征对象。到年底，戈培尔募集了 30 万名新兵，以及 20 万名跨军种人员。10 月，希特勒组建了由纳粹党指挥的人民冲锋队——一支由至今未被征召的所有 16 岁至 60 岁男子组成的本土警卫部队。该部队的成员如条件允许会穿军装，反之则身着纳粹党制服或是便装。德国独裁者还批准了"格奈森瑙"和"布吕歇尔"计划，相关计划将在东部军区编组一支由 20 万人组成的地方部队。11 月，他第一次开口允许俄罗斯伪军投入东线的作战行动，并开始实际上组建以弗拉索夫为总司令的"俄罗斯解放军"——之前一直停留在口头阶段[③]。为保持军队的战力，希特勒在编制和算术上要起了花招。他授权组建只

---

　　① 作者注：具体如下：西部战区440000人；西南战区（意大利）97000人；东南战区（巴尔干半岛）17000人；北方集团军群94000人；中央集团军群435000人；A集团军群117000人；南方集团军群243000人；第20山地集团军14000人。
　　② 作者注：1944年10月1日时，各集团军群的实力数如下：北方集团军群420844人；中央集团军群694812人；A集团军群457679人；南方集团军群216803人。
　　③ 作者注：1945年2月10日，当新组建的第一个师被移交给弗拉索夫时，该部缺少55%的制服和装备，以及85%的车辆。

有旅级实力的炮兵军、只有 2 个营的装甲旅和只有 1 个营的猎兵旅。1944 年 8—12 月这段时间里，德国被征召的男性数量（1569000 人）略微超过了同一时期在战场上的兵力总损失，但通过仔细观察可以发现，其中有 95.6 万新兵要等到 1945 年 1 月 1 日之后才能抵达战场。

1944 年 10 月和 11 月内，陆军总司令部编制局要求各集团军群和集团军提供战斗情况报告。不出所料，后者们异口同声地宣称现在最急需做的是补充兵员，而且多多益善。他们报告说，西线和东普鲁士近期的领土丢失和"恐怖空袭"影响到了军队的士气。从总体来看，部队成员仍然对战争抱有信心，但对于绝大多数人而言，这种信心是完全寄托在新武器很快就会出现这一观念之上的，大家都寄希望于它们能够阻止敌人的空袭，并且削弱其地面优势。

相较那些依然期待秘密武器、可怜的步兵和掷弹兵们，希特勒对德国所陷入这个困境的深度有着更清醒的认识。事实上，他一直都很清楚自己将要做什么。他在过去曾经动摇过，甚至完全失去勇气，但这都是在他的运气到达顶峰时才会出现的情形；相反，每当遭逢噩运的低谷，他却总是坚定得令人不可思议。1944 年 12 月 28 日，希特勒在"雕巢"元首指挥部向各师指挥官——他们准备于元旦当天在阿尔萨斯北部展开攻势——发表演说时承认，阿登攻势已经失败，接下来德国将不得不为自己的生存拼死奋战。然后，他继续说道：

> 先生们，我想立即插入的一点是，当我在说前面这些话的时候，你们不应该认为我正在考虑战败的可能，哪怕只是一点点。在我的生命历程中，我从来都不知道"投降"这个词的含义，因为我是那种从无到有、白手起家的真正的实干者。因此，我们现在的处境对我而言并不新鲜。我个人的经历与此完全不同，甚至可以说更糟。我这么说只是为了让你们清楚地知道，我为何会如此狂热地追求我的目标，为什么没有任何东西能打垮我。或许我会受到忧虑的折磨，就个人而言，我的健康可能会因此受到伤害，但这丝毫无法改变我的战斗决心，直到胜利的天平最终向我们这边倾斜。

这不过是老生常谈。但在以前——甚至就是在阿登进攻前夕——对将军们发表类似讲话仍然可以产生强烈的政治和战略对冲效果。那时，希特勒仍在以政治家和战略家的双重身份发表讲话，要求贯彻自己的意志来达成他所谓的合理目标。不过到现在，只有他的意志才算是重要的，军队和会战已被摆在了次要位置上；而且更重要的是，他的意志没有被削弱。希特勒接着告诉将军们说，人们必须从严肃的军事角度来对待失败降临的这一论点在历史上是站不住脚的；归根结底，是领袖的力量和决心决定了战争的胜负。他引用了坎尼会战的例子，以及"勃兰登堡家族的奇迹"来证明自己的论点——后者的情况是，当时腓特烈大帝在七年战争中战败，但在《胡贝图斯堡条约》所缔造的和平中不仅重新夺回他失去的所有领土，甚至还在反对他的联盟解体后额外夺占了部分土地。然而，在希特勒等待第二个这样的奇迹发生时，有数十万人将为此死去。

（二）古德里安奔赴东线

1945 年 1 月 5 日，古德里安造访了位于埃斯特哈希宫（Eszterhaza）的南方集团军群司令部；当天夜间，他又乘火车向北越过捷克斯洛伐克，前往克拉科夫的 A 集团军群司令部。此次巡视非同一般，也让古德里安深感焦虑。布达佩斯的救援行动花费了太多时间，超出了"谨慎"这一范围；此外，A 集团军群和中央集团军群马上就会迎来一次生死考验——苏军正准备在本月中旬发动一场有史以来最为强力的攻势。

自夏末以来，喀尔巴阡山脉以北地区的东线战局便没有发生明显变化（见战场形势图 37）。在 1944 年圣诞节至新年到来期间，位于库尔兰北部的北方集团军群挫败了苏军近三个月以来第三次突破防线的意图。在东线其他地方，从 11 月第一周开始，自从第 4 集团军通过一次反击将苏联军队几乎完全逐出贡宾嫩以东的德国领土后（仅保有一块正面 50 英里、纵深 15 英里的地域），前线就平静了下来。

当前 A 集团军群和中央集团军群防线上最为显眼的地方便是苏军在防线上建立的 5 个登陆场：纳雷夫河上的鲁然和塞罗茨克登陆场，以及维斯瓦河上的马格努谢夫、普瓦维和巴拉努夫登陆场。上述登陆场如同几个钉入防线的巨大楔子，苏军只要愿意就完全能够以此为跳板，将德军剩下的防线切割得支离破碎。11 月，A 集团军群接管了第 9 集团军，其防御地带因此从莫德林（Modlin）延伸到了匈牙利北部边境。该集团军群所辖各集团军——第 9 集团军、第 4 装

德军战线，1月12日

德军战线，1月31日

筑垒防线

波罗的海沿岸第1方面军

梅梅尔

波罗的海

库里斯潟湖

泽姆兰德半岛

库尔斯

皮劳

43集

柯尼斯堡

39集

席尔菲尔德

5集

格丁尼亚

雷根尔河

皮尔卡伦

但泽

海利根拜尔

28集 白俄罗斯第3方面军

埃尔宾

斯齐彭尔

弗里德兰

罗明滕

纳黑膝

近11集

31集

格鲁琼兹

德意志艾劳

海尔斯贝格

勒岑

戈乌达普

比绍夫斯堡

马祖里湖

维斯瓦集团军群

党卫军16军

2集

阿伦斯泰因

尼古拉肯

奥特尔斯堡

50集

斯德丁

德意志克罗讷

库尔姆

吉尔根堡

姆瓦瓦

奥得河

布朗伯格

托伦

切哈努夫

新米亚斯托

纳雷夫河

3集

48集

49集

采登

施奈德米尔

诺泰奇河

别尔斯克

鲁然

比亚韦斯托克

屈斯特林

"蒂尔施蒂格尔-科尔马尔"阵地

波兹南

维斯瓦河

莫德林

65集

70集

白俄罗斯第2方面军

塞罗茨克

近坦5集

法兰克福

瓦尔塔河

普拉加

47集

9集

罗兹

华沙

波1集

波2集 白俄罗斯第1方面军

格洛高

谢拉兹

皮利卡河

马格努谢夫

近坦1集

近坦2集

布雷斯劳

拉多姆

突5集

近8集

61集

纳姆斯劳

拉多姆斯科

普瓦维

69集

33集 卢布林

4装集

琴斯托霍瓦

凯尔采

切奇尼

斯昆日瓦防线

利索戈里山脉

6集

苏台德山脉

奥珀伦

科泽尔

上西里西亚

赫梅尔尼克

桑河

近3集坦4集

桑梅日

13集

巴拉努夫

乌克兰第1方面军

克拉科夫

近5集

近坦3集

21集

中央集团军群

17集

52集

60集

59集

38集

西贝斯基迪山脉

海因里希集团军级集群

大塔特拉山

近1集

斯洛伐克

乌克兰第4方面军

小塔特拉山

18集

多瑙河

维也纳

匈牙利

战场形势图 37：针对 A（中央）集团军群和中央（北方）集团军群的 1 月攻势，1945 年

甲集团军、第 17 集团军和海因里希集团军级集群（由第 1 装甲集团军和匈牙利第 1 集团军组成）——在直接进入德国本土的进攻路线上呈一字摆开阵型。另外，中央集团军群以第 3 装甲集团军、第 4 集团军和第 2 集团军掩护着东普鲁士—但泽（Danzi）地区。东线上最近几个月的战役间隙期给各集团军群提供了充足时间，使得以建立一个从维斯瓦河直到奥得河、紧密的网状防御体系；主要交通枢纽上都构筑有环形防御工事，并被指定成了要塞。

陆军总司令部东线外军处最初认为苏军下一次的进攻将是以一次巨大的钳形攻势占领东普鲁士，肃清维斯瓦河下游地区，并占领上西里西亚地区、维也纳及捷克斯洛伐克。然而到 12 月，德军的判断发生了变化：外军处预测道，苏军的主要突击将由白俄罗斯第 1 方面军与乌克兰第 1 方面军发起，指向 A 集团军群，攻击方向为西和西北。该部门预计苏军还会同时对中央集团军群发起辅助突击，但其具体目标可能比全面征服东普鲁士更有限——因为苏方歼灭北方集团军群的意图至今仍未实现。到 1 月初，苏军看起来又可能会转而实施针对中央集团军群的"大解决方案"——突入维斯瓦河下游的同时，在 A 集团军群的防御地带内达成深远突破，最终甚至逼近柏林。

双方兵力进行对比的结果显示，在东线大约 160 个德国师旅级部队的当面，苏联同级别的单位（包含团级）在第一线有 414 个，方面军预备队中有 261 个，大本营战略预备队里还有 219 个。[①]

尽管苏军部队的规模要比同级德军小 30%，而且超过 40% 的部队是未满编的（缺编的程度与德军有很大不同），苏方的力量优势仍然超过了 2.3:1。

---

① 作者注：苏军各类部队的数量如下：

	前线部队	方面军预备队	战略预备队
步兵师	253	119	67
步兵旅	30	14	13
骑兵师	13	3	6
坦克旅	29	44	42
坦克团	46	31	47
自行火炮团	43	50	44
总计	414	261	219

事实上，真实的比值比这个还要高，尤其是在关键地点上，苏军的优势完全是压倒性的。在中央集团军群当面，白俄罗斯第 2 和第 3 方面军辖有兵力达 1670000 人，火炮和迫击炮超过 28000 门，坦克和自行火炮为 3300 辆，达成了兵力 2.8:1、火炮 3.4:1，以及装甲力量 4.7:1 的绝对优势。在 A 集团军群当面，白俄罗斯第 1 方面军和乌克兰第 1 方面军拥有兵力 2200000 人、坦克和自行火炮 6400 辆、火炮（包括重型迫击炮和火箭弹发射轨道）46000 门。相较而言，包括第 9 集团军、第 4 装甲集团军和第 17 集团军在内，A 集团军群仅有兵力 400000 人、火炮 4100 门、坦克 1150 辆。在苏军突破地段，即登陆场附近，白俄罗斯第 1 方面军和乌克兰第 1 方面军拥有兵力方面 9:1、火炮 9 ~ 10:1、坦克和自行火炮 10:1 的压倒性优势。仅在马格努谢夫登陆场，白俄罗斯第 1 方面军就部署有兵力 400000 人、火炮和迫击炮 8700 门、坦克 1700 辆。

在空中力量方面，1945 年 1 月 1 日，德军部署在西线和东线的飞机数量分别为 1900 架和 1875 架。他们投入主要精力的仍是西线。在喀尔巴阡山脉以北地区，德军第 1 和第 6 航空队共有飞机约 1300 架，而当地苏军拥有的飞机数量超过了 10000 架。

当古德里安抵达克拉科夫时，A 集团军群司令部已经拟好了一份计划、准备向他汇报。总的来说，不管该集团军群做什么，他们的前景都十分黯淡。12 月，由于有 2 个预备队师被调往南方集团军群，A 集团军群司令部为此进行了一次兵棋推演。此次推演的结果表明苏军将在 6 天内突破德军防线并进抵西里西亚边境，但德军肯定能将他们挡在奥得河之前。后续研究表明，A 集团军群所能做的最多不过是给自己创造一次参与战斗的机会。该集团军群首要的斜切阵地，即所谓"胡伯塔斯"（Hubertus，意为"狩猎神"）防线距离防御前沿约 5 英里，与巴拉努夫登陆场的西缘平行，然后沿几乎笔直的路线向北延伸至马格努谢夫登陆场西端。A 集团军群建议在苏军发起进攻前，利用两个晚上的时间将兵力撤至"胡伯塔斯"防线，使第 4 装甲集团军和第 9 集团军的内线避开被合围的风险；同时在苏军实施火力准备之前让第 4 装甲集团军的右翼撤离巴拉努夫登陆场前线，并缩短防线的长度以挤出兵力组建预备队。古德里安审查并于 1 月 8 日批准了这份计划，但它是否能得到希特勒的认同——谁也无法给出答案。

9 日，收到了另一份报告，即中央集团军群要求从纳雷夫河撤至东普鲁士边境后，古德里安在"雕巢"元首指挥部向希特勒进行了汇报。根据古德里安的描述，德国独裁者拒绝承认情报部门对苏军力量的判断，并告诉他说自己会把捏造这些数据的所有人全都送进收容所。希特勒还拒绝了上述两个集团军群的行动建议。从残存的速记记录中可以看出，他之后还对自己的"愚蠢行径"——第一次允许在俄罗斯的撤退——发表了漫无边际的评论，并对那些"开始抱怨"的人提出了忠告，提醒他们应该去看看苏联人在列宁格勒所经历的一切。

当天晚上，在古德里安离开后，希特勒仍在考虑如何反驳情报部门得出的结论。他说，敌人需要在坦克数量上达成3:1的优势，如此才能与质量方面占优的德制坦克保持（战力方面的）平衡。此外，苏联人不可能像古德里安声称的那样拥有如此多的火炮——大炮又不是大白菜。再者，即便他们有这么多火炮，炮弹又能有多少呢？他给出的数字是每门炮仅有 10 ~ 12 发（可用炮弹）。很明显，希特勒在这里又提及了 A 集团军群给出的计划，他抱怨道："这种作战思想——撤回到这里（用手指地图），挤出两个集群的兵力，然后用他们发起攻击——是极度危险的。"

不管希特勒是否愿意相信，战役间隙期确实早已结束。1 月 3 日，德国独裁者正式宣布放弃阿登攻势的作战目标；8 日，他下令将突击矛头——党卫军第 6 装甲集团军撤回，转为预备队以应对盟军的反击。阿尔萨斯以北地区的进攻仍在继续，但它对盟军造成的影响极其有限，不过就是能稍微阻滞后者前进的脚步。1 月 7 日，A 集团军群发现苏军的预备队正进入巴拉努夫登陆场西部地区；在普瓦维和马格努谢夫登陆场，苏联人正在加强他们的炮兵力量。苏军的进攻部署显然已经进入了最后收尾阶段。

（三）最高统帅部大本营的计划

最高统帅部大本营计划了两个相互关联的攻势，但在地理上两者是分开的——以华沙西部的维斯瓦河为界。两者中力度较强的那次攻势将在华沙和喀尔巴阡山脉之间展开，主要突击集团由白俄罗斯第 1 方面军和乌克兰第 1 方面军提供，乌克兰第 4 方面军会在左翼进行辅助。在朱可夫指挥下，白俄罗斯第 1 方面军将从普瓦维登陆场向罗兹（Lodz）、从马格努谢夫登陆场向库特诺（Kutno）发起突击，同时用右翼部队包围华沙。科涅夫的乌克兰第 1 方面军则会从巴拉努夫登陆场向西突往拉多姆斯科（Radomsko），之后派出一支部队转向西北，与白俄罗斯第 1 方面军的左翼配合，以歼灭凯尔采—拉多姆（Kielce–Radom）地区的德军兵力集团；另外，科涅夫还会派遣一支部队往西南方向的克拉科夫和上西里西亚工业区推进。之后，两个方面军将并列展开，朝着位于西和西北方向的奥得河前进。在维斯瓦河河曲部以北，白俄罗斯第 2 方面军将在罗科索夫斯基指挥下冲出塞罗茨克和鲁然登陆场，往西北方的波罗的海海岸推进，切断东普鲁士与德国本土的联系，并肃清维斯瓦河下游地区；在罗科索夫斯基右翼，由切尔尼亚霍夫斯基指挥的白俄罗斯第 3 方面军会在普雷格尔河（Pregel River）以南地区向正西面的柯尼斯堡发起突击，以切断第 3 装甲集团军与中央集团军群主力的联系，并将第 4 集团军合围于马祖里湖（Masurian Lakes）以西地区。

在战略层面上，根据自己进行的计算，最高统帅部大本营希望通过这次历时约 45 天的作战来结束战争。按照总参谋部的惯例，具体的行动计划只涵盖了战役初期阶段。由于苏军理所当然地认为该阶段的作战必定能取得胜利，因此只给它分配了不超过 15 天的时间。第二阶段的行动可能需要额外勇气和时间，但都不会超出前一阶段太多。此时，最高统帅部大本营已经知悉位于德军防线中央的 A 集团军群十分虚弱；而侧翼德军——尤其是位于东普鲁士的中央集团军群——看起来相对要强一些，可就算做最坏的打算，苏军也能把他们牵制在原地。于是，第二阶段的行动被分配了 30 天时间进行，并且会在第一阶段结束之后立即展开。这一阶段中，最高统帅部大本营计划使用白俄罗斯第 1 方面军和乌克兰第 1 方面军，兵锋直指柏林和易北河。

在 1944 年 9 月—1945 年 1 月这 4 个月时间里，为了迎接即将展开的进攻行动，苏军指挥机构在后勤方面做了大量准备工作：波兰东部的铁路被改成了俄罗斯的轨距标准，并在维斯瓦登陆场跨过维斯瓦河；白俄罗斯第 1 方面军接收了超过 6.8 万节车皮的补给物资，相比 1944 年 6 月攻击中央集团军群时 4 个方面军获得的补给总和，这个数字仅比它少 10%；在马格努谢夫登陆场，白俄罗斯第 1 方面军储备了 250 万枚炮弹（包括迫击炮弹），在普瓦维登陆场更是储备了 130 万枚。与之形成鲜明对比的是，在整个斯大林格勒战役期间，顿河方面军消耗的炮弹总数还不到 100 万枚。白俄罗斯第 1 方面军和乌克兰第 1 方面军的汽油及柴油库存总计超过 3000 万加仑。至于白俄罗斯第 2 方面军和第 3 方面军，由于其部署位置远离主要的公路和铁路网，加之执行任务相对次要，从一定程度上讲他们需要节约使用燃料和口粮，但弹药完全不必这样。这两个方面军在最开始就获得了 900 万枚炮弹，其中有五分之二被用于实施初期的火力准备。

在进攻准备阶段，苏军指挥机构还重新拟定了部队的政治教育方案。最近一年多以来，政治教育的中心内容一直是解放本国领土，但未来苏联军队的战斗将完全在外国领土上展开。因此，新的主题用一个词语便足以概括——复仇！通过会议、标语、沿路张贴的标志及苏联著名文学人物撰写的文章和传单，苏军广泛传播和宣扬了这个主题。政工干部列举了德国人对俄罗斯妇女和儿童所犯下的罪行，以及德国对苏联的掠夺和破坏；士兵和军官则向他们的家人描述战场上发生的事情。以上种种行为的主要目的就是让每个人都产生身背国仇家恨、自己必须为此做点什么的感觉。

根据苏方说法，原定的进攻发起日期是 1 月 20 日。但在 6 日，当丘吉尔向斯大林询问苏军能在东部做些什么来减轻盟军的压力后，这个日期被提前 8 天，改成了 1 月 12 日。整个 12 月里，除布达佩斯周围发生的一些小插曲之外，从盟军的角度来看，东线所呈现的是一片令人沮丧的安静。在本月中旬，斯大林曾告诉美国大使威廉·埃夫里尔·哈里曼，说苏军将发起一次冬季攻势，然而没有提供更为详细的信息。1 月 15 日，在与空军元帅阿瑟·威廉·特德爵士举行会谈时——特德爵士此次是率领着盟军远征军最高司令部（SHAEF）派出的一个代表团前来了解苏联人的真实意图——斯大林解释说，受天气因素影响，苏方的进攻被推迟了；不过，鉴于盟军在西方遇到困难，苏军决定尽快开始进攻，目标是抵达奥得河一线。

德方所得情报也证实了这一点：12 月中旬之后，最高统帅部大本营一直在等待天气发生变化。当前这个冬季比以往更冷，但是雪、雾和云会干扰空军的行动，并对炮兵需要的观测数据产生影响。

提前发起进攻无疑会让苏军付出一定代价；可从另一方面看，在雅尔塔会议日益临近之时，苏军的推进只会给斯大林带来好处——波兰已经成为他的囊中之物，获得苏联支持的卢布林政府在华沙坐稳了位置；相较而言，欠了他（苏联领袖）一个巨大人情的西方盟国在西线就表现得多有不如了。

二、从维斯瓦河到奥得河

（一）突破

在巴拉努夫登陆场西面，第48装甲军于维斯瓦河及利苏戈里山脉（Lysogory Mountains）之间只部署有3个师的兵力，平均每15码正面上才有1个人；各师均有12辆突击炮，军属预备队还有100辆作为储备。然而该军防线不过是一连串要点的集合。在距离防御前沿15英里的后方，作为预备力量的第24装甲军部署有2个装甲师；该军还有2个装甲师部署在苏军（巴拉努夫）登陆场北面的防线上。为达成突破，乌克兰第1方面军投入了5个集团军、2个坦克集团军，坦克总数超过了1000辆。

1月12日凌晨的气温仅比冰点高出几度，道路十分湿滑。和之前几天一样，低垂的云层和大雾阻碍了飞机的行动。挑晓前，苏方密集的炮兵——德方估计达到了每英里正面420门的程度——对第48装甲军防线北部三分之二的地段（大约20英里宽）实施了猛烈的火力准备。3小时后，苏军的炮火打击转变为徐进弹幕，步兵则在其掩护下冲向了突破口。德方原以为苏方会等天气好转后才发动进攻，因此有大量部队成员（在苏军实施攻击后）被困在了主要防御带之前。当天上午，苏军的步兵便已切入德军防线纵深；到中午，突破口已经被扩大得可以投入装甲部队。第48装甲军的3个师被苏军分割围歼。第24装甲军下达了反击命令，但该军位于登陆场以西的那2个师在自己的集结地域内就遭到了毁灭性的打击。

13日，坦克第4集团军的铁流涌向了西北面的切奇尼（Checiny），第52集团军和近卫坦克第3集团军则越过赫梅尔尼克（Chmielnik）、朝正西方向推进。仅在当天夜间，一些先头坦克部队便已抵达尼达河（Nida River）。渡过该河后，一条通向上西里西亚、宽达40英里的"康庄大道"就摆在了苏军面前，奥得河的大门已被打开。在苏军北翼，第24装甲军被敌军隔绝于后方，被迫在凯尔采附近掘壕固守。

第9集团军预计苏军将在1月14日从马格努谢夫和普瓦维登陆场发动进

攻，但实际结果要比他们想象中的稍好一些。苏军突入了德军的炮兵阵地，位于防线上的那 2 个军在第一天便双双损失一半战力。

15 日，位于白俄罗斯第 1 方面军右翼的第 47 集团军越过华沙北部，冲向了莫德林；在乌克兰第 4 方面军右翼的第 38 集团军则往西，开始朝克拉科夫方向推进。到 1 月 13 日，第 13 集团军、坦克第 4 集团军和近卫第 3 集团军便已将第 24 装甲军赶出凯尔采，从而扫除了位于乌克兰第 1 方面军侧翼、一个不太明显的威胁。

13 日，希特勒下令从西线调派 2 个步兵师。第二天，他命令中央集团军群让出"大德意志"装甲军司令部和该部 2 个师，将其移交给 A 集团军群——此举对中央集团军群造成的伤害（他们也处于苏军的攻击之下）远大于 A 集团军群获得的益处。15 日，希特勒又命令南方集团军群调拨 2 个装甲师给 A 集团军群。

在战役发起后的第二天和第三天里，古德里安从措森向"雕巢"元首指挥部发去了两份情况判断报告。两份报告的要旨是一样的：如果没有来自西方的援军，东线部队就难逃此劫；哪怕退而求其次也必须立即停止南方集团军群的进攻行动，命其抽出装甲师派往 A 集团军群。1 月 15 日的相关情况判断清晰表明单纯依靠东线现存的力量无法扼制住苏军对 A 集团军群的攻势。然而希特勒不但拒绝了停下南方集团军群的攻击，也没有同意继续从西线抽调部队进行增援。

15 日晚，德国独裁者将他的司令部从"雕巢"迁至柏林帝国总理府。距离出发还有几分钟时，古德里安打来电话——根据约德尔的记录——说他"强烈要求将所有东西都扔到东线去"。第二天，古德里安在柏林见到了希特勒，后者说会把党卫军第 6 装甲集团军的 2 个装甲军——西线最容易挤出的预备队——派往东线，但这些部队的目的地是位于匈牙利的南方集团军群，而非 A 集团军群。希特勒认定的是这一点，即战争的结果（胜败）取决于德军能否守住匈牙利的油田。

回到柏林后，希特勒将东线的控制权紧紧抓在了手里。1 月 16 日，他解除了约瑟夫·哈尔佩大将的职务，任命舍尔纳指挥 A 集团军群，并从挪威招来伦杜利克接管北方集团军群。当天，显然是在希特勒抵达柏林之前，陆军总司令部发布了一项训令，允许 A 集团军群自由决定其在维斯瓦河河曲部的进退，并授权该部（在合适的时候）撤离华沙。看到这项训令后，希特勒下令重写一份新的指示将其取代。根据其本人纸上谈兵的习惯性做法，他要求 A 集团军群至少要停在或是重新夺回如下战线：从克拉科夫以东至拉多姆斯科（Radomsko）以西，而后沿皮利卡河（Pilica River）到华沙附近；华沙及该城到莫德林之间的维斯瓦河段必须守住。A 集团军群被告知，来自南方集团军群的 2 个装甲师将是他们在未来 2 个星期内所能得到的唯一增援，但作为让步，该集团军群可以将第 17 集团军和海因里希集团军级集群撤入喀尔巴阡山纵深后方，以便挤出 1 ~ 2 个师的兵力。

（二）追击

1 月 17 日，苏军已经达成战役突破阶段的目标。白俄罗斯第 1 方面军和乌克兰第 1 方面军扫清了从克拉科夫以东到莫德林以西的整条维斯瓦河防线。当天，被夹在这两个方面军之间最后一个孤岛上的第 24 装甲军从凯尔采西北方向逃出，开始飘忽不定地杀往西面的皮利卡河。科涅夫的前锋正在渡过该河，其先头部队已进至琴斯托霍瓦（Czestochowa）和拉多姆斯科。白俄罗斯第 1 方面军占领了华沙。最高统帅部大本营命令朱可夫和科涅夫加速冲向奥得河，并指示科涅夫使用他的第二梯队——主要是尚未投入交战的步兵——以及其左翼部队占领克拉科夫和上西里西亚工业区。

华沙的失守在柏林引发了一场爆炸。A 集团军群报告说，修改后的那道指令来得太晚了；华沙卫戍部队早已摧毁自用的补给，命令到达时，他们正在撤离这座城市。希特勒怀疑有人在蓄意破坏，对自己的命令阳奉阴违。这并非空穴来风，他给出的理由如下：没有任何一个熟悉自己的军官相信他（希特勒）会批准陆军总司令部先前发出的那道指令。1 月 18 日，德国独裁者逮捕了陆军总司令部作战处的三名高级军官。第二天，他签署了一项命令，剥夺了前线指挥官仅有的那一点自由指挥的权力：从今以后，每一个集团军群、集团军、军和师级指挥官都必须亲自负责，以确保每一个事关战役行动的决定都能及时上报，同时方便上级及时进行纠正。首要的战斗原则是保持通信渠道的畅通，而所有试图掩盖事实的企图都将受到严厉惩罚。①

　　和往常一样，舍尔纳的三把火很快就烧了起来。他最早做出的举动之一便是解除第 9 集团军司令、装甲兵上将斯米洛·冯·吕特维茨男爵的职务，并指控他在华沙失守当天的指挥"不够明确和严格"。特奥多尔·布塞步兵上将接管了第 9 集团军。此时，舍尔纳第一次让 A 集团军群（司令部）真正见识了他那闻名于世的冷酷风格。其他各级人员也将在会战结束前体会到这一点。

　　同样地，在舍尔纳影响下，从集团军群司令部发出的各种报告和命令开始发散出了自信的光芒。1 月 18 日的每日例行报告称，如果来自南方集团军群的那两个装甲师能较快抵达，本集团军群就能"成功"完成保卫上西里西亚工业区的任务。苏军针对波森（Posen）地区的突击——楔入了第 4 装甲集团军和第 9 集团军之间的缺口——对当地德军提出了"投入生力军"的迫切要求。但是，德国人依然能挡住苏联人的脚步，而后展开对其侧翼的反击。值得一提的是，这份报告并未指出 A 集团军群打算从哪里获得他们所需的生力军。

　　第二天，舍尔纳将保卫上西里西亚的任务赋予了第 17 集团军，同时命令第 4 装甲集团军在琴斯托霍瓦以西地区挡住苏军向布雷斯劳（Breslau）推进的脚步；第 9 集团军则受命扼守维斯瓦河—罗兹中间地带，同时从其右翼发起向南的反击。如果说赋予第 17 集团军和第 9 集团军的任务至少在理论上存在实现可能，那么第 4 装甲集团军要想完成获得的任务就无异于痴人说梦了：该集团军当前只剩下 2 个师和 1 ~ 2 个旅的残部；第 24 装甲军和集团军左翼部队的残兵仍处于苏军的包围之中，正奋力逃往西北方向的第 9 集团军防区。

　　到 1 月 19 日，苏军对 A 集团军群和中央集团军群的攻势都已到达全盛状态。两个德国集团军群失去了彼此之间的联系。在 A 集团军群防御地带内，第 9 集团军和第 4 装甲集团军，以及第 4 装甲集团军与第 17 集团军之间都已经出现了巨大缺口。第 9 集团军的第 40 装甲军和"大德意志"装甲军正试图守住罗兹以南地区的一道较短防线，以便第 24 装甲军（内林集群）顺利渡过皮利卡河。布雷斯劳以东的第 4 装甲集团军正被推回德国边境；在纳姆斯劳

---

① 作者注：1 月 23 日，陆军总司令部发布了一道指令，宣布在集团军和军级司令部部署特种无线电分队。各级指挥官将通过他们即时上报各项重要决定，并每天至少四次汇报"可能有助于最高领袖制定决策的所有事项"。

（Namslau）和奥珀伦（Oppeln）^①以东地区，苏军正在越过边境线。在上西里西亚工业区的东部边境，第 17 集团军还掌握有一道约 40 英里长、几乎连续不断的防线；但在 19 日，该集团军失去了克拉科夫。

苏联的各集团军在公路上摆成纵队向前推进，坦克集团军的每日平均行程达到了 25 ～ 30 英里，步兵集团军则为 18 英里。白俄罗斯第 1 方面军的主力越过罗兹，朝着波兹南方向发起了突击。乌克兰第 1 方面军的主力则冲向布雷斯劳，同时分出了部分步兵转向上西里西亚。天气已经转晴，苏联人压倒性的空中优势给德国人带来了巨大的麻烦。德国空军于 1 月 14 日之后开始向东线增派战斗机和对地支援飞机，不过他们在东线损失的飞机——大多数是由于降落场地被占领而在地面被敌军缴获——远远超过了补充的数量。为了躲避盟军轰炸而疏散在波兰的飞机修理和组装厂正在不断落入苏联人的手中。

在防线后方，各式各样的车辆几乎堵住了通往德国的道路。向西逃亡的人群中既有逃难的平民、党和行政组织的属员，也有不少是军队里开小差的逃兵——A 集团军群甚至拼凑不出足够的宪兵部队来阻止他们。在东线战场不足为奇的难民队伍中，由德国人组成的队伍终于首次出现，而且这也是第一支不需要外力驱赶的——驱赶他们的是发自其内心的巨大的恐惧感。苏联人对德国平民的复仇是突然的、个别的、无情的，而且往往是残酷的。德国的纳粹占领政策对苏联欧洲地区一半领土所造成的苦难和破坏程度是否超过了苏军在向东德推进过程中的纵火、掠夺和肆意屠杀？这样的争论在这里毫无意义。但可以肯定的是，数以百万计的德国人和苏联人在战争中遭受了可怕的折磨，而且其中绝大多数人都是无辜的。第二次世界大战东线战场上这种彻底的非人道行径可谓罄竹难书，在整个现代历史上也是"前无古人，后无来者"。

鲁尔工业区被炸毁后，上西里西亚的工业城市群早已取代了前者，成为德国首屈一指的煤铁生产中心。截至 1 月的第三个周末，该地区的工厂和矿山仍在全速运转。这一地区东面，第 17 集团军的左翼部队犹如防波堤一般挡在了苏军面前；然而，在第 4 装甲集团军向西被推往奥得河之后，上西里西亚的

---

① 作者注：在东普鲁士，以及奥得河与尼斯河以东的前德国领土上，波兰地名（在某些情况下还有俄国地名）均为德国地名所取代。1939—1945 年间，德国人更改了被本国吞并的波兰领土上的地名。本书使用的是 1939 之前地名。

正在执行任务的苏军机群

北翼已经门户洞开。1月21日，科涅夫命令在纳姆斯劳的近卫坦克第3集团军往左后方调转方向，沿奥得河朝东南推进，从后方直插第17集团军的侧翼。

1月22日，第24装甲军与"大德意志"装甲军在谢拉兹（Sieradz）附近的瓦尔塔河（Warthe Rive）取得联系。不过上述两个军都无法抵挡苏军的攻势，被浪潮裹挟着向西移动。同一天里，乌克兰第1方面军左翼部队抵达奥得河。接下来三天里，科涅夫的各集团军在科泽尔（Cosel）和格洛高（Glogau）之间宽达140英里的正面上逼近了该河。在布雷斯劳，第4装甲集团军占据着一个桥头堡；然而在该城的（奥得河）上游和下游，苏军已于6个不同地方渡过该河。舍尔纳下达了反击的命令，但德军相关部队无力执行。

（三）维斯瓦集团军群

25日，白俄罗斯第1方面军的主力早已越过波兹南（Poznan），正往正西面位于奥得河上的屈斯特林（Kuestrin）前进。此举使其与白俄罗斯第2方面军的推进方向形成了一个直角，后者正掉头沿着维斯瓦河东岸往北进发。在维斯瓦河与奥得河间被延长的防线上，希特勒投入了新近组建的维斯瓦集团军群，并任命希姆莱担任该集团军群司令。

古德里安曾希望把魏克斯和他的司令部从南斯拉夫调来指挥维斯瓦集团军群，不过希特勒表示，在执掌上莱茵集团军群的过程中，他从希姆莱身上看到了一个大器晚成的军事天才的痕迹。希特勒赋予希姆莱的任务是缩小中央集团军群和 A 集团军群之间的缺口，防止苏军突入但泽和波兹南，并维持一条通往东普鲁士的安全走廊。此外，希特勒还进一步赋予了希姆莱组织整个东线后方区域防务的权力。

当希姆莱于 1 月 23 日抵达战区时，先前交给维斯瓦集团军群的任务中已有一项无法完成：第 2 集团军早就从中央集团军群防线上被割裂开来，苏联人正在逼近维斯瓦河口的波罗的海海岸，中央集团军群与外界的联系已被切断。尽管第 2 集团军仍在维斯瓦河下游河段上据守着一道防线，但从这道防线向西一直到奥得河，按希姆莱汇报中的话就是"除了一个大洞外，别的什么都没有"。到 1 月 25 日，另一项任务也已经无法执行——苏军在当天越过了波兹南。

希姆莱乘坐着"施泰尔马克"号——他那超长且奢华无比的专列往东开进。它最初停在德意志克罗纳（Deutsch Krone）车站。在这里，希姆莱通过这个移动指挥所（专列）遥控着他庞大的个人帝国。与其同行的有众多参谋及部门骨干，以协助他履行自己的各项重要职务，只列举其中最重要的就包括党卫队帝国领袖、德国内政部部长、德国警察总监、预备集团军司令。以上每个部门都拥有一套自己的运转体系。这列火车虽然配备了无线电台和电传打字机，但这些设备完全被行政事务所占据，根本无法再承担起一个集团军群司令部的职能。此外，希姆莱绝对不会把集团军群的存亡摆在比自己政治利益更高的位置之上。作为一名集团军群司令，他手头一无所有：与前线部队没有任何联系，没有司令部，也没有直属部队，更没有作战车辆。最近几天里，在自己生活豪奢的"孤岛"上——与一队队难民在天寒地冻的野外流离失所形成了鲜明对比——希姆莱对战争情况的掌握不过是来自一些偶然得到、大多早已过时的情况报告。向他报到的第一个参谋人员是其作战处长，一名乘汽车从柏林出发的陆军上校；几天后，他的参谋长，一位没有任何指挥岗位工作经验的党卫军将军将到达了司令部。

1月26日，不知是出于什么具体目的——或许是为了迷惑战争的"初学者"——希特勒将北方集团军群更名为库尔兰集团军群，中央集团军群则摇身一变成为北方集团军群，A集团军群又成了中央集团军群。第二天，维斯瓦集团军群接管第9集团军，此举将该集团军群的防区从格洛高南部延伸到了奥得河。本集团军群的防线——如果还能将其称为"防线"——大致是从维斯瓦河口出发，沿河向南到达库尔姆（Kulm），而后在诺泰奇河（Netze River）以北地区转折向西，抵达"蒂尔施蒂耶格尔"（Tirschtiegel）斜切阵地后再次转向南面。上述斜切阵地北起屈斯特林以东50英里处，南至格洛高北部的奥得河，沿着一连串的湖泊构筑而成。

尽管维斯瓦集团军群防御地带内有着众多河流和湖泊，但它们无法为德军提供任何防御优势——几乎所有的水域都处于封冻状态，冰面结实得足以承载重型坦克。为了保卫诺泰奇河以北160英里长的防线及"蒂尔施蒂耶格尔"斜切阵地，希姆莱于1月27日将3个暂编军司令部（2个属党卫军，1个属陆军）、3个师（其中1个是新组建的拉脱维亚党卫师）、第9集团军残部、人民冲锋队，以及各种各样能搜罗到的部队都堆在了奥得河防线或是其后方地区内。在防线前方，德军还有2个师被合围在托伦（Torun），另有差不多相同规模的兵力被包围在波兹南。第9集团军司令部为集团军群带来了1个军级司令部和3个师的司令部。第24装甲军和"大德意志"装甲军仍在他们挣扎逃生的路上，而且已经被划拨给了中央集团军群。

（四）解冻

增援部队，即格奈森瑙战斗群——以预备集团军为骨干，再加上训练中心和武器学校的学员及士官——开始向东流动。希特勒本已拒绝古德里安再三提出的撤出北方（库尔兰）集团军群这一要求，但在1月17日，他突然下令将1个装甲师和2个步兵师撤出库尔兰；5天后，他又撤出了1个党卫军的司令部和2个党卫师。上述部队（1个军级司令部和5个师）将被调往维斯瓦集团军群。到1月25日，其中1个师已经抵达格丁尼亚（Gdynia）。22日时，希特勒命令从西部战区中抽出党卫军第6装甲集团军外加1个装甲军——共计6个装甲师、1个国民掷弹兵师、2个旅和数支国民炮兵部队。不过，此时希特勒仍打算将上述部队中最强大的那部分，即党卫军第 1 和第 2 装甲军调给南方集团军群。

到 1 月 27 日，乌克兰第 4 方面军的 4 个集团军已经逼近上西里西亚工业区，对后者的合围也几近达成。从西北方向发起进攻的近卫坦克第 3 集团军故意在口袋南端留出了一道缺口，打算以围三阙一的策略让德军逃走，避免他们困兽犹斗，破坏该地区的厂矿。在 28—30 日间，第 17 集团军撤出了口袋——正是由于其极端冷酷的名声远播，对于其他将军而言根本无法从希特勒那里通过的撤退命令对舍尔纳来说却往往畅通无阻。与此同时，位于捷克斯洛伐克境内的海因里希集团军级集群亦开始撤退到大塔特拉山（High Tatra）后方。

1 月 27—28 日间，一场暴风雪席卷了欧洲中部地区，在维斯瓦集团军群和中央集团军群防御地带内的道路被盖上了厚厚的积雪。而后，到本月月底，气温有了迅速上升，积雪也开始融化，几天前还被冻得如岩石一般坚硬的地面开始变得松软起来。2 月 1 日，希姆莱写信给古德里安说："当战争进行到这个阶段，融冻天气对于我们而言已经不啻上天的赏赐。命运并没有抛弃勇敢的德国人民。"他接着说，德国人正在自己的国家（此处他还添加了一个词"不幸地"——Unfortunately）进行战斗，在这里，他们拥有良好的公路和铁路交通网；俄国人却不得不千里迢迢地运送自己的补给，除了成本昂贵的空运外就只能使用条件极差的公路（实施运输）。希姆莱认为，温暖的天气将给德国人创造出良好机会，让他们有时间部署增援部队、迟滞苏军坦克的推进并使其变得脆弱，甚至可能"夺回德国宝贵的土地"。

当解冻真正到来时，它在某种程度上确实成了上天赐予的命运之礼。此时，朱可夫担心起了其北方翼侧延伸过度的问题（因为苏军传统的"侧翼恐惧症"），而且他的部队已经马不停蹄推进了 250 多英里；科涅夫右翼推进的距离与之相差无几。在奥得河上，舍尔纳把手头所有东西都拢到一起，拼凑出了看上去是一道防线的东西。对于苏联人而言，奥得河及维斯瓦集团军群位于波美拉尼亚（Pomerania）防线之间的地域过于狭窄，由此处向柏林发起突击与他们习惯的风格不相适应。2 月 4 日，舍尔纳给希特勒拍发了一封电报，他写道："我的元首：现在我可以报告说，俄罗斯人对中央集团军群的第一次突击已经基本上被我们阻止。尽管我们防线上有很多地方仍在承受压力，但我们也在另外一些地方发起了局部反击。"此时，在维斯瓦集团军群防御地带内，一道半连续的防线亦处于成形过程中。

在将其第二梯队和预备队的绝大多数兵力都投入北翼后，白俄罗斯第1方面军于1月31日抵达了屈斯特林以北的奥得河河段。到2月3日，该方面军已在采登（Zehden）以南直至其南部作战分界线的宽大正面上全线逼近奥得河，不过他们的脚步也就此停下。在屈斯特林和法兰克福，苏军距离柏林已经只剩下40英里；德军在前两地构筑有桥头堡，但苏军同样在屈斯特林以北和法兰克福以南开辟了登陆场。

（五）东普鲁士

截至1944年12月月初，中央集团军群仍拥有33个步兵师和12个装甲师或装甲掷弹兵师的兵力；后两类师中有3个部署于一线，另9个被编入了预备队。该集团军群所守卫防线正面长为360英里，粗略算来每个师平均负责约10英里长的正面——在战争当前阶段中，这已经是让德军相当满意的结果了。在集团军群防线后方的东普鲁士地区，德国人不仅构筑有一个范围广阔的野战工事体系，还在该地区边界和柯尼斯堡周边地域建造了一些混凝土防御工事；后者（混凝土工事）是在战前建造的，如若不是阵地上的火炮和阵地前的铁丝网被转移到了别的地方——比如"大西洋壁垒"——它们或许还会具有更高的防御价值。

1944年12月初，中央集团军群仍能信心满满地应对苏军的攻击；然而在新的一年即将到来那几天里，德军又失去了这种信心：在不到一个月时间内，该集团军群被抽走了5个装甲师和2个骑兵旅。1945年1月4日，莱因哈特估计苏联人在纳雷夫河集中了5个集团军的兵力，另在涅曼河以南的戈乌达普—席尔菲尔德（Goldap-Schillfelde）地区保有一个下辖50～60个师的强大兵力集团。由于已接到预先通知（正式命令将在几天后下达），得知自己要交出另1个装甲师，莱因哈特得出了一个讽刺意味十足的结论；他说在陆军总司令部心中，东普鲁士的地位要远低于其他防区，因此才会将此地领土可能大面积丢失的风险抛到脑后。莱因哈特请求上级指示他必须守住东普鲁士的哪一部分领土，以便自己部署还未被抢走的预备队。不过他一直没得到后者的答复。

（六）被孤立的中央集团军群

1月12日，为误导德国人并牵制他们的预备队，苏联人于罗明讷海德（Rominetener Heide）南北两翼展开了对第4集团军的攻击。第二天，白俄罗斯第3方面军在斯塔卢珀嫩（Stallupoenen）和皮尔卡伦（Pil'kallen）对第3装甲集团军发动了真正的打击。14日，白俄罗斯第2方面军从塞罗茨克和鲁然登陆场冲出，突向第2集团军。四周弥漫的大雾阻碍了苏军对优势空中力量和装甲力量的应用。在前两天占领主要防御地带的德军各集团军顶住了敌军的突击，守住了防线并堵上了缺口。然而不幸的是，对于中央集团军群而言，这种短暂的成功——尤其是与A集团军群的经历相比——看起来更像是一种防御性质的胜利。14日，当古德里安向希特勒报告，说中央集团军群显然有能力阻止苏军在纳雷夫河上发展战役突破并进入东普鲁士时，德国独裁者下令，将"大德意志"装甲军和它的2个装甲师转交给了A集团军群。

1月15日，第2集团军被推回至第一道斜切阵地。战区北部的天空十分晴朗。当天昼间，第3装甲集团军在苏军猛烈的空中和装甲力量突击下被迫后撤，并将自身防线从皮尔卡伦以南地区收回以防其彻底瓦解。第二天，第2集团军防区的天气也逐渐转晴，苏军的1支坦克先头部队越过了新米亚斯托（Nowo Miasto）。白俄罗斯第2方面军的主力——5个集团军（其中有1个为坦克集团军）、1个坦克军、1个机械化军和1个骑兵军——正在尝试冲出鲁然登陆场。该兵力集团将从新米亚斯托出发，最终指向东北方的维斯瓦河河口。苏军还有2个集团军和1个坦克军打算跃出塞罗茨克登陆场，在别尔斯克（Bielsk）和布朗伯格（Bromberg）方向掩护主力左翼的安全——这些事情做起来应该没什么难度。A集团军群位于维斯瓦河以南的侧翼防线已经崩溃。由于无法在宽大正面上达成突破，白俄罗斯第3方面军正将其作战重心转移到皮尔卡伦以北地区。对于中央集团军群而言，他们需要走的下一步显然就是逐步将迄今为止尚未受到冲击的第4集团军撤回，以便挤出力量来封堵第2集团军防线上的缺口，并且阻止——如果条件允许——苏军对后面那个集团军右翼的合围。上述（有关中央集团军群的）行动建议由莱因哈特于16日提出。

到17日，第2集团军的弦明显已经紧绷到了极限。那天下午，当古德里安转告说希特勒拒绝了撤出第4集团军的请求后，莱因哈特直接打电话给本国元首，但最终只在通话中聆听了一场关于主动撤退无效性的例行演讲。后来，希特勒同意了从第4集团军中撤出最多不超过2个师的兵力——通过减小防线兵力密度的形式。

1月18日，第2集团军的防线陡然发生断裂，在姆瓦瓦（Mlawa）两侧各敞开了一道缺口。为挽救危局，莱因哈特往该地区投入了1个装甲军司令部和本集团军群全部预备队——7个师的兵力。但他心里十分清楚地知道此举不过是略尽人事。第二天，苏军的先头坦克已经逼近吉尔根堡（Gilgenburg）以南地区，近卫坦克第5集团军也已做好准备，随时可以杀向海岸。当天，苏军还在普雷格尔河地区突破了第3装甲集团军的防线。

20日的战场相对宁静。罗科索夫斯基和切尔尼亚霍夫斯基正在调整部署，并且早已做好了换挡加速的准备。希特勒则再次拒绝了撤出第4集团军的请求；不过他承诺会从北方集团军群中抽调1个装甲师，并从丹麦调来20个海军补充营的兵力。

1月21日，苏军最终踩下了油门。位于第2集团军当面的白俄罗斯第2方面军已突进至德意志艾劳（Deutsch Eylau），并分出了部分兵力往北面的阿伦斯泰因（Allenstein）推进。白俄罗斯第3方面军则夺占了贡宾嫩，肃清了沿普雷格尔河向柯尼斯堡（Koenigsberg）进发的路线。苏军的突击——进至海岸以切断整个中央集团军群——正在不断地向前推进，第2集团军发来报告说，己方只能迟滞却无力阻止这一进程。更令他们忧虑的是，苏军在普雷格尔河以南以及突向阿伦斯泰因的进攻行动似乎隐含着这样一种意图：他们准备将整个中央集团军群逼离海岸，并将之驱赶进入东普鲁士内陆的合围圈中。这并非杞人忧天——第4集团军此时已被塞进了一个倾斜的大口袋底部，距离海岸足足有130英里。

当莱因哈特报告说所有下级司令部都在呼叫增援，且他们对上级的信心即将丧失之时，希特勒最终同意了将第4集团军撤退至马祖里湖的东缘。此举虽可暂解燃眉之急，但还解决得不够彻底。莱因哈特在日记中指出，从长远来看，本集团军群将不得不全部撤至海尔斯贝格筑垒地域。这个三角地带在20世纪20年代期间筑有一道堡垒防线，当时仅有10万人的德国国防军希望在战争发生时可以据此守住柯尼斯堡并在东普鲁士站稳脚跟。这种处于虚弱状态下的无奈举措在十多年后再次出现于德国的军事计划之中——这是任何人都无法想象的事。

1月23日入夜时，白俄罗斯第2方面军早已切断了维斯瓦河上除埃尔宾以外所有通往公路和铁路渡口的路线。天黑之后，近卫坦克第5集团军的先头坦克部队已经接近该城。当苏军惊奇地发现德军居然毫无察觉——街道上的有轨电车仍在行驶，当地一所装甲兵学校的士兵还在街道上列队行进——之后，他们打开了坦克的大灯，一边射击一边冲入城市的主干道。当苏军的第二波坦克于拂晓抵达时，埃尔宾的守军终于恢复过来，击退了敌军的坦克，迫使他们从城东绕行。然而就在此时，苏军的先头部队早已抵达海岸，中央集团军群就这样被切断了。

莱因哈特报告说，他会把所有能挤出的部队召集到一起，从东西两面发起反击，以恢复与友军的联系。但准备从其他地区撤军以抽出这些兵力的希特勒拒绝了这一请求，他下令禁止莱因哈特将第4集团军向西撤过勒岑（Loetzen）—奥特尔斯堡（Ortelsburg）一线；关于援军这一问题，他承诺会从梅梅尔抽调2个师。在此之前，希特勒一直坚持死守梅梅尔这块"通往北方集团军群的跳板"。不过，要将这2个师送到莱因哈特手上便只能动用大量的小船进行水路运载，或是通过库里施沙咀（Kurische Nehrung）——此地位于库尔兰湾①，是一处长达60英里的长条状地带，主要由沙丘组成。

最近9天以来，第3装甲集团军在向柯尼斯堡渐次撤退的过程中挣扎着保持了防线的完整性。但是在1月24日，苏军于普雷格尔河南部达成突破，形成了从南面切断柯尼斯堡的威胁。此时，中央集团军群司令部却被夹在现实和希特勒的幻想之间左右为难。莱因哈特很清楚自己无法在守住柯尼斯堡和泽姆兰德半岛（Samland Peninsula）的同时既保持第4集团军防线向东面马祖里湖的凸出，而且继续向西发起反击。但他不敢当面向希特勒提出这些问题，甚至将从第4集团军中挤出、用于反击的那2个师移交给了第3装甲集团军。当第4集团军在24日未经允许就撤出勒岑的外围防线时，莱因哈特对此不置可

---

① 译者注：此处有误，应为库里施湾。

否——他知道该集团军将会继续撤退，且退得更远。当然，他也悉数领受了希特勒所提出全面调查的愤怒要求，对此同样未发一言。

（七）叛国？

24 日下午，第 4 集团军司令弗里德里希·霍斯巴赫步兵上将擅自采取行动，召集麾下 3 个军的指挥官开会，并在会上告诉他们集团军与德国本土的陆路交通已被切断，而且这一情况在未来恐怕得不到任何缓解，因此他决定向西突围。突围和撤退行动将于 26 日夜间或 27 日发起。他打算将整个集团军都撤出去，并放弃东普鲁士；平民则被迫留在原地。他宣称，尽管这一行动听上去很恐怖，但在当前形势下，自己不得不如此行事。行动的首要目标是将集团军完好无损地撤回德国。他没有提及第 3 装甲集团军的现状。霍斯巴赫很可能早就设想过集团军被迫自行决定去留这一天到来的情形。关于向西发起进攻的必要性，他和莱因哈特的观点在大体上是一致的，不过前者在勒岑以东地区的撤退表明了霍斯巴赫并不打算扼守东部防线。很显然，他早已得出自己的结论——没必要让莱因哈特知道更多情况。

25 日，切尔尼亚霍夫斯基的部队从东南方向逼近柯尼斯堡，距该地已经不足 12 英里。苏联人再次表现出了掐住口袋颈部的意图：第 4 集团军的东翼距离海岸有 90 英里之远，而在海岸线上，该集团军和第 3 装甲集团军的防线背靠着背，两者之间的距离不足 40 英里。当天晚上，在白天空袭中受伤的莱因哈特仍然尝试让古德里安相信现在已经到了缩回东面突出部的关键时刻。然而后者不为所动，坚持认为防线不可动摇、禁止实施撤退，而且拒绝再次讨论与后退有关的任何话题。当天，中央集团军群更名为北方集团军群，第 2 集团军则被移交给了维斯瓦集团军群。

到 1 月 26 日，近卫坦克第 5 集团军已在埃尔宾东北面的波罗的海海岸上占据了一个牢固可靠的立足点。在该集团军右翼，第 4 集团军部署有用于向西突围的各师。重心向西的部署削弱了第 4 集团军东南和东北面的防线，勒岑已失守，苏联人正在越过封冻的湖泊，在德军的防线上凿出了无数孔洞。当日中午到来前，北方集团军群报告说，它准备命令第 4 集团军后撤 30 英里、到达瓦滕堡（Wartenburg）—比绍夫斯堡（Bischofsburg）—斯齐彭贝

（Schippenbeil）—弗里德兰（Friedland）一线。在与希特勒的谈话中，莱因哈特补充说他下一步打算向西突围，将部队撤入海尔斯贝格筑垒地域；德国独裁者回答说自己稍后会做出决定，然后挂断了电话。

意识到将军们正在用"先斩后奏"这种手段来对付自己后，希特勒勃然大怒。他告诉古德里安说，莱因哈特的计划与自己的基本设想完全是背道而驰的，这是叛国行径。他要求立即解除莱因哈特和霍斯巴赫的职务，并命令相关集团军群越过瓦滕堡—尼古拉肯（Nikolaiken）一线——这样就可以确保突出部的东南角只被削下了薄薄一层。随后，北方集团军群与陆军总司令部的通信突然中断，任何有权势的人都开始对该集团军群相关事宜避而不谈。最终，莱因哈特在当天 19:15 决定自行其是，将第 4 集团军撤至自己最初设想的位置。他报告说，本集团军群将努力在瓦滕堡—比绍夫斯堡—斯齐彭贝—弗里德兰地区守住最后的防线，试图以此粉饰自己的做法，减少希特勒的怒火。然而，一份在两个小时之后发来的电报解除了他和集团军群参谋长的职务。

截至第二天中午，负责指挥北方集团军群的是伦杜利克。希特勒命令他守住柯尼斯堡和东普鲁士的剩余部分。此时，以上行动虽然不过是白费力气，但德军往西的反击已在夜间发起。明眼人都知道只有霍斯巴赫计划中的突围和撤退才能取得成功，而在伦杜利克指挥下，希特勒也逐渐意识到了防守是不可能的。

到月底，步兵上将弗里德里希·穆勒——在希腊撤退期间以"救火队员"著称——取代了霍斯巴赫。莱因哈特在被解职之前下达的撤退命令减轻了第 4 集团军东部防线受到的部分压力。不过在北面，巴格拉米扬的波罗的海沿岸第 1 方面军已经加大了对柯尼斯堡实施攻势的力度，并已将第 3 装甲集团军逼进泽姆兰德半岛。在南面，第 4 集团军维持着一条通往柯尼斯堡的狭窄走廊。此时，最大的危险是泽姆兰德半岛上的苏军很可能继续向前推进，占领 15 英里之外、位于弗里施沙咀（Frische Nehrung）上的皮劳（Pillau），掐断北方集团军群的"海上"补给线【卡车可以从皮劳出发，越过封冻的海湾到达海利根拜尔（Heiligenbeil）】。

2 月 1 日，第 4 集团军发起了最后一次突击，试图冲向埃尔宾。但他们迎面撞上了苏军的猛烈反击，只得狼狈撤退。

随后几天里，逃离东普鲁士的难民数量到达了顶峰。一些人是乘船离开；不过大多数人只能步行，跋涉通过弗里施沙咀和维斯瓦河三角洲，最终到达但泽。到 2 月中旬，东普鲁士原先的 230 万总人口里已有 130 万人撤离；剩下的人口中有大约一半被编入人民冲锋队，或是为国防军所征召。

在战争剩下几个月里，伦杜利克开始为自己争取一个堪与舍尔纳比肩的历史地位（指在性格方面）。伦杜利克之前所有上级都注意到他的一个特点是——他足够冷静。对其而言，让集团军群在东普鲁士站稳脚跟这件事不存在能不能做成的问题，只有做得好与不好的区别。他下达了一道命令，要求各营长、团长必须对主动放弃的"每一寸土地"负责。命令中还附带有一个用以杀鸡儆猴的例子——他在此前一天里下令枪决了一名上尉军官，后者在阵地被突破后擅自将防线后撤了 1 英里。伦杜利克还下达了一道命令，要求在后方地区设立"巡回军事法庭"，任何一个在自己单位所属防区之外被发现的士兵——伤兵除外——都将受到审判并被当场枪决。

三、救援布达佩斯

当苏联的各集团军正在喀尔巴阡山脉以北的德国土地上向前推进时，在多瑙河畔的布达佩斯上演的那一出悲剧也迎来了惨烈的结局。自斯大林格勒战役结束后，就没有比布达佩斯围攻更令人恐怖的事件了。该城几乎所有的人口——通常认为超过了一百万——都被困在城中，他们缺乏最基本的生存和医疗保障，被空袭和炮击赶入了拥挤的地窖。绝大多数地区的电力、天然气和水供应服务在第一天便被切断。城中守军的补给和医疗水平甚至还不如在斯大林格勒的第 6 集团军。由于党卫军第 9 山地军司令部工作的失误，守军大部分补给储备，包括 450 吨弹药和 30 万份口粮都在合围圈成形的那一天拱手让给了苏军。1944 年 12 月 31 日，南方集团军群派出一艘满载 400 吨物资的内河船舶沿多瑙河顺流而下前往布达佩斯，但该船在上游河段不幸搁浅。空中补给遭遇的情况更是"情景再现"——冬季气候寒冷，汽油严重短缺，以及口袋中缺少飞机跑道——最终送到的补给不过是杯水车薪，只能说聊胜于无罢了。

因此可以预见，留给救援行动的时间窗口已经十分狭窄，至于具体窄到了什么程度——南方集团军群指挥层浮上心头的第一个想法居然是突围和撤

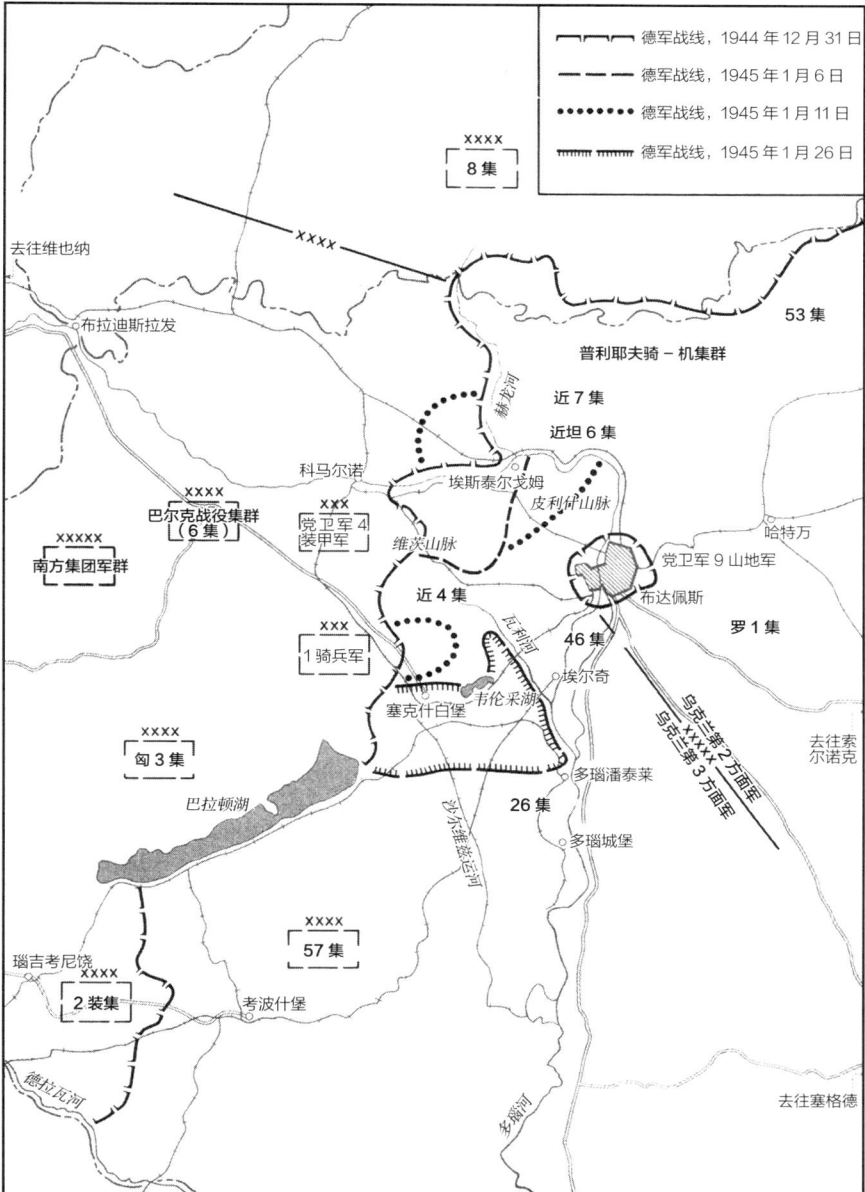

战场形势图 38：布达佩斯救援行动，1945 年 1 月 1—26 日

退。时间方面的明显压力也极大地影响了集团军群关于救援路线的选择（见战场形势图 38）。科马尔诺东南方的防线到布达佩斯的距离约有 30 英里，其中大概一半的路程要穿过维茨山脉（Vertes Mountains）。如果从塞克什白堡东北部出发，虽然距离增加了 10 英里，但地形相当有利于坦克进行机动，只是集结这些坦克还要多花费 5 天时间，而且需要更多油料。最终，希望节省时间和汽油的考虑压倒了其他一切顾虑，占据了上风。12 月底，南方集团军群和陆军总司令部就从科马尔诺发起救援行动达成了一致。陆军总司令部在训令中还设想实施突围——在最极端的情况下——但最终决定权仍被希特勒握在手中。

救援行动在元旦当天发起。夜间，1 个步兵师在埃斯泰尔戈姆以西 5 英里处渡过浮冰拥塞的多瑙河，在该河南面对苏军的后方展开了进攻，以便为党卫军第 4 装甲军沿着科马尔诺—布达佩斯公路发起快速进攻创造条件。但在山区地形里，战役发起阶段的速度快慢可谓无关紧要。第二天，美妙的前景屡次在德军面前掠过，可苏联人总是会摆出足够多的步兵和反坦克炮，每次都能在第 4 装甲军挣脱束缚前给它添上一道新的束缚。仅仅 24 小时后，苏军就已经牢牢站稳了阵脚。当古德里安在 1 月 5 日抵达南方集团军群司令部时，苏联近卫坦克第 6 集团军早已做好了反击准备：他们将在多瑙河以北地区强渡赫龙河，并冲向科马尔诺。

可就算这样，古德里安还是设定了一系列目标，使这次救援行动（迄今为止还没有取得明显的成功）升级为一场大规模进攻作战：集团军群首先要夺回布达佩斯和巴拉顿湖—韦伦采湖—埃尔奇（Ercsi）一线，而后向南转进，歼灭多瑙河以西的苏军兵力集团。1 月 6 日，即古德里安离开南方集团军群当天，党卫军第 4 装甲军冲向了苏军的坚固防线，攻防对抗异常激烈。同样还是在这一天，近卫坦克第 6 集团军和近卫第 7 集团军也对德军发起进攻，推进距离超过了 8 英里，从多瑙河以北地区对第 4 装甲军后方形成了严重威胁。

1 月 7 日，为了出其不意地打击敌军，德军第 1 骑兵军突袭了塞克什白堡西北部的苏军防线，并达成突破。但这种暂时的突然性并不足以确保最终获胜，近卫第 4 集团军反应十分迅速，他们在夜幕降临之前便发起反击，正在奋力夺回每一寸失地。对于南方集团军群而言，这一天显然是十分黑暗的：他们的两次进攻都被挡住了。

此时，在匈牙利首都，苏军在新年后的第一周内就摧毁了佩斯——布达佩斯在多瑙河东面的那一半——周围的桥头堡。随后，作战双方展开了激烈的巷战，伤员无人照顾，大火无人扑灭，阵亡人员也无人将其埋葬。一个德国战地记者描述了这样一幅场景："除了弹雨和火光，就只有一股由腐烂尸体散发出的令人作呕的恶臭夹杂其中。"苏军在城市纵深的很多地方都安装有扩音器，每当交火的声响减弱时，他们便会通过扩音器来宣布下一次炮击或是轰炸的目标，以及呼吁德国人和匈牙利人尽早投降。

到7日，布达佩斯守军的力量看上去已经快要枯竭。飞雪和低垂的云层中断了运输机的起降；炮弹和子弹即将耗尽；城市居民（对守军）充满敌意；匈牙利部队正在逃离。巴尔克认为，如果打算实施突围，相关命令就必须在24小时内发出。沃勒则决定把赌注压在多瑙河以北地区，他让党卫军第4装甲军和第1骑兵军将攻势行动再持续一天，并让第4装甲军在其北翼发起一次快速的步兵突破，以越过皮利什山脉（Pilis Mountains），为突围行动的成功增添更多可能。

第二天，希特勒拒绝了突围的请求。此举将南方集团军群逼入墙角，他们只得硬着头皮继续发起进攻，以杀出一条血路。此时，沃勒已开始准备他称之为"轻骑兵突进"的那个行动——用1个摩托化营快速突入布达佩斯。此举要是获得成功，德军便有能力在数小时内开辟出一条走廊——补给可以通过这条走廊运入城市；或者希特勒一旦改变主意，卫戍部队也可以通过该走廊撤出布达佩斯。

对于南方集团军群而言，让一支救援部队突入布达佩斯是他们的首要目标。但对于希特勒来说，他首要、甚至可能唯一关心的问题则是将防线重新推回多瑙河。9日，他提出了将党卫军第4装甲军移至南面、尝试在巴拉顿湖和韦伦采湖之间发起进攻的想法。第二天，德军在多瑙河以北发起一次反击，消除了苏军对科马尔诺的威胁，曾被寄予厚望的"轻骑兵突进"行动却以失败告终。11日，希特勒向党卫队全国副总指挥普菲费尔-维登布鲁赫授予骑士铁十字勋章，并重申了坚守布达佩斯的命令。第二天早上，前者命令南方集团军群将党卫军第4装甲军调往南部。

该装甲军翻山越岭、蹚雪过冰，在5天时间内机动70英里，最终抵达巴拉顿湖北端。1月18日，该军向东发起了攻击。战至第二日黄昏，该部已向前推进40英里，到达了多瑙河上的多瑙潘泰莱（Dunapentele）。德国人似乎已经恢复了他们原有的状态，党卫军第4装甲军司令部预测，尽管乌克兰第3方面军已在相关方向上投入1个坦克军，而且手中握有2个近卫机械化军以防不测，但德军还是有能力快速突进至布达佩斯。然而在其他地方，德军当天的进展就显得相对逊色了：在多瑙河以北，2个装甲师残余的最后力量——当前已被移交给A集团军群——离开了科马尔诺东部的防线，导致该防线的守备力量被削减得只剩下了区区1个步兵师。布达佩斯口袋里，普菲费尔-维登布鲁赫早已在凌晨之前撤出佩斯。德军早就该如此行事，但遗憾的是直到此前一天才得到了希特勒的许可。在穿越被苏军扫射火力所覆盖的桥梁的过程中，从佩斯撤出的守军蒙受了惨痛损失。不过桥上仍然挤满了男女老少和几乎无法行走的伤员等各种人员，以及包括卡车甚至婴儿车在内的各式"车辆"——到快要天亮时，德军使用炸药炸毁了这座布达佩斯人民曾经引以为傲、堪称"优雅"的桥梁。

此后三天里，苏军拼死作战，试图坚守韦伦采湖两侧的防线。但德军装甲师还是拼尽全力突破了苏军的阵地，于1月22日占领塞克什白堡，并抵达瓦利河（Vali River）。然而，此时的德军失去了绝大部分进攻冲劲，已是强弩之末。沃勒和巴尔克不安地意识到，尽管在18日表现出色，可党卫军第4装甲军司令部依然无法胜任大规模进攻行动的指挥事宜。该军指挥官、党卫队全国副总指挥（中将）赫尔贝特·吉列是一个好心的庸吏，他绝大多数时间都会待在前线；吉列的参谋长则对文书工作抱有一种无所谓的态度，这种态度是如此随便，以至于巴尔克在1月22日不得不亲自前去查明前线到底在哪里。最终，沃勒决定留下吉列——他至少能在鼓舞士气方面发挥一点作用，但解除了该军参谋长的职务。

1月22日，古德里安要求沃勒思考这一问题：仅凭自身力量和来自东南战区的少量增援，他是否能够肃清整个多瑙河西岸地区。当前发展顺利的态势激起了希特勒的求胜欲望，所以古德里安此时担心的显然是未来的情况——有更多部队将被调往南方。古德里安说道，这是一个非常严肃、有关"良心"的问题。他没有透露当时自己已经得知的情况，即希特勒打算把党卫军第6装甲集团军的2个装甲军调入位于南方集团军群后方的奥地利。23日，党卫军第4装甲军在塞克什白堡以东地区耗费了一整天时间来调整部署。第二天，该军在宽阔的进攻正面上逼近瓦利河，只是最终没能渡过该河。为此，沃勒建议让第 2 装甲集团军从巴拉顿湖南面向考波什堡（Kaposvar）发起进攻，从党卫军第 4 装甲军的当面将苏军部分兵力吸引开来。但陆军总司令部否决了上述提议——希特勒十分在意瑙吉考尼饶油田的安全，并担心第 2 装甲集团军会因此陷入困境。

1 月 25 日，德军沿瓦利河向上游发起的一次试探性进攻受阻，未能打开突破口。之后，沃勒在第二天发来报告，宣称快速突入布达佩斯的可能性已不复存在，苏军在每一个可能的进攻地段上都加强了防御。古德里安随后提议将党卫军第 4 装甲军调往南方，加入第 2 装甲集团军的序列，在巴拉顿湖和多瑙河之间发起进攻。为此，南方集团军群询问道，既然现在准备停下向布达佩斯进军的脚步，那么（本集团军群）是否应该及时下达突围命令？

答案最终于 27 日揭晓。在当天下达的命令中，希特勒再次号召党卫军第 9 山地军坚守阵地直至增援部队抵达。此时，相关口袋已被压缩成一个大约 3 英里宽、4 英里长的区域，其中挤满了 3.4 万德匈守军、1 万伤员和 30 万匈牙利平民。

现在将目光转向战线另一面。在过去几天时间里，乌克兰第 2 和第 3 方面军一直忙于重新部署部队，这对德军而言实在是个可怕的征兆：马利诺夫斯基已将近卫坦克第 6 集团军撤出赫龙河登陆场，其北翼的友军，即普利耶夫骑 - 机集群也被替换成了保加利亚部队。德军情报部门已经无法探明近卫坦克第 6 集团军和普利耶夫骑 - 机集群的踪迹。在塞克什白堡东北部和多瑙城堡（Dunafoldvar）西北部，托尔布欣正在集结他麾下的重型装甲部队。

1 月 27 日，党卫军第 4 装甲军位于多瑙潘泰莱和沙尔维兹运河（Sarviz Canal）之间突出部的南部防线遭到了苏军 12 个步兵师（强大的坦克部队紧随其后）的攻击。当天下午，在古德里安提交第一份报告时，希特勒下令停止对布达佩斯的救援行动，其原话是"这已经失去了意义"。德国独裁者无视了古德里安对城市守军的处置意见，直接询问党卫军第 6 装甲集团军的 2 个装甲军是否正在移动。这 2 个军移出阿登山区、返回铁路装载场的行动饱受积雪和油料短缺的困扰。约德尔回答道，其中 1 个军将在 14 天内抵达维也纳，再过 4 ~ 5 天，另外那个军也将到达。希特勒如释重负地说："他们来得正是时候，下一场危机将发生在那里。"

第二十章

帝国的防卫

一、任务

（一）德国

对德国民众而言，战争中最为黑暗的那个星期当属 2 月第一周。接下来的几个月虽然给他们带来了绝望和毁灭，但苏联人在本周突然出现于奥得河所造成的那种程度的震惊和冲击则再也没有出现过。就在三个星期前，德军的防线还位于波兰纵深地区，战火并未波及德国的任何一片土地。然而到现在，上西里西亚已经失守，东普鲁士的德国集团军群亦被切割得支离破碎，西普鲁士和波美拉尼亚的守卫者只是一个由战场新手指挥的只剩下骨架的集团军群，奥得河的防卫任务只能交给那些没能守住维斯瓦河、在溃退中穿过整个波兰的集团军来完成。如果苏联人保持之前的推进速度——他们似乎没有理由不这样做——就能够在未来三周内到达莱茵河河畔。

希特勒总是能在危机发展到最严重的时刻，从天马行空的决策和己方掌控结局的幻觉中寻得属于他的慰藉和庇护——在 2 月第一个星期里，他故态复萌了。他给希姆莱的维斯瓦集团军群下达了 4 项指令：1. 在施韦特（Schwedt）附近的奥得河上游河段建立起一道坚固战线；2. 在施塔尔加德以南和以西地区挡住苏军，并在那里设置一个集结地域，以便发动对近卫坦克第 2 集团军侧翼的攻击，此时该集团军正处于突向奥得河的矛尖部位；3. 将防线的东翼锚定在维斯瓦河上；4. 阻止苏联人向北突入波美拉尼亚和西普鲁士。除此之外，德国独裁者还要求第 2 集团军在通往埃尔宾的路线被打通后恢复向北方集团军群的推进。但在发往该集团军群的命令中，希特勒并没有提到与第 2 集团军重建联系的事宜。他告诉伦杜利克，他（后者）的主要目标是在北面守住柯尼斯堡，并在西南部守住布劳恩斯贝格（Braunsberg）—沃尔姆迪特（Wormditt）一线，防止第 4 集团军被驱离海岸。

到 2 月 3 日，所谓第四次库尔兰会战的结果已经清晰可见。此时，希特勒在发给库尔兰集团军群的一份训令中要求后者继续完成将 2 个步兵师移交给维斯瓦集团军群、1 个步兵师移交给北方集团军群的任务（于 2 月 1 日下达相关命令），同时做好移交第 4 个师的准备。伦杜利克的继任者海因里希 – 戈特弗里德·冯·维廷霍夫·舍尔大将回复道，第 4 个师的失去让他感到了"一种恐惧"，他的防线正变得越来越脆弱。此外，从另一方面看，他观察到本集团军群所牵制的苏军力量其实不成比例。因此，他认为扼守库尔兰在军事上并没有什么用处。舍尔暗示道，整个集团军群都应撤出库尔兰半岛，因为随着春季到来，白昼的时间正逐渐变长。

在防区南半部分，中央集团军群的任务是在奥得河上建立起一道防线。但在如何完成任务这一问题上，该集团军群显然没有获得任何指示。在南方集团军群防御地带内，尽管希特勒将瑙吉考尼饶油田列为整个东线战场上最为重要的战略目标，可德军看上去还是会在不久的未来，至少会将战场主动权拱手让给苏联人。对布达佩斯的救援行动早已失败，除了命令守军尽可能多坚持一段时间，希特勒实际上已将他们视如弃子。2 月 5 日晚，德国独裁者以突围行动不管怎样实施都无法取得成功为由，再次拒绝了城内部队突围的请求。

此时，党卫军第 1 和第 2 装甲军正在前往奥地利的途中。但穿越德国的铁路机动所花费的时间比到达苏联中部所需的时间都还长。西部战区司令部报告说，相关车站经常在部队抵达之前被炸毁，装载行动必须在夜间实施灯火管制的情况下进行；机车和车皮的状况十分糟糕；坦克和卡车有时会压塌车厢底板；有多达三分之一的车厢无法使用。主要干线畅通无阻的日子一去不复返，任何一条通往目的地的连续路线所能保证可供使用的时间都只能按小时来计算。

2 月 6 日，希特勒命令沃勒将 4 个党卫师部署在杰尔（Györ）附近，并将第 5 个师安排在瑙吉考尼饶后方。上述 5 个师被置于陆军总司令部控制之下，而且采取了严格的保密措施，防止其部署状态为苏军所知晓。希特勒预言称，苏联人正准备向维也纳发起进攻。因此，相关集团军群的任务是守住瑙吉考尼饶、塞克什白堡和科马尔诺，以免苏军突破防线，并冲向维也纳。

（二）苏联

在过去三个星期里，苏军夺取了战争爆发以来最为卓越的战果。斯大林现在可以将波兰装到口袋里再去雅尔塔了。当他的军队距离德国首都只有一天路程时，西方国家盟军却还在拼命奋战以夺回他们在阿登进攻中失去的土地。1 月 26 日，朱可夫报告说，如果能在 4 天内为自己补充新的部队、给养和一些新装备，他就能在 2 月 1 日或 2 日之前做好向柏林发起进攻的准备。科涅夫则表示他将在 2 ~ 3 天后有能力强渡奥得河。

截至目前，苏军的进攻一直都很顺利。不可否认的是，他们的装甲车辆和其他机械化设备需要补充和修理；但从另一方面讲，苏军步兵，尤其是朱可夫和科涅夫的步兵参与激烈战斗的机会相对较少。根据德方的计算，苏方在 1 月的伤亡人数比 1944 年夏季攻势——共持续 4 个月——的月平均损失减少了近 20%。德军情报机构得出的结论是，相对较轻微的苏军伤亡情况加上德军"撒胡椒面"一般的兵力补充方式将使己方的攻势"对我们自己施加的压力远大于对苏军施加的"。 在一个苏联记者的记忆中，1 月的解冻"给被遗弃的花园带来了雪花莲和紫色的番红花"；然而现实情况是融冻造成了迄今为止最麻烦的问题：奥得河的解冻使该河原本就具有的障碍作用成倍加强（浮冰和流凌增加了渡河的难度）；泥泞降低了苏军坦克的行进速度，同时对德军骑乘摩托车的装甲猎兵（用以对抗苏军坦克）的作战效能有明显提升作用。但这些都还只是小麻烦。

针对朱可夫所提出在 2 月 1 日发起柏林攻势的建议，斯大林只提出了一个反对理由。他告诉朱可夫说，他本人十分担忧白俄罗斯第 1 和第 2 方面军侧翼之间约 90 英里宽的薄弱地带，同时指示朱可夫继续等待，直到罗科索夫斯基向西推进得更深远些。斯大林认为罗科索夫斯基完成行动可能还需要 10 天或 2 个星期。随后，最高统帅部大本营命令朱可夫在罗科索夫斯基前进时将重心移向西部，并集中精力扩大屈斯特林两侧的登陆场。

此时，苏军其他各方面军仍在继续推进。最高统帅部大本营将罗科索夫斯基右翼的3个集团军移交给了白俄罗斯第3方面军，从而将其（罗科索夫斯基）从能否肃清东普鲁士的顾虑中解救出来，同时指示他使用剩余力量外加来自预备队的1个集团军占领从但泽到斯德丁（Stettin）的西普鲁士和波美拉尼亚地区。受命向德累斯顿推进的科涅夫在7天之内将3个集团军——包括近卫坦克第3集团军——从上西里西亚转移到了布雷斯劳以北的施泰瑙（Steinau）登陆场。

二、苏军摇摆不定的攻势

（一）科涅夫止步于尼斯河

2月8日，乌克兰第1方面军从格洛高和布雷斯劳之间的施泰瑙登陆场发起进攻，所投入力量为5个集团军，其中2个为坦克集团军（见战场形势图39）。由于德军情报部门很早就察觉到苏军从上西里西亚转移兵力的迹象，因此陆军总司令部在舍尔纳的防区内投入了3个师（其中2个仍处于重建进程中）的兵力。但舍尔纳还有一个地方需要考虑，即位于布雷斯劳以南的布里格—奥劳（Brieg–Ohlau）登陆场。苏军在那里部署有2个集团军和2个坦克军，近日来一直威胁着要突出登陆场并切断德国集团军群位于苏台德前方的横向交通线。为此，舍尔纳调整了第4装甲集团军和第17集团军的作战分界线，从而使前者负责施泰瑙登陆场，后者负责布里格—奥劳登陆场。

8日，即进攻发起的第一天，近卫坦克第3集团军碾碎了德军施泰瑙登陆场南缘的防线，将该登陆场与南面较小的勒布斯（Leubus）登陆场连成一片。到夜幕降临时，苏军已突进至利格尼茨（Liegnitz）郊区，而后派出部分兵力调头转向东南，直插布雷斯劳后方。10日，该集团军越过利格尼茨，抵达了本茨劳（Bunzlau）附近博伯尔河（Bober River）的下游河段。在北面，坦克第4集团军占领了"大德意志"装甲军的阵地，夺取了博伯尔河以东7英里处的普里克瑙（Primkenau）。第4装甲集团军和第17集团军试图阻止苏军在布雷斯劳后方会师，为挫败德军这一企图，科涅夫故伎重施，将他本人于1月在奥得河东部所实施的策略又施展了一次：他将近卫坦克第3集团军转向南面，并在进行了3天激烈战斗后包围布雷斯劳，将35000名德军和116000名平民困在该城。与此同时，他的主要突击集团则继续朝西及西北方向推进，渡过奎

波罗的海
但泽湾
39集 泽姆兰德
43集
50集 28集
柯尼斯堡
皮劳
格丁尼亚 海尔 布劳恩斯贝格 近坦11集
埃尔宾 31集
西普鲁士 沃尔姆迪特 海尔斯贝格
但泽 近坦5集
波美拉尼亚 3集 白俄罗斯第3方面军
3装集 霍伊尼采 突2集 48集
斯德丁 党卫军11装集 格鲁琼兹
维斯瓦集团军群 47集 65集
施塔尔加德 德意志克罗讷 49集
普伦茨劳 阿恩斯瓦尔德 70集 白俄罗斯第2方面军
9集 施韦特 施奈德米尔 波1集 维斯瓦河 华沙
柏林 近坦2集 61集 突3集
古斯特比斯 兰茨贝格 白俄罗斯第1方面军
基尼茨 突5集
根施马 屈斯特林 近8集
格里茨 近坦1集 波兹南
法兰克福 69集 瓦尔塔河
奥瑞森 格罗森 33集 6集
古本 近3集 乌克兰第1方面军
福斯特 格洛高
4装集 扎甘 坦4集 13集 12集
普里克瑙 施泰瑙 52集
德累斯顿 格尔利茨 本茨劳 勒斯 近坦3集 近5集
利格尼茨 奥劳 雷斯劳
苏台德山脉 布里格
17集 奥珀伦
易北河 1集
上西里西亚 59集 60集
布拉格 克拉科夫
中央集团军群 俄斯特拉发 38集 乌克兰第4方面军
奥洛穆茨 近1集
布尔诺 海因里希集团军级集群 斯洛伐克
8集 18集
罗4集
布拉迪斯拉发 40集
维也纳 53集 27集 匈牙利
巴尔克战役集群 近7集
南方集团军群 科马尔诺 近坦6集
杰尔 普利耶夫骑-机集群
46集 布达佩斯
近4集

德军战线，2月4日

德军战线，2月24日

战场形势图39：逡巡的苏军攻势，1945年2月4—24日斯河（Queiss River）及扎甘（Sagan）北部的博伯尔河下游河段。格洛高要塞（有4100 名士兵和 7800 名平民）也被包围。

在近卫坦克第 3 集团军转向南面后，德国第 4 装甲集团军暂时松了一口气，随后于 2 月 14—15 日间沿着扎甘以北的博伯尔河发起反击，切断了向尼斯河推进的坦克第 4 集团军的后路。然而好景不长，近卫坦克第 3 集团军于 16 日再次挥师向西，准备强渡奎斯河并冲向格尔利茨（Goerlitz）。为应对上述变化，舍尔纳从南方调来 1 个装甲师对苏军的侧翼发起反击，不过此举根本无济于事，甚至无法减缓苏军坦克部队的推进速度。截至 18 日，坦克第 4 集团军已经肃清后方交通线。3 天后，在从尼斯河与奥得河交汇处到格尔利茨北面 5 英里处的宽大正面上，苏军 5 个集团军开始全线逼近尼斯河防线。此时，德军的防线是以格尔利茨为起点，朝着向东略向南的方向几乎呈一条笔直的线，并在奥珀伦（Oppeln）与奥得河相连。

2 月 21 日，陆军总司令部向维斯瓦集团军群和中央集团军群提出了一些猜想——苏军的主要突击方向是施韦特（位于维斯瓦集团军群奥得河防线的右翼）和格尔利茨之间的奥得河—尼斯河防线。在发动柏林攻势和德累斯顿攻势的同时，苏联人还可能向波美拉尼亚和俄斯特拉发（Moravska Ostrava）实施辅助突击。5 天前，陆军总司令部东线外军处得出结论称，由于下西里西亚和波美拉尼亚的行动进展顺利，最高统帅部大本营将会抛掉对侧翼安全的担忧，继续向德国中部发起进攻。

根据 2 月 15 日时由特工发来的报告，白俄罗斯第 1 方面军正在将步兵撤出波美拉尼亚前线，以便将沿奥得河部署的近卫坦克第 1 和第 2 集团军置换出来。17 日，上述 2 个坦克集团军已经撤出奥得河前线，有迹象表明他们正在后方调整部署，准备向西发起突击。特工和侦察机还在奥得河沿线发现了其他不少线索，这些线索表明苏军已在酝酿一次新的攻势：重型炮兵和高射炮兵正往前线靠拢，雷场正被相关人员清理，无线电通信模式正在发生明显变化，新的坦克和卡车正源源不断地到达前线。

在中央集团军群防御地带内，近卫坦克第 3 集团军于布雷斯劳以西地区的快速转向意味着苏军显然正在赶往尼斯河。根据德方实施的空中侦察，苏方在波兰的铁路已经延伸到了波兹南以东（波兹南要塞直到 2 月 23 日才失守）

和布雷斯劳以东地域。在下西里西亚，苏军工兵正在刚刚渡过的河流上建造桥梁，这表明乌克兰第 1 方面军打算继续保持其进攻锐势。德军缴获自苏军某坦克部队的一张地图表明苏联人正将目光投向易北河与尼斯河之间的广阔区域。

对苏军而言，在第 4 装甲集团军部署于河流防线上的 6 个师面前强渡尼斯河并不困难。然而科涅夫在 2 月 21 日下令，主动刹住了渡河的脚步。原因可能是攻势的进展不如预期顺利，德军有两三次行动对苏军形成威胁，坦克集团军也没能达成全面的战役突破。

但最有可能的情况（原因）还是这样：将乌克兰第 1 方面军勒停在尼斯河之前的决定不过是苏军战略调整中的一个部分，导致如此调整的背景则更加广阔——甚至广阔到了下西里西亚战役也只是其中一个较小部分。

（二）奥得河、西普鲁士和东普鲁士

当乌克兰第 1 方面军正在奥得河与尼斯河之间奋勇作战时，白俄罗斯第 1 和第 2 方面军也在全力挤压维斯瓦集团军群的活动空间。朱可夫利用自己右翼的步兵扫清了阿恩斯瓦尔德（Arnswalde）、施耐德米尔（Schneidemuehl）及德意志克罗讷（Deutsch-Krone）三个合围圈内的德军，并命令其第一梯队扩大奥得河上的登陆场[①]。第 9 集团军用手头仅有的 4 个未经战火考验且不满编的师——"多伯里茨"师、"库尔马克"师、"柏林"师和"1 月 30 日"师——以及 2 个来自西部战区的装甲师，在奥得河上与苏军打了一场硬战。

在 2 月第一周里，苏军将位于屈斯特林以北的古斯特比斯（Guestebiese）、基尼茨（Kienitz）和根施马（Genschmar）三个小型登陆场相连，扩展成了一个大型登陆场；同时扩大了法兰克福以南的奥瑞斯（Aurith）登陆场，并在格里茨（Goeritz）新建了一个登陆场——苏军从此处出发向西面和北面推进了相当远的距离，切断了屈斯特林要塞德军的后路。但在 2 月 9 日，由第 9 集团军发起的反击又重新打通了连接屈斯特林的走廊。虽然该集团军并没有足够

---

① 作者注：即便是对军事问题并非总能那么敏锐的希姆莱也很快意识到将司令部设立在德意志克罗讷的不利之处，故而将其转移到奥得河后方，设在位于普伦茨劳南部森林中的一个党卫军预备指挥所内。在那里，奥得河将该司令部与苏联人隔开，使希姆莱可以享受包括按摩师和私人医生在内全套随从的服务，以及与党卫队全国领袖身份相般配的注目，他还能通过45英里之外的高速公路与柏林保持联系，同时承担作为一个集团军群司令的职责。

力量来执行希特勒于第二日下达的命令——在 48 小时内"粉碎"奥得河上所有的苏军登陆场,不过该部确实守住了自己的阵地,而且在某些地域收复了部分领土。如果不是被中央集团军群抽走了 1 个装甲师,第 9 集团军的表现可能还会更好些。

2 月 10 日,白俄罗斯第 2 方面军在格鲁琼兹(Grudziadz)以西地区发起攻击。在西普鲁士的森林和沼泽地带里,春季的融冻天气增加了机动的难度,同时第 2 集团军也在拼死奋战、避免重蹈其东部友军的覆辙。苏军的推进相当缓慢,于 14 日抵达霍伊尼采(Choinice)。要是能在这里达成突破,他们就能将第 2 集团军切断于西普鲁士地区,因为该集团军的中央防线此时还位于格鲁琼兹东南部地区。魏斯请求允许撤出格鲁琼兹,并宣称要么让他与右翼友军保持联系、要么集中精力防守西普鲁士和港口(指格丁尼亚和但泽),二者只能选择其一,他做不到两头兼顾。希姆莱的答复是,第 2 集团军有以下三项任务:保持与右翼德军的联系、保卫港口,以及守住格鲁琼兹。最后那项任务要求该集团军遵循库比埃尔(Courbière)这一"伟大榜样"——相关事例出现于七年战争和拿破仑战争,在希特勒最近的圈子里颇为流行。然而不幸的是,对于许多德国士兵来说,几乎所有的普鲁士古城都有被围攻的经历,不是在这一场、就是在那一场战争中。15 日,白俄罗斯第 2 方面军已经越过霍伊尼采和格鲁琼兹的中间地带,向北方和东方发起突击。但苏军最终只在东、西方向上分别推进了 20 英里和 5 英里,未能达成战术突破。2 月 19 日,罗科索夫斯基下令停止了进攻。

在东普鲁士,截至 2 月 13 日,白俄罗斯第 3 方面军已将第 4 集团军赶出了海尔斯贝格三角地带。波罗的海沿岸第 1 方面军将第 3 装甲集团军的残余兵力(更名为泽姆兰德战役集群)推到了泽姆兰德半岛的末端。在苏军上述两个方面军的共同努力下,柯尼斯堡德军被合围。一周后,白俄罗斯第 3 方面军将第 4 集团军压缩在了海利根拜尔周围长 35 英里、宽 15 英里的滩头阵地上。由于方面军司令切尔尼亚霍夫斯基在战斗中不幸阵亡,华西列夫斯基接管了指挥权。尽管德军完全没有守住防御阵地的希望,但苏军此时的状态同样不容乐观,甚至可以说是令人沮丧的。在 2 月初到来的大雪及紧随其后的突然解冻不仅使苏军的补给行动陷入困境,还严重干扰了空军的作战。波罗的海沿岸第 1 方面军不仅从月初就缺少装备和弹药，而且缺乏一流的部队和指挥官。两个方面军（白俄罗斯第 3 及波罗的海沿岸第 1 方面军）的司令部在一块区域内展开对三个独立的集团军群的作战——这在苏联方面引发了指挥层面上僵硬死板的问题。

本月第三周即将结束之时，最高统帅部大本营在一定程度压力的驱使下同意让巴格拉米扬集中主力打击泽姆兰德半岛的德军，暂时忽略柯尼斯堡方向——华西列夫斯基针对海利根拜尔口袋的行动也得到了类似的优先权。然而到 20 日，就在巴格拉米扬发起进攻的两天前，泽姆兰德战役集群突然发起一次破坏性攻击，打了苏军一个措手不及，只能看着他们一路冲向柯尼斯堡。如此看来，东普鲁士——苏联人眼中的"德国军国主义摇篮"——相关战役的落幕仍然为时尚早。最高统帅部大本营取消了波罗的海沿岸第 1 方面军的番号，将其部队以"泽姆兰德集群"的名义编入白俄罗斯第 3 方面军，同时给了华西列夫斯基一个月时间来重组部队并肃清包围圈中的德军。

苏军进行于 1945 年的大规模冬季攻势已在 2 月第三个周末到来前完全结束。空气中弥漫着谨慎的气息。显然，最高统帅部大本营已经得出结论——现在还没到发出致命一击的时刻。最高统帅部大本营所做决定与下述两起事件形成了惊人的巧合：一起发生在波美拉尼亚的施塔尔加德（Stargard），另一起则发生在匈牙利的赫龙河。

（三）"夏至"行动 [①]

施塔尔加德进攻行动完全可被列为战争中最无成功希望的作战之一。古德里安的设想是在奥得河以东发动一次钳形反击，从根部掐断苏军突向柏林的矛头。这种想法是希特勒最为偏爱的那种概念——采取守住"角柱"而后向侧翼发起反击的策略来解决敌军的突破问题——的一个颇为诱人的变种。然而，古德里安拿出了有力论据，认为应将党卫军第 6 装甲集团军作为突击集团之一投入会战。否定了古德里安想法的希特勒选择实施单向反击，具体是从施塔尔

[①] 译者注：亦称施塔尔加德坦克会战。

加德地区发起。[①]

因为预想中的两翼攻击被砍掉一边侧翼，古德里安对剩下的那一侧翼也盯得更紧了。他对攻击正面（30 英里长的正面，共有 3 个攻击集群）、攻击纵深和推进速度提出了很高要求——其中最重要的是速度。他坚持认为这次进攻行动的准备和实施必须抢在苏军于奥得河上获得可靠立足点之前"如闪电一般"完成。在刚开始的时候，由于只看到了取得辉煌胜利的光明前景，希姆莱对此十分热情。

为展开施塔尔加德进攻行动，陆军总司令部搜山检海般地挤出了 2 个军司令部和 10 个师（其中有 7 个是装甲师）的兵力，这本身就是一个了不起的壮举。然而，要想将这支规模如此庞大的力量通过现有的铁路系统——由于燃料只剩下褐煤，机车的效率只有正常水平的 40%——迅速集结起来，并且解决其装备、弹药和汽油方面灾难性的短缺问题，这几乎是不可能的。到 2 月 10 日，同时也是集结行动开始后的第 8 天，铁路系统完成的输送量还不到计划的一半。

第 3 装甲集团军司令部受命从泽姆兰德撤出，并指挥这次攻势。但由于相关人员到达的时间太晚，指挥权仍被新近成立的党卫军第 11 装甲集团军[②]司令部所掌握。在不得过早部署进攻部队这一命令的严格限制下，相关集团军群很难保证集结地域的安全，最终不得不将几个新组建的师派往一线——结果，集团军群司令部和陆军总司令部很快就在进攻应于何时发起这一问题上产生了严重分歧。

2 月 9 日，在与希姆莱的会谈中，古德里安以征求意见为幌子，用一种傲慢失礼的态度指出自己希望进攻能在 16 日发起。前者回答说，由于还没有做好定下日期的心理准备，他打算再观望几天。然而不幸的是，由于希姆莱担任集团军群司令的资历相当浅薄，哪怕他得出的判断看上去合理无比，也还是会饱受质疑。因此，他碰到了古德里安这个对手，一个自身观点看上

[①] 作者注：2月第一个星期里，党卫军第6装甲集团军曾在第9集团军防线后方部署了较短时间。该部指挥官党卫军全国总指挥（上将）约瑟夫（塞普）·迪特里希提交了一份从古本—格罗森地区发起进攻、而后在屈斯特林以东的兰茨贝格（位于瓦尔塔河附近）与施塔尔加德友军会师的大致计划。但当时他的装甲师正在开往匈牙利的路上，所谓从西线指派部队给他的"单独命令"实际上也从未下达。

[②] 审校者注：结合德国国防军最高统帅部1945年2月10日的德军编制总表，该部实际应为第二次成立的国防军第11集团军，但由于该集团军在第二次组建时使用党卫军的司令部人员，因此很多资料误将其视为党卫军部队。下文已修改。

一些苏军步兵正靠近一辆无法动弹的德军坦克

去并不是那么完美无缺的人。古德里安显然认为希姆莱是在拖延时间以掩饰自己的无能。前者的这一想法其实不难理解，因为后者把他的司令部搬到了奥得河后方地域，并拒绝在前线附近的任何地点露面——这表明他缺乏战斗精神，与他在平时言行中刻意凸显的尚武"人设"形成了鲜明对比。

2月13日，古德里安向希特勒摊牌，要求后者特别授权他（古德里安）的副手、瓦尔特·温克装甲兵上将负责指挥维斯瓦集团军群的进攻行动。[1] 最终，希特勒告诉温克，他（温克）将获得特别授权并前往维斯瓦集团军群，但没有说明后者的具体职权。这样做的后果便是既剥夺了希姆莱的最终决定权，又没有将其完全赋予温克——此举很对古德里安的胃口，因为他的主要意图就是利用温克将自己的理念强加于集团军群之上。

温克在抵达维斯瓦集团军群、表达对希姆莱的敬意之后就立即渡过奥得河，亲自前往第11集团军视察战备情况。由于希姆莱截至目前还没有真正接触部队，而且第11集团军的司令部是由军级司令部升级而来，其前身原本受党卫军全国副总指挥菲利克斯·施泰纳（上将）指挥，因此它并不是一个适合用来指挥大规模进攻行动的工具。当温克满意地确认进攻部队实际上还没有完全完成集结和整备后，他采用了另一种不合时宜的办法，开始左一榔头、西一棒槌地调整部队。这些举措中的绝大多数——正如之后可以看到的那样——似乎只是为了讨古德里安的欢心。2月11日夜间，第11集团军报告称，鉴于温克所描述的东线整体形势，本集团军意识到必须尽早发起攻击，哪怕只是小

---

① 作者注：长期担任第6集团军参谋长的温克是德军总参谋部最一流的军官，也是陆军总司令部指挥组组长（古德里安自己任命的一个职位，位于他本人的陆军总司令部参谋长职务之下）。

规模的攻击。因此，该集团军打算在第二天早上向阿恩斯瓦尔德（Arnswalde，位于防线前方 7 英里处，有小股德国守军在此陷入包围）发起突击。

仅用 1 个师向阿恩斯瓦尔德发起的袭击大大出乎了苏联人的意料。到下午早些时候，该师的先头部队便已抵达该城。由于这一开端实在令人满意且诱人无比，甚至直接瓦解了维斯瓦集团军群和陆军总司令部的自制能力，因此该集团军群下令，整个反击行动——以充满希冀的代号"夏至"为名——将于第二天发起。

由于准备不充分，加上经验不足，第 11 集团军在 16 日浪费了一整天时间来摸清敌军情况。直到 16 日下午，该集团军司令部才做好确定主攻方向的准备。此时，尽管施泰纳坚称自己可以在两天内发起进攻，但攻势还是不可避免地陷入了僵局。当天晚上，在结束与希特勒的会谈、返回维斯瓦集团军群的路上，温克在一场车祸中受了重伤。古德里安后来声称他（温克）本可以挽救"夏至"行动，但这实际上是相当令人怀疑的。

大雨和泥泞把坦克困在了公路上。希姆莱下令将攻势行动持续到 17 日夜间，然而这样也于事无补。第二天，苏军用雷场和强有力的反坦克防御系统为德军的"夏至"行动画上了一个不光彩的句号。到 18 日入夜前，第 11 集团军最多只向前推进 2～3 英里，而后希姆莱便下达"重新集结的指示"，停止了此次进攻。

据德国人所知，这次进攻几乎没能在苏军防线后方激起哪怕一丝涟漪。19 日，第 9 集团军报告称，奥得河防线当面地区安静得"令人诧异"；一切迹象都表明白俄罗斯第 1 方面军将在未来几天内发起柏林攻势。第 9 集团军预测道，在其防线右翼之外，乌克兰第 1 方面军将有能力在一天之内渡过尼斯河。21 日，在发往维斯瓦集团军群和中央集团军群的训令中，希特勒正式宣布"夏至"行动的结束，并命令希姆莱将 1 个军司令部和 3 个师转交给中央集团军群；剩余兵力则由第 3 装甲集团军司令部接管。饱受希姆莱排挤的施泰纳及其司令部渡过奥得河，充当起了抓捕逃兵的收拢队角色。

德国人所不知道的是，"夏至"行动对苏联人造成的冲击与该行动自开始以来就笼罩其上的疑云相比完全不在一个层面上。然而，德军的这次彻底失败正好击中了苏军计划里最脆弱的地方——发起第二阶段进攻所需的勇气。有例为证：2 月中旬时，除非有意欺骗德国人（可能性不大，因为这是毫无意义的），否则白俄罗斯第 1 方面军和乌克兰第 1 方面军早就应当完成柏林攻势的准备工作。在德国人看来，"夏至"行动并未对苏军的行动造成干扰。但在 2 月 17 日，最高统帅部大本营突然全盘取消了原定计划，命令朱可夫掉头向北，与罗科索夫斯基共同打击维斯瓦集团军群。4 天后，科涅夫也在尼斯河河畔停下了脚步。

（四）赫龙河登陆场

在"夏至"行动开始其短暂而混乱的表演之前，南方集团军群已经在苏军通往胜利的道路上布下了最后一个路障。2 月 10 日，沃勒从柏林返回他的司令部，同时还带回了希特勒的许可——允许他使用党卫军第 1 装甲军摧毁苏军设在赫龙河上的登陆场，从而抽走敌人突向布拉迪斯拉发和维也纳的跳板。时机看上去完美无缺、不容错过：几乎所有的苏联装甲部队都已撤出一线，正在休整。

此时，希特勒几乎忘记了布达佩斯。在布达形成的口袋——包含有政府大楼和皇家城堡，在东面还受到河流的保护——已经证明了自身作为强大堡垒的价值。民众已变得麻木不仁，内部的不安定问题几乎全部来自箭十字党的武装团体，他们无胆面对强敌，却对谋杀和掠夺自己人相当热衷。只要救援行动看起来还存在那么一丁点渺茫的成功可能，部队士气就可以一直保持处于相对较高的水平。战斗部队的口粮现已不得不减少成每天三分之一磅面包加马肉汤，被安置在皇家城堡地下室里的伤员则只能获得一碗很稀的汤。1 月 29 日，即庆祝希特勒掌权的国家节日当天，希姆莱给城中守军送去了一些特殊的额外补给——当空投箱被打开时，人们发现里面装着罐装马肉、饼干和香烟。

2 月 10 日，希特勒授予普菲费尔－维登布鲁赫橡叶骑士铁十字勋章。这种在最后时刻试图鼓舞指挥官士气的做法——如果真能奏效——其（对于目前这名指挥官的）实际效果无非也就比斯大林格勒战役中的保卢斯稍微好一点。卫戍部队的弹药和口粮都已耗尽，而且守军被分割成了两个部分，每一个小口袋的面积都很小，无法实施空投。11 日上午，普菲费尔－维登布鲁赫下令向西突围。当天夜间，守军试图沿着意大利大道（后来改名为马利诺夫斯基大道）突出包围。司令部属员则沿着与大道基本平行的地下排水渠前进。许多人在冲出城堡大门时被击毙，只有少数人员最终逃离郊区。在将近 30000 名德国人和匈牙利人中（还有 10600 名伤员被遗弃在城中），只有不到 700 人到达城外的德军防线。

2 月 17 日，德军发起针对苏军赫龙河登陆场的攻势行动，并成功达成了突然性。仅在一个星期内，德军就把战线往东推到了河岸。由于苏军很可能是在初期的猝不及防之后为避免打乱装甲部队的休整进程，从而有意牺牲这个登陆场，德军这一战果的光芒也变得稍微有些暗淡。尽管如此，2 月 21 日，受到鼓舞的沃勒还是重新启动了在巴拉顿湖—德拉瓦河—多瑙河三角地区展开大规模进攻的计划。

根据早先所提出侧翼可以承担些许风险的理念，最高统帅部大本营打算在朱可夫和科涅夫发起主要突击之后再派遣乌克兰第 2 方面军朝布尔诺（Brno）和维也纳方向推进。2 月 17 日，即柏林攻势被取消、德军突击赫龙河登陆场的同一天，最高统帅部大本营向铁木辛哥下达了一项新命令，要求他计划和协调自己那两个方面军发起一场针对德军南翼的独立攻势。此时，德国人已经亮出獠牙，但苏联人决定等待战机。

（五）德国的境况

对德军而言，苏军冬季攻势的减弱只不过是暂缓了他们灭亡的进程。到 2 月中旬，预备集团军早已无法凑齐新组建各师所需的轻武器。炸药和火药的产量亦不足以维持弹药的正常生产。此时，德军每月对坦克炮弹和反坦克炮弹的需求量为 150 万发，但 1 月的产量仅有 36.7 万发。由于缺乏航空汽油，国防军最高统帅部不得不下令彻底减少飞机的日常使用——只可用于决定性的地点，而且必须是在找不到其他手段的情况下才能动用。在西线，莱茵兰的防线已经开始瓦解。

三、闪避和突刺——维也纳

2 月 22 日，沃勒向希特勒提交了四份他所准备实施进攻的计划大纲，计划的封面上赫然印着一个令人充满遐想的名称："春醒"（见战场形势图 40）。沃勒的目标显然是扩大苏联人与瑙吉考尼饶油田之间的缓冲区。不过这需要德军冲出巴拉顿湖和韦伦采湖地区，往东南方向发起主要突击。然而，问题是苏军在布达佩斯西部地区——德军这次攻势的侧翼及后方区域——部署有他们最

战场形势图 40：维也纳攻势，1945 年 3—4 月

为强大的力量。由于缺乏时间和力量，沃勒从一开始就被迫否决了最合理的那条策略，即首先肃清布达佩斯—韦伦采湖—维茨山脉地区，而后突入巴拉顿湖和多瑙河之间地域。他只能采用折中的办法，首先展开一次持续时间较短的前期行动，在韦伦采湖和多瑙河之间建立一道面向北部的坚固防线，之后调头向南发起攻击。只是到 2 月 25 日，在召开于柏林的一次会议上，希特勒最终决定从一开始便投入主要力量，往东南方向发起进攻，以扫清沙尔维兹运河与多瑙河之间区域。德国独裁者给出的理由是，此举能为德军提供一次快速取得较大胜利的极佳机会。

（一）"春醒"行动

除了那些刻苦学习以往经验的学生（指苏军）之外，没有任何人能注意到德军当前所面临局势与"堡垒"行动前期的情况是何等相似——当灾难性的冬季终于结束、敌人施加的压力突然有所减弱时，希特勒陡然发现自己手中还有一支预备队尚未投入使用；因此，他决定再来一次豪赌以重振声威，而最高统帅部大本营也相当配合地等待他首先行动——此时此刻，这一切仿佛都是历史的重演。

德军对此的反应却是近乎梦游一般的漠不关心。沃勒曾尽责地提醒其他人注意北翼的危险和党卫军第 6 装甲集团军在步兵力量方面的薄弱，但没有任何人对这次进攻行动的意义——发动一次大规模进攻行动，不过目标仅仅是夺占一些几乎不可能守住的土地——提出质疑。国防军最高统帅部作战指挥部曾提出疑问称，如果将其他所有威胁和危险考虑在内，党卫军第 6 装甲集团军能否在 4 月中旬或之后从匈牙利解脱出来？该部随后又提出了一项关于缩减进攻规模的含糊建议。然而这项建议除了能节省一些时间外，在其他方面毫无用处，最终直接被封存放入了档案室。

"春醒"行动于 3 月 5 日午夜准时发起。F 集团军群很快就攻占了下米霍利亚茨（Donji Miholjac）和瓦尔波沃（Valpovo）对面的德拉瓦河桥头堡。第二天早上，第 2 装甲集团军从其防线中央地带向考波什堡发起了进攻。仍在泥泞和湿雪中跋涉的党卫军第 6 装甲集团军报告说，他们将于当天早晨完成进攻准备。但正如以往那样，党卫军部队司令部的估算经常出现问题：截至早晨来临，只有沙尔维兹运河西侧的党卫军第 1 装甲军完成准备；在运河以东关键位置上的党卫军第 2 装甲军更是直到第二天早上才发起攻击。

当时天气十分暖和，积雪已经融化，主要道路不仅堆积着一层很深的泥泞，而且埋有地雷，还被苏军的反坦克火力所封锁。德军精心采取的保密措施未能奏效，因为他们光是集结就耗费了一个多月。

除飞机之外，最高统帅部大本营在乌克兰第 2 方面军进攻地带内的兵力集结并没有受到此次进攻任何影响。这次得到超乎寻常加强（包括飞机、火炮和反坦克炮）的乌克兰第 3 方面军在巴拉顿湖和多瑙河之间建立了一片纵深很大的防御地带，并通过雷场和炮兵火力加以保护。去年 12 月，即浮冰仍能对往返两岸的船只造成威胁时，乌克兰第 3 方面军的工兵在包姚使用一座被毁桥梁的桥基架设了一条索道，单日（包含昼夜）运载量可达 600 吨。当河面封冻后，工兵们还在冰面上铺设了一条公路和一条输油管道。

3 月 7—8 日间，党卫军第 1 装甲军突破了沙尔维兹运河西侧的数道防线，向前推进了将近 20 英里。此时，托尔布欣已经投入他的第二梯队（第 27 集团军）和几乎所有预备队——3 个步兵军、1 个坦克军、1 个机械化军和 1 个近卫骑兵军。因为是将自身装甲力量分配到了多处、无法集中使用，所以他没能在任何地方夺回战场主动权。当德军的进攻发展到第 4 天时，托尔布欣请求使用作为战略预备队的近卫第 9 集团军（该集团军最近才被部署到凯奇凯梅特地区）；但最高统帅部大本营认为该集团军在未来攻势中将发挥重要作用，不宜在前期过早进入战场，因而否决了这一请求。

到 10 日，党卫军第 1 装甲军已经在雨雪中逼近希欧运河（Sio Canal），不过直到第二天夜间才夺占两个小型桥头堡。德军的攻势进展向人们揭示了苏军防御举措的完善程度。这对党卫军第 2 装甲军而言绝不是一个好兆头——在沙尔维兹运河东面，该装甲军到 2 月 12 日才推进了不足 5 英里。

13 日，托尔布欣集结起他的装甲力量，在沙尔维兹运河的两面发起了反击。为确保己方掌握战场主动权，沃勒建议将吸引了苏军主要注意力、承受着最为沉痛反击的第 2 装甲军撤出，并将 2 个军的力量全部集中到运河以东地区——那里的沙地更适合坦克进行机动。然而希特勒直到 15 日晚上才批准这一请求；此外，感觉告诉他——事实证明这种感觉是正确的——党卫军第

2 装甲军将被迫实施转移以应对苏军即将到来的攻势。

四、苏军开始反击

在 3 月 16 日下午的降雪和大雾中，苏军发起了进攻。受天气因素影响，他们并未投入大量装甲兵，也无法获得空军的强力支援。在韦伦采湖与比奇凯之间的防线上，党卫军第 4 装甲军和匈牙利第 3 集团军的南翼部队首当其冲。苏军原定计划是派遣乌克兰第 2 方面军沿多瑙河两岸向维也纳推进，但为了抓住在巴拉顿湖以东地区合围党卫军第 6 装甲集团军的机会，他们将主要兵力转移到了南面，即乌克兰第 3 方面军右翼。

苏军的主要突击方向是沿着塞克什白堡—皇宫堡（Varpalota）—帕波（Papa）—肖普朗（Sopron）—维也纳一线往西和西北方向推进。其中，乌克兰第 2 方面军将沿着多瑙河冲向杰尔。到进攻发起第二天，匈牙利第 3 集团军的侧翼已经崩溃，苏军在莫尔（Mor）以北地区越过了维茨山脉。苏联人的大型机动集团，如近卫坦克第 6 集团军和近卫第 1 骑 – 机集群（原普利耶夫骑 – 机集群）此时仍未表现出发展纵深突破的迹象。为此，南方集团军群决定暂时中止沙尔维兹运河以东的进攻，派遣党卫军第 1 装甲军进入塞克什白堡西南地区，准备发起反击。当天结束前，党卫军第 2 装甲军亦做好了调头北上的准备。

18 日，马利诺夫斯基开始调转左翼集团军的方向，使其向北直插匈牙利第 3 集团军后方的科马尔诺。同一天里，托尔布欣的近卫第 9 集团军和近卫第 4 集团军也在莫尔和韦伦采湖之间突破了党卫军第 4 装甲军的防线。可惜托尔布欣发展突破的动作不够迅速——由于计划有所改变，近卫坦克第 6 集团军必须在南方进行重组，因此尚未做好进入战斗的准备。当天昼间，沃勒决定尝试"王车易位"：他命令党卫军第 6 装甲集团军司令部及其所辖 2 个军调头向北，突入韦伦采湖与多瑙河之间地域，并命令第 6 集团军接管韦伦采湖和巴拉顿湖之间地区的防务。党卫军第 6 装甲集团军成功跃出了湖区，但党卫军第 1 装甲军未能在新防区——皇宫堡以西的包科尼（Bakony）森林边缘——构筑起一道坚固的防线。

2 月 20 日，苏联近卫坦克第 6 集团军突入皇宫堡和塞克什白堡之间地区，冲向了巴拉顿湖北端。希特勒要求死守塞克什白堡——这实际上就意味着（德国）第 6 集团军必须留在巴拉顿湖以东地区。21 日，该集团军被苏军合围，只剩下湖岸边一条狭窄的走廊能与外界联系。不过希特勒还是拒绝放弃塞克什白堡。陆军总司令部给出的解释是，元首担心如果放弃该地，整条防线便会失去锚点并开始"滑动"，毕竟这种情况早已屡见不鲜了。沃勒回复称，他现在没有勇气面对被合围的风险——布达佩斯守军的覆灭就在眼前，德军早已染上了"口袋综合征"。当天下午，皇宫堡失守；夜间，塞克什白堡——希特勒的再三坚持没有起到任何实质性作用——同样宣告失守。

在接下来 24 小时里，第 6 集团军受到了苏军和巴拉顿湖的双重鞭笞。没人能保证袋口还能撑上几个小时（而不被合上）。集团军司令部已经完全不清楚党卫军第 4 装甲军的踪迹——逃兵中有 75% 是党卫军士兵。该集团军之所以存活到了现在，最主要的原因其实还是苏军近卫坦克第 6 集团军姗姗来迟。

2 月 23 日，第 6 集团军挣扎着杀到了巴拉顿湖西岸，不过他们的危机仍未完全消除。当天，托尔布欣的部队占领了包科尼森林中的各大要点和道路，以及交通枢纽维斯普雷姆（Veszprem）。马利诺夫斯基的部队则切断了匈牙利第 3 集团军在埃斯泰尔戈姆所据守桥头堡与外界的联系，并迫使该集团军撤过多瑙河。在南面，F 集团军群撤出了德拉瓦河上的两个桥头堡。仍在巴拉顿湖以南地区保持进攻势头的第 2 装甲集团军向前推进了约 5 英里，但此举在这时无异于徒劳的挣扎。当天结束时，希特勒授权沃勒从第 2 装甲集团军中抽调不超过 1 个师的兵力。关于苏联方面，最高统帅部大本营也在同一天下达了实施下一阶段攻势的命令：近卫第 9 集团军和近卫坦克第 6 集团军向克塞格（Köszeg）、第 26 集团军向松博特海伊（Szombathely）、第 27 集团军向佐洛埃格塞格（Zalaegerszeg）分别发展进攻。

第 6 集团军司令巴尔克传来了一个不祥的消息。他报告说部队没有按照他们应该采用的方式作战。部队中有人传言战争已经失败，他们不想在战争结束前的那一刻死去。所有人都对被包围产生了深深的恐惧，信心丧失的问题正在向高层蔓延。

2 月 25 日，苏军完成了战役突破阶段的任务。近卫坦克第 6 集团军已从帕波东部的包科尼森林中跃出。党卫军第 6 装甲集团军在从帕波北部到多瑙河上的科马尔诺一线草草构筑了一道阵地，然而该集团军只是从数字上看实力较强，实际却存在着令人惊异的缺陷和党卫军上下无一例外的通病——他们似乎只会打顺风仗，一旦陷入缺乏装备和补给、没有充裕时间来策划行动的困境就会变得无所适从、惊慌失措。至于第6集团军，他们接受了一些不可能完成的任务：在巴拉顿湖上坚守其右翼防线以保护第2装甲集团军，同时保持自身与左翼党卫军第6装甲集团军的联系——在帕波南面，这两个集团军侧翼之间的缺口宽达10英里。沃勒告诉古德里安，他实在想不出什么办法来封闭这个缺口。在回应古德里安对第6集团军所提出"最终必须停下"的要求时，巴尔克坚称，如果不是对己方指挥层的信心严重丧失，导致军队根本无法控制，斯大林格勒和布达佩斯在战术层面上的危机其实并不难解决。为了给德国人多添加一些麻烦，乌克兰第2方面军也在2月25日开始强渡赫龙河。

（一）冲向维也纳

第二天，乌克兰第2和第3方面军展开了后来被苏方称之为"追击"的行动——这个术语的出现便足以说明敌军当时要么是在实施有计划的撤退，要么就是陷入了溃败。当然，希特勒绝对不会允许前一种情况的出现，而苏军此时也无法真正实现后一种情况。因此，如果要将德军的意图描述得更准确一些，那就应该是"采取手段不充分且设立目标不适当的积极防御行动"。

3月27日，近卫坦克第6集团军、近卫第4集团军和近卫第9集团军在克塞格以西的广阔正面上越过了拉包河（Raab River）。出于对油田安全的担忧，希特勒向南方集团军群派遣了一支力量薄弱的增援部队——侧翼地区第2装甲集团军的2个师、第8集团军的1个师。在得知希特勒准备继续坚守科马尔诺以保卫当地的炼油厂之后，南方集团军群参谋长告诉陆军总司令部，说应该让元首看一下航空照片：当地除了弹坑已经什么都没有了。截至目前还未受波及的第2装甲集团军也报告说，苏军的攻击很快就会到来，但本集团军下辖的匈牙利人正在成群结队开小差，集团军司令部因此要求返回德拉瓦河与巴拉顿湖之间的主要防线。在南方集团军群提出意见并上交了第2装甲集团军相关请求后，古德里安回答说，跟希特勒讨论这些事完全是浪费时间，因为在元首眼里，"油田"（oil field）是"用大写字母拼写而成的"（醒目而吸引其注意力）。

又过两天后，近卫坦克第6集团军已于第6集团军和党卫军第6装甲集团军的侧翼之间渡过拉包河，并在克塞格—松博特海伊地区逼近奥地利边境。希特勒准备将上述两个集团军撤到设于奥地利边境的防线上，但命令他们侧翼的各集团军坚守原地。第 8 集团军在 29 日夜幕降临时仍然掌控着科马尔诺；至于第 2 装甲集团军，在当天首先发起的进攻惨遭失败后，他们已经丢掉了巴拉顿湖以南防线中央的大包约姆（Nagybajom），之后便接管了第 6 集团军右翼位于湖南端的那个军，以保护自身侧翼纵深和后方地区的安全。

　　3 月 30 日，在越过奥地利边境后，近卫坦克第 6 集团军掉头往北冲向了维也纳新城（Wiener Neustadt）和新锡德尔湖（Neusiedler Lake）之间的走廊地带。在该部右翼，近卫第 9 集团军和近卫第 4 集团军开始朝西北方向的维也纳推进。希特勒要求展开反击，以封闭苏联坦克集团军后方的突破口。沃勒则回答说，不管第 6 集团军还是党卫军第 6 装甲集团军都无法完成上述任务，甚至连发起反击的可能性都不存在。如果党卫军第 6 装甲集团军能抢在苏联人之前、于维也纳新城和新锡德尔湖之间建立起一道防线，这对整个集团军群来说就已经是天大的幸事了。沃勒将他的参谋军官派到各部队中调查情况，这些军官异口同声地报告说士兵们早已精疲力竭、士气低落，指望他们发起反击无异于天方夜谭。此外，第 6 集团军右翼的情况几乎和左翼一样悲惨：他们早已失去与第 2 装甲集团军侧翼的联系，而且苏军第 27 集团军正在此处向南推进。

　　到月底，托尔布欣和马利诺夫斯基的部队在维也纳会师。此时，多瑙河以北的乌克兰第 2 方面军正在逼近布拉迪斯拉发；乌克兰第 3 方面军的右翼已经突入新锡德尔湖与多瑙河（布拉迪斯拉发）之间的狭窄地带。4 月 2 日，近卫坦克第 6 集团军突击越过维也纳新城，冲向了维也纳。与此同时，第 2 装甲集团军却早已撤至瑙吉考尼饶西部的一道山地防线内，完全无法保障油田的安全。

　　为了保卫维也纳，希特勒派出了第 25 装甲师和"元首"装甲掷弹兵师。3 日，他放弃了从正面挡住苏军攻势的意图，命令沃勒对其突击集团的侧翼发起"最终的"反击。沃勒回答道，他的集团军群不具备实施反击的条件，而且德军必须在苏军脚尖前面放点什么，不然他们就会变成脱缰的野马，更加难以控制。听到上述回答后，希特勒从库尔兰召回了伦杜利克，并让他接管了南方集团军群。

　　4 月 7 日午夜，当伦杜利克抵达南方集团军群设于圣珀尔滕（St. Poelten）

西南阿尔卑斯山中的指挥部时（德国人此时连集团军群司令的快速通勤都做不到），苏军早已突入维也纳，到达了靠近居特尔大行街（Guertelstrasse）及城西多瑙河一带的位置。乌克兰第 3 方面军也已投入第 46 集团军渡河抵达多瑙河北岸，正在越过摩拉瓦河（Morava River），从北面包抄维也纳。

在维也纳战役的最后几天里，斯科尔泽尼为了完成希特勒赋予的一项特殊任务而来到（维也纳）城中，并在佛罗里斯多夫大桥上绞死了 3 名军官。他声称该城当前的形势"令人沮丧"，守军各自为战、意志消沉和其他"解体的迹象"比比皆是。伦杜立克无论如何都不会把自己和党卫军虚无的困兽犹斗主义联系到一起，他抗议称，巷战和对政府不满的民众在哪个大城市里都会普遍存在，维也纳并无任何特别之处，随后就将斯科尔泽尼逐出城去。城内的战斗一直持续到了 4 月 13 日下午，但没有人打算重演布达佩斯的结局。

4 月第二个周末里，第 6 集团军、第 2 装甲集团军和党卫军第 6 装甲集团军在偏远的阿尔卑斯山上构设了一道近乎连续的防线。该防线从北面的圣珀尔滕以西地区一直延伸到了瓦拉日丁（Varazdin）东部的德拉瓦河上。匈牙利油田失守的消息也被维也纳更加紧急的事态所遮掩，几乎为人们所忽视。在德军越过匈牙利边境后，苏军减轻了针对他们南部两个集团军的压力。

本月下半段时间里，苏军进攻的重心转移到了多瑙河以北地区。近卫第 1 骑 – 机集群突击越过摩拉瓦河，现往布尔诺推进；乌克兰第 4 方面军钻进中央集团军群右翼的突出部，向奥洛穆茨（Olomouc）发起了进攻。希特勒命令南方集团军群重新夺回维也纳以北 25 英里处的齐斯特斯多夫（Zistersdorf）小型油田。然而相关部队最终并没有为该行动采取什么措施。

五、日暮？

施塔尔加德进攻行动的流产犹如天降馅饼般给德国人带来了意想不到的大量时间红利。尽管这看上去只会延长德国人的痛苦，却很有可能对德国的未来产生深远影响。2 月中旬时，最高统帅部大本营在待办事项中删去了向柏林及德国中部地区进军而需要实施的相关准备工作，并将苏军的主力投向侧翼的波美拉尼亚和西里西亚地区，展开了一次毫不起眼的扫荡行动。在将近一个半月时间里，柏林和奥得河西部的德国领土似乎已经淡出了最高统帅部大本营的视野。毫无疑问的是，由于观察到西方盟军仍被挡在莱茵河以西，到 3 月第一个星期结束前仍然无法在任何地点渡河，苏军高层得出了时间相当充裕的结论。在这一观点支撑下，为何不按原定计划突入德国腹地、反而在侧翼边缘地带实施扫荡的问题就有了合理解释。当然，此举也可以被理解为苏联人的"驱虎吞狼"之策。但发生于 3 月的事件同样表明了过分的谨慎及由此导致的举棋不定和临门退缩很可能会招致不可承受的损失。

（一）朱可夫和罗科索夫斯基对维斯瓦集团军群的进攻

在 2 月 26 日提交给希特勒的一份重要的情报评估报告中，陆军总司令部东线外军处预测，苏军的主攻将"完全地集中在决定性的方向，即西方向上"。此时，看上去很有可能的是苏军高层将会集中精力把德国人拖在危机之中无法逃脱，以便为摘取更多胜利果实创造条件。德军的情报分析人员认为最高统帅部大本营不会因为虚幻的侧翼威胁而使自己偏离最高目标——这是很难想象的——尤其是在挫败了己方的施塔尔加德攻势之后。此外，苏方如今握有超过 600 万人的重兵，而德方仅有 200 万人；所以苏联人应该有能力做到在往主攻方向发起迅猛突击的同时，轻松粉碎德国人转移兵力的任何尝试。[①] 苏联军队在战备方面状态良好，他们在 1 月的伤亡总数估计为 68 万人，这个数字比近期任何一场大规模攻势的伤亡人数都要少。尽管德军给出的上述数字是错误的，但其逻辑所植根的现实情况确实对双方都有着毋庸置疑的说服力。对德国人来说，只要战争仍在继续，这（相关现实情况）就是无法避免的。

2 月 25 日，白俄罗斯第 1 方面军和乌克兰第 1 方面军共 4 个坦克集团军的部署表明这 2 个方面军将向西推进（见战场形势图 41）：白俄罗斯第 1 方面军的近卫坦克第 1、第 2 集团军已经突出队形，而且这 2 个集团军虽然都位于瓦尔塔河以北地区，却没有受到施塔尔加德攻势行动的影响；坦克第 4 集团军位于尼斯河古本（Guben）和福斯特（Forst）之间地段；近卫坦克第 3 集团军

---

① 作者注：德军此时200万人的实力比1943年1月1日的兵力数略有增加。为增加兵力而采取的主要手段是组建新的师，以及从其他战区调入部队。在1月和2月损失的66万名德国士兵中，只有不到一半的缺额得到补充，这意味着原来的东线各师将被进一步"燃尽"。德国东线总兵力中有四分之一（55.6万人）被困在了库尔兰半岛和东普鲁士。

则位于格尔利茨以西地区。

2 月 24—26 日间，德军第一次发现了苏军意图发生转变的迹象。24 日，白俄罗斯第 2 方面军在其位于维斯瓦河西部的整条战线上发起了猛烈的试探性攻击。在德军最左翼，即第 3 装甲集团军与第 2 集团军的作战分界线上，刚从芬兰抵达此处的苏联第 19 集团军袭击了德军的某处力量薄弱点，并在首日就达成突破；到 26 日，他们已夺占布布利茨（Bublitz），距离波罗的海海岸仅剩下一半路程。当天，一份从乌克兰第 1 方面军防区传回的特工报告证实了坦克第 4 集团军现已离开古本—福斯特地区，之后转向了南部的列格尼茨。德国人得出的结论是，最高统帅部大本营决心在发起主要突击之前清除其侧翼面临的所有威胁。陆军总司令部估计，苏联人在波美拉尼亚将满足于割裂第 3 装甲集团军和第 2 集团军之间的联系，并切断但泽和格丁尼亚之间的陆路交通线；在西里西亚，苏军将尝试把第 17 集团军和海因里希集团军级集群赶回苏台德山区；另外，如果动作够快，他们还将有足够能力夺取俄斯特拉发工业区。

德军在 1945 年 2 月缴获的一张地图显示，白俄罗斯第 2 方面军的实际意图是冲到克斯林（Koeslin）以东的波罗的海海岸，从而切断第 3 装甲集团军与第 2 集团军之间的联系。因此，维斯瓦集团军群下令向位于布布利茨东西两面的苏军侧翼展开反击；然而第 2 集团军的炮弹和燃油极度紧缺，就连集团军群也很难为调往西面的装甲部队找到油料。在这个月的最后两天里，罗科索夫斯基命令其麾下装甲部队停下脚步，并让步兵从侧翼逐渐展开。3 月 1 日，当德军在布布利茨以东的反击取得微小进展时，近卫坦克第 3 军跨过克斯林以东的公路和铁路，切断了第 2 集团军（与其他友军的联系），以及（前往）作为北方和库尔兰两大集团军群主要补给基地的但泽和格丁尼亚的交通线。

很明显，苏军正在观望中，他们想知道德军是否会重启类似于施塔尔加德攻势之类的作战。后来，在 3 月 1 日，白俄罗斯第 1 方面军袭击了第 3 装甲集团军位于雷茨（Reetz）的中央防线。突击第 3 集团军达成突破，近卫坦克第 1 和第 2 集团军紧随其后、投入作战——近卫坦克第 1 集团军往北突向科尔贝格（Kolberg），近卫坦克第 2 集团军则往奥得河下游方向推进。就在几周前，戈培尔的宣传部门才刚刚发行了电影《科尔贝格》——对当时的德国而言，这是有史以来最奢华的一部彩色影片，具体描绘了格奈森瑙在 1807 年与法国人

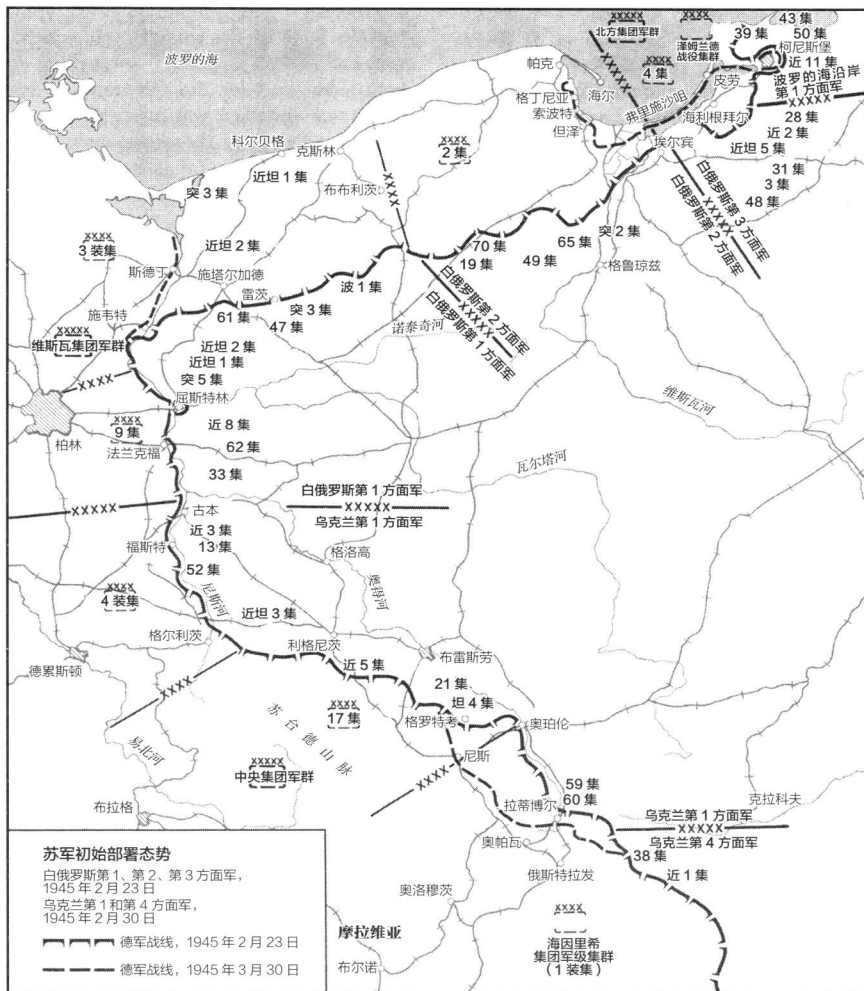

战场形势图 41：不断逼近，1945 年 2 月 24 日—3 月 30 日

的战争中成功保卫了这座城市（科尔贝格）的故事。

　　3 月 4 日，近卫坦克第 1 集团军抵达海岸，孤立科尔贝格，并与白俄罗斯第 2 方面军的左翼取得了联系。后者（左翼部队）于当天攻占克斯林。第 3 装甲集团军的左翼陷入包围，正被苏军切割成若干小口袋。希特勒命令该集团军发起反击以封闭缺口。曾经在北方集团军群参谋长任上干过一段时间的金泽尔将军最近以希姆莱"二把手"的身份接替了温克，他让古德里安的副手给元首打小报告，说他（古德里安）只是在纸上谈兵，严重脱离了实际。当前的局势已经毫无希望，剩下唯一能做的就是为即将到来的奥得河会战保存力量。

第二天，近卫坦克第 1 集团军加入白俄罗斯第 2 方面军，协助其展开对第 2 集团军的攻击。此时，朱可夫转动侧翼部队，使其冲向了西面的奥得河。接下来几天里，就在希特勒继续大谈反攻事宜时，第 3 装甲集团军被挤回了斯德丁东面的桥头堡。在度过了相对平静的 3 月 12 日后，德国独裁者指示维斯瓦集团军群考虑如何扩大桥头堡的面积——从而保证斯德丁港的正常运转，维持与但泽和格丁尼亚的海上联系。

当苏军在 15 日恢复对桥头堡的进攻时，希特勒命令第 3 装甲集团军保持防御状态，并抽调出数个师的兵力增援第 9 集团军。19 日下午晚些时候，由于劳斯的突然失宠而在几天前被希特勒命令接管第 3 装甲集团军的哈索·埃卡德·冯·曼托菲尔装甲兵上将发来报告，称桥头堡的会战即将结束，现在就看己方选择什么样的结局了：要么是元首在当天结束前主动放弃它，要么在明天被动地失去一切。1 小时后，希特勒批准了他的请求（放弃桥头堡）。

戈培尔关于科尔贝格史诗的宣传活动被发生在第 3 装甲集团军身上的噩耗完全吞没。在七年战争中，这座波罗的海岸边的古老城市曾三次陷入俄罗斯人的包围，但仅有一次投降；该城后来还阻挡过拿破仑的军队，虽然最终失守，却始终没有投降。此时（1945 年 3 月），城中守军已经坚持到了 18 日。有 8 万居民和难民通过海路撤出该城，最后剩下的数百名士兵也搭乘驱逐舰离开了这里。

罗科索夫斯基对第 2 集团军的攻势比较缓慢拖沓，始终没有获得一个干脆的结果。3 月 11 日，白俄罗斯第 2 方面军进抵但泽湾西部的外围屏护线，距离海岸仅剩 10 英里。1 天后，近卫坦克第 1 集团军在帕克（Puck）突入海岸，并切断了德军部署在最北端那个军与其友军的联系；随后该军退入了海尔半岛（Hel Peninsula，亦称海尔沙咀）。

13 日，受西方和意大利战区指挥权变动的影响，冯·维廷霍夫返回意大利，伦杜利克重返库尔兰集团军群，魏斯则被任命为北方集团军群司令。与此同时，迪特里希·冯·绍肯装甲兵上将所指挥的第 2 集团军被调入了北方集团军群。

希特勒命令魏斯扼守海尔半岛、格丁尼亚、但泽、皮劳（Pillau）、弗里施沙咀，以及东普鲁士面积足够大的国土以保持与柯尼斯堡的联系。此时的德国独裁者和邓尼茨仍然坚信波罗的海港口对海军而言是至关重要的。

之后 10 天里，第 2 集团军一直在以一己之力应对罗科索夫斯基所指挥方面军的全部力量。3 月 13 日，苏军终于在索波特（Sopot）踏上海岸，将格丁尼亚守军与位于但泽及其以东地区的德军主力割裂开来。苏军以这个楔子为跳板，于 28 日夺占格丁尼亚，2 天后又攻下了但泽。第 2 集团军的残余向东撤入了维斯瓦河三角洲。

到 3 月 13 日以后，白俄罗斯第 3 方面军已将第 4 集团军挤压进了海利根拜尔以西一个长 10 英里、宽 2 英里的滩头阵地。直至 29 日，希特勒才最终允许该集团军越过弗里施湾退入沙咀。此时，第 4 集团军的总兵力只剩下了 6 万名士兵和 7 万名伤员。希特勒命令该集团军带走除了最严重伤病者以外的所有伤员，以便在他们康复后作为补充力量使用。月底时，北方集团军群从泽姆兰德半岛和柯尼斯堡出发，摇摇晃晃地跨过但泽湾，一路跋涉前往维斯瓦河入海口。德军 2 个军的残余部队在格丁尼亚以北的海尔半岛还占据着一个小型滩头阵地。

（二）柏林要塞

令人相当惊异的是，苏军从维斯瓦河向奥得河的进军居然没有在柏林激起多大波澜。德国首都及其周边地区的生活——包括整个中央政府和国防军最高指挥部及其主要通信中心——一直保持着惯有的运行风格，尽管由美国人和英国人实施的轰炸也经常发生。1941 年 10 月时伴随着德军不断推进而出现的莫斯科城中政府官员出逃、针对围攻进行准备工作，以及城内居民出现恐慌情绪等情况在此时的柏林完全不见踪影。尽管苏军的坦克很可能已经出现在奥得河上，距离柏林仅剩下一天的路程，但关于本城如何应对的问题仍然完全取决于本国独裁者。如果没有得到希特勒的指示，哪怕是城市何时及如何进行疏散或保卫这样的基本问题都没有人敢直接提出。德国元首此时念念不忘的是夺回布达佩斯，而不是保卫柏林。事实上，截至 1 月底，奥得河以西还没有一个地方展开了防御体系的建设工作。出于政治和心理原因，希特勒坚持要到最后时刻才考虑在德国领土上实施军事管制。因此，国防军最高统帅部一直等到 1 月 14 日才授权陆军总司令部向第三军区（Wehrkreis Ⅲ）发布有关筑城和准备防御的指示。这个军区在地理上包括柏林城，以及城市两侧向东直至奥得河的一大片区域。

2 月 2 日，凯特尔发布了关于柏林采取防御的第一份书面命令。在这份命令中，他要求第三军区司令负责本城的防御事宜。然而，所谓"军区"只是一个守备和行政司令部，其编制内并没有直属本部的作战力量；凯特尔的命令仅是增加了军区司令对驻扎在其防区内部队的管辖权，并赋予了他柏林第 1 高射炮师"进行地面战斗"的指挥权。军区司令将在每日的形势分析会议上直接向希特勒报告其作战行动。

到 2 月第三个周末，希特勒仍未决定到底如何对待柏林的问题。国防军最高统帅部就"柏林会战前夕最高统治机构的意图"这一议题询问了帝国国会，所得答复是（最高统治机构）截至目前发布的唯一指示是留在柏林。至于这座城市可能会被卷入战斗甚至陷入包围的问题——它还没有被摆上议事日程；当然，妇女和儿童可以离开城市，但此事不会在公开场合进行宣布。

3 月初，德国人设立了以赫尔穆特·雷曼中将为司令的柏林防御区，以其接替并履行第三军区的职责。以此事作为开端，柏林的城防计划开始出现了一些更符合实际的内容。雷曼的头衔便足以表明此前的城防工作几乎是一片空白——"防御区"这一术语代的是那些"未完成要塞建设工作的特殊个例"。

9 日，雷曼签发了一道保卫首都的基本命令。在这道希特勒语调风格极其明显的命令中，德军的任务是保卫首都"直至最后一人和最后一发子弹"，他们用以战斗的是"狂热、想象力、所有诡计和欺骗手段，以及各种各样足够方便的手段……在地面、地上和地下战斗"，最终拼死守卫"每个街区、每栋房屋、每个楼层、每道树篱，甚至每个弹坑"。虽然每个防御者都要接受武器操作方面的精细训练，但这件事情的重要性与"让每一个人都知道，全世界都在屏息关注着这场将会决定战争胜负的会战，进而充满狂热的战斗欲望"相比就要远远不如了。

柏林即将成为从斯大林格勒向西延伸一连串堡垒中的最后一座。其外层环形防线坐落在距离市中心约 20 英里的位置上；外层环形防线之内地区还设有两道环形防线——距离市中心大约 10 英里的内层环形防线，以及沿城郊铁路环线构筑的市区环形防线。8 个扇形防区都任命了相应司令。环绕政府办公区的最核心防区被命名为 "Z 区"（Zitadelle，意为 "堡垒"）。然而，从部队部署情况来看，希特勒并未把这个区域放在心上。除第 1 高射炮师外——该师将执行防空任务直至地面战斗爆发——雷曼还有 6 个营的预备队，其中 2 个是人民冲锋队，1 个是警卫部队，剩下的是党卫军和警察部队。各扇形防区的指挥官实际上都是光杆司令，只有在发布了代号为 "克劳塞维茨"，即表明敌军正在逼近的警报后他们才能指挥无论以任何缘由进入或是位于防区内的所有部队——不管是碰巧驻扎，还是被敌人赶入此地。

毫无疑问，希特勒本人完全明白的是，要想保卫首都和德国的心脏地带——如果真的做得到——他就只能依靠奥得河—尼斯河防线，而不是把宝押在市区防线上。不过，由于此时出现 "尚有战略选择余地" 的幻觉——最近关于施塔尔加德和布达佩斯两地行动之间的竞争就是一个例子——柏林防区被他忽视了，由此接连导致的一个后果便是奥得河—尼斯河防线的准备情况比柏林要塞好不到哪儿去。

在 3 月初，希特勒和德国高层的其他人员一致认为他们所面临的最大危险是苏联人针对柏林的突破。其中一个原因是苏军近来的行动速度要比美军和英军快得多，另一个同样重要的原因则是他们（德国人）无法想象比苏联人突入本国核心腹地更恐怖的事情。但相反的是，希特勒声称苏联人还没有将柏林和德国中部地区列为首要目标——他坚持认为这只是朱可夫的意图，斯大林却希望在进攻柏林之前或是同时发动一场突入捷克斯洛伐克西部地区的钳形攻势：北翼经由俄斯特拉发和摩拉维亚突入，南翼则通过布拉迪斯拉发和布尔诺。

虽然已经耽误了很长时间，可要不是希特勒在 3 月 15 日那天 "灵光一闪"、得出了苏联人将选择直接突击柏林这一判断，奥得河—尼斯河防线还会被继续忽视下去。由于苏军右翼所面临的威胁都已经被清除，现在他们可以随时发起攻击。当天晚上，希特勒与希姆莱、古德里安及布施进行了会商。德国独裁者的观点是，如果时间仍然充裕，那么他希望第 9 集团军能从法兰克福桥头堡出击、向北发起进攻，以粉碎苏军在屈斯特林以南地区的兵力集结意图。第二天，他又指示希姆莱，让后者做好在奥得河下游展开会战的准备，重点是加强屈斯特林—法兰克福—古本地区的己方力量。

关键的会战即将到来，德国高层却忧虑重重，最终的失败已不可避免。为防止本国内部彻底混乱，古德里安和施佩尔下令：在今后的撤退中，部队可以暂时破坏道路、桥梁和铁路的使用功能，但不得彻底摧毁，以便在夺回失地时能够尽快将其恢复。3 月 19 日，希特勒嘲讽了上述暂时切断交通运行的想法是"大错特错"，并下令全面实行焦土政策，同时取消了所有与之相冲突的训令。然而在 4 天后，当戈培尔以柏林地方长官的身份提议将夏洛滕堡（Charlottenburger）地区改造成飞机跑道时，希特勒的举动展现出了他另一个明显的怪癖——禁止戈培尔砍倒蒂尔加滕（Tiergarten）林荫道两侧的行道树。

当古德里安在邓尼茨不温不火的支持下、试图劝说本国元首撤出库尔兰半岛的部队并让他们返回德国时，希特勒坚决拒绝了这一请求。他给出的理由是此举不仅会造成严重损失，还会帮助敌军释放出大量部队。命令伦杜利克重回库尔兰更是凸显了希特勒坚持不撤军的决心。3 月 13 日，所谓的第五次库尔兰战役（于 2 月 27 日开始）宣告结束。冯·维廷霍夫曾报告说，（在库尔兰的）集团军群已无力承受苏军下一次真正坚决的进攻。

但在另一个方面，也就是将希姆莱从维斯瓦集团军群司令的位置上踢走一事上，古德里安获得了成功。本月中旬时，希姆莱几乎是欣然地接受了古德里安提出的退休建议。在施塔尔加德的惨败及随之而来的失宠后，他以患有心绞痛为由，在医生的照顾下回到了自己在霍亨林青的庄园，最终甩掉了对于维斯瓦集团军群的直接责任。3 月 20 日，海因里希将军接管维斯瓦集团军群。2 天后，希特勒同意了古德里安的请求，用调来的 F 集团军群司令部成员取代了原希姆莱司令部的绝大多数人员。

但古德里安本人的任职也即将结束。希特勒决定给他放"一个长期病假"，并开始不耐烦地等待温克康复以接替后者（古德里安）的位子。德国独裁者在最近曾这样表示，他希望把德军老旧顽固的军事组织和领导传统通通敲碎。他说他自己需要的是在第一次世界大战后创建义勇军、可以依靠其自身力量将部队凝聚在一起的人。希特勒认为，当前这类军官中最为优秀的当属斯科尔泽尼、赖内法特和党卫军中的冯·登·巴赫。然而被他认定为最一流的那两名陆军将领目前都不在任上——两人最近因非法侵占战利品而入狱。

3 月 22 日，白俄罗斯第 1 方面军赶在第 9 集团军从法兰克福桥头堡发动其破坏性进攻之前从屈斯特林侧翼的登陆场突然跃出，包围了屈斯特林老城（Kuestrin Alt Stadt，位于奥得河东部的屈斯特林新城已于本月早些时候失守）。德军投入了 2 个装甲师（原本打算用于在法兰克福的行动）发起反击，但最终在 24 日迎来失败。此后，海因里希和布施得出结论，认为现在最好还是放弃再次进行反击的打算，以保存己方实力。不过，希特勒在对海因里希发表了一通关于"被敌人牵着鼻子走的无益之处"的演讲之后要求其发动进攻，并命令后者必须在苏军完成集结前将其（集结行动）彻底粉碎。

3 月 27 日，解救屈斯特林的尝试再次失败。第二天，希特勒怒气冲冲地与布施和古德里安举行会谈，并为最后者安排了 6 周的"病假"，同时让汉斯·克雷布斯步兵上将担任陆军总司令部代理参谋长，以暂时取代温克。曾担任布施及莫德尔所辖部队参谋长的克雷布斯以其不屈不挠的乐观主义和变色龙般适应上级意图的能力而闻名。3 月 30 日，屈斯特林要塞司令赖内法特决定不再进行无谓的英勇牺牲，下令从老城突围。

（三）在上西里西亚的科涅夫

截至 3 月底，苏军发动的上西里西亚进攻战役似乎印证了希特勒的假设，即他们计划在捷克斯洛伐克发动大规模战役，以此作为向柏林和德国中部推进的序曲或伴奏。事实上，上西里西亚进攻战役很难用一个军事术语来准确将其界定。当时，苏联官方坚称没有什么事情是比将中央集团军群从奥珀伦上游方向的奥得河河段赶回苏台德边缘更重要的。虽然这次战役确实消除了一个位于科涅夫右翼的潜在但出现可能性极小的风险，也稍微缩短了他的作战正面，不过它远没有像波美拉尼亚和西普鲁士进攻战役那样从根本上改变南部态势——事实上，也只有突入捷克斯洛伐克腹地的奥洛穆茨、布尔诺，并插向中央集团军群后方的布拉格才能达成这样的效果。

乌克兰第 1 方面军的进攻准备工作已经落后，该部装甲力量显然需要补充装备。3 月 14 日，该方面军所有较大规模的装甲部队都撤出了一线。但与此同时，坦克第 4 集团军脱离了战斗将近 3 周之久，早已完成休整，并与第 21 集团军一道完成了战役展开，准备在奥珀伦以西的格罗特考（Grottkau）地区发起进攻。第 59 和第 60 集团军同样在拉蒂博尔北部的奥得河登陆场完成了进攻准备。从 3 月 10 日开始,乌克兰第 4 方面军得到加强的右翼在俄斯特拉发以东地区实施了为期 3 天的先遣突击。德国人眼睁睁地望着苏联人进行集结,却很难下定应对这一行动的决心,尤其是在奥得河东部的维斯瓦集团军群节节败退、苏军强渡奥得河及尼斯河的作战似乎也即将展开的情况下。

3 月 15 日,乌克兰第 1 方面军从格罗特考实施了向南的攻势,同时还往西跃出了拉蒂博尔北部的登陆场。乌克兰第 4 方面军则继续向俄斯特拉发推进;不过在仅仅 1 ~ 2 天内,该方面军的进攻就被迫停了下来。

在压倒性优势的支持下,科涅夫的各集团军从一开始便掌控了战场主动权。但站在中央集团军群的角度看,苏军没有取得什么进展——直至 17 日下午时,坦克第 4 集团军投入 1 个坦克军的兵力,在尼斯河东部凿出一道较小缺口,并与从拉蒂博尔登陆场向西发起攻击的部队建立了联系,包围了部署在奥珀伦西南地区的第 56 装甲军。第 17 集团军司令弗里德里希·威廉·舒尔茨步兵上将的被俘[①]及苏军坦克入夜前在本国西里西亚领土上的驰骋并未让德军的反应速度得到多少提升。20 日,伤痕累累的第 56 装甲军逃出了口袋。

3 月 22 日,科涅夫所部往南转向奥帕瓦(Opava),乌克兰第 4 方面军则开始向西面的拉蒂博尔推进。对于德国人而言,苏军进攻的主要阶段才刚刚开始。以上两个方向的突击正在逐渐加强,到 26 日,科涅夫已将坦克第 4 集团军从尼斯河地区撤出。

30 日,为防止苏军突向俄斯特拉发,舍尔纳被迫放弃了拉蒂博尔。他报告说,苏联人看上去正一如既往地专注于打通经由奥帕瓦和俄斯特拉发通往摩拉维亚盆地的道路。在南方集团军群防御地带,近卫第 1 骑 - 机集群正往西北方向推进,准备越过斯洛伐克突入摩拉维亚。1 天后,由于未能(在明面上)实现任何目标,乌克兰第 1 和第 4 方面军停止了进攻行动。

---

① 审校者注:事实上此人并未被俘,而是在4月5日被踢到了西线,担任G集团军群司令。

第二十一章

柏林

一、战役前夕

当苏联人还在波美拉尼亚、西普鲁士及西里西亚小打小闹时，盟军却冲入战区腹地，并在3月结束前彻底改写了德国的战略前景。他们向莱茵河全线靠近，并在该河右岸建造了数个坚固的桥头堡，还在鲁尔区快速形成了一个包围圈，以将B集团军群从德军防线上切割开来，从而打通一条前往易北河的康庄大道。在瑞士，盟军高层已经开始秘密谈判，商讨驻意德军的投降事宜。苏联虽然接到了有关上述各项事宜的通知，却被完全排除在了实际行动（如谈判）之外。

（一）苏军夺取柏林的决定

莫斯科时间3月31日晚间，盟军驻苏联代表向斯大林递交了一份通报。在这份通报中，盟军总司令艾森豪威尔上将概要描述了他在德国中部的作战计划，并宣称自己在包围和消灭鲁尔区德军部队之后的下一阶段作战目标是与苏军会师，从而将德军切成两半。艾森豪威尔认为实现会师的最佳路径是埃尔福特—莱比锡—德累斯顿一线。他还说当情况允许时，自己将尽快与苏军在雷根斯堡—林茨（Regensburg–Linz）地区实现第二次会师，以防德军在本国南部建立防御据点。

斯大林在第二天以极不寻常的速度回复了艾森豪威尔，同意后者所提出苏军和盟军在埃尔福特—莱比锡—德累斯顿，以及雷根斯堡—林茨两个地区实现会师的提议。斯大林还补充道，由于柏林已经失去了它原有的战略重要性，苏联最高统帅部并不计划在该方向上配置主力部队。他宣布苏军将在 5 月中下旬重启攻势。

然而说归说、做归做，当时苏联军队已经开始从奥帕瓦北部向维斯瓦河河口推进，部队正在实施急迫得近乎疯狂的重新部署，以发起一场以柏林为主要目标的战役行动。3 月 31 日，在上西里西亚，当乌克兰第 1 方面军的攻势因上文已述的原因猝然停下时，坦克第 4 集团军（现已被冠以"近卫"荣誉称号）开始将其部队从方面军序列中抽出，准备向北方的尼斯河进发。当近卫第 5 集团军从布雷斯劳西部地区往前推进时，原本承担乌克兰第 1 方面军左翼空中支援任务的空军部队如今也被调往北部。3 月 30 日，白俄罗斯第 2 方面军将其近卫坦克第 1 集团军留在了但泽湾，并全力清扫德国第 2 集团军的残余，主力则迅速调头、开始往奥得河下游推进。

苏联高层的真实意图被斯大林回复艾森豪威尔的言辞所精心伪装。4 月 3 日，斯大林抗议了瑞士会谈的结果，他在给富兰克林·D. 罗斯福总统的信中说："基于他们所掌握的情报，我在部队的同僚们确认了此次谈判的发生，并且与德国人达成了协议。德国西线指挥官阿尔伯特·凯塞琳元帅由此向盎格鲁—美利坚部队敞开防线，任其东进。与此同时，作为交换的是，英国和美国承诺在停战条约上不会过分为难德国。"斯大林用悲哀的语气补充道——听起来像极了一个猛然发现被自己的错误想象所引导、走了很久岔路的人的调门——"我现在意识到，盎格鲁—美利坚军队必然拥有某种已经确定的优势……看看，他们居然可以不受抵抗地进入德国的核心腹地。但是，为何要对苏联人隐瞒这些呢？又为何不提前知会一下你们的盟国苏联呢？"

（二）希特勒对侧翼的担忧

3 月 30 日，希特勒警告维斯瓦集团军群说，西线战局的发展很可能诱使苏联人做出反应，苏军有可能不等从东、西普鲁士集结起足够强大的力量就先行强渡奥得河（见战场形势图 42）。他指示该集团军群在其防线后方 2 ~ 4 英里处再构筑一道主要防线，并认真规划、布置炮兵火力，以便在两道防线之间

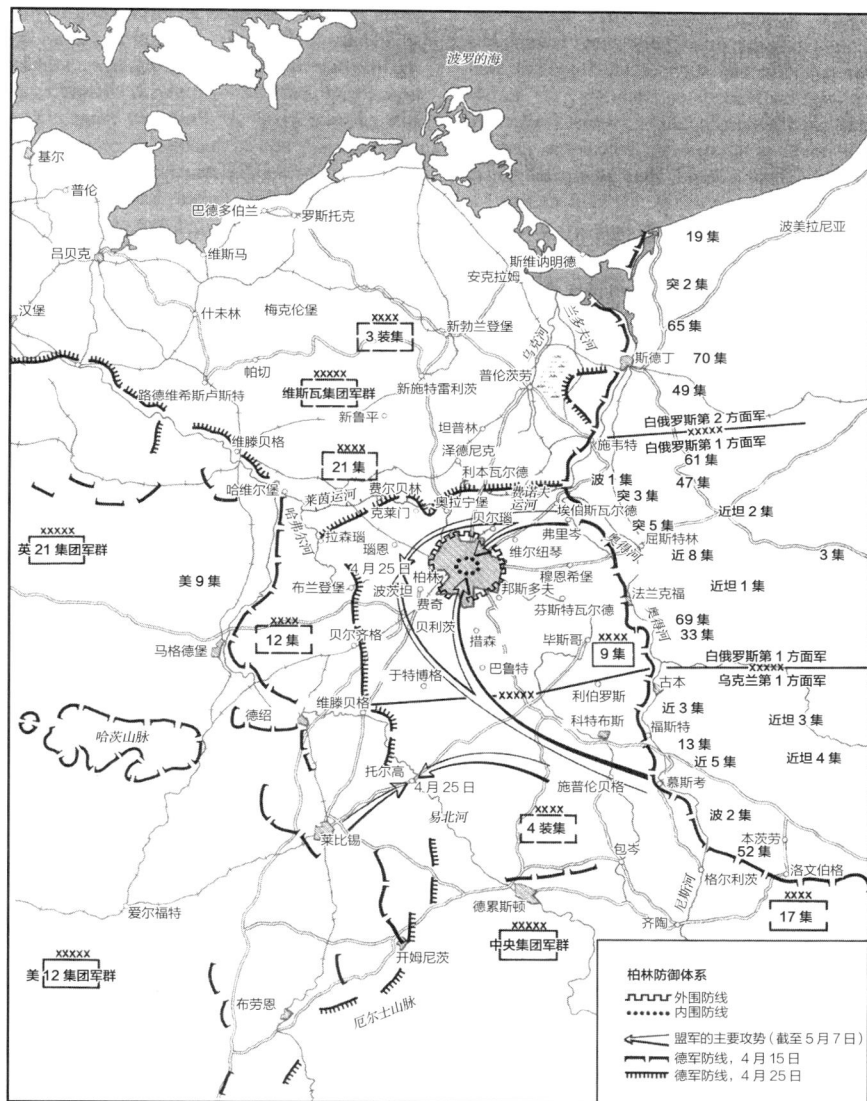

战场形势图 42：柏林，1945 年 4 月 16 日—5 月 7 日

的区域形成拦阻火网。但他显然还不愿意相信决定性的战役将指向柏林。他下令将党卫军第10装甲师从维斯瓦集团军群转隶至中央集团军群，并驻防于格尔利茨东南部。苏军近卫坦克第3集团军向南对布拉格的攻击将极有可能选择此地作为突破口。4月2日和3日，希特勒将"元首"掷弹兵师和第25装甲师调入南方集团军群以防守维也纳。上述调动使维斯瓦集团军群损失了一半的装甲机动力量。

在给北方集团军群和库尔兰集团军群的命令中，希特勒再次强调了两部的使命——将苏军牢牢拴在其当面，以减轻已方南方主要防线上的压力，并阻止苏联人夺取波罗的海各港口。3月30日，希特勒授权格洛高要塞守军突围，然而为时已晚。同时，他要求布雷斯劳要塞守军继续坚守下去，不但"为全德国人民做出榜样"，还要"为东线的翻盘提供保证"。

4月3日，第六次，同时也是最后一次库尔兰会战结束（始于3月17日）。尽管库尔兰集团军群遭到了极大削弱，但希特勒还是指示该部坚守原地，并将尽可能多的苏军吸引到他们当面，从而减轻德国本土防线受到的压力。

柯尼斯堡现在成了德国人和苏联人共同的目标。4月6日，华西列夫斯基在此投入4个集团军实施集中突击，迫使该城守军于4月9日投降。希特勒强迫要塞司令、步兵上将奥托·拉什认罪，并对其最终施以绞刑。在柯尼斯堡失守后，德国独裁者部分是由于他的恼怒、部分是由于该地区已无必要存在两个集团军指挥所，将第4集团军的指挥部踢出东普鲁士，并将该集团军剩余的部队与第2集团军一起重组成了东普鲁士集团军。

（三）苏军的部署与计划

4月前两个星期里，苏军显然是在朱可夫指挥之下完成了战争期间最快的一次主攻方向转换。白俄罗斯第1方面军将其右翼边界从波罗的海沿岸收回到施韦特；与此同时，白俄罗斯第2方面军迅速派出部队进入了由于前者右翼撤出形成的力量真空地区；乌克兰第1方面军则将其主力从中央和左翼转移至右翼。苏军这三个方面军的兵力总计达到250万人，另有坦克6250辆、飞机7500架、火炮和迫击炮41600门、多管火箭发射车3225辆、汽车95383辆。

　　盟军新近取得的辉煌战果引起了苏军的猜疑。有鉴于此，苏方为兵力部署的调整以及紧随其后的进攻设定了一个最优先的目标：以最快的速度占领德国领土至少是易北河以东地区——即他们原本就会进行军事占领的区域。为实现这个目标，苏军甚至准备无视——虽然实际上本来就不会这样——盟军与德军私下达成妥协（对柏林的占领显然会是协议中的重要部分）的可能性。因为这个可能一旦变成现实，那么苏军便不得不抽出主要力量用以攻击柏林；而原因也很简单，不论这座城市是不是主要战略目标，只要它还没有被收入囊中，苏军就无法夺占、至少是无法迅速夺占易北河以东的广阔占领区。

　　苏军的进攻计划其实是以下三个方面互相妥协的结果：该计划把集中主力用以实施进攻的目标定为柏林，却给主攻部队规定了最大进攻正面和任务纵深；为尽早发起攻击，它也容忍了白俄罗斯第 2 方面军迟滞数天后发起进攻可能带来的问题；它还额外保留了有朝一日能够从左翼突入捷克斯洛伐克的可能。

　　白俄罗斯第 1 方面军将其主力——包括近卫坦克第 1、第 2 集团军在内的 5 个集团军——组成进攻柏林的第一梯队，攻击发起位置为屈斯特林桥头堡。在逼近柏林城外围时，苏军装甲部队将分成南北两个方向，随后绕城而行。北翼的苏军坦克部队将紧贴并掠过城市外围，构成柏林包围圈比较靠近中心的北段，协助友军从南翼迂回包围柏林守军。白俄罗斯第 2 方面军将在施韦特以北渡过奥得河，并向新施特雷利茨展开攻击。该方面军进行此次突击的任务是将德军第 3 装甲集团军逼往波罗的海海岸，同时掩护白俄罗斯第 1 方面军向柏林进军时北翼的安全；然而，由于罗科索夫斯基需要更多时间来完成部署，白俄罗斯第 2 方面军的行动将至少推迟 4 天开始，因此白俄罗斯第 1 方面军抽调了 2 个集团军，从费诺夫运河（Finow Canal）以南向费尔贝林发起攻击，以此保障本方面军北翼的安全。该方面军（白俄罗斯第 1）还另外抽出了 2 个集团军——他们将从法兰克福北部的登陆场出发、对勃兰登堡发起攻击，在掩护方面军南翼的同时完成柏林包围圈南段的构筑工作。此外，上述 2 个集团军还会与乌克兰第 1 方面军取得联系，在尼斯河下游及奥得河流域共同包围和肃清德军第 9 集团军与第 4 装甲集团军的残部。

　　乌克兰第 1 方面军计划了两次突击行动。其中一次是由近卫坦克第 3 集团

军、近卫坦克第 4 集团军外加 3 个步兵集团军进行，他们将在福斯特和慕斯考
（Muskau）之间渡过尼斯河，经过施普伦贝格的西部和西北部往前推进；另一
次则是由 2 个集团军从格尔利茨向德累斯顿推进。科涅夫的主要任务是靠近德
累斯顿至维滕贝格（Wittenberg）之间的易北河河段，并在上述地区与美军实
现会师；而且他有意使部队的机动路线朝西北方向的贝尔齐希（Belzig）偏移，
从而有能力在柏林以南地区支援白俄罗斯第 1 方面军的右翼。不过乌克兰第 1
方面军对此目标并不热心，因为这将使他们陷入柏林城下的苦战，无法迅速变
更部署抽身南下，经由德累斯顿进攻布拉格。但位于该方面军北翼的坦克集团
军确实是一大重要的安全保障和助力，各种不同的计划都会提到安排这些部队
急转向北、冲向柏林。整个进攻行动由朱可夫负责协调。在 4 月初，他已经将
自己所辖白俄罗斯第 1 方面军的指挥权移交给了索科洛夫斯基。[①]

（四）希特勒的战役准备

德国的人力资源储备早已耗尽，战争工业大多被毁，交通同样陷入瘫痪。
德军无法在奥得河—尼斯河一线集结起足够兵力，以防御苏军的进攻。防守
柏林外围东部地段的第 9 集团军共有 14 个师的兵力；然而在其当面的白俄罗
斯第 1 方面军部署了 18 个集团军，足足拥有 77 个步兵师、7 个坦克 / 机械化
军、8 个炮兵师，另外该方面军还得到了大量炮兵旅 / 团和多管火箭炮旅 / 团
部队的加强。部署在德军第 9 集团军左翼的第 3 装甲集团军共计拥有 11 个师；
而位于其当面的白俄罗斯第 2 方面军拥有 8 个集团军，总共下辖有 33 个步兵
师、4 个坦克 / 机械化军、3 个炮兵师，另有各种炮兵旅 / 团和多管火箭炮旅 /
团部队的加强。从坦克和自行火炮的数量上看，白俄罗斯第 1 方面军为 3155
辆，白俄罗斯第 2 方面军为 951 辆，德军第 9 集团军为 512 辆，德军第 3 装甲
集团军为 242 辆。白俄罗斯第 1 方面军拥有火炮 16934 门，第 9 集团军只有
344 门（外加 300 ～ 400 门高射炮）；第 3 装甲集团军实际上已无火炮可用（仅
剩 600 ～ 700 门高射炮），而白俄罗斯第 2 方面军的火炮数量为 6642 门。虽然

---

① 审校者注：朱可夫本人的回忆录却指出是最高统帅部大本营协调组织了这一进攻行动，并没有提到他将白俄罗斯第1
方面军指挥权移交给索科夫斯基一事，参见《朱可夫元帅战争回忆录》（解放军出版社，2003年版，第734页）。

德国人已在极力存储，但他们汽油和弹药储量的增长依然极其缓慢，没有哪一支德军部队的储备足够支持他们实施一次大规模作战行动。4 月 11 日，维斯瓦集团军群炮兵的弹药只剩 0.9 个基数，而白俄罗斯第 1 和第 2 方面军为他们数量庞大的炮兵群准备的弹药——仅是用于作战初期的就分别达到了 3.2 个和 1.9 个基数。

希特勒在加强防御这件事上少有作为。他命令高射炮兵——其中大部分是从柏林防空力量中抽出——采用平射方式打击地面目标。德军各集团军通过在距离前沿 10 ～ 15 英里的后方修筑"沃登"防御阵地加大了防御纵深。为填补装甲师被转移至南方和中央集团军群而出现的力量缺口，希特勒承诺给海因里希补充 10 万人的兵力，然而实际给出的兵力数仅有 35000 人，而且他们都是未经正规作战训练的空军和海军地面勤务人员。

在原本寄予厚望的河流防御体系被突破之后，德国一方的总体形势变得更加晦涩难明，已经无法制订出什么长远计划。当前压倒一切的任务就是把战

"喀秋莎"是苏军武库中最令人生畏的一种武器。图中这些车载火箭发射器是 1945 年 4 月在柏林近郊拍摄到的

争拖延下去。希特勒的指挥变得前所未有的强硬，但在可以预见的未来，除非有他臆想中的奇迹发生，否则德国除了彻底战败之外便无路可选。在看到盟军与苏军的会师即将把德国切成两半时，希特勒于 4 月 10 日和 14 日分别发布命令，任命邓尼茨为北部战区司令、凯塞林为南部战区司令。上述任命将在南北两个战区的联络被切断时生效。此时，德国独裁者仍然想把最高指挥权完全握在手里。

15 日，希特勒将柏林城防部队的指挥权移交给了维斯瓦集团军群；在此之前，一切城防事宜一直处于他本人的直接控制之下。当天晚上，相关人员在维斯瓦集团军群司令部召开了一次协调会议，这次会议对于柏林守军司令雷曼来说注定是（令其）痛苦和沮丧的。反对希特勒焦土政策的施佩尔告诉雷曼说，破坏城市的桥梁或者其他设施在军事上是否有价值还需要验证，但它毫无疑问会导致饥荒、疫病和经济崩溃这些结果，本国政府未来将不得不花费多年时间来恢复。海因里希同意他的观点，并补充道，如果真的这么做，那么他的集团军群将不会进入城市进行巷战，而第 9 集团军也会从城市两边往后方撤退。

在本月中旬，当白俄罗斯第 1 方面军向柏林东部发起进攻的迹象已经很明显时，德国人却好像被蒙住了眼睛，在对苏联人的部署和意图的判断上，他们仅有一个模糊、在某些重要方面甚至完全错误的印象。希特勒和他的"狗腿子"舍尔纳开始相信，最晚到 3 月底，苏联人就会同时发动所谓的"朱可夫"（柏林）和"斯大林"（布拉格）攻势。4 月，德军情报部门再也没有获得关于近卫坦克第 3 集团军踪迹的情报。当然，如果该集团军的意图是攻击南部的齐陶（Zittau），突入厄尔士山脉（Erzgebirge）和苏台德山脉（Sudeten）之间区域，而后向布拉格推进，那么目前它应该被部署在本茨劳（Bunzlau）以东地区。4 月 10 日，即舍尔纳在接过自己的元帅权杖的 5 天前，他告诉希特勒说："可以这样假设，敌军的主要攻击将指向格尔利茨和洛文伯格（Loewenberg）之间区域——也就是本茨劳西南部。"4 月 13 日时，虽然对苏军的攻击发起位置提出了不同看法，但东线外军处最后得出的结论与前者相同，即乌克兰第 1 方面军的主要进攻方向会是格尔利茨—洛文伯格东北地区。于是，到苏军发起进攻时，舍尔纳才发现他手中足有半数的预备队（2 个装甲师）待在了苏军主攻方向西南 50 英里之外的地方。

部署在柏林街道上的苏军重炮

　　4月11日，希特勒通知海因里希，命令后者的集团军群在当天夜间或第二天进入战斗状态。前者解释道，美国人已经在本日进抵易北河附近的马格德堡（美国第9集团军的前锋部队于11日抵达马格德堡，并在第二天入夜之前渡过易北河、推进到距柏林仅有53英里的位置），如果苏联人想在德国中部地区分一杯羹，那他们就必须在准备不足的情况下发起攻击。

　　12日，克雷布斯告诉维斯瓦集团军群的作战处长，本国元首确信该集团军群将取得一场超乎寻常的大胜，毕竟在德国任何别的地方都找不到这样一处有着充足补给和弹药储备的坚固阵地。但这位作战处长回复道，元首还应对敌军的实力加以考虑，因为从这个角度来看，本集团军群储备的弹药很难保证可以支持那么长时间的战斗，而且储备的油料早就不敷使用了。

　　14日，苏军投入5个师的兵力和200辆坦克攻击屈斯特林以西的塞洛（Seelow）高地，但最后以失败告终。第二天，他们并未再次发起攻击；海因里希据此判断敌军的行动可能会推迟一段时间发起。他曾考虑将部队从主要战线撤回到原有防线上，只是后来没有这样做。因为正如在苏军前一天的攻击里所表现出的那样，德军已经被牢牢"粘"在了主要战线上，要是离开这些能支撑和保护自己的防御工事，他们便会难逃一死。在一份发布于 4 月 14 日的命令中，希特勒对一些军官的叛国行为以及随营军妓数量减少的情况大发雷霆，并假装看到有一双仁慈的巨手宣判了"有史以来最大战犯（指罗斯福）的死亡"。他自吹自擂道，自 1 月以来，他已经为强化德军防线付出了无数努力，"布尔什维克们这次也会重复亚洲人的古老宿命 ①，并将在德国的首都面前流尽最后一滴鲜血"。他号召德国民众"不是为了祖国这个空泛的概念，而是为了你自己的家园、女人、孩子，以及未来而战斗"。

二、包围

（一）科涅夫的突破

白俄罗斯第 1 方面军和乌克兰第 1 方面军在 4 月 16 日拂晓前发起了攻击。在这两者之中，白俄罗斯第 1 方面军实力较强，同时该部的任务也更重，其主力被部署在了弗里岑（Wriezen）与塞洛之间 20 英里宽的正面上，他们首先要越过奥得河泥泞的滩头以及旧奥得河，而后夺取塞洛高地。此次攻击将在夜暗之中发起，为达成突然性，预先布置在前线的强大探照灯部队不仅会对敌防御阵地实施照明，还会用亮度极强的光线使守军难以正常观察战场。在铺天盖地的火力准备之后，步兵将发起冲击。然而，探照灯发挥的作用并不如预期那么理想；在被烟雾和黑暗笼罩的泥滩地形中，一波接一波的步兵推挤到了一起。这种混乱局面直至天亮才最终结束。但幸运的是，德军被其他事件吸引了注意力，再加上情绪紧张，他们居然没有意识到事态的发展变化，白白丢失了一次趁乱打击、大捡便宜的机会；苏军也在不受干扰的情况下，把部队从混乱状态中解救了出来。

第二天昼间，很明显是接收到了斯大林的命令，索科洛夫斯基将近卫坦克第 1 集团军和近卫坦克第 2 集团军投入了战斗。由于德军的防线仍然没被突破，此举从战术层面上看并无益处，但确实向德方展示了苏方投入装甲集群碾

---

① 译者注：此处可能是指代蒙古人对西欧的入侵及结局。

实施于柏林的最后一次突击行动中，一些苏军步兵正发起冲锋

压敌人的坚定决心，同时有助于苏方在意志层面上压倒敌人。当夜幕降临时，在凌晨高举战旗、发起冲击的各师仍然被挡在德军的主要防御地带前，未能前进一步。就像是准备与主攻部队保持步调一致那样，白俄罗斯第 1 方面军两翼的部队在当天同样没有取得任何进展。

苏军此时的表现犹如一场闹剧——在一个 20 英里宽的舞台上由 5 个集团军共同上演的一场闹剧。然而，"财大气粗"的他们此时完全有能力承担失误导致的后果，德军却不行。之后，科涅夫在舍尔纳左翼第 4 装甲集团军的当面投入了大量步兵，于慕斯考和福斯特两地间及格尔利茨以北地区强渡尼斯河，突入德军防线纵深有 6 英里之远。

到第二天早上，突击第 3 集团军、突击第 5 集团军，以及近卫第 8 集团军的推进再次受阻；于是，索科洛夫斯基① 将 1 个预备队集团军（第 47 集团军）

---

① 审校者注：应为朱可夫，下同。

和 2 个坦克集团军也投入战斗，并将突破正面缩小成了两个狭窄地段——弗里岑西南和塞洛地段。在情况万分危急之时，德军派出 2 个预备队装甲师赶来增援，这 2 个师在敌军空中力量的迟滞下仍然及时赶到战场，并且成功遏制住了苏军在取得小胜之后扩大战果的意图。

18 日，索科洛夫斯基将他的装甲部队集结起来，在弗里岑西部和塞洛西南部再次展开了集中突击，最终突入德军防线纵深达 10 ~ 12 英里。当天一整天里，德国第 9 集团军都在浴血鏖战，以保持防线的完整，不让苏军将战术突破发展为战役突破。海因里希报告说，会战正在接近高潮，局势很快就会变得明朗。

苏联人正在倾其全力将部队投入前线，并宣布那些不按命令前进的指挥员会被处以死刑。朱可夫——根据苏联官方的历史记录其实应是最高统帅部大本营——在第二天改变计划，命令乌克兰第 1 方面军的近卫坦克第 3 和第 4 集团军一旦突破德军当前防线便往柏林方向发展进攻。同时，他命令白俄罗斯第 2 方面军（当时还没有展开行动）将进攻方向由原定的西北改为西南；如此一来，哪怕白俄罗斯第 1 方面军无法达成突破，该部也可以完成对柏林北部的合围。

到第三天即将结束时，乌克兰第 1 方面军北翼的部队已经进抵施普伦贝格（Spremberg）南北两侧的施普雷河（the Spree）河段，并在该城南部渡过了该河。乌克兰第 1 方面军的南翼部队正接近包岑（Bautzen）。舍尔纳也向己方高层发来报告，说会战正在他的防区内趋向高潮。但他认为苏军遭受的巨大损失正在逐渐消耗且最终耗尽他们持续作战的能力，因此打算在第二天投入自己最后部队和弹药储备，向敌军发起反击。

对于元首指挥部而言，4 月 18 日那天的气氛是相当欢乐的。在召开于凌晨的形势分析会上，希特勒表明了自己的态度——他相信苏军针对第 4 装甲集团军的攻击“实质上”是拖累他们自己。邓尼茨的副官记录道：“希望之声响彻云霄。”然而，正如这名副官自己知道的那样，这种乐观情绪似乎大都来自于凯特尔那令人怀疑、基于经验而总结出来的“规律”——苏军的进攻如果在第三天结束前没能取得突破，这次进攻就一定会停下来。希特勒对库尔兰集团军群司令卡尔·希尔伯特大将说道，他（后者）的部队必须坚持到“转折在战争中全面出现的那一刻”。

第二天，白俄罗斯第 1 方面军南翼突击集团的主力到达穆恩希堡（Muencheberg）。该方面军北翼突击集团的前锋近卫坦克第 2 集团军已突入弗里岑以西地区。苏军本可以突破得更快和更深远一些，只是因为其侧翼掩护兵力仍被阻滞在登陆场，他们被迫收住了前进的脚步。已经"下定决心"在第 9 集团军的防线上一决柏林战役胜负的希特勒允许了海因里希从柏林的防御体系中抽调出任何自己认为有战斗力的部队。

与此同时，乌克兰第 1 方面军正驱动自己的装甲部队从施普伦贝格南北两面渡过施普雷河。在施普伦贝格以南，第 4 装甲集团军仍然保有部分防线；但在该城以北，几乎整个近卫坦克第 3 集团军都在蜂拥渡过施普雷河。舍尔纳报告说，自己依然"有希望"阻止科涅夫南翼向包岑的纵深推进。他打算再次尝试恢复北翼的防线，但同时也补充道："人们承诺要完成、繁重而耗费力气的纵深防御组织工作仅在少数几个地方真正得到了落实。"

20 日，就在希特勒生日这一天里，德军在柏林城外的"决战"最终失败。近卫坦克第 3 和第 4 集团军从中央集团军群的侧翼脱身而出，其强大的装甲矛头在当天结束之前便已向北越过该集团军群最大的弹药库于特博格（Jueterbog），并逼近德军设在措森（Zossen）以南 10 英里处的那道掩护线。得益于烟幕的掩护，白俄罗斯第 2 方面军在从施韦特到斯德丁（Stettin）的宽大正面上强渡奥得河，并在河流西岸设置了若干登陆场。在柏林北部，近卫坦克第 2 集团军早已进抵贝尔瑙（Bernau）。虽然还是无法顺利向柏林推进，但白俄罗斯第 1 方面军南翼突击集团的主力已在第 9 集团军后方地区往西南方向伸出突击矛头，它越过穆恩希堡，最终抵达了菲尔斯滕瓦尔德（Fuerstenwalde）。

第 9 集团军司令布塞在早晨报告说，对他本人而言，在柏林以东建立一道坚固防线的唯一方法就是从法兰克福以南地区和奥得河上撤回自己的防线。元首指挥部对此没有给出任何回应。直至当天下午晚些时候，克雷布斯打电话给海因里希的司令部称，希特勒对德军部队，尤其是重型高射炮能否顺利从奥得河上撤离持怀疑态度，并希望相关人员在做出决定之前和自己谈谈。集团军群参谋长回答说，海因里希（当时）不在前线，但他曾放言道，如果撤退命令不能较快下达，那么他也无法承担起掌控当前局势的责任。

此时，苏军已经逼近菲尔斯滕瓦尔德。在上半夜里，希特勒打电话给克雷布斯和陆军总司令部作战处，并通过后两者传达命令，试图调整德军的部署，让他们在贝尔瑙和菲尔斯滕瓦尔德挡住苏军的去路。凌晨0:30，海因里希回到司令部，并打电话告诉克雷布斯称，他现在接到的命令是不能放弃任何防线，同时还要抽出力量支援受到威胁的侧翼。但他坚信上述任务无法完成，并且"永远不会取得成功"。海因里希建议马上安排一次自己与元首的会面，他将告诉希特勒真实的情况，并请求解除自己的指挥职务，让他"拿起步枪，直面敌人"。

（二）希特勒决定将战役进行到底

下午，形势分析会议举行之前的元首生日庆典气氛十分压抑。空军总司令部参谋长卡尔·科勒上将通报称，通往本国南部的最后一条道路将在未来几个小时内被切断。那些需要去南部的人必须马上乘车离开，因为空军已经没有飞机将他们空运出去了。

当天夜间，约德尔的副手、即将担任B司令部（南方指挥所）参谋长的奥古斯特·温特山地步兵上将带着国防军最高统帅部作战指挥部和陆军总司令部作战处的绝大多数人员动身离开柏林。戈林在午夜之后也急速出逃。离开之前，他还被迫在柏林的公共防空洞里躲了几个小时；在那里，他还有最后一次机会从自己老旧的笑话中挤出一些笑声——这个笑话来源于他在战争早期发表的一次演讲，他在演讲中告诉本国国民："如果柏林遭到了盟军的轰炸，那你们就可以叫我迈耶①。"人们猜测希特勒也会离开柏林，而且很可能去南方，因为这座城市里已经没有足够的参谋人员；此外，位于措森的大型通信中心随时可能失守，一旦发生这种情况，他就无法再从本国首都发出作战命令。依然是在20日当天，希特勒授予了邓尼茨控制德国北部地区物资和人力资源的全部权力。

21日，柏林城虽然迎来苏军第一轮炮击，但德国人同时也收到了一则好消息：第4装甲集团军在格尔利茨西北部的一次反击中取得了一些局部进展。希特勒从中看到了希望——通过一次大规模突击封闭维斯瓦集团军群与中央

---

① 译者注："迈耶"（Meyer），一个犹太人的姓。

集团军群之间 40 英里长的缺口。正是基于这种错觉,他下达了一道"基本命令",并在午后经由克雷布斯通过电话将相关内容传达给各集团军群。中央集团军群"成功的"攻击将迅速堵住施普伦贝格防线上的缺口,因此,相关部队"绝对有必要"守住科特布斯(Cottbus)这一"角柱"(第 9 集团军已在前一天接过第 4 装甲集团军位于科特布斯及其以北地区的左翼各军的指挥权)。第 9 集团军会在科尼格斯 – 伍斯特豪森(Koenigswusterhausen)和科特布斯之间建立一道面向西部的防线,并对那些从南部冲向柏林的苏军侧翼部队发动进攻。施泰纳将指挥柏林北部的另外一次行动,目标是在柏林—斯德丁高速公路一线恢复防线。第 3 装甲集团军会消灭苏军"在奥得河上的最后一个桥头堡",并做好向南进攻的准备。雷曼被解除了柏林城防指挥官的职务,随后前往柏林南部指挥作战。

　　海因里希已经给施泰纳的党卫军第 3 装甲军司令部(这个司令部没有属于自己的部队)下达命令,要求该部尽力搜罗力量,沿着芬诺运河建立起一道警戒线,以保护第 3 装甲集团军侧翼的安全。在当天下午晚些时候发给施泰纳的命令中,希特勒将后者的司令部提升成了战役集群级别,并将包括党卫军第 4 警察师、第 5 猎兵师和第 25 装甲掷弹兵师在内,所有位于芬诺运河以北的德军部队,以及位于柏林东部、北翼在维尔纽琴以南的第 56 装甲军的指挥权移交给了他。施泰纳将使用上述 3 个师——从

一队正走出柏林地铁站,早已身心疲惫的德国步兵向苏军投降

运河上的埃伯斯瓦尔德（Eberswalde）出发——向南面的第56装甲军侧翼方向发起攻击，以封闭防线上的缺口。

希特勒在战术指令中补充道："任何军官都必须毫无保留地接受这项命令，否则就会立即将其逮捕并施以枪决。至于你（施泰纳）的人头，我本人会亲自把它砍下来。"

施泰纳一接到命令便立即打电话给集团军群司令部，声称自己无法执行上述命令。他给出了如下理由：党卫军第4警察师只有2个营可用，而且就连这些人也缺少作战装备；第5猎兵师和第25装甲掷弹兵师则是被钉死在了防线上，必须等到第3海军师抵达并完成换防之后才能将他们投入别的行动。

当克雷布斯给集团军群司令部打电话催促施泰纳继续执行命令时，海因里希要求最前者向希特勒说明撤回当前面临合围威胁的第9集团军的必要性。然而，就算是希特勒马上同意，该集团军同样早已无法回到柏林，只能撤向本国首都南部的湖链地区。如果希特勒坚持要求执行之前的命令，海因里希便打算请求解除自己的职务，因为他无法执行这些命令，也无法调解它们和自己内心良知之间产生的冲突。对此，克雷布斯回答说，元首会对自己的命令负责。

4月21日，近卫坦克第2集团军已突进至柏林以北约30英里的地方，并向维尔纽琴西南方向发起了一次攻击，随后在柏林外层环形防线前停下脚步。在梅格尔湖（Mueggel Lake）以北地区，近卫坦克第1集团军和近卫第8集团军也抵达了外层环形防线。位于梅格尔湖和菲尔斯滕瓦尔德之间的德军第9集团军观察到，苏军正在其当面进行一次大规模的兵力集结，但他们并没有继续往西南方向发动进攻，从而切断本集团军与城市的联系。在第9集团军后方，近卫坦克第3集团军的矛尖已经抵达了科尼格斯－伍斯特豪森。

截至21日，苏军指挥部相关决策的意图是——首先完成对柏林的包围，而后再合围第9集团军。在德国首都以北，2个原本打算用于实施侧翼突击的集团军现在正加快速度以完成他们的侧翼掩护行动；近卫坦克第2集团军和第47集团军则按照索科洛夫斯基的命令集中精力，尽早完成对柏林的合围。在向这座城市推进的过程中，近卫坦克第1集团军和近卫第8集团军的进展并不顺利，两部几乎被完全挡在了柏林的外层环形防线上，将第9集团军合围在梅格尔湖—菲尔斯滕瓦尔德一线西南部的计划也因此受到延误。白俄罗斯第1方面军位于法兰克福登陆场的 2 个集团军未建寸功，他们原先执行的任务已属多余，于是被派去协助完成对第 9 集团军的合围。近卫坦克第 3 集团军和第 13 集团军的高速推进稀释了第 9 集团军后方（苏军）合围圈的力量，这 2 个集团军也很有可能因此被拉回东面。21 日，科涅夫从预备队中抽出第 28 集团军，命令该部接过包围第 9 集团军后方的任务；此举将近卫坦克第 3 集团军和第 13 集团军解放出来，随后两部继续从南面向柏林突进。与此同时，近卫坦克第 4 集团军朝波茨坦（Potsdam）方向发起了突击。

在 22 日下午的形势分析会上，希特勒崩溃了。他在当天的整个上午和下午前半段时间里都焦急地等待着施泰纳的报告，然而最终等到的只是后者并未发起进攻的噩耗。他为此悲愤万分，咆哮着宣称战争已经失败，而造成这一切的罪魁祸首就是那些不听从自己命令的将军。希特勒还宣布自己将死守柏林，并在苏联人抓住他之前自我了断。之后，凯特尔和约德尔拒绝了飞往南方指挥所的命令，并发誓自己会支持本国元首。

就像之前曾经多次发生的那样，希特勒的情绪风暴很快就烟消云散了。约

一队苏军坦克搭载着步兵，他们的目的地是柏林战场

美苏军队于托尔高会师后，在当地举行了气氛热烈的庆祝活动

德尔突然记起他们手中还有一个新近组建的第 12 集团军 ①，由康复之后的温克指挥，当前正部署在马格德堡（Magdeburg）东南一条面向西方的防线上，而且还没有被盟军钉死在原地。

刚开始的时候，希特勒以浪费时间为由拒绝了调整该集团军方向、让它掉头向东发起攻击的建议。然而，就在几分钟之后，他又接受了这个想法，并开始了另一轮的谋划。

在自己陷入情绪崩溃期间，希特勒终于承认了他的政权已经完全破产。对德国独裁者和他的亲密伙伴来说，他们最终仍能做的便只是徒劳维持国家机

---

① 作者注：第12集团军组建于1945年4月初。它辖有7个师，其中包括1个装甲师和1个摩托化步兵师，整个集团军都是由德国中部的坦克和军官训练学校内抽调人员所组成。该集团军最初的任务是在哈茨山脉（Harz Mountains）完成集结，而后向西进攻以将B集团军群释放出来。到4月12日，即该集团军司令部开始履行指挥权的那天，在哈茨的进攻已基本丧失可能。因此，随后几天里，第12集团军一边在调整各师的组织，一边承担起了保卫马格德堡以北至莱比锡以南的易北河及穆尔德河（Mulda River）防线的艰巨任务。在相当长的一段时间内，该集团军唯一值得称道的地方就只是部队成员的年轻程度和高昂士气。

器的苟延残喘，并在这个过程中获得微不足道的心理安慰。凯特尔就是一个典型的例子：他在莫名其妙的奉献精神驱使下把自己当成了元帅级别通信员来使用，带着"掉头，向东进攻"的命令前往第12集团军——这项任务本可以通过打电话的形式更快更方便地完成。

在会议结束之前，克雷布斯给海因里希打了电话，告诉他元首正在做出相关决定，舍尔纳和温克将会收到任务简报——温克需要向东发起进攻；舍尔纳位于包岑以东的进攻正在取得进展，只要保持当前态势即可；第9集团军应在法兰克福以南坚守科特布斯防线和奥得河防线。简而言之，希特勒又回到了试图在柏林东面建立起一道防线的老路上。

从前线传来的情报便足以说明希特勒的机会有多么渺茫。入夜后，施泰纳打来电话报告说，由于部队尚未完成集结，他暂时还不能发动进攻；海因里希则以命令作为回复，指出不管有没有准备妥当，他当晚都必须发动进攻。第3装甲集团军当面，白俄罗斯第2方面军在夜幕降临前就已经于斯德丁以北10英里处占领了一个登陆场。第9集团军被赶出了科特布斯，该部在法兰克福南部的防线亦被敌军突破。在柏林北部，苏军的坦克前锋早已进抵哈弗尔河（Havel River）；在该城东部，苏联人甚至一度突破了德国人的内层环形防线。

然而，在9:00再次打电话给海因里希时，克雷布斯变得相当乐观。他认为温克的进攻将很快解除德军的困境，而且其中有1个师会在当晚就发动进攻。海因里希则反驳说温克离此地尚远。事实上，海因里希希望将第9集团军从法兰克福上游的奥得河河段上后撤至少20英里，以此缩回和拉平防线上的巨大突出部。他补充道："请告诉元首，之所以提出这种请求不是我反对他，而是因为我真正支持他。"最终在午夜时，海因里希获得授权，将第9集团军从科特布斯北部防线撤至利伯罗斯（Lieberose）—毕斯哥（Beeskow）—施普雷河一线。如此一来，布塞就可以释放出兵力向西发起进攻，并与第12集团军建立联系。

（三）合围圈的形成

第二天，即23日，苏军针对柏林的包围行动进入了最后阶段。白俄罗斯第1方面军投入它的第二梯队——第3集团军——切断了连接第9集团军和柏林的狭窄走廊。近卫坦克第 3 集团军和第 13 集团军则从南面逼近外层环形防线，近卫坦克第 4 集团军现已抵近波茨坦。在柏林北部，近卫坦克第 2 集团军已于奥拉宁堡（Oranienburg）下游渡过哈弗尔河，并开始转道向南推进。当天下午，希特勒在柏林城中召开了最后一次大型形势分析会议。会议结束后，凯特尔带着自己的"个人影响力"前去对第 12 集团军施加压力，约德尔则率领国防军最高统帅部的参谋人员到达了柏林北面、位于第 3 装甲集团军后方的新鲁平（Neu Roofen）。

下午，希特勒命令第 56 装甲军司令赫尔穆特·魏德林炮兵上将带领他的部队接管柏林城东部和东南部的防务。布塞原本希望拿这些兵力来保护第 9 集团军北部侧翼。希特勒后来还任命魏德林——这个他在一天前还想枪毙的人——担任柏林的城防司令。然而在克雷布斯宣布这一任命时，魏德林说他宁愿他们（希特勒、克雷布斯等人）开枪打死自己。

在形势分析会议结束后，海因里希接到了一个电话（同时也是一道命令）。对方要求他即刻停止施泰纳的攻击行动，放弃埃伯斯瓦尔德桥头堡，并将施泰纳的司令部及奥拉宁堡以西所有可以抽出的部队都转移出来，拼凑出一支打击力量，向正在渡过哈弗尔河的苏军侧翼部队发动进攻。该命令还补充说，第 12 集团军正在派遣第 41 装甲军从西面挡住苏军的脚步。不过值得注意的是，施泰纳的确是在当天早些时候于埃伯斯瓦尔德以南取得了一些进展，但目前还不足以对战局产生影响。

当希特勒下达了将第 56 装甲军纳入柏林城防体系的命令之后，第 9 集团军的命运在当天结束前便已经被确定——它将很快陷入苏军如铁桶一般的合围中。当天晚上，在抢修了中断一整天的电话线路后，海因里希与布塞通上电话。后者报告说，由于火炮使用的炮弹现已耗尽，他的部队将被迫使用轻武器往西突围；此外，因为以往来自柏林的支援也中断了，他的北翼防线正处于崩溃状态中。布塞最后用一句话总结了自己的困境："我被推得太靠前了。"海因里希回复说："那的确是一种犯罪。"两人结束通话后，海因里希又给温克打了电话，并告诉后者必须营救他的"老朋友"布塞。

24 日一整天里，苏联人都在有条不紊地工作，最终在柏林城外围形成了一个巨大的铁壁般的合围圈。此次会战显然失败了，德军本来早就应该放弃无谓的斗争，但有一个人除外：早衰而中风的他躲在地面以下20英尺深的混凝土堡垒之中，完全看不见亦不清楚那些逼使他放弃战争和无条件投降的毁灭正降临在自己身上。然而柏林不是斯大林格勒，城内守军或许可以依靠狂热和恐怖情绪多防守几天，但最终也就不过如此了。在柏林北部和东部，苏联人正不断接近市区环形防线。当日昼间，白俄罗斯第1方面军和乌克兰第1方面军的部队在邦斯多夫（Bohnsdorf）实现会师，合上了南部的包围圈，并切断了第9集团军的后路，将其完全孤立在柏林东南部。近卫坦克第4集团军的部队也已进抵波茨坦两侧的湖岸，近卫坦克第2集团军正从北面扑来，目前已进至瑙恩（Nauen），在南面几乎到达了施潘道（Spandau）。在城市内部，第56装甲军占据着东南部防线，其余地方则由一些别的武装力量——人民冲锋队、党卫队和希特勒青年团的部队控制。四座巨大的高射炮塔像是搁浅的混凝土战舰一般屹立在城中，但它们空有强大威力却毫无用武之地。此外，魏德林还发现他的前

一名苏军步兵正在桥头一角谨慎观察，试图找到德军狙击手所在位置

任曾经试图通过公共电话系统来指挥部队作战。

　　原本由希特勒精心设计的指挥机构虽然现在只剩下了一丁点残余，不过他还是命令："国防军最高统帅部……将按照我的指示实施指挥，这些指示将通过和我在一起的陆军总司令部参谋长传达。"他终止了陆军总司令部的指挥职能，并通过国防军最高统帅部作战指挥部直接指挥北部战区的作战行动；在南方则以相对松散的方式，通过 B 司令部和集团军群司令部实施（作战指挥）。关于南方的战局，希特勒签署了一份相当敷衍的训令，提出要是条件许可，相关部队就必须在阿尔卑斯山区建设一座强大的堡垒。至于如何实现这一设想，他心中并无明确概念，所给出的也只是一份措辞笼统的宣言，即它将会"被当成已经做好充分准备，从而实施狂热抵抗的最后堡垒"。然而对德国独裁者本人而言，战争的舞台早就缩小到了柏林这一城之地——他将国防军最高统帅部的主要任务设定为：从西北、西南和南部发起进攻，恢复与柏林的联系，并"因

逃离苏军追击的德军阻塞了道路

此决定首都之战的胜局"。

在约德尔和凯特尔之间，希特勒选择理想合作者的努力注定是徒劳的。两人除了充当最后者的传声筒之外不会思考任何事情，尤其是他们从来不会去问"为什么"。在 24 日结束前，约德尔调整了第 9 集团军和第 12 集团军的机动方向；以上两个集团军原定的进攻方向一个是东北、另一个则是西北，但他们最终的目的地都是柏林。

4 月 25 日，苏军的两支先头部队在波茨坦西北部会师。苏联近卫第 5 集团军则在易北河上的托尔高（Torgau）与美国第 1 集团军建立了联系。在发给邓尼茨的一份命令中，希特勒将柏林及其周边地区的会战描述成了"德国国运之战"，其他所有战线和任务都被推到了次要位置。他指示一名海军上将向柏林城内空运增援兵力，并通过陆路和海路向城市外围的防线派遣援兵。国防军最高统帅部已经向各战区指挥官传达指示，要求他们将对苏作战视为至高要务，宁可被英美军队占领更多领土，也要抽出部队与苏军展开殊死搏斗。

从某种程度上讲，德国命运如何仍然有待决定，当天最重要的事态发展既不是出现在柏林、也不是在易北河，而是在奥得河。在那里，白俄罗斯第 2 方面军在此前一天从斯德丁南部登陆场发起的突击终于达成突破，越过兰多夫沼泽（Random Swamp），最终冲向了普伦茨劳（Prenzlau）。

三、最后一幕

（一）"希望之日"

4 月 26 日零点过后半小时，一份由希特勒在前日傍晚拟好的训令抵达了位于新鲁平的国防军最高统帅部。该训令号召德军"置侧翼和友邻于不顾，以最快的速度执行所有救援性进攻行动"。尽管希特勒肯定知道留给自己的时间已经无多，但他仍然坚持着尽一切努力，在柏林东部筑起一道完整而坚固的防线。德国独裁者在训令中指示第 12 集团军从贝尔齐格（Belzig）往西北方向发起攻击，突入位于波茨坦以南双湖之角①的费奇（Ferch），在该地与向西发

---

　① 译者注：原文为the tip of the twin lakes。

起进攻的第9集团军实现会师。之后,2个集团军将携手从南面"宽广的战线上"向柏林推进;第9集团军同时还要扼守其东部的侧翼,以便中央集团军群从南部向其靠拢。施泰纳会使用第25装甲掷弹兵师、第3海军师和第7装甲师从奥拉宁堡西北部对柏林方向敌军发起攻击。第3装甲集团军的任务则是"阻止奥得河苏军桥头堡扩大规模"。

约德尔的回复是,所有救援行动均已开始或即将展开。他还呼吁希特勒关注普伦茨劳东面由白俄罗斯第2方面军带来的威胁,以及汉堡东南面英国第21集团军群的集结情况;后者的集结似乎表明盟军准备在吕贝克(Luebeck)发起突击。为应对上述威胁,约德尔提议撤回位于易北河以西海岸上的德国军队。

按照魏德林的回忆,4月26日那天是"希望之日";克雷布斯不断向他(魏德林)位于本德勒大街的指挥所打来电话,而且宣布的都是好消息。在海军联络官晨间发给邓尼茨的报告中,可以看到约德尔在递交给元首地堡的信息中所附带的含意:第9集团军和第12集团军取得了"可喜的成功";施泰纳"正在取得进展";舍尔纳对包岑的攻击行动也表明"只要意志足够坚决,击败敌人的机会就在眼前"。于是,希特勒的信心又一次熊熊燃起——这一点在其对约德尔的回复中暴露无遗:他希望德军死守易北河防线,抑制甚至是削弱普伦茨劳东部苏军登陆场的发展。他并不反对从易北河以西抽调部队,但这样做的前提是不能(因此)丢掉埃姆登、威廉港和不来梅等港口,或是失去恺撒 - 威廉运河(即基尔运河)的控制权。

就在这一天夜间,德方通往柏林的电话线被苏方切断,城市合围圈内与外界只能依靠视距内短波通信保持联系。为此,国防军统帅部作战指挥部还在驻地附近专门升起了一个气球,用以收发短波信号。在自我牺牲精神的鼓舞下,约德尔和凯特尔原本打算于当晚飞入柏林,再参加一次形势分析会议;但位于蒂尔加滕的跑道上现在布满了弹坑、失事的飞机和难以驱散的烟雾,早就无法使用。当晚,最后在该机场(蒂尔加滕)着陆的是罗伯特·冯·格雷姆上将和汉娜·瑞奇,后者是一名勇敢的女试飞员。冯·格雷姆被希特勒晋升为元帅,

柏林陷落后的国会大厦

并当上了空军总司令。[①]

　　26 日昼间，德国高层陷入了对两个不相兼容的目标——从德军现状来看甚至可以说是相互排斥——的追求之中：海因里希决定将其防线上的所有力量集结起来，前去营救第 9 集团军；凯特尔和约德尔则将注意力完全集中在了救援柏林的行动上。海因里希想挽救那些仍然可以挽救的东西，凯特尔和约德尔却企图让现实屈服于本国元首的意志。对德军来说，这并非什么新鲜事。自斯大林格勒一役以来，希特勒一刻都没有停下类似举动，可他只能眼睁睁地看着德军在这些尝试中被白白牺牲掉。这就是元首"天才"的本质，这就是德国独裁者的胜利公式；然而这里面存在着一个严重问题，那就是它从来都没有起过作用。

---

　　① 作者注：两天前，希特勒解除了戈林所有职务，并将其逮捕。在此之前，戈林一直认为自己是希特勒的政治继承者和接班人，但前者被后者的一句话误导了——后者说自己会把谈判留给前者——随后戈林询问希特勒是否打算留在柏林，并且把政府的权力移交给自己。

晚上，施泰纳继续向前推进，并在奥拉宁堡以西的哈弗尔河上夺取了一个小型桥头堡，不过天亮后他又停下了脚步。目前，他手中只剩下第25装甲掷弹兵师。第3海军师被钉死在了奥拉宁堡和海岸之间的铁路上；第7装甲师几天前才从但泽经海路被运进斯维讷明德（Swinemuende），德军在仓促之间根本找不到足够车辆将其运出新勃兰登堡（Neubrandenburg）以西的集结区。中午前，海因里希曾提议放弃施泰纳的攻击行动——因为它根本看不到取得成功的可能——转头对付普伦茨劳以东地区苏军的突破。但约德尔拒绝了这一提议。

在下午晚些时候，白俄罗斯第2方面军打掉了第3装甲集团军最后的预备力量，并逼近普伦茨劳。曼陀菲尔开始缩回他的侧翼，挤出部队、将其投入位于中央的缺口。海因里希得出的结论是，现在必须马上做出让施泰纳开展下一步行动的决定，因为他目前的行动不仅无法改变柏林的命运，而且将本集团军群"最后也是唯一"的机动师牵制在了原地。可问题是，由谁来做出这一决定——施泰纳及其部队实际上已经被约德尔和凯特尔从海因里希的指挥体系中剥离出来了。

柏林会战高潮阶段中的一辆 T-34

作为此次救援行动的中坚力量，第12集团军的目标仅是在苏军的合围圈中打入一个楔子，为柏林平民和驻军的逃脱创造条件。但该部的计划数经修改，最终变成了与第41装甲军一道从西面配合施泰纳的行动，掩护易北河防线，保卫勃兰登堡——在苏军和美军的夹击中保住一条走廊——并从贝尔齐格向东北推进。26日，为确保出发阵地的安全，救援部队中的第20军陷入了勃兰登堡—贝尔齐格—维滕贝格（Wittenberg）一线的防御作战中。

第9集团军以一次向西突往巴鲁特—措森公路的行动为先导，展开了突围行动。不过该部的力量正在迅速减少。前一天夜里，所有承诺提供给他们的空中补给都被转投给了柏林守军。在与希特勒进行最后一次电话交谈后，约德尔仍然决心"向第9集团军表明，他们必须与第12集团军一道迅速转向北方，从而减轻柏林受到的压力"。约德尔和海因里希就空中补给应出自何处及流向何方展开了激烈争论。海因里希坚持认为第9集团军理应得到支援，因为它的上级司令部必须为该集团军现在的处境负责。约德尔则强调不能置柏林人民和本国元首于不顾，并认为任何与此相反的想法都是在背叛国家。第9集团军南面，在6天内攻击前进了15英里之后，舍尔纳的部队已经陷入停滞状态，此时他们距离该部（第9集团军）还有40英里。

（二）凯特尔和约德尔的指挥

26日晚，第3装甲集团军后撤到了乌克河与普伦茨劳以南的湖链一线。这是该集团军躲开苏军兵锋的最后一个机会，但最终还是失败了。第二天一早，罗科索夫斯基的坦克突破并越过普伦茨劳防线，步兵也跟在坦克后方、如潮水一般涌入了突破口。下午，海因里希的参谋长前往邓尼茨位于普伦的指挥部，向后者报告说本集团军群现已失败，无力阻挡苏军的推进，而且正在通过梅克伦堡向西撤退。

如果海因里希想从邓尼茨这里得到决定性的回复，那么等待他的就只会是失望。举行于几个小时之前的形势分析会议——使邓尼茨和希姆莱都感到懊恼的是，双方都坚持要按照希特勒设置的定例接收凯特尔与约德尔的汇报——已经做出决定，在国防军最高统帅部无法接收和执行希特勒的命令前，邓尼茨不得履行指挥职权。无论如何，人们对邓尼茨的军事决策都不会抱有多大期望：（海军部队）扼守斯德丁和斯维讷明德显然有助于降低第 3 装甲集团军北翼被包抄的风险，可为了让海军与库尔兰集团军群保持联系，他最近开始对此百般推托。邓尼茨本可以趁机扩大自己的民事权力，甚至包括协商投降事宜，但他不是这样的人——虽然不那么张扬，但他、约德尔和凯特尔一样，都把自己当成了希特勒的铁杆忠臣。

4 月 27 日，德国国防军最高统帅部向四面八方的德军发布了一道命令：为阻止苏军在普伦茨劳的突破，由蒂佩尔斯基希将军率领的第 21 集团军指挥部（前第 4 集团军司令部）将得到 2 个团的加强（但至少在未来 24 个小时内无法投入使用）。希特勒对施泰纳失去了信心，因此下令改由第 41 装甲军接管奥拉宁堡进攻事宜，不过该装甲军司令部距此甚远，无法实施有效指挥。希特勒还曾号召第 9 和第 12 集团军恪尽职守，团结起来朝柏林方向的敌军发起进攻，从而到达"战争的决定性转折点"。凯特尔对上述集团军下达了补充命令，说"历史和德国人民将会把那些没有竭尽所能以挽救危局和元首的人钉在耻辱柱上"。凯特尔还指示舍尔纳，如果与国防军最高统帅部失去联系，他（舍尔纳）应继续从包岑向北方发起攻击，以靠近第 9 和第 12 集团军。

下午晚些时候，约德尔得出了最终结论——敌人显然已经在普伦茨劳突破了第 3 装甲集团军的防线。"虽然责任十分沉重"，但他最终还是决定中止施泰纳的进攻行动。可就算这样，他也无法说服自己完全放弃这一努力：他向海因里希发出命令称，后者可以使用第 25 装甲掷弹兵师和第 7 装甲师，从西南方向对苏军的侧翼发起反击。据推测，这些师在之后将再次往南转向柏林。

午夜前一个半小时的时候，曼陀菲尔打电话给集团军群报告说，他手下一半的师和高射炮已经退出战斗。十多万人正在向西溃逃，类似的情况他甚至在 1918 年都没有见过。曼陀菲尔说，若想制止这种态势的蔓延就需要数百名军官。他补充道，士兵们现在"放了话"，说战争已经结束了。有些军官会冒着被士兵枪杀的危险站出来制止和反驳这种论调，可这种"杀身成仁"的做法也不过是聊尽人事而已。曼陀菲尔建议约德尔走出指挥部，亲自去战场上看看救援柏林的举动有多浪费时间；此外，他认为德国目前能做的就只有谈判，并且最好是与盟国而非苏联，同时迅速让军队向西撤退，把剩余兵力集中起来。

第二天，即 4 月 28 日早上，凯特尔动身奔赴前线，打算亲自鼓舞部队士气，为第 3 装甲集团军从侧翼发起的反击做好准备。但在哈弗尔河上的泽德尼克（Zehdenick），他遇到了一起令人惊讶和沮丧的事件：他在这里见到了第 5 猎兵师下辖的一支后方部队，后者正在河流上勘察防线，而这道防线——按照他之前的命令——应该设于更东边 20 英里的地方。接着，他还意识到从坦普林（Templin）发起反击已经毫无可能。就在前一天晚上，海因里希和曼陀菲尔便已发现第 7 装甲师和第 25 装甲掷弹兵师无法按时完成在坦普林的集结；因此，他们认为应该将这 2 个师部署到更北部、新勃兰登堡和新施特雷利茨（Neustrelitz）以东地区，在正面战场上对抗苏军的攻击。

下午，凯特尔见到了海因里希和曼陀菲尔。此时，约德尔正在给海因里希打电话，大谈后者叛国一事，并威胁说如果他（海因里希）不执行命令，就会面临"终极"的后果。在海因里希所说"激烈的讨论"和"残暴的发展"中，凯特尔命令该集团军群停下脚步，而后从新施特雷利茨东南部发起反击。

当凯特尔在防线中央下达命令时，位于他四周的防线都已处于崩溃状态中——海因里希花了 3 个小时才走完 20 英里左右的路程，回到自己的司令部。

这辆"虎王"是最后一批参战的装甲兵器之一。这些德国装备在性能上优于它们大多数苏联同类，通常是在油料和弹药耗尽后被己方乘员组摧毁的

道路上挤满了难民和撤退的军队，新勃兰登堡已经被完全堵住了。海因里希还观察到，部队正在"列队解甲"。

午夜过后，海因里希打电话给凯特尔，向后者报告说苏军已进抵第3装甲集团军南翼的哈弗尔河。凯特尔回复道，这就是"一个人主动放弃阵位"的必然结果。海因里希则抗议说，他在自己司令部做出决定的权力早已被剥夺。凯特尔回答道，那是必要的，因为元首的命令没有得到执行。于是，凯特尔解除了海因里希的职务，命令他把指挥权移交给资历较深的集团军司令曼陀菲尔。①

4月28日那天里，柏林及其周边地区完全是一幅末日将至的景象。凯特尔从未放弃从奥拉宁堡发起反击的幻想，但所有救援行动中唯一有可能付诸实施的就只有温克所部进行的那个。第9集团军的突围已经宣告失败；其先头装甲部队已与主力失去联系，从此再无下落。布塞报告说，他的集团军既无力再协调实施一次反击行动，也无法继续坚守多长时间。在前一天不分昼夜的猛烈空袭之后，8个苏军集团军于26日向柏林的市区环形防线发起了攻击。到27日黄昏，苏军已在波茨坦切断雷曼所部与柏林的联系，并将柏林守军逼入了一个东西9.5英里长、南北仅1～3英里宽的口袋之中。尽管该口袋的西部相当靠近哈弗尔河，但苏军早已夺占所有渡口。在口袋中部，苏军正一刻不停地展开争夺国会大厦的竞赛——对于苏联人来说，哪怕这一建筑自1933年以来就一直是处烧焦的废墟，它却是第三帝国的象征——并从南北两面伸出突击矛头，不断逼近德国首都行政区的边缘。

（三）奇迹已来不及降临

柏林之战其实是在城外进行的，在城内上演的不过是一场扫荡竞赛。德国人臆想中的最后堡垒从未真正变成现实。在党卫军旅队长古斯塔夫·克鲁肯伯格于4月24日来到柏林担任党卫军"诺德兰"师指挥官时，他发现己方虽在斯潘道附近的哈弗尔河大桥上设置了路障，却根本没有人把守。从大桥出

---

① 作者注：史料中关于海因里希被撤职的原因有各种各样的记载。有些人认为是海因里希决定往西撤退并向美国人投降，可实际上曼陀菲尔在4月27日夜间便已提出类似建议。尽管最终的结果并未发生改变，但从维斯瓦集团军群的记录来看，海因里希在4月27日和28日的决定完全是根据当前战术形势所做出，而不是作为更深远的战略计划的一部分。

发，他驱车穿过了整个柏林西部，但"没有看到任何士兵或防御设施"。在"元首"掩体内，克雷布斯告诉克鲁肯伯格，后者及其从"查理曼大帝"师中带来的 90 名志愿者都是众多接到增援命令的军官和部队中唯一抵达柏林的。克鲁肯伯格发现，"诺德兰"师目前拥有的兵力只有大约 1 个营；三天后，当自己成为市中心防区的指挥官时，他的指挥所只是一节既没有电话，也没有电灯的地铁车厢。进行于城内的战斗持续了很长一段时间，毕竟它（柏林）是一座真正的大城市，虽然基本上已被炸弹所摧毁，大多防御工事也构筑得相当业余，守军更是孱弱不堪，但苏军——尤其是那些已经知道战争结束、一心一意只想解甲返乡的部队官兵——仍然无法在短时间内完全占领这座城市。

柏林城内之战并不像希特勒所设想、如瓦格纳歌剧那样在高潮中光荣落幕，而是在毁灭和绝望的交杂中结束。悬挂在街边的尸体——这是由仅仅 1 个军官组成、只会宣判死刑的巡回军事法庭留下的痕迹——向士兵和平民展示了他们曾经期待的领导者的最终下场。然而德军的指挥机构还在依靠历史的惯

残存的德国总理府

性苟延残喘，尽管它早已无法再制订、下达或执行各种命令。单个的人可能会被绞死，作为整体的单位或部队却很有可能躲藏起来。苏军倾尽全力，用"喀秋莎"和大炮为列宁格勒和斯大林格勒的军民报了一箭之仇。但在柏林人生活了几个月的地窖里（该城在2月1日—4月21日间遭到了83次猛烈轰炸），苏军的炮弹并没有获得盟军炸弹那样的打击效果，也没有大幅增加对柏林城的破坏程度。

恐怖的场景在城市中随处可见。不过其中"名气"最大的是所谓蓄意灌水——往挤满了伤员和平民的地铁隧道里灌水。但这大多是人为捏造出来的。1945年10月，当地铁内的水被排干时，负责这项工作的官员表示地铁内的水位是逐渐上升的，他们没有发现任何尸体有溺水的迹象；很显然，所有人在被放入隧道之前便早已死于外伤。

为了增强柏林居民的抵抗意志，戈培尔从1月起就命令在广播中铺天盖地般地公布苏联人的暴行。其中一个悲惨的例子是有个女人坚持说自己被强奸了24次。发生在东普鲁士、波美拉尼亚和西里西亚的情况在柏林当然也曾出现，但此时苏军已经发布新的政策，严令禁止个人的复仇行为。4月28日，尼古拉·埃拉斯托维奇·别尔扎林上将①接管了该城的控制权，这同样足以表明苏方有意尽快恢复秩序。

希特勒对于柏林会战中人性问题的关心其实并不比前几年战役发生在俄罗斯腹地时表现得更多。混凝土地堡、由柴油机驱动的通风系统产生的持续轰鸣提供了近乎完美的视听隔离，不过偶尔还是会有落在附近的炮弹震动地堡，通风系统也会吸入灰尘和烟雾。狭小的地堡内挤入了比以往任何时候都更多的人，其中大多数人负责照顾和保护希特勒，或是保持元首与外界的联系。在纳粹党的最高级成员中，只有戈培尔和鲍曼留了下来。前者留下来完全是出于自己对元首的忠诚，因为他对奇迹有着模糊但坚定的信仰；而后者只是关心并希望获得更多利益，同时尽可能地击败自己的对手。德国将星如云的盛大场景已经逝去。直到27日，希特勒仍在定期召开形势分析会议。尽管还是想要保持

① 译者注：时任突击第5集团军司令。

其作为一个战略家的腔调，但他实际关心事务的格局已经明显缩小，比如组建一支分遣队，目的是"防止苏军坦克使用狡猾的伎俩将自己掠走"。在希特勒漫无边际的演说中，反复出现的一个主题就是他决定留在这里的正确性。德国独裁者不仅以此来驳斥和抨击那些下令撤退的将军们，更是将其视为取得"精神"胜利——在即将到来的盟军与苏军的冲突中（在他的观念中这是一定会发生的），让世人认识到德国人发挥的巨大作用——的唯一途径。

4 月 28 日晚上，魏德林向希特勒提交了一份突围计划。德国元首饶有兴趣地听着，但随后宣称他（魏德林）最好还是待在原地，否则就只能"在旷野或农舍中"等待结局的降临。希特勒做出了他最后的军事决定。午夜时分，邓尼茨派驻元首地堡的联络官发出无线电报，称："我们将坚持到底。"格雷姆和汉娜·瑞奇乘坐一架老旧的训练飞机飞出了包围圈。格雷姆随后下达命令，要求空军组织力量、为温克的攻击行动提供空中支援。

当天晚上，希姆莱企图通过福克·伯纳多特伯爵协商停战协议的消息传到了元首地堡里。第二天清晨，鲍曼通过无线电向邓尼茨发送了本国总理（希特勒）的如下电文："外国媒体报道了新的叛国行为。元首希望你能以闪电般的速度和钢铁般的手腕打击本国北部地区的所有叛徒。毫无疑问，舍尔纳、温克和其他人必须以最快速度实施救援行动来证明他们的忠诚。"

29 日黎明到来时，温克的第 20 军投入"克劳塞维茨"师、"沙恩霍斯特"师和"西奥多·科纳"师——这些所谓的"青年师"都是由军官训练学校的人员组成——对苏军发起了进攻。在画面惨淡的大幕上，他们闪耀出了旧德国力量的最后一丝亮光。到下午，该军已向波茨坦西南施维洛湖（Schwielow Lake）的顶部推进 15 英里之远；但德军的侧翼也因此暴露在了苏军面前。德国人后方的莱茵森林里挤满了苏联人，后者正迅速从最初的惊讶和震惊中回过神来——德方继续向 20 英里外的柏林前进的可能性已经十分渺茫。天黑后，波茨坦守军与第 20 军建立联系，并开始使用划艇将部队通过湖面撤出城市。在夜间稍晚的时候，凯特尔授权温克可以停止攻击——"如果充分了解第 20 军现状的第 12 集团军指挥官（温克）置其所承担的高度历史和道德责任感于不顾，认为继续攻击柏林方向敌军是无法执行的……"

4 月 29 日大部分时间里，维斯瓦集团军群都处于指挥失灵的无序状态中：

海因里希拒绝下达任何撤退命令，这实际上也意味着他根本没有下达任何命令。他在当天得知约德尔干预了本集团军群的内部事务，并对南翼至少 1 个军下达指令，要求该部一旦收到来自集团军群的撤退命令便即刻向自己报告。当日早上，曼陀菲尔拒绝行使指挥职权，并在发给凯特尔的电文中宣称："在这种危急时刻，我希望自己的集团军不要再被赋予那种——即对所有人都充满信心的指挥官被指控未能执行的任务。"曼陀菲尔和蒂佩尔斯基希所指挥、此时正从施泰纳手中接管南翼防线的第 21 集团军司令部已经事先保证，不会让这个司令部脱离海因里希的控制。

下午，凯特尔和约德尔在了解到蒂佩尔斯基希同样打算拒绝履行指挥权之后动身前往最后者的指挥所；在 16:00 至 17:00 的会谈中，前两者成功说服最后者，使其承诺在库尔特·斯图登特大将从荷兰抵达、接替他的职位前暂时担任集团军指挥官。凯特尔"以强力提醒了蒂佩尔斯基希明白自己的职责"；虽然后者和大多数德国将军一样，他们都知道自己无法拒绝一道直接的命令。可他确实不是一个懦夫，而且也在之前表现出了独立的判断能力，尤其是 1944 年中央集团军群出现崩溃那段时间里，他在第 4 集团军司令任上干得相当出色。显然，让他抛弃海因里希的是约德尔的论点，即（维斯瓦）集团军群必须尽可能多地占有本国领土，这样做不是为了缓解柏林苏军施加的压力，而是给政治当局提供一些可以拿来讨价还价的东西。

在 29 日昼间，白俄罗斯第 2 方面军的进攻取得了全面进展：他们在北部越过了安克拉姆（Anklam），在中部越过了新勃兰登堡和新施特雷利茨，在南部的泽德尼克—利本瓦尔德（Zehdenick–Liebenwalde）地区渡过了哈弗尔河。维斯瓦集团军群后方，英国陆军元帅伯纳德·L. 蒙哥马利爵士的第 21 集团军群已在汉堡上游易北河河段上的劳恩堡（Lauenburg）附近建立一个桥头堡。邓尼茨担心盟军会从劳恩堡向汉堡和吕贝克发起突击，因此要求将原本计划提供给维斯瓦集团军群和第 12 集团军的增援部队首先部署到易北河上。中午之后不久，用来向柏林发射语音信号的气球被击落。由于自身设置指挥中心的地区在当时已经处于危险的前沿，国防军最高统帅部在数小时后开始从新鲁平向北转移。

在德国元首的地堡中，29 日对堡内所有人来说都是坐以待毙的漫长一天。

勃兰登堡门附近地区的损毁情况，本图摄于德国投降后不久

地面上，毁灭正如暴雨般从四面八方倾泻而下。在前一天晚上，希特勒和他长期的情妇伊娃·布劳恩举行婚礼，并于凌晨写下了他个人和政治方面的遗嘱。在后一份遗嘱中，他任命邓尼茨担任帝国总统和国家元首；仿佛是为了将独裁进行到底一般，他还任命了一个由戈培尔担任总理、鲍曼担任本党部长的内阁。希特勒很清楚自己的处境，对于他还能活多少时间的判断甚至可以精确到小时。魏德林报告说，飞机在前一晚上只空投了几吨补给品；至于今夜，他已经不抱任何希望。最有可能的情况是弹药会在 30 日黄昏到来之前耗尽。

午夜前，希特勒发出了最后一份电报。在向约德尔提出的 5 个简短问题中，他仍在盼望奇迹的发生：

1.温克的前锋部队现在何处？

2.他们何时继续攻击？

3.第 9 集团军现在何处？

4.他们将向何方突破？

5.霍尔斯特所部（第41装甲军）的前锋现在何处？

必须告诉元首不会再有奇迹发生了。意识到自己所扮演历史性角色的凯特尔担起了这项重任。他用一篇枯燥且客观的形势报告为有史以来最巨大、也是最具灾难性的军事冒险画上了句号：1.温克的矛头被挡在了施维洛湖以南，苏军正对其东部的整个侧翼实施猛烈攻击；2.第12集团军无法继续向柏林发起进攻的原因同上（亦被苏军阻挡）；3&4.第9集团军已被苏军合围，有1个装甲军向西部成功突围，但当前位置未知；5.霍尔斯特的那个军目前正在新勃兰登堡—拉森瑙（Rathenow）—克莱门（Kremmen）一线组织防御。

由于维斯瓦集团军群同样被迫在从奥拉宁堡北部经新勃兰登堡到安克拉姆的整条战线上转入防御，因此他们针对柏林的攻击没有取得任何进展。

30日下午15:00到15:30之间，希特勒和他的妻子自杀了。党卫军卫兵把他们的尸体抬到外面，试图用汽油焚化，但因为汽油不足而宣告失败，最终将尸体埋在了附近一个弹坑里。距此四分之一英里之外，苏军正在攻打国会大厦。鲍曼给邓尼茨发去了一封无线电报，告诉后者被任命为希特勒的接班人，并被"即时授予采取当前形势所必需的任何措施的权力"。不过，鲍曼隐瞒了最重要的消息——元首已经死了。因为那将是他握在手上的一张王牌，而他还没有做好把它打出去的准备。

（四）倒计时

就在党卫队员把希特勒的尸体扔在一堆瓦砾——也是曾经的国会大厦的一部分——之中的时候，凯特尔向B司令部的温特传达了一项指示。该指示的第一句话便是："救援柏林的努力失败了。"凯特尔继续说道，北方德军的任务是协助第12集团军向北杀出一条血路，与维斯瓦集团军群会合，而后共同扼守一条从易北河入海口经哈维尔堡（位于哈弗尔河与易北河交汇处）再向北到达罗斯托克（Rostock）的防线；南部德军则需要构筑一道"巨大的环形防线"，以此在东部"确保尽可能多的领土免遭布尔什维克主义的影响"。该指令总结道："必须将战斗继续下去，从而为通过政治手段解决战争赢得宝贵时间，任何致力于达成军事或政治解体的企图都必须以无情的手段加以制止。"

当天晚上，那些仍留在元首地堡的人手中还握有三项能够为自己换来利益的重要资产——元首已死的消息、本国政府的地位（对于还未被占领的地方而言），以及继任政府中最有权力的两个职位。5月1日凌晨1:00，克雷布斯穿过火线，准备抢先向斯大林报告希特勒的死讯，并试图通过谈判达成停战协议，使继任的德国政府可以在首都继续发挥作用。他被带到近卫第8集团军的前进指挥所，集团军司令崔可夫听取了他的建议。而后，可能是因为收到来自莫斯科的指示，索科洛夫斯基前来与克雷布斯进行了会谈，并为后者带来了答案。

到10:00，也许是担心克雷布斯无法完成任务，鲍曼给邓尼茨发送了第二份无线电报。与之前那份的简洁风格相同，这份电报只简要提到了以下几点：遗嘱有效；他（鲍曼，下同）会来普伦；建议在他到达之前对外界保密。中午时分，克雷布斯回到了柏林。苏联人同意让邓尼茨回到柏林，并在那里召集政府人员；但苏方要求德方投降，而不是仅仅停战。戈培尔坚持认为——按照希

约德尔抵达兰斯，准备与同盟国方面讨论德国无条件投降事宜

特勒的意愿——不能选择投降，而后还重申了自己与元首共命运的决心。

就在事发（希特勒自杀）之后第二天的下午，戈培尔和鲍曼签署了一份通知，向邓尼茨告知元首已死的消息，并将希特勒之前决定的一些主要任命也附在了后面（三名信使携带着发给邓尼茨和舍尔纳——最后者的继任者已经被希特勒任命为陆军总司令——的遗嘱副本，于29日离开地堡。但没有任何一个信使最终抵达目的地）。戈培尔及其妻子在杀死他们的孩子后自杀了；鲍曼很可能是在试图离开柏林，前往邓尼茨内阁任职的路上被杀的；克雷布斯和威廉·布格道夫将军宣布他们准备自杀，而且很可能这样做了。

魏德林考虑实施一次突围行动。但他既没有机动空间，也没有力量组织起这样的行动。5月2日上午5:00，他越过火线，宣布自己代表柏林城向苏军投降。不过城内的战斗是在又持续了两天之后才彻底宣告结束的。

5月1日，在知晓希特勒的死讯前，邓尼茨曾向本国元首承诺"永远的忠诚"，并且会"以德国人民所要求的独特、英勇的斗争方式结束这场战争"。然而，他的忠诚所基于的乃是职业素养，而非个人情感。到第二天，邓尼茨就立即转换口径，一口咬定德国的军事形势已经无望——似乎这一结论在之前都被他成功避开了。在其当天发布的训令中，他重申了继续对苏联作战的政策，目的是让尽可能多的德国人避免落入苏联人手中，并且在美国人和英国人对这一目的有所阻碍时进行抵抗。他决定采用化整为零的方式，通过在集团军一级协商分散、零星的投降，以此逃避（德军全体）无条件投降的耻辱结局。首先，他任命海军上将汉斯-格奥尔格·冯·弗里德堡为代表团团长，与蒙哥马利举行谈判，希望能达成一项协议，以结束汉堡的作战行动并"讨论更长远的问题"。

维斯瓦集团军群最终命运的到来比德国人想象的要快，也更为温和。在前一天从易北河桥头堡出发后，盟军第21集团军群于5月2日到达波罗的海沿岸的吕贝克和维斯马（Wismar）。美国第9集团军的部分单位已推进至路德维希斯卢斯特（Ludwigslust）和什未林（Schwerin）以东地区。在什未林，美军装甲部队占领了维斯瓦集团军群的军需处。5月1日才上任的斯图登特在美国人的坦克面前望风而逃。白俄罗斯第2方面军抵达了维滕贝格、帕切和巴德多伯兰。在苏军和西方盟军的两条战线之间，第3装甲集团军和第21集团军（所在区域）被挤成了一条只有15～20英里宽的走廊，从易北河一直延伸到海岸。在夜间，曼陀菲尔和蒂佩尔斯基希率领着他们的部队——当时早已完全崩溃——向美国军队投降。约德尔也提前起草了一份授权该部这样做的命令，但它（相关命令）最终还是被归入了标记为"无法传达"的文件存档之中。

5月1日晚，第12集团军的第20军开始从波茨坦西南部撤退。到第二天早晨，该军已引导第9集团军的3万名幸存者——依靠前一天建立起的无线电联络摆脱了苏军最为强大部队的追击——通过了自己的防线。3日下午，温克派遣装甲兵上将马克西米利安·冯·埃德尔斯海姆渡过易北河，前往美国第9集团军谈判投降事宜。到第二天早上，美国第9集团军同意让德国第9集团军和第12集团军尽可能多的部队渡过易北河，在此期间美国人不会提供协助（除伤员外）。从5日早上到7日晚上，温克的大部分部队都在美军防线后面得到了庇护。

中央集团军群、库尔兰集团军群及东普鲁士集团军这些希特勒战略的遗物向人们提出了更大的问题。邓尼茨的第一反应是命令中央集团军群立即向西撤退，但凯特尔劝阻了他。最终得出了错误结论的凯特尔声称，如果该集团军群离开集结地域，他们就无法维持其坚固防线的存在。邓尼茨在5月4日告诉东普鲁士集团军和库尔兰集团军群，他打算争取英国人和美国人的通融，在"某些情况下"允许库尔兰集团军群和东普鲁士集团军于前10天内分别将5万人和10万人撤回本土。5月4日，冯·弗里德堡报告说，蒙哥马利已经同意接受在荷兰、丹麦和德国北部所有德国军队的投降。邓尼茨指示冯·弗里德堡与艾森豪威尔取得联系，以争取解决另一部分德军的投降事宜；他"首先要向艾森豪威尔解释，为什么所有战线的总投降对于本国海军元帅（邓尼茨）而言是无法实现的"。6日，冯·弗里德堡报告说，艾森豪威尔坚持要求（全体）德军立即同时无条件投降。

（五）投降

6日下午，约德尔抵达位于兰斯的盟军远征军最高司令部。邓尼茨已向他发出指示，要求他"彻底而公开地"再次向艾森豪威尔告知无法完全投降的理由。未能取得成功的约德尔转而试图争取阶段式投降这一形式，即在停火与投降缴械、停止一切行动这两个阶段之间争取一个尽可能长的缓冲期。7日0:15过后，

设于柏林的苏军指挥所中，凯特尔在投降条款上签字

邓尼茨收到约德尔的无线电报，后者告诉他艾森豪威尔坚持在"今天"签署投降协议，并要求协议于5月8日午夜生效；否则，盟军的战线就会"对所有德国人关上大门"。约德尔最后补充道："我看不到出路，只能选择签字。"

邓尼茨断定，约德尔在离开之前便是反对全面投降态度最坚决的人，他做出上述举动一定是因为已经确认争取不到更好的条款。于是，他授权约德尔签署投降协议。12:45，德国新任外交部长格拉夫·鲁茨·什未林·冯·科洛希克通过本国电台宣布投降。第二天1:30，邓尼茨命令舍尔纳、伦杜利克和勒尔尽快向西机动，并在必要时"冲破苏军的拦阻"；所有针对西方盟国的敌对行动也必须立即停止。1:41，约德尔在投降协议上签字。全体德军停止行动和"留在既定阵地"的时间被确定为欧洲中部时间5月8日23:01（柏林在5月8日午夜前一个半小时的时候批准了协议）。

在签署投降书之后，邓尼茨和国防军最高统帅部并不确定相关协议是否会在东部得到执行。毫无疑问，出现这种不确定性的部分原因是他们希望能最大限度地避开向苏联人投降的条款，同时又避免招致严厉报复。为此，约德尔提前打好了预防针，他得到了艾森豪威尔参谋长沃尔特·比德尔·史密斯中将的一份声明，即如果"个别士兵和一些部队"不服从命令、拒绝向苏联人投降，国防军最高统帅部将不会承担相应责任。

德国高层所产生焦虑的最主要来源是中央集团军群。截至目前，该部仍是本国东部最大的兵力集团，距离盟军的防线最远——对于那些有机会投降的人而言——而且没人知道舍尔纳对于这样做（投降）会有怎样的反应。5月2日，舍尔纳在报告中曾说他对部队的控制很严密，同时已经开始生产自用的弹药和汽车燃料。有关他的最后一条消息是他打算在投降前使自己的集团军群突破苏军的包围，抵达易北河与摩尔多瓦河。8日，在一名美国军官的陪同下，国防军最高统帅部的一名上校参谋抵达舍尔纳的指挥部。这名上校报告说，舍尔纳下令遵守投降条款，但声称自己没有办法确保这些条款能在任何地方都得到执行。上校向他（舍尔纳）保证，指挥上的困难"将得到美军和国防军最高统帅部的注意"。就目前而言，国防军最高统帅部既不担心舍尔纳会在最后拼死一搏、也不希望他借机解救自己的集团军群。舍尔纳在8日丢下他的部队，身穿便服、驾驶着一架轻型飞机逃出了捷克斯洛伐克。10天后，他在奥地利被第1装甲集团军逮捕，并被移交给了美国人。

根据国防军最高统帅部估计，在投降时，东部战线上德军的实际力量（包括陆军、海军、党卫军和空军）[1] 如下：

东南战区：180000

奥斯特马克集团军群（前南方集团军群）：430000

中央集团军群：600000

东普鲁士集团军：100000

---

[1] 作者注：指兵力数，包括各种志愿兵。这些数据（人员数量）在多数情况下偏多。

库尔兰集团军群：200000

总计：1510000

只有奥斯特马克集团军群成功将其大多数部队成员从被苏联人（或者说是斯拉夫人）俘虏的命运中解救了出来。对于在投降后成为东线战俘的大约125万士兵来说，他们的归家之路将会十分漫长。

第二十二章

结论

第二次世界大战中，苏德两国之间对抗最为显著的特点便是其规模的巨大。在时间上，这场对抗几乎毫无停顿地持续了 3 年 10 个月 16 天；在空间上，从 1941 年秋季到 1943 年秋季这段时间内，双方作战正面的宽度一直没有少于 2400 英里，这个数据甚至在 1942 年末到达了它的顶峰——3060 英里。苏德双方在西至易北河与阿尔卑斯山脉、东抵伏尔加河及高加索山的广阔中东欧地区展开了激烈的争夺和对抗。德军在鼎盛时期曾突入苏联国土纵深达 1200 英里，而苏军最终向柏林进军的反击里程更是多达 1500 英里；在力量上，苏德双方在战场上持续保有的兵力总数平均达到了 800 万～900 万人，为此而损失的兵力数更是骇人听闻：德国国防军方面的死亡总数大概在 300 万～350 万人之间，苏军作战部队的死亡总数则超过了 1200 万人，约占"二战"期间参战各国部队总死亡人数的 47%[①]。战争及紧随其后的占领统治给苏联和德国平民分别造成了大约 700 万人和 150 万人的损失。如果再加上芬兰、波罗的海各国及东南欧各国人口的损失——包括军队和平民——相关数据还会继续增加数百万（人）。

这场巨人之间的对抗彻底打破了欧洲大陆的传统平衡，而各国势力范围

[①] 作者注：德意志联邦共和国新闻和出版署相关公告（第 1 卷第 7 号，1953 年 7 月 25 日）给出的数据是，苏联军队的损失总数是 1360 万人，其中包括 175 万永久残疾人员。苏联军队比其他各国更多的伤亡人数——在 1941 年和 1942 年的数据尤为极端；这大致可以归咎于苏联的医疗体系建设不足，以及苏军在战术上挥霍人命的不良倾向。反观德军，虽然他们也在许多时候遭受损失，甚至是有意识地牺牲大量兵力；但从总体上看，他们在使用人力方面还是较为节制的。

的最终划定也基本没有脱离战线的轮廓——军队打到哪，哪里就是本国的地盘。因此，这场战争不仅巩固了苏联政权在俄罗斯的地位，同时使其能够向自己的邻国（芬兰除外），以及由苏军占领的那部分德国领土输出共产主义。战争的直接后果便是苏联一战而跃居世界第二强国之位。

苏联的胜利其实是通过无情和残酷压榨人口潜力及工业生产能力而取得的。德方对苏方取得胜利的贡献有两处：首先，在最初的闪击企图落空后，德军再次玩起了一战消耗战的老把戏；其次，德方设立了极端且决不妥协的战争目标。前者只会使德军自己付出惨痛代价，对于"财大气粗"的苏军来说这点伤亡却足以承受，继续打下去的后果必然是苏联人取得最终胜利。正是基于民众对这一逻辑推断的信任，苏联政府才得以一而再、再而三地从民众中获得足够兵力，将其填进那永不满足的血肉磨盘里。

当然，不管德国人犯下的错误有多严重，在苏联人民真正自发的集体英雄主义、自我牺牲精神和勤劳刻苦的民族性格面前，这些错误都只会相形见绌，

正列队通过柏林大街的德军战俘，注意照片中前方四人的年轻程度

成为影响战争成败的次要因素。苏联的统治机构证明了自己在人力动员和工农业生产方面的能力——尤其是在战争刚开始的那个月里，在损失了三分之二的资源、工业产能和农业产出，国家机器运转面临巨大亏空的情况下。该国政府最主要的成就体现在现有产能的转移和重建、工厂矿区的新建、农业用地的开发，以及战争工业空前绝后的集中等方面。实际上，苏联工业产出的外在增加值对战争所起作用还要次于其工业体系内部从民用向军用转换的巨大规模和极快速度：大量的枪支、火炮、弹药、坦克、战斗机和攻击机都是由原先的民用工厂生产出来的。

相较其他各主要交战国而言，苏联享有并充分利用了某些重要优势：苏军只在一面作战，除了远东的一小片次要区域外，他们不用担心其他什么地方出现突发情况；他们打的几乎是纯粹的陆战；他们只在本国领土或是邻国土地上作战，无需跨海行动、新建遥远的补给线路，以及建设和维护远征基地。若是与其他绝大多数参战国进行对比，我们会发现苏联规模庞大的人口和军队所产生的经济需求反而低得多；另外，该国还在《租借法案》的框架内接收了价值 102 亿美元的援助，其中绝大多数来自美国。尽管如苏联人自己所宣传的那样，他们在战争中使用的几乎都是本国自行设计和生产的武器；但不可否认的是，他们从《租借法案》中获得的援助为此（武器设计生产）提供了巨大助力。1941 年 6 月 22 日—1945 年 9 月 20 日间，苏方共接收了 409526 辆吉普车和卡车、12161 辆装甲车辆、325784 吨炸药、13041 辆机车及车厢，以及 1798609 吨食品。

与苏军在人力和资源方面拥有数量优势不同，德军在质量的比拼中占据了上风，尤其是在官兵的军事职业素养水平方面。虽然双方的实力对比处于经常性的变化之中，但总趋势仍是向着有利于苏联的方向发展。随着战局的发展，苏德双方在质量上的差距早已逐渐缩小，数量方面的鸿沟却被愈拓愈宽。

德军在质量上的优势并不足以保住他们在 1941 年和 1942 年获取的战果；而且到 1942 年末，苏军的数量优势已开始统治战场。德国人意识到并接受了这一事实，之后甚至不惜改弦更张、背离长久以来保持的作战传统。德国高层在制订战略时考虑的基点已不再是德军高超领导能力和战术水平的发挥。但这样一来，他们在战争刚开始时便应做出把这场仗打成平局的决定。战争的进程表明德军在质量方面仍然掌握的优势已经越来越局限于中等甚至小规模部队之中；而在这种层次里，双方质量上的差距并非那么明显，也不会起到决定性的作用。

对德国衰弱和失利的任何评论都无法绕开希特勒这一因素，包括其能力和应该承担的责任。第二次世界大战的一个显著特征是领导各主要参战国的个人领袖和他的权威。军事、政治大权在战争里的集中统一早已不是什么新鲜事。但非比寻常的是公众意见所表现出的那种强烈倾向——将军事决策权托付给政治人物，而非军事领导人。富兰克林·D. 罗斯福总统大致忍住了干涉军事行动的冲动。如果不是受到英军和盟军司令部的抵制，并且罗斯福已经做出榜样，丘吉尔或许会干涉得更多，而且从个人角度来看，他也会很乐意这样做。斯大林在苏联所施行战略上留下了深深的个人烙印，但吃过战争初期的大亏后，他在大多数时候都会主动下放权力，让那些真正有能力的将军带领军队击败侵略者。希特勒却从头到尾主宰着德国的战略决策，而且在 1941 年 12 月后将本国地面力量也纳入了自己的直接指挥之下。

希特勒应为德国所犯的错误负主要责任，正如他同样是德国辉煌的主要功臣那样。然而不可否认的是，前一方面要比后一方面影响更大，而且更具决定性。因此，站在战争统帅的角度来看，他应该为德国的战败负责；更重要的是，在导致战败的根本因素方面，他也难逃干系——希特勒不仅妄图用有限的手段来追逐无限的目标，还建立了一个为世界绝大多数国家所不容的政治体系。

希特勒对指挥权的僭取将德军专业军事人员的心血毁于一旦，不过这个过程及其结果不能用被动的偶然和意外因素来解释。他在战争中的指挥表现出了一种毁灭性的威力，这种威力对本国将领群体内反对者的严重伤害同样能在其狂热支持者的群体中找到。希特勒在激起民众的信心、代表国家意见的高度方面令以往任何的个人或集团相形见绌。他正是德国民众想要的那种领袖。然而，他的失败在于他所具有的能力并不足以实现自己承诺的目标。部分人对于希特勒的这一不足发现得相对早些，其余人则稍晚，但他们都同样发现得太晚了。

从统计学的角度看，在抗击德军侵略的战争中，东线战场始终是当之无愧的绝对主角——不管是从参战部队的兵力、作战正面的宽度、推进的距离，还是从主要战役的规模和持续时间上看。基于上述统计数据，苏联方面宣称自己是反法西斯战争胜利的最主要贡献者——但他们忽略了这样一个事实，即空间和距离的意义对苏联而言要远小于两者对欧洲其他国家的意义。

要算出苏德战争对世界反法西斯战争的贡献率，就必须以战略的视角来衡量它。以下四个限定因素是随时都可以得到肯定的：一、苏德战争是单一战场上的陆上作战；二、苏联未曾出力参与对德国的空中战略进攻；三、苏联对于海上作战的贡献只能说是聊胜于无，这一方面最有力的证据是波罗的海在1945年之前一直是德国的内湖和该国海军的训练基地；四、远东第二战场威胁的解除对苏军而言受益良多。

要想得出准确答案还必须基于对如下问题的认真考察，即德国为什么是在陆地战场上被击败？斯大林格勒和北非两大战役终结了德军在战略上的主动权，同时证明不论西线盟军还是苏军都已经具备了在关键地点集中起优势兵力的能力。"堡垒"行动结束后，苏军夺取了东线战场的战略主动权；在西线，盟军战略主动权的发挥则始于西西里登陆。之后，德军开始在东线和西线平分兵力。实际上，德国人倾向性的观点是西线的潜在威胁更加致命，毕竟这一战线上的盟军距离德国心脏地带显然更近。在实施诺曼底登陆前，东线战场上正进行规模巨大

德国国防军陆军的被俘人员在被押送途中，他们面对的将是不可预知的囚禁生涯。许多战俘终生未能回到德国，其他一些幸运儿也至少经历了十年甚至更长时间的苦役

的会战，而盟军当时仅在次要的意大利战区内展开了行动；但在战略的天平上，西线盟军和苏军的成就实际上只在伯仲之间——因为德军被迫将力量分成了几乎平均的东西两块来应对他们。

从本质上看，在 1944 年春末之前，苏军和西线盟军其实做的是同一件事——占领决定性攻势的有利发起位置。只是两者所处的背景大不相同。对于盟军而言，战争是全球性的，空中和海上的行动以及后勤事务都占据着重要位置。他们需要解决的问题是——这种规模过于巨大的两栖登陆战役、这种不是你死就是我活的一锤子买卖、这种不能出现任何征兆的突然袭击、这种最后必然是非升天堂便堕地狱的骇人大战到底该如何组织？苏军需要做的则是迅速收复德国人仍旧掌控在手中、用以充当缓冲的本国领土，并力争将战火烧入德国的土地。当时他们已经肃清乌克兰和俄罗斯北部地区，并在华沙—柏林方向上完成了兵力集结；为了这一天的到来，他们在前几年里付出了沉重代价。盟军的准备工作虽在壮观程度上稍有逊色，但在技术细节和组织效率方面有着极高要求；在完成了这一系列壮举的同时，盟军还将空中和海上的对德进攻行动推向了高潮——诺曼底登陆最终才获得成功。在这一年的夏末，盟军突破了德国的边境线，苏军也推进到了维斯瓦河及东普鲁士边境一线。12 月，希特勒在西线发动了德军的最后一次战略进攻；与此同时，苏军突破至奥得河。1945 年 2 月中旬到 4 月中旬间，苏军在奥得河边按兵不动；盟军则跨过德国三分之二的领土，挺进至易北河。当战争持续到这个阶段，唯一还在支撑它进行下去的就只剩下那个独裁者的恐惧、仇恨和野心了。

苏联确实为欧洲战场的胜利做出了巨大贡献，但这谈不上是决定性或压倒性的。尽管苏方在战后曾如此宣称，可实际上这场战争并没有证明该国制度优越性。在德国，苏德战争从一开始就被美化为一次针对布尔什维克的"十字军东征"，苏联政府却没有针锋相对的意思。他们不想将马克思主义政权的威望置于这样一种直接而危险的测试中；而且相反，他们所宣称的仅仅是带领人民为了国家的生存而战。

同样，苏联在第二次世界大战中的战略决策也丝毫没有展现出其在意识形态方面具有说服力的优越性。苏军的战略是谨慎、有计划、由政策引导的，它最显著的特征是自身所背负于肩上、沉重的政治负担。毫无疑问，苏联军队浴血奋战不过是为了在战场上击败敌军，但他们往往还要付出可观数量的额外代价——生命及资源。苏军指挥层在筹划行动时通常会表现出类似于强迫症的倾向，试图通过军事占领的方式将领土诉求合法化。到最后，当战争即将结束时，他们在这条道路上走得是如此之远，以至于动起了进攻捷克斯洛伐克的念头。基于同样的理由，在保加利亚宣布投降后，苏军仍然坚持对其发动了象征性的进攻。苏军战略与其说是积极主动的——像德军战略曾经表现出的那样——更不如说是贪婪的，同时还是压抑和无情的。

不过，德国的败亡仍然是马克思主义的一次伟大胜利，它打破了欧洲其他国家持续整整一代人的封锁，使共产主义制度突破了苏联领土，最终奔向整个世界。但在战争的最后阶段，这种突破改变了战争的原有面貌，并使真正的和平化为泡影。

附录

一、附录 A 苏德军队编制对照表

德国	苏联
1.集团军群 至1944年9月，东线有4～5个集团军群，外加第20山地集团军和芬兰集团军	**1.方面军** 10～12个
2.集团军 2～4个集团军编成1个集团军群	**2.集团军** 3～9个（平均是5～7个）集团军编成1个方面军
3.军（包括装甲军） 2～7个军编成1个集团军	**3.步兵军** 平均3个军编成1个集团军
4.师 2～7个师编成1个军	**4.师** 平均2～3个师编成1个军

德军各师编制数		苏军各师和军级装甲部队编制数	
装甲师（103～125辆坦克）	14000～17000人	坦克军（189辆坦克）	10500人
摩托化师（48辆坦克）	14000人	机械化军（186辆坦克）	16000人
步兵师（9营制）	15000人	步兵师	9375人
步兵师（6营制）	12700人	近卫步兵师	10595人
炮兵师（113门火炮）	3380人	炮兵师（210门火炮）	6550人

二、附录 B 各国高级军衔对照表

1942年11月至1945年5月

德国	苏联	美国
帝国元帅*	无	无
元帅	苏联元帅（Marshal Sovetskogo Soyuza）	五星上将（General of the Army）
无	军兵种主帅（Glavnyi Marshal）	无
无	军兵种元帅（Marshal）	无
大将	大将（General Armii）	上将（General）
兵种上将	上将（General Polkovnik）	中将（Lieutenant General）
中将	中将（General Leytenant）	少将（Major General）
少将	少将（General Mayor）	准将（Brigadier General）

* 1940年7月为赫尔曼·戈林单独创设，且为其独自享有。

三、资料来源

第一部分

在 1945 年春天攻入德国本土后，盟军部队发现了数以吨计的德国官方记录。这些记录中有关军事的部分后来被运到美国，置于军方的严密管控之下，直至 1958 年被移交给了美国国家档案馆。本书完成之后不久，这些来自德国的缴获资料的大部分被交还给了德意志联邦共和国。不过在国家档案馆里仍然可以查到这些资料的微缩胶片和索引简文。

由于一直缺少一些重要的苏联官方记录，德国的记录因此成了研究"二战"期间苏德两军行动的最好来源。在这些记录中，德国国防军最高统帅部（OKW）、陆军总司令部（OKH）和各级战地司令部（包括集团军群、集团军、军）提供的资料乃是最具价值的。目前仍存于世上的德国空军的资料在准确性方面相对要差一些，在这之中较有参考价值的是一本由英国航空部发布的手册——《德军空军的崛起和灭亡》（伦敦，1948 年）。德国海军并未直接参与东线作战的主要行动，但下述三项来源于该军种的记录极具价值，人们可以从中了解到德国最高指挥机构的一些运作情况，它们是：德国海军总司令部（OKM）接收到的德国国防军最高统帅部（元首）指令（1939—1945），这部关于德国元首和其他高层发布的训令的独特合集由瓦尔特·胡巴奇等人以《希特勒的元首指令》为名出版（法兰克福，伯纳德和格雷夫出版社，1962 年）；《德国海军总司令部作战处战争日记》，这是一份以海军高级司令部的视角记述相关事件的全面的战争编年表；以及《关于海军事务的元首会议记录》，它是一份涉及海军司令或其私人代表参与其中的元首会议的概要（会议）记录。

德国国防军最高统帅部（OKW）关于东线的记录存在若干局限，比如资料不齐全。东线并非国防军最高统帅部的直接管辖战区，而且在本书所叙述的时间段内，该统帅部被蓄意隔绝在了东线战场之外，不仅影响力不及此处，甚至连触角都无法进入。不过，由珀西・恩斯特・施拉姆编辑出版的《德国国防军最高统帅部战争日志》（法兰克福，伯纳德和格雷夫出版社，1961—1965 年）可以算作德国方面关于整场战争层次最高、内容最全面最完整的编年记录。

在国防军最高统帅部与德苏冲突有关的战争记录中，最为丰富和完整的是那些对于战争末期和德军投降阶段的记录。其中包括德军在战争最后阶段的实力和损失估计、有关政权更迭和投降决策的资料，以及一份阐述邓尼茨政府建立历程和政策走向的白皮书的草案。但国防军最高统帅部作战指挥部在陆军总司令部之后所发布《投降前的最后命令》的相关文件已经遗失。

陆军总司令部（OKH）是德国对苏战争的核心指挥机构。1942 年 9 月之后，东线的作战指挥更是成为其唯一且独占的责任。陆军总司令部保存下来的记录虽然数量庞大，却也相当零碎；特别是关于战争后期的记录，如今已找不到一份能与哈尔德的日记或德国国防军最高统帅部战争日志相媲美、完整且连续的卷宗。陆军总司令部作战处的日志仅在 1945 年 1—4 月这几个月里是相对连续的。陆军总司令部文件中最有价值的是由作战处标绘的有关东线形势（包含德军和苏军双方的部署）的地图，比例尺为 1:1000000，相关人员会每天标绘。这套地图可以说是完整连续的，同时也是本书各战场形势图的来源，但我（本书作者）对其中关于苏联的部署进行了一些修改和补充。

陆军总司令部编制局仍存留于世的卷宗为人们提供了有关德军实力、损失、补充、人力资源和陆军组织结构变化的信息。陆军总司令部连续性最好的档案——虽然距离完整还有很大差距——是东线外军处的文件。东线外军处作出了大量有关东线全局或是个别战区的情报评估报告。该部门还会经常性地发布短期或长期情报总结，并不时对德军和苏军的实力进行比较。上述文件中有相当数量得以幸存，而且形成了一张德军视角下的完整的东线情报形势图。来自装甲兵总监的相对较少的档案中包含了与古德里安的任职和他被任命为陆军总司令部代理参谋长相关的重要文件。从其中一份特别重要的文件中，人们可以窥知希特勒在 1942 年 10 月至 1944 年 10 月间对其将军和陆军总参谋部的态度，这份名为《参谋长的报告》的文件由陆军总司令部人事处拟制，记述了该处在希特勒及其首席副官施蒙特直接领导之下那个时间段的主要工作内容。

幸运的是，德国国防军最高统帅部和陆军总司令部的记录均覆盖了战争最后一个月的情况，因为那些前线司令部在这段时期内留下的记录相对较少。

有一套并非来自国防军最高统帅部或是陆军总司令部的重要的高层次文件，它名为《元首会议纪要》。所谓"元首会议纪要"是指由元首指挥部速记处保存,有关形势和其他军事会议记录残存的部分(1942 年 12 月至 1945 年 3 月,总共 50 份)。其中部分内容经菲利克斯·吉尔伯特等翻译后以《希特勒的战争指导》(纽约，牛津大学出版社，1951 年)为名出版。其全部内容则经由赫尔穆特·海伯等翻译，以《希特勒的形势讨论》(斯图加特，DVA 出版社，1962 年)为名出版。

各集团军群的记录是德国对苏战争史的主要资料来源。集团军群司令部与统帅机关（希特勒和陆军总司令部）、作战部队均有直接联系，同时——在希特勒的指挥方式所限定的范围内——它们本身也是作战行动的决策机构。按照德军的惯例，各野战司令部都会记录保存一份战争日志，其中记录了进出命令、会议和报告摘要、形势评估、作战进度、天气、温度和其他关于作战或重要的历史条目。这些命令、报告等内容以附件（附录）的形式分别归档于作战日志的不同位置。总的来说，作战日志及其附件是野战司令部最核心的记录。在集团军群一级，战争日志通常会表现出较强的历史意识，有时甚至是由专业的历史学者记录和保存；此外，那些司令和参谋长也经常在战争日志中吐露心声，这些个人隐私并未被记录在别处或在司令部之外传播。此外，集团军群的记录还为我们提供了各种作战计划、战役报告、电话和会谈记录、来往电报，以及领袖文件等未被记入战争日记的绝密资料。

仍然存留于世的集团军群战争日志片段如下：A（南乌克兰、南方）集团军群，1942 年 10 月 1 日至 1945 年 3 月 31 日，其中 1944 年 10 月至 1945 年 3

月附录部分是齐全的；顿河集团军群，1942 年 12 月 7 日至 1943 年 2 月 28 日，但仅有附件；北方集团军群，1942 年 10 月 1 日至 1944 年 6 月 15 日，有零散附件；中央集团军群，1943 年记录有零散附件，到 1944 年仅有附件（1943 年 8 月 22 日至 1944 年 9 月 24 日，战争日志的影印胶片由前战争日志保管人赫尔曼·加肯霍尔茨教授保管）；维斯瓦集团军群，1945 年 1 月 29 日至 4 月 29 日，带手写附件。（本书）作者还在编号为 MS # P-114a 的《东线北部对苏作战》一文中获得了晨报和晚报（1944 年 9 月至 1945 年 5 月，北方和库尔兰集团军群战争日志的一部分）的相关资料，并在正文和附录中进行了广泛引用。

　　集团军一级的记录在组织和内容上与集团军群相似，不过这些集团军通常不像集团军群那样，可以与统帅机构发生直接联系。在很多时候，集团军记录的规模要比集团军群大得多。其中部分原因是在大多数情况下，战争日志和附件的记录几乎要到 1944 年 7 月才完成；另一部分原因则是集团军的记录包含了更多的行动报告、作战计划和反游击战行动报告。

第二部分

　　除了战时缴获的文件、审讯记录，以及经过德国情报机构过滤的情况分析之外，（本书）作者实际上并未找到苏联方面与作战行动相关的重要文件。战争期间，苏联军史局在前参谋长鲍里斯·M. 沙波什尼科夫的领导下（1942 年底至其 1945 年去世），出于利用战争经验的考虑，出版了一系列的经典战例专著。其中最为彻底和坦诚的——因此在传阅范围上也受到了最严格的限制（仅师长及以上级别军官）——是所谓的"斯博尼克"【Sbornik，战争经验研究材料汇编（Materialov po izucheniyu opyta Voyny）】。编撰斯博尼克的主要意图并不是记录历史，而是将那些经过实战检验的战术教给己方高级指挥官。但要做到这一点很难，因为掣肘太多——他们要在避免对方面军以上层级指挥机构进行批评的同时做到具体和客观；关于后面这两点（具体且客观），斯博尼克对斯大林格勒战役和 1942—1943 年冬季攻势的记述是体现得最好的。

　　在战争结束到斯大林去世几年之后那段时间里，苏联出现了少量关于第二次世界大战重大战役的历史记录，但其中大部分内容读起来更像是《莫斯科战时公报》的选集。此类文献的出版仅是出于对斯大林的推崇和对以前的朋友及敌人的反击。最有用的出版物是斯大林的战时命令选集，其中甚至夹杂了一些斯大林本人有关军事问题的公开言论。

在第二十次党代会（1955 年）之后几年时间里，尼基塔·S. 赫鲁晓夫推动了一种新的"二战"研究方法的发展，并宣布即将出版苏联官方的"二战"战史；此后，苏联关于第二次世界大战的著作迅速泛滥起来。然而与之前的出版物相比，新著作的信息量虽然很大，但这一点（信息量大）相较投入出版的书籍数量（少）是远不成比例的。不过其中有几部在披露具体信息方面表现出了一流的水准，比如《伟大卫国战争重大战役》（Vazneishie Operatsii Velikoy Otchestvennoy Voyny；莫斯科，军事出版社，1956 年），由帕维尔·A. 志林上校编辑。

这是一个集众人之力汇编而成的战役研究的集合，而不是一部完整的历史叙述类作品。作者们谨慎地修改了历史，希望呈现出军事指挥绝对正确的同质化印象，但它确实将早期的失败当作防御成功来处理。斯大林的名字几乎消失，荣誉和光辉被重新分配给了党、军队和苏联人民；战争中的失败和错误仅有零散分布，其体量和高度不足以影响全书的整体观感，也无法为批判分析提供有效的素材。然而就算如此，这本书的最大优点依然是它的叙述比当时苏联出版的任何一本"二战"著作都要更接近事实。1958 年，S. P. 普拉托诺夫将军出版了一本完整的单卷本"二战"史《第二次世界大战》（Vtoraya Mirovaya Voyna；莫斯科，军事出版社）。普拉托诺夫这本书在一定程度上延续了向有限客观方向发展的趋势（始自志林上校），并对志林所回避的——如苏联对战争的指挥等问题进行了讨论。志林和普拉托诺夫都与苏联军史局有联系，且都是苏联《军事历史》杂志（Voyenno Istoricheskiy Zhurnal）的编辑委员会成员。普拉托诺夫之后还出现了其他综合性的单卷本，例如 K. S. 科尔加诺夫关于战争特定方面的《伟大卫国战争中苏联军队战术的发展，1941—1945 年》（Razvitye Taktiku Sovetskoy Armii v Gody Velikoy Otehestvennoy 1941–1945；莫斯科，军事出版社，1959 年）。在小部头历史作品中，普拉托诺夫的著作仍然是最好的。B. S. 普霍夫斯基的《苏德战争 1941—1945》（velikaya otchestvennaya voyna sovetskogo soyuza 1941–1945；莫斯科，军事出版社，1959 年）是一部低劣露骨、戏剧化的历史作品，但有以下两个方面值得一提：一、作者提及了所有重要的指挥官——这在苏联军事史的写作中并不常见；二、很明显，由于这个版本是对出版于 1955 年那一版的修订，因此朱可夫元帅的形象要比他在苏联别的作品中描绘得更为突出。

　　苏联方面第二次世界大战历史著作的最高水准——至少在目前来看如此——是从 1960 年开始出版的六卷本《苏联伟大卫国战争史 1941—1945 年》（莫斯科，军事出版社，1960—1963 年）。这套官方历史著作全面而又详细地涵盖了第二次世界大战军事、政治和经济方面的历史，包括其起源和后果。作者是包括前文所提及的三位——志林、普拉托诺夫和普霍夫斯基在内的几十个人。这部著作关于苏联军事行动的一些章节几乎一字不落地照搬了普拉托诺夫的记述。从整体来看，该著作对军事行动的叙述延续了我们从志林和普拉托诺夫作品中观察到的趋势，没有做到真正的坦诚。但它对名称、日期、部队、战术行动和作战计划的处理相较早期的著作显得更加连贯。苏方的错误、失败和挫折虽然未被刻意忽略，却几乎无一例外地得到了片面的粉饰，从而避开那些相对次要的问题。它对德军和其他国家军队的优势、损失和另外一些统计数据都有详细说明，对于苏联军队的情况则一笔带过。本书在历史上首次给出了苏军优势的具体数据，但关于苏军的伤亡和损失仍是一片空白。它还参考了苏联以外地区出版的资料文献，然而关于苏联文献只给出了一些毫无意义的文件编号；除频繁地引用最高统帅部大本营一贯正确、及时和一致的决定和指示外，对于高层决策过程的描写却是模糊不清的。

第三部分

　　为了给部队提供一份学习德军在第二次世界大战中的军事经验的完整材料，美国陆军欧洲历史分部主导推行了外国军事研究计划。该计划到 1961 年终止时共编制出了约 2400 份手册，作者大多是前德国高级军官。起初，他们主要是根据记忆对其本人在其中扮演关键角色的那些事件进行描述。从 1948 年开始，他们启动了更为全面的项目。该项目被分解赋予了各个小组，这些小组随后利用美国陆军保管的记录、通过私人渠道获得的记录、采访及他们自己的经验完成相关工作。项目总体的监督和指导权都掌握在由弗朗茨·哈尔德大将领导的控制组的手中。1954 年，美国陆军欧洲历史分部在《外国军事研究概要 1945—1954 年》中公布了一份完整的手册清单（包括已完成和计划出版的）。其中有一整套手稿存放在华盛顿特区陆军部军史局局长办公室里。第二套手稿已提供给了德国联邦国防军历史办公室。

在外国军事研究计划的系列著作中，关于对苏战争战略决策层次的是编号为 MS # T-9、哥特哈德·海因里希大将的《俄罗斯战役概述》；涵盖集团军群一级的书目有编号为 MS # P-114a、弗里德里希·西克斯特中将的《东线北部对苏作战》，编号为 MS # P-114c、弗里德里希·威廉·哈克炮兵上将的《1941—1945 年德国集团军群在东线南部的作战》；1944 年和 1945 年东南战区的有关史料可见编号为 MS # P-114c 补遗、埃里希·施密特·里奇伯格少将和柯特·冯·加特纳少将的《1944—1945 年德国东线框架下巴尔干地区的战争事件》；集团军、军和师一级的行动则可参考单独的研究选集。

关于东线作战某些特殊方面的资料可在下列书目中找到：编号为 MSS # P-060 a-o、赫尔穆特·莱因哈特少将等的《小部队行动》（该书的删减版于 1953 年 7 月，以陆军部手册 20-269《俄罗斯战役期间德国的小部队行动》为名出版）；编号为 MS # T-12、奥德维格·冯·纳兹默等的《被围部队的突围行动》（Das Zurueckkaempfen eingekesselter Verbaende zur eigenen Front；于 1952 年 1 月，以陆军部手册 20-234《被围部队的行动》为名出版）。有关突发事件和特殊历史事件的资料可见编号为 MS # B-606、冈瑟·赖希姆上校的《最后的集结，德国第 12 集团军在德国心脏地区的作战》，以及编号为 MS # B-220、马克西米利安·冯·埃德斯海姆装甲兵上将的《1945 年 5 月 4 日第 12 集团军在施滕达尔向美国第 9 集团军投降始末》【Die Kapitulationsverhandlungen der 12. (deutschen) mit der 9. (amerikanischen) Armee am 4 Mai 1945 in Stendal】。

外国军事研究计划也为苏联国内的战争研究提供了相当重要的第一手资料。除已经提到过的施拉姆和格林的著作外，上述书目涉及战争后期阶段的有：编号为 MS # C-073、瓦尔德马尔·埃尔弗特步兵上将的《芬兰的最后一场战役》——又名《芬兰战争》（威斯巴登，莱姆斯出版社，1950 年）；编号为 MS # D-406、库尔特·蔡茨勒大将的《为第二次世界大战中的重大决策而战》；编号为 MS # D-408、汉斯·乔治·艾斯曼上校的《艾斯曼上校在维斯瓦集团军群的记录》；编号为 MS # C-099 c、d、i、l、m 和 o，沃尔特·沃利蒙特炮兵上将的《国防军最高统帅部战争日志评注》（德文版）；编号为 MS # P-215、沃尔特·沃利蒙特炮兵上将的《约德尔日记评注，1937—1945 年》（德文版）；以及马克西米利安·弗雷赫·冯·魏克斯元帅的《弗雷赫·冯·魏克斯元帅日记摘录 1943—1944 年》（柯特·冯·加特纳少将转引自原始速记记录）。

第四部分

　　苏德战争一般文献主体的体量是庞大的，而且处于不断增长之中。然而，其中只有很少一部分是用英语写作，或是被翻译成英文的。定期更新的较为全面的书目可在《第二次世界大战历史杂志》和《世界大战》中找到。两者均列出了所有语言的书籍和文章，并附有文献类综述和对重要作品的评论。希尔格鲁伯和雅各布森对普霍夫斯基的长篇评论《苏联伟大卫国战争史 1941—1945 年》（法兰克福，伯纳德和格雷夫出版社，1961 年）为人们提供了一个大有帮助的分析书目，并探究了西方和苏联的战争史研究方法。

　　以下是目前能找到的专注于战争某一特定方面的英文著作：格哈德·L. 温伯格的《德国和苏联 1939—1941 年》（莱顿，E.J. 布里尔出版社，1954 年），含有纳粹—苏维埃条约时期和希特勒入侵苏联后的决定；陆军部手册 20-261a，《德国的俄罗斯战役——计划与作战（1940—1942 年）》（华盛顿，1955 年）提供了 OCMH 苏德战争系列即将出版的第一卷和第二卷的基本背景；亚历山大·达林的《德国在俄罗斯的统治 1941—1945 年》（纽约，圣马丁出版社，1957 年）提供了德军占领期的全面历史；战争文献计划——"亚历山大"研究项目（华盛顿，空军研究与发展司令部，1953—1955 年）经约翰·A. 阿姆斯特朗等浓缩结集，以《第二次世界大战中的苏联游击队》（麦迪逊，威斯康星大学出版社，1964 年）为名出版，对苏联游击运动进行了类似的全面描述；亚历山大·威尔斯的《战争期间的俄罗斯》（纽约，代顿出版社，1964 年）以苏联人的视角相当详细地描述了整场战争，但系统性不足；T. 多德森·斯坦普斯和文森特·J. 埃斯波西托等的《第二次世界大战军事史及地图集》（西点，美国军事学院，1953 年）提供了 1941—1945 年军事行动的概述和极为优秀的地图。关于德国作战行动的最佳短篇集，可见库尔特·冯·蒂佩尔斯基希的《第二次世界大战史》（波恩，雅典娜出版社，1956 年），尚未翻译成英文或中文版本。本书作者既是一名受过训练的历史学家，又是一名东线的军和集团军指挥官。

迄今为止，已翻译出版的两部最重要的德国作品是海因里希·古德里安的《装甲英豪》（纽约，代顿出版社，1952 年）和埃里希·冯·曼施泰因的《失去的胜利》（芝加哥，H. 雷格尼出版社，1958 年）。以上两书都是回忆录，在某种程度上凸显了这类作品固有的缺陷。苏联方面的回忆录作品现在越来越多，但个别作品的关注面非常狭窄。在被翻译成英文的作品中，最优秀的是瓦西里·伊万诺维奇·崔可夫的《斯大林格勒之战》（纽约，霍尔特、莱因哈特和温斯顿出版社，1964 年）。

作为第二次世界大战反轴心国联盟成员之一，苏联的战役行动在很大程度上是独立于其联盟成员身份的——主要原因是苏联战区相对孤立、稳定的战略状态，以及该国在三巨头中相当独特的地位。在反对德国的整场战争中，苏联的作用在赫伯特·费斯的《丘吉尔、罗斯福和斯大林》（普林斯顿，普林斯顿大学出版社，1957 年）、卢埃林·伍德沃德的《英国在第二次世界大战中的外交政策》（伦敦，皇家出版局，1962 年）、莫里斯·马特洛夫和爱德华·M. 斯内尔的《盟军战略规划 1941—1942 年》（华盛顿，1953 年）、莫里斯·马特洛夫的《盟军战略规划 1943—1944 年》（华盛顿，1959 年），以及约翰·厄尔曼的《大战略》（伦敦，皇家出版局，1956 年）第五卷和第六卷中都有详细描述。这一方面内容的苏联版本可见《苏联伟大卫国战争史，1941—1945 年》（Istoriya Velikoy Otechestvennoy Voyny Sovetskogo Soyuza, 1941–1945）和 G.A. 杰博林的《柏林战役》（Vtoraya Mirovaya Voyna；莫斯科，军事出版社，1958 年）。

最后，关于通过北极的港口和波斯湾运向苏联的大量盟国援助物资的情况，可见 T.H. 维尔·莫特的《波斯走廊和对俄罗斯的援助》（华盛顿，1952 年）、理查德·M. 雷顿和罗伯特·W. 科克利的《全球物流和战略 1940—1943 年》（华盛顿，1955 年）、S.W. 罗斯基尔的《海上战争》（伦敦，皇家出版局，1954 年）、塞缪尔·艾略特·莫里森的《第二次世界大战中的美国海军作战史——大西洋战役 1939 年 9 月至 1943 年 5 月》（波士顿，利特尔 & 布朗出版社，1951 年）和塞缪尔·艾略特·莫里森的《第二次世界大战中的美国海军作战史——大西洋战役的胜利 1943 年 5 月至 1945 年 5 月》（波士顿，利特尔 & 布朗出版社，1956 年）。

四、名词解释

Armeeabteilung：战役集群。在德国陆军中居于军和集团军之间的一种临时作战单位，通常由一个得到加强的军级司令部负责指挥。

Armeegruppe：集团军级集群。德国陆军中由若干集团军组成的一种临时作战单位，通常由某一集团军司令部负责指挥。

Berghof:"贝格霍夫"行动。希特勒的巴伐利亚大撤退。

East Wall："东方壁垒"。德国人在苏联领土上修筑的一道筑垒防线，北起波罗的海的纳尔瓦、南至黑海的梅利托波尔，于 1943 年 8 月开始修筑。

Ferdinand:"斐迪南"。一种投产于 1943 年早期的德国坦克[①]。装备有一门长身管 88 毫米反坦克炮，炮塔被固定在车身上，采用"虎"式坦克底盘。该型坦克全重 73 吨，前装甲厚达 200 毫米，最高时速为 12.5 英里。

Front：方面军。一种苏军的作战单位，相当于德军的集团军群。

Fuehrer：元首。希特勒的德国国家领袖的头衔。

Gruppe：集群。一种由德军特设的军事编组，通常由数量超过 1 个军编制的若干师组成，但仍由军级司令部实施指挥。

Guards：近卫。苏军授予某些战功卓著的作战单位的荣誉称号。

Hero of the Soviet Union：苏联英雄。苏联最高军事勋章。

Hiwi, Hilfswillige：俄罗斯志愿兵。在东线战场上志愿服役于德军各种非战斗单位的俄罗斯辅兵。

Iron Gate：铁门峡谷。多瑙河在塞维林堡上游的一段峡谷，长约 2 英里。

Jaeger：猎兵。对德军轻步兵的一种称谓。

JU–52：容克 –52。德国容克飞机公司生产的一种三发运输机。

Kampfgruppe：战斗群。德军对遭受重大战损、实力严重不足的师的一种称谓。

Knight's Cross of the Iron Cross：骑士十字勋章。德国铁十字勋章中的最高等级，也是德国在第二次世界大战中最珍贵的军事勋章。

---

① 译者注：原文如此，应为"坦克歼击车"。

Maybachlager：迈巴赫营地。德国陆军总司令部设在柏林南部措森的指挥所和通信中心。

NKVD：内务人民委员部。苏联内部安全机构。

OKH：陆军总司令部。德国陆军最高指挥机构。

OKL：空军总司令部。德国空军最高指挥机构。

OKM：海军总司令部。德国海军最高指挥机构。

OKW：德国国防军最高统帅部。德国武装部队最高指挥机构。

Panje："潘杰"小马车。德国人在第一次世界大战时使用的军俚语，当时指的是波兰人和苏联（俄国）人。在第二次世界大战中用以指代苏联农民使用的马车。

Panther："黑豹"坦克。一种德国坦克，即 V 号（五号）坦克，于 1943 年初量产，装备有 1 门长身管 75 毫米炮。由于采用倾斜装甲和低轮廓设计，被认为（也的确）模仿了苏联的 T-34 坦克。"黑豹"坦克全重 50 吨，前装甲厚 110 毫米，最高时速为 35 英里。

Panzer III：III 号（三号）坦克。一种德国在战前投产的坦克，其最新型号（1942 年型）装备有 1 门长身管 50 毫米反坦克炮。III 号坦克重 24.6 吨，前装甲厚度为 50 毫米，最高时速为 35 英里。虽然这型坦克没有在战争的最后一年中出现过，但其底盘仍在数个型号的突击炮上得到了使用。

Panzer IV：IV 号（四号）坦克。德国在战前投产的最新型坦克，其最新型号（1942 年型）装备有 1 门长身管高速 75 毫米炮（用以取代早期的短身管低速相同口径火炮）。IV 号坦克重 26 吨，前装甲厚度为 60 毫米，最高时速为 25 英里。

Panzergrenadier：装甲掷弹兵。德军对装甲步兵的称谓。

Panzerjaeger：装甲猎兵。字面含义为坦克猎手，是一种骑乘摩托、以反坦克榴弹和火箭弹为主战武器的德军部队，组建于 1945 年初。

Reichsfuehrer-SS：党卫队全国领袖。希姆莱的党卫队领袖头衔。

Reichsstrasse 50：第 50 号国道。德国在挪威北部修筑、从纳尔维克至希尔克内斯的道路。

Szekler Strip：塞克勒狭地。位于特兰西瓦尼亚东部的一片土地，匈牙利和罗马尼亚在两次世界大战间对该地的归属产生争议，后经德国调停，被签署于 1940 年 8 月 30 日的《维也纳条约》授给了匈牙利。

Schild und Schwert：“盾与剑”。德国的一种积极防御理论。

Assault gun：突击炮。一种轻装甲的履带式战车，装备有口径相对较大的火炮，被设计用于实施近距离炮兵支援。

SS：党卫队。纳粹党精锐卫队。

Stavka：苏联最高统帅部大本营。苏军最高指挥机构。

Stuka：“斯图卡”。德军容克 –87 型俯冲轰炸机。

T–34：T-34 中型坦克。第二次世界大战中苏联装甲部队的主力装备。于 1941 年初开始量产，装备有 1 门 76.2 毫米炮（在 1944 年初改为 85 毫米炮），前装甲厚度为 45 毫米，最高时速为 30 英里。在面对反坦克火炮的射击时，该型坦克倾斜设置的车体前部装甲具有较强的防护力。

Tiger：“虎”式坦克。一种德制坦克，即Ⅳ号（四号）[1] 坦克，1942 年后期首次在战场上出现。装备有 1 门改良过的德国制 88 毫米高射炮。“虎”式坦克重 63 吨，车体前装甲厚度为 100 毫米，最高时速为 25 英里。

Totenkopf: 骷髅头。

Volksgrenadier: 国民掷弹兵。德军赋予在 1944 年 7 月后组建的部分师级单位的番号。这类部队都是由从东线撤下的“骨架师”填以新兵组成的。

Volkssturm: 人民冲锋队。由所有未被征召的 16 岁至 60 岁的男子组成的本土警卫部队。

Waffen–SS：党卫军。党卫队的作战部队。

Winter War：冬季战争。指 1939 年至 1940 年的苏芬战争。

Wehrmacht：国防军。对德国武装部队的称谓。

五、行动代号

ASTER (Aster) Map Exercise：“紫菀”图上推演。北方集团军群拟撤向波

---

① 译者注：原文如此——Panzer Ⅳ，但实为Ⅵ号（六号）坦克。

罗的海沿岸国家的计划，1944 年 9 月。

BARBAROSSA (Barbarossa)："巴巴罗萨"。德军于 1941 年发动的对苏攻势。

BIBER (Beaver)："海狸"计划。中央集团军群防御地带内的主要斜切阵地，1944 年。

BIRKE (Birch)："白桦树"。第 20 山地集团军撤退至芬兰北部的行动，1944 年。

BLAU (Blue)："蓝色"计划。1942 年德军对苏军的攻势。该代号也被用于指代北方集团军群在 1943—1944 年秋冬季节撤至"黑豹"阵地的行动。

BUEFFEL (Buffalo)："水牛"。由中央集团军群实施的撤退行动，进行于 1943 年 2—3 月。

FRUEHLINGSERWACHEN (Awakening of Spring)："春醒"。南方集团军群在布达佩斯南部发起的攻势，1945 年 3 月。

FRUEHLINGSFEST (Spring Festival)："春节"。德方在白俄罗斯地区实施的反游击战行动，1944 年 4 月。

GNEISENAU line："格奈森瑙"防线。德军设在克里木、用于保护塞瓦斯托波尔的防线，1944 年。

GOTENKOPF (GOTH's Head)："哥特之首"。德军设置在塔曼半岛上的桥头堡，1943 年。

HABICHT (Hawk)："哈比希特"。德军计划中在丘古耶夫—库比扬斯克地区强渡顿涅茨河的行动，1943 年 3 月。

HAGEN (Hedge) position："哈根"防御阵地。德军在奥廖尔突出部根部建设的一道筑垒防线，1943 年 7 月。

HEINRICH："海因里希"。德军在涅韦尔以西地区实施的反游击行动，1943 年 11 月。

HUBERTUS line："胡伯塔斯"防线。德军在巴拉努夫桥头堡后方设置的一道斜切阵地，1944—1945 年。

KORMORAN (Cormorant)："鸬鹚"。德军在白俄罗斯地区展开的反游击行动，1944 年 4 月。

KUGELBLITZ (Ball Lightning)："球形闪电"。德军在白俄罗斯苏拉日区展开的反游击行动，1943 年 2 月。

LITHUANIA position:"立陶宛"阵地。位于北方集团军群后方的斜切阵地，1944 年 7 月。

MARGARETHE:"玛格丽特"。德军军事占领匈牙利的计划，1943 年 9 月。

NORDLICHT (Northern Lights):"诺德里奇"。第 20 山地集团军撤往挪威的行动，1944 年。

PANTHER position:"黑豹"阵地。德军拟建设的"东方壁垒"的北半部分，1943—1944 年。亦可用于称呼"哈比希特"行动的扩大版本。

PRINZ EUGEN (Prince Eugene) position:"欧根亲王"防御阵地。位于北乌克兰集团军群后方的斜切阵地，1944 年 7 月。

REGENSCHAUER (Rain Shower):"阵雨"。德军在白俄罗斯展开的反游击行动，1944 年 4 月。

ROLLBAHN (Highway) position:"铁道"防御阵地。在北方集团军群防御地带内，与列宁格勒—丘多沃公路相平行的一道野战筑垒防线。

SCHILD UND SCHWERT (Sword and Shield):"剑与盾"。拟由北乌克兰集团军群发动的攻势行动，1944 年 6 月。

SCHUTZWALL (Bastion) position:"棱堡"防御阵地。德军在芬兰伊瓦洛以南地区设置的一道筑垒防线，1944 年。

SILBERSTREIF (Silver Streak):"银线"。德国的宣传攻势，1943 年 5—7 月，旨在吸引苏军叛逃人员。

ONNENWENDE (Solstice):"夏至"。德军在施塔尔加德实施的反击行动，1945 年 2 月。

STURMBOCK (Battering Ram):"攻城槌"。德军在挪威卡雷斯瓦多以西地区设置的筑垒防线，1944 年。

TANNE OST (Fir East):"东方冷杉"。德军在戈格兰岛的登陆行动，1944 年 10 月。

TANNE WEST (Fir West):"西方冷杉"。德军筹划占领奥兰群岛的行动。

TRAJAN position:"图拉真"防御阵地。罗马尼亚军队设在雅西附近的筑垒防线。

WINTERGEWITTER (Winter Storm): "冬季风暴"。德军救援斯大林格勒部队的行动，1942 年 12 月。

WOTAN (Woden) position: "沃坦"防御阵地。筹建中的"东方壁垒"的南半部分，1943 年秋。亦被用于指代德军设置在奥得河防线后方的斜切阵地，1945 年 4 月。

ZITADELLE (Citadel): "堡垒"。德军对苏军库尔斯克突出部的进攻行动，1943 年 7 月。

后记

第二次世界大战是人类历史上规模最大、影响最深远的一次武装冲突，而进行于1941—1945年的苏德战争则是其中当之无愧的重要组成部分。苏德之间的这场对抗对世界反法西斯战争的进程产生了直接而深刻的影响——在斯大林格勒，苏联红军经过艰苦卓绝的斗争，第一次止住了德国国防军侵略扩张的步伐，使法西斯匪首希特勒的"巴巴罗萨"计划最终破产，世界大战由此迎来了重大转折；而伴随着红军从斯大林格勒到柏林的进军脚步，共产主义的红旗势不可当地插遍了易北河以东大半个欧洲地区，最终促成了众多社会主义国家的成立，社会主义制度由此冲出一国之界限，深刻改变了此后近半个世纪的世界地缘政治格局。

本书所讲述的便是东线战场上，以苏联为主的反法西斯阵营与德国法西斯及其盟国、仆从国之间进行的战争。在这场规模宏大、双方均损失惨重、对战后欧洲及世界格局产生了重要影响的战争中，代表正义的苏联军民与全世界爱好和平、坚决反对法西斯的国家和人民同仇敌忾、英勇作战，最终才击败法西斯、迎来了胜利的曙光！谨以此书向无数为伟大反法西斯战争付出了鲜血甚至生命代价的伟大英雄致敬！

正如书名所示，作者着重描述的是苏德战争中从斯大林格勒战役到柏林战役的这一段战争进程——在东线乃至整个世界战场上，"斯大林格勒"和"柏林"两个地名无疑具有极其特殊而又深远的意义：在伏尔加河畔的斯大林格勒，法西斯阵营损失了其在东线战场的四分之一兵力，从此一蹶不振，迈出了从疯狂顶端滑向灭亡深渊的第一步；苏联则在这个法西斯梦碎之地吹响了向西反击、收复领土的号角，开始了气势如虹的千里征程。在后一个地方，苏联军队用不到一个月时间便攻克了第三帝国首都，终结了罪恶的希特勒政权，苏德战争和"二战"中的欧洲战争亦就此结束。

值得一提的是，尽管本书所用的素材主要来源于德方（此外，受时代所限，作者在撰写过程中始终缺少一些重要的苏联官方记录），其初稿亦是付梓于冷战期间，但作者难得地没有明显表露出偏袒某一方的立场和倾向，做到了那个时代在西方著述者中较为鲜见的公允持中：该书以生动的史料描述了大量德军将领在战争中的所作所为，沉重打击了某些德军将领在战后鼓吹"一切罪责应归咎于希特勒"，撇清自己责任、美化侵略行径的荒唐言辞；该书还以深刻的分析纠正了"寒冷的冬季帮助了红军""红军只会单纯使用人海战术赢得战争"等片面刻板观点，极大还原了苏军在战争中的真实形象；此外，该书用翔实的数据描绘了德军对苏联人民造成的巨大伤害，揭开了只讲苏联红军"恶行"、矢口不谈德军罪恶的资产阶级宣传的遮羞布；最后，该书不仅没有刻意淡化德军部分有损于武德的行径，还以真实笔触再现了苏联红军在战争初期所面临的严峻形势，以及他们在绝境中绝决奋战的英勇斗志和永不言弃的坚韧精神。

当然，以"二战"史著述汗牛充栋的现今眼光来看，这本初版于1968年的著作【最初是在1968年以《斯大林格勒到柏林：德国在东方的失利》（Stalingrad to Berlin: The German Defeat in the East）为名出版】还存在着这样那样的缺陷和偏误，并不是完美的；而且受作者意识形态的影响，本书对苏联统帅、苏联共产党、苏联红军的某些观点和叙述还存在着偏见、误解，从某种意义上来说甚至是根深蒂固的敌意，需要读者以阶级的观点加以辨别。但总的来说，以战史学术研究的观点而论，本书完全可以说是一份价值极高的参考素材，值得军事爱好者和历史研究者认真对待。

最后，回顾战争并不意味着宣扬战争、鼓吹战争和美化战争，因为不论性质、规模和结果如何，从古至今的战争都毫无例外地与人类文明的进步背道而驰——投入大量生命、物资和财富，最终得到的却是一个个冰冷的伤亡数字、随处可见的残垣断壁，以及数十年无法抹去、痛彻胜败双方骨髓的战争创伤。没有深入了解战争的残酷无情，就很难理解和平多么来之不易。希望有这么一天，人们向土地播撒的不再是冰冷无情的地雷和炸弹，而是充满生机的种子和希望……